# MBA? NÃO, OBRIGADO

**Henry Mintzberg**  passou a integrar o corpo docente da Faculty of Management da McGill University em 1969; ministrou o curso de MBA em política gerencial até meados dos anos 80 e, a partir de então, decidiu dedicar-se à educação para gerentes e a alunos de doutorado. É mestre em ciências (M.S., basicamente um MBA) e também Ph.D. pela Sloan School of Management do MIT; tem atuado como professor visitante no INSEAD, na London Business School, na Université d'Aix-Marseille, na Carnegie-Mellon University e na École des Hautes Études Commerciales de Montréal. Atualmente, ocupa a cátedra Cleghorn Professor of Management Studies na McGill.

Este é o seu décimo segundo livro, fortemente vinculado ao primeiro de sua autoria, *The Nature of Managerial Work*. Em verdade, é uma extensão das conclusões a que chegou em seu trabalho inicial, ao mesmo tempo em que estende suas perspectivas sobre o processo gerencial e a implicação dessas perspectivas no desenvolvimento dos gerentes. Outros aspectos de seus livros anteriores, particularmente concepção da organização (*organizational design*) e formação de estratégia (*strategy formation*), são também desenvolvidos aqui.

A partir de 1980, Mintzberg ministrou por muitos anos um programa de dois dias de duração para gerentes, em especial no Management Centre Europe. Depois de criar o International Masters Program in Practicing Management (Programa Internacional de Mestrado em Prática Gerencial), em 1996, com colegas do Canadá, Inglaterra, França, Índia e Japão, Mintzberg dirigiu o programa ao longo dos primeiros quatro anos e permaneceu estreitamente envolvido nele desde então.

Em 1998, Henry Mintzberg foi nomeado membro da Order of Canada e da Ordre National du Québec; é *fellow* da Royal Society of Canadá desde 1980 (o primeiro entre professores de gestão); no ano 2000, recebeu o Distinguished Scholar Award for Contributions to Management (Prêmio ao Acadêmico Destacado por Contribuições à Gestão) da Academy of Management; em 1995, já conquistara o prêmio George R. Terry pelo melhor livro de 1995 (*The Rise and Fall of Strategic Planning*).

"MBA? Não, obrigado" marca uma transição nos escritos do autor, da descrição da gestão e da organização à abordagem de questões sociais mais abrangentes. Um "panfleto eletrônico" sob o título *Getting Past Smith and Marx: Toward a Balanced Society* (Transpondo Smith e Marx: rumo a uma sociedade equilibrada), que ele vem cuidadosamente preparando há vários anos, será seu próximo grande trabalho.

Henry Mintzberg é casado com Saša Sadilova e suas filhas chamam-se Susie e Lisa. Domesticamente, ele adora sair dos caminhos banais, seja de bicicleta, remando em sua canoa, fazendo caminhadas, calçando esquis *cross-country* ou usando a caneta para escrever pequenos relatos de suas experiências.

| | |
|---|---|
| M667m | Mintzberg, Henry<br>    MBA? Não, obrigado : uma visão crítica sobre a gestão e o desenvolvimento de gerentes / Henry Mintzberg ; tradução Bazán Tecnologia e Lingüística. – Porto Alegre : Bookman, 2006.<br>    432 p. ; 25 cm.<br><br>    ISBN 85-363-0607-6<br><br>    1. Educação gerencial. 2. Formação de gerentes. 3. Aprendizagem experiencial. 3. Master of business administration – Graduação. I. Título.<br><br>                    CDU 658.3-057.162 |

Catalogação na publicação: Júlia Angst Coelho – CRB Provisório 05/05

HENRY MINTZBERG

# MBA? NÃO, OBRIGADO
## Uma visão crítica sobre a gestão e o desenvolvimento de gerentes

**Consultoria, supervisão e revisão técnica desta edição:**
Roberto Fachin
Pós-Doutorado na McGill University e HEC, Montreal, Canadá
Livre-Docente em Política e Administração
Doutor em Ciências Humanas
Professor titular aposentado da Escola de Administração da UFRGS
Professor do Mestrado Profissional de
Administração da PUC Minas – Fundação Dom Cabral

Reimpressão

2006

Obra originalmente publicada sob o título
*Managers Not MBAs*

Copyright © 2004 by Henry Mintzberg

ISBN 1-57675-275-5

Publicada por Berrett-Koehler Publishers, Inc., San Francisco, CA, EUA.

Capa: *Amarilis Barcelos*

Tradução: *Bazán Tecnologia e Lingüística*

Preparação do original: *Walson Pontes Carpes*

Supervisão editorial: *Arysinha Jacques Affonso*

Editoração eletrônica: *New Book*

Reservados todos os direitos de publicação, em língua portuguesa, à
ARTMED® EDITORA S.A. (BOOKMAN® COMPANHIA EDITORA é uma divisão da ARTMED® EDITORA S.A.)
Av. Jerônimo de Ornelas, 670 – Santana
90040-340 – Porto Alegre RS
Fone: (51) 3027-7000    Fax: (51) 3027-7070

É proibida a duplicação ou reprodução deste volume, no todo ou em parte, sob quaisquer
formas ou por quaisquer meios (eletrônico, mecânico, gravação, fotocópia, distribuição na
Web e outros), sem permissão expressa da Editora.

SÃO PAULO
Av. Angélica, 1.091 – Higienópolis
01227-100 – São Paulo – SP
Fone: (11) 3665-1100    Fax: (11) 3667-1333

SAC 0800 703-3444

IMPRESSO NO BRASIL
PRINTED IN BRAZIL

Este livro é dedicado às pessoas que responderam "por que não?", e deram vida ao International Masters Program in Practicing Management:

- Os trinta e dois gerentes da primeira turma, que ingressaram no desconhecido com energia e entusiasmo: Pierre Arsenault, Gerhard Böhm, Marc Boillot, Jane Davis, Luc DeWever, Massar Fujita, Jacques Gautier, John Geoghegan, Kevin Greenawalt, Abbas Gullet, Kentaro Iijima, Vince Isber, "Rocky" Iwaoka, Terry Jenkins, Thierry Knockaert, Gabriela Kroll, Narendra Kudva, Silke Lehnhardt, Y. B. Lim, Steve Martineau, Jane McCroary, Brian Megraw, Edmée Métivier, Kazu Mutoh, Hiro Nishikawa, David Noble, Harald Plöckinger, Morten Ramberg, Nagu Rao, Roy Sugimura, Alan Whelan e Torstein Wold.

- As empresas que apostaram em nós, quando tudo que tínhamos a oferecer eram idéias: Alcan, BT (em parceria com a Telenor), EDF e Gaz de France, Fujitsu, The International Federation of Red Cross and Red Crescent Societies, Lufthansa, Matsushita e Royal Bank of Canada.

- Meus colegas da primitiva "gangue dos seis", por nunca terem sido egoístas ou tímidos em sua determinação de consertar as coisas: Roger Bennett, Jonathan Gosling, Hiro Itami, Ramesh Mehta e Heinz Thanheiser, apoiados por Bill Litwack.

# PREFÁCIO

Eu não possuo exatamente um título de MBA – na época, o programa oferecido pela Sloan School of Management do MIT denominava-se Mestrado em Ciências. Mas, por cerca de 15 anos, lecionei exatamente em cursos de MBA, até que me fartei e, em meados dos anos 80, solicitei ao nosso diretor na McGill que reduzisse minha carga horária e, em conseqüência, meu salário. Eu estava vendo nada menos que uma desconexão entre a prática da gestão, que se tornava mais clara para mim, e o que ocorria nas salas de aula, inclusive na minha própria, com a finalidade de desenvolver aqueles administradores.

Descobri que eu não era o único a me sentir inconformado. Ao longo dos anos, perguntei a colegas de todo o mundo – em especial, a colegas americanos – o que eles pensavam sobre o ensino voltado a estudantes convencionais de MBA. Fiquei surpreso ao verificar o grande número dos que pensavam como eu. Um bem guardado segredo das escolas de negócios é quantos de seus professores cansaram-se de lecionar em cursos de MBA. (Temos que ouvir relatos de terceiros, se não pudermos ficar sabendo pelas instituições.)

Assim, nos anos 80, dei início a minhas arengas, falando o que pensava sobre programas de MBA. Inclusive, em um livro que publiquei em 1989, escrevi um capítulo intitulado "Treinando Gestores, Não MBAs". Mas aí as pessoas começaram a fazer a embaraçosa pergunta: o que *eu* estava fazendo a respeito? Não se costuma fazer tais perguntas a acadêmicos; portanto, levei um tempo para dar uma resposta. E também levou um tempo para a McGill produzir uma resposta. Mas acabamos juntando um grupo para fazer algo a respeito: criar um programa dirigido especificamente a gestores (*practicing managers*).

Ao perceber que teríamos melhores resultados se o fizéssemos em parceria, procuramos o Insead, na França, em cujo corpo docente eu também figurava na época. Mas a idéia não foi adiante. Então, telefonei a Jonathan Gosling, da Lancaster University, para saber se a escola estaria interessada. Ele disse que teria que consultar algumas pessoas, inclusive o diretor. E retornou a ligação uma hora depois!

Eu já havia rascunhado um memorando ao Insead admitindo a derrota. Gareth Dyas viu esse rascunho sobre a escrivaninha de nossa secretária comum e exclamou: "Você não pode fazer isso!" Concluí, então, que minha proposta tinha sido muito simplória; o Insead precisava de algo mais elaborado. Assim, propus uma parceria envolvendo cinco escolas. Disso eles gostaram!

A seguir, enviei uma carta por fax a Hiro Itami, da Hitsosubashi University, em Tóquio, não imaginando que ele era o diretor à época. "Sente-se, antes de ler isto", começava o meu fax. "Por que não?", começava sua resposta no dia seguinte.

E foi assim que o nosso pequeno grupo inicial, formado por Jonathan, Roger Bennett e eu, da McGill, e Heinz Theinheiser, do Insead, dirigiu-se a Tóquio para convencer Jiro Nonaka, o decano dos acadêmicos de gestão do Japão. Talvez nunca tivéssemos tido essa oportunidade, caso os malucos que resolveram espalhar gás venenoso no metrô de Tóquio naquela manhã, na mesma linha, o tivessem feito na direção oposta, quando nos dirigíamos para a Hitsosubashi.

De lá, fomos ao Indian Institute of Management de Bangalore, onde Roger já tinha feito uma viagem de reconhecimento. "Uma idéia interessante, mas nunca os veremos de novo" foi a resposta a essa viagem (descobrimos anos depois). Mas eles nos viram novamente, e a parceria dos cinco foi confirmada (sendo que no Japão incluía professores de diversas universidades).

Tivemos, então, que recrutar empresas para enviar seus gerentes – tarefa nada fácil, quando tudo que podíamos oferecer eram idéias (sem recursos para respaldar nossos esforços pessoais). Mas graças às empresas discriminadas na dedicatória, conseguimos seguir adiante, apesar de um mês antes do início tudo levar a crer que não seríamos bem-sucedidos. Mas, na primavera de 1996, o International Masters Program in Practicing Management (IMPM) foi lançado, e continua sendo o deleite da minha vida profissional – como você perceberá pelo meu entusiasmo nos Capítulos 10 a 14.

Um dos três principais tópicos deste livro é o que pode ser feito para desenvolver gestores num processo educacional sério. Outro tópico é a minha crítica ao MBA, uma formação em negócios que a meu ver distorce o exercício da gestão. E o terceiro tópico diz respeito ao exercício gerencial propriamente dito, pois minha crença é de que ele está saindo dos trilhos, com conseqüências disfuncionais para a sociedade. Assim, esse pequeno pacote chamado livro – quatro anos de escrita, quinze anos de desenvolvimento e trinta e cinco anos de reflexão – reúne muitas das minhas idéias.

Deve ser maçante ler a toda hora o refrão de que este ou aquele livro é o resultado de um esforço coletivo, quando todo mundo sabe que nada é mais pessoal do que a redação de um livro. Mas acontece que esse refrão é mais do que verdadeiro aqui.

Eu dedico este livro às pessoas que responderam "por que não?", que deram início ao IMPM, mas quero destacar uma delas em particular. Não teria valido a pena escrever este livro, não tivesse eu conhecido Jonathan Gosling e desenvolvido uma maravilhosa relação de amizade e de trabalho com ele. Suas idéias e imaginação inspiram esta obra muito além do que posso explicitar. Talvez as pessoas associem o IMPM a mim porque meu nome é mais conhecido na literatura da área em questão, mas o IMPM não existiria sem Jonathan.

E esse mesmo IMPM não teria existido sem muitos outros personagens – professores, participantes das nossas oito turmas até agora, executivos, administradores e outros. Aqui eu menciono, em particular, Frank McCauley, do Royal Bank of Canada, que não apenas nos apoiou desde o início (e ficou orgulhoso de ter-nos enviado nosso primeiro cheque) como também nos proporcionou muitos *insights*, como o leitor verá na Parte II; Thomas Sattelberger, que, na Lufthansa, conservou-nos aquecidos o suficiente para que as coisas continuassem andando; Bill Litwack, que estabeleceu alguns sábios arranjos gerenciais para lidar com a nossa complexa parceria e ajudou a estabelecer o tom nos primeiros módulos de ensino; Colette Web, que o seguiu como administradora do programa e tem sido toda coração e espírito desde então; Dora Koop, que se fez presente desde o primeiro encontro, na McGill, até a atual operação do módulo nesta universidade; e Kunal Basu, que foi parte daqueles primeiros esforços; Nancy Badore, que tem oferecido idéias maravilhosas e apoio moral; vários de nossos professores, "jovens turcos", notavelmente Quy Huy, Kaz Mishina, Taizoon Chinwalla (um graduado do programa e mais tarde diretor-adjunto dos ciclos, enquanto atuante na Motorola), e Ramnath Narayanswamy, que muitas vezes eram mais fiéis aos fundamentos do programa do que seus fundadores, inclusive eu; e Oliver Westall, que está estendendo a idéia do IMPM às mesas-redondas eletrônicas dos programas de MBA *on-line* existentes.

Minha mulher Saša e eu passamos um bom tempo em Praga desde o final de 1999, onde escrevi a maior parte deste livro – cerca de cinco vezes! Seu apoio tem sido inspirador. De vez em quando eu anunciava, para seu ativo deleite, que tinha terminado o livro. Em verdade, nenhum livro está verdadeiramente acabado até que você o tenha em mãos. Pergunte a Santa, minha assistente pessoal. Toda vez que ela terminava de digitar o último capítulo (eu *escrevo* os livros; Santa os digita), eu aparecia com uma revisão do primeiro. Como ela conseguiu se manter de tão bom humor é um mistério que não ouso investigar. Auxílio adicional foi prestado por Chahrazed Abdallah, conhecida como Cha Cha (imagine a vida com uma esposa chamada Saša, uma assistente pessoal chamada Santa e uma assistente de pesquisa chamada Cha Cha!), Elise Beauregard, Chen Hua Tzeng e Rennie Nilsson. Nathalie Tremblay foi brilhante em correr atrás de referências perdidas.

A Berrett-Koehler é uma editora à moda antiga. Em outras palavras, seu pessoal acredita em livros, em idéias e em autores; a empresa não é vendida semana sim, semana não, e o quadro funcional não está engajado nessa "dança das cadeiras" de constante reorganização. Tudo isso funciona sob a coordenação de Steve Piersdanti, o tipo de líder calmo, decente e dedicado, de que desesperadamente necessitamos. Agrada-me muito ter sido capaz de trabalhar com o bem "engajado" estilo de gerir que descrevo no Capítulo 9 e com toda a equipe da Berrett-Koehler que o incorpora.

Comentários úteis sobre partes ou o total deste livro foram feitos por Charlie Dorris, Jeff Kulick, Bob Mountain, Andrea Markowitz, John Hendry, Joe Raelin Dave Ulrich, Paola Perez-Alleman, Colette Webb, Oliver Westall e Jonathan Gosling. Bob Simons fez alguns comentários extremamente valiosos sobre o Capítulo 2, muito mais empáticos do que o tratamento que dispensei à sua escola (Harvard), mas que conseguiram tornar meus argumentos um tanto mais honestos. Bogdan Costea, em sua tese de doutorado e em discussões particulares, nos forneceu idéias que informaram este livro; Dan LeClair da AACSB foi muito útil provendo estatísticas sobre inscrições em programas de administração de empresas; Joe Lampel trabalhou duro na análise dos 19 CEOs formados em Harvard, assunto abordado no Capítulo 4. Também devo mencionar os vários participantes do IMPM que me permitiram fazer citações a partir de seus materiais, como consta no texto.

Há alguns anos, o diretor de uma proeminente escola de negócios (Richard West, da New York University) declarou: "Se eu não fosse o diretor desta escola, estaria escrevendo um livro sobre a falência da educação gerencial americana" (Byrne 1990:62). Eu nunca fui diretor de uma escola de negócios. Mas trabalhei com vários deles. Dispensável (se necessário) dizer que as idéias expressas neste livro não representam os pontos de vista desses diretores, nem de suas escolas. Mas meus diretores e colegas sempre estiveram bem conscientes das minhas opiniões e nunca me desencorajaram de expressá-las, qualquer que fosse a forma, enquanto estimulavam nossos esforços com o IMPM.

Obrigado a todos!

Henry Mintzberg

# SUMÁRIO

### PARTE UM
### MBA? NÃO, OBRIGADO

| | | |
|---|---|---|
| CAPÍTULO 1 | PESSOAS ERRADAS | 20 |
| CAPÍTULO 2 | MANEIRAS EQUIVOCADAS | 30 |
| CAPÍTULO 3 | CONSEQÜÊNCIAS INDESEJADAS I: DETERIORAÇÃO DO PROCESSO EDUCACIONAL | 74 |
| CAPÍTULO 4 | CONSEQÜÊNCIAS INDESEJADAS II: DETERIORAÇÃO DA PRÁTICA GERENCIAL | 85 |
| CAPÍTULO 5 | CONSEQÜÊNCIAS INDESEJADAS III: DETERIORAÇÃO DAS ORGANIZAÇÕES | 118 |
| CAPÍTULO 6 | CONSEQÜÊNCIAS INDESEJADAS IV: DETERIORAÇÃO DAS INSTITUIÇÕES SOCIAIS | 138 |
| CAPÍTULO 7 | NOVOS MBAs? | 155 |

### PARTE DOIS
### DESENVOLVENDO GERENTES

| | | |
|---|---|---|
| CAPÍTULO 8 | DESENVOLVIMENTO GERENCIAL NA PRÁTICA | 186 |
| CAPÍTULO 9 | DESENVOLVENDO A EDUCAÇÃO GERENCIAL | 223 |
| CAPÍTULO 10 | DESENVOLVENDO GERENTES I: O PROGRAMA IMPM | 258 |
| CAPÍTULO 11 | DESENVOLVENDO GERENTES II: CINCO TIPOS DE DISPOSIÇÃO MENTAL | 274 |
| CAPÍTULO 12 | DESENVOLVENDO GERENTES III: APRENDENDO NO TRABALHO | 294 |
| CAPÍTULO 13 | DESENVOLVENDO GERENTES IV: O IMPACTO DA APRENDIZAGEM | 312 |
| CAPÍTULO 14 | DESENVOLVENDO GERENTES V: DIFUNDINDO A INOVAÇÃO | 335 |
| CAPÍTULO 15 | DESENVOLVENDO VERDADEIRAS ESCOLAS DE GESTÃO | 352 |
| | BIBLIOGRAFIA | 387 |
| | ÍNDICE | 405 |

# Introdução

Este é um livro sobre educação gerencial, ou seja, sobre administração. Acredito que ambos os aspectos estão passando por problemas bastante sérios, mas um não pode ser mudado sem que se mude também o outro.

A questão é que atualmente a educação gerencial nada mais é do que educação para os negócios, deixando uma impressão distorcida do que significa administrar. O gerenciamento é uma prática que deve mesclar uma boa quantidade de habilidade (experiência) com alguma quantidade de arte (*insight*) e alguma ciência (análise). Um ensino que enfatiza a ciência encoraja um estilo de gerenciamento que eu chamo de "calculista" ou, se os formandos se acreditam artistas, como um número crescente agora o faz, um estilo que chamo de "heróico". Chega deles, chega disso tudo. Não precisamos de heróis em posições de influência, da mesma forma que não precisamos de heróis tecnocratas. Precisamos de gente equilibrada, dedicada, que pratique um estilo de gerenciamento que possa ser chamado de "engajado". Essas pessoas acreditam que o fundamento de sua ação é fazer organizações mais fortes, e não apenas preços de ações mais altos. Elas não exibem prepotência em nome da liderança.

O desenvolvimento de tais gerentes exigirá uma outra abordagem à educação gerencial, uma abordagem que os engaje, que estimule os administradores profissionais a aprender com sua própria experiência. Em outras palavras, precisamos incorporar a habilidade nascida da experiência e a arte de gerir à educação gerencial e daí levá-las de volta à prática administrativa.

Siga os títulos dos capítulos e as respectivas seções deste livro e você estará se informando sobre educação gerencial – na Parte I, sobre o que eu acredito que esteja errado com ela; na Parte II, sobre o que pode ser mudado. Mas olhe dentro dos capítulos e você estará lendo sobre o gerenciamento propriamente dito – o que acredito que esteja errado com ele e como alterar esse panorama. Fazemos aqui uma crítica severa à prática nada séria do gerenciamento, assim como ao desenvolvimento gerencial. Existem montanhas de livros que avaliam de maneira branda a prática administrativa séria. Creio que precisamos encarar o gerenciamento como ele merece, com muita seriedade. O gerenciamento é importante demais para ser reduzido à maior parte do que aparece nas prateleiras das livrarias. Fórmulas fáceis e soluções rápidas são hoje os problemas da administração, não as soluções.

Escrevi este livro para todos os leitores diligentes, interessados na educação e na prática gerenciais; formuladores de programas, instrutores, gerentes, ou simplesmente observadores atentos. Digo isso incluindo os candidatos, alunos e graduados em cursos de MBA, pelo menos aqueles que guardam dúvidas sobre esse diploma. Se o que escrevo aqui é verdade, então eles, em especial, deveriam ler este livro.

Leitores interessados em educação para a gestão entenderão os recados sobre a prática do gerenciamento à medida que prosseguirem na leitura. Leitores interessados na gerência propriamente dita – esse olhar crítico sobre essa prática – podem concentrar-se em partes específicas do livro. Os Capítulos 4 a 6 contêm a essência desse material. Entretanto, antes de chegar lá, sugiro que todos leiam atentamente a introdução à Parte I e a primeira parte do Capítulo 1 (páginas 17-24), bem como no Capítulo 2, páginas 44-51, 55-63 e 72-73. Além do Capítulo 6, recomendo as páginas 241-247 e especialmente as páginas 254-256 do Capítulo 9, as páginas 280-293 do Capítulo 11, e as páginas 312-315 e 321-323 do Capítulo 13.

Devo acrescentar que há um farto material ilustrativo nos quadros que acompanham o texto. A leitura atenta de cada um deles permitirá uma melhor compreensão dos meus argumentos.

A Parte I deste livro é intitulada "MBA? Não, obrigado". Algumas pessoas podem interpretar o título como uma simples arenga; mas escrevi essa primeira parte como uma severa crítica àquilo que acredito ser uma prática cheia de imperfeições. Se você tem algo a ver com MBAs, seja contratando-os, apoiando-os, ensinando ou mesmo sendo um deles, é urgente que leia a Parte I, nem que seja para elaborar algum pensamento sombrio sobre esse diploma ostensivamente cintilante. E se você é um administrador ou possui algum vínculo com administradores (quem não o possui, neste mundo?), espero que esta leitura abra os seus olhos para uma atividade de vital importância que está fugindo do controle social.

Os capítulos desta primeira parte fluem como segue. Identifico como programas convencionais de MBA aqueles dirigidos em sua maioria para jovens com pouca, se alguma, experiência gerencial ("Pessoas Erradas", Capítulo 1) porque, incapazes de usar arte ou habilidade, enfatizam a ciência, na forma de análise e técnica ("Maneiras Equivocadas", Capítulo 2). Isso transmite aos egressos a falsa impressão de que foram treinados como gerentes, o que acaba produzindo um péssimo efeito na educação e na prática gerenciais, bem como nas corporações e na sociedade em que ela é praticada ("Conseqüências Indesejadas", Capítulos 3 a 6).

Há muito exagero em relação às mudanças que vêm ocorrendo em importantes programas de MBA em anos recentes. Não acredite nelas ("Novos MBAs?", Capítulo 7). O MBA é um diploma de 1908, baseado numa estratégia dos anos 50. As reais inovações em educação gerencial, a maioria delas na Inglaterra, mas dificilmente reconhecidas na América, servem como uma ponte entre as críticas da Parte I e as idéias positivas em "Desenvolvendo Gerentes" da Parte II.

Há uma enorme e lamentável linha divisória entre desenvolvimento gerencial e educação gerencial. Como uma discussão completa sobre desenvolvimento gerencial exigiria um livro inteiro, a apresentação de uma estrutura de práticas básicas ("Desenvolvimento Gerencial na Prática", Capítulo 8) pode abrir perspectivas para a educação gerencial.

A discussão estabelecida no livro, nesse ponto, sugere um conjunto de princípios gerais pelos quais a educação gerencial pode ser reconcebida ("Desenvolvendo a Educação Gerencial", Capítulo 9). Esses princípios foram concebidos numa família de programas que pode levar a educação e o desenvolvimento gerenciais a uma nova posição, capacitando os gerentes a refletir sobre sua própria experiência à luz de conceitos lúcidos (cinco aspectos do "Desenvolvendo Gerentes", Capítulos 10 a 14). Ninguém pode criar um líder numa sala de aula. Mas os gerentes podem aprimorar significativamente sua prática freqüentando uma sala de aula que privilegia o discernimento e faz uso dessas experiências.

Isso tudo aponta que as escolas de negócios* em si necessitam ser reconcebidas, incluindo uma metamorfose nas escolas de gestão* ("Desenvolvendo Verdadeiras Escolas de Gerenciamento", Capítulo 15). Mas serão esses agentes da mudança capazes de mudar algo?

---

* N. de R. T.: O autor usa "business schools" (cuja tradução poderia ser "escola de administração de empresas", como se utilizaria no Brasil) e "management schools" (que preferimos traduzir como "escolas de gestão"). Mintzberg sempre contrapõe os dois modelos em sua obra. Preferimos conservar uma tradução mais literal – "business school" – como "escola de negócios" e "management schools" como "escolas de gestão". Tendo em vista que a obra é centrada no ambiente norte-americano e europeu, preferimos não usar traduções que possam causar confusões com termos utilizados no Brasil, nem sempre iguais aos modelos usados no exterior.

PARTE UM

# MBA? Não, Obrigado

É hora de reconhecer os programas MBA convencionais pelo que eles são – ou então fechá-los de vez. São cursos de especialização em funções empresariais (de negócios), e não educação generalista na prática de administração. Usar a sala de aula para ajudar a desenvolver gente que já exerce a gerência é uma ótima idéia, mas pretender formar gerentes a partir de pessoas que nunca gerenciaram é pura fantasia. É hora de nossas escolas de negócios darem a devida atenção à administração.

Isso pode soar estranho numa época em que os programas de MBA estão no auge de sua popularidade, quando os egressos de cursos de MBA estão no pináculo do sucesso e quando as empresas americanas que se embasaram fortemente nessa credencial parecem ter atingido seu mais alto estágio de desenvolvimento. Devo argumentar que grande parte desse êxito é ilusão, que nossa abordagem à educação de líderes está minando nossa liderança com conseqüências econômicas e sociais desastrosas.

A cada década, apenas nos Estados Unidos, quase um milhão de pessoas portadoras de uma credencial chamada MBA invadem a economia; a maioria com escasso conhecimento de primeira mão sobre clientes e trabalhadores, produtos e processos. E lá eles esperam administrar pessoas que possuem esse conhecimento, obtido do único modo possível – com intensa experiência pessoal. Mas, não dispondo de tal credencial, essas pessoas são cada vez mais relegadas a uma "carreira lenta", sujeitas à "liderança" de gente que carece de legitimidade para liderar.

Considerados como programas de educação para a gestão, os MBA convencionais treinam as pessoas erradas, de maneira equívoca, com conseqüências inadequadas. Esse é o argumento que sustento na Parte I deste livro, ao longo de sete capítulos. O primeiro capítulo refere-se a pessoas erradas; o segundo, a maneiras equívocas; os quatro seguintes, a conseqüências inadequadas. O Capítulo 7 avalia as recentes mudanças nos programas de MBA, concluindo que a maioria delas é cosmética. Uma "concepção dominante" estabeleceu-se nos anos 60 e continua a prevalecer na maior parte dos programas desse tipo. Há exceções, e notáveis, encontradas principalmente na Inglaterra, cujas inovações oferecem uma ponte para o desenvolvimento da Parte II deste livro.

Alguns esclarecimentos, para começar. Primeiro, quando digo MBA "convencional" me refiro a programas de tempo integral que arrebanham gente relativamente jovem, em seus vinte e poucos anos, e a treina principalmente nas funções empresariais, fora do contexto – em outras palavras, independentemente de qualquer experiência específica em gestão. Isso descreve a maioria dos programas de MBA de hoje, nos Estados Unidos e no resto do mundo. Com algumas exceções, os remanescentes (geralmente chamados EMBAs) admitem pessoas com mais experiência, em tempo parcial, e então fazem mais ou menos a mesma coisa. Ou seja, treinam as pessoas certas de maneira equívoca, com conseqüências inadequadas. E isso porque quase sempre deixam de aproveitar a experiência dessas pessoas.

Segundo, uso as palavras *administração/gestão/gerência* e *liderança* alternadamente. Tornou-se moderno (depois de Zaleznik 1977) distingui-las. Liderança é tida como algo bem maior, mais importante. Eu, no entanto, rejeito essa distinção, simplesmente porque os gerentes têm que liderar e líderes têm que gerenciar. A gerência sem liderança é estéril; a liderança sem gerência é desconexa e estimula a prepotência. Não devemos ceder a gerência à liderança em programas de MBA ou em qualquer outro lugar.

Terceiro, refiro-me às escolas em questão de três maneiras: como "escolas de negócios", o que a maioria delas é; às vezes como "escolas de administração/gerência/gestão" ou simplesmente "administração", o que elas poderiam ser; e, especialmente no último capítulo, como escolas de gestão/negócios, que concluo ser o papel apropriado para a maioria delas – com atenção equilibrada a administração e negócios.

O MBA foi oferecido pela primeira vez em 1908 e foi seriamente reformulado no final dos anos 50, a partir da publicação de dois relatórios. As escolas de negócios orgulham-se de ensinar sobre desenvolvimento de novos produtos e sobre mudança estratégica; entretanto, seu carro-chefe, o MBA, é um programa criado em 1908 aplicando uma estratégia dos anos 50. A Parte I deste livro desenvolve o raciocínio que leva a essa conclusão; a Parte II propõe algumas mudanças reais.

A Parte I critica abertamente os cursos de MBA. Minha argumentação é veemente porque creio que o ataque ao MBA como educação gerencial tem que ser contundente para desfazer algumas crenças profundamente enraizadas e suas respectivas conseqüências. Um dos artigos mais interessantes já escritos sobre MBA foi publicado pela revista *Fortune* em 1968. Nele, Sheldon Zalaznik afirmava que "permitiu-se que florescesse a idéia da escola de pós-graduação em negócios como a principal fonte de altos talentos executivos sem que essa idéia fosse efetivamente examinada..." (p. 169). E tem sido assim desde então...[1] Mas não aqui.

---

[1] Em 1996 (p. 221), Aaronson fez um relato de uma pesquisa sobre artigos sobre cursos de pós-graduação em administração de empresas. Dos 693 artigos encontrados, apenas 12 eram críticos desses cursos.

# 1

# PESSOAS ERRADAS

*Nunca é tarde para aprender, mas às vezes é cedo demais.*
— CHARLIE BROWN, EM *PEANUTS*

Não existem cirurgiões natos nem contadores natos. Essas são funções especializadas que exigem treinamento formal, inicialmente em sala de aula. Os estudantes devem, é lógico, ser capazes de manipular um bisturi ou um teclado, mas primeiro têm de ser especialmente instruídos para tal. Só então poderão ser "empurrados" a um público desconfiado, pelo menos para estágio, antes de terem permissão para praticar seu ofício por si próprios.

A liderança é diferente. Existem líderes naturais. Em verdade, nenhuma sociedade pode aturar qualquer outra coisa *exceto* líderes naturais. Liderança e administração são a própria vida, não algum corpo de técnica afastado do fazer e do ser. A educação não pode despejar experiência de vida em um vaso de inteligência nativa, nem mesmo em um vaso de liderança potencial. Mas pode ajudar a moldar um vaso já transbordando de experiências de liderança e de vida.

Dizendo melhor, tentar ensinar gestão a alguém que nunca gerenciou é como tentar ensinar psicologia a alguém que nunca viu outro ser humano. As organizações são fenômenos complexos. Gerenciá-las é um negócio difícil, cheio de nuanças, exigindo todos os tipos de conhecimento tácito que só podem ser obtidos no contexto. Tentar ensinar gestão a pessoas que nunca praticaram é mais grave do que um desperdício de tempo – é desmerecer a própria gestão.

## A Administração como uma Prática

Se a administração fosse uma ciência ou uma profissão, poderia ser ensinada a pessoas sem experiência. Ela não é nem uma coisa nem outra.

A Administração Não É uma Ciência   A ciência trata de desenvolvimento de conhecimento sistemático por meio de pesquisa. Não se pode dizer que seja essa a finalidade da administração. A administração nem mesmo é uma ciência aplicada, pois esta ainda é uma ciência. Certamente a administração aplica ciência: os gerentes têm que utilizar todo o conhecimento que puderem obter das ciências e de outras fontes. Mas a administração está mais voltada à arte, baseada em "*insight*", "visão", "intuição". (Peter Drucker escreveu em 1954 que "os dias do gerente 'intuitivo' estão contados" [p. 93]. Meio século depois, porém, ainda estamos contando.) A maior parte da administração é um ofício de artesão, significando que repousa na experiência – de aprender fazendo. Isso significa que é tanto sobre fazer a fim de pensar, quanto pensar a fim de fazer.

Junte um bom punhado de habilidade artesã a uma certa porção de arte e um pouco de ciência e você terá uma atividade que acima de tudo é uma *prática*. Não existe "uma melhor forma" de administrar; tudo depende da situação.

A administração eficiente, portanto, acontece quando arte, habilidade e ciência se encontram. Mas numa sala de aula composta por estudantes sem experiência gerencial, esses itens não têm lugar para se encontrar – não há nada a *fazer*. Linda Hill (1992) escreve em seu livro sobre pessoas que se tornam gerentes que elas "tinham que agir como gerentes antes que compreendessem o que isso realmente significava" (p. 67). Resumindo, onde não há experiência, não há lugar para habilidades: estudantes inexperientes simplesmente não conseguem compreender a prática. Quanto à arte, nada impede que seja discutida, até mesmo admirada, na sala de aula de um MBA convencional. Mas a inexperiência dos estudantes impede que ela seja apreciada. Eles só conseguem vê-la como não-artistas o fazem – observando-a sem compreender como ela veio a ser o que é.

Isso nos deixa a ciência, que é do que se trata a educação MBA convencional em sua maior parte, pelo menos como análise. Assim, como será discutido no Capítulo 2, os estudantes dos MBA convencionais concluem o curso com a impressão de que administração é análise, especificamente a tomada de decisões sistemáticas e a formulação de estratégias deliberadas. Isso, como argumento no Capítulo 3, é uma visão estreita e, em última instância, distorcida da administração, que tem encorajado dois estilos disfuncionais na prática: *calculista* (excessivamente analítico) e *heróico* (arte aparente). Esses são mais adiante contrastados com um estilo baseado principalmente na experiência, chamado *engajador* – silencioso e conectado, envolvente e inspirador.

A Administração Não É uma Profissão   Já se disse que a engenharia também não chega a ser uma ciência ou uma ciência aplicada, mas é verdadeiramente uma prática (Lewin 1979). Não obstante, a engenharia de fato aplica uma boa porção de ciência, codificada e certificada quanto à sua aplicabilidade efetiva. E por isso pode ser chamada de profissão, o que significa que pode ser ensinada antes da prática, fora de um contexto específico. Nesse sentido, uma ponte é uma ponte, ou pelo menos aço é aço, mesmo que seu uso tenha que ser adaptado às circunstâncias presentes. O mesmo pode ser dito da medicina: muitas doenças são codificadas como síndromes-padrão para serem tratadas por técnicas específicas. O mesmo, no entanto, não pode ser dito da administração (Whitley 1995:92). Pouco de sua prática foi codificada de forma confiável, muito menos certificado quanto à sua efetividade. Assim, a administração não pode ser denominada profissão ou ser ministrada como tal.

Uma vez que a engenharia e a medicina possuem muito conhecimento codificado que deve ser aprendido formalmente, o especialista treinado pode quase sempre desempenhar seu papel melhor do que o leigo. Mas em administração não é bem assim. Poucos de nós confiaríamos no engenheiro ou no médico intuitivo, sem treinamento formal. Entretanto, confiamos em todas as espécies de gerentes que nunca despenderam um dia sequer num curso de gerência (e temos suspeitas de alguns outros que despenderam dois anos lá, como veremos no Capítulo 3).

Desde os anos 10, quando Frederick Taylor (1911) escreveu sobre aquela "melhor maneira" e Henry Fayol (1916/1984) declarou que "capacidade gerencial pode e deve ser obtida da mesma maneira que a capacidade técnica na escola, mais tarde na oficina" (14), estamos em busca do Santo Graal da administração como uma ciência e uma profissão. Na Grã-Bretanha, um grupo chamado Management Charter Initiative procurou saltar à frente com a certificação de gerentes, não se preocupando em defender a administração como uma profissão, mas admitindo-a como tal. Como declarou seu diretor a um jornal, o MBA "é a única verdadeira qualificação global, a única licença internacionalmente válida" (Watts 1997:43).

A declaração é insensata e o grupo falhou nesses esforços. É hora de encarar um fato: depois de quase um século de tentativas, em qualquer avaliação razoável a administração não pode ser considerada uma ciência ou uma profissão. Ela permanece profundamente incrustada nas práticas da vida diária. Devemos celebrar esse fato, não depreciá-lo. E devemos desenvolver gerentes profundamente incrustados na vida de liderança, não profissionais removidos dela.

Os campos de trabalho discutidos anteriormente podem ser divididos entre aqueles em que o protagonista realmente "sabe mais" do que os receptores e aqueles nos quais agir como especialista que sabe mais resolve a questão. A caminho de uma sala de cirurgia, poucos de nós estaríamos inclinados a novas indagações ao cirurgião. ("Poderia cortar um pouquinho mais para baixo, por favor?".) Não importa quão lamentável seja a atitude dele ao lado da cama, aceitamos que ele sabe mais. Mas um professor que age na base do saber mais pode impedir o aprendizado do estudante. O ensino na escola é uma atividade facilitadora, que visa mais a estimular o aprendizado do que a ensinar.

Gerenciar é também, em grande parte, uma atividade facilitadora. Sem dúvida, os gerentes têm que saber muito, e inúmeras vezes têm que tomar decisões baseadas nesse conhecimento. Mas, especialmente em grandes organizações e naquelas preocupadas com "trabalho de conhecimento", os gerentes têm que liderar melhor para que outros possam saber mais e, portanto, agir melhor. Eles têm que oferecer o melhor às outras pessoas. A idéia de que o chefe faz tudo, surgindo com a grande estratégia e então dirigindo sua implementação por intermédio dos demais, é freqüentemente um mito herdado da fabricação em massa de produtos simples. Também é uma das impressões deixadas pelos cursos de MBA. "Nosso objetivo é criar um ambiente em que os estudantes aprendam como contornar problemas difíceis, complexos... Os estudantes aprendem a fazer julgamentos, tomar decisões e assumir responsabilidades" (extraído de "Message from Dean", *web site* da Harvard Business School, 2003).

Como os professores de ensino fundamental podem facilmente levar suas habilidades de uma sala de aula para outra, eles podem ser chamados de profissionais. Mas não os gerentes, que dificilmente podem levar suas habilidades de uma função para outra dentro da mesma empresa, muito menos entre empresas ou setores. Em outras palavras, o conhecimento sobre o contexto não é tão portátil em administração como o é em educação, engenharia ou medicina. É por isso que muitos gerentes que foram bem-sucedidos em um local de trabalho falham em outros (o que dificilmente ocorre com professores, engenheiros ou médicos – desde que eles mantenham as habilidades que têm).

UM GERENTE CONVIDADO?    Imagine um gerente convidado. A idéia parece absurda. Como pode alguém entrar e simplesmente gerenciar algo? O gerente deve ter uma profunda compreensão do contexto. Entretanto, aceitamos professores substitutos para assumir salas de aula por um dia e médicos sem fronteiras que instalam hospitais em horas. Mas gerentes temporários?

Um exemplo óbvio é instrutivo – um maestro convidado. Uns poucos ensaios e lá vão os músicos se apresentar nas mais prestigiosas salas de concertos do mundo. A razão é simples: o exercício inteiro é detalhado ao extremo. Mozart comanda a situação; todo mundo toca de acordo com sua partitura altamente orquestrada. No nosso caso, teremos administração profissional assim que as outras organizações tornarem-se tão detalhistas como uma orquestra sinfônica executando suas estratégias conforme as partituras de Mozart, com todos os empregados e clientes obedientes em fileiras organizadas, respondendo rápido.

A prática da administração é caracterizada por sua ambigüidade. É por isso que, a despeito de seu uso popular, a metáfora do maestro no estrado de regência é totalmente imprópria (pelo menos durante a performance, se não necessariamente ensaio; veja Mintzberg 1998). A maior parte do trabalho que pode ser programado numa organização não necessita ser realizada pelos gerentes, diretamente; pode ser delegada a especialistas. Isso deixa os gerentes com os "abacaxis" – os problemas intratáveis, as conexões complicadas. Isso é o que torna a prática da administração tão fundamentalmente "e porque" rótulos como experiência, intuição, julgamento e sabedoria são tão comumente usados para descrevê-la como uma habilidade social e comportamental. Eis como uma gerente bem-sucedida, numa grande empresa aérea, descreveu seu marido MBA para mim: "Ele tem a técnica, acredita que sabe mais. Mas frustra-se porque não compreende as complexidades e a política. Ele pensa que tem as respostas, mas é frustrado por ser incapaz de fazer qualquer coisa a respeito". O tal cidadão nunca aprendeu a gerir na escola de negócios.

## A "Experiência" como Requisito de Matrícula em MBA

A maioria das escolas de negócios exige "experiência de trabalho" de seus candidatos a MBA, geralmente de até quatro anos. Algumas, de fato, são abertamente contra um período mais longo do que esse, e Harvard aparentemente tomou há poucos anos a decisão de reduzir esse tempo para cerca de dois anos e aceitar diretamente alguns candidatos recém-formados na universidade.

Mas qual a utilidade de uns poucos anos de experiência, especialmente quando não é gerencial? Isso pode instalar a necessária profundidade de compreensão sobre como as organizações trabalham e o que significa a gestão?

Imagine soltar um jovem estudante MBA numa sala de aula de gerentes experimentados, mesmo numa disciplina de uma função empresarial especializada, como *marketing* ou finanças. Enquanto a aula permanecer com teoria e técnica – ou seja, permanecer em um nível genérico – o estudante estará ótimo. Mas tão logo a discussão derivar para a aplicação – para nuances e apreciações – o estudante estará perdido. Sob esse aspecto, uma sala de aula repleta de estudantes desse tipo estará sempre perdida. "Se você sabe como projetar um excelente motor de motocicleta", satirizou Richard Rumelt, um professor de estratégia na UCLA, "eu posso lhe ensinar sobre estratégia em poucos dias. Se você for Ph.D. em estratégia, muitos anos de trabalho dificilmente lhe darão capacidade para projetar excelentes novos motores de motocicleta". O negócio é motores de motocicleta: a estratégia é o meio; os motores de motocicleta são o fim. Os programas MBA convencionais trabalham a estratégia mas não produzem motores de motocicleta.

## Hora Errada?

Sem dúvida, essa falta de experiência sugere que o problema se localiza menos nas pessoas erradas e mais na hora errada. Os programas MBA ensinam as pessoas certas na hora errada?

Creio que não, por duas razões. Primeiro, ensinar demasiadamente cedo pode tornar erradas as pessoas certas. Dar a alunos uma impressão questionável do que é a gestão pode distorcer a forma como essas pessoas a praticarão subseqüentemente. Os Capítulos 4 e 5 apresentam alguma evidência disso. Meu colega Jonathan Gosling apresentou uma sugestão intrigante com relação a isso. O MBA atrai pessoas que estão acabando de conquistar sua independência em relação à família e suas raízes. Tornar-se "global", por exemplo, soa bem para elas. Entretanto, a administração é algo bem diferente – a saber, a aceitação de responsabilidade. Assim, os programas MBA podem estar inadvertidamente encorajando uma atitude de independência que é fundamentalmente antitética com a prática responsável de administração.

Segundo, eu sustento que os programas MBA, pela sua natureza, atraem um grande número de pessoas erradas – muito impacientes, muito analíticas, com muita necessidade de controlar. Essas características, juntamente com a credencial MBA, podem conduzi-las a cargos de gerência. Mas gerando quais conseqüências? Esse é o assunto dos Capítulos 3 a 6.

## A Charada dos Pedidos de Matrícula

Na ocasião em que começava a escrever este livro, uma nova escola de negócios estava sendo instalada na Índia com uma grande parcela de publicidade e considerável ajuda da McKinsey & Company. A revista indiana *Businessworld* (Gupta 2000) relatou os critérios de matrícula do novo empreendimento: "Os estudantes devem ser espertos participantes de equipe com comprovadas qualidades de liderança e dois anos de "experiência de trabalho". Como confirmar tais "comprovadas" qualidades de liderança depois de apenas dois anos? "Critérios de seleção: escores GMAT, desempenho universitário, experiência extracurricular e de trabalho".

Isso é típico de como as pessoas entram em programas MBA. De início, elas selecionam a si próprias, presumivelmente na crença de que liderar é melhor do que ser liderado (e paga melhor). De fato, muitas pessoas se candidatam a programas MBA não apenas para *subir* na empresa, mas para *sair* dela – para encontrar um emprego melhor em outro lugar; em outras palavras, para se afastar da fonte de qualquer experiência limitada que de fato têm. Isso nos diz alguma coisa?

As escolas de negócios fazem suas escolhas a partir desse *pool*. Elas selecionam entre os líderes auto-selecionados. As escolas podem procurar por evidência de liderança potencial (como por exemplo, postos de trabalho em clubes extracurriculares), mas quando se vangloriam da qualidade de seus estudantes, quase inevitavelmente citam os escores GMAT e as médias alcançadas. Maravilhosamente numéricas, todas essas – o próprio resultado numérico das escolas de negócios. Mas elas estariam avaliando o potencial gerencial?

GMAT significa Graduate Management Admission Test e avalia a capacidade de uma pessoa de dar respostas rápidas a pequenos problemas numéricos e verbais (exemplo: "Se Mário tinha 32 anos há 8 anos, que idade teria ele $x$ anos atrás? (A) $x - 40$, (B) $x - 24$, (C) $40 - x$, (D) $24 - x$, (E) $24 + x$" [GMAT 2000]. Essa questão é acompanhada de uma tarefa analítica escrita. Como o quão bem você se sai depende de quão bem todo mundo mais se sai, é melhor você se preparar comprando um livro especial ou fazer um curso especial, porque isso é o que todos os demais estão fazendo. "Apanhe [o programa Kaplan de preparação para exames] e obtenha o escore que você necessita para entrar na escola que você quer", declara um grande provedor em seu *web site* (2003). Assim, em vez de praticar a gestão, o aspirante a gerente pratica testes.

Bons gerentes são certamente inteligentes, e o GMAT certamente avalia inteligência, pelo menos a inteligência formal. Mas não-gerentes podem ser inteligentes assim como também existe um número nada pequeno de péssimos gerentes. Assim, o GMAT constitui um dispositivo de classificação útil mas insuficiente, mais útil, na verdade, para identificar estudantes bem-sucedidos do que gerentes bem-sucedidos. Estes últimos têm que exibir todos os tipos de outras características que não são medidas por tais escores – sem dúvida, muitas não são adequadamente medidas por *quaisquer* escores.

Um estudante MBA da minha própria universidade censurou-me por ter mencionado a intuição em relação à seleção de estudantes MBA. Como é possível selecionar por intuição, insistiu ele, se você não pode nem mesmo medi-la? Boa pergunta. Outro indagou se o uso de julgamento no processo de seleção não introduziria tendenciosidade. Claro, respondi eu, porque o viés é o outro lado do julgamento. A melhor forma de se livrar da tendenciosidade é se livrar do próprio julgamento. Os programas MBA que confiam nesses escores numéricos livram-se do julgamento e assim, também, livram-se de avaliar o potencial gerencial. No processo, eles introduzem sua própria tendenciosidade pró-ciência relegando a arte e a habilidade.

Sem dúvida, as escolas necessitam ter alguma forma de selecionar as pessoas certas. Mas não a partir de um *pool* das pessoas erradas. E não pelo uso de critérios supérfluos. Há outra forma de selecionar, que será discutida no Capítulo 9: a partir de um *pool* de gerentes em plena atividade, baseada na demonstração de seu sucesso como gerentes.

## A Vocação para a Gestão *versus* o Gosto pelos Negócios

Em um clássico artigo da *Harvard Business Review* publicado há três décadas, "The Myth of the Well-Educated Manager", Sterling Livingston (1971:84) escreveu que muitas pessoas que "aspiram a cargos de gerência de alto nível... carecem da 'vocação para a gestão'". Não a *necessidade* de gerenciar, mas a *vocação* para a gestão. Eles "não estão motivados para gerenciar. Estão motivados para ganhar polpudos salários e atingir alto *status*".

A administração exitosa, na opinião de Livingston, não significa sucesso próprio; significa estimular o sucesso dos outros. "Universidades e organizações empresariais, as quais selecionam candidatos na área gerencial com base em suas realizações individuais anteriores, freqüentemente escolhem as pessoas erradas para desenvolver como gerentes... Menos e menos [formados em administração] estão dispostos a fazer os sacrifícios necessários para aprender administração de postos inferiores; cada vez mais eles esperam entrar já no topo, em posições cujas atribuições sejam observar, analisar e aconselhar". Palavras interessantes de 1971!

Alguns desses candidatos apresentam outra característica importante, que Alfred North Whitehead, em um importante artigo sobre escolas de negócios, publicado em 1932, rotulou de o "gosto pelos negócios" (que não é o mesmo que o gosto pelas riquezas). As escolas de negócios têm sido eficientes em estimular pessoas com esse gosto e às vezes em estimular outras a gostar; essa pode ser sua mais importante contribuição para a economia. Mas elas também permitiram que esse gosto pelos negócios fosse confundido com a tal vocação para a gestão. Num sentido, a primeira colocação significa extrair o máximo dos *recursos*; a última significa aproveitar a energia das *pessoas*. (Aquelas pessoas que tornaram-se "*recursos* humanos" nas escolas de negócios e muito da prática dos negócios evidencia ainda mais esse problema.)

Como bem mostra a Figura 1.1, existem pessoas que possuem ambos, a vocação para gerenciar e o gosto pelos negócios, assim como há pessoas que não

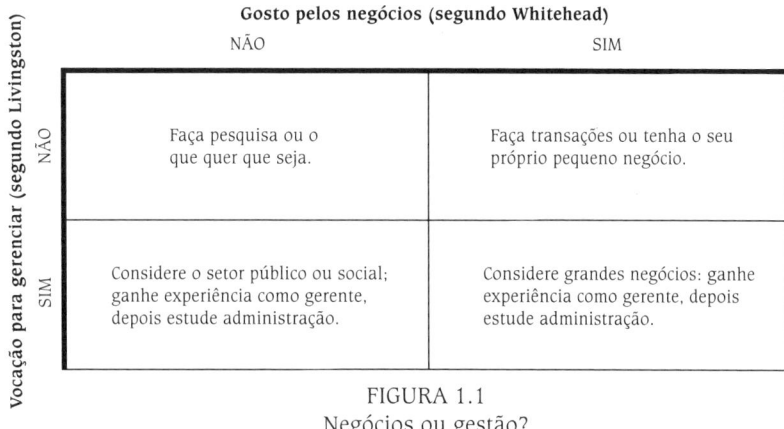

FIGURA 1.1
Negócios ou gestão?

possuem nenhum dos dois. As primeiras parecem mais apropriadas para cargos de liderança em grandes corporações, assim como as últimas não são apropriadas para cargos de liderança. Aquelas que têm vocação, mas não o gosto, poderiam se dar bem em organizações do setor público e social.

Há pessoas que têm o gosto pelos negócios mas não apresentam vocação para gerenciar. Elas formam um grupo numeroso em programas MBA. Tais pessoas podem tornar-se grandes banqueiros de investimento, analistas financeiros ou consultores, como muitas de fato se tornam (uma delas, muito famosa, é mencionada no quadro que segue), mas muitas vezes na esperança de conduzir grandes corporações. Eu cito evidência no Capítulo 4, sugerindo que um número surpreendente daquelas que são bem-sucedidas em alcançar tal posição falham no exercício desses cargos. Elas deveriam ter permanecido onde estavam ou conduzido seus próprios pequenos negócios (apesar de outra evidência sugerir que a ocorrência de MBAs como empreendedores não é grande).

---

POUCA VOCAÇÃO PARA GERENCIAR, MAS MUITO
GOSTO PELOS NEGÓCIOS!

"Eu não sabia o que fazer depois que saí da Marinha. Não tinha qualquer idéia melhor do que cursar um MBA", disse um detentor desse grau, de Stanford (citado em Crainer and Dearlove 1999:78). Escassa vocação para gerenciar, aparentemente. Mas por certo ele tinha gosto pelos negócios. Não terminou como gerente. Mas ele se saiu muito bem no campo que escolheu, conquistando grande fama e ganhando muito dinheiro. Seu nome é Tom Peters.

---

"O grau de MBA não é uma varinha mágica que transforma alunos recém-bacharéis, imaturos e sem experiência em gerentes licenciados." Assim afirmou Arnoud de Meyer et al. (1992:28), como cabeça do programa MBA de Insead. Seus pares, entretanto, pensavam de outra forma. "Esse programa é feito para desenvolver gerentes de alto potencial", declara a University of Virginia Darden School em seu *web site* (2003). A Baruch School de Nova York descreve as escolas de negócios como "incubadoras de líderes de negócios de amanhã". Um membro docente daquela nova escola instalada na Índia asseverou: "Nós estaremos entrevistando pessoas com a noção de que as estamos treinando para serem gerentes" (Gupta 2000:53-54).

As escolas de negócios levam essa retórica a sério. Dão boas-vindas a pessoas com gosto pelos negócios – ou pelo poder, ou pelas riquezas –, presumem que são vocacionadas para gerenciar, enchem-nas de cursos sobre finanças, *marketing* e assim por diante, borrifados com um *pouco sobre* administração (não sobre *como* administrar), e então lhes dizem que estão prontas para assumir gerências. Se as escolas levam isso a sério, por que não o levariam os formados? O mais danoso de tudo, todavia, é que muitas corporações contratantes, ou pelo menos as pessoas em seus departamentos de "recursos humanos", ávidas por uma fonte conveniente de talentos gerenciais, levam essa história a sério também. É, repetindo o que já disse, uma tapeação.

Para concluir: necessitamos de líderes com habilidades humanas, não profissionais com credenciais acadêmicas. Nas organizações maiores, em especial, o sucesso depende não do que os próprios gerentes fazem, como alocadores de recursos e tomadores de decisões, mas do quanto eles ajudam os outros a fazer.

Assim, o que devo dizer a Robert, um jovem que veio me consultar sobre sua vontade de cursar um MBA? É com essa pergunta, discutida no quadro a seguir, que concluo este primeiro capítulo.

### O QUE DEVO DIZER A ROBERT?

Robert, filho de um velho amigo, veio ao meu encontro. Ele desejava cursar um MBA. Como deveria proceder?

Essa pergunta sobrevém todo o tempo. Jovens brilhantes enfadados com um ano de trabalho em tempo integral e procurando um cargo melhor em algum outro lugar vêem o MBA como uma plataforma de lançamento. Sempre dou a mesma resposta: conquiste sua liderança. Encontre um setor de que você goste, procure conhecê-lo, comprove seu potencial e pratique a administração. *Depois,* faça um curso de administração. Programas de MBA convencionais, digo-lhes eu, são um desperdício de tempo para o trabalho gerencial; na verdade, eles podem distorcer o verdadeiro potencial gerencial.

Os olhos sempre ficam vidrados nesse momento. Ninguém realmente comenta "Eu vim para descobrir para que escola ir e você me diz uma coisa dessas", mas isso é o que parece se passar em suas mentes. Em vez disso, eles dizem (nos anos bons): "Mas veja o que me espera se eu obtiver um MBA numa boa escola: um grande salário, um emprego importante, os empregadores me cercando, talvez até mesmo ganhe um bônus como o que ganha um astro do futebol – o caminho rápido, a boa vida". Como posso dizer a Robert para não cursar um MBA?

Não se preocupe. Não causei nenhum mal nisso tudo, porque duvido que um só tenha seguido o meu conselho. Eles estavam todos cheios de intenções (como eu estava, nesse estágio) de obter o grau.

Até que Joe chegou. Mesma pergunta. Mesma resposta. Mas os olhos de Joe não ficaram vidrados. Pelo menos, ele saiu ponderando a questão.

Eu tenho estado em contato com Joe por vários anos. Poucos meses depois, ele foi aceito numa boa escola de negócios. Mas decidiu não ir. Em vez disso, ele mudou de emprego. Ele adora seu novo trabalho, confessou-me, e está aprendendo bastante. Ele tem dúvidas sobre o MBA agora; está avaliando outras opções para estender sua formação profissional.

Talvez ainda reste uma esperança.

# 2

# MANEIRAS EQUIVOCADAS

*Trabalhar com fontes indiretas, ou de segunda mão, no
mundo erudito esconde o segredo da mediocridade.*
— ALFRED NORTH WHITEHEAD

Não existem maneiras certas de desenvolver as pessoas erradas. Poderíamos, portanto, parar aqui e ter um capítulo bem curto. Mas o problema é muito mais profundo; e assim o faz este capítulo e os subseqüentes. Os programas MBA não apenas deixam de desenvolver gestores, mas oferecem a seus estudantes uma falsa impressão do que seja gerir que, quando posta em prática, acaba minando nossas organizações e nossas sociedades. Em verdade, as formas de atuar do MBA – os conteúdos dos programas e os métodos pelos quais são ensinados – estão tão fortemente estabelecidos que são regularmente utilizados, com conseqüências semelhantes, para as pessoas certas – a saber, gestores freqüentando os assim chamados MBA executivo e programas mais curtos de desenvolvimento gerencial.

Neste capítulo, discutirei a educação recebida pelos alunos de MBAs; primeiramente, o conteúdo desses programas e depois os métodos utilizados. Nos próximos capítulos, avaliarei as conseqüências disfuncionais desse tipo de educação sobre a prática da administração. Inicialmente, porém, farei uma breve análise da história da educação em negócios, o que ajudará a explicar por que, hoje, as escolas de negócios desenvolvem o conteúdo e empregam métodos da forma como o fazem.

# UM BREVE HISTÓRICO DA EDUCAÇÃO EM NEGÓCIOS

A educação em negócios começou sendo considerada de forma muito positiva, mas deteriorou-se até os anos 1950, quando algumas mudanças bem perceptíveis começaram a acontecer. Tais mudanças fazem parte do nosso cenário atual.

## OS ANOS DE CONSTITUIÇÃO DO MODELO

Geralmente consideramos que o início da educação em negócios foi há muito tempo, quando a University of Pennsylvania criou um programa de bacharelado em negócios, em 1881, graças aos esforços do *businessman* norte-americano Joseph Wharton. Em um *paper* sobre as origens da educação em negócios (veja também Redlich,1957), J. C. Spender (1997:13) argumenta noutro sentido, rastreando esse caminho até a escola prussiana de governo de organizações*, que estabeleceu uma agenda que soa bem parecida com a das escolas de negócios de hoje, ou seja "a aplicação do método científico, significando medições rigorosas, coleta de dados, manutenção de registros, análise estatística e o desenvolvimento de modos racionais/legais de ordenar, tomar decisões e controlar atividades sociais". Algo análogo ao uso de casos, bem como a atividades de campo, também era usado, e um debate se formou questionando "se tal treinamento deveria ser dirigido a técnicos de administração, a pessoal de *staff* ou a líderes empresariais", um debate que prossegue até os dias de hoje – inclusive neste livro.

Joseph Wharton era um homem de negócios que aprendeu alemão e visitou a Prússia. Acredita-se que ele tenha trazido idéias colhidas nessas andanças diretamente para a sua proposta de escola de negócios que leva seu nome. Wharton criticava o "aprender fazendo" (Sass, 1982:22), comum nas escolas de comércio americanas da época, e insistiu para que o programa curricular da University of Pennsylvania incluísse contabilidade, direito mercantil e economia; logo em seguida, finanças e estatística foram adicionadas ao currículo. Quando Edmund James, que fez seu doutorado na Alemanha, tornou-se diretor da escola em 1887, "A Wharton School já estava bem desenvolvida" (Spender 1997:20) dentro da tradição prussiana. "A ênfase mudou nos anos que se seguiram", mas Sass (1982:294) registra que, quando aceitou a Direção da escola, em 1972, Donald Carroll adotou a visão original de Edmund James (Spender, 1997:21).

OS MBAS TÊM SEU INÍCIO   A Dartmouth College foi a primeira escola a oferecer um grau de Mestre em Negócios, em 1900, quando "permitiu que alguns graduados na universidade... [estendessem] seu... curso por mais um ano" (Schlossman et al., 1994:6). Em 1908, a Universidade de Harvard criou o primeiro programa denominado Master of Business Administration (aparentemente referido, pelo Reitor

---

* N. de R. T.: *Prussian school of bureaucratic statecraft*, no original.

da Universidade como uma "denominação horrível" [Heaton, 1968:71]). Em 1925, surgiu o segundo programa, na Universidade de Stanford, apesar de a educação de negócios em nível de graduação já estar, na ocasião, solidamente estabelecida nos Estados Unidos. (A American Association of [agora, Association to Advance] Collegiate Schools of Business [AACSB], que mais tarde veio a tornar-se a agência de credenciamento (acreditação), fora criada em 1916.)

Mas não foi fácil nem para Harvard nem para Stanford, pois ambas tiveram que "lutar com patrocinadores não entusiastas da comunidade de negócios, com estudantes muito críticos e céticos e ainda com colegas e curadores *(trustees)* da universidade, além de ciumentos, descrentes", para não mencionar as dificuldades financeiras (Schlossman et al., 1994:9-10). Trinta e três estudantes matricularamse no programa MBA de Harvard em 1908; mas apenas oito voltaram a se matricular para o segundo ano. Foi quatro o número de diplomados de MBA, em 1919 (Schlossman et al, 1994:15: 17).

O que chega a ser curioso é que "o principal impulso para [essa] educação em negócios ministrada na universidade" veio de acadêmicos – "economistas, psicólogos, sociólogos e cientistas políticos" –, a maior parte dos quais "carecia de conhecimento de primeira mão sobre negócios e, em verdade, tinha poucas ligações com homens de negócios".[1] Não obstante, "acreditavam firmemente que poderiam descobrir uma 'ciência' básica sobre o mundo dos negócios, transmitir essa ciência aos futuros líderes da América corporativa e assim criar uma nova profissão de administradores". Mesmo em Harvard, "os quatro fundadores eram acadêmicos com limitada experiência em negócios" (p. 10, 11), inclusive Edwin Gay, o primeiro diretor, que também tinha elaborado sua tese de doutorado na Alemanha.

O Advento do Método do Caso  Antigamente, havia "dois temas concorrentes", um baseado em "conhecimento geral sobre a conduta de negócios" e o outro, em "conhecimento especializado sobre operações de setores específicos". A Harvard, por exemplo, havia exigido cursos de princípios de contabilidade, direito comercial e recursos econômicos dos Estados Unidos, bem como eletivas em campos como operações bancárias e ferroviárias (Schlossman et al. 1994:13, 14).

O método expositivo era o mais adotado em Harvard, exceto em direito comercial, em que se usavam exemplos a partir das decisões dos tribunais. Gradualmente, esse uso de exemplos tornou-se mais usado e visto como a origem do método de estudo de casos. Mas o verdadeiro impulso para a difusão do uso de casos parece ter partido de um homem de negócios de Chicago chamado Arch Shaw. Ele primeiro usou-os no programa de educação em negócios em nível de graduação da Northwestern University e subseqüentemente abordou Gay (Gleeson et al., 1993:15). Os estudos de caso inicialmente entraram no MBA da Harvard numa disciplina obrigatória de segundo ano, denominada *Business Policy* (Política

---

[1] A mesma situação prossegue hoje. Em 1999, a Business Week (October 18, p. 78) publicou qual era a percentagem do corpo docente de 20 escolas de negócios que tinham ao menos cinco anos de experiência em negócios. A Harvard obteve a segunda classificação mais baixa (depois do Insead), com 8% (Stanford alcançou 20% e Wharton, 10%).

de Negócios), que passou a fazer parte do currículo em 1912. Alguns *businessmen* foram convidados para apresentar e discutir "um problema do ponto de vista de (seu) próprio birô de trabalho". Dois dias depois, "cada estudante entregava um relatório com sua análise do problema e a solução que recomendava", relatório esse que era então discutido com a classe pelo referido homem de negócios (Copeland, 1954:33). Os estudantes aparentemente gostavam desse método, mas o uso de casos somente foi disseminado depois da Primeira Guerra Mundial, sob a gestão de um novo diretor da escola, um banqueiro chamado Wallace Donham.

Donham mais tarde comentou, a respeito do momento em que assumira o cargo: "Eu não tinha conhecimento teórico de negócios e constatei que também o meu corpo docente tinha pouco conhecimento prático. Era um problema difícil ajustar os dois lados da questão."(*in* Gleeson et al., 1993:17). A idéia de Shaw resolveu o problema de Donham, e outro também: as pressões dos estudantes, que "batiam os pés quando as aulas expositivas tornavam-se maçantes". Donham nomeou Copeland, "notoriamente um péssimo palestrante e uma vítima dos protestos com batidas de pés", para gerir o Harvard Bureau of Business Research e "disse [lhe] para convertê-lo de órgão preocupado com dados estatísticos para um que reunisse uma coletânea de casos". O próprio Copeland fez também modificações em sua disciplina de *marketing* e "milagrosamente a batida de pés cessou"(Ibid, p. 18).

Donham não forçou os outros a usar o método, mas o "esforço altamente bem-sucedido [de Harvard] em produzir casos em massa criou uma considerável pressão sobre o corpo docente para incluí-lo nas diferentes disciplinas, e em meados dos anos 20 os casos tinham se infiltrado na maioria das disciplinas"(Gleeson et al., 1993:18), onde permanecem ainda hoje. Na Northwestern, enquanto isso, em que a administração "nunca assumiu uma posição formal sobre o método de casos", o uso de casos "permaneceu [e permanece] fortemente uma decisão individual"(Gleeson et al., 1993:25).

USO DE CASOS PELO BEM DA TEORIA   Donham "presumiu que casos seriam usados para introduzir questões teóricas... [de uma] maneira agradável, realista, segura". Ele também acreditava que a redação de casos "encorajaria a geração da teoria". Em verdade, ele descrevia o estudo de casos como "simplesmente um método para despertar maior interesse no estudante", "sem mágica", apenas uma forma de levar o estudante "um pouco mais adiante na teoria" (Gleeson et al. 1993:31). O seu corpo docente, entretanto, tinha outras idéias e levou o uso de casos da escola para outro lugar, onde permaneceu pelo resto do século, e, até certo ponto, até hoje.

De acordo com Gleeson et al., três grupos compunham o corpo docente. Primeiro, os *especialistas setoriais*, muitas vezes homens de negócios proeminentes, lecionavam as populares disciplinas sobre setores industriais específicos, muitas das quais Donham conseguiu eliminar. Segundo, os *especialistas funcionais*, em áreas como *marketing*, finanças e produção, eram estimulados por Donham, em seus primeiros anos de diretor, a combater essa especialização setorial. Ele insistia, quase sempre em vão, que eles deviam discutir seus problemas funcionais "dentro do contexto da empresa como um todo". Finalmente, os professores "crias da casa" surgiram como escritores de casos (muitas vezes tendo-os utilizado para obter o novo diploma de doutorado). Eles interpretavam os casos de maneira diferente, "como sendo muito valiosos quando encorajavam os estudantes a abandonar a busca por teoria e a aprender como tomar decisões realistas e difíceis por si próprios" (p. 32). Donham tentou opor-se a esse terceiro grupo reduzindo as despesas com a redação de casos (em cerca de dois terços) e promovendo pesquisa de ciências sociais, introduzindo na escola ilustres pesquisadores, como Elton Mayo, Joseph Schumpeter e Talcott Parsons. Mas foi uma causa perdida: "Dos estudos de casos não se originaram teorias de negócios generalizáveis" (p. 33).

Assim, logo no começo foi montado o palco para o grande debate em educação para os negócios: a teoria original de Wharton, enraizada no academicismo, *versus* a prática de Harvard, embasada na experiência, aquele "aprender fazendo" tão completa e ostensivamente criticado por Joseph Wharton. No entanto, uma rápida olhadela nas disciplinas oferecidas em Harvard, desde o princípio, nos faz ponderar se essas diferenças de abordagens eram tão significativas assim.

A CAMINHO DO SUCESSO NO MERCADO E DO FRACASSO ACADÊMICO  A partir dessas origens, as escolas de negócios ascenderam à proeminência nos Estados Unidos. De cerca de 40, em 1915, os dez anos seguintes viram o acréscimo de mais 143 (Cheit, 1975:91); 110 graus de mestre foram concedidos em 1920, 1.017 em 1932 e 3.357 em 1948 (Gordon e Howell 1959:21).

A qualidade acadêmica, todavia, não acompanhou tal avanço numérico. Harvard persistiu com seus estudos de caso (em 1949 havia diplomado quase metade de todos os MBAs existentes [Aaronson, 1992:168]), mas a maioria das escolas caiu numa espécie de idade das trevas da educação em negócios. "No final dos anos 30... grande parte do programa de pós-graduação [da Stanford] estava perigosamente próxima" dos estudos em nível de graduação (Gleeson et al. 1993:35), enquanto que a Columbia University viveu "o triunfo do vocacionalismo" – isto é, o ensino de "habilidades específicas da função" (Aaronson, 1992:163, 164). Na Wharton, os professores mais interessados em consultoria do que em pesquisa "se uniram [em verdade, uma conspiração] às preocupações práticas dos estudantes preocupados com o emprego para frustrar as amplas intenções de Joseph Wharton" (Mast, 2001:297). A gestão em si era ensinada em escolas de negócios como uma coletânea de princípios vagos, semelhantes à sabedoria popular – por exemplo, que o *alcance de controle* de qualquer gerente não devia exceder a sete subordinados. (Veja a crítica de Simon [1957] desses princípios.) "No final dos anos 40, a incapacidade – mesmo das instituições de elite, como Harvard, Stanford, Columbia e Chicago – de responder ao toque da trombeta por um novo tipo de gerente era óbvia." Os negócios estavam mudando rapidamente, mas "o conhecimento disponível aos estudantes por meio de livros ou de casos", não mudava (Schlossman et al., 1994:3).

## O Retorno à Respeitabilidade Acadêmica

O Mosteiro Carnegie  O mosteiro irlandês da Idade das Trevas das escolas de negócios era um lugar notável em Pittsburgh, Pennsylvania, chamado Graduate School of Industrial Administration (GSIA) no Carnegie Institute of Technology (agora Carnegie Mellon University). Entretanto, a GSIA não manteve a luz acadêmica brilhando tanto quanto a reacendeu nos anos 50.

O que acelerou esse processo foi a contratação, em 1946, de um economista chamado George Leland Bach, depois que cumprira seu serviço militar, em tempo de guerra, no Federal Reserve, para colocar de novo em funcionamento o departamento de economia da Carnegie. Bach trouxe William Cooper do campo da Pesquisa Operacional (aplicações matemáticas a problemas de sistemas), que tinha se tornado proeminente em aplicações durante a guerra e ambos contrataram Herbert A. Simon, um jovem e brilhante cientista político, para dirigir o programa de graduação em educação de negócios. Zalaznick (1968:206) escreveu mais tarde na revista *Fortune* que a contratação de Simon "foi um sinal à comunidade acadêmica de que uma escola de negócios poderia ser um local apropriado para se trabalhar... em problemas profundos... ainda que sem relevância imediata" (p. 206).

As pressões estavam crescendo durante a Guerra Fria para melhorar a capacidade gerencial dos Estados Unidos, e quando um donativo de quase US$ 6 milhões foi feito por William Lorimer Mellon para a constituição de uma nova escola de administração industrial na Carnegie, Bach foi nomeado seu primeiro diretor e o seu departamento de economia veio a integrar a nova escola.

A visão era clara desde o princípio (sem deixar de estar associada tanto aos esforços originados pela influência germânica quantos aos de Wharton, além daquelas crenças, mesmo não concretizadas, de Donham):

1. A pesquisa sistemática é importante; o ensino vem depois. "A pesquisa foi seu propulsor fundamental do progresso" (Gleeson e Schlossman, 1995:14).

2. A pesquisa deveria ser, acima de tudo, descritiva, fundamentalmente para se entender de negócios e organizações; a prescrição poderia vir depois, na prática.

3. Tal pesquisa deveria estar enraizada num conjunto de disciplinas básicas, notadamente economia, psicologia e matemática. Estas deveriam constituir o foco central em cursos ao nível de mestrado, bem como ser os fundamentos de funções empresariais como finanças, *marketing* e contabilidade.

4. A sala de aula é um local para ensinar aos estudantes os fundamentos das habilidades de análise de solução de problemas, no estilo de pesquisa operacional, ou "*management science*".

5. Uma especial atenção deve ser dada aos estudos de doutorado, para estimular a pesquisa e fazer com que os diplomados como doutor levem essas idéias a outras escolas.

Um aspecto, entretanto, deixou de figurar em tudo isso: o desenvolvimento de gestores. A GSIA estava mais preocupada em ajustar a academia e ter seus professores devidamente respeitados. Assim, ela tinha que olhar para dentro, para seu *status* na universidade, e não para fora, para as necessidades dos gestores. Mas esse era um problema não só ignorado, mas desconsiderado, como tem sido desde então: supor que escolas academicamente respeitáveis produzam gestores adequados. Além disso, se administrar é tomar decisões acertadas, então desenvolver as habilidades analíticas dos estudantes só poderia melhorar a prática gerencial.

O corpo docente da GSIA pesquisou um conjunto de questões notavelmente amplas e interessantes, mas nunca as mencionadas. Esses acadêmicos nunca testaram seus próprios pressupostos. Com o tempo eles se ativeram às disciplinas, e a gestão (chamada de administração)*, que tinha sido o foco de tentativas anteriores de integração, simplesmente desapareceu.

A GSIA naqueles anos povoou-se de pessoas – muito inteligentes – educadas como cientistas sociais. Bach era economista; Simon, cientista político; Cooper, estatístico. Todos tornaram-se famosos, como aconteceu com muitos dos que eles contrataram logo depois: Richard Cyert, economia; James March, ciência política; Harold Levitt, psicologia; Allan Newell, matemática; Franco Modigliani e Morton Miller, economia/finanças. (Os dois últimos, juntos, e Simon, separadamente, acabaram conquistando o Prêmio Nobel de Economia.) Bach descreveu a GSIA (*in* Gleeson e Schlossman, 1995:13, 23) como um "local de trabalho duro, sem espaço para trabalho de segunda classe", onde "todo mundo debate tudo". Bem, *quase* tudo.

Mais importante ainda, o corpo docente da GSIA trabalhou junto para promover a integração entre as disciplinas, incluindo a emergente tecnologia da informação decorrente da era do computador. Alguns de seus mais relevantes trabalhos enfocavam as organizações. Embora importante trabalho a esse respeito tenha sido desenvolvido antes, notadamente por Max Weber, grande sociólogo alemão (veja Gerth e Mills 1958), a GSIA, liderada especialmente por Simon, pôs a "teoria da organização" no mapa (veja especialmente Simon, 1947, 1957; March e Simon, 1958; e Cyert e March, 1963; veja também a revisão feita por Starbuck, 2002).

Com a instabilidade das outras escolas de negócios, a GSIA tornou-se a grande esperança. Ali havia respeitabilidade acadêmica para a oferta, totalmente atualizada, de computadores e matemática. Isso podia não apenas ligar as escolas a disciplinas acadêmicas já consagradas, como também torná-las centrais para a integração de algum trabalho envolvendo tais disciplinas. A GSIA certamente fez isso, pelo menos em seus primeiros anos. Sua produção de pesquisa e seus *insights* conceituais, usando a psicologia e a economia, especialmente sobre or-

---

* N. de R. T.: Note que o texto original fala de *"management (called administration)"* que é uma das questões de tradução que enfrentamos, pois traduzimos a primeira por gestão. A escola pós-graduada de Carnegie chamava-se Graduate School of Industrial Administration.

ganizações, foram extraordinários: a GSIA, durante os anos 50, era sem sombra de dúvida o mais empolgante centro de pesquisa jamais visto em uma escola de negócios. E ela alavancou esse esforço para produzir um fluxo constante de estudantes de doutorado acabaram tendo enorme influência sobre outras escolas de negócios, muitos deles como diretores.

A REVIRAVOLTA DE 1959  Quando dois grandes estudos foram autorizados no final dos anos 50 para considerar os caminhos horrendos das escolas de negócios americanas, um pela Fundação Ford (Gordon e Howell, 1959) e o outro pela Carnegie Corporation (Pierson, 1959), não foi surpresa que a GSIA tenha servido de modelo. De fato, Bach manteve um relacionamento estreito com ambos os relatórios (Gleeson e Schlossman, 1995:26) e contribuiu com um capítulo para o relatório de Pierson, argumentando que a tomada de decisão "analítica, racional" era a chave para a educação em administração (Bach, 1959).

Gordon e Howell (1959:4) descrevem a educação em negócios como "corroída por dúvidas e assediada pelos espinhos de críticos nada amistosos", encontrando-se "no nível mais baixo da academia..."* Eles buscam respeitabilidade acadêmica, mas a maioria continua a se engajar em treinamento vocacional nada respeitável". A solução proposta foi "um sofisticado domínio de ferramentas *analíticas* e *de pesquisa* derivado das *disciplinas* básicas", bem como "um sólido treinamento em *ciências* físicas e sociais, e em matemática e estatística, combinado com a capacidade de aplicar essas *ferramentas* a problemas empresariais" (Ibid., p. 100, itálico adicionado), suplementado por estudos de caso para "proporcionar ao estudante *alguma experiência, mesmo que limitada* no tratamento dos tipos de problemas que ele encontrará no mundo dos negócios" (p. 135-36, itálico adicionado). O relatório também exigiu "a liberação de mais tempo do corpo docente para atividades de estudo e pesquisa formal" (p. 391) e apressou as escolas de negócios a desenvolverem cooperação mais íntima com as disciplinas de base, buscando aumentar o interesse de cientistas comportamentais, matemáticos e estatísticos em problemas empresariais" e oferecendo "mais treinamento nessas áreas relacionadas para candidatos a doutorado... [e] atuais membros do corpo docente" (p. 392).

O relatório Pierson não era muito diferente, talvez com maior preocupação com a integração entre as várias matérias, falando de "padrões acadêmicos", "trabalho acadêmico sério" (p. ix), e "o papel primordial" da pesquisa (p. xv). O pressuposto, uma vez mais, como colocado mais tarde por Whitley (1995), era de que "a pesquisa... produziria conhecimentos científicos gerais que poderiam ser diretamente aplicados a... tarefas gerenciais... Gestores eficazes poderiam assim ser 'feitos' por meio de programas de treinamento universitários formais" (p. 81). Mas o relatório referia-se a negócios e a homens de negócio mais do que a gerência e a gerentes – o que provou ser uma distinção importante.

Se alguma vez palavras escritas produziram mudanças significativas, esses dois relatórios são certamente claros exemplos dessa situação. Seu espírito e muito de seu conteúdo específico (exceto suas chamadas para o que agora denomina-

---

* N. de R. T.: Literalmente, *"finding itself at the foot of the academic table..."*

mos habilidades sociais e de comunicação "*soft skills*" e para integração entre as funções) foram amplamente adotados por escolas de negócios em todos os EUA e depois em todo o mundo. (A Fundação Ford também injetou US$ 35 milhões entre 1954 e 1966 para criar "centros de excelência" na Carnegie, na Stanford e em algumas outras escolas [Mast, 2001:19]). O pêndulo assim osciolou veementemente, do prático para o acadêmico – sem dúvida, àquele mesmo lugar para o qual Joseph Wharton tentou levá-lo e mantê-lo quase um século antes.

Assemelhadas a Fênix, as escolas de negócios, assim, renasceram de suas próprias cinzas. Stanford, por exemplo, tendo permanecido num "beco sem saída" entre 1945 e 1958, "a epítome daquilo que (os) reformadores procuraram substituir", "foi transformada" e captou um papel de liderança na vanguarda do que Gleeson (1997:8, 22) chamou de "New Look", como também fez Wharton.

Com essas mudanças, chegou "novo respeito acadêmico ao *campus*" (Cheit, 1985:46). A pesquisa veio para a vanguarda e programas de doutorado floresceram quando as escolas de negócios assumiram seu lugar ao lado das escolas profissionais e das disciplinas científicas reconhecidas. O governo dos Estados Unidos inclusive emitiu, em 1981, um selo postal alusivo, (Cheit, 1985:46-47) para comemorar o centésimo aniversário da iniciativa de Joseph Wharton. No selo constava "Gestão Profissional".

PESQUISAR, SIM; MAS ENSINAR? No selo comemorativo deveria estar escrito "Pesquisa em Negócios" (mas quem o teria comprado?), pois foi para a pesquisa que esses dois relatórios trouxeram sua revolução. Embora não se possa dizer que a gestão tenha se tornado uma profissão – ou mesmo recebido muita atenção nas escolas de negócios –, a pesquisa, especialmente aquela feita nas funções empresariais, floresceu. Estudiosos de diferentes domínios acadêmicos reuniram-se nas escolas de negócios para estudar questões de *marketing*, finanças, análise, comportamento humano em organizações, e assim por diante.

James March, que passou a integrar a Stanford Business School alguns anos depois de ter deixado a Carnegie, argumentou sobre a importância de tais pesquisas, mas com um feitio específico. Essa diferença certamente não pretendia evitar o debate, pois March não apenas afirmou que o "papel principal" da escola de negócios é produzir pesquisa ("contribuir para o conhecimento"), mas que isso beneficamente acontece através do "subterfúgio" de "grandes despesas com pesquisa... ocultas na retórica e na contabilidade da educação"(*in* Schmotter, 1995: 59).

Dificilmente pode-se esperar que estudantes de MBA adotem a perspectiva de March. Na realidade, alguns dos primeiros alunos da GSIA descreveram seus colegas como tendo se tornado céticos a respeito da "relevância profissional" da agenda de pesquisas do corpo docente: em uma "conferência de 1958... destinada a tomar conhecimento de recentes investigações do corpo docente, ficou transparente que os alunos pouco se interessavam – e talvez nunca tenham realmente se interessado – pela produção de pesquisa da escola" (citado em Schmotter 1995: 140).

Mas não importa: com a recém obtida respeitabilidade do MBA, as matrículas deslancharam. De 4.041 graus de mestre concedidos nos Estados Unidos em 1958 (a maioria desses MBAs) e 6.375 em 1964, os números mais do que dobraram nos dois anos seguintes, alcançando 12.998. Dez anos mais tarde, em 1976, chegaram a 42.654. No ano seguinte, a revista *Forbes* qualificou o MBA como "segundo em valor, perdendo apenas para o cobiçado título de Doutor em Medicina como um passaporte para a boa vida" (citado em Cheit, 1958:46). Os números continuaram a crescer rapidamente, embora em menor ritmo. Em 1997-1998, ultrapassaram a marca dos 100.000 (*web site* da AACSB, novembro de 2001).[2] Nesse passo, os Estados Unidos sozinhos produzem agora mais de um milhão de pessoas por década que acreditam ter capacidade gerencial em virtude de terem passado dois anos em uma escola acadêmica de negócios. É para essa proporção, não verificada, mas crescente, que nos voltaremos agora.

## QUESTIONANDO O CONTEÚDO

Quando um pêndulo oscila muito numa direção, sua inércia geralmente o faz oscilar de volta na direção contrária. Não é assim com o pêndulo da escola de negócios, que tem estado emperrado em uma única direção por quase meio século.

Pierson registrou em seu relatório de 1959:

> Se as escolas de negócios se movem, em número crescente, na... direção [prescrita], a cobrança sem dúvida será feita no sentido de que seu trabalho logo se tornaria demasiadamente acadêmico e assim perderia muito de seu valor em termos de treinamento específico na carreira. Novamente, haja vista os dados de hoje, a probabilidade de que isso ocorra é remota, sem dúvida. (p. xiii)

É uma lástima que Pierson não tenha podido avaliar essa preocupação em relação aos dados vindouros, pois a mesma provou ser não remota, mas profética. Murray (1988:71) escreveu "quão forte é o impulso gravitacional da 'respeitabilidade'", mesmo que "o único negócio que pareça se beneficiar [de tais atitudes] seja o das escolas de negócios!" Ao corrigir os primeiros problemas, esses dois relatórios de 1959 criaram novos.

## O DOMÍNIO DAS FUNÇÕES EMPRESARIAIS

O texto a seguir reproduz trecho da brochura relativa ao MBA da escola mais freqüentemente classificada no topo das enquetes procedidas por revistas populares: "a Wharton possui mais departamentos classificados no topo do *ranking* do que qualquer outra escola de negócios, inclusive finanças, empreendedorismo, seguros e gerência de riscos, *marketing*, mercado imobiliário e direito empresarial". Tudo, menos gestão!

---

[2] O Departamento de Educação dos EUA estima que o número de diplomas de mestrado em business em 2000-2001 como sendo de 116.475, dos quais 82.430 nas categorias "business general" e "business administration – and management" são provavelmente MBAs (de acordo com Dan Leclair, da AACSB, em correspondência pessoal a mim dirigida, que acredita que alguns outros MBAs são computados em outras categorias especializadas).

AS DIVISÓRIAS SÃO LEVANTADAS   Carnegie pode ter enfocado as disciplinas de ciências sociais, procurando integrá-las em torno do que diz respeito "à administração", mas algo aconteceu em seu caminho para outras escolas de negócios. Na verdade, algo aconteceu no próprio caminho da Carnegie rumo ao futuro. Após alguns anos, as costuras dessa esperada integração começaram a romper, e em seguida metaformosearam-se em divisórias. No início dos anos 60, os vários grupos intelectuais da GSIA fundiram-se em dois grupos principais... os economistas...[e] uma frouxa combinação de teóricos da organização e cientistas de gerenciamento (*management scientists*)", com uma "profunda" brecha entre eles (Gleeson e Schlossman, 1995:29). Bach demitiu-se da direção da escola em 1962 e não muito depois rumou para a Stanford Business School.[3] Depois que Simon transferiu-se para o departamento de psicologia e Modigliani deixou a universidade, a brecha aumentou ainda mais.

Mais significativo, talvez, à medida que as divisórias também subiram em outras escolas, da mesma forma ocorrida na GSIA, as disciplinas de ciências sociais diminuíram. Em alguns locais, como a Wharton (Sass, 1982:289), elas deslocaram-se para outras partes da universidade; enquanto em outras, acabaram absorvidas em funções empresariais (mesmo que muitas vezes as tenham dominado, como notadamente os economistas das finanças). Logo, essas funções vieram a dominar as escolas de negócios, em torno das quais todas as suas atividades foram organizadas. E, à medida que essas funções se tornavam cada vez mais poderosas, também se tornavam cada vez mais desconectadas umas das outras. Hoje, são pedregulhos solidamente enterrados nas escolas de negócios. Cada uma trabalha segundo seu próprio ângulo, seu próprio conteúdo, suas próprias tendências e, por fim, sua própria ideologia: "valor ao acionista" em finanças, "delegação de poder (*empowerment*)" ao trabalhador, em comportamento organizacional, "serviço ao consumidor" em *marketing*, e assim por diante. Os estudantes, conseqüentemente, são deixados com o que Whitehead (1983:2,11) uma vez chamou de "recepção passiva de idéias desconexas".

A ESCOLA DE NEGÓCIOS COMO UMA COALIZÃO DE INTERESSES FUNCIONAIS   Quase tudo que é feito em quase todas as escolas de negócios hoje tem lugar em termos das funções especializadas, seja uma idéia pesquisada, um programa concebido, uma disciplina ministrada ou um professor contratado. Isso tem menos a ver com qualquer melhor maneira (*best way*) de gerenciar ou mesmo conduzir negócios do que com a estrutura da escola de negócios propriamente dita. Cada departamento funcional executa uma parte da ação.

Não estou afirmando que as escolas de negócios não ensinam matérias que permeiam funções especializadas, mas sim que elas o fazem *dentro* de funçoes específicas. Assim, o trabalho colaborativo em equipe, por exemplo, é ensinado no âmbito do comportamento organizacional, sem colaboração ou trabalho em

---

[3] Pessoalmente posso testemunhar que em 1973 fui professor visitante da GSIA por um semestre letivo. Lá encontrei estudantes de doutorado, muitos deles europeus, caminhando pelos corredores em busca daquela famosa teoria administrativa do GSIA. Naquela ocasião, quase todos os interessados no tema já tinham deixado a escola.

equipe, e o desenvolvimento de novos produtos é ensinado em *marketing* ou em estratégia; o resultado é que as escolas raramente se engajam em desenvolvimento de novos produtos por si próprias. Sabemos sobre os perigos de fazer uso de tais procedimentos na prática dos negócios – verdadeiramente, ensinamos sobre esses perigos –, enquanto que a eles sucumbimos em nossa própria prática. Enquanto os negócios funcionam corajosamente para derrubar os muros entre seus "silos", as escolas de negócios trabalham valentemente para reforçá-los. As escolas de negócios ensinam muito sobre o gerenciamento da mudança, notadamente de que ela tem que ultrapassar as categorias existentes. Entretanto, como as próprias escolas de negócios não o conseguem, elas permanecem mais ou menos onde os dois relatórios de 1959 (Gordon e Howell e Pierson) as colocaram.

O espírito original da GSIA foi seu trabalho com as matérias e as funções. Como está demonstrado na Figura 2.1, as matérias eram as raízes e a pesquisa – bem como a própria noção de negócio e de organização (e também administração, ou gestão?) – caracterizam o tronco, alimentando as funções empresariais, como galhos. Agora cada um desses galhos adquiriu sua própria raiz e se afasta dos demais

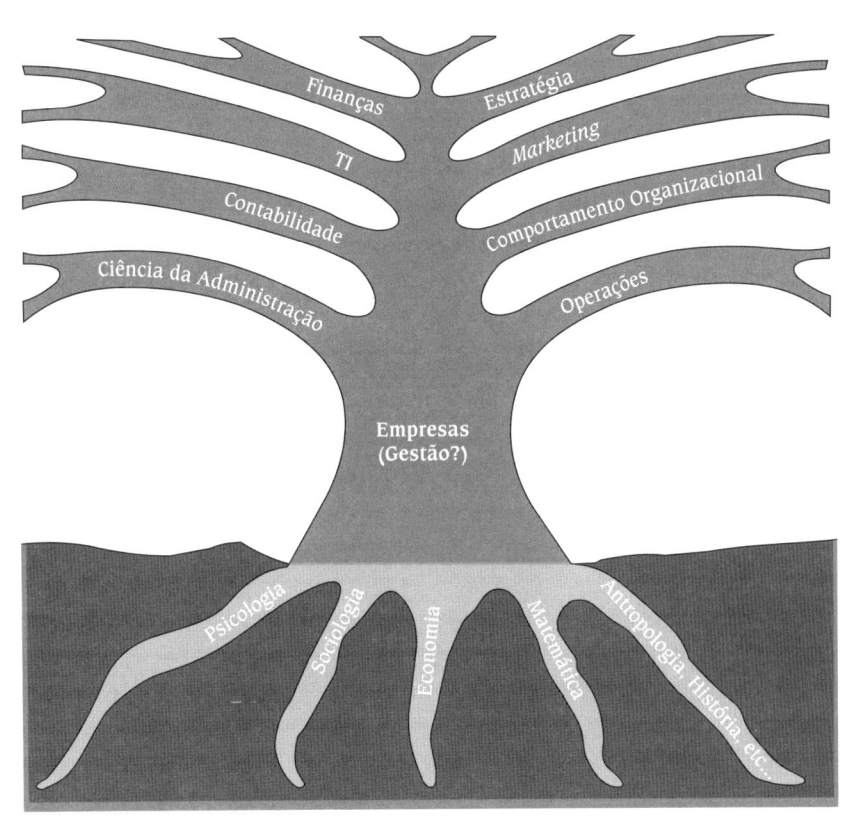

FIGURA 2.1
Conceito de escola de negócios herdado da GSIA.

## O QUE ACONTECEU COM A GESTÃO?

Os gestores de empresas certamente precisam entender as funções empresariais. No mínimo, as funções constituem uma "linguagem dos negócios" que é indispensável conhecer. Ainda mais, especialmente para estudantes com experiência de trabalho numa única função (por exemplo, vendas ou produção), exposição na sala de aula a todas as funções pode ampliar sua compreensão da prática de negócios. Mas a prática de negócios não é a mesma que a prática da gestão. Gestão não é *marketing* mais finanças mais contabilidade e assim por diante. Trata disso tudo, mas não é isso. Despeje cada uma dessas funções, de cores diferentes, naquele recipiente vazio chamado estudante de MBA, mexa levemente e você obtém como resultado um conjunto de listras especializadas, não um gestor harmônico.

Em 1984, Leonard Sayles redigiu um importante – embora esquecido – artigo intitulado "O que aconteceu com a Gestão... ou Por que o Enteado Obtuso?" Ele expressava surpresa pelo fato de que a gestão não era ensinada nas escolas de gestão. Harvard ainda mantém sua disciplina obrigatória chamada *Business Policy*, introduzida em 1912, mas Stanford extinguiu a que ela oferecia nos anos 30 e várias outras escolas de prestígio, como o MIT, não tinham nenhuma.[4]

Esse problema também acabou sendo resolvido, como os demais. Foram oferecidas disciplinas *sobre* a gestão, inicialmente também chamadas de *Business Policy*, seguindo o modelo da disciplina de Harvard.[5] Mas eles dificilmente ensinavam a gestão[6]. Eles eram recomendados como o "ápice", ou disciplina de integração, mas quase nunca conseguiam integrar e, nesse aspecto, pelo menos, logo acabaram.

COMO O GERENCIAMENTO VIROU ESTRATÉGIA   Essas disciplinas sobre gerenciamento não foram exatamente eliminadas, mas convertidas em algo mais compatível com o restante do programa curricular dos MBA. E, ironicamente (ou talvez não), essa

---

[4] Quando ingressei na MIT Sloan School em 1963 para cursar o meu mestrado, não havia professor de gestão, não havia área de gestão e nenhuma disciplina regular em gestão. Mas Ned Bowman, um respeitado professor em Operações, que tinha acabado de retornar de uma licença de um ano para trabalhar com o chefe da Honeywell Computers, ofereceu uma disciplina eletiva em "Política Empresarial" (*Management Policy*), em que me matriculei. Subseqüentemente, propus que meu doutorado fosse feito na área e Ned propôs-se a me orientar – para descobrir se havia algum futuro nessa área, disse ele. Certo dia, disse-me que acreditava não haver futuro. Retruquei que ele acabaria mudando de idéia. (Anos depois, ele tornou-se o professor titular da Cadeira de Estratégia da Wharton.) Ned deixou o MIT no ano seguinte e minha tese foi supervisionada por outro professor de Operações (Don Carrol, que antes citei, quando se tornou diretor de Wharton), um professor de contabilidade e um professor de relações de trabalho. Quando fui entrevistado na GSIA, em 1967, eles não gostaram da minha tese sobre a natureza do trabalho gerencial (Mintzberg,1973) e não me ofereceram emprego.

[5] Quando entrei para a Faculty of Management da McGill University, em 1968, criei uma disciplina denominada "*Management Policy*", concebida para ser compatível com a abordagem da GSIA que a McGill havia adotado. Ministrei esse curso por cerca de quinze anos. Preparei-me para ser integrativo e ensinar a gestão, mas não tenho certeza de até que ponto cada objetivo foi alcançado, pelo menos com os estudantes menos experientes.

[6] Em sua história da Escola Wharton, Sass (1982:298-337) descreve longamente seus vários esforços para encontrar algum foco em termos de administração geral. Por exemplo: "Qualquer que seja seu valor científico em última instância... tornou-se claro, em meados dos anos 70, que disciplinas como ciências das decisões e comportamento organizacional não tratavam sobre o desvendamento da essência do sucesso gerencial" (p. 323). Um professor até mesmo "prontificou-se a fazer o estudo do contrato coletivo de trabalho... o fundamento do estudo da gestão" (p. 299). Na época em que preparava seu livro, em 1982, "nenhum programa... obtivera êxito em captar a essência da gestão moderna" (p. 333).

substituição, que se deu sucessivamente nas escolas de negócios orientadas para a teoria, partiu de Harvard.

Michael Porter recebeu um MBA da Harvard Business School e então cruzou o rio Charles para fazer seu doutorado no departamento de economia, antes de retornar como professor em 1973. Em 1980, ele publicou *Competitive Strategy*, oferecendo uma sólida, ainda que às vezes considerada limitada, estrutura analítica e invadiu os cursos de Política Empresarial como um vendaval. O livro rapidamente desbancou o popular *Business Policy*, do colega de Porter (originalmente Learned et al. [1965], mas incluindo Porter na edição de 1982 de Christensen et al.), constituído basicamente de casos, com algum texto básico escrito, em sua maior parte de 1965.

A estratégia combina missões e mercados, produtos e processo em uma "teoria dos negócios", para usar a expressão de Drucker (1994), um tanto coerente. Certamente, então, deve ser disciplina de síntese. Mas não na visão de Porter. "Sou a favor de um conjunto de técnicas analíticas para desenvolver a estratégia", escreveu ele no *The Economist*, em 1987. Técnicas analíticas para analisar estratégia, talvez, ou para alimentar o processo estratégico com informações. Mas que dizer de técnicas analíticas para criar estratégia? Importantes entre essas foi o que Porter chamou de "análise de indústria" e "análise competitiva". O livro também continha uma boa porção de texto notavelmente reducionista por natureza (*checklist* após *checklist*). Além do mais, para Porter, naquele livro, estratégias não eram idéias a serem inventadas tanto quanto categorias a serem escolhidas. Ele escreveu longamente sobre "estratégicas genéricas".

O que tudo isso fez, obviamente, foi levar a estratégia exatamente para onde esforços iniciais tinham levado o *marketing*, as finanças e outras funções – isto é, a um lugar compatível com o que as escolas de negócios tinham, em geral, se tornado. Porter ensinou as escolas de negócios a desenvolver analistas, não estrategistas. Por razões óbvias, as escolas de negócios abraçaram a visão de Porter. Até Harvard abraçou-a (embora não sem considerável conflito, o que forçou Porter e seus seguidores a romper com o grupo chamado de *General Management*, e a formar um novo, chamado *Competition and Strategy*). Os estudantes de MBA também adoraram: ali, finalmente, estava uma análise real sob o disfarce de gerenciamento, algo em que poderiam cravar seus dentes analíticos e que lhes daria uma vantagem sobre a experiência, especialmente como consultores. Em Harvard, o livro de Porter tornou-se a base para uma disciplna obrigatória de primeiro ano e uma eletiva de segundo ano, extremamente difundida e popular. No ano 2000, depois de constar por oitenta e oito anos no programa curricular MBA de Harvard, a disciplina obrigatória de *Business Policy* deixou de existir (e uma segunda disciplina, obrigatória, de finanças, foi adicionada!).

Os professores de gestão em todo o mundo também abraçaram a abordagem de Porter. Sua abordagem permitiu-lhes conquistar o respeito de seus colegas das áreas funcionais, abandonando o *soft management* em favor da *hard analysis*. Também propiciou-lhes uma nova base para efetuar pesquisa respeitável. Em vez de escrever histórias sobre estratégia – casos, de uma forma ou de outra –, os professores de estratégia podiam analisar *hard data* das indústrias para formular hipóteses sobre quais estratégias genéricas funcionavam melhor e onde. Assim, quando a Política se metamorfoseou em Estratégia, e a estratégia, depois, em "Gestão Estratégica", o campo cresceu rapidamente, como nunca acontecera, com novas disciplinas e novos periódicos, estes ainda mais acadêmicos. De fato, o novo problema passou a ser o sucesso: colegas em outras funções adotaram o termo *estratégia*, assim como os muitos usos de Porter para ela, de todas as formas – em estratégia de *marketing*, estratégia financeira, estratégia de TI, e assim por diante – a ponto de o pessoal da "estratégia" começar a sentir-se cercado por todos os lados.

A Gestão como mais uma Função   É importante apreciar exatamente o que isso significa. Com essa troca de política por estratégia e com uma preocupação a respeito da síntese, para enfocar a análise, aquele campo da escola de negócios que supostamente trataria de administração geral tornou-se especializado, de alguma forma. O próprio rótulo "Gerenciamento Estratégico" (*Strategic Management*) implica que o gerenciamento da estratégia é algo separado do gerenciamento propriamente dito (outra forma de reducionismo que provou ser terrivelmente destrutiva na prática, como argumentarei mais adiante). Em outras palavras, o gerenciamento encontrou seu lugar na escola de negócios contemporânea, tornando-se mais uma função especializada – em outras palavras, desaparecendo novamente.

Como conseqüência, se você estiver interessado em ensinar e pesquisar a gestão, propriamente dita, poderá ter dificuldade em encontrar emprego numa escola de negócios. As velhas funções não estarão interessadas no seu trabalho e até mesmo o gerenciamento estratégico, como uma nova função, pode esquivar-se de você. Evidentemente, há sempre a alternativa do "comportamento organizacional". Mas essa área tampouco tem mostrado grande interesse no gerenciamento; por exemplo, a pesquisa sobre a prática do gerenciamento propriamente dito permanece rara – sem falar no comportamento das organizações. Pois o comportamento organizacional refere-se preponderantemente ao comportamento das pessoas nas organizações. Em verdade, ele também tem assumido, com freqüência, em anos recentes, características de função. Assim como "recursos humanos" substituiu pessoal no vernáculo da área, "gerência de recursos humanos" substituiu comportamento organizacional (Costea, 2000:146).

Para concluir, a típica escola de negócios hoje volta-se à especialização, não à integração, preocupada que é com as funções empresariais, não com a prática da gerência. Existem cursos *sobre* a gestão, mas eles não são a corrente principal. Tem havido esforços contínuos para que mais desses cursos estejam disponíveis, mas, como será discutido mais adiante, não tem obtido grande sucesso.

Será que isso significa que as habilidades gerenciais estão ausentes do programa curricular de MBA? Não, exatamente. E isso nos leva ao âmago do problema.

## Gerenciamento por Intermédio da Análise

A velha anedota sobre MBA significar *management by analysis* (a gestão por intermédio da análise) não é exatamente uma anedota.

Análise significa "processo de separar algo em seus elementos constituintes" (*New Oxford Dictionary of English*). O próprio termo "análise" provém de uma raiz grega que significa desprender, soltar. Separar coisas em partes, desprendendo-as do todo, eis do que tratam os programas de MBA. A administração de empresas torna-se uma coleção de funções; a estratégia, um conjunto de estratégias genéricas e análises competitivas; mesmo as pessoas tornam-se sujeitos de análise. Eis aqui o que um livro sobre comportamento organizacional de Harvard tinha a dizer sobre pessoas:

> Vemos os recursos humanos como *capital social*. O corolário é que o desenvolvimento das competências da força de trabalho, as atitudes e as relações internacionais devem ser vistas dentro de um paradigma de investimento... Como acontece com outras decisões de investimento, exige-se uma perspectiva de longo prazo, às vezes bem além do atual período contábil. (Beer et al., 1985:12, 13).

NÃO HÁ SÍNTESE QUANDO SE FAZ ANÁLISE  O perigo de quebrar e separar coisas – como Humpty Dumpty* descobriu, para seu desapontamento – é que talvez não seja possível uni-las novamente. As escolas de negócios não têm sido capazes de unir novamente as coisas, até porque isso tem que acontecer no contexto – em situações específicas.

A síntese é a própria essência da gestão. Em seus próprios contextos, os gestores precisam reunir as coisas que tinham sido separadas em visões coerentes, organizações unificadas, sistemas integrados, e assim por diante. Isso é o que torna o gerenciamento tão difícil, e tão interessante. Não é que os gestoress não necessitem de análise; ao contrário, é dela que eles necessitam mas como um insumo para chegar à síntese, e essa é a parte mais difícil. Ensinar análise desprovida de síntese reduz o gerenciamento a um mero esqueleto dele próprio. Isso equivale a considerar o corpo humano uma coleção de ossos: nada os manterá unidos sem tendões ou músculos, sem carne ou sangue, sem espírito ou alma. Da mesma forma, *Mastering Management (Dominando a gestão)*, um livro produzido como uma espécie de MBA misto elaborado em por Wharton, London Business School e IMD**, começa com a seguinte declaração:

> *Mastering Management* trata de administração geral, mas esse assunto em si não é abordado como tal, pois a administração geral é a síntese de muitas funções do gerenciamento, como contabilidade e *marketing*, que são abordados em seu momento próprio em outros módulos de *Mastering Management*. (*Financial Times* 1997:3)

Mesmo se aceitássemos essa tola afirmativa, permaneceria a pergunta: de onde vem a síntese? A resposta comum, desprezível, é que a síntese emana dos

---

\* N. de R. T.: Personagem de Lewis Carrol, em "Alice no País dos Espelhos". Um ovo que senta num muro, cai, e depois, nada mais consegue colocar os cacos junto (no original, Humpty Dumpty sat on a waal, had a great fall; All the King's horses and all the King's men, Couldn't put Humpty together again).

\*\* N. de R. T.: Institute of Management Development, instituição voltada ao treinamento de executivos, sediada em Lausanne, Suiça.

estudantes. Eles saberão como chegar a ela. Pense nisso como o modelo IKEA* de educação em administração: a escola supre as peças, perfeitamente cortadas no tamanho; os estudantes fazem a montagem. Infelizmente, as escolas não elaboraram instruções para a montagem das peças. Pior ainda, as peças não se ajustam. Elas parecem perfeitas, mas de fato foram cortadas de vários modos. Os estudantes não sabem o que construir, porque tudo depende da situação e na sala de aula não há uma situação determinada, ou então há várias por dia, em forma de casos. O verdadeiro gerenciamento é como brincar com blocos Lego – há um número infinito de maneiras de montar as peças, e as estruturas interessantes levam um bom tempo para serem montadas.

E assim chegamos ao comentário do diretor de uma escola de negócios, de que a renomada empresa de consultoria na qual ele havia trabalhado "oficialmente desistira da noção de que os formados pela Harvard Business School ou Stanford sabiam mais sobre pensar os problemas empresariais de uma forma integrada do que um aluno que simplesmente completara o curso de graduação em filosofia em Swarthmore ou Amherst ou ainda Williams" (Roger Martin, da Universidade de Toronto, entrevistado pelo *Financial Times*, September 11, 2000). Em outra entrevista, ele ainda acrescentou: "Eles eram espertos e conhecedores das áreas, mas não possuíam um contexto referencial devidamente abrangente para ser aplicado a problemas que ultrapassavam as fronteiras das disciplinas acadêmicas que tinham estudado." (*in* Schachter, 1999:51).

Há, de fato, um programa MBA que pode argüir que trabalha na direção da síntese, e o exemplo ilumina toda a questão que discutimos. Em Rochester, tudo é construído em torno da economia. "Usar a disciplina de economia como base para estudar a gestão permite-nos oferecer o programa curricular de MBA mais integrado em relação a qualquer outra escola de negócios de prestígio."[7] Isso bem pode ser verdade; o problema é que gestão não é economia! (Mesmo que o diretorr alegue em sua mensagem que a "escola prepara você não apenas para um emprego, mas para toda uma carreira de gestor".)

REDUZINDO A GESTÃO À TOMADA DE DECISÕES E A TOMADA DE DECISÕES À ANÁLISE    É talvez mais razoável argumentar que a prática da gestão não é somente excluída dos programas de MBA quanto reduzida a uma dimensão de si mesma particularmente estreita: tomar decisões é fazer análise. Para citar um reputado professor de Stanford: "Eu estimo que cerca de 80% dos programas de MBA das mais bem prestigiadas escolas de negócios americanas... estão preocupados apenas com a questão de resolução analítica de problemas" (Leavitt, 1989:37).

Poder-se-ia razoavelmente esperar que Carnegie e seus seguidores reduzissem a gerência a tomada de decisões. Mas Harvard fez exatamente a mesma coisa. Por exemplo, aquele livro-texto de *Business Policy* antes mencionado (Christensen et al., 1982) usou repetidamente os termos *escolha* e *decisão* para descrever o processo de estratégia, como se criar uma estratégia fosse equivalente a tomar

---

* N. de R. T.: Empresa de origem nórdica que produz peças independentes que são montadas para produzir móveis, por exemplo.

[7] Citação extraída de uma brochura de 1995-1997; palavras semelhantes aparecem em 2002-2004. 7

uma decisão (o que, sem dúvida, é o que é feito em uma sala de aula de estudo de casos). Mesmo a *Harvard Business Review* costumava retratar-se, na capa da revista, como "a revista dos que tomam decisões". Como mencionado no início, é nítido que os gestores certamente têm que tomar decisões, mas muito mais importante, especialmente em grandes organizações de trabalhadores do conhecimento, dispostas em rede, é o que eles fazem para aumentar as competências dos outros, para tomar decisões.

Reduzir a gestão à tomada de decisões é bem ruim; reduzir a tomada de decisões à análise pode ser bem pior. Formalmente pelo menos, há vários estágios no processo de tomada de decisões: identificar qual é o problema, em primeiro lugar, diagnosticar sua natureza, descobrir e criar alternativas possíveis, avaliá-las para selecionar uma delas, e observá-la enquanto ela se transforma em ação. A maior parte desses estágios é branda (*soft*) (ver Mintzberg et al., 1976) e, portanto, não suscetível a análise sistemática. A única exceção é a avaliação das possíveis escolhas; é onde a tomada-de-decisões-tratada-como-análise é enfocada. É, sem dúvida, uma visão limitada.

Em seu artigo *"The Myth of the Well-Educated Manager"*, Livingston escreveu:

> Os programas formais de educação em administração tipicamente enfatizam o desenvolvimento das habilidades de resolução de problemas e de tomada de decisões... mas dão pouca atenção ao desenvolvimento das habilidades exigidas para identificar os problemas que necessitam ser resolvidos, para planejar a obtenção dos resultados desejados, ou colocar em prática planos operacionais tão logo eles estejam prontos.

Na opinião de Livingston, isso "distorce o crescimento gerencial" devido ao "superdesenvolvimento da capacidade analítica de um indivíduo", enquanto deixa de lado e "subdesenvolvida sua capacidade de agir e conseguir que as coisas sejam feitas". (p. 89).

REDUZINDO A ANÁLISE À TÉCNICA   Há uma tênue linha entre ensinar análise e desenvolver a técnica. Essa linha é ultrapassada quando a ilustração torna-se a aplicação, de forma que pensar fica reduzido ao uso de uma fórmula. (Uma *técnica* pode ser definida como algo que pode ser usado em lugar de uso do cérebro). Há uma grande porção de aplicação não-inteligente de técnicas nos dias de hoje, especialmente na prática do gerenciamento norte-americano, e a culpa tem que ser atribuída à educação dos MBA, e a consultoria dinâmica, aos gerentes inseguros e a uma editoria superficial de revistas de negócios faminta por respostas fáceis.

Os programas de MBA tendem a atrair pessoas pragmáticas, sempre apressadas: elas querem os meios de ultrapassar outros que detêm experiência. As técnicas – chamadas de ferramentas – parecem proporcionar isso; portanto, isso é o que muitos estudantes demandam, e o que muitos cursos oferecem: modelos de portfólio para recursos financeiros, análises competitivas para recursos estratégicos ou técnicas de outorga de poder (*empowerment*) para recursos humanos. Ofereça bastante disso e você chega a escolas de tecnologia de negócios.

O problema aqui, mais uma vez, é que a técnica tem que estar atrelada ao contexto – ela deve ser modificada para uso em uma situação específica. Frederick

Taylor viveu este problema lá atrás, em 1908, quando ele recusou uma solicitação do diretor da recém criada Harvard Business School para ensinar a sua famosa "Administração Científica". Ele afirmou que ela só poderia ser aprendida no próprio local de trabalho (Spender, 1997:23).

A técnica aplicada com sutileza, por pessoas imersas numa determinada situação, pode ser muito poderosa. Mas a técnica ensinada genericamente, fora do contexto, dá ênfase àquela "regra da ferramenta": dê um martelo a um garotinho e tudo parecerá um prego. Os programas de MBA têm dado a seus formados tantos martelos que muitas organizações agora parecem camas de pregos amassados.

Pense nisso como um problema *push-pull* (*empurra* × *puxa*). Os programas de MBA empurram teorias, conceitos, modelos, ferramentas, técnicas numa sala de aula desligada do contexto. A prática da gestão, no entanto, lida com o *pull* – o que for necessário numa situação particular. Os gestores podem certamente utilizar uma caixa de ferramentas cheia de técnicas úteis – mas apenas se são capazes de avaliar quando usar cada uma delas. Exatamente como um chefe do executivo de uma empresa farmacêutica disse a um grupo de estudantes de MBA: "Minha dificuldade é que quando eu encaro um problema, não sei em que aula estou".

GERENTE MATEMÁTICO? Todo esse problema relacionado com a análise é destacado pelas exigências de matemática nas escolas de negócios. Em seu relatório de 1959, Gordon e Howell lamentaram que muitos estudantes de escolas de negócios carecem da "capacidade mental para obter as ferramentas analíticas cada vez mais necessárias. Esses estudantes nunca irão longe no mundo dos negócios"(p. 101).

Bem, esse problema também foi resolvido, mas em dose excessiva. Para entrar e sair da maioria dos programas respeitados de MBA, você deve demonstrar uma certa capacidade em matemática. E assim, o mundo corporativo tem uma multidão de gerentes calculadores.

O pressuposto por trás disso – de que não se pode ser um bom administrador sem capacidade matemática – seria uma grande surpresa para as legiões de gerentes que tiveram sucesso sem possuir tal capacidade. Na verdade, seria uma grande surpresa para todos nós, inclusive para a maioria dos professores "cabeças-duras" de escolas de negócios, já que todos nós admiramos muitos desses administradores sem capacidade matemática, assim como todos nós conhecemos uma boa parcela de lamentáveis administradores mas com grandes habilidades matemáticas que subiram bastante no mundo dos negócios.

Esses requisitos nos dizem mais sobre as escolas de negócios do que sobre a prática da gestão. Em primeiro lugar, como destacado no Capítulo 1, a matemática oferece uma avaliação confiável de uma forma de inteligência. As escolas necessitam de diferentes medidas e avaliações para selecionar candidatos sem experiência gerencial, mesmo que isso não lhes diga nada sobre seu potencial como futuro gestor. Segundo, a capacidade matemática é necessária para o ensino de toda essa análise e técnica, mesmo que isso apresente uma figura distorcida do que seja a gestão. Assim, Wharton anuncia em seu Web site (2003) que "todos os estudantes passam por um exame de proficiência em matemática no início do Período Preparatório, para assegurar que eles estejam preparados para o currículo obrigatório (*core curriculum*)". E se eles não estiverem preparados para tal, eles podem freqüentar outra disciplina em "habilidades em aritmética básica e álgebra... e as noções e técnicas básicas de cálculo diferencial e integral".

E assim, para fazer um MBA, você tem que se submeter a esse rito de passagem. "Tire o máximo de sua experiência", diz o cabeçalho de uma brochura da Universidade de Chicago sobre seu programa MBA Executivo (1999), abaixo do qual está escrito: "Com os participantes compartilhando uma experiência sólida de habilidades básicas em álgebra, matemática empresarial e planilha eletrônica, as disciplinas podem rapidamente mudar de instrução básica para estratégia e análise avançadas".

## ONDE ESTÃO AS HABILIDADES SOCIAIS E DE COMUNICAÇÃO?

Em seu livro *Becoming a Manager*, Linda Hill (1992:274) cita um estudo no qual quase dois terços dos formados em negócios relataram "que eles usavam suas habilidades obtidas no MBA marginalmente ou de forma alguma em suas primeiras tarefas gerenciais" – precisamente quando tais habilidades deviam ter sido mais úteis. Hill conclui, de sua própria pesquisa, que "a educação que muitas escolas oferecem contribui pouco para preparar gerentes para suas realidades do dia-a-dia" (p. 275). Perguntados sobre o necessário para uma melhoria no MBA, os respondentes invocaram mais ensino das "habilidades sociais e de comunicação (*soft skills*)". Eles sempre fazem tal recomendação.

Essas solicitações por habilidades sociais e de comunicação parecem bem fundamentadas. Afinal, gerenciar, como discutido no início, refere-se em sua maior parte a coisas não-exatas – trabalhar com pessoas, fazer negócios, processar informação imprecisa e assim por diante. Mas o fato é que as escolas de negócios vêm tentando ensinar, há anos, tais habilidades, mas os pedidos por mais ensino dessas habilidades nunca cessam. O que está havendo?

As *soft skills* simplesmente não cabem aí. A maioria dos professores não se importa com elas ou não sabe como ensiná-las, enquanto que a maior parte dos estudantes jovens não está pronta para aprendê-las. Poucas dessas habilidades são compatíveis com o resto do programa – elas se perdem em meio a toda a análise e técnica "tangível". Assim, em vez de ensinar as habilidades sociais e de comunicação, as escolas de negócios tenderam a "cobri-las" nos dois sentidos da palavra: abordá-las e obscurecê-las. Elas mantêm disciplinas que lidam com tais habilidades, desenvolvem teorias sobre elas e utilizam casos para ilustrá-las. Mas as escolas simplesmente não as abraçaram, não as internalizaram. Por exemplo, você não desenvolve líderes jogando um curso de liderança no meio de todos os demais que apresentam gerentes como tomadores analíticos de decisões.

Certa vez conheci alguém de uma grande empresa aérea que disse: "Toda vez que temos um problema, criamos um departamento para lidar com ele. Se você quer ver todos os problemas com que nos deparamos ao longo dos anos, dê apenas uma rápida olhadela nos departamentos de nossos escritórios centrais!"

As escolas de negócios muitas vezes fizeram o mesmo: ouvem uma reclamação; criam uma disciplina. Isso "cobrirá" o problema. Em um trabalho denominado "Motivação: Esse é Maslow, não é?", Tony Watson (1996:448) escreve sobre o "contrato de cinismo" entre aluno e professor: "Um aluno diria algo como 'Oh, claro, nós tivemos Taylorismo'. E eu perguntaria: 'Então você sabe tudo sobre isso?'. E logo receberia uma resposta do tipo: 'Bem, não, mas na verdade nós realmente não queremos ver tudo isso de novo, não é?'".

Esforços impressionantes foram certamente feitos em alguns locais para ensinar certas habilidades gerenciais *soft* em programas MBA.[8] E algumas dessas habilidades sociais e de comunicação são de fato potencialmente ensináveis, porque podem trazer experiência não-gerencial que os jovens estudantes têm – trabalhar em equipes, por exemplo, ou conduzir negociações. (Uma tabela no Capítulo 9 fornece uma lista de habilidades para gerentes.) Mas mesmo essas habilidades raramente tornaram-se objetivo central em programas de MBA.[9]

Aaronson (1996) conclui, em sua revisão do ensino da habilidade que talvez seja a mais popular, que "não há consenso (entre as escolas de prestígio) sobre como ensinar liderança, se liderança pode ser ensinada, ou mesmo o que significa liderança" (p. 219, citando uma publicação da AACBS).

A ÉTICA QUE SE INFILTRA   O mesmo pode ser concluído sobre o ensino da ética, que, se não é uma habilidade, é pelo menos parte do lado não-exato da administração. Foi preciso tempo e algumas lágrimas (novamente) para que se chegasse a ensinar ética nos MBAs, e, então, levou-se tempo e (novamente) disciplinas foram criadas para "cobrir" a ética. O diretor de uma destacada escola de negócios (Darden) afirmou, durante um painel do *New York Times* (Kurtzman, 1989:34): "Nós concluímos que a ética [é uma] disciplina bem parecida com o *marketing*". Mas de que adianta uma disciplina de ética em meio a todos os outros cursos que exaltam o valor ao acionista? Um estudante que se referiu à ética como "a maior bomba" no programa de MBA, comentou que ouvira nas outras disciplinas "que impostos são sempre detestáveis e que se podia sempre escolher lucrativamente fazer transações em moedas de nações que estivessem enfrentando perturbações da ordem pública" (Applebaum, 1993:1, 2).

Mas, novamente, até que ponto os estudantes com pouca experiência podem apreciar dilemas éticos sérios? Em um estudo chamado *Can Ethics Be Taught?* (Piper, Gentile e Parks, 1993:72), os autores entrevistaram uma classe inicial de MBAs de Harvard e concluíram que eles estavam prejudicados por "uma falta de experiência para tomar decisões baseadas em valores, por falta de compreensão

---

[8] Para obter um exemplo de um dos melhores livros, consulte Whetten e Cameron (em suas várias edições 1998, 2002); para obter um conjunto de exercícios de sala de aula, particularmente imaginativos ("para sensibilizar os estudantes em relação a aspectos da cultura e das práticas empresariais japonesas"), consulte Van Buskirk (1996); e para obter um programa mais ambicioso, pesadamente enraizado em habilidades sociais e de comunicação, na Case Reserve University, consulte Boyatzis et al. (1995$_b$).

[9] Nossa própria experiência na McGill é talvez indicativa. Depois de completar minha dissertação de doutorado sobre o trabalho gerencial, que incluía discussão sobre o ensino de habilidades (Mintzberg, 1973:188-93), trabalhei duro para ter uma disciplina sobre desenvolvimento de habilidades incluído em nosso programa curricular MBA. Ela tornou-se obrigatória no segundo ano (veja Waters, 1980), mas nunca se estendeu além dessa única disciplina, nem foi apreciada pela maioria do corpo docente; e quando ninguém foi destacado para ministrá-la, foi abandonada.

com relação a conseqüências de suas próprias ações na sociedade... e por uma incapacidade de articular seus próprios valores num papel de liderança".

Assim, as habilidades sociais e de comunicação e as questões não-exatas terminam como conteúdo questionável em programas de MBA, não porque não sejam importantes, mas porque o restante do conteúdo e a natureza dos estudantes marginalizam-nas.

## Questionando os Métodos

Passemos agora do conteúdo do MBA para seus métodos pedagógicos.

### Em Busca Daquele "Mundo Real"

A maneira mais fácil de ensinar é dar uma aula e depois esperar por perguntas. As escolas de negócios, como a universidade em geral, também participam daquilo que chamamos pejorativamente de método "saliva e giz". Se o professor ensinou, os alunos devem ter aprendido (pelo menos até os exames finais). Assim são enchidos aqueles recipientes vazios, chamados alunos.

Em favor delas próprias, as escolas de negócios não tenderam a parar por aí. Elas procuraram mais longe e mais amplamente por outros métodos pedagógicos, especialmente em busca daquele "mundo real" da gestão.

O problema é que o "mundo real" não está lá fora, para ser colhido de alguma árvore da prática. Ele tem que existir lá dentro – não apenas na sala de aula, mas na cabeça daquele que aprende. O mundo real, em outras palavras, existe como experiência vivida. Visite uma sala de aula onde gestores tenham que refletir sobre sua própria experiência e você poderá apreciar imediatamente o quanto uma situação de aprendizado pode ser "real". Portanto, a solução depende das pessoas, não apenas da pedagogia. Mas devemos rever as várias pedagogias para avaliar o que elas podem fazer, se não necessariamente o que já fizeram.

### Jogos Jogados pelos Estudantes de Administração de Empresas

A simulação de negócios, ou jogos de empresa, têm sido particularmente populares desde que os computadores chegaram para processar enormes quantidades de dados. Os estudantes são constituídos em equipes para tomar decisões sobre preços e produção num "período letivo", enquanto concorrem por lucro e fatia de mercado. Às vezes, esses jogos são usados como aquela disciplina "conclusiva"\* com o objetivo de fazer a integração de todo o programa de MBA; às vezes, eles são denominados *"management"* (gestão). São disciplinas consideradas de inte-

---

\* N. de T.: A expressão, em inglês, é *"capstone course"*.

gração ou de gestão porque os estudantes fazem o papel de gestores, normalmente com aqueles títulos pomposos de uma equipe executiva.

Assim, no "*Management Game*" (Jogo de Empresas) da Carnegie Mellon, as equipes de estudantes "representam gerentes seniores e tomam decisões estratégicas envolvendo *marketing*, finanças, produção e pesquisa e desenvolvimento. Cada equipe encontra-se três vezes com um conselho de administração para relatar suas atividades e pedir permissão para novos planos" (*web site* 2003). A escola descreve isso (numa brochura do final dos anos 90) como "aprender fazendo... relacionando o conhecimento através da instrução com as situações do mundo real e implementando as habilidades adquiridas num ambiente do mundo real". Um estudante é citado por declarar que o "Jogo de Empresas deu-me uma grande perspectiva de como conduzir uma empresa. Os papéis que você representa e a interação entre os membros da equipe expõem você a todos os aspectos da administração de uma empresa, e lhe dá uma compreensão de todas as áreas que você irá gerenciar".

Tais afirmações são, obviamente, tolices. O fato de elas serem feitas indica o quanto tais escolas estão distantes da prática administrativa. Tomar uma seqüência de decisões oportunas com parâmetros fixos a cada grupo de minutos, de forma que uma máquina possa lhe dizer instantaneamente quão bem você se saiu, nada tem a ver com administrar no mundo real. Em verdade, isso apenas aumenta os problemas criados em outras disciplinas, dando a impressão de que gerenciar é muito mais organizado e analítico do que realmente é. Como os gerentes lá fora trabalham em um "caos calculado" e em uma "desordem controlada" (Andrews, 1976), os alunos aqui anotam números em formulários.

Simular gerenciamento não é gerenciar. O gerenciamento é uma responsabilidade, não um jogo praticado em sala de aula. Não há regras claras lá fora, nenhum computador no céu determinando quem ganha e quem perde. Algumas empresas ganham porque inventam novas regras; outras, porque aplicam as regras antigas mais cuidadosamente do que suas concorrentes. (Eu especialmente apreciei a maneira com que um grupo de estudantes que conheci no MIT disputava o jogo de empresas – como um jogo propriamente dito. Eles não se dispunham a ganhar pelas regras tanto quanto inferir que regras eram aquelas – que parâmetros foram programados na máquina. O primeiro grupo a solucionar isso ganhou o jogo [ambos os jogos]. Ali estavam pessoas preparadas para serem bem-sucedidas nos negócios!)

Reconhecido pelo que é, o jogo de empresas pode ter um papel apropriado na escola de negócios. Ele pode ser uma forma eficiente de aprender como aplicar os conceitos de contabilidade e também ilustrar conceitos de *marketing*, finanças e operações. A esse respeito, o jogo de empresas *é* uma disciplina conclusiva, para precisamente o que o MBA ensina. Mas ele não ensina a gerir.

## Projetos Criados pelos Estudantes de Administração de Empresas

Em anos recentes, um número crescente de estudantes de MBA aventurou-se no mundo real, enviados por suas escolas para criar projetos de trabalho de campo, inclusive tarefas de consultoria, em empresas reais. Nesse aspecto, todo mundo geralmente tem se saído bem. Os alunos ficam livres do trabalho penoso de aulas expositivas ou ainda a discussão de um ou outro caso, e podem ver um pouco da bagunça do mundo real por eles próprios e precisam garimpar seus próprios dados. Os professores, também, podem ver algum tipo de mundo real, pelo menos através dos olhos de seus alunos. Mesmo as empresas ficam normalmente satisfeitas: elas fizeram um serviço, deram boas-vindas aos de olhos brilhantes e aos nem tanto, e assim tendem a ser pródigas em seus elogios. E, além disso, às vezes recebem boas idéias. Esses são, afinal, alunos inteligentes, com habilidades analíticas bem polidas.

Mas dê um passo atrás e pergunte a si mesmo o que está acontecendo ali. Certamente não é gestão. Nem tampouco consultoria (apesar de minha própria de consultoria não ter sido mais real). E se isso é experiência real, então por que adquiri-la em uma universidade? Pessoas em empregos reais criam tais projetos todo o tempo. Depois da formatura, a maioria dos MBAs terá muitos deles. Então, é fazer isso na escola que o torna melhor – ou o faz aprender?

Há uma resposta evidente – em princípio. A universidade é um lugar para refletir, dar um passo atrás a partir da experiência e aprender com ela. Mas com tais projetos, isso não é simples. Tem que ser feito cuidadosamente, profundamente, experiência por experiência, equipe por equipe, com a ajuda – e contando com uma grande disponibilidade de tempo – de um corpo docente qualificado. Para uma classe de, digamos, duzentos alunos em grupos de cinco, isso pode contar para as cargas totais de ensino de mais de dois professores.[10] Quantas escolas de negócios foram preparadas para investir nisso? Em verdade, quantos de seus professores são capazes e dispostos a fazer isso? Fora disso, os projetos são apenas projetos – não têm nada a ver com educação. Joe Raelin (1993a:5), um dos principais eruditos da América em pedagogia empresarial, concluiu que "agradáveis" como tais atividades podem ser, elas "fazem pouco para atender às necessidades [dos alunos] de reflexão crítica, reestruturação e teste".

Já se disse, a respeito do prato de *bacon com ovos*, que se a galinha está envolvida, o porco está comprometido. Estudantes de MBA fornecem a galinha nesses projetos, não o porco. A respeito de uma "reviravolta" (*turnaround*) que seu grupo supostamente provocou em uma empresa, uma estudante do IMD escreveu (1999): "Não podíamos ter vivido nada mais prático, realista e com mais impacto do que esse projeto". Comparado com uma preleção ou estudo de caso na sala de aula, talvez. E comparado com fazer isso num emprego real? O diretor de sua escola disse sobre esses projetos que os alunos "não apenas aprendem gerenciamento e prática dos negócios, eles os vivenciam". Esse "vivenciar" era composto de quatro estágios: "análise de indústria", "análise da empresa", "análise do problema" e "implementação" (brochura antiga do IMD).

Whetten e Clark (1996:155) registraram que "os estudantes cujo aprendizado é restrito a exercícios experimentais muitas vezes chegam a conclusões inválidas". Assim, aparentemente, também suas escolas.

---

[10] Eu estimei dez horas de instrução por grupo, assim como, sem a necessidade de tempo de preparação de ensino convencional, cada professor poderia dobrar a carga de 160 horas em sala de aula por ano.

Algumas escolas tentaram estimular o empreendedorismo Os estudantes fazem de conta que criam negócios (às vezes, eles realmente o fazem), desenvolvem estratégias, fazem planos, até mesmo apresentando tais planos a investidores, esperando comentários. Em Chicago, Davis e Hogarth (em um panfleto sem data, aproximadamente de 1992) descrevem um "evento de imersão total" no qual foi exigido a equipes de novos estudantes de MBA que "em 48 horas criassem um novo produto ou serviço ao consumidor e desenvolvessem um plano de negócios abrangente para o seu lançamento no mercado", o qual foi apresentado a um grupo de investidores. "A apresentação também inclui lições aprendidas, com a experiência, sobre o processo de gestão" (p. 22). Repetimos, é experiência dificilmente classificável como de gestão, embora certamente seja relacionada a negócios, e novamente desempenhando o papel da galinha e não o do porco, apesar de talvez ser útil: é melhor ser abatido numa experiência como essa do que levar um tiro de verdade no mundo real.

Há, evidentemente, outra pedagogia, que tem sido quase tão popular em escolas de negócios quanto a aula expositiva, porém mais pragmática; ela tem sido reivindicada por trazer aquele mundo real da gerência para a sala de aula.

## ENQUANTO ISSO, VOLTEMOS AOS CASOS DE HARVARD

Atravessando a revolução inspirada por Carnegie nos anos 60 e indo além dela, a Harvard Business School não deixou de manter em curso – seu curso, seu método. O compromisso da escola com casos manteve-a fora da montanha-russa de derrubar os princípios de administração e valorizar o rigor das disciplinas básicas. Harvard simplesmente investira demasiado no método de estudo de casos, tanto do ponto de vista estratégico quanto dos ângulos cultural e material – e ainda o faz. "Oitenta anos depois que o primeiro caso foi escrito, o método de estudo de casos é, tanto agora como sempre, o centro do ensino e aprendizagem na HBS... Aproximadamente 350 casos são coletados e escritos na escola a cada ano", mais de 50% da produção de casos no mundo todo, proclama-se (extraído do *web site* da escola, 2003).

Harvard, felizmente para ela, manteve seu foco no ensino. Enquanto outras escolas foram se voltando para a pesquisa, muitas vezes às custas do ensino, os professores de Harvard continuaram não apenas a escrever casos (ou pelo menos supervisionar a sua redação), mas também a despender tempo significativo preparando e coordenando seu ensino com casos. Um membro do corpo docente disse a um jornalista do *New Yorker*, que os professores despendem "horas e horas – não sei contar tanto – discutindo as disciplinas que iam ser ministradas" (Atlas, 1999:44). Uma exigência para fazer algo mais ou menos próximo disso em muitas outras escolas teria causado um motim. Mas uma exigência de publicar pesquisa em periódicos acadêmicos poderia ter levado Harvard ao mesmo resultado (motim) duas ou mais décadas atrás. Para citar a edição de 1965 do texto de *Business Policy*, pela Harvard, "faz-se alguma pesquisa mas ainda não é avançada o bastante para fazer mais do que uma modesta chamada à nossa atenção... a mais válida literatura para a nossa finalidade não é aquela que faz afirmativas genéricas, mas aquela resultante de estudos de casos" (Learned et al. 1965:6).[11] Com sua ênfase nos casos, Harvard manteve sua determinação de desenvolvimento de gerentes-gerais, às vezes provocando outras escolas com a crítica de estarem mais preocupadas em treinar especialistas para o estafe da empresa.

Tudo isso dá a impressão de que a educação para a gestão bifurcou-se nos anos 60, com muitas, que se tornaram escolas de prestígio, como Stanford, Wharton e Chicago, adotando a abordagem acadêmica da Carnegie, enquanto outras copiaram e permaneceram fiéis a Harvard em sua orientação pragmática voltada ao estudo de casos.[12] Num sentido, as escolas Carnegie tratavam a administração como uma ciência, ao passo que Harvard considerava-a mais como uma profissão. Entretanto, ao rever e criticar a abordagem do estudo de casos, quero mostrar que essas diferenças provaram ser mais aparentes do que reais.

## O Caso em Defesa dos Casos

Caso é um maço de papel com cerca de 10 ou 20 páginas, compostas de principalmente palavras no texto e muitas vezes números nos apêndices, às vezes com algumas fotos, que descreve uma situação de negócios, normalmente numa única empresa com um protagonista em alguma espécie de encruzilhada, tendo que tomar uma decisão. O caso pode ter sido investigado e escrito por um professor, mas muitas vezes tem sido elaborado por um assistente trabalhando sob a supervisão de um professor. O artigo do *New Yorker* descreve os casos de Harvard como tendo uma "aparência uniforme. Eles também tendem a ter uma fórmula comum, começando como uma história característica de uma revista" (Atlas, 1999:43).

Uma boa quantidade de informação é comprimida nessas páginas, pelo menos informação suscetível a essa forma de apresentação. Para uma grande empresa com um rico histórico, num setor complexo, isso significa que uma grande quantidade de informação tem que ser deixada de fora. Essas páginas, assim, tornaram-se uma espécie de instantâneo de uma empresa enfrentando um problema.

---

[11] Esse comentário permaneceu virtualmente intacto até a edição de 1982 do livro, sendo que a mudança mais significativa foi de que a pesquisa "começa a fazer apelo à nossa atenção" (Christensen, Andrews e Porter 1982:6). O texto continuou a dizer que "os livros referiam-se a [nas notas de rodapé] uma relevante, embora incidental, fonte de conhecimento". É instrutivo considerar essas fontes. Das trinta e nove referências a trabalhos teóricos nas notas de rodapé da edição de 1982, trinta e uma delas eram de membros do corpo docente ou de estudantes de doutorado na Harvard Business School. Outra pesquisa aparentemente ainda fez "um modesto apelo" à atenção dos autores!

[12] O relatório Pierson, por exemplo, chamou a atenção para esse aspecto em 1959 (247-48). Em verdade, Fraser fez tal distinção, pelo menos em termos de pedagogia, em 1931: "Os métodos de ensino das escolas de negócios nos Estados Unidos estão começando a se dividir em dois sistemas radicalmente diferentes na teoria e na prática... o método de preceito ou o sistema de aulas expositivas e o método de experiência, ou o sistema de casos" (The Case Study Method of Instruction, livro citado in Dooley e Skinner, 1975:1). E na Carnegie, nos anos 50, Cooper e Simon "eram duros em suas críticas ao método de casos como único veículo para desenvolver as capacidades dos alunos na resolução de problemas, e eles viam toda a tradição da Harvard na educação em negócios como um anacronismo no ambiente pós-guerra. Cooper argumentava que tudo o que o aluno aprendia, lendo uma centena de casos, era apenas isso: uma centena de bits de informações não relacionadas sem qualquer conhecimento generalizável que pudesse inspirar ação em qualquer situação nova"(Schlossman et al., 1994:118).

Seja como for, exatamente como um estudante que escreveu um livro sobre suas experiências em Harvard colocou, "eles simplesmente jogam a bagunça inteira no seu colo – tabelas, colunas, escritos, e tudo mais – e você não pode fugir, porque amanhã 94 pessoas – a aula inteira – estará esperando pela sua decisão" (Cohen, 1973:17). Durante o transcurso de seus dois anos na escola, os estudantes de Harvard enfrentam caso após caso, em uma disciplina e nas outras, duas ou três vezes em cada dia, centenas de vezes ao todo. (Uma vez esse número chegou a 900; o *web site* da Harvard em 2003 fala em aproximadamente 500.) Para citar mais uma vez o mesmo estudante: "Não há palestras, nenhum trabalho em laboratório e há mesmo poucos livros-texto. Somente Casos, Casos e mais Casos... Você lê quase até morrer, apenas para descobrir qual é o *problema*. E então, naturalmente, você precisa de uma *solução*... O nome do jogo é defender um ponto de vista" (p. 16; 17; 20).

Isso é uma visão de 1973 e é o que algumas pessoas de Harvard hoje podem descrever como a abordagem convencional para o ensino de casos: usar os casos para obrigar os alunos a tomar uma posição na situação em exame. Mas com a abertura do recrutamento nos últimos vinte anos, ou algo assim, admitindo outros professores além daqueles originários de Harvard e treinados em casos, uma gama rica de outros usos para os casos está presente, particularmente nas disciplinas eletivas do segundo ano do MBA – por exemplo, para ilustrar um conceito ou avaliar uma determinada técnica. Entretanto, o *web site* da Harvard ainda descreve estudos de casos como "um processo de raciocínio indutivo para chegar a respostas".

Ponto fundamental nessa abordagem ao uso de casos, pelos quais Harvard ficou famosa, é que o estudante deve tomar uma posição. O "Guia de Sobrevivência em Harvard Business School (HBS Survival Guide)", preparado para os alunos de 2003 prescrevia: "É sua função ler o caso, analisar as ilustrações, quadros e figuras e construir um argumento lógico para aquilo que o protagonista deve fazer"(p. 47). Como afirma Ewing (1990), quando um aluno dizia que necessitava de mais informações, o professor respondia: "Não retorne para a minha aula sem ter tomado uma decisão. Como homem de negócios, você estará muitas vezes diante de uma situação em que gostaria de ter mais informações. Isso não faz qualquer diferença. Você deve ser capaz de agir com o que estiver disponível naquele momento"(p. 20). Mesmo se você dispõe de apenas 20 páginas escritas por outra pessoa sobre uma situação na qual você não tem nenhuma experiência.

Nos cursos obrigatórios dos dias de hoje, 88 alunos sentam-se em três fileiras de cadeiras organizadas em forma de U, para que, na medida do possível, todos possam ver uns aos outros, apesar de todos focalizarem o professor, situado na parte de baixo do anfiteatro. O professor (ou professora) geralmente fica de pé na parte inferior do anfiteatro, que às vezes é chamada de "o buraco" (*the pit*). Atrás dele, há um quadro-negro com muito espaço livre onde o professor vai escrevendo os pontos que deseja registrar na discussão do caso. Todos os alunos dispõem de 80 minutos para discutir a situação e decidir o que a empresa deve fazer.

Nessa abordagem, os alunos vêm bem preparados – ou o melhor que podem, tendo em vista que têm que preparar outros casos para aquele mesmo dia –, porque eles sabem que um deles será chamado para abrir a discussão, com depoimento de alguma duração (conhecido como "*cold call*"). Assim é como a Harvard assegura a preparação numa classe com oitenta e oito alunos. Pobre do aluno que vêm mal preparado.

Depois de todos esses comentários iniciais, um livro de dois outros estudantes afirma que, "um verdadeiro inferno se estabelece, com todos os estudantes se debatendo para argumentar como lidariam de forma diferente com a situação e por que sua estratégia funcionaria melhor" (Kelly and Kelly, 1986:14). A participação da classe, de acordo com o julgamento do professor, constitui um componente significativo da avaliação, mas com menos de um minuto por estudante por classe, em média, não há muito tempo para causar uma impressão favorável. Assim, esses aspirantes a gerentes têm que dar um jeito de saltar dentro da discussão e ser espertos:

> Uma professora me diz que um aluno de sua classe entrou para vê-la no meio do semestre. "Eu lhe disse: 'Você não participa'. O aluno tentou explicar – ele levantava a mão, mas eu nunca o via; sempre que ele estava prestes a fazer um comentário, alguém na classe era mais rápido e falava primeiro. Eu expliquei: 'Não estou interessada em desculpas. Ou você participa ou não'. O aluno nunca quebrou seu padrão, e eu lhe dei nota quatro [reprovação] no final do período". (Ewing, 1990:38)

Passe isso para a prática e você terá uma explicação para algumas conseqüências da educação em MBA discutida no Capítulo 4.

A discussão é supervisionada/guiada/dirigida/conduzida pelo professor – dependendo de seu estilo de ensinar e da sua perspectiva sobre o processo. Tipicamente, o professor fará uma seqüência de perguntas – alguns preferem rápidas, tipo rajada de metralhadora, mas outros são a favor de uma abordagem mais pensante – para trazer a discussão a algum clímax, quando então é o momento de fazer comentários resumidos. Há normalmente uma solução a ser considerada, uma lição a ser tirada, decidida antecipadamente pelo professor, baseada naquele caso.

Eis, a seguir, os pressupostos considerados fundamentais para o método de ensino com estudo de casos:

1. *Traz a realidade da prática gerencial para dentro da sala de aula.* "A forma básica de instrução na Harvard Business School é o método de estudo de casos, que *capta a essência da liderança*. Os participantes analisam e discutem situações *reais* de gerenciamento *colocando-se no lugar* dos gerentes envolvidos" (extraído de um folheto de 1999 para o *General Manager Program* de Harvard; itálicos adicionados).

2. *Expõe os estudantes ao "panorama maior*: "A visão que a Harvard Business School quer que seus estudantes sejam capazes de apreender" é a do "panorama maior". Ewing, editor-gerente da *Harvard Business Review*, em seu livro de 1990, avançou algo mais pedindo aos seus leitores para "pensar numa pirâmide", em que, a meio caminho do topo "você tem uma boa visão em *close-up* de uma seção", mas, no topo, "sua visão torna-se bem diferente", você vê a pirâmide "como um todo"(p. 79).

3. *Desenvolve as habilidades do gerente-geral.* Os estudos de casos permitem aos estudantes "pensar, falar e agir como um verdadeiro gerente-geral o faria"; "sentirem-se em casa em qualquer situação de gestão e saber imediatamente como começar a compreendê-la"; "participar dos riscos"; "aprender fazendo"; "assumir a responsabilidade das decisões"; e "entrar imediatamente na empresa e ser capaz de tornar as coisas melhores sem ter que esperar anos e anos para que a experiência do dia a dia lhe entrasse pelos poros" (Entrevista de Christensen na *Harvard Business School Newsletter*, 1991; Christensen et al., 1982:6; Christensen e Zaleznik, 1954:213: Kelly e Kelly, 1986:15; Ewing, 1990:272).

4. *"Desafia o pensamento convencional"* (citado no folheto do General Manager Program, Harvard, 1998).

5. *É participativo.* Essa "democracia na sala de aula" transfere a atenção dos alunos "do professor para seu colega de aula"; "alunos e corpo docente ensinam e aprendem juntos"; o "instrutor" tem que "trabalhar para... assegurar que os alunos 'sejam donos' da discussão. O diálogo é deles"; a tarefa do instrutor "é moderar, conduzir" (McNair, 1954:11; Carta do Diretor (Clark) no folheto do MBA de Harvard, 1997; Ewing, 1990:199).

## O Caso Contra os Casos

Reflita sobre todos os pontos mencionados, por um momento, e então pergunte a si mesmo se eles realmente são um argumento a favor ou contra o método de estudo de casos. Dúzias de alunos sentados em fileiras organizadas dando seu parecer a respeito de histórias lidas na noite precedente "captam a essência da liderança", expõem o "panorama maior", dando-lhes "responsabilidade pelas decisões", promovendo o "aprender fazendo", colocando os alunos "à vontade em qualquer situação de gerenciamento", transformando-os em quem assume riscos facilmente" e fazendo-os "gerentes-gerais". Tudo isso soa um tanto tolo, exceto pelo fato de que dezenas de milhares de formados deixaram Harvard acreditando profundamente nisso.

É claro, quando comparado com o método de "saliva e giz" de Stanford ou qualquer outro local de ensino, alguns desses argumentos podem ser valorizados. Mas essa é a base certa de comparação? Não deveríamos estar comparando o método de casos com a prática da gestão?

Em sua análise das escolas de pós-graduação em negócios, Aaronson (1992) refere-se a esse método como "provavelmente tão próximo da experiência prática quanto se pode chegar em sala de aula"(p. 179). Tão próximo quanto a maioria das escolas de negócios conseguiu chegar, talvez, mas dificilmente tão próximo quanto elas podem chegar. Dê uma boa olhada numa sala de aula de estudo de casos, e o que você de fato vê é outra forma de *saliva e* giz – literalmente. "Mantenha os rapazes falando" tornou-se um comentário famoso atribuído a um dos primeiros diretores da

Harvard.[13] Ou, como o professor da Harvard, John Kotter, (1982:80) destacou: "Meus alunos 'tomam' mais decisões importantes em sua discussão de casos em um dia do que a maioria dos gerentes-gerais [que ele estudara] poderia tomar em um mês".

REDUZINDO A GESTÃO À TOMADA DE DECISÕES E ANÁLISE: UMA VEZ MAIS  As habilidades desenvolvidas na sala de aula de estudo de casos são as habilidades de tomar decisões – da mesma forma que nas escolas voltadas para a teoria. E, repetimos, mesmo essas habilidades são altamente circunscritas: os dados para as decisões são fornecidos, mas o conhecimento tácito da situação está ausente e, portanto, é ignorado.

Os estudantes analisam esses dados – "absorvendo vasta quantidade de dados desordenados e ordenando-os mais rápido do que um computador", de acordo com o comentário de um consultor sobre um colega treinado em Harvard (citado em Cohen, 1973:43) – e debatem suas conclusões através de argumentos cuidadosamente articulados. Tudo isso sobre uma situação que todos na sala de aula leram, mas ninguém tinha experienciado; decisões que podiam ser tomadas, mas nunca implementadas. Que tomada de decisões! Que tipo de gestão!

O uso de casos em direito, onde tal prática começou, é de fato uma simulação mais razoável da realidade. Isso porque os advogados, particularmente no tribunal, não lidam com acontecimentos; lidam com relatos dos acontecimentos. Assim, as escolas de direito podem reconstruir os acontecimentos, principalmente através do uso da palavra – argumentos lógicos. Uma simulação, na sala de aula, da simulação inerente à prática da advocacia parece bastante razoável.

Mas a gestão é algo bem diferente, ou pelo menos deveria ser. Gestores eficazes fazem mais do que falar, convencer e tomar decisões; eles criam acontecimentos, saindo de seus escritórios, envolvendo-se, estimulando outros; eles vêem e sentem, experimentam e testam, em primeira mão. Harvard pode manter os rapazes (e as moças) falando, mas a prática, em verdade, mantém os gerentes ouvindo e observando. (O comentário de Erwin sobre estar no topo da pirâmide é especialmente interessante, porque lá de cima você dificilmente pode discernir o que se passa ao nível do chão. Quanto "a ver o todo", dificilmente você pode identificar a forma da pirâmide, menos ainda o que está dentro.)

Atingir uma conclusão lógica e saber como convencer os outros disso são certamente aspectos importantes da gestão. E o método de estudo de casos pode evidentemente ajudar a desenvolver tais habilidades. Mas superenfatizadas como são, na sala de aula de estudo de casos, elas podem distorcer o processo gerencial inteiro. Os gestores devem sentir as coisas; eles têm que estabelecer seu caminho através de fenômenos complexos, têm que garimpar informações,[14] têm que sondar profundamente ao nível da superfície, não a partir do topo de alguma pirâmide mítica.

---

[13] Copeland (1954), porém, relatou o comentário de forma ligeiramente diferente: "Quando eu estava vindo de uma reunião da classe, encontrei o diretor Gay... [que] me perguntou como as coisas estavam indo, e já que naquele momento eu estava me sentindo otimista, lhe disse que tinha encontrado o bastante para falar até agora. 'Humph' foi a resposta do diretor, 'essa não é a questão. Você encontrou o bastante para manter os alunos falando?'" (p. 27).

[14] Confronte isso com o argumento do diretor Donham, em 1922, de que "há [fatos] em número excessivo", portanto, é melhor apresentar tanto material relevante como irrelevante [nos casos], a fim de que o estudante possa obter prática em selecionar os fatos que se aplicam ao caso presente"; também que "o caso ordinariamente não deve exigir que o estudante colete novos fatos não incluídos no relatório"; em vez disso, os "fatos conhecidos" devem ser estudados (p. 60).

O "panorama maior" não está lá para ser visto, certamente que não em qualquer documento de vinte páginas; ele tem que ser construído vagarosamente, cuidadosamente, ao longo de anos de experiência íntima. O argumento de Erwin de que a discussão de casos numa sala de aula pode substituir "anos e anos [de espera] de acúmulo de experiência diária" é pura insensatez. Debater as implicações da experiência de outras pessoas pode dar a impressão de experiência, mas isso não é experiência. A prática da administração não pode ser reproduzida numa sala de aula da mesma forma que as reações químicas são reproduzidas em um laboratório.

O que o caso simula (e estimula) pode ser precisamente o problema de muito do gerenciamento que temos hoje: o gabinete executivo, onde as pessoas reunem-se para discutir palavras e números bem distantes das imagens e da sensação *(feel)* da situação sob consideração, o verbal em lugar do visual e do visceral, gerenciamento como alguma espécie de artefato distante das situações que ele influencia tão poderosamente. "O coitado do sujeito apenas senta-se lá esperando pelo estudo de um caso", destacou um gerente sobre um colega treinado em Harvard. Eis, abaixo, como Kaz Mishina, que ministrou aulas por seis anos na Harvard Business School antes de voltar para o Japão, caracteriza o processo:

> No início, a maioria dos alunos de mente sóbria está dolorosamente consciente de que mal sabe qualquer coisa sobre a empresa e a decisão que devem tomar, mesmo depois de leituras criteriosas do caso que receberam, e vivenciam uma grande dificuldade em exprimir-se, em público, sobre o que pensam a respeito, assim como para defender adequadamente sua posição. É interessante, entretanto, como eles aprendem rapidamente a suprimir essa sensação de desconforto, possivelmente para sempre, num ambiente em que os casos continuam a chegar a eles, perguntando o que fariam, e em que "Não sei" não é uma resposta aceitável. (*www.impm.org/Mishina*)

Palavras são a vida reduzida a categorias, e números reduzem as palavras a categorias ordenadas. Elas assumem significado apenas quando inseridas na rica experiência da vida, o mundo além do gabinete do executivo e da sala de aula de estudo de casos. Malcom McNair (1954:8), um dos professores de *marketing* mais conhecidos de Harvard, escreveu sobre a necessidade de os gestores "terem a capacidade de ver vividamente os significados potenciais e o relacionamento dos fatos" É verdade. Mas o que uma sala de aula de estudo de casos pode propiciar como retrato vivo da vida? Como se chega a um *insight* a partir de debates sobre produtos que ninguém jamais tocou, dirigidos a clientes que ninguém jamais conheceu? (Leia o quadro a seguir).

"Praticamente todos os negócios de uma natureza rotineira podem ser reduzidos à tomada de decisões baseada em conjuntos específicos de fatos". Foram essas as palavras de Donhan, diretor da Harvard em 1922 (p. 58). Mas ele também registrou as dificuldades de utilizar casos em disciplinas de "gerenciamento de fábricas" para apresentar material "de tal forma que o aluno pudesse visualizar os fatos claramente". Não é assim em *marketing* e em *banking*, declarou ele, pois aqui não se exige "nenhum esforço da imaginação para que o aluno consiga obter uma concepção clara do caso desde a primeira página"(p. 61). Isso ajuda a explicar por que tantos egressos de MBAs assumiram funções especializadas de *marketing* e finanças e tão poucos as operações de linha?

> ### ENXERGANDO AS COLUNAS
>
> Lembro-me vividamente de um evento de meu próprio curso de mestrado. O professor era uma pessoa experiente em gerenciamento de operações, mais preocupado com a prática do que com a teoria. Um dia ele perguntou a um de nós quantas colunas havia no *hall* de entrada do prédio onde estudávamos, um lugar por onde todos passávamos muitas vezes por dia. O aluno não soube responder. Então, o professor sugeriu que ele fosse dar uma olhada. Quando ele voltou, o professor perguntou-lhe: "De que cor é o piso? Da próxima vez que o aluno voltou, ele era capaz de descrever tudo sobre aquele *hall*. O objetivo do professor foi alcançado – mas tudo com muita dificuldade: não somos treinados para *enxergar* nas escolas de negócios.

E o que podemos dizer sobre a criação de estratégia? Reduzi-la a uma tomada de decisões, como fez aquele texto de *Business Policy* da Harvard, com formulação nitidamente separada da implementação pode ser conveniente para a sala de aula de estudo de casos, como também o fez Porter ao reduzir a estratégia à indústria (setor) e a análises competitivas de estratégias genéricas. Mas que justiça isso faz à estratégia? Será por isso que encontramos tantos pós-graduados em MBA praticando "estratégia" em atividades de consultoria e em departamentos de planejamento ou (como será descrito no Capítulo 4) como CEOs, formulando, lá do topo, simples e grandiosas estratégias que desmoronaram até o chão?

Gestores certamente têm que tomar decisões e têm que se preocupar com estratégia. E certamente temos esperança de que decisões sejam informadas por argumentos lógicos. Mas pode a gestão parar aqui, onde o método de estudo de casos pára?

HABILIDADES SOCIAIS E DE COMUNICAÇÃO EM AULAS DE ESTUDO DE CASOS? Argumenta-se que o método de estudo de casos não pára nesse momento. Que ele também ensina "implementação", "liderança", "ética" – todas aquelas "habilidades sociais e de comunicação". Será verdade?

Há certamente discussão de casos que tratam desses aspectos. Mas nelas os alunos fazem exatamente o que fazem nos outros casos: lêem e discutem soluções. Voltemos às questões de análise e tomada de decisões. Eis como um folheto de 1998 descreveu o Global Leadership Program de Harvard:

> O método de estudos de casos... capta a essência da liderança. Os estudos de casos em si oferecem intenso treinamento em liderança, exigindo que os participantes analisem fatos e situações, pensem por si próprios, comprometam-se com um plano de ação e o vendam aos colegas com base no mérito da posição defendida.

Chefia talvez, mas liderança?

E também há aquela disciplina sobre implementação, novamente com o uso de casos. Mas verbalizar sobre implementação não mais ensina a implementar do que verbalizar sobre tomada de decisões ensina a agir. Em verdade, é de conhecimento geral que os cursos de formulação de estratégia da Harvard têm sido mais bem-sucedidos do que os de implementação, que sempre foram problemáticos. A razão é óbvia. Formular é tarefa fácil numa sala de aula, especialmente em uma sala de aula de estudo de casos. Qualquer um pode pronunciar-se sobre a estratégia futura da empresa quando se reduz ela a uma decisão. Mas como você ensina implementação num lugar em que ninguém pode estar implementando nada, mesmo que todo mundo esteja formulando alguma coisa? Por isso, tivemos aquele texto *Business Policy*, da Harvard, descrevendo a implementação como "basicamente administrativa" (Learned et al., 1969:19), enquanto aqueles dois formados por Harvard, Kelly e Kelly (1986:32), reduziram-na a "dar as ordens".

Separar a implementação da formulação pode ser conveniente para a sala de aula (sem referirmo-nos às conveniências dessa separação para a empresa de consultoria e para o escritório de planejamento), mas isso quase sempre viola a necessidade que advém da prática. A estratégia é um processo interativo, não uma seqüência de dois estágios; ela exige a retroalimentação contínua entre pensamento e ação. Dizendo de forma diferente, estratégias exitosas não são imaculadamente concebidas; elas evoluem a partir da experiência. A idéia de que alguém se pronuncia lá no topo e que todo mundo sai correndo para implementar provou muitas vezes ser uma fórmula para o desastre (inevitavelmente culpando a implementação). Os estrategistas têm que estar atentos; eles têm que saber sobre estratégia de quê eles estão trabalhando; eles têm que responder, reagir e ajustar-se, muitas vezes permitindo que as estratégias possam *emergir* passo a passo. Resumindo, eles têm que *aprender*.[15]

A formulação conecta-se com a implementação de duas maneiras básicas. Ou o "formulador" controla a implementação diretamente, como os empreendedores muitas vezes o fazem para poderem adaptar suas estratégias em andamento, ou então os "implementadores" representam um papel-chave na "formulação", o que é comum em setores de alta tecnologia e outras situações de empreendimento de risco. Aqui, o papel do gerenciamento é menos o de *formular* do que o de *facilitar* – para encorajar as iniciativas estratégicas de outros, ouvir cuidadosamente seus resultados, e ajudar a consolidar o melhor disso em estratégias emergentes e visões coerentes. Num sentido, o gerenciamento é mais criativo na primeira abordagem, e mais generoso na segunda. Sob a abordagem do estudo de casos, os estudantes são estimulados a ser analíticos.

FONTES DE SEGUNDA MÃO   Este capítulo iniciou com a citação de Whitehead de 1929: "Trabalhar com fontes de segunda mão (*secondhandedness*), no mundo erudito, esconde o segredo de sua mediocridade". A fonte de terceira mão (*thirdhandedness*) das escolas de teoria dificilmente justificam a *secondhandedness* das escolas de estudo de casos. (O *web site* da Harvard de 2003 descreve seus casos como "relatos de primeira mão (*firsthand*) de situações reais de negócios". A experiência pode ter sido de primeira mão; o registro dessa experiência em um caso não foi, e tampouco o é a, ainda mais remota, discussão dela em sala de aula.)

---

[15] Para entender a estratégia como um processo de aprendizado, consulte Mintzberg, Ahlstrand e Lampel (1998: cap. 7). Para a estratégia como um processo de conceber, planejar e posicionar-se, consulte os capítulos 2, 3 e 4. (O capítulo 2 contém uma crítica detalhada da separação da formulação e da implementação). Consulte Mintzberg (1987a) e Mintzberg e Waters (1985) para acompanhar uma discussão sobre estratégia emergente.

Sterling Livingston usou essa citação de Whitehead em seu artigo de 1971 "O Mito do Gerente Bem Educado". Como um gerente que veio a tornar-se professor em Harvard, Livingston não ficou feliz com o que viu em torno dele. "Os que aprendem rápido na sala de aula muitas vezes... tornam-se lentos para aprender na cadeira do executivo (*executive suite*)", escreveu ele. Isso porque aos gerentes "não é ensinado, em programas educacionais formais, o que eles mais necessitam saber para construir carreiras de sucesso na administração" – a saber, "aprender a partir de sua própria experiência de primeira mão"(p. 79;84). Em vez disso, "Eles estudam relatos escritos de casos que descrevem problemas ou oportunidades descobertas por outros, que são discutidos, mas sobre os quais não fazem nada". Até mesmo "o que eles aprendem sobre supervisionar outras pessoas é, em grande parte, de segunda mão... o que 'alguém' deveria fazer sobre os problemas humanos das 'pessoas presentes num documento de papel'". Sem responsabilidade ou oportunidade de agir, não podem "descobrir por si próprios o que funciona – e o que não funciona – na prática"(p. 84).[16]

PARTICIPAÇÃO? Em um artigo de 1981, Arthur Turner, professor de Harvard, fez sua própria crítica, especialmente a que se referia à "democracia na sala de aula", que ele via como perfeitamente orquestrada pelo professor, que "num verdadeiro sentido está 'conduzindo' a discussão", para demonstrar alguma espécie de modelo ou esquema analítico. Dessa forma, o professor sabe exatamente a quem perguntar e quais comentários registrar no quadro, a fim de chegar onde quer. Um método descrito, desde Donham (1922:55), como "indutivo" – em que o aprendizado é induzido a partir da experiência – pode de fato ser dedutivo, em que a conclusão é deduzida a partir da estrutura conceitual. Isso pode aplicar-se mesmo à redação do caso. Por exemplo, se ao escritor do caso foi ensinado que o principal executivo é o estrategista (como fez o texto *Business Policy*, da Harvard),[17] então ele estará inclinado a enfocar um caso sobre estratégia naquela pessoa.

Tenha em mente, também, que as principais disciplinas em Harvard são ministradas em muitas turmas paralelas por professores diferentes que despendem uma boa quantidade de tempo coordenando a mensagem que buscam transmitir. Isso dificilmente estimula uma sala de aula à descoberta. "Quão normativos devemos ser nessa aula?", perguntou o professor titular em um desses encontros, que mais

---

[16] McNair reconheceu alguns desses problemas em seu livro de 1954 sobre o método de casos, mas ele afirmou serem as vantagens altamente superiores aos problemas encontrados:
Embora o método de casos tenha seu realismo, ele não é de forma alguma idêntico à realidade. O escritor de casos fez uma seleção de fatos para o estudante, que obtém pouca prática em buscar e reconhecer os fatos e relações pertinentes no continuum do detalhe diário, que constitui a vida das pessoas nos negócios. O meio, a página impressa, é restritivo e incapaz de desvendar muitos aspectos sutis, mas importantes, da personalidade e conduta humanas. Para finalizar, o estudante enfrenta um determinado problema durante um tempo relativamente curto e sem responsabilidade operacional. Na situação real, é claro, o pessoal operacional deve conviver com seu problema. (p. 86)
A tudo isso ele se referiu como "carecendo de certo realismo", mas concluiu que o método de casos ainda "parece carregar mais da noção essencial de administração de negócios do que qualquer outro método", de novo presumivelmente fazendo referência à aula expositiva.

[17] Conseqüentemente, Andrews (1987), na pág. 3, associa o campo inteiro ao "ponto de vista" do principal executivo ou gerente-geral; na pág. 19, ele inclui uma seção intitulada "O Presidente como Arquiteto da Finalidade Organizacional"; adicionando, na pág. 361, que "outros gestores-chave... devem contribuir ou concordar com a estratégia para que ela seja eficaz".

tarde "sumarizou as várias respostas que os vários coordenadores de grupos de discussão podiam esperar, baseadas em sua experiência de anos anteriores... 'O importante não é *apenas* dar uma resposta, mas *fazê-los* sentir e ver toda a fábrica – que ela é grande, suja e insegura'" (*in* Atlas, 1999:44, itálico adicionado).

Uma "Nota de Ensino" disponível para cada caso "guia o instrutor até alcançar o propósito do caso". Por exemplo, a nota escrita "para um caso de contabilidade bastante conhecido, sugere quais questões o instrutor deve escrever no quadro e como ele pode pretender que a classe discuta as questões levantadas, em que ordem e com quais resultados"(Ewing, 1990: 226). Ewing descreve tais notas como "cruciais para o controle de qualidade.... Afinal, os estudantes de todas as turmas (em Harvard) prestarão o mesmo exame ao final"(p. 227).

Turner (1981:8) conclui que as habilidades que os gerentes aprendem na sala de aula de estudo de casos são "relevantes para a situação em que se encontram [no caso]", mas "grandemente irrelevante para o que os gerentes fazem". Elas incluem, por exemplo, "como falar convincentemente para um grupo de 40 a 90 pessoas", para "impressioná-las e especialmente impressionar o instrutor". Para Turner, isso sugere uma hipótese perturbadora: quanto mais hábil for o instrutor e mais satisfeitos estiverem os alunos com o processo, menos útil poderá ser o aprendizado"(p. 7).

Talvez ainda mais severo seja Chris Argyris, um renomado professor de comportamento organizacional, que atua tanto na School of Business como na School of Education de Harvard. Também ponderando sobre essa democracia na sala de aula, ele fez observações sobre um programa de desenvolvimento executivo com a duração de três semanas que selecionava seu corpo docente dentre as "estrelas" de ensino de casos de Harvard e outras escolas.

Argyris (1980) relatou os comentários que os estudantes fizeram uns com os outros comparados com aqueles feitos para e pelo professor. Em praticamente todas as turmas, com exceção de uma, o número de respostas de estudante para estudante era "significativamente mais baixo" do que aquelas feitas para e pelo professor. ("Um alvoroço de mãos levantou-se, clamando por atenção", foi o que disse Ewing [1990:23] sobre a discussão de um caso no MBA de Harvard. Turner [1981] descreveu o processo como "não exatamente uma 'discussão', mas uma série de diálogos entre instrutor e aluno"[p. 6]). Como conseqüência, Argyris descreve a discussão da classe como "uma série de jogos e de camuflagem dos jogos"(p. 195): membros do corpo docente promoviam controvérsia; e induziam alunos a gerar soluções incorretas; e se asseguravam de que fossem revelados os princípios somente ao final das aulas. Perguntado por que as questões-chave não foram dadas antes do tempo, um membro do corpo docente respondeu que "isso prejudicaria o jogo inteiro". O propósito deles era manter o "controle do aprendizado"(p. 291; 292).

Em uma determinada turma, Argyris notou que "alguns dos executivos mais extrovertidos sentiram que tinham sido manipulados pelo membro do corpo docente para competirem uns com os outros". Como resultado, "durante a aula seguinte, um dos membros mais extrovertidos anunciou que não seria 'apanhado' de novo". Ele "esquivou-se de discussões futuras", e a participação dos outros executivos nessa sessão "diminuiu significativamente... Ao final do curso, um executivo perguntou objetivamente ao membro do corpo docente: 'Você está a fim de nos fazer votar, está tentando fazer-nos optar por um lado, ou você quer apenas comentários gerais?'. O membro do corpo docente pareceu um tanto desconcertado"(p. 294).

VIESES PRESENTES NOS CASOS   Anteriormente, mencionei possíveis vieses na redação dos casos, com o exemplo de criar um caso de estratégia em torno do CEO, quando foi ensinado ao redator do caso que o CEO é o estrategista. Como eu não conheço qualquer estudo de vieses em casos empresariais, uso aqui um xemplo colhido em casos do setor público, que os autores acreditam seguir o "modelo da escola de negócios" (Chetkovich e Kirp, 2001:284).

Chetkovich e Kirp (2001) estudaram os dez casos mais bem vendidos de programas americanos para o setor público para os anos 1997-1998. Eles foram produzidos pela Kennedy School of Government de Harvard, "que desfruta de um quase monopólio nessa área"(p. 286). Sua maneira de ver esses casos revelou um inquietante conjunto de lições:

> O mundo da política (*policy*) é mostrado como um domínio onde oficiais de alta patente, em geral originários do mundo externo à organização, lidam com problemas de política construídos de forma limitada. Os contextos histórico e social são de relevância limitada. A ação é individualizada em vez de socialmente inserida, e é mais comum o conflito do que a colaboração. Heróis solitários seguem com pouca ajuda ou insumo oriundo de políticos, do público, ou de subordinados organizacionais. (p. 286)

Especialmente aplicáveis a casos de negócios podem ser os seguintes comentários: "quase que invariavelmente, [os protagonistas] são heróis", pois gerentes de nível médio não figuram proeminentemente, e em sua maioria quase não são mencionados; membros de nível mais baixo raramente são "mencionados, mesmo como fontes úteis de conhecimento"(p. 288;290). "Nesse universo da política, as decisões são tomadas apenas por indivíduos agindo como indivíduos"; há também um enfoque em "recém-chegados descendo de pára-quedas em uma instituição falida"; "um modelo de ação, de cima para baixo (*top-down*) ou de fora para dentro, predomina"(p. 289;290).

Particularmente danoso é o comentário de que "quatro dos nove casos de tamanho padrão não oferecem dados históricos além do que deve ser dado para produzir uma história compreensível"; os outros "raramente rascunham uma história complexa". A impressão deixada é "que a história não importa muito"(p. 297). Mas, pode algum gestor ter esperança de poder avaliar o futuro sem uma profunda compreensão do passado?

NÃO TANTO OS CASOS, MAS A POPULARIDADE DO USO DE CASOS   Para concluir a discussão, gostaria de enfatizar que minha querela não é com os casos em si. Casos como relatos de uma história – como crônicas da experiência – podem ser úteis, desde que respeitem a riqueza da situação, inclusive sua história. Casos podem ser meios poderosos para expor pessoas a uma enorme variedade de situações empresariais – se forem reconhecidos como complementos à experiência, não como substitutos dessa mesma experiência. (Leia o quadro a seguir, para uma visão relacionada, que oferece uma idéia do que mais pode ser feito em relação aos casos.)

> ### Casos como Perspectivas
>
> *(preparado para este livro por Jeanne Liedtka, da Darden School)*
>
> Uma das vantagens mais interessantes do método de casos é a oportunidade de usá-los para estimular e desenvolver a tomada de perspectiva por parte dos alunos. Muitas vezes, pede-se aos alunos que representem apenas um papel numa conversação em um determinado caso – aquele do "executivo" a quem foi pedido que tomasse uma decisão de algum tipo –, e a qualidade por nós valorizada, como instrutores, é uma espécie de "qualidade de ser decidido", que nasce da disposição de ignorar a complexidade da situação presente. Compreensivelmente, essa abordagem deixa muitos de nós nervosos a respeito das verdadeiras mensagens que estamos enviando aos alunos em salas de aula de métodos de casos.
>
> No entanto, o potencial existe no método de casos para fazer exatamente o oposto – oferecer aos alunos a verdadeira prática de olhar para qualquer situação apresentada a partir de várias perspectivas, para desvelar a riqueza das muitas maneiras pelas quais diferentes pessoas interpretam a mesma situação. Afinal de contas, todo caso já tem (ou pode ser ajustado para incluir) um conjunto de personalidades que provavelmente vêem o mundo de maneira bem assustadoramente diferente da visão do "executivo" em questão. Pedindo aos alunos para ajudar uns aos outros a experimentar esses múltiplos chapéus, quando eles diagnosticam uma situação e buscam soluções, e opondo desafios para que não se façam fáceis interpretações das visões e motivações dos outros, endossamos uma visão da tomada de decisão em organizações como um processo complexo, cheio de nuances e multifacetado, e objetivamos um conjunto de habilidades que sabemos que colocará os alunos em maior vantagem nos anos vindouros do que uma ingênua postura de tomar decisões a qualquer preço

Mas quando os casos são utilizados em detrimento da experiência, desprovidos de história, forçando as pessoas a assumir posições ou questões sobre as quais pouco conhecem, em minha opinião eles se tornam um perigo. Eu resumo essa preocupação com um pequeno caso criado por mim mesmo.

> ### A Vez de Jack
>
> *[Em disciplinas em que se usa a aula expositiva, os alunos] aguardam que você forneça "a resposta". Há, embutido, um viés contra a ação. O que dizemos com o método de casos é: "Bem, sei que vocês não possuem informações suficientes – mas com as informações fornecidas, o que são capazes de fazer?" (Lieber, 1999:62), citando Roger Martin, diretor da escola de negócios da Universidade de Toronto.)*
>
> "OK, Jack, aqui está você na Matsushita. O que vai fazer agora?". O professor e oitenta e sete dos colegas de classe de Jack ansiosamente aguardam sua resposta à fria pergunta. Jack está preparado: ele pensou sobre isso durante muito tempo, desde que lhe foi dito que o método de estudo de casos é capaz de "desafiar o pensamento convencional". Também lhe foi dito repetidamente que bons gerentes são decididos; portanto, bons alunos de MBA têm que assumir uma posição. Então, Jack respira fundo e fala:
>
> *– continua*

> *– continuação*
>
> "Como posso responder a essa pergunta?", começa Jack. "Eu raramente ouvi falar da Matsushita antes de ontem. No entanto, hoje você quer que eu me pronuncie sobre sua estratégia".
>
> "Na noite passada, eu tinha dois outros casos para preparar. Então, a Matsushita com suas centenas de milhares de empregados e milhares de produtos levou um par de horas. Eu li todo o caso uma vez rapidamente e de novo, digamos, menos rapidamente. Nunca, que eu saiba, usei qualquer de seus produtos. (Eu nem sabia, antes de ontem, que a Matsushita fabricava Panasonic). Eu nunca entrei em nenhuma de suas fábricas. Eu jamais estive no Japão. Eu nunca falei com qualquer um de seus clientes. Ainda, certamente não conheci qualquer das pessoas mencionadas no caso. Além disso, a questão é muito *high tech* e eu sou um mero sujeito *low tech*. Minha experiência de trabalho se resume a uma fábrica de móveis. Tudo o que tenho a fazer são essas vinte páginas. Isso é um exercício superficial. Recuso-me, portanto, a responder sua pergunta!"
>
> O que acontece com Jack? Em Harvard, eu deixo você adivinhar. Mas de lá, ele volta para o negócio de móveis onde imerge em seus produtos e seus processos, as pessoas e o setor. Ele é especialmente um grande fã de sua história. Gradualmente, com sua coragem de ser decidido e de desafiar o pensamento convencional, Jack cresce para tornar-se CEO. Aí, quase sem qualquer análise de indústria (isso viria num curso posterior), ele e seu pessoal criam uma estratégia que muda o setor.
>
> Entrementes, Bill, sentado perto de Jack, entra no jogo proposto pelo professor. Ele também nunca esteve no Japão (apesar de já saber que a Matsushita fabrica Panasonic). Bill faz um dois comentários inteligentes e obtém aquele diploma de MBA. Isso lhe proporciona um emprego numa empresa de consultoria de prestígio, em que, como nas aulas de estudo de casos lá em Harvard, ele passa de uma situação para outra, cada vez marcando um ponto inteligente ou dois, envolvendo questões sobre o que ele até recentemente nada sabia, sempre saindo antes de a implementação começar. À medida que adquire essa experiência, não passa muito tempo antes que Bill se torne o principal executivo de uma grande empresa da chamada 'linha branca'. (Ele nunca fez consultoria para alguma empresa desse tipo, o que o faz lembrar-se do caso Matsushita). Lá ele formula uma elaboradíssima estratégia *high tech*, a qual é implementada através de um dramático programa de aquisições. O que acontece? Adivinhe, outra vez.
>
> *Leitores [do livro de Kelly e Kelly,* What They Really Teach You at the Harvard Business School *(1986:46)] estão provavelmente se perguntando: Ler os casos e fazer essa análise em duas a quatro horas? A resposta da Harvard é: sim. Estudantes precisam preparar de dois a três casos por dia... Assim (eles) devem trabalhar no sentido de que sua análise seja realizada com rapidez e qualidade.*

## APRENDENDO COM BOK

A discussão deste capítulo se alternou entre os casos da Harvard e as teorias de outras escolas, rumo a uma conclusão que eu espero esteja se tornando cada vez mais evidente. Antes de começar, quero rever uma experiência em Harvard particularmente reveladora, não somente sobre como Harvard visualizou seu método de casos e respondeu a críticas específicas ao modelo, mas também como ele evoluiu desde então – o que nos leva direto a nossa conclusão final.

Derek Bok, na condição de presidente da Harvard University, preferiu referir-se à Harvard Business School em seu relatório referente ao ano de 1979. Para qualquer um que esteja familiarizado com os dois relatórios atrás mencionados, patrocinados em 1959, por fundações, seus comentários foram especialmente brandos e bastante óbvios. Mas a Harvard Business School sentiu-se ultrajada, manifestando essa reação num texto de cinqüenta e duas páginas em resposta às vinte e três páginas que Bok tinha escrito. Essas páginas revelaram problemas na escola, de uma forma muito melhor do que o fizeram as próprias palavras do presidente.

Bok, da Escola de Direito de Harvard, praticamente sugeriu que a escola de negócios deveria considerar as "limitações" de seu método de estudo de casos e acrescentar mais material conceitual aos seus cursos, mais teoria. Resumidamente:

> Apesar de o caso ser um excelente dispositivo para ensinar os alunos a aplicar a teoria e a técnica, ele não oferece uma maneira ideal de comunicar, em primeira instância, conceitos e métodos analíticos. Em verdade, concentrando-se nas situações factuais detalhadas, o método de casos na realidade limita o tempo disponível para os alunos dominarem as técnicas analíticas e o material conceitual... [ainda mais] o enorme esforço exigido pelo sistema de casos pode deixar pouco tempo [para o corpo docente] prever questões de maior alcance ou engajar-se em trabalho intenso, para desenvolver melhores generalizações, teorias e métodos. (p. 24)

Um dia depois de Bok ter emitido seu relatório, o *New York Times* rodou uma história de primeira página sobre ele; a Fortune saiu com uma história de capa, logo depois (Kiechel, 1979). Particularmente aborrecido com tudo isso estava um homem chamado Marvin Bower (Harvard MBA, 1928), que havia criado e ainda dirigia a empresa de consultoria McKinsey Company. De acordo com um observador, a McKinsey tinha "o máximo a perder" se a escola abolisse o uso do método de estudo de casos, porque havia contratado "mais de mil MBAs de 1937 em diante", para tornar-se "a empresa de gestão/consultoria predominante" (Mark, 1987:58, 59,60).

Foi decidido que a resposta deveria vir dos egressos da Escola. Bower conseguiu reunir sete executivos de grandes empresas (AT&T, Ford, etc.) – um comitê fita azul – e tinha em mãos um relatório preparado para elas por quinze jovens formados em MBA em Harvard. Intitulado "The Success of a Strategy" (Associates, Harvard Business School, 1979), o relatório começava citando Benjamin Disraeli: "O segredo do sucesso é a constância no propósito". Em Harvard, esse propósito era o de "ser uma escola de ensino dedicada a preparar gerentes-gerais altamente preparados para trabalhar em empresas", dos quais "o mundo necessita um número quase ilimitado" para atingir "os objetivos de qualquer organização – seja ela lucrativa, sem fins lucrativos ou governamental"(p. vii).

O relatório repetidamente enfatizava que o treinamento era "projetado para atender às... necessidades de gerentes-gerais, não de técnicos-especialistas"(p. vii). Entretanto, dos quinze autores do relatório, sete eram consultores (com McKinsey), dois trabalhavam em instituições financeiras, e quatro estavam empregados em unidades de assessoramento de grandes corporações; apenas um ou talvez dois eram gerentes de linha ("Gerente-adjunto de Produto", General Food Corporation; "Gerente", American Telephone and Telegraph Company). Em termos um tanto arrogantes, o relatório dispensava técnicos-especialistas com o qualificativo de serem "disponíveis a gerentes", de tal forma que o papel de Harvard era "assegurar que seus alunos soubessem o bastante para dirigir tais especialistas"; e para "compreender e trabalhar com ferramentas quantitativas de auxílio à tomada de decisões", mas com "pouca necessidade... de tornarem-se tecnicamente conhecedores" de seu uso (p. 21).[18]

O relatório referia-se ao "programa de pesquisa da escola como o mais extenso de qualquer escola de pós-graduação em negócios", mas em um ponto ele confundia pesquisa com redação de casos e, em outro, simplesmente ignorava a pesquisa: "o desenvolvimento – em um ambiente acadêmico – de melhores generalizações e teorias abstratas para o gerente-geral corre contra a natureza básica do processo de gestão de negócios"(p. 28). Porém os autores não ofereceram pesquisa ou teoria em apoio a essa conclusão. (Convém lembrar que essa conclusão corria contra as crenças do Diretor Donham, que trouxe o método de estudo de casos para Harvard em primeiro lugar e esperava que ele fosse usado em conjunto com a teoria, apesar de ter perdido essa batalha para membros do corpo docente que tinham uma experiência muito limitada em negócios.)

O relatório concluía: "Consideramos vital que a escola mantenha, como dominante, o método de casos", esse "distinto instrumento de aprendizagem centrado no estudante... superior à aula expositiva na preparação de gerentes-gerais"(p. vii).

A Harvard Business School permaneceu sensível ao relatório de Bok por algum tempo. "Se você pretender discutí-lo com o Diretor, ele ficará muito aborrecido", foi dito a um repórter do *New York Times*, quando este visitou o *campus* cinco anos depois (*in* Mark, 1987:63). Mas de forma gradual, talvez nem mesmo tendo consciência disso, a escola virtualmente adotou tudo o que o relatório de Bok tinha sugerido e o relatório de Bower tinha desabonado:

- "Decaindo nas avaliações [da imprensa de negócios] e pressionada por seus estudantes, que se sentiam menos confiantes em suas capacidades analíticas e técnicas do que outros pós-graduados" (Byrne e Bongiorno *in Business Week*, 24 de outubro de 1994), a escola iniciou reformas curriculares em meados dos anos 90. Como citado antes, a estratégia já tinha passado a ser ensinada a partir de uma perspectiva analítica mais sistemática.

- Em meados dos anos 90, o número de casos do programa MBA tinha sido reduzido (para cerca de 500, dos 900 a que tinha chegado), apesar de permanecerem predominantes no programa curricular, como Bok ha-

---

[18] Os autores afirmaram não ter "encontrado" evidência significativa de que o gerente-geral necessita, ou necessitará, "do grau de conhecimento quantitativo/teórico" ensinado nas outras escolas. "Para testar essa idéia, de uma forma limitada, fizemos um levantamento envolvendo diretores [da Harvard Business School] sobre a sua leitura de periódicos com conteúdo quantitativo. Dos 25 que responderam, quase ninguém lia tais publicações regularmente e apenas alguns as lêem ocasionalmente, enquanto a maioria lia regularmente a Harvard Business Review" (p. 21). Uma pesquisa dos diretores de Harvard, a maioria com MBA de Harvard e, portanto, tendo tido pouco treinamento quantitativo, sobre o que liam em periódicos quantitativos, desafia o argumento de Bok de que os estudantes de Harvard necessitavam de melhor domínio de técnica analítica!

via recomendado. (As "virtudes do método de casos são muito óbvias e muito centrais para a missão da escola" para que seja abandonado [Bok, 1979:25].) Em palavras que podem ter sido um anátema para Bower, a carta do Diretor, na brochura de MBA de 1997-1998, começava assim: "O método do estudo de casos não é o nosso único método de ensino".

- Depois de uma tentativa abortiva inicial, no final dos anos 90 a escola finalmente colocou seus estudantes *on line* com microcomputadores: "Nós estávamos muito, muito atrás", confessou o Diretor Clark a um repórter do *New York Times* (Leonhardt, 2000a).

- Desde meados dos anos 80, a escola também começou um esforço concentrado para reduzir endogenia (*inbreeding*), contratando professores jovens – particularmente professores orientados para a pesquisa – de outras escolas, até depois do ano 2000, quando o Diretor exigiu que fosse avaliada a possibilidade de contratar aqueles com doutorado pela própria escola. A escola também trouxe vários consagrados "astros" da pesquisa e reforçou suas atividades de doutorado, enraizando muitas delas nas matérias de psicologia, economia e outras, ensinadas em Harvard, do outro lado do rio*.

- Talvez o maior indicador de mudança, como mencionado anteriormente, é que depois de 88 anos a escola abandonou a disciplina de Política de Negócios que já fora sua "marca registrada" (Leonhardt 2000a) e competitivamente introduziu um segundo curso obrigatório em Finanças.

## Convergência em Educação para os Negócios

Se não antes, então agora minha conclusão deve ficar evidente: as escolas de negócios de Harvard e Stanford estão separadas principalmente pela geografia. Entre numa sala de aula de estudo de casos em Harvard, onde um professor está conduzindo uma discussão sobre uma empresa, e ela certamente parecerá diferente de um anfiteatro para conferências em Stanford, onde um economista está expondo a teoria dos jogos. Ouça a retórica deles, e veja que ela soa como se um estivesse preocupado com a gestão como uma profissão, e o outro com os negócios como ciência. Mas volte atrás e talvez você possa apreciar o quanto essas duas abordagens são notavelmente semelhantes: seus alunos possuem pouca ou nenhuma experiência em "gestão", mas estão supostamente sendo treinados como gestores; o gerenciamento que eles aprendem toma a forma de tomada de decisão por análise,[19] ensinada amplamente através das funções empresariais; ambas as escolas

---

* N. de T.: O *campus* tradicional da Universidade de Harvard está sediado na cidade de Cambridge. No entanto, do outro lado do rio Charles, em Boston, há outro *campus* de Harvard, dedicado a outras áreas disciplinares.

[19] Na verdade, o capítulo de Bach no relatório Pierson et al. (1959) começava atribuindo a Harvard e seu uso de casos "o foco da ênfase central" na tomada de decisões em educação para a gestão (p. 319). Tenha em mente também que as citações anteriores, neste capítulo, de duas das mais francas abordagens analíticas do ensino de gerenciamento – o trabalho de Porter sobre estratégia e a abordagem de Beer et al. em relação ao comportamento organizacional – provêm dos professores da Harvard, não de uma das escolas orientadas para a teoria.

acreditam em pesquisa e publicação erudita e contratam os doutores uma da outra para fazê-lo; juntas, despejam pós-graduados, principalmente para empregos especializados em que muitos deles, não obstante, esperam chegar a gerentes-gerais, supostamente capazes de gerenciar qualquer coisa. E por aí vai. (Harvard e Stanford agora cooperam em seus programas executivos sob medida.) Conforme o Diretor da Sloan School do MIT concluiu, em 1968, "as diferenças entre uma escola de negócios e outra... derivam não do fato de para onde as escolas estão indo, mas de onde vieram"(*in* Zalaznick, 1968:202).

Enquanto a própria Harvard continua mantendo um forte compromisso com o ensino de estudo de casos, ela possui poucos clones verdadeiros. Trinta anos atrás, várias escolas copiavam cada um de seus movimentos; hoje, poucas o fazem. Não que a imitação tenha acabado. Muito pelo contrário; está mais forte do que nunca. Mas em lugar de dois modelos está um, uma mistura dos dois. Em outras palavras, em quase toda bem conceituada escola de negócios, hoje, pode ser encontrado um lugar proeminente para as áreas disciplinares básicas, para pesquisa, para teoria e para casos. Os professores de estudo de casos baseiam-se mais em conceitos, ou talvez devesse dizer que eles assim o fazem de maneira mais transparente, enquanto que o corpo docente orientado para a teoria usa mais exemplos, inclusive casos.

Conforme se pode observar na Figura 2.2, Harvard, Stanford e todas as outras terminaram num lugar notavelmente similar. Esse lugar é sobre B, não A. Essas escolas ensinam as funções de negócios e a análise da tomada de decisões ten-

Alemão (Cameralista) e primeiras origens

Wharton School (1881)

Mestrado de Tuck University (1900)

MBA de Harvard (1908)

Era das Trevas
(de 1930 – 1940)

Método de
Estudo de
Casos

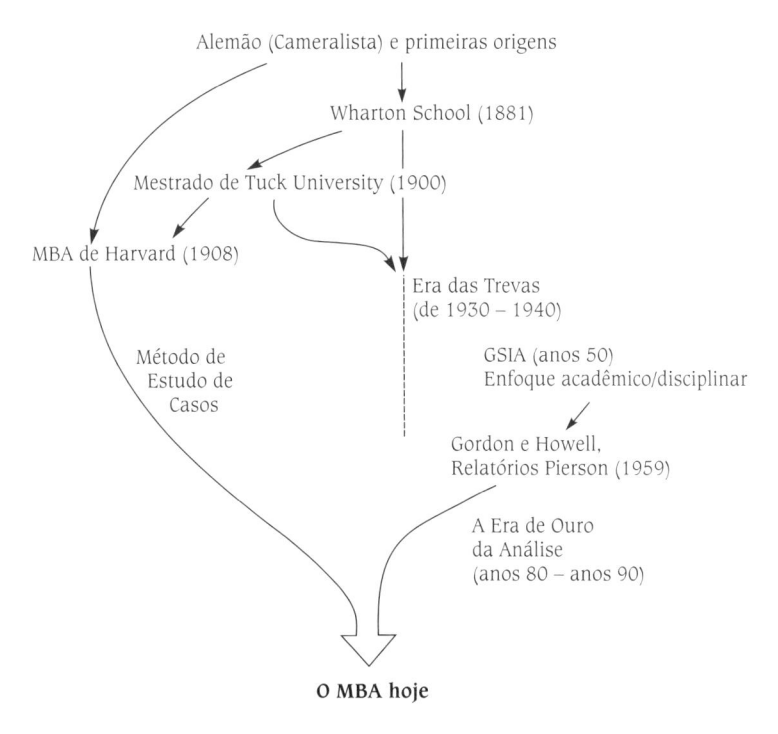

GSIA (anos 50)
Enfoque acadêmico/disciplinar

Gordon e Howell,
Relatórios Pierson (1959)

A Era de Ouro
da Análise
(anos 80 – anos 90)

**O MBA hoje**

FIGURA 2.2
Passando o Bastão: a evolução da escola de negócios.

tando passar a impressão de que estão desenvolvendo gestores – para negócios e tudo o mais. Não estão. Em um mundo rico em experiências, em um mundo de vistas, sons e aromas, nossas escolas de negócios mantêm os rapazes e as moças falando, analisando e decidindo. Em um mundo de fazer, ver, sentir e ouvir, elas criam nossos líderes pensando. Em última análise, o que eles dominam não é do que necessitamos. Essas escolas podem estar ampliando o conhecimento de seus estudantes sobre negócios, mas estão estreitando as percepções de seus alunos sobre a gestão.

---

### A IMPRESSÃO DEIXADA PELA EDUCAÇÃO MBA

1. Gerentes são pessoas importantes que sentam em um nível acima de outros, desconectados do trabalho de fabricar produtos e vender serviços. Quanto mais "alto" esses gerentes vão, mais importantes eles se tornam. No topo senta-se o principal executivo (o CEO), que é a corporação (mesmo que ele tenha chegado apenas ontem).

2. Gerenciar é tomar decisões baseadas em análise sistemática. Gerenciar, portanto, é significativamente avaliar. É mais ciência do que arte, sem menção a habilidade específica nascida da experiência (*craft*).

3. Os dados para tal tomada de decisões vêm de um breve e conveniente pacote de palavras e números – denominado casos, na escola, e relatórios, na prática. Para tomar decisões, os números são "massageados" e as palavras debatidas, talvez com alguma adicional consideração sobre "ética".

4. Sob esses gerentes estão as organizações, ordenadamente separadas como programas de MBA nas funções de finanças, *marketing*, contabilidade, e assim por diante; cada uma delas aplica seu próprio repertório de técnicas.

5. Para unir essas funções, os gerentes usam "estratégias" muito especiais que, embora misteriosas, podem ser compreendidas por pessoas a quem foi ensinada análise de indústria e a quem foi dada a oportunidade de formular muitas delas em salas de aula de estudo de casos.

6. As melhores estratégias são claras, simples, deliberadas e arrojadas, como aquelas dos líderes heróicos dos casos mais importantes.

7. Depois de esses gerentes MBA terem acabado de formular suas estratégias, todas as outras pessoas – conhecidas como "recursos humanos" – devem apressar-se em implementá-las. A implementação é importante, pois é o começo da ação, a qual os gerentes devem controlar, mas nunca fazer.

8. Entretanto, essa implementação não é fácil, porque quando os gerentes que passaram por escolas de negócios adotam a mudança, muitos daqueles recursos humanos que não passaram por essas escolas resistem a tal mudança. Portanto, esses gerentes têm que "abolir a burocracia" com o uso de técnicas e "atribuir poderes" a quem quer que reste para fazer o trabalho para o qual foram contratados.

9. Para tornar-se um gerente assim, melhor ainda, um "líder" que se senta acima de todos os outros, primeiro você deve sentar-se inerte por dois anos numa escola de negócios. Isso o capacitará a gerenciar qualquer coisa.

Resumida no quadro, está a impressão de gerenciamento deixada pelo treinamento de MBA. Milhões de pessoas levaram essa impressão para a prática, as conseqüências são discutidas nos próximos quatro capítulos. Sugere-se que a ninguém deve ser permitido sair de um programa de MBA convencional sem ter uma caveira e duas tíbias cruzadas estampados firmemente em sua testa, com a frase: "Cuidado: DESPREPARADOS para gerenciar!"

# 3

# CONSEQÜÊNCIAS INDESEJADAS I:
## *Deterioração do Processo Educacional*

*Educação, s. Aquilo que descortina para os sábios
e esconde dos tolos a sua falta de compreensão.*
– AMBROSE PIERCE, THE DEVIL'S DICTIONARY

Havia uma boa notícia no capítulo anterior: que, se reconhecidos como educação por especialistas nas funções de negócios, os programas de MBA podem treinar as pessoas certas da maneira certa. A má notícia agora é que, como esses programas são raramente assim reconhecidos, eles criam toda espécie de conseqüências negativas. Essas conseqüências se estendem além dos graduados que se tornam gerentes nas organizações que administram, atingindo o mundo moldado por essas organizações. Simplesmente não podemos agüentar ter uma sociedade de líderes elitistas treinados em análise e promovidos "rapidamente" (*fast tracks*) paralelamente ao trabalho diário de fabricar produtos e oferecer serviços. Tudo isso solapa nossas organizações e nosso tecido social, bem como nossas instituições educacionais.

Isso pode soar como uma ampla e terrível condenação de um diploma que não tem tal pretensão. Não creio, e preparo-me agora para demonstrar por quê. Na verdade, espero demonstrar que as conseqüências da educação MBA são muito mais influentes e perturbadoras do que a maioria das pessoas imagina. David Ewing (1990:30) abriu seu livro com a afirmação "A Harvard Business School é provavelmente a mais poderosa instituição privada do mundo". Seria fácil rejeitar isso como retórica inflada de orgulho de um membro da própria organização. O preocupante é que Erwin podia estar certo.

Não defendo a tese de que o MBA provoca a ruína, para o resto da vida, de todo aquele que recebeu estudos desse nível. Todos os tipos de pessoas graduam-se por todos os tipos de razões, com todos os tipos de conseqüências, algumas secundárias, outras relevantes, algumas positivas, algumas negativas. Meu argumento, antes de tudo, é que os efeitos em geral têm sido profundamente mais negativos do que positivos.

Os programas não são unicamente responsáveis por todos os aspectos disfuncionais de gerenciamento que agora vemos à nossa volta, desde os exagerados esquemas de remuneração de executivos e as fracassadas estratégias e fusões de empresas, aos escândalos do comportamento corporativo desonesto, todos indicativos de falência da liderança. Uma imprensa de negócios superespalhafatosa e práticas de consultoria questionáveis também contribuíram para esse quadro. Mas tudo isso foi feito em conjunto com os programas educacionais, que tanto legitimaram quanto encorajaram alguns dos mesmos comportamentos que deveriam estar questionando.

Destruir é muito mais fácil do que construir. Nove meses são necessários para gerar um ser humano, e apenas um momento para destruí-lo; edificar uma grande organização pode levar anos, e apenas meses para levá-la à ruína; pode demorar séculos para estabelecer-se uma sociedade democrática, e apenas décadas para pô-la abaixo. Liderança é um fenômeno antigo; o gerenciamento promovido pelo MBA é um bem mais novo. Na minha opinião, ele contribui para o que será descrito aqui – e eu escolhi a palavra cuidadosamente – como uma deterioração que se difunde, desde o meio educacional, passando pelo gerenciamento das organizações e infiltrando-se na sociedade.

Como tenho muito a dizer sobre essas conseqüências, eu as dividi em quatro capítulos, abordando cada um de seus aspectos, começando aqui com a deterioração do processo educacional.

"Há quatro coisas que um estudante deve querer de uma escola de negócios", disse James March, um proeminente professor da escola de negócios da Carnegie e depois da Stanford, a um entrevistador, em 1995:

> Uma é aprender algo sobre disciplinas de negócios, como organizações, contabilidade, finanças, produção e *marketing*. A segunda é aprofundar uma compreensão intelectual da relação entre atividades de negócios e as grandes questões da existência humana. A terceira é ser capaz de sinalizar que você é o tipo de pessoa que freqüenta uma determinada espécie de escola de negócios. E a quarta é assentar as bases para formar uma rede de conexões pessoais. (*in* Schmotter 1995:58)

March sustentou que qualquer escola de negócios pode ensinar as disciplinas de negócios. Mas também afirmou que outros três aspectos exigem mais do que uma escola de negócios comum, inclusive aquele sobre aprofundar uma compreensão sobre "grandes questões da existência humana". Essa é certamente uma nobre intenção, mas uma boa parcela de evidência apresentada neste e nos próximos três capítulos sugere que mesmo as escolas famosas acabam conseguindo exatamente o efeito oposto. Isso nos deixa com os outros dois aspectos de March

– a saber, "estabelecer que você é um dos sujeitos bem espertos, ou colocar você em contato com outros sujeitos muito espertos, para criar uma rede nacional ou internacional de contatos pessoais"(p. 58). Estas, sozinhas – eu sustento —, corrompem o processo educacional.

Mais adiante na entrevista, March referiu-se às escolas de negócios como "menos uma fábrica do que um templo... justificado pela forma que simboliza as coisas que nós valorizamos". O que, então, os acólitos desses templos, os estudantes de MBA, valorizam?

## Algumas Reações de Estudantes aos Estudos de MBA

Sobre essa questão, deixe-me citar elementos extraídos de três livros escritos por estudantes de MBA sobre suas experiências: um deles, horrivelmente simplista e positivo; outro, superficialmente brando e confuso; e o terceiro, bastante sofisticado e principalmente negativo. Cada um execra o processo educacional do seu próprio jeito.

Sem dúvida, livros podem não ser representativos – escritores de livros têm sua própria história para promover*, dizem. Assim, o segundo conjunto de reações origina-se de levantamentos feitos com grande número de estudantes de MBA, especialmente sobre o que valorizam e como isso muda durante os estudos. Não é mensagem melhor que a anterior.

Francis Kelly e Heather Kelly (1986) escreveram um livro sobre suas experiências, intitulado *What They Really Teach You at the Harvard Business School*. Não é nada encorajador. Por exemplo, eles descrevem dois de seus cursos nos seguintes termos: "Na aula de *marketing*, os alunos aprendem como desenvolver um produto que atenda a uma necessidade real"(p. 11). O gerenciamento de recursos humanos "emergiu [nos anos 80] com um tema "quente" e do 'verdadeiro' mundo dos negócios. Os gerentes constatam que gerar lucros em um ambiente de crescente concorrência depende dos recursos humanos... [Isso, entretanto,] é uma das tarefas mais difíceis exigidas dos gerentes. Como acontece com toda decisão, os *trade-offs* existem"(p. 143).

Kelly e Kelly oferecem "um grupo de cinco ou seis perguntas-chave a fazer sobre qualquer organização, para que os leitores estejam aptos a efetuar uma simples, rápida análise, tipo-Harvard Business School, de seu próprio negócio e a situação desse negócio". Eles se referem a isso como "a essência do que o HBS procura oferecer a seus estudantes"(p. 26, 27). Por exemplo, eis uma questão do curso de política empresarial: "Pode a estratégia corporativa como um todo e a posição da empresa no mercado ser resumida em duas ou três frases?"(p. 49). Uma questão mais genérica, para todas as áreas, mencionada anteriormente no livro, é: "Como se faz uma rápida verificação de uma decisão, antes que ela seja implementada, para se ter certeza de que é a melhor possível?"(p. 11). Espero que

---

* N. de R. T.: A expressão em inglês é *"book writers have their own axes to grind."*

esses não sejam "a essência do que a HBS procura dar aos seus estudantes", mas parece ser o que esses dois estudantes conseguiam ter.

Em Stanford (sede do Professor March), um aluno escreveu um livro intitulado *Snapshots from Hell* (Robinson 1994). O livro visa principalmente no primeiro ano do programa, quase não trata do conteúdo do curso, mas é rico em atitudes de alunos. A maior parte soa mais como curso primário do que escola de pós-graduação*, com os alunos entrando em pânico por causa dos exames e fugindo das disciplinas de que não gostam (a análise crítica deste livro no *The New York Times*, intitulada "Boot Camp for Yuppies", comentou sobre a "insanidade das modernas tendências americanas de transformar tarefas práticas em disciplinas acadêmicas" [Lewis 1994:7]).

A hora da verdade para esse aluno chegou na aula de *marketing*, que "desceu até onde as pessoas vivem, aos produtos Pringles e Cinch" (p. 257). Cinch (limpador multiuso para vidros e superfícies) foi um fiasco, admitiu o executivo da Procter & Gamble que assistia à aula. "Mesmo os grandes, como a P&G, cometem erros", disse ele à classe. Isso foi uma revelação para Robinson, que repetiu a sentença em itálico, explicando: "Aquelas palavras foram as mais expressivas que ouvi entre as proferidas em Stanford. Elas foram minha Festa de Reis do MBA. A partir daí, tudo nas escolas de negócios foi diferente para mim". Dificilmente essa era uma das "grandes questões da existência humana" antes referida por March, mas, uma vez mais, foi o que o estudante aprendeu.

Um livro anterior de Cohen (1973), *The Gospel According to the Harvard Business School* (O Evangelho segundo a HBS), é de longe mais sofisticado e mais negativo do que os outros dois. Por exemplo, sobre as WACs** (Relatórios de Análise de Casos), que deviam ser entregues em sábados alternados, escreveu Cohen: "As regras inacreditavelmente apertadas de uma WAC cerceiam seus pensamentos. Não são permitidos lampejos de fé; não são permitidos levantamentos ambiciosos de temas. Você tem que correr feito uma bala cobrindo todas as suas bases"*** (p. 48). Quando recebe a avaliação, "você procurará freneticamente pela nota atribuída e não se importará com o que a Petra Cement [uma empresa objeto de um caso] deveria ou poderia ter feito, que erros você cometeu, ou as falhas do seu argumento", mas sim se você recebeu "um P (de *Pass*, aprovado) no cartão de avaliação; que você passou por mais uma avaliação, e que graças a Deus – cinco WACs já foram. E restam apenas seis"(p. 53).

A atmosfera das aulas da Harvard é retratada no livro de Cohen, como exigente, estridente, individualista: "O que quer que aconteça, agarre-se ao argumento como se fosse uma bola perdida. Crie uma forma especial de levantar sua mão para responder ao professor. E, principalmente, seja inescrupuloso"(p. 21). Um aluno comentou ter "a sensação de que era membro de uma turba, não de um grupo. Somos gente quando estamos fora de aula, conversando uns com os outros. E, de repente, quando entramos e nos sentamos, ficamos todos transformados.

---

\* N. de R. T.: O texto faz interessante trocadilho dizendo que o curso parece mais uma "grade school" (escola primária) do que uma "grad school" (escola de pós-graduação).

\** N. de R. T.: "WACs" significa *Written Analysis of Cases*.

\*** N. de R. T.: Obviamente, o autor faz uma analogia com a cobertura de bases no jogo de beisebol.

Tornamo-nos verdadeiras feras". Utilizar o medo "para fazer as pessoas aprenderem... simplesmente não faz sentido" (p. 113-34).

Um evento importante ocorreu durante o tempo de Cohen em Harvard relativo à Guerra do Vietnã, certamente uma grande questão da existência humana. Os alunos do Harvard College, do outro lado do rio Charles, fizeram uma gigantesca reunião no estádio, próximo à escola de negócios. "Enquanto dez mil pessoas do outro lado da rua perguntavam-se em que seu mundo estava se transformando, o *staff* da Corporation 7 [um jogo de negócios] estava ocupado tentando imaginar maneiras de aumentar seus lucros". Cohen descreveu seus desligados colegas de sala como quem exibia "uma mistura de desdém e medo que surgia de não compreender realmente o que era uma multidão, uma emoção". Depois, comentou: "A escola não quer ouvir o tumulto lá de fora... Não pode ouvir porque enfrenta o pior obstáculo à melhoria – o sucesso". Pode estar discutindo mais casos "sobre poluição e responsabilidade social. Mas realmente não está fazendo coisa alguma para mudar a disposição mental, a atitude ou o lugar... a escola continua mais preocupada em colocar seus graduados e obter apoio financeiro do que verificar se o negócio está utilizando os recursos produtivos da nação para o bem desta" (p. 328-29).

Os tempos mudaram desde que isso foi escrito. As escolas de negócios fizeram grandes esforços, por exemplo, com cursos de ética. Resultado: por alguma razão, a situação ficou pior.

Em 2002, o Aspen Institute publicou um panfleto intitulado "Where Will They Lead?" (Initiative for Social Innovation through Business, 2002). Essa publicação apresenta os resultados de um levantamento das atitudes, para com os negócios e a sociedade, de quase dois mil estudantes de MBA de treze escolas líderes. A descoberta principal, em poucas palavras: "Há uma inversão de prioridades, durante os dois anos de escola de negócios, das necessidades do cliente e da qualidade do produto para focar a importância do valor do acionista" (p. 3). Mais de 70% dos estudantes acabaram escolhendo "maximizar o valor do acionista" como uma das "principais responsabilidades de uma empresa", enquanto 50% escolheram "investir no crescimento e no bem-estar dos empregados". Apenas pouco mais de 30% escolheram "criar valor para a comunidade local" (p. 8). Praticamente ninguém incluiu melhorar o meio-ambiente. De fato, definido por uma quantidade duas vezes maior de estudantes, "melhor imagem/reputação pública" foi identificado como o principal benefício que as empresas prestam ao cumprirem suas responsabilidades sociais, em relação aos que escolheram uma "comunidade mais forte/mais saudável" (p. 9). A *Business Week* (*on-line*, 11 de março de 2002) relatou que "As escolas dizem que os estudantes aparentemente não estão aprendendo o que está sendo ensinado". É claro que estão – em finanças, não em ética.

Reforçando o argumento, talvez, outra pesquisa com estudantes de MBA das escolas mais bem classificadas revelou que eles "parecem menos preocupados com questões sociais do que os atuais executivos" (Filipzak et al. 1997:16) e apresentam maior resistência a ações do governo voltadas para estimular o comportamento social responsável (p. 13). Realmente, 24% dos executivos identificaram a "compaixão" como a mais importante característica dos futuros líderes, mas apenas 4% dos estudantes de MBA fizeram a mesma opção. O autor do relatório, Thomas Dyckman de Cornell, concluiu que "Aparentemente a experiência ensina a compaixão. Talvez as escolas de negócios devessem fazê-lo também"(p. 16). Mas será que podem?

## Confiança − Competência = Arrogância

Humildade não é uma palavra muito popular entre MBAs. Arrogância, sim. Que o rótulo tenha sido usado tantas vezes não é uma indicação de que todos os MBAs sejam arrogantes, apenas que um número notável deles o é. Cohen (1973:203) citou um de seus colegas de sala, alguém com experiência de dois anos como engenheiro de fábrica: "Como o estudante típico de escola de negócios, quero começar no topo... não quero ficar esperando cinco anos... não creio ter quaisquer objetivos de longo prazo além do que eu já disse". Mas, logo, reafirma, "Uma vez que se experimentou o gabinete executivo, mesmo que tenha sido apenas na sala de aula, é naturalmente um tanto frustrante aceitar um cubículo na sala dos fundos" (Kelly e Kelly 1986:28). Os homens de negócio da Alemanha do século XVIII expressavam preocupação de "que o treinamento universitário permitisse que estudantes arrogantes e, portanto, incompetentes, crescessem no comércio" (*in* Spender 1997:29). Hoje, essa arrogância os *capacita* a crescer no comércio.

A palavra *confiança* aparece mais e mais em relatórios de graduados de MBA sobre os benefícios de sua educação; por exemplo, o programa "deu-me a confiança de que necessitava" e a "experiência de EMBA expandiu a amplitude e o escopo da minha autoconfiança" (*in* Hilgert 1995:69). Com relação à competência, os empregadores "deixaram de utilizar [suas] novas competências", assim, a maioria daqueles MBAs deixar seu emprego! (p. 73)

O título desta seção significa que confiança sem competência dá lugar à arrogância. Talvez a arrogância proverbial do MBA reflita sentimento de vulnerabilidade – inquietações íntimas de que eles não merecem seu sucesso. "Parker exibe a autoconfiança vazia de um homem que nunca foi seriamente ameaçado", referiu-se Cohen (1973:67) a outro de seus colegas de turma.

Imagine uma matriz 2 × 2 de confiança e competência. As pessoas eficazes possuem ambas; as incapazes, nenhuma. As pessoas desafortunadas possuem competência, mas carecem de confiança. É melhor que elas se preocupem com isso, contudo, pois uma pequena injeção de confiança pode trazer grandes benefícios. O pessoal perigoso, especialmente nesta sociedade de espalhafato, é o grupo restante: aquele cuja confiança excede sua competência. Essas são as pessoas que levam qualquer um à loucura. Os programas de MBA não apenas atráem um número significativo de pessoas assim, mas estimulam suas tendências, intensificando sua confiança para gerenciar mas lhes propiciando pouca competência para a tarefa.

Uma estudante foi assim citada em folheto (1999) da sua escola: "O projeto IMD* proporcionou-me confiança para enfrentar virtualmente qualquer problema que surja em meu caminho, mesmo que seja fora da minha experiência". Depois de uma palestra que fiz para estudantes do Insead, sobre educação de MBA, uma mulher levantou a mão e disse que mesmo sendo verdade que o programa possa não os ter ensinado muito sobre gerência, deu-lhes confiança para gerenciar. Eu agradeci a ela por chegar onde eu queria!

Se as escolas de negócios já estivessem fazendo sua parte, estariam verdadeiramente criando líderes, seus formados seriam conhecidos por sua humildade, não por sua arrogância. Certamente eles se formariam com uma aguda percepção do que não conhecem. Em vez disso, ouvimos o relato de uma recém-formada da Harvard Business School sobre um professor que disse à sua turma que "no futuro, estaríamos entre aqueles que estabelecem as regras e monopolizam as conversações sobre o que deve e o que não deve ser feito, sobre o modo como os negócios devem ser conduzidos". Ela e seus colegas de turma "aplaudiram-no de pé". Sem dúvida! Por que a Harvard publica isso (em seu *Web site*, 2003), em vez de esconder?

É "compreensível" que os estudantes da Harvard "obtenham um alto grau de autoconfiança", escreveram Kelly e Kelly (1986): "Por dois anos, eles apanharam, então suspiraram, afirmaram que depois de sobreviver a Harvard, eles podem se permitir sentirem-se como o melhor talento jovem em gerenciamento que o país tem a oferecer"(p. 16-17). Suficiente para alcançar o gabinete executivo, talvez. Mas o que acontece lá? Voltaremos a esse assunto.

## *O Marketing* Irresponsável do Pensamento Crítico

Tais atitudes dos estudantes têm feito boa companhia à crescente deterioração das próprias escolas de negócios. Consulte a segunda capa da *The Economist* e dê uma olhada nos anúncios alardeando os programas de MBA como o último tipo de soro antiofídico. Poucos anos atrás, as escolas mais prestigiadas podem ter sido as piores nesse exagero. "Aprenda a voar, Estilo Wharton", era o título de um anúncio publicitário, tendo abaixo três de seus notáveis professores em frente a um jatinho executivo. "Deixe o corpo docente da Wharton ajudá-lo a voar acima das nuvens para uma perspectiva global de seu negócio". Outra compelia os leitores a "agarrar as vantagens de Chicago". Afirmava a London Business School: "O rápido caminho para o sucesso acaba de ficar mais rápido" – pelo menos se "você tiver o que é necessário" e puder "acompanhar o ritmo". Termine o curso e "você estará classificado como um dos profissionais mais altamente qualificados do mundo". Simples.

"Hálito perfumado? Experimente Colgate Mouthwash. Problemas com sua carreira? Curse um MBA". Assim escreveram dois professores sobre a promoção de programas de MBA na imprensa da Malásia (Sturdy e Gabriel 2000:998).

---

* N. de R. T.: Institute of Management Development (IMD), sediado em Lausanne, Suíça.

"O mais novo", "classe mundial", *know how*", "gerentes de rápida ascensão", "domínio das habilidades", "gerencie no novo milênio" – essas expressões constavam apenas no primeiro parágrafo de uma carta do chefe do IMD em seu folheto EMBA de 1998-1999. "Tempos turbulentos" e "mudança constante" aparecem num folheto da University of Chicago, como acontece na maioria dos outros, inclusive a palavra *global*. Todos esses são rótulos que bloqueiam o pensamento, não dão partida nele. O folheto da Wharton para 2000-2002 mostra um grupo de estudantes subindo "as imponentes trilhas do Monte Everest. Embora nem todos os estudantes de MBA WE [World Executive] aceitem esse desafio físico", o folheto continua, "todos eles compartilham uma experiência igualmente rigorosa que testa seu raciocínio crítico... [nesse programa que] pode levá-lo a novas alturas". É mais provável que tais comentários levem a retórica vazia a novas profundezas.

Pode ser fácil descartar tudo isso como apenas mais um exemplo do *marketing* insensato que tem invadido e absorvido tanto mais na sociedade. Mas as instituições acadêmicas têm um papel particular a representar na esfera social – qual seja, promover o raciocínio crítico. Elas devem ser os próprios espaços onde se deve desafiar essas inutilidades. Que elas as usem tão eventualmente é um testemunho da sua própria deterioração.

Que efeito tem tudo isso nas sérias tentativas de elevar o nível de reflexão da sala de aula? Espero que pouco, mas não estou tão certo. Se a primeira coisa que um candidato a uma escola de negócios vê é essa promoção, que postura mental pode-se então esperar que ele traga para a classe? Quando as pessoas tiverem lido que a Wharton as ajudará a voar acima das nuvens para uma perspectiva global, como podem elas ser treinadas nos problemas terra-a-terra, muito menos para refletir criticamente sobre palavras vazias como "global"?

Quantas vezes agora ouvimos referências a escolas de negócios como um negócio e, seus nomes como marcas a serem exploradas? O chefe do IMD citado anteriormente é Presidente, não Diretor. Ele declarou ao *Financial Times*: "O corpo docente auxilia-me a administrar o negócio" (Bradshaw 2003c). John Byrne, da *Business Week*, comentou sobre as escolas de negócios não terem se importado "com as percepções de seus clientes, as pessoas que na realidade compram seus produtos"(*in* Mast 2001a:18). Mas que outro "negócio" examina seus "clientes" e os descarta quando falham? Quando recentemente eu ouvi alguém de uma das mais prestigiadas escolas de negócios falar nesses termos, pensei: com que finalidade? A escola é fenomenalmente rica e não pode distribuir lucros. Ela não tem carência de fundos para qualquer projeto meritório que tenha, e todo membro bem-sucedido do corpo docente tem uma "cadeira" (*chair*) com apoio financeiro determinado. A expansão é apenas um meio de manter-se no quadro de resultados? Se é assim, tem que ser às expensas da produção acadêmica. As escolas de negócios não existem para crescer e se diversificar, correr ao redor do mundo criando alianças, para tirar vantagem de sua marca e vender seu nome (veja o quadro a seguir). Elas existem para gerar conhecimento e estimular a sabedoria. Nada mais.

> **O ALTO CUSTO DE "VENDER" UMA ESCOLA DE NEGÓCIOS**
>
> A Oxford University vendeu o nome de sua nova escola de negócios para Wafic Said por £20 milhões em 1996. (O Templeton College fora estabelecido em Oxford com uma doação de £5 milhões de John Templeton, em 1984. As duas escolas se digladiaram durante anos.) Said também tentou comprar o conselho de curadores; ele exigia o poder de nomear seis dos seus dez membros. Isso "causou desassossego" na universidade (de acordo com *The Economist*, November 9, 1996), assim, ele aceitou *menos poder* nas nomeações na escola (Crainer e Dearlove 1999:147). *The Economist* afirmou que isso "mostra o quanto a Oxford necessita de um curso de gestão, especialmente se ela quiser progredir em um mundo onde a academia está se tornando um negócio". Talvez a revista *The Economist* esteja carecendo de um curso em Educação, para entender que nem tudo é negócio.

## O TOPO DE LINHA DA PRÓPRIA ESCOLA

Agora as escolas de negócios tem sua própria linha de base – que, na verdade, é uma linha de topo, significando *marketing* e vendas – e isso pode estar agravando o problema. As escolas são avaliadas e classificadas pela imprensa de negócios, regular e implacavelmente. Crainer e Dearlove (1999:178) descobriram 34 processos de classificação diferentes.

Há duas perspectivas desses processos de classificação que, creio, levam à mesma conclusão. A perspectiva favorável é que elas tornam as escolas mais responsivas, porque seus estudantes e recrutadores passam por um processo de votação. Certamente isso pode combater a tendência acadêmica de se isolar, especialmente no favorecimento da pesquisa sobre o ensino. A questão é se essas avaliações conduzem as escolas ao lugar certo.

A perspectiva desfavorável dos processos de classificação é que eles estimulam uma padronização dos currículos, além daquela exigida pelos órgãos de credenciamento. O *U. S. News & World Report*, por exemplo, usa o escore GMAT como determinante do quanto as escolas são seletivas, fazendo assim valer a medida que, temos visto, tem pouca relação com o potencial gerencial. Além do mais, a inovação pode ser desestimulada, porque as altas classificações são obtidas pela conformação com os padrões, mais do que pelo afastamento deles. Os verdadeiros novos programas nem mesmo são classificados – não se encaixam. Mesmo pequenas variações podem ser punidas. A Stanford "caiu dois pontos, para o nono lugar", relatou a *Business Week* em 1998, "devido em parte à ira dos recrutadores frustrados, porque estudantes os trocaram por modestas instituições recém-fundadas no Vale do Silício" (Reingold 1998:87).

Mais seriamente talvez, como ocorre com qualquer *ranking*, isso evoca mais manipulação do que esclarecimento. "Na *Business Week*, John Byrne – que iniciou todos os processos de avaliação/classificação – afirmou: "Posso lhe confidenciar, as escolas mentem" (*in* Mast 2001a:23). Assim como alguns estudantes, as escolas jogam para obter melhores graus. A *Business Week* relatou como Chicago respondeu, ao ter sido "criticada severamente" por recrutadores dois anos antes: além de trazer novo *staff*, o diretor "adicionou... estacionamento para empregado particular e escrivaninha para o porteiro"(Reingold 1998:90).

---

### JOGOS QUE AS ESCOLAS DE NEGÓCIOS JOGAM

*(Extraído de "Ten Easy Steps to a Top-25 MBA Program", por Andrew J. Policano, ex-diretor, Universidade de Winsconsin-Madison, 2001)*

Se o seu programa de MBA faz parte do indesejável grupo que a *Business Week* e a *U. S. News & World Report* classificam abaixo dos 25 maiores, com toda a certeza você está sob constante pressão de seus alunos, ex-alunos e doadores para que se coloque entre os 25 maiores. Os seguintes... passos [entre outros] podem levá-lo até lá...

- *Providencie uma grande variedade de serviços para estudantes de MBA*, inclusive oferecendo desjejuns e almoços formais... e estacionamento grátis...

- *Aumente o escore médio do GMAT de sua classe de MBA para acima de 650...* Será necessário você diminuir o número de estudantes no programa MBA e nunca admitir estudantes que têm baixos escores GMAT, mesmo se de outra forma mostrarem forte potencial...

- *Aumente os serviços para os recrutadores*, inclusive estacionamento com manobrista, refeições grátis, cestas de presentes em quartos de hotel e uma confortável sala de estar....

- *Elimine programas sem fins lucrativos e especializações em nível de MBA que gerem diplomados que são colocados em cargos de baixos salários...*

- *Seduza qualquer um que inquira sobre o [seu] programa, especialmente estudantes não-qualificados, para que se interessem...* (A *U. S. News* usa o número de estudantes aceitos dividido pelo número de candidato como medida de seletividade)...

- *Aumente substancialmente o orçamento para o programa de MBA; US$ 50.000 por estudante é uma boa meta...* você precisará realocar fundos... [por exemplo, diminuindo] o tamanho e/ou o custo de fornecimento do seu(s) programa(s) de grau universitário(s) [e de doutorado] [e desviando] recursos de suporte a pesquisas do corpo docente para os programas de MBA...

Se essas sugestões lhe parecem ironia ou exagero, reconsidere. Elas são apenas uma fração do que muitos diretores, ao longo dos anos, descreveram para mim como sua "estratégia de processo de avaliação/classificação".

---

E assim há também uma medida para salários iniciais dos formados. Desgraça para a escola cujo estudante segue para uma organização não-governamental de um país em desenvolvimento ou semelhantemente, um estudante de tal país que aceita um emprego em uma empresa e acaba voltando para casa. Podemos reparar esse problema, as revistas afirmam. Certamente. Elas podem reparar qualquer problema; estão constantemente reparando. E os diretores estão constantemente manipulando. (Como recomendação de um ex-diretor particularmente sincero, leia o quadro a seguir.) Talvez o verdadeiro problema seja a própria noção de topo de linha, a idéia de medir as coisas em vez de fazer juízo. Exatamente como acontece no próprio gerenciamento.

O objetivo do exercício não é colocação ou salários ou estacionamento com manobristas; não é aquilo que se vê que as escolas estejam fazendo. O objetivo é aprender, desenvolver gente mais pensante, que possa melhorar a prática de gerência. E quem está medindo tal objetivo?[1] Aquelas grandes questões de existência humana, de forma literal, não são consideradas em tudo isso. Mas como poderiam? Quem pode medir o que realmente importa, como se mede o quanto alguém aprende numa sala de aula? (Mais material sobre este assunto você encontra no Capítulo 13.)

Fazendo um balanço, os processos de avaliação/classificação certamente abriram as escolas de negócios para alguns aspectos com os quais elas deveriam estar preocupadas e outras com os que não deveriam. O problema maior é que os processos de avaliação/classificação as desviaram da questão mais importante: o quanto elas estão sendo eficazes em criar gerentes, pessoas de negócios e cidadãos responsáveis. Chegar a esse nível exige algo além de vendas e lucros, além dos números, algo direcionado a valores, crenças e julgamentos.

---

[1] Leitores interessados podem consultar a lista de critérios do *Financial Times* (Bradshaw 2003c) usada pelos cinco maiores processos de avaliação/classificação: o seu próprio, Economist Intelligence Unit, o do *Wall Street Journal*, o da *Business Week* e o da *Forbes*. Nos processos de avaliação/classificação de pesquisa, o jornal observou "enormes variações".

# 4

# CONSEQÜÊNCIAS INDESEJADAS II:
## *Deterioração da Prática Gerencial*

*Infeliz é o país que não tem heróis.*
*Não, infeliz é o país que precisa de heróis.*
– BERTOLD BRECHT, A VIDA DE GALILEU

Com tantas pessoas recebendo o MBA nos dias de hoje e tantas delas ascendendo a cargos elevados, a influência do diploma na prática da gestão tornou-se enorme. Entretanto não vemos muita evidência de exame desse aspecto.

Neste capítulo, primeiramente veremos como os graduados entram no mercado de trabalho, seu salto para o mundo real, mais notadamente para trabalhos em consultoria e bancos de investimento, ou ainda para temas ou áreas "quentes" (muitas vezes no momento em que começam a deixar de sê-lo) Depois, examinaremos como crescente número de MBAs chega à gerência fazendo desvios e conseguindo ir direto para cargos executivos. A próxima seção trata do que acredito ser a conseqüência-chave do treinamento MBA em geral – deixando de lado a prática de gerenciamento e advogando estilos calculistas e heróicos. Isso nos leva à seção final, que apresenta resultados do desempenho de alguns proeminentes MBAs que ascenderam a CEO. Diante das afirmações de que muitos deles chegam lá, eu contra-ataco com dados, mostrando como os supostamente melhores dentre eles comportam-se lá chegando. Não muito bem, de acordo com algumas evidências alarmantes.

# Primeiro: O Salto para o Mundo "Real"

Curse um MBA e, num ano economicamente bom, você pode dobrar seu salário – ao menos se você estiver disposto a mudar de empregadores e setores, especialmente para consultoria e bancos de investimento. Em outras palavras, ignore qualquer experiência que possa ter e esqueça que você deveria aprender a prática do gerenciamento. Acredite que isso pode vir depois, quando você for gerir uma empresa.

## Conseguindo o Melhor dos Empregos Graças a Seu Investimento Educacional

O *Oxford Dictionary* define mercenário como "aquele que trabalha meramente por dinheiro ou recompensa". O MBA promove uma abordagem mercenária do gerenciamento?

"A maioria das pessoas matricula-se nas escolas de negócios para ficar rica, não para melhorar suas mentes", concluiu o periódico *The Economist* em 1996 [20 de julho]. Alguns anos depois, a revista *Fortune* escreveu que "os MBAs querem mais dinheiro... por menos dias de trabalho. e então (talvez) eles assumam um compromisso" – de "três a cinco anos até seu próximo empregador" (Branch 1999:79). Isso é respaldado por vários estudos ao longo dos anos – por exemplo, de que o dinheiro era o critério-chave para 77% dos MBAs que estavam se formando (Dearlove 1997), que "um total de 76% de MBAs não planejam trabalhar para o mesmo empregador por mais de cinco anos" (Koudsi 2001:408, na *Fortune*) e que a rotatividade real em cinco anos de graduação vai de pouco mais da metade a 2/3, segundo dois estudos (Dougherty, Dreher e Whitley 1993:544).

O empregador seguinte, evidentemente, é outro empregador. Ao se formar, o MBA não volta ao emprego anterior, move-se para frente. Por isso, Whitley et al. (1981:157) referiu-se a escolas de negócios como "instituições para promover trocas".

Para ajudar a "empurrar" esses MBAs ao longo desse caminho, a *Business Week* publicou um artigo intitulado "Obtendo o Máximo do seu Dinheiro Aplicado na Escola de Negócios" (Dunkin e Enbar 1998). O artigo mostrava como calcular o retorno do investimento – salário ganho por dinheiro investido no estudo – e classificava as escolas de acordo com esse critério. A "vencedora" foi a University of Pittsburgh, com um MBA que proporcionava 38% de retorno do investimento, "porque seu programa de MBA dura apenas um ano" (p. 177). Menos é aparentemente mais (dinheiro, pelo menos, se não aprendizado). "Escolas de negócios parecem um negócio melhor do que era em 1996" (p. 176), concluía o artigo. Desde que você não se importe de transformar a educação numa farsa.

O MBA é um "produto" quente, afirma-se; os detentores desse diploma são "os supermodelos do mundo dos negócios" (Dearlova 1997). No mesmo ano, um artigo da *Fortune* intitulado "Os MBAs Estão Quentes de Novo – e Eles Sabem Disso"

(Branch 1997:77) descrevia salários de seis dígitos, mais assinaturas de bônus e reembolso de anuidades. Um estudante falava em encontrar "uma oportunidade na qual eu pudesse causar impacto direto na direção de uma organização", apesar de o artigo ter caracterizado seu grupo como "uma bela trupe avessa a riscos". Bem, nem todo mundo: "Um estudante [Northwestern] não gostava do fato de um recrutador freqüentemente olhar o relógio na parede durante uma entrevista. Esse estudante então saltou de sua cadeira, arrancou o relógio do lugar e jogou-o em cima da mesa. Um mercado dos estudantes, sem dúvida." (p. 79). Um mundo perverso, em verdade.

## POR QUE O PRODUTO É TÃO "QUENTE"?

O que exatamente torna o MBA tão "quente", pelo menos quando a economia vai bem? O que as empresas vêm comprando? A resposta, de acordo com muita gente envolvida tanto no lado da educação como no da contratação, não é tanto um processo de educar, mas sim um método de selecionar. O MBA é uma credencial conveniente para justificar a seleção de pessoal a ser contratado. Afinal, se a jovem vem de Harvard ou se o rapaz fez o curso em Stanford, como pode um recrutador estar errado? Culpe a escola se o graduado falhar.

Assim, as escolas de negócios têm sido descritas como "agências de emprego dispendiosas" (Samuelson, *in Newsweek*, 1990:49) e "meras salas de contratação" (segundo uma pesquisa de empregadores [Martin 1994:20]; veja também Aaronson 1996:213). Até mesmo alguns proeminentes diretores concordaram com esse juízo. Por exemplo, Richard West, de Dartmouth, disse, há alguns anos que "as escolas de negócios são como fábricas onde se enchem garrafas... O produto já está 90% pronto antes mesmo que o vejamos. Nós o colocamos numa garrafa e o rotulamos" (*in Time* de 4 de março de 1981). Mais reveladora que tudo é uma pesquisa da *Business Week* com seiscentos executivos seniores, a qual "revelou que a maioria acreditava que um MBA tem pouco a ver com desempenho no trabalho e faz pouca diferença para o mérito ou a capacidade do empregado. Entretanto, esses mesmos executivos admitiram que suas empresas entrevistaram apenas MBAs para o posições de *trainee* em gestão" (McGill 1988:76). Para mais amostras desse tipo de lógica, leia o quadro a seguir, intitulado "Quem está Fazendo Quem de Bobo?"

Num artigo intitulado "The End of Business Schools? Less Success Than Meets the Eye" (Fim das Escolas de Negócios? Menos sucesso do que parece aos olhos), publicado em um periódico de 2002, Jeffrey Pfeffer e Christina Fong, da Stanford Business School, chegaram a conclusões interessantes. Em agudo contraste com aqueles números de retorno sobre o investimento antes mencionados, os quais foram baseados em salários relatadas como obtidos no primeiro emprego, Pfeffer e Fong verificaram "quase nenhum ganho econômico para um grau de MBA, a não ser que se gradue cursando um programa de topo de linha" (p. 82). Os mesmos autores questionaram ainda a existência de mais aprendizado nesses programas de topo de linha, pois os "programas de estudo, até os livros-textos usados são notavelmente semelhantes em todas as escolas de diferentes graus de seletividade" (p. 82). Nem tampouco as notas obtidas parecem fazer muita diferença "para o subseqüente desempenho nos negócios" (p. 83). "Nas prestigiosas escolas de negócios de hoje, os alunos têm que demonstrar competência para entrar, mas não para sair" (p. 83, citando Armstrong 1995). Realmente, Pfeffer disse a um entrevistador que "não há muita evidência de que a educação em si faça muito" (*in* Sokol 2002). Pfeffer e Fong concluem que "o que se está avaliando não é a educação em administração de empresas, mas a seletividade" (p. 82).

---

### QUEM ESTÁ FAZENDO QUEM DE BOBO?

A *Business Week* publicou uma enquete em 1986 (24 de março, p. 63) sobre "Como os Executivos Classificam a Educação Oferecida em uma Escola de Negócios". Entre as descobertas, estão:

| | | |
|---|---|---|
| As escolas de negócios ensinam aos alunos muito sobre a teoria do gerenciamento, mas pouco sobre o que é preciso para gerir uma empresa. | Concordam<br>Discordam<br>Não sabem | 86%<br>10%<br>4% |
| Faz sentido pessoas com MBAs ganharem salários maiores do que pessoas com a mesma experiência de trabalho, mas sem diploma. | Concordam<br>Discordam<br>Não sabem | 33%<br>64%<br>3% |
| Empregados mais jovens, com MBAs, tendem a ter menos lealdade e mudam de emprego com maior freqüência do que empregados sem diploma. | Concordam<br>Discordam<br>Não sabem | 63%<br>25%<br>12% |
| Formados por escolas de negócios tendem a ter expectativas não-realistas sobre quão rápido eles progredirão em suas carreiras. | Concordam<br>Discordam<br>Não sabem | 78%<br>18%<br>4% |
| Se o seu filho ou a sua filha estivesse planejando uma carreira em negócios, você o/a aconselharia a cursar um MBA? | Sim<br>Não<br>Não sabem | 78%<br>17%<br>5% |

---

Sem dúvida, os recrutadores obtêm mais do que a credencial. Eles apanham pessoas que escolheram graduar-se em negócios e permaneceram durante dois anos no processo. Assim, é provável que sejam pessoas interessadas em negócios e sejam cooperativas no trabalho, pelo menos até que se movam noutras direções.

Mas se isso é verdade, por que se preocupar com educação dispendiosa? Por que as empresas simplesmente não pagam às escolas de negócios para selecionar pessoas? Como Samuelson (1990) cogitou na *Newsweek*, imagine se "todos os programas de MBA desaparecessem. As empresas teriam que refletir mais sobre como recrutar e treinar futuros gerentes" (p. 49).

Um executivo japonês particularmente franco, detentor ele próprio de um MBA americano, ofereceu outra perspectiva:

> Na prática... a única coisa que esperamos de imediato dos japoneses graduados em programas americanos de MBA é que eles sejam capazes de falar inglês, porque muitas vezes temos que fazer nossos MBAs servirem de intérpretes para executivos estrangeiros que visitam a empresa. Esses empregados não retornam para a Nissay com habilidades para negócios significativamente melhores – em geral, eles pouco aprendem num programa de MBA que não pudessem aprender na própria função (*in* Linder e Smith 1992:30).

Esse executivo também comentou que o curso ensina "muito sobre o funcionamento da sociedade, leis e cultura americanas". Mas a mesma coisa faria um curso de teatro – talvez até melhor. "Um MBA é mais ou menos como o terno de um *designer*", acrescentou ele, "um atrativo símbolo de *status* que ao mesmo tempo veste bem" (p. 31).

## Indo para Consultoria e Bancos de Investimento em Vez de para a Gestão

Esses símbolos de *status* parecem ter caído particularmente bem em consultoria e em bancos de investimento, para onde tradicionalmente tem ido muitos dos diplomados – 63% deles, das 25 escolas com a classificação mais alta na pesquisa de 1998 (19 de outubro) da *Business Week*. A *Fortune* também reportou em 2003 (28 de abril) que os cinco empregadores preferidos por candidatos a MBA eram oriundos desses dois setores. "A Harvard tornou-se uma escola de acabamento para consultores e banqueiros de investimento", disse um dos membros de seu corpo docente, em 2000 (Clayton e Christensen, citados em Jones 2000:28).

Sem dúvida, isso não deve ser surpresa, dada a natureza da educação e a inclinação dos estudantes. Ambos os setores parecem bons e pagam bem, não importa que experiência anterior se tenha. Os estudos de MBA oferecem grandes oportunidades para fazer análises e aplicar técnicas – numéricas –, com pouca responsabilidade de implementação ou de gerenciamento direto. Alternativamente, os diplomados entram e saem das empresas dos clientes, como faziam em seus estudos de casos, fornecendo aconselhamento sem ter que sofrer suas conseqüências. E onde melhor fazer uso da rede de "velhos companheiros" do que em consultoria e bancos de investimento?

## O Que É "Quente" Não É Sempre Atrativo

"O que é quente?" parece ser o mantra do MBA à procura de um emprego. Consultorias e bancos de investimento são áreas que têm permanecido quentes por longo tempo. Volte ao que dizíamos no Capítulo 2, só para verificar por quanto tempo a McKinsey & Company vem contratando tantos MBAs de Harvard.

O problema com a maioria das coisas quentes é que elas podem esfriar muito rapidamente – não importa quão "atraentes" elas possam ter sido quando eram quentes.

Um artigo interessante de J. L. Pfeffer apareceu no *International Herald Tribune*, em 1994. Se você deseja saber onde *não* colocar seu dinheiro, sugere o escritor, "Olho vivo com gente com muita ganância, muitas dívidas e pouca capacidade de prever as coisas" – ou seja, "MBAs que estão se formando":

> Esses almofadinhas cheios de dívidas apresentam um histórico de correr atrás do emprego mais recentemente quente e logo em seguida vai ser supervalorizado, no mais recentemente quente e já supervalorizado setor. A equação pode ser observada repetidas vezes, setor após setor: Quanto mais longo e maior for o *boom*, mais altos os salários iniciais, maior o número de MBAs e mais dura é a queda.

O escritor apresentou dados de cinco setores. Em quatro deles (cuidados em saúde/setor farmacêutico, entretenimento/mídia, sistemas computacionais e bancos de investimento), enquanto os rendimentos anuais cresciam e depois caíam, o percentual de ex-alunos da Harvard que aceitaram empregos nesses setores continuou a subir, pelo menos durante um certo tempo. Apenas em consultoria é que tanto o número de alunos quanto as receitas subiram de forma estável.

Isso foi em meados dos anos 90. Poucos anos depois, essa tese foi confirmada com grande força. Surgiu o novo setor mais quente de todos – o das *pontocom* – e as escolas dispararam a revisar seus currículos enquanto choviam estudantes nos novos cursos. Empregos em consultoria tornaram-se menos "atrativos" entre os MBAs" (Taylor 1998:66), enquanto que aqueles nas *pontocom* esquentaram. Por um momento, pelo menos.

"A Harvard tem sido acirradamente entusiasta acerca do *e-commerce*", escreveu um recém-graduado no *New York Times* (Buchanan 2000). Quatro meses depois, um cabeçalho na *Fortune* dizia que "Estudantes de MBA Querem Empresas da Velha Economia" (Koudsi 2001). Em 1999 e 2000, apenas 12 ou 15 estudantes assistiram às apresentações da Ford na Northwestern; "esse ano o evento foi uma sala de estar, apenas" (p. 407). Em um artigo na mesma linha, Harrington (2001:410) escreveu que "no último inverno, a disciplina opcional de *e-commerce* da Stanford era a coisa mais quente... no *campus*... Neste trimestre há cadeiras vazias... Evidentemente os estudantes de MBA sabem ler um gráfico de desempenho de ações".

Talvez saibam ler um gráfico de desempenho de ações, mas não tem uma bola de cristal. Talvez nem mesmo uma bola de tênis, não quando seus olhos estão focalizados no placar. E há diferença entre as escolas? Um vice-diretor de Harvard contou para um redator da *Fortune* "Precisamos mudar – na verdade, permanecer à frente do desfile – para continuar a atrair esses garotos inteligentes de 25 anos." A Harvard é tida como a porta-bandeira do desfile. Mas não parece saber melhor que qualquer outra a direção a tomar.

Ser um líder significa pensar por si próprio, destacar-se da multidão e incitá-la a segui-lo. Ou seja, liderar. Líderes não imitam. As pessoas que pulam para dentro do trio elétrico que vai passando não são líderes. Tampouco o são as escolas que os formam.[1]

"Afinal, onde os MBAs querem trabalhar?" foi pergunta formulada por *Fortune* em 2001 (Koudsi 2001:408). Seu levantamento colocou o setor de *"Internet/e-commerce"* em terceiro lugar (empatado com o de bens de consumo, a ser discutido mais adiante), atrás – adivinhou? – do de consultoria gerencial e do de bancos de investimento![2] Só que desta vez, novamente, eles talvez tenham chegado tarde demais.

## *E Tu*, BCG*

Temos visto repetidamente, desde a resposta da Harvard ao Relatório de Bok até a discussão anterior, que consultoria e bancos de investimento não têm sido apenas os mais entusiastas proponentes de educação MBA, mas, num certo sentido, os próprios pilares de sua sustentação. Portanto, uma mudança nesse suporte pode ser, sem dúvida, um sinal significativo. Isso é precisamente o que tem acontecido nesta última década. Algumas das mais prestigiosas empresas de consultoria têm se afastado cada vez mais de MBAs para uma contratação mais eclética – de pessoas das ciências, das artes, das leis, e assim por diante. Um sócio sênior da McKinsey disse-me em 2002 que 70% de suas novas contratações não eram MBAs, e estavam desempenhando-se "excepcionalmente bem"; ele predisse que logo eles iriam constituir metade do *staff* profissional. Um estudo formal na empresa, de pessoas na função há um, dois, três e sete anos, descobriu que, nos três aspectos, aqueles sem o MBA eram tão bem-sucedidos quanto aqueles que possuíam o diploma, e o Boston Consulting Group revelou que os não-MBAs que haviam contratado "estavam tendo melhores avaliações, em média, do que seus colegas que tinham freqüentado escolas de negócios" (Leonhardt 2000c:18).

Há sinais de acontecimentos similares em bancos de investimento. O *Financial Times* publicou um artigo em 2003 sobre Henry Kravis, da KKR, a organização famosa pela compra de ações da empresa por sua própria gerência, as *leveraged buyouts*. Kravis foi eloqüente sobre o MBA, especialmente sobre sua própria deci-

---

[1] Esse recém-pós-graduado citado antes escreveu seu texto no *New York Times* para provar que, embora a Harvard pudesse estar "loucamente entusiasmada" com o *e-commerce* e ver essas mudanças como colocando a escola "na crista da onda da nova economia... correspondendo às demandas de seus clientes", sua própria conclusão – em retrospecto – era que "o cliente nem sempre tem razão... não tem perspectiva para ver o grande panorama... Eu entendo que precisava de mais conhecimento da velha economia antes de tentar compreender a nova – mesmo que eu 'demandasse' algo mais" (Buchanan 2000).

[2] As empresas desse setor compreendiam quatro dos cinco empregadores "mais cobiçados" – exceção feita à Cisco Systems, que logo encontrou seus próprios problemas! Elas eram cinco das cinco no *ranking* de 2003 da *Fortune* (April 28), mas as empresas de contabilidade estavam ausentes – lembre-se da Enron, da Anderson e da Homeland Security – e a CIA fez a lista das 50 maiores pela primeira vez!

* N. de R. T.: O título que, no original é "E tu, BCG" parece buscar um contraposto à peça de Shakespeare, quando reproduz a frase de Julio César: "Até tu, Brutus?". BCG, aqui, é a famosa empresa de consultoria Boston Consulting Group, e o autor, ao contrário de Shakespeare, parece querer indagar o comportamento do BCG.

são de não abandonar o programa Columbia após algumas semanas. O artigo continuava, dizendo que "apesar de ele ser um grande fã da educação em negócios, a KKR não contrata graduados de MBA. Ao contrário, nos últimos sete ou oito anos, a empresa, da compra alavancada, executou um programa em que admite como analistas pessoas com dois anos de experiência em Wall Street" (Murray 2003:5).

Mas há notícias piores para as escolas de negócios: as empresas de consultoria estão elas próprias treinando seus contratados sem MBA – no caso da BCG, por exemplo, em apenas três semanas. Leonhardt (2000c) trata disso – o que algumas empresas denominam seus "miniMBAs" – em seu artigo no *New York Times*:

> Havia um médico de Boston e um advogado de Chicago, um filósofo da Austrália e um engenheiro da França. Havia pessoas que tinham PhDs em matemática, sociologia e astronáutica. De fato, na sala de aula repleta, com 50 pessoas de cabelos aparados, de roupa esporte, na faixa entre 20 e 30 anos, parecia haver todos os tipos de pós-graduação imagináveis, menos um: o MBA.
>
> Entretanto, em poucas semanas, essa multidão hipertreinada seguiria adiante como consultores de gerenciamento diplomados, orientando executivos de empresas de bilhões de dólares...
>
> Para se preparar, os consultores neófitos vieram para o *campus* do Bobson College aqui, neste subúrbio de Boston, para um curso de três semanas, de impacto, básico. Foi ministrado por seu novo empregador, o Boston Consulting Group... "Isto", disse um estudante... "me permite obter uma educação em negócios sem chegar a um diploma".
>
> Tudo isso levanta uma questão interessante e inquietante: para que um MBA, afinal? (p. 18)

Talvez o comentário mais agourento de todos tenha vindo do diretor da escola de negócios da University of California, em Berkeley: "Muitas vezes os problemas [que essas pessoas] tentam resolver realmente exigem um nível mais profundo de capacidades analíticas daquele que muitos MBAs possuem".

## Sem Sujar as Mãos

Os empregos que os MBAs têm considerado quentes ou frios não são as verdadeiras atividades no âmago do negócio. As empresas geralmente só fazem duas coisas com conseqüências definitivas: fabricam coisas e também vendem coisas. Não colocam coisas no mercado, não analisam coisas, não planejam coisas, não controlam coisas. Apóiam a fabricação física de algo, ou a provisão de algum serviço, até chegar a algum cliente final que venham a comprar ou usar algo. Pode-se então afirmar, sem risco de exagero, que os programas de MBA reúnem pessoas que jamais fabricaram algo ou venderam algo, e então se asseguram que jamais o farão.

Mesmo quando MBAs passam a integrar empresas que fabricam e vendem coisas – em geral, bens de consumo, por razões que veremos mais adiante –, raramente operam na área de fabricação e venda. Eles tendem a assumir posições no *staff* (planejamento estratégico, tecnologia da informação, recursos humanos, etc.) ou são encaminhados para funções especializadas, como *marketing* e finanças. Em outras palavras, são atraídos pelas atividades em que não sujam as mãos, porque é aí que a experiência anterior no setor é menos necessária e que as abstrações no exame de certos agregados – dinheiro em finanças, objetivos em planejamento, estatística em *marketing* – os protegem da mistura com pessoas e produtos. Isso cresce numa extensão semelhante àquela educação em negócios de segunda mão em relação ao mundo do trabalho, mencionada no Capítulo 2.

A produção (ou, como agora se denomina, gestão de operações) foi durante muito tempo uma área marginal para muitas escolas de negócios, com relativamente pouca atenção por parte dos estudante e muitas vezes não muito mais por parte do corpo docente. Vender é um aspecto que tem estado completamente ausente. Não *marketing*, vendas. Há uma diferença importante. Vender ocorre um a um. É indutivo, enraizado no específico, no concreto. O pessoal de vendas tem que arregaçar as mangas e encarar os clientes. Assim eles vivem de seu talento e de sua experiência. O *marketing*, ao contrário, é até removido dos mercados, sem falar em clientes e produtos. Trabalha em termos agregados, um em muitos. E assim ele tende a ser mais genérico e mais dedutivo, bem como mais dependente de técnica e análise. Como resultado, os MBAs têm apresentado a tendência de preferir o *marketing* às vendas. E assim, também, talvez ocorra com as empresas gerenciadas por MBAs.

## E Agora: Fugindo da Gestão – A Corrida Final

Você pode pensar que iniciar uma carreira desse modo – afastado da produção, das vendas e da própria gerência – dificilmente lançaria pessoas ao encalço de cargos de liderança em grandes empresas. Entretanto, a evidência é o oposto. Os MBAs estão se tornando CEOs em números crescentes (os números serão apresentados mais adiante), muitas vezes movendo-se lateralmente das finanças, *marketing* ou planejamento para cargos superiores de gestão, ou – especialmente comum em anos recentes – saltar para aquele cargo sênior a partir de seu emprego como consultor. Seguindo nessa direção, um repórter da *Fortune*, em 1997 (Branch 1977:77), escreveu "Os estudantes têm que postergar comprometer-se com um setor específico". Mas não deveriam postergar gerir uma empresa eventualmente – num setor ou outro.

Em seu livro que rastreia as carreiras da turma de 1974 de Harvard, John Kotter (1995) discute a afirmação de que MBAs abandonaram os grandes negócios e especialmente grandes empresas manufatureiras. Não, "em vez de atuar como empregados, eles são fornecedores, distribuidores, banqueiros, proprietários e consultores" (p. 81). Por exemplo, em 1993, a quarta parte da turma de 1974 era composta de "principalmente negociadores financeiros". Consultoria era "vista como uma forma de obter cargos executivos em empresas sem ter que se esforçar para galgar a hierarquia". Evitar a promoção "vertical, burocrática e hierarquias políticas" pode ser "a única forma [de alguns indivíduos obstinados] obterem um cargo executivo em uma grande empresa hoje", escreve Kotter (p. 89).

Kotter parece pensar que tudo isso é positivo: a instrução dada prepara pessoas para servir *big business* em vez de engajar-se nele, pelo menos até que alguns deles comecem a geri-lo. "Aprenda o negócio no topo" parece ser a fórmula. Na verdade, depois de anos de consultoria e realização de negócios financeiros, "aprenda a prática de gerenciar estando no topo" pode ser incluído.

Isso leva à conseqüência derradeira de estabelecer a diferença entre liderar e gerenciar. Os MBAs não foram treinados para gerenciar e muitos não têm disposição para isso. Mas estão determinados a liderar. Portanto, uma trajetória foi desenvolvida para levá-los, desviando-se do gerenciamento, para posições de liderança. O problema, como discutiremos mais adiante, é que muitos tornam-se péssimos líderes, precisamente porque não colocaram suas mãos no negócio. Realmente, a paisagem da economia é agora juncada com os cadáveres das empresas geridas por indivíduos obstinados que nunca aprenderam sobre seus negócios.

Há, sem dúvida, outros graduados em MBAs que ascendem na hierarquia – muitas vezes lateralmente, não verticalmente. Em vez de darem provas de sua capacidade em um determinado lugar, correm de negócio para negócio, setor para setor, não ficando à espera das conseqüências de suas ações. Exatamente como a educação que receberam, ficam resolvendo novos problemas sem ter de encarar as conseqüências de implementar os anteriores. Em sua crítica da educação gerencial, Livingston (1971) referiu-se a esse "pular de emprego em emprego" como "normalmente... um sinal de impedimento de progresso na carreira, muitas vezes por causa de um desempenho pobre ou medíocre na função" (p. 81). Atualmente, esse tal pular de emprego em emprego tornou-se sinal de progresso *acelerado* de carreira!

## Mercenários na Suíte Executiva

Um ser humano é mais do que pele e ossos; temos alma e espírito. Assim, também uma empresa é mais do que estrutura e sistemas; ela tem cultura e competências. Qual, então, é o efeito de cair de pára-quedas em posição de liderança alguém que não tem apreciação de sua história, não tem senso de sua cultura? Qual é o efeito de impor-se alguém desconectado e vindo de fora da empresa a gente de dentro da empresa e com ela comprometida? E qual é o efeito da presença de tal pessoa, cuja experiência tem sido realizar projetos de consultoria ou fazer transações financeiras, ou saltar de um setor para outro? Claro, uma vassoura nova varre melhor. Mas esse é precisamente o problema; essas vassouras tem sido mais preparadas para varrer para fora pessoas experientes do que trazer para dentro novas idéias. É todo um insensato *downsizing* com muito pouca estrategização criativa.

Soldados mercenários passam de uma batalha a outra em busca de dinheiro. Gerentes mercenários fazem o mesmo nos negócios. O resultado é uma deterioração da própria essência da liderança corporativa, que se tornou mais um meio de progresso pessoal do que de fazer de uma organização um lugar melhor.

Isso pode soar um tanto forte, mas as práticas atuais de remuneração de executivos, manipulação de relatórios financeiros, demissões casuais de "recursos humanos" em virtude de queda do preço das ações, e táticas de pegar o dinheiro e cair fora de muitos CEOs de hoje indicam que estamos numa crise de liderança corporativa. Líderes são os que engajam outros, fomentam equipes de trabalho, assumem a visão de longo prazo e não apanham a parte do leão das recompensas para si próprios. Imagine um CEO dizendo ao quadro funcional: "Falamos muito sobre a saúde a longo prazo desta empresa. Por que, então, estou sendo recompensado pelos ganhos de curto prazo no preço das ações? E por que logo eu? Como posso fomentar equipes de trabalho quando uma parte desproporcional dos benefícios vem para mim? Por que não recompensar todos igualmente?" Isso seria liderança. Quanto dela vemos hoje nas grandes corporações americanas?

Cursar um MBA dificilmente faz de alguém um mercenário. Mas esses programas atraem uma parcela desproporcional de pessoas com essas características – impacientes, agressivas, que servem a si mesmas – e então lançam-nas rapidamente para assumirem posições de influência na sociedade. Como a educação não tem raízes num setor ou numa organização, não está ancorada em qualquer contexto em particular, ela acaba por estimular um estilo de gerenciamento que é do mesmo modo impaciente, agressivo e que servem a si mesmos, obcecado em estar "no topo" para manipular a linha de base, fazer o *downsizing* para elevar o "valor das ações". Isso, em outras palavras, significa um estilo de gerenciamento destituído de liderança.

# EM CONSEQÜÊNCIA CHEGAMOS A UMA GERÊNCIA DESEQUILIBRADA

Para apreciar como as pessoas treinadas em programas de MBA tendem a gerenciar, deixe-me retornar à estrutura apresentada no Capítulo 1, sobre gerenciamento como uma prática que combina arte, habilidade prática e ciência. A Figura 4.1 mostra essas três dimensões como vértices de um triângulo no qual estilos diferentes de gerenciamento podem ser traçados. A questão que desejo destacar é que, embora o gerenciamento eficaz exija uma certa combinação equilibrada desses três aspectos, a educação MBA, enfocando apenas um, distorce sua prática.

## EQUILIBRANDO ARTE, HABILIDADE PRÁTICA E CIÊNCIA

A Tabela 4.1 arrola várias características de gerência em relação à arte, à habilidade prática e à ciência. A arte estimula a criatividade, resultando em "intuição" e "visão". A ciência provê a ordem, por meio de análises e avaliações sistemáticas. E a habilidade prática faz conexões, acumulando experiências tangíveis. Da mesma forma, a arte tende a ser indutiva, de eventos específicos a ampla visão geral; a ciência é dedutiva, partindo de conceitos gerais a aplicações específicas; e a habilidade prática é iterativa, indo e vindo entre o específico e o genérico. Isso se expressa mais evidentemente na maneira como cada um aborda a estratégia: como um processo de imaginação na arte, de planejamento na ciência, e de empreendimento na habilidade prática.

**ARTE (visão)**

- Estilo Narcisista
- gerência desligada
- gerência desorganizada
- Estilo Visionário
- Estilo Heróico
- Equilibrado demais?
- Estilo Engajado
- Estilo que resolve problemas
- Estilo Calculista
- Estilo Tedioso
- gerência desanimada

**CIÊNCIA (análise)**   **HABILIDADE PRÁTICA (experiência)**

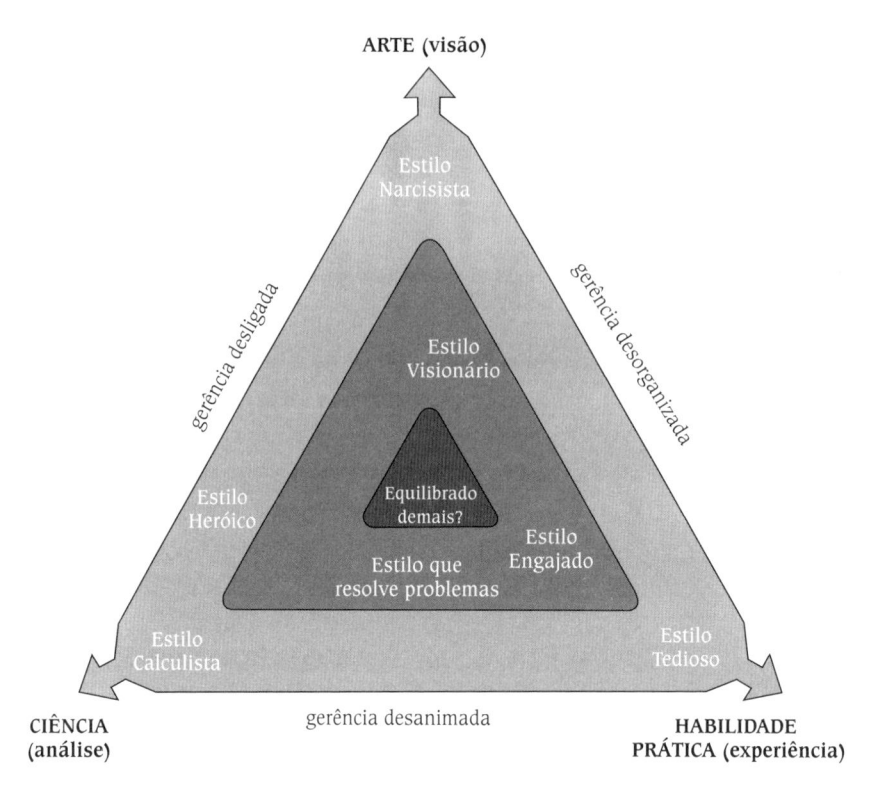

FIGURA 4.1
Triângulo de estilos de gerenciamento.

TABELA 4.1  OS TRÊS VÉRTICES DA GERÊNCIA

|  | CIÊNCIA (*science*) | ARTE (*art*) | HABILIDADE PRÁTICA (*craft*) |
|---|---|---|---|
| Baseado em | Lógica (verbal) | Imaginação (visual) | Experiência (visceral) |
| Confia em | Fatos científicos | Intuições (insistuto) criativas | Experiências práticas |
| Preocupa-se com | Replicabilidade | Novidade | Utilidade |
| Toma decisões | Dedutivamente | Indutivamente | Iterativamente |
| Cria estratégia | Planejando | Tendo visões, Imaginando | Arriscando |
| Metáfora | A Terra (racional); portanto, pode ficar preso | O ar (espiritual); portanto, pode ficar perdido | O mar (sensual); portanto, pode ficar à deriva |
| Contribuição | A ciência como análise sistemática, na forma de insumos e avaliações. | A arte como síntese abrangente, na forma de intuições (*insights*) e visões. | A habilidade prática como aprendizagem dinâmica, na forma de ações e experimentos. |

É claro que a gestão eficaz exige os três. Eles não precisam existir em equilíbrio perfeito, mas um tem que reforçar o outro. Do mesmo modo, a Figura 4.1 classifica os estilos em cada um dos vértices do triângulo, com termos negativos: *narcisista* no vértice da arte, isto é, arte para seu próprio proveito; *tedioso* no vértice da habilidade prática, em que um gerente nunca pode aventurar-se além da sua experiência; e *calculista* no vértice da ciência, com relações que podem ser desumanas. Para usar as metáforas arroladas na Tabela 4.1, arte, como metáfora espiritual, ascende no ar, mas se arrisca a se perder nas nuvens; habilidade prática, mais sensual, flutua no mar, mas pode ficar à deriva; e a ciência, tão racional, tem os pés firmes no chão, onde pode ficar pregada.

A Figura 4.1 também classifica de forma negativa os estilos ao longo dos três lados do triângulo, pois cada um combina duas das dimensões, mas deixa a terceira fora. A arte e a habilidade prática, sem o exame cuidadoso e sistemático da ciência pode levar a uma gestão *desorganizada*. A habilidade prática e a ciência, sem a visão criativa da arte, pode levar a uma gestão desestimulada, criteriosa e conectada, mas carecendo de centelha criadora. E a arte com a ciência, criativa e sistemática, sem a experiência da habilidade prática, pode produzir gestão sem raízes, impessoal, *desconectada*. A Figura 4.1 também mostra um exemplo especial desta última, com o rótulo de *heróico*, mais próximo da ciência, mas com uma sugestão (ou ilusão) de arte, um estilo proeminente que será discutido mais adiante.

A gerência eficaz, então, tende a acontecer dentro do triângulo, mostrada na Figura 4.1 pelo triângulo interno – em que as três abordagens coexistem, mesmo que possa haver uma inclinação para uma ou outra. (Um terceiro triângulo, ainda menor, é mostrado no centro para sugerir que um equilíbrio excessivo dos três também pode ser disfuncional, pois carece de qualquer estilo.)

Muitos estilos funcionais são possíveis dentro desse triângulo inscrito no meio. A figura mostra três, em particular. Um, próximo ao topo, mas voltado para o lado direito, é classificado como *visionário*. É amplamente artístico, mas enraizado na experiência, e é apoiado por um certo nível de análise (caso contrário, fugiria ao controle). Isso sugere que o "grande panorama" da arte não surge como alguma espécie de aparição, mas tem que ser pintado, pincelada por pincelada, fora das experiências tangíveis da habilidade prática. O estilo visionário parece ser especialmente comum entre empresários bem-sucedidos.

Um segundo estilo, classificado como *"solução de problemas"*, combina particularmente habilidade prática com ciência. Parece ser comum entre gestores operacionais de primeira linha, como contramestres de fábrica e gerentes de projeto. Esse estilo pode ser significativamente analítico, mas também tem profundas raízes na experiência, bem como depende de uma certa competência para a introspecção.

E, no vértice inferior, à direita, é mostrado um estilo orientado a pessoas, classificado como *engajado*, preferido por gerentes que praticam uma boa parcela de *coaching* e facilitação. Isso é principalmente habilidade prática, mas com muita arte para torná-la interessante e bastante ciência para torná-la viável. (Obtenha mais informações sobre este estilo no Capítulo 9.)

## O MBA Desbalanceado

A conclusão a que se chegou no Capítulo 2, nesses termos, é que a educação MBA é desbalanceada. É destituída de habilidade prática; em verdade, pretere a experiência em favor da análise. Os próprios estudantes têm pouca experiência; por isso, não são capazes de fazer uso da experiência que têm em uma sala de aula desconectada da prática. E a educação MBA é fraca em arte, também. Não que ela negue a arte – a bem da verdade, muitos dos casos glorificam a liderança visionária –, apenas pouco podem fazer com ela. Intuição, visão e criatividade estão vivas na ação, não em admiração. Arte e habilidade prática baseiam-se amplamente no tácito, enquanto que a sala de aula de MBA enfoca o explícito, na forma de análise e técnica, bem como teoria formal.[3]

Chegamos, assim, à conclusão, até este ponto do capítulo, que muitos graduados de programas de MBA transportam esse desequilíbrio para suas carreiras: eles escolhem empregos que privilegiam uma análise afastada da experiência prática e levam essa postura para cargos no gabinete executivo. Ali, como agora discutiremos, eles têm preferido praticar dois estilos disfuncionais de gerência que recém mencionamos. Por muitos anos, imperou o estilo calculista, que bem de perto reflete seu treinamento de MBA. Mais recentemente, o estilo heróico tornou-se popular. Meu argumento não é apenas que muitos CEOs com MBAs exibiram esses dois estilos disfuncionais, mas que em virtude simplesmente dos seus números, eles ajudaram a colocar na moda tais estilos. Tendo em vista as conseqüências de tais métodos, cada um merece uma discussão específica, acompanhada de exemplos de personalidades bem-conhecidas que os praticaram.

## O Gerente Calculista

Em seu livro *Voltaire's Bastards: The Dictatorship of Reason in the West*, John Ralson Saul (1992) descreve vividamente o que ele chama de o "novo homem racional", o gerente calculista que põe toda a sua fé no "sistema" – na técnica e nos obsessivos cálculos numéricos necessários para apoiá-la. Mas "quando ele se aventura fora das defesas protetoras do sistema", no mundo real do "senso comum", esse novo homem fica perdido (p. 89).

Saul e outros indicaram Robert S. McNamara, o mais famoso formado da Harvard Business School de seus dias e detentor do primeiro prêmio a ex-alunos por suas realizações- "Alumni Achievement Award" (p. 199), como a epítome desse "novo homem". Exatamente como escreveu Zalaznick sobre o estudante de MBA de 1968: "Sua mente é aguçada, sua ambição é ilimitada e seu guru é Robert McNamara" (p. 169). Se McNamara não é mais o guru de ninguém, então a história de como ele chegou de lá até aqui – o que é relatado no quadro a seguir – pode conter uma mensagem criticamente importante sobre as conseqüências da educação MBA.

---

[3] De volta aos dias nervosos da Carnegie, Herbert Simon "atingiu o tom de otimismo comum entre seus colegas quando se declarou 'positivamente estimulado pelo progresso que fizemos... buscando criar uma ciência gerencial viável e uma arte baseada nessa ciência'" (Sass 1982:303). De alguma forma, a arte se perdeu.

## GERENCIAMENTO CALCULISTA AFUNDANDO NO PÂNTANO

Robert Strange McNamara recebeu seu MBA da Harvard Business School em 1939, dois anos depois de completar seus estudos em nível de graduação. Dessa data em diante, ele fez parte do corpo docente [da escola] por três anos antes de servir na Segunda Guerra Mundial como oficial de controle estatístico (Shipler 1997). Mais tarde, juntou-se a um grupo de veteranos, que vieram a ser conhecidos como os "Whiz Kids" ["garotos peritos"], procurando uma empresa para gerir. Henry Ford II, que tinha acabado de suceder seu avô em uma situação difícil, contratou-os; dois deles, inclusive McNamara, mais adiante tornaram-se presidentes. "Os Garotos Peritos realizaram o que lhes foi solicitado e para o que foram contratados", escreveu McNamara. "O valor das ações aumentou substancialmente" (p. 12).

Mas foi subseqüente a isso, na condição de Secretário Americano da Defesa durante a Guerra do Vietnã (1961-1968), que McNamara tornou-se famoso – e também com má reputação.

Para essa função ele trouxe, em suas próprias palavras, "uma limitada compreensão de assuntos militares, e talvez menos ainda a compreensão de operações secretas" (p. 26). O que ele realmente trouxe para o Departamento de Defesa foi *PPBS*, que procurou combinar *Planning* (planejamento), *Programming* (programação) e *Budgeting* (previsão orçamentária) estratégicos em um único *System* (sistema). Envolvia muita medição, procurando comparar os custos quantificados de propostas com os seus benefícios quantificados, semelhante ao orçamento de capital nas empresas.

O PPBS espalhou-se para outros departamentos do governo dos Estados Unidos e logo a seguir para outros governos do mundo. Era de longe o esforço mais ambicioso já empreendido para impor análise racional ao governo. Como o homem que o concebeu afirmou, "a análise sistemática é essencial... sempre que fatores relevantes forem diversos e complexos... A instituição não auxiliada é incapaz de avaliá-los e chegar a uma decisão segura" (Hitch e McKean 1965:56).

Assim, em princípio, era o PPBS. A despeito dos enormes esforços para aplicá-lo, nas palavras de seu crítico mais ilustre, "o PPBS falhou em todos os lugares e todas as vezes" (Wildavsky 1974205).

Mas não antes de McNamara aplicá-lo ao Vietnã, mais exatamente na "contagem de corpos" de soldados vietcongues mortos (ou, pelo menos, pessoas que pareciam soldados vietcongues). Para McNamara, os números eram primordiais. Em seu livro *The Best and the Brightest*, Davis Halberstam (1972) escreveu sobre McNamara e o grupo que o cercava naqueles anos:

*Quando [conselheiros civis] disseram que o governo Diem [do Vietnã do Sul] estava perdendo popularidade entre seus camponeses... McNamara perguntou: "Bem, que percentual estava abandonando, que percentual o governo tinha e que percentual estava perdendo?" Ele queria fatos, estatísticas, algo que pudesse alimentar o banco de dados, não apenas essa poesia que eles estavam declamando.* (p. 256)[4]

A visão do processo de estratégia de McNamara veio diretamente da Harvard Business School: "Primeiro devemos determinar qual será nossa política externa, formular a seguir uma estratégia militar para levar a efeito essa política e então formar as forças militares para conduzir com sucesso essa estratégia" (citado em Smalter e Ruggles 1966:70). Foi o que ele fez no Vietnã, exceto que a conduta bem-sucedida da estratégia traduziu-se em conduta fracassada da guerra. McNamara, o formulador, permanecia sentado em seu escritório de Washington enquanto a implementação entrava em colapso na Ásia.

---

[4] De acordo com um artigo posterior, publicado no *New York Times Magazine* (Shipler 1997): "Durante a guerra [McNamara] ficou tão impressionado pela lógica da estatística que tentou calcular quantas mortes seriam necessárias para levar o Vietnã do Norte à mesa de negociações".

*– continua*

> – *continuação*
>
> De acordo com seu conselheiro chefe de PPBS, o Secretário de Defesa recebia informações completas em seu escritório de Washington. A "máquina" do sistema cuidava disso. A chave era "um fluxo sistemático de informações", afirmou Alain Enthoven (1969), e "estamos organizados para fornecer essas informações" (p. 273). Entrementes, nos arrozais do Vietnã, o inimigo estava se juntando, eventualmente para tomar o país. Wilensky (1967) assim descreveu o que ele chama de as "hediondas estatísticas" do Vietnã:
>
> [A]*nálise de variáveis fáceis de serem medidas (perdas sofridas pelo Viet Cong* e vietnamitas do Sul) estavam colocando de lado a consideração de variáveis difíceis de serem medidas e os custos de longo prazo (a natureza do apoio popular para um governo do Vietnã do Sul, o efeito da guerra sobre a aliança do Ocidente e sobre os civis do país, o efeito das bombas sobre a vontade de resistir)...
>
> Taxas de mortandade e medidas parecidas fornecem um toque de certeza espúria num mundo altamente incerto. (p. 188)
>
> O Coronel Harry Summers Jr. (1981), do Exército dos Estados Unidos, concluiu em seu livro sobre a Guerra do Vietnã que tudo isso representava "uma incapacidade educada para ver a guerra sob sua verdadeira luz" (p. 29). McNamara acreditava em "consistência", e a "guerra não é... consistente". [Volte ao Capítulo 2 e recorde o parágrafo inicial do relatório Bower em resposta ao Presidente Bok, de Harvard, em que se diz que "o segredo do sucesso é a constância de propósito". Pelo menos quando se compreende a situação]. McNamara preparou seus planos e deixou o resto "principalmente para o *staff*". Mas aqueles planos antecederam a capacidade desse *staff* de manobrar e, de acordo com Saul, transformou os oficiais militares em burocratas – "desde o auto-sacrifício ao interesse próprio" (p. 82).
>
> Harold Leavitt (1989), da Stanford Business School, escreveu: "[Nós não] lembramos de McNamara como um grande visionário" (p. 36). Certamente não no Departamento de Defesa. Nem subseqüentemente, como chefe do Banco Mundial, novamente com uma dramática nova estratégia, dependente de cálculos numéricos, em que, de acordo com Saul, "suas ações resultaram em desastres incontroláveis, dos quais o Ocidente ainda não se recuperou" (1992:81; Saul também detalha o que interpretou como os efeitos desastrosos da estratégia nuclear de McNamara no Departamento de Defesa [p. 82-86]).
>
> Se não um visionário, então o que era McNamara? "Sua habilidade mais memorável era como analista..." (Leavitt 1989:36).

A história de McNamara foi especialmente destacada. Mas seu empuxo não é especialmente único. Em verdade, com a crescente atenção para com os resultados financeiros durante sucessivos anos, cálculos obsessivos tornaram-se uma espécie mais comum, não menos. E os currículos de MBA aparentemente encorajam-no mais que nunca. Ainda em 1973, Cohen repetiu as palavras de um de seus colegas da Harvard: "Parece que você perde parte da sua humanidade... Você se torna mais calculista... Eu pude ver uma mudança definida em mim próprio" (p. 89). O estudo de Aspen, citado anteriormente, mostra quão prevalente isso agora se tornou por meio dos programas de MBA.

Em um certo sentido, a educação MBA vem fornecendo aos gerentes uma nova roupagem, como os alfaiates faziam com o imperador, na história de Hans Christian Andersen. O problema é que, no instante em que esses gerentes adentram-se pelo gabinete executivo, sua nudez torna-se aparente. Assim, eles se amparam no que melhor conhecem– os números que funcionavam quando estavam ainda na escola, as técnicas que davam uma ordem à complexidade, pelo menos no papel. Estas tornaram-se folhas de parreira para os gerentes-imperadores nus.

"PLANEJAMENTO ESTRATÉGICO" COMO UMA FOLHA DE PARREIRA   A mais popular dessas folhas tem sido chamada de planejamento estratégico. O sistema fará o que a imaginação dos gerentes não consegue: sintetizar uma estratégia. O problema é que a técnica oferece somente análise.

A análise provê ordem, o que, como se pode observar na Figura 4.2, pode ser útil antes e depois da criação da estratégia: antes, para prover *inputs* sistemáticos, "dados numéricos"; e depois, para inserir as estratégias nos planos – ou seja, *programá-las*. Mas tal análise não proporciona nada durante. A criação de estratégia exige capacidade inventiva mais do que cálculo, requer mentes conectadas que sejam capazes de *ver* um futuro diferente. Assim, gerentes que se fiam em cálculos tendem a não criar estratégias, mas copiá-las – de outras organizações, especialmente o que é moderno ou, extrapolando, com modificações, as estratégias de sua própria organização. Em outras palavras, tais gerentes analisam e planejam como insensatos; eles simplesmente não criam estratégias. (Veja o meu *Rise and Fall of Strategic Planning* [Mintzberg 1994].)

A conseqüência comum dessa abordagem é que o processo de estratégia se reduz a um jogo de xadrez de negócios, no qual as peças genéricas são movidas entre posições estabelecidas: empresas são compradas e vendidas; orçamentos são simplesmente jogados aos departamentos de pesquisa; a organização é estruturada e reestruturada.

William Agee era mais um dentre os gerentes calculistas de má reputação da Harvard. Sobre um livro escrito por Mary Cunningham, também uma MBA da Harvard, que trabalhou juntamente com ele, como CEO da Bendix, um repórter da *Fortune* escreveu:

> Por menor que seja a discussão sobre o verdadeiro negócio, ela consiste principalmente em ajoelhar-se em frente a uma divindade chamada *A Estratégia...* Tanto quanto posso dizer, consistia em afastar a Bendix de uma porção de produtos banais e fora de moda e voltá-la para os glamourosos "high tech". O que é que torna isso uma idéia fantasticamente engenhosa, para não dizer boa, a autora nada diz. (Kinsley 1984:142)

*High tech* não é mais estratégia do que é lucratividade (que é um número). E global não é uma visão mais do que o são reestruturação e *downsizing* (que muitas vezes são "uma saída"). Visões não seguem a multidão; elas levam as empresas a lugares únicos. Warren Bennis observou que quando uma empresa verdadeiramente tem uma visão, a primeira vez que você é exposto a ela jamais lhe sairá da memória. (Lembre-se da primeira vez que você visitou a IKEA, a nova loja de mobiliário.) Compare isso com todas as eminentemente esquecíveis estraté-

FIGURA 4.2
Análise estratégica em torno da caixa preta da criação estratégica.

gias dos gerentes calculistas (inclusive aqueles de Agee em seu próximo emprego, como descrito no quadro a seguir).

---

### O COLAPSO DE UM GERENTE CALCULISTA

*(Extraído de "Agee in Exile", in* Fortune *[O'Reilly 1995])*

[Bill Agee tornou-se] CEO da Bendix – uma fabricante de autopeças com faturamento de 4 bilhões de dólares anuais – quando tinha apenas 38 anos, em 1976. A empresa inicialmente saiu-se bem sob sua gestão; ele tinha facilidade com finanças e contabilidade, sabiamente vendendo ativos e investindo em outras empresas... [Mas depois] o mal concebido esforço da Bendix para tornar-se *high tech*: uma tentativa de compra... saiu pela culatra, conduzindo à venda da empresa [p. 52].

[De lá, Agee foi para a Morrison Knudsen, onde] tomou algumas terríveis decisões empresariais [p. 53]. Mais substantivamente, Agee nunca ajustou os negócios da área-fim [da empresa], a construção civil. Grande parte dos 35 milhões de dólares em ganhos anuais que a MK relatou nos primeiros anos do regime de Agee derivou de decisões de contabilidade e fontes não tradicionais, tais como renda de investimentos... Os executivos da MK dizem que a empresa gabava-se de ganhos de dezenas de milhões de dólares [usando práticas questionáveis de contabilidade]. Alguns gerentes chegaram a acreditar que tinham que produzir projeções otimistas ou perderiam seus empregos. Um executivo de alto nível da MK assim afirmou: "Quatro anos atrás eu vi Agee pressionar um planejador estratégico. Bill apertava-o constantemente para produzir melhores números. O sujeito disse: 'Bill, você pode fabricar os números que quiser. O que podemos fazer está aqui'. Bill ficou possesso e abandonou a reunião; no dia seguinte, o planejador foi demitido" [p. 60].

[Agee tentou levar a empresa, de construção pesada, para] trens e locomotivas... mas a decisão... falhou feio. A MK virtualmente não tinha experiência em projeto de trens de passageiros [p. 61]. Depois de três anos de ganhos pouco expressivos, a MK perdeu 7 milhões de dólares em 1992... [Então] a seguir, muitos dos projetos favoritos que Agee tinha esperança que salvassem a Morrison Knudsen caíram por terra... [Entretanto, seu método de reportar a] "renda operacional"...dava a impressão de que as construções da MK e as operações dos trens estavam indo bem [p. 65].

[Mais adiante] começou um motim... [de] um punhado de altos executivos, acionistas e aposentados da MK [que forçaram o Conselho de Administração a agir] [p. 70]. [Agee deixou a empresa e ela declarou falência pouco depois]... A falha fatal de Agee era sua incompetência como gerente. Um CFO no fundo... ele confiava tanto em comprar e vender ativos que obscurecia os problemas da MK... "Ele era um fazedor de negócios, não um administrador", declarou um analista de Wall Street. "Ele nunca prosperou em um negócio de linha." Agee não entendia do negócio de construção [p. 74].

---

NADA A NÃO SER FATOS: NADA A NÃO SER O PRESENTE  Uma obsessão por "fatos" cega o gerente calculista em relação a tudo, exceto em relação ao presente. É certamente verdadeiro que o cálculo deriva dos dados numéricos do passado. Mas tais dados tendem a ser categóricos mais do que matizados, muitas vezes reduzindo as realidades complexas a simples medidas, em grande parte recentes. (Observe logo adiante o quadro que mostra o acolchoado macio por debaixo dos dados numéricos.) Eles fizeram com que McNamara, por exemplo, enxergasse somente superficialmente o passado do Vietnã e provavelmente impediram-no de ser um visionário. É necessário uma apreciação profunda do passado para desenvolver uma rica visão do futuro. Como conseqüência, os gerentes calculistas tendem a ficar presos ao presente. Como Saul (1992) escreveu sobre McNamara, "quando as coisas não funcionavam", ele "simplesmente ia embora... em protesto contra uma guerra fora de controle, como se por aquele simples ato, ele tivesse lavado suas mãos quanto a todos os acontecimentos... tivesse removido a si próprio da história da guerra" (p. 86).

> A característica comum do moderno homem racional é essa perda de memória; perdida ou, de fato, negada como um elemento incontrolável... O passado, quando envolve um sistema falido... desaparece da mente. Desprovido de memória, ancorado no presente, inarredavelmente otimista sobre o futuro, os modelos racionais têm grande dificuldade de se ajustar à simples realidade. (p. 85;88)

---

### O ACOLCHOADO MACIO POR BAIXO DOS DADOS NUMÉRICOS (HARD DATA)

*(adaptado de Mintzberg 1994:257-66)*

1. *A informação numérica é muitas vezes limitada em escopo, carecendo de riqueza e muitas vezes deixando de abranger importantes fatores não-econômicos e não-quantitativos.* Muita informação importante não se torna um fato mensurável. A expressão no rosto de um cliente, o ânimo na fábrica, o tom de voz de um oficial do governo – tudo isso pode ser informação para o gerente, mas não para o sistema formal. Portanto, embora a informação numérica possa informar o intelecto, é largamente a informação não-numérica que cria sabedoria.

2. *Muita informação numérica é agregada demais.* A solução óbvia para um gerente sobrecarregado com informação é tê-la agregada. O problema é que uma grande parte da informação é perdida nessa agregação. Por exemplo, o quanto a linha de base da empresa revela sobre suas condições; o que o registro de patentes revela sobre o que está ocorrendo em um laboratório de pesquisas. É ótimo ver florestas, mas só enquanto nada estiver acontecendo em meio às árvores.

3. *Grande parte da informação numérica chega tarde demais.* A informação leva algum tempo para se consolidar – tempo para que tendências, eventos e desempenho apareçam como "fatos", e mais tempo ainda para esses fatos serem juntados em relatórios. Muitas vezes, os gerentes não podem esperar.

4. *Por último, uma surpreendente quantidade de informação numérica não é confiável.* Alguma coisa sempre é perdida no processo de quantificação – antes de aqueles elétrons serem ativados. Qualquer um que já produziu uma medida quantitativa – seja uma contagem da produção rejeitada em uma fábrica ou uma contagem das publicações em uma universidade – sabe exatamente quanta distorção é possível, tanto intencional como não-intencional.

Sem dúvida, a informação não-numérica também pode ser problemática – especulativa, distorcida, e assim por diante. Mas isso apenas destaca o ponto-chave aqui: que *toda* informação deve ser examinada com muito critério. O perigo com a informação numérica, como mostrado por Devons (1950) em seu maravilhoso estudo sobre o planejamento britânico de aeronaves durante a Segunda Guerra Mundial, é que uma vez que a informação se torna numérica, especialmente chamada "estatística", ela tende a adquirir "a autoridade e a santidade de Sagrada Escritura" (p. 155).

ESPERTOS DEMAIS? PESSOAS ESPERTAS? Gerentes calculistas geralmente são espertos. Mas ser esperto é suficiente, essa espécie de esperteza, em um mundo complexo, cheio de matizes?

O problema do gerente calculista parece ser com as denominadas pessoas espertas. Como Livingston (1971) escreveu no "Myth of the Well-Educated Manager", muitos dos tais gerentes "falham porque sua afinidade com outras pessoas é quase inteiramente intelectual ou cognitiva... Eles são emocionalmente cegos, assim como algumas [pessoas] não distinguem cores" (p. 87). Sem dúvida, os sentimentos das pessoas aguçam-se quando os gerentes trabalham próximos a outros, cooperativamente em equipes e em projetos. Mas a trajetória do MBA que temos estado traçando aqui estimula isso?

Perguntado se a turma de 1974 da Harvard era composta de pessoas que apreciavam trabalhar em equipe, John Kotter observou: "É justo que essas pessoas queiram criar uma equipe e levá-la a alguma glória, ao contrário de ser um membro de uma equipe que esteja sendo conduzida por outros" (Vogel 1995:30). Mas isso é a própria antítese de trabalho em equipe e destaca o problema central com o MBA: sua individualidade autocentrada. Como um diretor da Wharton afirmou alguns anos atrás, "nosso sistema apresenta uma tendência inata de recompensar o solitário agressivo" (Friedrich 1981:14).

UMA EQUIPE EQUILIBRADA Um estudo de Patricia Pitcher (1995,1997) numa grande empresa de serviços financeiros destaca os problemas das pessoas com o gerente calculista. Ela estava interessada nos três vértices de gerência, discutidos antes, mas diferentemente da nossa Figura 4.1, interpretou apenas um vértice como negativo. Patricia rotulou os gerentes no nosso vértice da ciência de "tecnocratas" e descreveu-os com palavras bastante frias ("não-tolos", "controlados", "sérios", etc.), em contraste com as palavras veementes que ela usou para os "artistas" ("audazes", "ousados", "explosivos", etc.) e as palavras cálidas para os "artífices" ("úteis", "sábios", "razoáveis", etc.).

Como ela conta a história, a empresa foi criada por um artista, que se cercou de outros artistas, além de artífices e tecnocratas. Era "olhar para fora". Mas quando um tecnocrata assumiu, ele botou para fora os outros artistas e marginalizou os artífices, cercando-se, alternativamente, de outros tecnocratas. Em outras palavras, o cálculo assumiu, e daí o desequilíbrio. "O subproduto... foi a centralização [a qual, por sua vez, produziu] desmoralização". Mas "perdendo os artistas, a empresa perdeu visão. Perdendo os artífices, ela perdeu sua humanidade". Como resultado, "os lucros não se elevaram". Logo em seguida, a empresa foi "absorvida por uma rival mais ambiciosa" (Pitcher 1993).

A descoberta-chave de Patricia Pitcher aqui é que o equilíbrio da equipe gerencial é decisivo – que pessoas outras com estilos diferentes podem compensar a fraqueza de um CEO. Mas somente se o CEO respeitar outros estilos. Gerentes calculistas, conclui ela, não o fazem. Será isso que temos visto em muitos daqueles "solitários agressivos" alienados da análise?

## A Ascensão do Gerente Heróico

O estilo calculista de gerenciamento prevaleceu por vários anos em setores como o de automóveis e de telecomunicações, cujos mercados preferiam produtos e serviços produzidos em massa, embora às vezes tolerassem qualidade medíocre e/ou a ausência de inovação. Sob tais condições, CEOs calculistas talvez conseguissem passar. Mas as condições mudaram em muitos desses setores.

Em parte, cresceu a demanda por melhor qualidade (como em automóveis, principalmente por causa da concorrência japonesa), ou por inovação (como em telecomunicações, com seus avanços tecnológicos), com uma exigência de mais trabalho especializado. Mas outro fator também surgiu: o crescimento das expectativas do investidor, gerado pela ascendência do "valor ao acionista". Em vez de desencorajar o estilo calculista, ele promoveu outro estilo que somente mascarava aquele, um estilo que se tornou penetrante e destrutivo.

A partir da valorização do acionista, empresas publicamente negociadas tiveram que apresentar melhor desempenho, muito melhor. Mas o desempenho assumiu um significado especial – não em relação a produzir produtos melhores, aprimorar o serviço ao cliente ou efetuar pesquisas mais inovadoras; não, mas simplesmente quanto ao aumento do preço das ações. Certamente, supõe-se que fazer todas essas coisas consegue elevar o preço das ações. Porém, muitas empresas têm feito coisas opostas para aumentar o preço das ações, ao menos de forma temporária. Para fazer com que os números imediatos pareçam bons, de forma a conseguir a atenção dos jornalistas, analistas e, em última instância, dos acionistas, os produtos são rapidamente levados ao mercado, marcas são depreciadas, os clientes, explorados; as pesquisas são restringidas, os empregados, demitidos – muitos, muitos empregados –, e os dados financeiros, manipulados. Em outras palavras, muitas empresas são levadas à superficialidade; às vezes, na forma de manobras e drama; às vezes, roubo mesmo, às expensas de uma realidade honesta.

Acompanhar isso – de fato, levar isso às corporações – é outra coisa, num sentido distante da análise numérica, mas não distante do gerenciamento calculista. Em nossa Figura 4.1, os CEOs são estimulados a se mover para o lado direito do triângulo, em direção ao vértice artístico, ao longo da linha rotulada de gerência desconectada. Mas a maioria não foi muito longe: sua falta de imaginação travou-os no lugar denominado estilo heróico. Nos termos de Pitcher, os tecnocratas tiveram a pretensão de ser artistas.

O que os encorajou a fazer isso foi a pressuposição, pelo conselho de administração, de que o valor ao acionista não podia capturar o comportamento corporativo sem elevar o CEO ao *status* heróico.

Como pode uma grande corporação fazer seu pessoal responder a algo tão abstrato quanto a maximização do valor ao acionista? Quem se entusiasma em produzir lucros para pessoas que nunca viu, algumas que compram ações pela manhã para vendê-las à tarde? A resposta tem sido concentrar poder nas mãos de um único indivíduo que pode agir arbitrariamente para colocar todo mundo na linha – alguém que pode ordenar a eles melhorar o desempenho numérico e despedi-los se não o fizerem. Assim, o CEO tornou-se um rei.

Os Cômodos e Imperfeitos Pressupostos do Valor ao Acionista   Mas como assegurar que esses próprios reis façam a oferta dos acionistas? Isso, também, parecia bastante simples, uma vez que o quadro aceitasse um maciço conjunto de pressupostos cômodos: que o CEO *é* a empresa, que ele sozinho é responsável pelo desempenho total, que esse desempenho pode ser medido e o CEO recompensado de acordo. Em outras palavras, os acionistas, em verdade, compraram os CEOs: deram poder aos CEOs e tiraram o poder de todos os demais. Eles apenas nunca compreenderam que os CEOs levariam isso tudo tão a sério – em seu próprio benefício, às expensas dos próprios acionistas. É uma visão terrivelmente ingênua da corporação, mas tem atendido muito bem aos CEOs gananciosos.

O poder em corporações tornou-se assim centralizado em torno dos CEOs a um grau não visto em décadas, reminiscência dos capitães da indústria americana de um século atrás. Sem dúvida, toda a retórica continuou sobre delegação de poder e descentralização, trabalhadores especializados e organizações em rede. Mas a prática inseriu uma cunha entre os chamados líderes sentados no topo de seus pedestais, indiferentes ao resto mas generosamente recompensados, com todos os demais membros da empresa esperando ansiosamente por seu próximo movimento. Todo o progresso feito desde os estudos de Hawthorne dos anos 30, para o devido engajamento das pessoas em suas empresas, foi solapado nos anos 90.

Mas como puderam esses CEOs, seres humanos de carne e osso iguais a todos nós, entregar-se a tais expectativas ambiciosas? Isso exigiu outro cômodo pressuposto: eles simplesmente tornaram-se heróicos. Espera-se dos CEOs que montem em seus cavalos brancos e realizem as dramáticas transações que salvam o dia e levantam o preço das ações. Por enquanto, voltamos a repetir.

A Extinção dos Heróis   Neste mito, aos conselhos e aos acionistas uniu-se uma imprensa ávida, e de apetite insaciável, por heróis. Os gerentes calculistas, mesmo gerentes calcados na habilidade prática fazendo seu trabalho sossegadamente, dificilmente constituem boas histórias, se comparados com aqueles engajados em fusões audaciosas e demissões em massa. (Observe o quadro logo adiante.) Sem dúvida, verdadeiros artistas também criam drama. Mas esses não são muitos, pelo menos aqueles que os conselhos de administração normais desejam nomear. Assim, e lugar deles, temos pretensos artistas: todo o drama da arte com pouco da beleza. Ou ainda, acabamos por ter gerentes comuns de carne e osso, simplesmente tentando fazer seu trabalho, içados a pedestais heróicos. Dois exemplos relatados na *Fortune*, em todos os outros aspectos uma das mais ponderadas revistas de negócios, dão uma idéia do que se proclama (April 14, 1997; March 1998): "Em quatro anos, Gerstner adicionou mais de 40 bilhões de dólares ao valor das ações da IBM". Tudo sozinho! "Quando os diretores da Merck descobriram Gilmartin, de 56 anos, admitindo-o como CEO, há quatro anos, deram-lhe uma missão crucial: criar uma nova geração de medicamentos 'arrasa quarteirão' para substituir produtos importantes, cujas patentes estavam prestes a expirar. Gilmartin cumpriu a missão". Nos laboratórios, ao lado de seu escritório?! E em apenas quatro anos, o que deve ser um recorde, no caso da indústria farmacêutica – ou do jornalismo insensato. (A *Fortune* não se referiu mais a isso quando escreveu três anos depois [Nee 2001] que "a Merck tem o que os analistas definem como um 'problema de *pipeline**'. Este ano, cinco dentre os medicamentos mais vendidos da Merck estão prestes a perder suas patentes. Quando isso acontecer, as vendas cairão).

E onde estavam as escolas de negócios nisso tudo? Novamente cúmplices, publica e dissimuladamente. Muitos de seus estudos de caso fizeram o mesmo que a imprensa: puseram líderes individuais num pedestal, em detrimento de outros de sua organização (como discutido no Capítulo 2), muitas vezes passando a falsa impressão de que o CEO de alguma forma faz tudo. Algumas vezes, as escolas apenas disseram o mesmo, da seguinte forma: o Harvard General Manager Program (1997-1998) "observa os líderes 'em ação' para ver como eles desenvolvem uma visão do futuro, alinham a organização com base nessa visão e motivam as pessoas a pô-la em prática. Ele examina como os líderes projetam organizações eficazes e as modificam para atingirem desempenho superior". Tudo sozinhos!

---

### DÊ-NOS DRAMA, NÃO RESULTADOS

Um artigo da revista *Canadian Business* (De Cloet 2000) incitou John Cleghorn, presidente do Royal, o maior banco canadense, a fazer uma excitante aquisição nos Estados Unidos. O autor referiu-se à estratégia da empresa como "tímida", parecendo "com o fracote de 49 quilos que vai à praia e outros jogam areia em seu rosto". Depois ele acrescentou que "todo mundo está imaginando quando o todo-cauteloso Cleghorn fará algo um pouquinho mais ousado".

O artigo termina assim:

*Fofocas já começaram a ser feitas de que Cleghorn, 58 anos, já passou de sua primavera de vida, que lhe falta coragem para assumir um jogo ousado. Desde que assumiu como CEO em 1994, Cleghorn conseguiu trazer lucros significativos para o banco [os maiores que qualquer corporação da história canadense já obtivera, em verdade], mas ele nunca conseguiu fechar aquele grande negócio. Se o Royal Bank realmente quer realizar seu sonho americano, talvez deva procurar quem possa fazê-lo.*

---

Quando você pára e pensa, toda essa coisa de herói soa bem idiota. Mas quantos CEOs hoje param e pensam a respeito? Não muitos, aparentemente, a desestimular a mudança da era do gerenciamento calculista para o culto da liderança heróica. "Há algo bem constrangedor sobre esse cenário de vale-tudo, piratarias, analistas simbólicos fazendo transações lucrativas por toda a aldeia global", es-

---

* N. de R. T.: Pode ser traduzido como linha de produção, produtos que estão sendo produzidos e estão por sair dos canos da refinaria de petróleo.

creveu Locke (1996b). "Também há algo bem deprimente nisso tudo, pois os analistas simbólicos são os únicos a lucrar com o sistema" (p. 217). Portanto, lembre-se das experiências de Sculley, na Apple, e de Lorenzo, na Continental Airlines; leia sobre Fiorina, da Hewlett Packard (no quadro a seguir).[5]

---

### UM CASO DE LIVRO-TEXTO SOBRE GERENCIAMENTO HERÓICO

Se fosse para escrever um caso para um livro-texto de gerenciamento heróico, seguindo todos os passos, a alta chefia de Carla Fiorina na Hewlett Packard (até a época em que primeiro se escreveu sobre isso, em meados de 2002) seria uma forte concorrente. A empresa estava "procurando por um salvador", observou a *Fortune* (Nee 2001), mas "o risco é especialmente alto se o recém-chegado estiver ávido para fazer esse papel, como Carla mostrou estar na HP."

Ela chegou à HP vinda da Lucent Technologies (pouco antes desta entrar em crise) com sua estratégia toda definida, de acordo com uma história de capa da *Business Week*. Carla Fiorina pretendia "'reinventar' a HP de baixo para cima" (Burrows 2001:b:76) em três fases de cerca de um ano cada.

Na Fase I ela "pregou seu evangelho", em "sessões de 'Café com Carly' em 20 países, para levantar o moral" e "estimular a inovação... longe de melhorias incrementais de produtos, voltada para projetos de grande impacto" (p. 74). A Fase II reorganizava 83 divisões de produtos em quatro unidades, desse modo "desmantelando a abordagem descentralizada que fez parte da HP em seus 64 anos de história" (p. 72). O ex-CEO Lewis Platt fez o seguinte comentário em relação aos fundadores da empresa: "Bill e Dave não achavam que tinham de tomar todas as decisões" (p. 80). A Fase III pretendia criar novos mercados: "cortejar clientes", oferecendo "soluções mais que completas" por parte de todas as equipes da HP (p. 74).

"Não contente em enfrentar um problema de cada vez, Carla se põe a transformar todo o conjunto de características da HP de uma só vez, dane-se a desaceleração econômica atual", concluiu a *Business Week* (p. 72). Inquiriu então a revista: "Será que o grande plano de Carla Fiorina funciona?", acrescentando que "os resultados iniciais são problemáticos".

Mais problemáticas eram as promessas que ela fez à comunidade financeira. Um artigo anterior na *Fortune* (Loomis 2001) sobre "a desilusão" em relação às "predições apressadas acerca do crescimento de ganhos" (p. 48) elegeu Carla Fiorina, da HP, que poucos meses após sua chegada anunciara objetivos de crescimento de ganhos, que ela manteve em ascensão nos meses que se seguiram, a uma "alta" taxa de 17%. Mas pouco depois de um ano no exercício da função, duas semanas *depois* do final do quarto trimestre, ela "foi obrigada a dizer a um mundo chocado" que a empresa não cumpriria com suas projeções para o quarto trimestre. Em três dias a empresa perdeu 23

*– continua*

---

[5] Para que ninguém pense que isso é apenas um fenômeno americano, leia sobre Lukas Muhlemann, um MBA da Harvard, e um experimentado funcionário (há 17 anos) da McKinsey – "a nova linhagem suíça de figuras de negócios" –, que assumiu em 2000 o cargo de CEO no Crédit Suisse, um dos grandes bancos daquele país. Ele "não tinha medo de dar passos ousados" e "começou com um estrondo", fechando "quase um terço de [suas] filiais domésticas e reduzindo sua força de trabalho". As grandes fusões seguiram-se logo depois. Então seus problemas começaram, fazendo uma grande aquisição em época inadequada, não conseguindo "pôr rédeas no gerenciamento americano, do tipo assédio de corsários", e envolvendo-se na falência da Swissair, de cujo conselho Muhlemann fazia parte. "A distinção final parece ter sido a perda da confiança dentro do staff do Crédit Suisse" (*Financial Times*, September 20, 2002). Muhlemann foi demitido em 2002.

> *– continuação*
>
> bilhões de dólares em valor de mercado, mais devido à sua "credibilidade" do que por não ter atingido os objetivos propostos (p. 53). Tudo isso a despeito da "maratona" de multissessões diárias de Carla Fiorina, para compreender como moldar as finanças sob a melhor luz" (*Business Week* 2001:76). Mas Carla reagiu rápido: informou aos analistas elevaria os objetivos de crescimento para o ano fiscal de 2002. "No jogo de *black-jack*", disse ela aos empregados da HP num comunicado geral, "você dobra quando tem uma crescente probabilidade de ganhar. E nós vamos dobrar" (p. 71). Dois meses depois a empresa anunciou que as estimativas de lucros e ganhos para o trimestre cairiam para cerca de 5%.
>
> Muitas demissões se seguiram, de uma "empresa que... sempre evitou despedir em massa" (Poletti 2001). As demissões chegaram pouco depois de promessas de que isso não aconteceria – em verdade, após Carla ter pedido aos empregados que aceitassem redução da carga horária para que não fosse necessário demitir. "Mais de 80 mil empregados aceitaram e a empresa economizou US$ 130 milhões. Um mês depois, Carla Fiorina cortou 6 mil empregos. Um grande número de empregados sentiu-se traído" (Poletti 2001).
>
> Depois disso veio McKinsey, "para olhar as opções estratégicas", sendo seguido da grande fusão – "a maior na história da *high tech*" (Burrows 2001a), com a Compaq. Isso envolveria mais 15 mil demissões, uma estimativa "conservadora" das sinergias, afirmou Carla a analistas no interior de um avião. Walter Hewlett e Dave Packard, filhos dos fundadores, manifestaram-se contra a fusão, entendendo ser isso uma violação do legado de seus pais; seguiu-se então uma espécie de luta acirrada entre procuradores. Em um certo sentido, isso colocou esses guardiões da velha Nova Economia contra a campeã da nova Velha Economia.
>
> A Hewlett Packard perdeu. Carla Fiorina venceu: circularam rumores sobre o gigantesco bônus que ela ganhou pela fusão (as conseqüências não foram julgadas). A Hewlett Packard ganhou? Carla relatou ao final de 2002 (Musgrove 2002) que a fusão estava indo bem: a meta de demitir 10 mil pessoas em 1º de novembro já passava 2.500 à frente do previsto! É preciso ficar atento.

ALGUNS JOGADORES! Como citado na história, Carla Fiorina gostava da metáfora do jogo. "Ela diz que planeja continuar subindo suas apostas", concluiu a *Fortune* num artigo (Nee 2001). Essa é uma metáfora popular entre líderes heróicos – exceto que essa gente se engaja numa forma particular do esporte: eles jogam com o dinheiro dos outros. Não apenas isso, mas as cartas são embaralhadas de forma tal que eles ganhem de qualquer jeito. Se as ações sobem, eles faturam com suas opções de compra. Se caem, eles dão o fora com um pára-quedas dourado.

Fusões são as apostas perfeitas para tais jogadores: são grandes empreendimentos, muitas vezes o tamanho da aposta é do tamanho da empresa, e há promessa de enormes recompensas – para eles próprios, pelo menos. Freqüentemente, como na história da Hewlett Packard, eles recebem bônus enormes apenas para consumar a fusão – em outras palavras, eles ganham para desvalorizar o dinheiro dos outros, mesmo antes de as cartas serem jogadas. E o que acontece quando essas cartas são viradas? O registro dessas grandes fusões, em onda após onda, década após década, não tem sido nada bom.[6] Entretanto, os gerentes heróicos continuam tentando, e falhando.

Por que eles continuam tentando? "Por que não?" pode ser a melhor pergunta. Em um mundo "onde os egos crescem mais rápido do que o preço das ações", o que eles têm a perder? Além das recompensas financeiras está o *status*. Para os chefes em seus gabinetes executivos (para não mencionar alunos em salas de aula), "o funcionamento rotineiro de um negócio é difícil, reconhecidamente é um trabalho duro e muitas vezes bem enfadonho. Por outro lado, uma aquisição é excitante e glamourosa, prometendo até mesmo aos gerentes menos brilhantes breves menções no The Sun" (Hilton 2003). Se isso soa bem para você, então leia o quadro a seguir.

---

### REGRAS PARA SE TORNAR UM LÍDER HERÓICO

- Olhe para fora, não para dentro. Ignore o negócio existente tanto quanto possível, já que qualquer coisa já estabelecida leva tempo para ser ajustada. Deixe isso para quem não tenha sofrido *downsizing*.

- Seja dramático. Faça o negócio e prometa o mundo para prender a atenção da comunidade de investimentos. Em especial, crie fusões loucamente: vá atrás de outros negócios devidamente estabelecidos – pouco importa que você não os conheça.

- Focalize o presente. O passado já foi, está morto, e o futuro está distante. Faça esse negócio emocionante *agora*.

- No âmbito da empresa, favoreça os de fora em detrimento dos de dentro; qualquer um que conheça o negócio é suspeito. Traga uma "equipe de topo de linha" inteiramente nova. Deposite confiança especialmente nos consultores – eles apreciam líderes heróicos.

- Para avaliar o pessoal interno, use números. Assim você não terá que administrar o desempenho, muito menos avaliá-lo.

- Promova mudança de tudo durante todo o tempo. Em particular, reorganize constantemente; isso mantém todo mundo na ponta dos pés (em vez de apoiados na planta dos pés). Recuse-se a mudar esse comportamento, não importa quais sejam as conseqüências.

- Corra riscos. Seu pára-quedas dourado o protegerá.

- Acima de tudo, faça subir o preço das ações. Então, venda-as e corra. Os heróis costumam ser muito procurados.

---

[6] Esse é um daqueles assuntos aos quais os pesquisadores acadêmicos amarram-se para sempre. (Veja, por exemplo, Andrade et al. 2001). Profundo conhecedor do assunto, Maurizio Zollo, do Insead, conclui (em correspondência pessoal) que "a evidência empírica é um "laço": adquirentes não têm retornos anormais (i.e., melhor que os concorrentes), mas também não destroem valores de forma constante... As estimativas [percebidas] de um índice de fracasso variam de 50 a 75%". A imprensa popular, consciente dos insucessos dramáticos, tem apresentado tendência a ser mais negativa; por exemplo, na *Business Week online* (October 14, 2002): "Dezessete dos 21 'ganhadores' da violenta primavera de fusões de 1998 tornaram-se um golpe sério para os investidores que possuíam suas ações" (Henry 2002); e no *Wall Street Journal*: na atual fraca economia dos 50 maiores adquirentes, os estoques caíram tanto quanto três vezes a média industrial da Dow Jones" (citado em Sonnenfeld 2002).

## RESULTADO: A LINHA DE BASE PARA AVALIAÇÃO DO MBA – DESEMPENHO NO TOPO

Um gerente calculista lendo este capítulo pode ressaltar que grande parte da evidência até agora citada sobre as falhas do gerenciamento tem sido idiossincrática – sobre certos CEOs e coisas assim. Onde estão fatos realmente ponderáveis?

De fato, os fatos sólidos mais comumente citados apontam para uma conclusão oposta: que muitos MBAs foram bem-sucedidos, ascendendo ao "topo" – eles correspondiam a 42% dos 100 CEOs da *Fortune* em 1998 (coerente com nossa tabulação de 40% em 2001), o que ia além dos 33% em 1991 (da *Economist Intelligence Unit*, relatado no *Observer*, November 8, 1998, e *The Economist*, March 2, 1991). O *web site* da Harvard afirmou em 2003 que seus "ex-alunos ocupavam, no momento, cerca de 20% dos três maiores cargos executivos das 500 empresas listadas na *Fortune*".

Mas tudo isso indica sucesso em chegar lá. Qual seria a medida do sucesso no posto? Não deveríamos estar avaliando como os MBAs se desempenham *como* CEOs, em vez de simplesmente usar a medida de como *se tornam* CEOs?

## CHEGANDO LÁ

Há algumas razões óbvias pelas quais os MBAs chegam lá. Há pessoas inteligentes e agressivas, para começar, dedicadas aos negócios. Em seus estudos de MBA, elas aprendem a linguagem dos negócios e como usá-la rapidamente e de forma impressionante – habilidades nada más em um mundo de alvos móveis. Como um estudante da Harvard colocou, "eles lhe ensinam a ser um grande vendedor aqui" (*in* Atlas 1973:21). Junte a isso a confiança que lhes foi insuflada quando estudavam, o que as fez pessoas ainda mais agressivas. Toda aquela racionalidade presente nos casos estudados em Harvard e na teoria enfatizada em Stanford pode ser terrivelmente sedutora, deixando a sensação de que "se você quiser, não há nada que você não possa fazer" (Cohen 1973:21). Pelo menos, insistimos, novamente, em chegar lá. E então, na formatura, pelo menos nas escolas de prestígio, aquela rede de "velhos camaradas" encontra seu papel. O que capacita a Harvard a colocar tantas pessoas no topo é o fato de que ela já possui inúmeras pessoas no topo.

Mas o que acontece nesse "topo", de onde não há mais lugar para ir (exceto lateralmente)? O que acontece com essa racionalidade desconectada e essa confiança questionável, quando as verdadeiras coisas têm que acontecer? Com tantos MBAs sendo produzidos, a relação entre a sala de aula e a sala do Conselho de Administração não merece uma atenção especial? Mas ela não tem tido essa consideração, não dos pesquisadores das escolas de negócios, que gastam tanto tempo estudando toda forma de desempenho. "Não conheço nenhum estudo sério que tenha procurado verdadeiramente ligar um investimento em treinamento de executivos ao valor do acionista ou ao preço das ações de uma empresa", foi o comentário do diretor da London Business School que recém deixou seu cargo. Na página de rosto do mesmo periódico, um professor e o Diretor do IMD Business School escreveram: "A resposta à pergunta 'O Treinamento Executivo realmente melhora o desempenho nos negócios?' é obviamente 'sim'" (Quelch 2001; Gilber e Lorange 2001).

## O Desempenho Quando se Chega Lá

Assim, na linha do que venho discutindo, comecei, em meados dos anos 90, minha própria pesquisa. Iniciei bem informalmente: saí solicitando a pessoas de reconhecido conhecimento sobre os negócios nos EUA que me fornecessem nomes de grandes CEOs, aqueles que fizeram ou estavam fazendo uma substancial e sustentável diferença.

> Pare um instante e faça a si próprio a mesma pergunta, caso seja bom conhecedor dos negócios na América do Norte.

Anotei os nomes mencionados e "chequei" as suas formações. Encontrei um ou outro que tivesse cursado um MBA. Então, ao lado dos Sloans e Watsons dos velhos, os nomes que surgiam mais freqüentemente foram os de Gates, da Microsoft; Galvin, da Motorola; Grove, da Intel; e Welch, da GE. Os dois primeiros nunca terminaram os cursos de graduação; os dois últimos, como acontece, concluíram doutorados em engenharia química. (A referência a Galvin, casualmente, é ao pai do CEO da Motorola, que renunciou recentemente. O último, Welch, possui um MBA da Northwestern.) Havia certamente outros nomes famosos que poderiam ser mencionados – McNamara, Agee e Sculley, para citar um exemplo não tão ao acaso. Mas, como você pode imaginar, eles não foram mencionados. (Em 22 de setembro de 2003, a *Business Week* [Merritt, 2003] publicou uma história de capa acerca de uma pesquisa sobre a turma de MBA de 1992 dos 30 programas mais bem classificados. Dos relatórios que foram apresentados pelos 31% que responderam – provavelmente os mais bem-sucedidos – podem ser levantadas questões sobre a generalidade de algumas das conclusões. Mas uma é especialmente reveladora – uma lista dos "mais admirados líderes de negócios" [Warren Buffet, Herb Kelleher, Michael Dell, Bill Gates, Jack Welch e Oprah Winfrey]. Nem um único deles cursou MBA!)

Devidamente encorajado, parti em busca de mais evidência sistemática. Acabei encontrando em um artigo da *Fortune* de 1999, intitulado "Why CEOs Fail". Escrito por Ram Charan e Geoffrey Colvin, ele discorria sobre 38 CEOs que caíram em grandes, muitas vezes famosas, dificuldades. Todos esses "CEOs altamente ineficazes" foram "impelidos, viram suas empresas serem compradas, ou acabaram deixando uma empresa que perdera seu rumo" (p. 33).

Removemos as empresas não-americanas da lista, pois o MBA é menos comum fora dos EUA, e examinamos as credenciais dos 33 CEOs que permaneceram na lista: 13 deles tinham MBAs, quase exatamente a mesma proporção encontrada na *Fortune* 100. Não eram piores do que a média, seguramente, mas não é a finalidade do curso tornar as pessoas melhores do que a média?

Charan e Colvin ofereceram duas explicações-chave sobre por que os CEOs falham: "má execução" e "problemas com as pessoas" – exatamente onde vimos ser a seleção e o treinamento de MBAs os aspectos mais fracos. Sobre má execução, Charan e Colvin fizeram um comentário revelador à luz da nossa discussão sobre gerenciamento heróico:

> Manter-se informado de todas as designações críticas, acompanhá-las, avaliá-las – não é um tanto... maçante? Podemos também dizer: sim, é maçante. É enfadonho. Pelo menos, muitos CEOs realmente inteligentes, talentosos, mas falidos também concordam com tal afirmação, e você não pode culpá-los. Eles simplesmente não deviam ter sido CEOs. (p. 36)

Ou como um diplomado com o MBA da Harvard disse à revista *Time* alguns anos atrás, em discussões de casos: "Você pega o hábito de pensar que pode lidar com qualquer problema rapidamente. Na vida real você não pode dar-se ao luxo de poder evitar o cuidado com os detalhes" (May 4, 1981:44).

Então, descobri o livro de David Ewing, *Inside the Harvard Business School*. Ewing via-se como justamente a pessoa que deveria escrever tal livro, pois tinha "visto a escola de dentro para fora durante quatro décadas, era pessoalmente conhecido da maioria de seus líderes, tinha ensinado e tido uma participação em muitas de suas lutas". Assim, pôs-se a "responder questões tais [como Por que a escola tornou-se tão importante?] de um ponto de vista de alguém de dentro" (p. 7).

No início do livro (p. 4-5), Ewing apresentou sua lista de alunos de Harvard que "ascenderam ao topo" em negócios – 19 pessoas ao todo, superestrelas de Harvard, presumivelmente. (Robert McNamara estava surpreendentemente ausente, não só dessa como de outra lista daqueles que tiveram papel relevante no governo.) Uma amostra tendenciosa, se já houve alguma. Portanto, decidi usá-la como tal.

Na realidade, minha atenção foi despertada por certos nomes daquela lista, notadamente William Agee, que já foi discutido, e Frank Lorenzo, que se tornou famoso por seus problemas em mais de uma empresa aérea. (Ambos, casualmente, estavam na lista de Charan e Colvin de CEOs fracassados.)

Eu levava a vantagem de ter uma visão retrospectiva: mais de uma década já havia se passado desde que a lista tinha sido publicada "O verdadeiro teste da Harvard Business School é... o desempenho de seus ex-alunos", escreveu Erwin (p. 274). Como, então, os presumivelmente melhores egressos de Harvard se desempenharam, não buscando chegar nos altos postos, mas nos próprios postos?

Em uma palavra, mal. Olhando os registros a partir do final de 2003 (veja Tabela 4.2), dez dos 19 parecem claramente ter falhado (significando que a empresa foi à falência, eles foram retirados da cadeira de CEO, uma grande fusão saiu pela culatra, etc.). O desempenho de outros quatro poderia ser chamado, no mínimo, de questionável. Alguns desses 14 CEOs criaram ou recuperaram empresas, de forma

TABELA 4.2 OS 19 DE 1990 DE EWING:
O DESEMPENHO DOS MELHORES DE HARVARD?

| NOME | EMPRESA | DESEMPENHO |
|---|---|---|
| William Agee | Morrison Knudsen | Partiu, depois que a empresa teve grandes perdas; a Morrison declarou falência em seguida |
| Warren Batts | Premark | Bem-sucedido |
| Roy Bostock | D'Arcy Masius Benton & Bowles | Aposentou-se em 1997, depois de uma década como CEO; a empresa – uma instituição – fechou em 2002 |
| Robert Cizik | Cooper Industries | Abandonou o cargo de CEO depois que uma grande aquisição entrou em dificuldades; aposentou-se do cargo de presidente e da empresa pouco depois |
| Marshall Cogan | Knoll International Holdings e subseqüentemente Foamex | Forçado a sair em 1999; a empresa declarou falência pouco depois; ações judiciais envolvendo pilhagem |
| Lou Gerstner | RJR Nabisco e subseqüentemente IBM | Bem-sucedido |
| Robert Haas | Levi Strauss | Abandonou o cargo de CEO quando a empresa entrou em sérias dificuldades |
| Robert Hauptfuhrer | Sun Exploration and Production (depois Onyx Energy) | Questionável; sérios problemas de desempenho na época em que se retirou; "desprezo" dos analistas de Wall Street |
| Richard Jenerette | Equitable Life | Questionável; problemas persistentes de rotatividade |
| Victor Kiam | Remington | Sem clara evidência de fracasso, exceto que a empresa vendida pelos herdeiros de Kiam era pequena demais |
| Frank Lorenzo | Eastern Airlines, Texas Air, Continental Airlines | Grandes fracassos nas três empresas aéreas: uma foi vendida e duas faliram; sérios conflitos com empregados |
| Vernon Loucks | Baxter International | Abandonou o cargo de CEO sob pressão dos acionistas, frustrados pelo baixo desempenho e por fusão malsucedida; empresa condenada por delito grave |
| Robert Malott | FMC Corporation | Questionável; problemas de desempenho e questões sobre estratégia foram levantadas |
| Joseph McKinney | Tyler Corporation | Forçado a se aposentar depois que o conglomerado que construiu por meio de aquisições agressivasr passou por péssimos momentos financeiros e acabou fechando |
| Jerry Pearlman | Zenith | Forçado a se aposentar depois de fracassar na tentativa de trazer a empresa de volta à vida; a Zenith foi vendida pouco depois |
| James D. Robinson | American Express | Demitido por um conselho diretor "inquieto" |
| John Rollwagen | Cray Computers | Questionável: a gerência pode ter tido boas iniciativas diante das circunstâncias, mas a empresa estava em queda livre quando ele saiu, incorrendo numa grande perda três anos depois; foi vendida no ano seguinte. |
| Richard Thomson | Toronto Dominion Bank | Bem sucedido |
| William Timken | Timken | Bem-sucedido, até onde se sabe |

*Nota*: Em vários desses casos, tais como o de Agee, Lorenzo, Pearlman e Robinson, os problemas foram amplamente discutidos na imprensa de negócios (alguns também no início deste capítulo).
Entre as fontes usadas para compor esta tabela, estão Laing (1995), O'Reilly (1995), Nudd (2002), Newswire da *Adweek* (2002), *Marketing Week* (2002), Norman (1994), *Mergers & Acquisitions* (1998), Santoli (2000), Button (1992), *Forbes* (1987), Sutter (1999), Munk (1999), Himelstein (1998), *The Economist* (1997), Bloomberg (1996), DiNardo (1995), Rudnitsky (1992), MacFadyen (2003), Ivey (1990), O'Reilly (1999), *Time* (1990), Castro (1990), Roeder (1999), Jaspen (1992), Machan (1994), de Rouffignac (1997), Yoshida (1996), Peterson (1995), Button (1993), Dolan (1999), Saporito (1993), *Investment Dealers Digest* (1993), Stedman (1992), *Wall Street Journal (1993)*, Dorfman (1993) e Mitchell (1992).

destacada e dramática, apenas para vê-las enfraquecer e desabar também de forma dramática. Nenhum dos 14 deixou para trás negócios sólidos e sustentáveis.

Assim, dos presumidos 19 melhores de Harvard de 1990, apenas cinco deixaram seus empregos com uma ficha aparentemente limpa. Se qualquer resultado de base chega a ficar perto desempenho último do MBA, esse é o exemplo a seguir.

DE VOLTA À EDUCAÇÃO RECEBIDA? Podemos rastrear os problemas de muitos desses CEOs até a educação recebida? Certamente podemos rastreá-los retroativamente às críticas à educação recebida apresentadas neste livro. A seguir, fragmentos de artigos sobre algumas dessas pessoas:

- "Uma clara falta de enfoque era um dos muitos fatores que tornavam os investidores céticos em relação [à Baxter International] por vários anos. E Wall Street, certa ou errada, culpava... havia muito tempo o CEO Vernon Loucks pelo problema" (Roeder 1999). "Baxter... declarou-se culpado em 1993 da acusação de um crime por violar a Lei antiboicote promulgada em 1977 (U.S. anti-boycott law)" (Jaspen 1998).

- "Barbis [da NatWest Securities Corp. ] disse que o novo presidente e CEO da Onyx, Robert Keizer, 'usou a mesma velha retórica muitas vezes ouvida de seu predecessor (Robert Hauptfuhrer)' ao anunciar 'ainda outra reestruturação corporativa, inclusive uma maciça subscrição de US$ 958 milhões... a venda de ativos de alto custo... e um lançamento de débitos questionáveis na contabilidade'" (Di Nardo 1995).

- Com relação ao fechamento da D'Arcy Masius Benton & Bowles, uma instituição entre as agências de propaganda, [Jack Bowen, ex-CEO] faz grave acusação: "Creio que o que está por trás disso tudo é um grupo de gerentes que queria ganhar um monte de dinheiro',... Bowen não discutiria o desempenho de [Roy] Bostock, seu sucessor, escolhido a dedo. Mas enquanto o *staff* aguardava ansiosamente a decisão sobre seu destino, um empregado particularmente amargo acusou os gerentes de 'criar patrimônio literalmente nas costas de pessoas que não tinham um centavo sequer'"(*Adweek*, 2002)

- "Duas vezes no ano passado [Marshall] Cogan empenhou-se na 'fusão' da aparente galinha (*cash cow*) dos ovos de ouro [Foamex] com sua Trace International Holdings, lotada de dívidas. Duas vezes ele teve ações judiciais ajuizadas contra si, acusando-o de pilhar a Foamex para pagar as dívidas da Trace" (Brickley 1995; veja também Berman 1999). "O juiz que presidiu o caso decidiu que Marshall S. Cogan, fundador, presidente, CEO e majoritário da Trace International Holdings Inc., uma corporação falida, de propriedade privada de Delaware, junto com seus co-acusados violou suas obrigações fiduciárias segundo a lei de Delaware e tornou o grupo pessoalmente responsável por danos superiores a US$ 40 milhões" (Lenson 2003; veja também Fabrikant 2003).

- A Continental Airlines Holding Inc., a 5ª maior empresa aérea dos Estados Unidos, pediu falência em 3 de dezembro de 1990, por uma razão simples: [o CEO Frank] Lorenzo sobrecarregou-a de dívidas e uma reputação indecorosa... Em última instância [Hollis] Harris [o CEO seguinte] deve convencer o passageiro executivo desinteressado de que a Continental deixou para trás os dias caóticos de Lorenzo" (Ivey e O'Neal 1990).

- No último ano da estabilidade de 30 anos de [Joseph] McKinney, começando em 1966, a empresa "entrou em parafuso", o que ainda prossegue. McKinney conseguiu levar a empresa a atingir 1,1 bilhão de dólares em vendas, com sólidos ganhos, e então para baixo de novo" (de Rouffignac 1997).

- "Foi há cerca de cinco anos quando a Equitable, aleijada por péssimos empréstimos de imóveis e produtos de seguros não-lucrativos vendidos nos anos 80, salvou sua pele colocando suas ações em bolsa.... Por um momento, a recuperação parecia estar funcionando, gerando glória para o então presidente do conselho Richard Jenerette, o mentor do plano. Algo então aconteceu. As ações estancaram em 1993, depois que a Equitable falhou em efetuar grandes vendas de seu novo (e quente) produto, rendas anuais variáveis, e não progrediu muito desde então. Mr. Jenerette deixou a empresa há um ano" (Pulliam e Scism 1997).

Joseph Lampel, que se juntou a mim na avaliação do desempenho desses 19 CEOs, percebeu uma tendência muitas vezes fatal de ir atrás de uma fórmula – alguma espécie de técnica genérica – desconsiderando os matizes e a despeito de... bem, aqueles problemas com pessoas e de execução. Como alguém chamado Berger uma vez observou, "Em ciência, como no amor, uma concentração excessiva na técnica pode levar à impotência". Estudantes inexperientes que procuram aplicações "práticas" na sala de aula parecem tornar-se gerentes desconectados que procuram respostas fáceis no trabalho – especialmente financeiras, que fazem a empresa parecer saudável durante um determinado tempo.

Na lista de Ewin, Bob Cizik, que fez a Cooper Industries crescer por meio de um programa de aquisições agressivas, transformou a integração após a fusão em uma fórmula que entrou para o vocabulário dos negócios como verbo: a empresa não adquiria empresas, meramente; ela as "cooperizava". Pelo menos até que a aquisição que se recusou a ser "cooperizada" pôs um fim na estabilidade de Cizik (Norman, 1994).

Na Levi Strauss, Robert Haas, anteriormente com o Peace Corp e a McKinsey, possuía crenças mais ambiciosas – isto é, de que a responsabilidade social e a tomada de decisões em grupo deveriam vir primeiro. Mas até para isso Haas tinha uma fórmula, pois ele era um evangélico apressado. Por um lado, ele juntou duzentos dos melhores gerentes da empresa com cem consultores para reprojetar a cadeia de suprimentos. No processo, a Levi Strauss sofreu o equivalente corporativo a um colapso nervoso. Uma reengenharia com uma face humana era, finalmente, apenas reengenharia – e pessimamente feita (Munk, 1999). Haas tinha estudado, na escola de negócios, sobre recursos humanos e *marketing*; teria ele aprendido, no trabalho, sobre os seres humanos que fabricam e compram *jeans*? O que parece que temos aqui é o gerente que *sabe* melhor e não o que *aprende* melhor, e assim ele controla mais do que facilita.

Assim, o que podemos concluir de tudo isso? Certamente, não que o MBA seja um grau funcional que arruína todo mundo que o obtém. Há diplomados nesses programas que estão agindo certo,[7] assim como há aqueles MBAs que falharam miseravelmente. A evidência apresentada aqui não é definitiva. Mas deve fazer-nos levantar uma boa suspeita a respeito desse curso influente. Possuir um MBA possivelmente não qualifica pessoas para gerenciar mais do que as desqualifica. Mas os dados providos aqui devem por certo fazer soar algumas campainhas de advertência: que o MBA confere vantagens consideráveis a muitas pessoas erradas. Melhor dizendo, as pessoas deveriam estar ganhando suas condecorações gerenciais na função; seu progresso não deveria ser acelerado por terem passado algum tempo em sala de aula. Nenhuma empresa deveria tolerar esse caminho rápido. Minha conclusão é que aqueles MBAs bem-sucedidos agem assim, a despeito da destorcida imagem de gerência deixada pelo seu treinamento. E aqueles que falham talvez sejam os que levaram essa imagem mais a sério. As próprias características que conduziram estes últimos a cargos seniores solapam o seu desempenho tão logo estejam lá; eles são muito espertos, muito rápidos, muito confiantes, muito auto-servientes e muito desconectados. Muitos dos cavaleiros brancos do gerenciamento heróico acabam sendo os buracos negros do desempenho corporativo.

---

[7] Leia a *Business Week* (September 23, 2002) sobre "The Good CEO", aqueles com um enfoque nas empresas mais do que em si próprios. Quatro, entre os seis aqui examinados, possuem MBA, mas significativamente eles eram "nomes desconhecidos" que não estavam gerindo empresas glamourosas". Um deles, Reuben Mark, da Colgate-Palmolive (MBA de Harvard, 1963), "nem mesmo daria depoimento para esta reportagem, alegando acreditar que falar à imprensa não melhora em nada suas operações". (Igualmente ele também não cooperaria com a Fortune [outro artigo, Schwartz 2001], explicando que melhor faria colocando os holofotes sobre os 38 mil empregados da Colgate.) Tampouco eram essas pessoas "agentes de mudança... encarregadas de refazer a cultura ou a estratégia". A permanência deles nos cargos era de, em média, 18 anos!

# 5

# CONSEQÜÊNCIAS INDESEJADAS III:
## Deterioração das Organizações

*O problema de participar de uma corrida de ratos é que, mesmo vencendo, você ainda será um rato.**
— LILY TOMLIN

OK, aquele gerente calculista pode continuar, o MBA não é treinado para gerência e muitos MBAs falham como CEOs. E daí? Veja a economia americana, apaixonada como é pelos MBAs. Ela não tem exatamente se saído mal, tem?

Ela vinha se saindo razoavelmente bem quando comecei a escrever este livro (por volta de 2000). Está se saindo menos bem agora, quando avalio este material pela quinta vez, em abril de 2003. A questão é até que ponto esse sucesso econômico, e o fracasso, são influenciados pelo estilo de administração prevalecente na América, o qual, por sua vez, é influenciado pela predominância do treinamento de MBA.

É claro que é uma pergunta difícil de responder com precisão, certamente aqui e talvez em qualquer lugar. Muitos fatores contribuem para o desempenho de uma economia. Fatores econômicos, como produtividade, têm recebido uma boa dose de atenção, porque os economistas normalmente discutem *tais* questões. Os fatores relativos à gestão, não.

---

* N. de T.: O trocadilho "*The trouble with being in a rat race is that if you win, you are still a rat*", perde parte do sentido quando traduzido para o português. [*Rat race* = uma competição acirrada e *rat* = pessoa que trai ou abandona seus amigos ou associados.]

Este capítulo enfoca dois conceitos, exploração e explotação*, e como os gerentes educados em programas de MBA tendem a tirá-los do equilíbrio. Estão em questão aqui não tanto duas economias, mas duas culturas gerenciais, e a explotação pode estar minando a saúde a longo prazo da economia.

Em seguida enfocamos os gerentes MBA em diferentes esferas da economia, primeiro em "bens de consumo de alto consumo"**, com freqüência sua esfera preferida, depois como empreendedores, em que o seu histórico é menos impressionante do que as escolas de negócios preferem crer, e finalmente em alta tecnologia, em que sua crescente prevalência como CEOs pode ser especialmente problemática. Este capítulo conclui que podemos estar vendo a difusão de uma nova forma de burocracia disfuncional, nutrida por MBAs.

## Exploração e Explotação

Sobre a distinção entre exploração e explotação, são de James March (1991) as seguintes palavras: "*Explotação* refere-se a... melhorias, refinamento, rotinização e elaboração de curto prazo... Ela se nutre de atenção focalizada, precisão, repetição, análise, saneamento, disciplina e controle". A medida de desempenho é enfatizada e as pessoas "focalizam energia em preocupações de relativo curto prazo". Por outro lado, "*Exploração* refere-se a experimentação... na esperança de encontrar alternativas que sejam melhores que as antigas. Ela se nutre de disposição para enfrentar o desconhecido, de assumir riscos, de novidade, associação livre, loucura, disciplina frouxa e controle relaxado". Isso "é arriscado. O sucesso não é garantido. Na verdade, muitas vezes não é alcançado".

Explotação soa como administração calculista e heróica, tanto como as conseqüências da educação MBA em geral. Aqui encontramos os gerentes com pressa, com uma visão acelerada e de curto prazo do mundo, que agarram o que podem tão rápido quanto é possível, em vez de consumir mais tempo para construir capacidades de longo prazo. Muitas vezes removidos do contexto, eles tendem a explotar a experiência de outras pessoas na ausência da sua própria. (Há uma carta sobre isso mais adiante.) Obviamente, toda economia necessita de ambas, exploração e explotação; uma para criar, a outra para obter os benefícios da criação, respectivamente. Mas, assim também, argumento eu, faz toda empresa – de alguma forma, pelo menos. O perigo reside em inclinar-se muito em qualquer direção. Economias e empresas que preferem estilos calculistas e heróicos de gerenciar se inclinam muito na direção da explotação – da eficiência a expensas da descoberta. Não é que careçam tanto assim de pessoas que tenham veia para invenção e inovação, como agem para sufocar aquelas que têm.

Para a exploração, a parte difícil é chegar lá: fazer algo diferente, algo interessante. A explotação, por outro lado, prospera estando lá – obtendo ganhos a partir

---

\* N. de R.T.: No original, exploration e explotation.

\*\* N. de R. T.: No original, *"fast-moving consumer goods"*.

do que já existe, subindo a bordo dos trens da fortuna* já existentes para levá-los ainda a maior prosperidade. Isso é muito mais fácil e assim não há falta de pessoas preparadas para fazê-lo. O problema é que você não pode *estar* lá, a menos que alguém o *coloque* lá. Sem a exploração, não há nada para explotar. É para tal situação que estamos nos dirigindo como sociedade?

EXPLOTANDO AS ECONOMIAS, "A VELHA" E "A NOVA"   O economista Frederic Scherer (1992), num estudo das atividades de P&D de corporações americanas nos anos 70 e 80, descreveu a "incapacidade de algumas empresas dos Estados Unidos de encarar desafios técnicos que provém do exterior", como "primeiramente uma falha de gestão", talvez atribuível à ascensão de MBAs como gerentes:

> Em pontos-chave, os gerentes de empresas dos Estados Unidos não alocaram recursos necessários para que elas se mantivessem tecnologicamente competitivas, levaram os desenvolvimentos existentes vagarosamente ao mercado e deixaram de manter um ambiente organizacional voltado à inovação. Fazer tudo isso não é fácil. Mas a falha é mais provável quando a alta gerência carece de um maior poder de avaliação e de habilidades para fazer tudo acontecer. Nossa análise estatística sugere que o apoio ao P&D é maior e as reações à crescente concorrência de produtos importados são mais agressivas quando a alta gerência é treinada em profissões voltadas à ciência ou engenharia. Em vista disso, é desconcertante descobrir, pelo menos em nossa amostra de corporações orientadas para P&D, o abandono de líderes treinados tecnicamente durante os anos 80... [e] o direcionamento no sentido de lideranças com diploma de MBAs (na nossa amostra de empresas, aumentando de 24% em 1971 para 42% em 1987). (p. 182)

Scherer estava, é claro, escrevendo antes do *boom* dos anos 90. Mas um relatório mais recente no *International Herald Tribune* (Bellson 2002) dá particular agudeza à sua conclusão. Ele relaciona os "10 maiores detentores de patentes nos Estados Unidos" em 2001. Em primeiro lugar, a IBM; em quarto, a Micron Technology. Nenhuma outra empresa dos Estados Unidos aparece nessa lista americana. Sete outras são japonesas, a oitava coreana.[1]

A esse respeito, considere um setor famoso por ser fundado em exploração – o farmacêutico. De acordo com a *Business Week* (December 10, 2001), "os fabricantes de medicamentos aumentaram os gastos em pesquisas nos últimos anos... mas sem grandes retornos... a Big Pharma está licenciando mais medicamentos provenientes de empresas de biotecnologia". Aliás, o CEO da Merck, citado anteriormente por seus problemas com a pesquisa, disse a um repórter da *Fortune*

---

* N. de R. T.: No original, *"bandwagon"*.

[1] De acordo com a *Business Week,* Carla Fiorina "acelerou a inovação criando um programa de incentivos que dobrou o número de patentes solicitadas pela HP no presente ano" (Burrows 2001). Uma carta divulgada na Web oferece uma perspectiva disso *(www.interesting-people.org/archives/interesting-people/200203/msg00106.html)*:
A alta posição da HP no campo aponta para um aumento nas requisições de patentes: entre 67 e 100%, dependendo de quem estiver fazendo a reivindicação. Como aconteceu isso? Muito simples. A HP eliminou o processo interno de avaliação de patentes. No início de 2000 foi dada uma nova diretiva à administração para aumentar substancialmente o número de requisições de patentes... os empregados eram estimulados a apresentar qualquer idéia e deixar o US Patent Office decidir a questão. O resultado foi mais requisições de patentes, mas isso prova pouco sobre a inventividade da HP.

(October 30, 2000:91): "Escala não tem sido um indicador de capacidade de descobrir medicamentos revolucionários. Na verdade, tem sido o contrário – você fica impossibilitado de avançar". Contudo, a escala no setor farmacêutico continua crescendo. Isso significa mais explotação a expensas da exploração? Uma visão mais notável de pesquisa partiu daquele que em breve seria CEO da Pfizer (Henry McKinnel, MBA da Stanford, 1967), que apontou "para a recentemente duplicada biblioteca de dois milhões de compostos que a empresa pode agora testar para novas combinações possíveis de medicamentos. Agora temos essencialmente duas vezes mais chances de encontrar um candidato de qualidade no processo de *descoberta*" (p. 87, itálico adicionado). Exploração orientada pelo cálculo!

ROBERT LOCKE SOBRE OS MBAS NA ECONOMIA  Vários estudos do historiador Robert Locke, ao longo de duas décadas, sobre como são a "velha" e a "nova" economia trouxeram mais luz a essa questão.

Em um trabalho acadêmico (1996b; ver também seu livro de 1984), Locke tenta responder a três questões. Primeira, "As escolas americanas de pós-graduação em administração e os seus MBAs tiveram algo a ver com a criação da reputação da administração americana?". Sua curta resposta: "Não muito" (p. 4). Locke destaca que a perícia americana em administração foi estabelecida nos anos 40, muito antes de a educação MBA ser prevalecente – de fato, quando as escolas de negócios eram amplamente tidas como fracas. Foram, argumenta ele, os engenheiros e profissionais do gênero que criaram os negócios americanos, graças à sua capacidade logística. Na verdade, Locke destaca que embora os programas de MBA tenham se expandido nos anos 60 e 70, "a reputação da administração americana entrou em eclipse", e as economias alemãs e japonesas cresceram. Ele descreve "gestão", nesse sentido, como "uma peculiaridade cultural" da América que "nunca desempenhou no sucesso econômico o papel no qual os administradores acreditavam" (p. 1).

E isso leva à segunda questão de Locke: "As mais bem-sucedidas economias capitalistas rivais da americana depois da guerra – isto é, a alemã e a japonesa – devem em algum grau o seu sucesso à cópia de algum sistema de educação gerencial ao estilo americano?". A despeito de ambas serem "alunas ávidas" por administração, e a América uma particularmente "entusiástica professora de administração" (p. 6), nem a Alemanha nem o Japão desenvolveu qualquer educação MBA de que se possa falar (o Capítulo 7 tratará desse tema). Como Locke observou em algum lugar, a capacidade de inovação de muitas empresas manufatureiras alemãs de alta tecnologia, em contraste com a conclusão de Scherer sobre as americanas na mesma época, pode ter partido do fato de que "os administradores alemães participam conscientemente do trabalho da comunidade técnico-científica" (p. 276).

Eis a terceira questão de Locke: "É possível de fato dizer que a pós-graduação em administração inspirada na forma americana causou mais dano que bem à prática gerencial?". Aqui, sua resposta é mais sugestiva do que definitiva. Ele destaca, por exemplo, que "a pesquisa e o ensino das escolas de negócios americanas contribuíram quase nada para o mais significativo avanço no mundo dos negócios do último meio século – a revolução da qualidade" (1996b:17). Ele também argumenta que a criação de uma "elite gerencial é danosa para o tipo de coesão da unidade de produção que... é crítica para o sucesso em nível operacional", precisamente onde ele declara que a prática americana superou a si mesma, anteriormente. Voltemos, pois, aos formados de 1974, de Kotter, os quais têm que liderar a equipe.

O artigo de Locke, também, foi escrito antes de a economia americana ressurgir, enquanto as da Alemanha e do Japão desaceleraram. Teria sido essa, então, a vingança dos MBAs, entrando por si próprios na assim chamada Nova Economia?

A resposta é não, se um dos mais recentes trabalhos acadêmicos de Locke (1998) for um indício. Nesse trabalho, Locke focaliza os setores de semicondutores e microcomputadores, e especialmente as tendências de fundadores inventivos serem sucedidos por MBAs.

"Os administradores sempre tentaram converter conhecimento tácito em conhecimento formal", afirma Locke (1988:20-22), desde os estudos sobre tempos e movimentos de Frederick Taylor e continuando com esforços mais sofisticados. Assim, "as escolas de negócios ensinavam a partir de um currículo-padrão (contabilidade, finanças, *marketing*, teoria da decisão, etc.) para servir à elite da administração, operando no ambiente reconhecível das empresas da *Fortune 500*". Aqui, o foco tem sido sobre um "modelo hierárquico, voltado à produção", que enfatiza volume e escala, controle e redução de custo – em outras palavras, exploração.

É interessante que as empresas que evoluíam rapidamente, nos anos 80, responsáveis por semicondutores e microcomputadores, também sucumbiram a isso, também, adotando os vários sistemas de controle – "orçamentos, sistemas de relatório financeiro baseados em contabilidade, instrumentos de controle de custo". E isso "parecia" funcionar – até que "o inesperado aconteceu". Primeiro, elas "sofreram sérias perdas por causa da concorrência japonesa", sua participação nas receitas de empresas de semicondutores em nível mundial caíram de 80% para 33% entre 1983 e 1990. "Então, o negócio de semicondutores mudou: de um negócio de *commodity* para um de semicondutores customizados, de alto valor agregado, alta tecnologia, produzidos por fabricantes especializados em *chips*." (p. 7). Como conseqüência, foi-se a possibilidade de confiar em um "pensamento analítico isolado nas dependências dos executivos" e veio a necessidade de "comportamentos experimentais" (para citar estudo de Eliasson 1998:6-8), que teve que fazer uso de habilidades tácitas e capacidades inatas dos trabalhadores.

Locke conclui, assim como Scherer, que "empresários iniciantes... em TI interativa não podiam ter obtido seu empuxo empresarial em algum programa de MBA. A consciência das possibilidades de uma tecnologia ou um produto no mercado dependia de um pleno domínio da TI adquirido no local de trabalho" (p. 9).

Locke leva essa questão além das empresas propriamente ditas, leva-a aos capitalistas de risco por detrás delas. Ele compara as pessoas avessas a risco da costa leste, que não conheciam bem as tecnologias, com aquelas do Vale do Silício, onde o conhecimento era profundo. Como um ex-executivo de Wall Street comentou, "Em Nova York, o dinheiro é geralmente administrado por tipos tais como promotores profissionais ou financeiros. Lá fora (no Vale do Silício), os capitalistas de risco tendem a ser empreendedores que criam e erguem uma empresa e depois vendem-na. Quando ocorrem problemas com qualquer um de seus investimentos, eles assumem o negócio, dão um jeitinho e caem fora." (p. 9).

Mesmo no âmbito de empresa, "essa dicotomia gerencial leste-oeste afetava as iniciantes em TI interativa":

> A alta gerência da Xerox, no leste, ignorava a pesquisa computacional em seu centro de pesquisas de Palo Alto. Os CEOs da empresa nos anos 70, um MBA de Harvard e outro de Stanford, recrutaram sua equipe de administração a partir do pessoal de finanças da Ford Motor Company e do pessoal de *marketing* da IBM. Um dos dois CEOs, Archie McCardell, instalou um processo de "planejamento de programas em fases" para avaliação de projetos trazidos da Ford, quando ele veio para a Xerox. Ele, como os membros da sua equipe, acreditava que "se você se fixasse em algo durante bastante tempo e demonstrasse empenho... poderia controlar o resultado". "O pessoal do leste era tão avesso a risco e tão interessado por números que uma mudança significativa parecia impossível. (Eles) tinham se tornado nada mais que contadores de feijões ligados a fórmulas sem coração, em que fatores como entusiasmo, fé ou *finesse* estavam ausentes" (p. 9, citando Smith e Alexander 1988:157,33)

Assim, nos dois estudos de Locke, várias de nossas conclusões sobre administração no estilo MBA vêm juntas: a propensão para explotar e assim desencorajar a exploração, com conseqüências negativas para o desenvolvimento futuro; os perigos de uma administração não envolvida no negócio; e as conseqüências do cálculo obsessivo e do excesso de confiança em fórmulas. Perceba que as conclusões de Locke abrangem ambas as economias ostensivas, velhas e novas.

## Duas Culturas, Não Duas Economias

O perigo de falar sobre uma economia velha e uma nova é que, mais uma vez, ela focaliza a atenção no presente e ignora o passado – há *sempre* uma nova economia, seja baseada em transportes, eletricidade ou eletrônica. Mais séria é a implicação de que a exploração faz parte da nova economia e, a explotação, da velha. Essa visão, sustento eu, está cada dia mais evidente que, dia após outro, ela é mais destrutiva.

Certamente, setores em desenvolvimento têm maior necessidade de exploração. Mas eles dificilmente podem passar sem explotação, nem que seja somente para ver os seus produtos terem saída. Assim, também, os setores estabelecidos que têm que confiar mais na explotação não podem deixar de lado a exploração, senão acabam desaparecendo. Como um famoso exemplo de empresa que por muito tempo manteve aquele equilíbrio errado, consulte o quadro a seguir sobre a Apple vacilante.

O problema hoje, cada vez mais, é que temos duas *culturas* – especificamente, duas abordagens bem diferentes relativas ao processo de gestão. Esse é o importante recado de Scherer e Locke, e também foi citado no artigo de Fallows (1985), que escreveu sobre "uma guerra entre duas culturas de realização (*achievement*) bem diferentes": uma *empreendedora*, "informal, fora dos canais normais, sem garantias" e a outra *profissional*, representando "segurança, dignidade e ordem" (p. 50). Fallows destacou como o *status* encaminha-se para esta última.

Exatamente na hora em que os negócios americanos são tidos como carentes de flexibilidade e de falta de hierarquia que só um ambiente empresarial pode criar, mais e mais homens de negócios parecem sentir que suas chances de sucesso pessoal serão imensas se eles tornarem-se não empreendedores, mas profissionais, com avançados graus de treinamento. (p. 50)

---

### A APPLE OSCILA
### ENTRE A EXPLORAÇÃO E A EXPLOTAÇÃO

Em meados dos anos 70, Steven Jobs, junto com Steve Wozniac, criaram a conhecida empresa de alta tecnologia – literalmente numa garagem.

Ali eles tiveram a audácia de desenvolver o seu Apple, o primeiro computador pessoal. A IBM reagiu, desenvolvendo um PC dela própria. Na opinião da maioria dos aficionados, este não era tão bom quanto o Apple se tornara, mas com sua força e atração pelos grandes negócios, a IBM logo ultrapassou a Apple nas vendas em dólar do seu PC.

Jobs representava mais o explorador. A empresa tinha um leque de produtos um tanto descoordenados, apesar de inovadores.

De acordo com um artigo da revista *Fortune*, a empresa necessitava de disciplina – controlar custos, reduzir as despesas gerais, racionalizar as linhas de produtos", fruição mais efetiva de suas inovações, bem como um *marketing* e uma distribuição mais atuantes (Morrison 1984:87). Assim, em 1983, Jobs trouxe, para presidir a empresa, um homem de *marketing* da Pepsi Cola, chamado John Sculley (Wharton MBA, 1963), cujas "inovações" naquela empresa incluíam "o lançamento de garrafas plásticas de tamanho grande" e "a criação da campanha de Desafios da Pepsi" (Dreyfus 1984:183).

Inicialmente, havia cooperação entre o "visionário afamado" e o "profissional corporativo trazido para a empresa" (Uttal 1985:20). Mas logo eles colidiram, com Jobs "receando que o homem de *marketing* de terno azul, com MBA, não entendesse (as) possibilidades tecnológicas" de seu novo produto (p. 23). Ele talvez tenha sido previamente advertido do que viria após, quando pouco depois de se conhecerem, Sculley lhe dissera: "Assim como a Califórnia do Norte era o 'centro da tecnologia' para inovação em computadores... o corredor do nordeste era o 'centro da administração' para inovação em negócios" (Sculley 1987:135). Quando Jobs tentou descartar Sculley, este por sua vez assegurou o apoio do Conselho de Administração e forçou o descarte de Jobs.

Imediatamente após, "a Apple se reorganizou às pressas, demitiu 20% de sua força de trabalho, (e) divulgou que iria registrar sua primeira perda trimestral. Alguém de dentro da empresa afirmou: "Eles arrancaram o coração da Apple e substituíram por um artificial. Teremos apenas que ver por quanto tempo ele bombeará" (Uttal 1985:20). Oito anos foi o tempo que durou.

As coisas iam bem enquanto Sculley fazia seus ajustes e tirava vantagem (explotava) de desenvolvimentos-chave que Jobs tinha deixado. A *Fortune* relatou que "no ano que Sculley foi para a Apple", (Dreyfuss 1984:180) ela "teve uma bela recuperação, mesmo considerando os altíssimos padrões do Vale do Silício" (p. 180). Como Sculley conseguiu apor seu selo na Apple em tão pouco tempo?" (p. 183) perguntou a *Fortune*. "Sinto-me confortável absorvendo um monte de informações complexas", (p. 183) declarou Sculley, que em algum lugar "declarou que não leria um memorando maior que uma folha de papel" (p. 182). Logo ele nomeou a si mesmo CTO, principal executivo de tecnologia.

Entretanto, no final dos anos 80, a imprensa estava noticiando um enfraquecimento no lado técnico da empresa. O editor de um boletim do setor afirmou que a Apple estava

*– continua*

> *– continuação*
>
> vendendo "produtos de ontem com *flash* fumaça e promessas de amanhã", enquanto que um artigo do *Los Angeles Times* (Lazzareschi 1990) referiu-se à estratégia de Sculley como "extensão da linha"; outro artigo descreveu o que fora um "sucesso empresarial grosseiramente agressivo" como "uma vítima de burocracia inchada e de tecnologia lerda" (Lazzareschi 1990). Esse artigo citou o editor de uma *newsletter* sobre PCs que afirmava que "não há liderança básica em concepção de produtos (*product design*)".
>
> Em 1990, a Apple relatou sua primeira perda desde os problemas em meados dos anos 80. Sculley demitiu-se do posto de CEO, mas manteve-se presidente. Talvez ele tivesse explicado melhor o problema se, mesmo sem querer, ele voltasse ao que dissera em 1984: "Acredito que uma empresa muda sua cultura não em razão de grandes decisões, mas assumindo aos poucos pequenos compromissos ao longo do tempo" (Morrison 1984:100).
>
> Em 1991, a *Business Week* (Buell 1991) descreveu a empresa como "um desastre em evolução constante"; vendas estagnadas e clientes descontentes, além de "uma administração de porta giratória (que) parecia esquecida de seus problemas". O recém-nomeado presidente de Sculley declarou: "A estratégia [de fim de caminho] funciona se pudermos administrar as despesas quando as margens brutas caem".
>
> Nada foi conseguido e em 1993 Sculley deixou a empresa. Depois do fracasso de seu segundo sucessor, Steve Jobs estava de volta, "charmoso e carismático" como sempre, juntamente com sua "duplicidade e arrogância", para citar dois artigos divergentes publicados em jornais (Deutschman 2000; Carlton 1998). O novo iMac apareceu logo depois que ele, Steve, voltou. Foi um grande sucesso, e a Apple rapidamente tornou-se lucrativa de novo e altamente inovadora. Estávamos de volta à exploração!

## MBAs que Avançam Rápido na Carreira em Empresas de Tecnologia Tradicionais*

Quando MBAs passam a atuar em determinados setores de atividades, quais eles preferem? Poderíamos esperar que eles se sentissem mais à vontade naqueles setores que confiam em dados numéricos (*hard data*), ou seja, setores suficientemente estabelecidos para gerar tais dados. Também esperaríamos setores que favorecessem o conhecimento de técnica gerencial e não o conhecimento do contexto da empresa, o que tende a ser verdade onde as abstrações de *marketing*, finanças e planejamento acabam predominando sobre coisas específicas como vendas, produção e P&D.

Isso aponta para a produção em massa e setores de serviços em massa que tiram vantagem das tecnologias estabelecidas mais do que exploram as novas. O exemplo mais evidente disso surgiu na pesquisa da *Fortune* 2001, citada no Capítulo 4, sobre os empregos preferidos dos MBAs: em primeiro lugar, consultoria e bancos de investimentos; depois, bens de consumo. Os MBAs parecem ser especialmente impelidos para o que o pessoal de *marketing* chama de FMCGs, *bens que mudam rapidamente* – tudo, desde clipes para papel a *potato chips*. Assim, um estudante da Northwestern falou "carinhosamente" a um entrevistador da revista *Fortune* (Branch 1997:78) sobre "o seu 'perfeito' concerto de *marketing* de verão

---

* N. de R. T.: O original é *"fast-moving MBAs for slow-moving technologies"*.

na Pepsi-Cola, em que ele, ao som da bateria, ajudou a promover as bebidas de frutas. E [para o seu estágio de pós-graduação] ele está inclinado a aceitar uma oportunidade na Clorox, que lhe ofereceu uma possibilidade de trabalho na equipe de produtos de limpeza e desodorização de acomodações para gatos". Em tais setores, mesmo que os gerentes MBA não estejam especialmente informados sobre os produtos ou sua fabricação, eles podem transferir suas técnicas de *marketing* de uma para outra – como por exemplo o fez James Kilts (Chicago MBA, 1974), da Oscar Mayer para a Kraft, a Nabisco e então para a Gillette – "um mestre em exercer controles financeiros enquanto revigora marcas" (Griffith 2003).

Os FMCGs parecem mudar todo o tempo. Mas muito dessa mudança é cosmética: "Nova e Melhorada!". Os bens podem mover-se rápido, mas as tecnologias tendem a mover-se vagarosamente, porque tendem a ser *low-tech* ou pelo menos bem estabelecidas. Como conseqüência, a explotação supera a exploração: para conseguir manter os produtos um tanto padronizados – a assim chamada marca – escoando por canais estabelecidos. Como Ross Johnson, no papel CEO da Nabisco, afirmou: "Algum gênio do passado inventou o Oreo Cookie (biscoito Oreo) e estamos simplesmente vivendo dessa herança". Nesses setores, o *marketing* é rei, apoiado pelas finanças, e o estilo gerencial favorecido lembra mais um cozinheiro de *fast-food* do que um *chef gourmet*.

Os bens de consumo que mudam rápido tendem a atrair gerentes que mudam rapidamente. Bebidas de frutas hoje, acomodações para gatos amanhã. Se possui técnica, vai longe: há sempre um emprego novo e melhor em algum outro lugar. Como explica a revista britânica *Management Today* (2000), "Os próprios MBAs são um bem de consumo de marca, altamente cotado, que se move rápido".

Mas, para começar, se as tecnologias se movem vagarosamente, tais gerentes podem desacelerá-las ainda mais, enfocando adaptações de *marketing* mais do que avanços tecnológicos – Sorvete de Biscoito Oreo. (Será que Sculley interpretava os produtos da Apple como FMCGs?) Então há limites para o modelo de gerência por explotação, mesmo em bens de consumo que se movem rápido?

É claro que gerentes MBA tiveram muitos de seus maiores sucessos nesses setores. Reuben Mark (MBA pela Harvard, 1963) da Colgate-Palmolive é um exemplo notável (mencionado em uma nota de rodapé anterior), mas ele foi CEO por duas décadas. Os gerentes MBA também tiveram seu quinhão de falhas, algumas diretamente atribuíveis a esse estilo de gerência.

Uma ênfase exagerada em qualquer função específica pode levar qualquer empresa ao desequilíbrio. Steve Jobs o fez com o desenvolvimento e John Sculley o fez com o *marketing*. Outros CEOs o fizeram com as finanças. *Marketing* e finanças não são funções de área-fim. Uma obsessão por finanças foi descrita como jogar tênis prestando atenção no placar, em vez de na bola. Uma obsessão por *marketing* pode assim ser descrita como prestar atenção na platéia, em vez de na bola. Mas concentrar-se demais na área-fim pode não ser melhor: uma obsessão por desenvolvimento, por exemplo, pode ser descrita como prestar atenção no *design* da bola, em vez de na sua trajetória. Os negócios necessitam de todas essas funções, mas visando a acertar a bola.

## MBAs como Empreendedores?

Nesse clima de treinar pessoas para administrar "profissionalmente", de onde virão as novas empresas? Dos empreendedores, obviamente. Assim, uma vez mais, como na ética e nas habilidades sociais e de comunicação, as escolas de negócios responderam lançando cursos. Elas ensinam empreendedorismo, com os casos apropriados, exercícios e palestrantes convidados. Nesta seção, trataremos inicialmente dessas atividades nas escolas, uma em particular, e depois no histórico de MBAs como empreendedores.

ESCOLA EM QUE AS DIFICULDADES SÃO MITIGADAS\*  Iniciar novos negócios não era o foco central do treinamento MBA – o foco era gerir negócios grandes, já estabelecidos, ou pelo menos servi-los como consultores e banqueiros de investimentos. Um bom exemplo pode ser encontrado no popular livro de Porter (1980) *Competitive Strategy*, que inclui uma discussão sobre consolidação de setores fragmentados – que é muitas vezes onde os empreendedores prosperam. Mas tornou-se moderno nos últimos anos, para as escolas de negócios, afirmar que estão também treinando empreendedores.

Começando em 2000, a Harvard exigiu de toda a sua turma do primeiro ano que cursasse uma disciplina chamada "The Entrepreneurial Manager" (O Gerente Empreendedor), ministrado pelo seu 'Departamento de Empreendedorismo (com 25 membros). De acordo com um artigo do *New York Times* (Leonhardt 2000a), ela também oferecia 18 cursos opcionais sobre o assunto no segundo ano, o que representava 1/4 de todas as matrículas em matérias opcionais.

Se os empreendedores vem há tempo se orgulhando de terem freqüentado uma "escola da vida" – isto é, de terem aprendido duramente na escola da vida até chegarem a criar novas empresas –, então os cursos de empreendedorismo dos MBAs podem ser vistos como uma escola em que as dificuldades são mitigadas, não necessariamente para ensinar a lidar com as duras arestas da experiência, mas para abrandá-las. O *web site* da Harvard (2003) descreve seu programa de empreendedorismo como capacitando "os estudantes a testar suas idéias de negócios em um ambiente livre de riscos". Mas como pode ser empreendedorismo, se é livre de risco?

Uma olhada mais de perto nisso revela uma interpretação curiosa de empreendedorismo. Nas palavras do Diretor de Harvard: "Nós vemos o empreendedorismo não como um tipo de personalidade ou um estágio no ciclo de vida de um negócio, mas como uma forma de administrar". O corpo docente ecoou seus sentimentos, de acordo com o jornalista do *New York Times*: "Quase como um mantra, os professores repetem palavra por palavra uma definição de empreendedorismo que eles dizem aplicar-se tanto à General Electric quanto a uma *pontocom* operada a partir de uma garagem: a busca de oportunidades além dos meios que estão atualmente disponíveis" (Leonhardt 2000a:8).

Nesse nível de generalidade, quem pode argumentar contra tal declaração? É a sua implicação na prática que pode ser contestada, de como essas oportunida-

---

\* N. de R. T.: No original: *"the school of soft knocks"*.

des são buscadas, e por quem, ao se criarem novas empresas em comparação a administrar grandes negócios. Tratar as duas juntas é repetir o grande erro que as escolas de negócios têm cometido todo o tempo: interpretar o gerenciamento como algo geral, genérico, removido do contexto. Sobre os ombros pessoais do empresário recai o enorme fardo de manter uma empresa funcionando. Equiparar isso à administração de um grande negócio em pleno funcionamento – estar lá, em comparação a chegar lá – é subestimar a tarefa do empreendedorismo. E o culto da liderança heróica se perpetua, de que o CEO é pessoalmente responsável por tudo. O CEO que cai de pára-quedas em um negócio estabelecido chega lá sem ter sido responsável por coisa alguma!

O HISTÓRICO DO EMPREENDEDORISMO   Verdadeiros empreendedores geralmente têm uma inclinação artística – eles são visionários com freqüentes introspecções. E, assim, como veremos, muitos ignoram os programas de MBA. São individualistas pretendendo romper com a multidão, enquanto os MBAs mais comumente querem estar no meio dela.

Assim, como os MBAs se saem como empreendedores? Crainer e Dearlove (1999) escrevem no seu livro sobre MBA que "se o que se espera é que as escolas de negócios produzam empreendedores que vão adiante e se multiplicam, contribuindo para o aumento do PIB – então elas não tiveram êxito. A gente se surpreende em observar que novos e bem-sucedidos empreendimentos, salvo honrosas exceções, não são criados por formados em escolas de negócio (p. 27). Esses autores citam uma pesquisa envolvendo os cem maiores empreendedores britânicos, escolhidos em função da criação de empregos e do crescimento das vendas durante cinco anos, bem como fortuna pessoal. Apenas três (dois da mesma empresa) entre eles possuíam MBA. Nos Estados Unidos, a Harvard afirma que "cerca de 1/3 dos pós-graduados que estiveram fora... por pelo menos 15 anos, possuem seus próprios negócios" (Leonhardt 2000a:8). Mas há muitas formas de possuir o próprio negócio, desde registrar-se como uma firma de consultoria gerencial até construir uma grande corporação. Alguns dados anteriores de Harvard sugerem uma significativa parcela dos primeiros (Stevenson 1983). Como a proporção de "autônomos" cresceu com o tempo (de 11% para aqueles formados em 1977 a 36% para aqueles formados em 1942), a maior parte disso tudo envolveu muitos pequenos empreendimentos de risco: quase 3/4 tinham menos de cinqüenta empregados. Na verdade, quase metade envolvia os setores de consultoria (o mais alto com 16,7% dos relatórios dos ex-alunos com atividade de autônomos), negócio imobiliário (12,2%), varejo (5,7%), bancos de investimentos (5,1%), e serviços financeiros diversos (4,8%). Stevenson, na verdade, descreve os primeiros três setores como "pelo menos tão receptivos para trabalhos como autônomos quanto a trabalhar para outros" (p. 3).

Não havia menção a alta tecnologia, mas muitas categorias remanescentes parecem utilizar baixa tecnologia (por exemplo, vendas por atacado, produtos de consumo; o último, incidentalmente, chegou a somente 2,5%, sugerindo que MBAs raramente iniciaram as empresas que dirigem).

Um estudo posterior de Bhidé (1996) sobre os ex-alunos da Harvard Business School (HBS) até 1992 reforça essas descobertas. Dentre os que estavam há dez anos fora, 18% declararam-se "fundadores ou principais acionistas", enquanto que os que estavam há vinte e cinco anos fora, o número alcançou 31%. Bhidé descreve isso como uma "migração gradual" para o "empreendedorismo", mas novamente os setores alinham-se muito com aqueles de Stevenson. O próprio Bhidé comenta que os "autônomos da HBS" são "atraídos para setores fragmentados com poucas exigências de capital... de 25 a 30% seguiram para consultorias ou outros serviços nesse ramo que exigem pouco investimento em ativos fixos" (p. 71).

Bhidé também relata sobre 100 fundadores das empresas americanas de crescimento rápido identificados pela revista *Inc*. Apesar de 81% deles possuírem curso superior, apenas 10% eram MBAs (p. 1; veja também Bhidé 2000:94). Um estudo mais recente da *Inc*., relativo a sua lista completa de 500 empresas, mostrou que a proporção de fundadores com MBA era de 15% (Greco 2001; um relatório de 2001 da *Fortune* sobre os 40 americanos com menos de 40 anos mais ricos possuía apenas um com MBA – e ele era um vice-presidente, não um fundador da empresa [Dash 2001]). Assim, apesar de certamente haver empreendedores com MBA proeminentes, eles são muito menos predominantes do que seria esperado, dado o número total de MBAs e a proporção (40%) deles ascendendo às 100 empresas da *Fortune*.

Ainda mais interessante é um relatório informando que empreendedores com grau de bacharel em negócios ultrapassam o número daqueles com MBA numa proporção de três por um (Updike 1999). Sem dúvida, nos Estados Unidos há mais gente com grau de bacharel em negócios do que com grau de mestrado (MBA) – os números do U.S. Department of Education para 2000/2001 colocam a proporção em 2.3:1. Mas não deveríamos esperar que o grau mais alto produzisse proporcionalmente mais empreendedores? A menos que os empreendedores em potencial estejam relutantes em buscar o grau avançado, ou aqueles que o fazem acabem desistindo de ser empreendedores.

## MBAs Empreendedores em Tecnologia

Fizemos nossa própria pesquisa para avaliar a presença de MBAs como fundadores de proeminentes empresas americanas de alta tecnologia. A NASDAQ classifica suas empresas sob vários rótulos, inclusive "Tecnologia" (a Bolsa de Valores de Nova York não o faz); assim, usamos esses rótulos. A partir de 14 de fevereiro de 2003, selecionamos todas aquelas empresas que possuem escritórios centrais nos Estados Unidos, com uma capitalização de mercado de mais de um bilhão de dólares, fundadas desde 1975 (tempo em que os MBAs já tinham se tornado numerosos nos Estados Unidos). Isso nos deu uma amostra das mais bem-sucedidas empresas americanas de alta tecnologia – presumivelmente aquelas que contribuem de forma mais significativa para o desenvolvimento econômico americano. Por exemplo, a lista inclui a Microsoft (fundada em 1975), a Cisco e a Dell (ambas fundadas em 1984).

No final, tínhamos 93 empresas ao todo (e não pudemos obter informações dos fundadores de quatro delas, todas próximas do menor extremo). MBAs fundaram

15 (separadas, em grupos ou entre outras). Esse número indica 16%, curiosamente quase a mesma proporção da lista geral das *Inc.* de 2001. (Os fundadores com PhD eram ligeiramente mais numerosos, 16 do total de 93.) Metade dessas empresas (oito) estava no extremo inferior, com capitalização de mercado menor do que 2 bilhões de dólares. Dentre as 12 empresas com capitalização de mercado acima de 10 bilhões, os MBAs fundaram apenas duas. Assim, os MBAs não figuram com alguma representatividade entre os fundadores de empresas de alta tecnologia.

O Empreendedorismo como Dedicação   Empreendedores tendem a ser altamente dedicados às suas empresas e aos seus setores, muitas vezes ao "seu" pessoal também; em muitos casos, obsessivamente. É preciso esse tipo de dedicação – emocional, envolvida, intensa – para fazer uma empresa chegar a uma situação de firme consolidação.

Entretanto, vimos que muitos MBAs tendem a ser inconstantes precisamente nesses aspectos: não se dedicam a nenhuma empresa ou setor em particular, ou mesmo à noção de empresa iniciante. Um relatório da *Fortune*, depois da explosão das *pontocom*, descobriu que os formados em MBA "não estavam mais dispostos a apostar em empresas iniciantes – apenas 7% disseram que o fariam, comparados com os 18% do ano anterior" (Koudsi 2001:408). Dois anos depois, o *Financial Times* (Bradshaw 2003c) relatou que "a suspensão das contratações (*hiring freeze*) imposto pelos bancos e consultorias gerenciais significa que os empreendimentos de risco estão se mostrando novamente atraentes para os diplomados com MBA". E prossegue a longa lista de modismos MBA!

Para o empresário sério, entretanto, iniciar uma empresa não é uma moda ou um jogo, mas um imperativo. Não é uma questão de cálculo, mas de compromisso: essas pessoas estão engajadas pessoal e profissionalmente. Um amigo, que é empresário na Índia, falando-me sobre um de seus profissionais de *marketing*, colocou o assunto desta forma: "Ele não tem bala na agulha!"

Talvez as pessoas com bala na agulha (*fire in their bellies*) não tenham paciência para sentar quietinhas numa escola de negócios durante dois anos de análise. Um empresário americano muito bem-sucedido assim se exprimiu: "Eu freqüentei a escola à noite para obter um MBA. Deveria ter utilizado aquele tempo para estabelecer mais negócios. Verdadeiros empresários saem da escola o mais rápido possível e iniciam a vida" (citado por Crainer e Dearlove 1999:40).

Então, podemos afirmar que o empreendedor pratica um estilo tradicional de administração: como o chefe que conhece o negócio profundamente e se envolve em tudo. Talvez continuemos a ter essas novas economias graças àquele velho estilo de administrar.

Sem dúvida, empreendedores tiram vantagem (explotam), mas não antes de terem explorado, porque têm que criar empresas para chegar aonde querem e lá permanecer. E, com certeza, eles têm que calcular enquanto atuam, mas muitas vezes o fazem mentalmente, informalmente, ou no verso daquele conhecido envelope; *planejamento* pode ser uma palavra melhor para o que fazem. De fato, muitos são atraídos para setores novos demais ou fragmentados, para gerar os números exigidos para cálculos mirabolantes. Assim, eles necessitam de coragem para agir sem os dados, e a educação MBA dificilmente encoraja isso. Como você faz análise setorial sem dados setoriais? Quem pode calcular o retorno potencial do investimento em um produto que nunca esteve no mercado?

O empreendedorismo é, portanto, amplamente um ato de fé, exigindo a imaginação do artista mais do que o cálculo do tecnocrata. Assim, os empreendedores agem bastante pela crença pessoal e isso é sua grande força, bem como sua debilitante fraqueza: eles vão onde os gerentes calculistas temem pisar; em direção a grandes sucessos, às vezes seguidos por gloriosas falhas. Aí é onde entram os MBAs.

## MBAs em Tecnologias Dinâmicas

São, sem dúvida, falhas como aquela de Steve Jobs, pela primeira vez na área, que tiram empreendedores de seus próprios negócios. Artistas também podem ser demasiadamente dedicados, demasiado exploradores, não suficientemente cuidadosos com cálculos, com a obtenção de vantagem (a explotação). Então, talvez eles tenham que ser substituídos.

Mas por quem? A resposta parece óbvia, como no caso da substituição de Jobs por Sculley: por pessoas que possam corrigir essas falhas, os bem organizados, íntimos dos números, não demasiadamente dedicados ou emotivos ou intuitivos – em outras palavras, um especialista em explotação. Mas como também vimos na história da Apple, a resposta óbvia pode ser a resposta errada.

Nossos dados da NASDAQ indicam que gerentes MBA figuram proeminentemente entre essas substituições de pessoal nas empresas de tecnologia. Enfocamos as bagagens educacionais daqueles que dirigem essas 93 empresas em 14 de fevereiro de 2003: 24 eram MBAs (26%). Eles podem não ter sido tão proeminentes quanto entre os CEOs das 100 empresas da *Fortune* (40%), mas certamente eram mais proeminentes que entre os fundadores dessas empresas de alta tecnologia em particular (16%). A questão é: tais pessoas fazem sucesso equilibrando as necessidades da empresa ou falham por oscilar o pêndulo excessivamente na direção oposta?

O equilíbrio é obviamente mais fácil de manter em setores estabelecidos, como aqueles que vendem FMCGs. Eles não necessitam toda aquela exploração – um pouco, não muito. Mas os setores são qualificados como de alta tecnologia porque as bases de seu conhecimento complexo não se assentam, continuam mudando. E, assim, eles exigem bastante exploração. (Pense numa Hewlett-Packard ao longo de décadas.) Como, então, fazem os CEOs com MBAs que sabem tudo sobre administração, em geral, mas na maior parte das vezes sabem muito pouco sobre as tecnologias em questão?

A evidência que temos percebido até agora – os estudos sistemáticos de Scherer e Locke, bem como histórias de empresas como a Apple e a Xerox – sugere que tais executivos não se saem particularmente bem. Mas também há outras histórias – por exemplo, da Gerstner (Harvard MBA, 1965), que assumiu a IBM sem bagagem técnica ou setorial; e a de Chambers, da CISCO (Indiana MBA, 1976), que estava se desenvolvendo bem, apesar de a situação ser menos clara na época em que este livro estava sendo escrito. Quanto à Fiorina, da Hewlett-Packard (Maryland MBA, 1980), ainda é cedo para falar ou mesmo especular.

É complicado avaliar o desempenho gerencial em qualquer empresa estabelecida, de alta ou baixa tecnologia. Numa empresa iniciante, o sucesso ou a derrota podem ser mais nítidos: ou essa empresa fica de pé ou vai à bancarrota. Mas uma vez estabelecida, ela ganha impulso nos seus procedimentos e no mercado. Então, como dizer se um novo CEO está tornando as coisas melhores ou apenas tirando vantagem do legado do fundador (que costuma ser prontamente explotável) quando encontramos um gerenciamento descuidado e desatento? Mesmo no setor de computadores, que se move rápido, levou quase uma década para a influência de Sculley da Apple tornar-se evidente. Mas pelo menos ele ficou por perto para as conseqüências. No mundo de hoje, do "vem fácil-vai fácil", os CEOs muitas vezes dilapidam seus bônus antes que se possa dizer qualquer coisa.

Minha conclusão é que temos razão para sermos céticos ou até mesmo avessos em relação ao crescente fenômeno de MBAs assumindo a liderança de empresas de alta tecnologia estabelecidas. Ir de batatas fritas a bebidas de frutas é uma coisa, já a *chips* de silício é bem outra, e a de reatores nucleares ou hospitais é algo ainda além. A revista *Fortune* publicou um artigo intitulado "CEOs que gerenciam demais": "Em suas 500 empresas da velha *Fortune*, eles sabiam como dirigir o *show*. Mas quando eles tomam as rédeas em empresas iniciantes na Internet, migrantes das grandes empresas descobrem que as velhas regras não mais se aplicam" (Gimein 2000:235).

As "velhas" regras atuais são pesadas em cálculos e leves em compromisso. A técnica de administração é mais importante do que a tecnologia do setor. Essas regras são pesadas sobre as pessoas, também; como aponta um artigo da *Fortune*, a mentalidade de "comando e controle" simplesmente não funciona em um mundo de "tomada de decisão distribuída" (Gimein 2000:240). Se o líder não está verdadeiramente engajado na tecnologia, será que consegue sustentar o engajamento dos especialistas?

Um CEO dedicado a um setor pode facilmente utilizar pessoas que conhecem a técnica de gerenciamento. A questão é se um CEO que conhece técnica de gerenciamento pode igualmente ser bem-sucedido em cercar-se de pessoas que conhecem tecnologia. (Lembre-se do sarcasmo de Rumelt sobre ser capaz de ensinar estratégia a especialistas em motocicletas, mas não ser capaz de ensinar sobre motocicletas a especialistas em estratégia). Em outras palavras, os exploradores podem facilmente encontrar explotadores, mas os explotadores não podem simplesmente contratar exploradores.

Parece que as pessoas que lideram empresas de alta tecnologia em grande parte têm que sentir a tecnologia – para vivê-la. O engajamento não pode ser simulado, não por um Sculley autodenominando-se "CTO" ou por uma Fiorina reformulando a famosa velha "HP Way" (Maneira HP) como "Rules of the Garage"*. Invenções não surgem a partir de imperativos para "inventar" (a última dessas regras),

---

* N. de R. T.: O termo parece se referir à criação de empresas de alta tecnologia em garagens ou fundo de quintal, depreciando práticas consagradas (o HP way, ou seja, a forma HP de agir, como sendo atrasada, regras que funcionam bem para um empreendimento nascido em garagem e, portanto, iniciante.

menos ainda quando criadas por aqueles mais distantes da garagem. Invenções são estimuladas por líderes que sentem, não líderes que supõem.

Assim, o que a Apple poderia ter feito para parar de oscilar nos anos 80 – e tantas outras empresas, desde então? Talvez ela pudesse ter encontrado um líder dedicado à empresa e ao setor, e não tanto à sua estratégia particular. Um Steve Jobs menos arrojado. Com um pouco mais de equilíbrio.

## Novos Burocratas para uma Nova Era?

É elegante ver o MBA como moderno, progressista, orientado para mudanças. É certamente verdade que a maioria dos programas MBA faz grande esforço para se manter atualizada.

Em alto contraste está a imagem da burocracia. Ela significa velho, acomodado, resistente a mudanças. MBAs são supostamente a antítese disso; sem dúvida, as escolas os jogam por aí para "inibir a burocracia".

Acredito que a realidade é exatamente o oposto: MBAs que levam a sério o que aprenderam sobre administração acabam tornando-se burocratas.

Não estou usando a palavra para causar choque. A *burocracia* tem um significado pejorativo e outro técnico; uso o termo nos dois sentidos, literalmente. No sentido pejorativo, o tempo e também eu testemunhamos gerentes MBA agindo como o chefe do Dilbert. Não todos, mas muitos. No sentido técnico, a burocracia clássica tem duas características principais: formalização e centralização (veja Mintzberg 1979, 1983). Os programas de MBA promovem ambos, e assim portanto o fazem muitos de seus egressos.

O controle do comportamento humano por meio da formalização das atividades é o princípio central orientador da burocracia clássica. É atingido com o uso de planos, sistemas e medidas de desempenho – todos enfatizados na educação MBA e, portanto, adotados por muitos administradores MBA. Controlar em meio à burocracia significa tipicamente anotar tudo no papel. Um mercado está sob controle quando aparece um número alto na rubrica "participação no mercado" num relatório; a qualidade está sob controle quando aparece um número baixo na rubrica "defeitos"; as pessoas estão sob controle quando todo mundo está conectado a um chefe em um mapa; o sistema inteiro está sob controle quando todas as ações estão previstas em um documento chamado "plano", extraído do "planejamento estratégico" elaborado "em cima" dos mais detalhados orçamentos que ficam "em baixo".

Não há nada de errado em relação a controle, ou formalização, ou mesmo burocracia em si. É difícil imaginar qualquer organização sem uma parcela deles. Quem, por exemplo, voaria numa empresa aérea que não tomasse como base procedimentos padronizados, bem como uma divisão de responsabilidades bem definida? Os problemas surgem – e a palavra *burocracia* assume seu significado pejorativo – quando uma organização exagera ao seguir essa linha. Ela se torna impessoal e inflexível, seus gerentes distantes e desconectados. Na minha opinião, a educação MBA inclina-se demais nessa direção. Assim fazem as empresas dirigidas por seus pós-graduados, que falham em passar seu treinamento na prática, que não conseguem contrabalançar seu treinamento analítico com as práticas da arte e da habilidade manual.

Quanto à centralização, não conheço programa de MBA que abertamente a promova. Isso não é moderno nem progressista. Mas há algum programa que não a estimule veladamente – deixando a impressão de que os gerentes são pessoas importantes tiradas do contexto de sua gerência, gente que senta em seus escritórios para tomar decisões cuidadosamente calculadas e enunciam estratégias imaculadamente concebidas para que todo mundo as implemente? (Lembre-se da minha posição, no Capítulo 2, em referência à metáfora de Ewing de estar no topo da pirâmide: de lá, tudo à volta parece terrivelmente pequeno, exceto a própria pirâmide, cujo interior não pode ser visto de forma alguma).

John Ralston Saul (1992) foi citado anteriormente com relação a Robert McNamara afirmando que "(um) truísmo de todos os tecnocratas é que... eles são casados com a centralização" (p. 87). Por boas razões. Gerentes que enfocam números em vez de nuanças, sistemas em vez de sutilezas, especialmente quando caem de pára-quedas em contextos que não compreendem, sentem-se inseguros e assim agarram-se a quaisquer controles disponíveis. A conseqüência é uma imensa centralização em algumas áreas, com tomadas de decisões que deveriam ter sido delegadas, e um hiperformalismo em outras, esperando que os sistemas controlem o que a tomada direta de decisão não consegue. Tais gerentes são ao mesmo tempo muito controladores e muito desconectados, como pais que não conseguem aplicar a disciplina correta e assim parecem confusamente incoerentes.

Concluindo essa discussão, acredito que o número de MBAs em cargos seniores conjuntamente com o culto da liderança heróica tornou muitas de nossas grandes corporações mais hierárquicas, mais centralizadas, mais formalizadas do que deveriam ser. Todos os esforços que se desenvolveram nos anos 60 até os 80, para envolver as pessoas mais profundamente com seu trabalho, deram passagem a um reino insensível e arbitrário de administração burocrática. E isso em uma época, especialmente em setores de alta tecnologia, em que necessitamos favorecer o trabalho em equipe, a colaboração e as redes.

REDES EM CADEIAS[2] Considere a popularidade do conceito *cadeia* em treinamento e prática gerenciais. Sem dúvida, não é a cadeia *vertical* que é elegante, aquela "cadeia de comando" gerindo uma hierarquia, mas a cadeia *horizontal*, de operações, popularizada como a "cadeia de valores", no livro de Michael Porter de 1985, *Competitive Advantage*. Contudo, seria necessário compreender que essa cadeia horizontal ostensivamente nova de fato reforça aquela velha cadeia vertical.

A idéia de descrever operações de negócios como uma cadeia horizontal vem da mais clássica esfera de fabricação em massa, a *linha* de montagem do automóvel. Aqui, todas as tarefas são dispostas numa seqüência linear, desde os componentes entrando até os automóveis saindo. Desde que Porter teceu generalizações sobre a cadeia de valores de funções seqüenciais – da logística de entrada às operações,

---

[2] A discussão subseqüente é sobre um artigo meu e de Ludo Van der Heyden (1999). [N. de R. T.: O termo em inglês é *webs in chains*.]

depois à logística de saída, depois a *marketing* e vendas, e finalmente a serviços – toda sorte de outras operações tem igualmente sido interpretada como cadeias.

Visite um aeroporto ou um hospital, um laboratório de pesquisas ou uma equipe de projetos e procure tais cadeias. Sem dúvida, você encontrará subprocessos que tomam essa forma linear. Mas a atividade geral dificilmente se parece com isso. Chamamos os aeroportos de *centros*, conforme mostra a Figura 5.1*b*, por uma boa razão: eles são organizados menos como seqüências de atividades do que como pontos focais, indo e vindo, onde pessoas, coisas e informações fluem. Assim, também os hospitais podem ser vistos como centros, não apenas universais os quais as pessoas procuram, mas também para cada paciente que está internado, para quem os serviços fluem.

Laboratórios de pesquisa e equipes de projeto, entretanto, parecem menos centros e mais cadeias, porque tendem a não ter mais centros óbvios do que seqüências lineares dominantes. Eles são mais bem interpretados como redes, como mostra a Figura 5.1c – redes de relações colaboradoras que frouxamente interagem fluindo de todas as formas. Demonstrá-las como cadeias, mesmo centros, viola sua complexidade.

Mas, onde colocar a administração nessas diferentes percepções de organizações? Na cadeia, isso é fácil: no topo, afastada. Como mostra a Figura 5.1*a*, acima de cada elo está um gerente e acima de cada gerente está outro gerente. Um gerente para cada um e um gerente para todos! Melhor dizendo, naturalmente colocado acima da cadeia horizontal de operações está a cadeia vertical de comando.

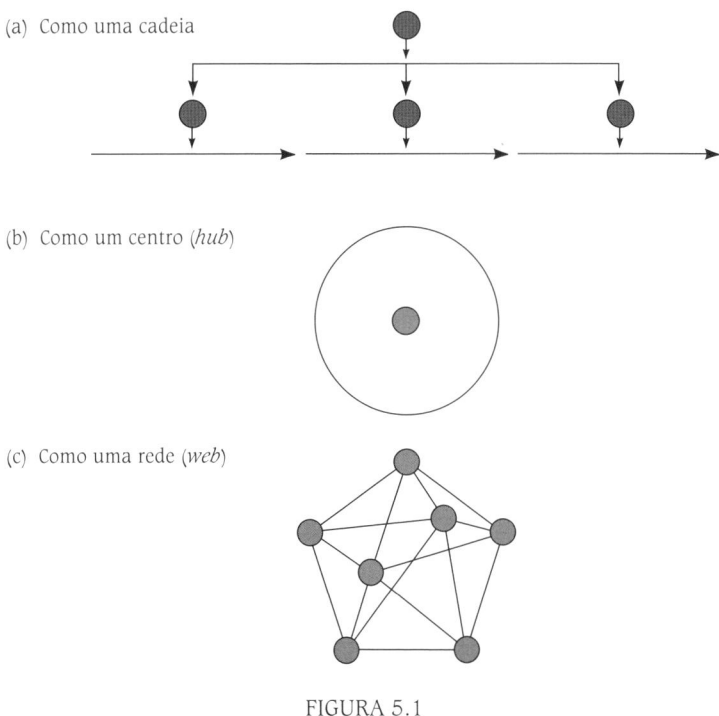

FIGURA 5.1
Retratando a organização.

Não causa espanto que as cadeias de Porter sejam tão populares nos programas de MBA: o gerente está no topo. Naturalmente, isso é como a gerência tem sido *vista* por um século, no topo. Mas isso foi um século significativamente dedicado à produção em massa. (Joseph Lampel [em Lampel e Mintzberg 1996] tabulou todos os setores usados como exemplos no livro de Porter [1980] *Competitive Strategy*. Ele descobriu que 176 dos 196 setores levantados foram dominados pela "lógica da agregação", o que significa produção em massa ou a provisão em massa de serviços.)

Em um mundo de crescente proeminência de centros e redes, contudo, teremos de olhar o gerenciamento de forma diferente. Olhe os números e você verá por quê. Colocar um gerente no topo do centro ou da rede é tolice: apenas desvia-o do que está acontecendo. Portanto, onde colocar o gerente?

No centro (*hub*), isso é fácil: o gerente está no centro. Na Figura 5.1, é uma mudança trivial, facilmente executável com um lápis. Mas, no mundo das organizações, essa mudança é profunda: ela coloca a administração num lugar diferente. Vendo-se no centro em vez de no topo, muda toda a percepção do mundo gerencial. Como Sally Helgesen (1990) afirmou em seu livro *The Female Advantage: Woman's Ways of Leadership*, as gerentes mulheres "usualmente referiam-se a si próprias como estando no centro dos acontecimentos. Não no topo, mas no centro; não se comunicando de cima para baixo, mas de dentro para fora" (p. 45-46). Assim, por exemplo, para chegar à estratégia em um centro (*hub*), os gerentes têm alcançar os que estão fora, até os outros; eles não podem simplesmente julgá-los fora de alcance.

Agora, onde colocar o gerenciamento com relação à rede (*web*)? Observe atentamente a Figura 5.1c, depois faça a si mesmo essa pergunta.

Quando eu a faço, as pessoas hesitam. No topo? Obviamente não no topo – qualquer gerente no topo de uma rede estaria "fora dela". No centro? Não há centro numa rede; criar um a "centralizaria" e assim minaria seu livre fluxo de informações.

Então, a resposta é óbvia: na rede, o gerenciamento tem que *estar em toda parte*. Tem que fluir com a atividade, a qual não pode ser *predita ou formalizada*. Mas há uma resposta adicional, menos óbvia mas talvez mais profunda: a administração também tem que ser potencialmente *todo mundo*. Numa rede, a autoridade para tomar decisões e criar iniciativas estratégicas tem que ser distribuída, para que a responsabilidade possa fluir para quem tiver maior capacidade de lidar com a questão. Se isso soa forte demais, pense então na administração da World Wide Web.

Colocado de forma diferente, na rede, o controle precisa dar passagem à colaboração. "Chefes" e "subordinados" correndo de alto a baixo em uma hierarquia têm que permitir ao movimento de vai-e-vem entre "colegas" de dentro e "parceiros" de fora. É claro que as redes necessitam de gerentes formalmente designados. Mais para conectar e contribuir do que para comandar e controlar. Isso significa que os gerentes têm que se adentrar àquelas redes. Não cair de pára-quedas nelas, sem conhecimento, e ainda com a intenção de liderar a equipe. Não, eles devem estar profundamente envolvidos para *conquistar* qualquer liderança que possam oferecer.

"As *pontocom* são destituídas de estrutura", declarou Paul Bracken, um professor de negócios. A afirmativa não é verdadeira, mas é indicativa do problema. As redes *(web)* não estão assim tão sem estrutura, estão estruturadas segundo uma lógica diferente. (Observe a Figura 5.1*c*.) Elas parecem sem estrutura apenas para pessoas com uma visão convencional de estrutura. (Um peixe que foi fisgado pode igualmente descrever sua situação como "sem água".) Portanto, exercer uma administração eficaz numa rede é apreciar sua própria estrutura especial. Sem dúvida, as escolas de negócios podem ensinar isso. Mas será que isso seria apreciado pelos estudantes que querem chegar ao topo?

As implicações disso são profundas. Pois aqui encontramos a principal razão pela qual a educação MBA, bem como o cálculo e os estilos heróicos de gerência a ela associados, é tão antitética para os setores importantes que dependem de trabalhadores do conhecimento, equipes de trabalho, redes e tudo mais. Que sentido faz se aventurarem em redes aqueles chefes treinados em administração, mas ignorantes quanto ao seu contexto, todos prontos para tomar decisões e formular estratégias? Isso é tão tolo quanto comum e, o mais triste de tudo, em organizações de alta tecnologia. *Aqui* é onde a burocracia necessita ser banida! E isso significa banir a educação gerencial convencional, que continua a seguir um caminho, enquanto grande parte da economia segue outro. Se as escolas de negócios realmente acreditam em mudanças, então elas deveriam estar mudando as pessoas e a forma como educam para a gestão.

# 6

# CONSEQÜÊNCIAS INDESEJADAS IV:
## Deterioração das Instituições Sociais

*A perfeição dos meios e a confusão de objetivos,
em minha opinião, caracterizam a nossa era.*
— Albert Einstein

Tenho desenvolvido um ponto central segundo uma seqüência de argumentos: esse curso aparentemente inocente que diz preparar pessoas para a prática de gerenciamento na realidade não o faz e na verdade tem um efeito corruptor onde exerce influência. Isso começa no processo educacional, passa para a prática gerencial e alcança as organizações. Veremos a seguir onde isso termina e onde esses efeitos podem ser mais destrutivos: na sociedade como um todo.

Aqui, a discussão passa das conseqüências econômicas para as sociais, que, acredito, influenciam significativamente a economia. Certamente o desenvolvimento econômico facilita o progresso social. Mas depende também do progresso social: as sociedades mais capazes de oferecer trabalho a seus cidadãos tenderam a gerar maior riqueza econômica. Como uma sociedade seleciona e desenvolve seus líderes, e como estes exercem sua liderança, são fatores decisivos para o engajamento de todos os cidadãos. A forma como temos realizado isso nos últimos anos contribuiu para desengajar da atividade produtiva os nossos cidadãos. Os custos sociais são óbvios; podemos inclusive estar experimentando um declínio no desenvolvimento econômico sem até mesmo nos darmos conta disso.

## A ILEGITIMIDADE DA LIDERANÇA CONTEMPORÂNEA

Teríamos deixado de considerar seriamente a espécie de liderança de que necessitamos em nossas mais importantes instituições sociais, inclusive no campo dos negócios? Será que damos a devida importância ao papel do julgamento, do comprometimento, da humildade, da generosidade – e da legitimidade? Levamos em consideração que efeito a forma prevalecente de treinar gerentes e, conseqüentemente, a maneira de selecioná-los, tem sobre tudo isso?

Liderança não significa tomar decisões mais lúcidas e fazer transações maiores, ainda menos para obter ganho pessoal. Liderar significa incentivar outras pessoas a tomar boas decisões e fazer coisas melhores. Em outras palavras, significa ajudar a liberar a energia positiva que existe naturalmente nas pessoas. A liderança eficaz mais inspira do que dá poder; mais agrega do que controla; mais demonstra do que decide. Ela faz tudo isso *engajando* – a si própria, acima de tudo, e conseqüentemente, os outros.

Para isso, a liderança tem que ser legítima, tem que ser não apenas aceita, mas também respeitada por aqueles a ela sujeitos. Acima do desejo de gerenciar deve estar o direito de gerenciar. Foi Abraham Lincoln quem afirmou: "Nenhum homem é bom o bastante para governar outro homem sem o consentimento deste". Lincoln referia-se ao governo, naturalmente, mas hoje cada vez mais as pessoas governam umas às outras nas organizações. Partindo-se da premissa de que a democracia deve ter um significado real, ela deve se estender às organizações em que a maioria de nós atua diariamente. Eu sustento que a liderança promovida por nossas escolas de negócios viola esse espírito por estimular uma elite à parte, privilegiada – aquela cultura de profissionalismo discutida anteriormente – geralmente imposta às pessoas sem a sua anuência.

Não estou argumentando pela eleição de gerentes (apesar de que seria interessante ver quantos de nossos gerentes de hoje ganhariam tais eleições).[1] Em vez disso, estou defendendo a oportunidade de os liderados escolherem os seus líderes – por exemplo, através de representação no processo de seleção –, para assegurar que as pessoas escolhidas tenham conquistado seu respeito. Essa espécie de contribuição pode trazer uma perspectiva extremamente importante para o processo de seleção, em especial para pessoas que trabalharam junto com os candidatos. Em face do histórico pálido de tantos processos de seleção de gerentes, muitas vezes envolvendo gente estranha à organização, com uma compreensão apenas superficial da unidade organizacional em questão, e mesmo dos próprios candidatos, uma contribuição daqueles "de dentro" pode resultar em melhorias substanciais na qualidade da gerência.

---

[1] Com relação às minhas opiniões anteriores sobre isso, consulte em Mintzberg (1983) a seção intitulada "Quem Deve Controlar a Corporação?", especialmente o Capítulo 27. Devo acrescentar que uma força no mundo corporativo, nada menos que a empresa de consultoria McKinsey & Company, elege seu diretor-gerente para um período de três anos por meio de voto secreto de seus parceiros seniores (denominados "diretores").

Um levantamento de opiniões antes do colapso da Enron e outras corporações revelou que apenas 47% dos empregados das companhias americanas viam seus líderes como pessoas de alta integridade pessoal (*The Gazzete*, October 9, 2000). Um estudo mais recente da Rutgers University of Connecticut apurou que "58% dos trabalhadores interpreta que a maioria dos executivos está preocupada apenas com ela própria, mesmo que isso prejudique a empresa, enquanto que 33% entendem que os altos executivos estão de fato interessados em fazer um bom trabalho para suas empresas" (*in* Greenhouse 2002). Será possível realmente tolerar essa situação?

UMA NOVA ARISTOCRACIA? A "Classe Executiva" é apenas um espaço no avião? Ou tornou-se uma classe dentro e por si própria da sociedade, o que a revista *Time* descreveu como "uma casta gerencial profissional que se considera treinada – e, portanto, destinada – a assumir o comando da vida corporativa da nação" (May 4, 1981:58)?

Próximo ao final de seu livro sobre a história da Wharton School, Sass (1982) fazia o seguinte comentário:

> O sucesso do MBA da Wharton caracterizou-se, talvez, como auge, o esforço da escola, de todo o século para alavancar uma classe de líderes para a sociedade industrial. Mais veemente e harmoniosamente do que no passado, o programa amalgamou os três tipos clássicos de liderança vistos no ocidente – o profissional, o aristocrata, e o executivo de negócios – em uma nova *persona* social. (p. 336)

É irônico que uma América tão orgulhosa de ter se livrado da cangalha da aristocracia britânica encontre-se com uma aristocracia própria, emergindo dois séculos depois. A Grã-Bretanha decaiu parcialmente pelo fato de trabalhadores terem se rebelado contra privilégios de classe e a liderança de tudo dissociada de uma aristocracia baseada na posse da terra. Estarão os Estados Unidos agora seguindo tal exemplo à sua própria maneira? (Veja Kelly 2001).

No *The Case Against Credencialism*, Fallows (1985) escreve: "Ao longo dos anos, certas culturas têm recompensado o comportamento que eventualmente provou ser danoso para a sociedade como um todo – o desejo da classe alta britânica de livrar-se do estigma do comércio é o exemplo mais famoso". Ele pergunta se "um processo perverso similar [não estaria] aqui presente" na América, mesmo que a causa não seja a libertação do estigma do comércio, mas a explotação desta (p. 52).

Pode a sociedade agüentar possuir duas camadas, uma delas baseada em credenciais acadêmicas e a outra em experiência relevante? Não deveria ser variada a rota para a liderança c, rcalmcntc idiossincrática, avaliando-se candidatos (candidatas) por suas próprias qualidades, além de suas credenciais e afiliações, deixando de lado uma capacidade superficial para impressionar os de fora? No quadro a seguir, reproduzo uma carta endereçada a mim por uma gerente, em resposta a algo que escrevi. Mantive na íntegra a maior parte dessa correspondência porque descreve nitidamente esse sério problema.

## TODOS ELES QUEREM ME "GERENCIAR"

*Carta de um liderado*

Caro Professor Mintzberg:
Fiquei intrigado com os seus comentários na edição de novembro/dezembro de 1992 da *Harvard Business Review* a respeito dos programas MBA.

Definitivamente, existe um sistema de duas camadas baseado no grau de escolaridade... [Num sistema assim, no qual] o grau de escolaridade é mais valorizado do que a experiência e é, portanto, recompensado com maiores salários e responsabilidade, a resposta racional do universitário recém-formado é buscar o grau avançado, antes de obter a experiência necessária.

Muitas empresas, mesmo aquelas que dizem valorizar a experiência, ainda perpetuam o problema... [tornando] impossível para um não-MBA ou um empregado da segunda camada conquistar responsabilidade gerencial apenas pelo seu desempenho, mesmo que a política da empresa preveja promoções internas...

Infelizmente, sei do que estou falando. Tomei a abordagem da "obtenção de experiência" (sou uma gerente de vendas) para ganhar minhas divisas de gerente, principalmente porque eu não tinha condições de retornar à escola de pós-graduação. No último ano aceitei um cargo em uma... empresa que me permitiria desenvolver uma unidade de negócios autônoma... minha experiência se enquadrava perfeitamente nos pré-requisitos para o cargo – tendo acumulado sete anos de experiência em vendas no [setor], dois anos de experiência prévia diretamente relacionada à [área específica]. Meu mandato era para desenvolver uma nova iniciativa, trabalhando com [certas empresas-clientes] para fabricar produtos personalizados.

No ano passado eu mais que dobrei as vendas, desenvolvi e implementei um plano de *marketing*, construí do nada um banco de dados inteiro, iniciei um programa de mala-direta, iniciei um programa de relações públicas e atuei em cada posição, desde diretora de criação a editora de aquisições, editora de peças publicitárias, gerente de vendas e arquivista. Como previra, recebi classificação "excepcional" na minha avaliação de desempenho de 12 meses. No entanto, esta é simplesmente uma empresa do tipo que o senhor tão precisamente descreveu na *Harvard Business Review*, uma empresa de duas camadas.

Ninguém me disse que não vou progredir mais com meu atual empregador, porém promoções de não-MBAs a posições que levem à gerência-geral simplesmente nunca ocorreram nesta empresa. As regras mais importantes em qualquer empresa não constam no manual do empregado.

Nada de responsabilidades gerenciais adicionais para mim. O título, o reconhecimento e o salário que obtive pelo meu desempenho estão sendo estudados pelos meus empregadores, pois eles também empregam um grande número de MBAs oriundos das melhores escolas (Stanford, Harvard, etc.), um deles inclusive formado pela Oxford University.

Minha intenção não é mostrar que minha capacidade passou sem reconhecimento. Meus colegas formados em escolas de negócios informaram-me recentemente que sou um valioso membro da equipe e, essencialmente, sugeriram que, quando eles terminarem de fatiar o bolo que constitui o território do meu politicamente assediado supervisor imediato, "nós lhe diremos onde exatamente sua unidade de negócios se encaixa". Nove meses atrás nenhum deles sequer me convidava para almoçar, agora não me faltam convites daqueles que querem me "gerenciar". Talvez eu deva me alegrar por eles não terem alterado os pré-requisitos do meu cargo, passando a exigir um diploma de pós-graduação, e por não terem feito uma reorganização me excluindo.

Quanto ao fator experiência, por favor note que... dentre nosso alegre estoque de MBAs, não há ninguém com qualquer espécie de [experiência específica nesse setor] (em-

*– continua*

> *– continuação*
>
> bora um deles tenha vendido fichários de três argolas a alguns *junior colleges* durante um ano, antes de ingressar na escola de pós-graduação)...
>
> Não era minha intenção, na segunda metade desta carta colocar-me como vítima. Não me considero vítima e tenho algo que um inexperiente recém-formado MBA não tem – uma fé verdadeira e absoluta na minha capacidade de executar um trabalho produtivo, mesmo quando as chances estão contra mim, porque já consegui isso no mundo real. Aprendi outra lição valiosa a partir desta experiência, uma postura sadia de cinismo – um fator significativo para salientar meu valor para o mercado; isso, sem mencionar a maturidade pessoal.
>
> Entretanto, sou apenas uma pessoa, e realista sobre todos esses fatos – não posso lutar contra o sistema por mais tempo. Se o sistema recompensa o talento educacional, qualquer que seja o estado do treinamento do MBA tradicional, não posso mais continuar me mantendo sem um diploma de pós-graduação. No próximo outono meu empregador perderá uma funcionária talentosa, motivada e experiente... e perderá para um programa de pós-graduação de tempo integral.
>
> Espero que o senhor aconselhe a todos os que tenham grau universitário a fazer o curso de pós-graduação. E se o sistema sofrer em conseqüência disso, não culpe o treinamento MBA, mas os empregadores que não reconhecem e recompensam suficientemente um talento que se criou na própria empresa – é deles a culpa.
>
> Atenciosamente,
> [texto publicado com permissão; nome omitido a pedido]

## UMA SOCIEDADE FORA DE EQUILÍBRIO

Nos últimos anos, temos visto uma exaltação do interesse próprio, talvez inigualada desde os anos 20. A ambição foi valorizada como uma espécie de exigência; as corporações são forçadas a ignorar responsabilidades sociais mais abrangentes em prol do, limitado, valor ao acionista; CEOs são referidos como se eles sozinhos construíssem o desempenho econômico. Uma sociedade sem qualquer egoísmo pode ser difícil de imaginar, mas uma sociedade que glorifica o egoísmo pode ser interpretada apenas como cínica e corrupta.[2]

Na verdade, nossas sociedades têm estado cada vez mais em estados de desequilíbrio, em favor do econômico e contra o social, ou seja, em prol de mercados a expensas de outras instituições sociais.[3] Necessitamos de ambos, mas estamos ficando cada vez mais dominados por um deles. A educação MBA tem um papel significativo nisso.

**A DEGRADAÇÃO DOS VALORES HUMANOS** Talvez em nenhum lugar esse problema seja mais evidente do que em um artigo amplamente divulgado, de autoria de um proeminente professor de finanças. Nele, Michael Jensen, da Harvard, e William Meckling, então na Rochester (1994), introduzem cinco modelos de "A Natureza

---

[2] Esta e algumas seções que se seguem têm como fonte Mintzberg, Simons e Basu (2002).

[3] Estou preparando um folhetim eletrônico intitulado *Getting Past Smith and Marx: Toward a Balanced Society*, no qual eu atribuo o problema a uma falsa crença de que o capitalismo "triunfou" na queda do comunismo. Meu argumento é que deixando de reconhecer que foi o equilíbrio que triunfou, no governo, nos negócios e no setor social, comparado aos países comunistas totalmente inclinados para o poder do governo, nos leva ao desequilíbrio no sentido contrário.

do Homem". Eles rapidamente rejeitam três modelos que descrevem o comportamento humano a partir das perspectivas da sociologia, da psicologia e da política. Um quarto modelo, baseado em economia, não é tão rejeitado, e reaparece mais desenvolvido no quinto modelo, ao qual deram o retorcido nome de "Modelo Imaginativo, Avaliativo e Maximizador", ou REMM ("Resourceful, Evaluative, Maximizing Model").

Sob o REMM, de acordo com os autores, todo mundo "é um avaliador". As pessoas têm toda espécie de necessidades, e "fazem *trade-offs* e substituições entre elas" – especificamente entre os "montantes" de cada uma. Os autores, porém, não discutem que os montantes relativos a algumas necessidades, tais como dinheiro e carros luxuosos, podem ser avaliados e medidos mais facilmente do que outros tipos de necessidades, tais como confiança e integridade.) E essas "necessidades são ilimitadas... o REMM não pode ser saciado. O indivíduo sempre quer mais"; assim, "cada indivíduo é um maximizador".

Uma forte consequência disso é que o REMM não tem medidas absolutas. Especificamente, "não há tal coisa como uma necessidade", de acordo com Jensen e Meckling. Tudo é um "toma lá – dá cá" (exceto, é claro, a necessidade de mais). Eles ilustram com um exemplo algo estarrecedor:

> George Bernard Shaw, o famoso dramaturgo e pensador social, declarou, certa vez, que em uma viagem de navio ele conheceu no convés uma célebre atriz; perguntou então a ela se estaria disposta a dormir com ele por um milhão de dólares. A atriz foi simpática. Shaw partiu para uma contraproposta: "que tal dez dólares?". "O que você pensa que eu sou?", perguntou indignada a moça. Ele respondeu: "isso já ficou claro – agora estamos apenas discutindo o preço".

Estarrecedora não é a história – que já é bem conhecida –, mas o fato de que em vez de qualificá-la de alguma forma, Jensen e Meckling prosseguem com esta declaração: "Gostando ou não, as pessoas estão dispostas a sacrificar um pouco de quase tudo a que possamos dar um nome, até a reputação ou a moral, por uma porção suficientemente grande de outras coisas desejadas". Em outras palavras, pressionados até o limite, todo mundo vira uma prostituta à disposição. Todo mundo, tudo, todo valor tem seu preço. Não estamos protegendo nada. "Os REMMs estão em toda parte", proclamam os autores. Quão verdadeiro. Quão triste.

O artigo de Jensen e Meckling é usado em muitos programas de MBA – foi uma leitura exigida no que durante anos foi o mais popular curso da Harvard, atraindo a grande maioria dos estudantes. Essa, então, é a mensagem não explícita que um sem número de estudantes MBA tiraram de seus estudos, juntamente, é claro, com quaisquer materiais corretivos que fossem supridos naquele curso de ética. E o resultado é o que vimos anteriormente em relatórios: que os valores dos estudantes de MBA tornam-se mais numéricos no decorrer de seus estudos, mesmo em comparação aos executivos, longe de responsabilidade social e voltados para "o valor ao acionista" – em outras palavras, voltados "mais" para os proprietários, e que se danem todos os outros.

IMORALIDADE ANALÍTICA  O autor de um desses relatórios atribui os resultados a uma falta de experiência: "Os estudantes gostam que as coisas sejam definidas, não bagunçadas e complicadas. Eles querem enfocar a linha de base e não deixar a vida real interferir no caminho". Ele espera que isso mude quando "esses estudantes começarem a ganhar experiência" (*in* Kelly, p. 13).

Robert McNamara ganhou uma grande experiência depois de seu MBA, mas ainda vimos que ele sempre queria que as coisas fossem bem definidas, não confusas e complicadas. Sua experiência é particularmente instrutiva, pois McNamara considerava-se um homem bom, um homem ético e, em alguns aspectos, ele provavelmente o era. Mas as conseqüências das suas responsabilidades mais importantes eram decididamente nada éticas.

Há algo fundamentalmente errado com a espécie de educação que McNamara recebeu? Ele escreveu, em sua autobiografia no "The Tragedy and Lessons of Vietnam", que

> Os momentos decisivos da minha educação... estavam nos meus currículos de filosofia e matemática. Os cursos de ética forçaram-me a começar a modelar meus valores; estudar lógica expôs-me ao rigor e à precisão de pensamento. Meus professores de matemática ensinaram-me a interpretar essa ciência como um processo de pensamento – uma linguagem na qual muito se expressa, mas certamente não tudo, da atividade humana. (1995:6)

McNamara referia-se à sua educação no nível de graduação, mas as implicações para a sua educação pós-graduada e a prática que se seguiu são evidentes. Pode o pensar em termos precisos, lógicos, matemáticos sobre "muito" do comportamento humano ficar no caminho dos valores éticos, apesar daqueles cursos de ética?

A história, cuidadosamente documentada, do conflito do Vietnam, escrita por David Halberstam (1972), torna claro que a história de McNamara não era uma falha comum de análise, nem tampouco algo a ser explicado como "implementação". Algo estava fundamentalmente errado com a formulação, e com a própria análise. Aqui, "os melhores e os mais brilhantes", para usar o título do livro de Halberstam – não políticos nem burocratas do governo, mas o mais puro talento analítico americano, extraído de seus centros de *intelligentsia* liberal – aplicaram as mais recentes técnicas de análise, e o resultado foi uma guerra desgraçadamente concebida e fundamentalmente imoral.

O que deu errado? Pode ter sido a incapacidade de análise para interpretar os dados não-numéricos (*soft*) – a expressão no semblante de um campesino contrastando com uma contagem de cadáveres, ou a determinação do inimigo em contraposição com o número de bombas necessárias para desfolhar uma selva? Pode a imoralidade avançar lentamente a ponto de ver e chegar até a análise, que o número de cadáveres ou os acres de selva desfolhada são mensuráveis mas não se consegue medir o valor de uma vida humana? O que acontece àqueles REMMs que podem mensurar recursos materiais e bens de capital, mas não as características da confiança ou da integridade?

Sem dúvida, McNamara e sua equipe estavam apenas tentando ser objetivos, como Jensen e Meckling. Mas já foi dito que ser objetivo é tratar as pessoas como objetos. É também tratar as pessoas tanto como objetos sem considerar a imaginação, porque a imaginação é subjetiva. Seria a "precisão de pensamento" de McNamara, usando "a matemática como uma linguagem na qual expressar muito...

da atividade humana", como o grande problema? É por isso que ele não era um visionário?

Os fatos tornam-se impregnados de valor quando consistentemente se alinham atrás de um conjunto de objetivos em detrimento de outro. No Vietnam, eles apoiaram os objetivos militaristas. Os humanitários, carecendo de dados maciços, perderam-se. Vemos o mesmo em negócios, quando uma obsessão por redução de custos ou participação de mercado apóia estreitas considerações de curto prazo, desprezando as numericamente menos imediatas, porém mais duradouras, como qualidade do produto e investimento em pesquisa.

Robert Ackerman (1975) estudou os sistemas de controle intrínsecos ao funcionamento de grandes corporações, especialmente diversificadas – sistemas de linha de base baseados em objetivos financeiros, quantificáveis. Ele descobriu que elas desestimularam a consideração de objetivos sociais simplesmente porque esses não podiam ser mensurados. Ackerman concluiu que

> o sistema de relatório financeiro pode realmente inibir a responsabilidade social. Enfocando o desempenho econômico, mesmo com salvaguardas apropriados para proteger contra o sacrifício de benefícios de longo prazo, tal sistema direciona energia e recursos para atingir resultados medidos em termos financeiros. É o único jogo da cidade, por assim dizer; pelo menos, o único com um placar oficial. (p. 56)

Mais significativamente, Ackerman descobriu que esse é o caso mesmo quando o CEO sinceramente acreditava nos objetivos sociais e desejava promovê-los. O mesmo sistema de controle que ele usava subtraía a atenção para esses objetivos. "Ouça, chefe, o senhor quer que eu trate as pessoas bem ou atinja os objetivos?". Ackerman publicou seu livro em 1975, antes do advento do valor ao acionista. Pense na situação agora!

Uma resposta para o problema que Ackerman levantou é o "*balanced scorecard*" (Kaplan e Norton 1996). Descubra medidas para todas as coisas de seu interesse. O problema é que o jogo permanece igual – os elementos econômicos são muito mais fáceis de se medir do que os sociais, os retornos de curto prazo muito mais fáceis de se calcular do que os benefícios de investimentos de longo prazo.

IMORALIDADE ECONÔMICA   Há outra resposta a esse problema, a qual tem tido mais influência porque justifica o comportamento de servir a si próprio. É a resposta há muito promovida por economistas como Milton Friedman (1962, 1970) que o mundo dos negócios simplesmente não tem negócios que atendam a objetivos sociais. Estes cabem ao governo. Deve-se deixar que cada um permaneça na sua própria esfera de responsabilidade.

Quão conveniente seria um mundo tão preto-e-branco quanto essa porção da teoria econômica. Não existe. No mundo real de tomada de decisões, o econômico e o social ficam totalmente emaranhados. Apresentem-me um economista que argumente que as decisões sociais não têm conseqüências econômicas. Qualquer economista sabe que todas as decisões sociais custam recursos. Bem, então, como pode um economista argumentar que decisões econômicas não têm conseqüências sociais? Todas elas têm impacto social. Assim, os executivos que levam essa separação a sério criam destruição com as conseqüências sociais de suas ações. Eles o fazem quando desejam ganhos econômicos e convenientemente esgueiram-se das conseqüências sociais, como o que os economistas chamam de "externalidades", significando que as corporações criam os custos enquanto que a sociedade paga as contas.

Colocado de forma diferente, sempre há discrição na tomada de decisão executiva, para frustrar as necessidades sociais ou levá-las em consideração. Negócios podem não existir para servir às necessidades locais, mas não podem existir se essas são ignoradas. O novelista russo Aleksandr Solzhenitsyn (1978) levantou essa questão com lucidez quando escreveu, na época em que vivia na América, o seguinte:

> Passei toda a minha vida sob um regime comunista, e digo-lhe que uma sociedade sem qualquer escala legal objetiva é terrível, sem dúvida. Mas uma sociedade sem outra escala, exceto a legal, tampouco é digna do homem. Uma sociedade baseada na letra da lei, que nunca atinge nada mais elevado, está tirando vantagem muito escassa do alto nível das possibilidades humanas. A letra da lei é por demais fria e formal para ter um efeito benéfico para a sociedade. Sempre que o pano da vida é tecido de relações de legalidade, há uma atmosfera de mediocridade moral, paralisando os impulsos mais nobres do homem.

Essa é a atmosfera na qual vivemos hoje.

CORRUPÇÃO LEGAL  As visões de Friedman, junto com as de Jensen e Meckling, agora representadas pelo valor ao acionista, manifestaram-se mais evidentemente no colapso de empresas como a Enron. Seus gerentes enfocaram o econômico, jogaram com os números, maximizaram o ganho pessoal de forma turbulenta, e todos nós descobrimos o quão tênue é a linha abaixo da letra da lei.

A Enron estava lotada de MBAs. "Durante os anos 90, a Enron trazia 250 novos recém-formados MBAs por ano", aponta Malcom Gladwell (2002) em um artigo no *New Yorker*, intitulado "The Talent Myth". Ali, ele desmonta o "sistema estrela", que chama de "a nova ortodoxia da administração americana" – contratando gente superinteligente, dando-lhes bônus e tudo mais, "adulando-os", oferecendo-lhes liberdade de ação e promovendo-os "sem considerar *senioridade* ou experiência". Isso conduziu precisamente ao problema discutido anteriormente sobre a seleção de gestores. Essas estrelas moveram-se tão rápido que "as avaliações de desempenho [não eram] baseadas em desempenho". As pessoas progrediam baseadas em seu charme, energia e autoconfiança. Como resultado, a Enron acabou contratando líderes narcisistas, mesmo "os narcisistas sendo terríveis gestores" que "resistem a aceitar sugestões" e tendem a "ter mais crédito pelo sucesso do que seria legítimo" (citando Hogan et al. 1990:29, 30,31).

"E se as pessoas astutas são superestimadas?", pergunta Gladwell. E se a Enron falhou, não apesar de seu grupo talentoso, mas por causa dele? "O mito do talento presume que as pessoas tornam as organizações astutas. Na maioria das vezes é exatamente o contrário". Por exemplo, "o Wal-Mart é uma organização, não uma equipe de estrelas" (29, 32, 33).

É importante entender que a questão, aqui, não é a criminalidade. A criminalidade é a ponta do *iceberg*, bem fácil de se argumentar em cortes de justiça, uma vez exposta. O verdadeiro problema é a corrupção legal – o comportamento anti-social abaixo da superfície da consciência pública, mas acima da letra da lei. Isso é muito mais insidioso, não apenas porque é mais difícil de se identificar e corrigir, mas também porque estamos agora saturados disso.

Essa noção de externalidade transporta esses problemas para a sociedade. Quando corporações são mantidas responsáveis por apenas aqueles comportamentos anti-sociais que podem ser numericamente atribuídos a elas, todos nós pagamos pelo resto. Quando trabalhadores demitidos ficam doentes e suas famílias desmoronam, eles e a sociedade pagam as contas. Quando a poluição é liberada na atmosfera, todos nós sofremos as conseqüências. E quando empresas farmacêuticas cobram o que o mercado vai admitir – o "mercado" sendo as pessoas doentes, muitas vezes pobres, sem outra opção a não ser morrer –, então ocorre uma distorção nas sociedades em ambos os extremos da transação. Quando tudo isso acontece, a análise por trás de tais escolhas não pode mais ser chamada de amoral: ela leva mesmo os tomadores de decisão bem-intencionados a fazer escolhas decididamente imorais.

Singer e Wooton (1976) estudaram a administração aparentemente iluminada de Albert Speer, da máquina de guerra nazista, e concluíram: "Não é que os gerentes sejam em si mesmos autoritários; mas... pode ser que o processo de gerenciamento seja autoritário" (p. 100). Esse é um ponto criticamente importante, pelo menos em relação aos atualmente prevalecentes estilos de gerenciamento. Alguns anos atrás, Albert Shapero (1977) comparou o GERENCIAMENTO com o puro gerenciamento antigo, aquele representando "uma perspectiva de Análise no País da Maravilhas, em que abstrações são realidade, e aqui pessoas e coisas são cifras ou dificuldades para se lidar" (p. 107). Talvez o GERENCIAMENTO é que seja autoritário, e nós desesperadamente necessitamos de mais gerenciamento.

O gerente "profissional" declara ser a "braço armado", trazido para ostensivamente aplicar técnicas neutras ao que quer que necessite de gerência. Muitas vezes, infelizmente, a metáfora se aplica quase literalmente. Como no caso de Speer, a técnica não é neutra quando seu uso leva organizações a uma forma de moralidade ávida e estreita. O cálculo não é amoral quando muitas das coisas que importam mais para nós não podem ser mensuradas. Essas nos levam a uma moralidade econômica, precisamente como descrito por Jensen e Meckling, o que por fim se torna uma imoralidade social. Resta-nos então uma sociedade desequilibrada, na qual pessoas inocentes são atropeladas por gerentes profissionais correndo pela pista de alta velocidade na direção de seus objetivos.

UMA SOCIEDADE MESQUINHA  O fato de *"lean and mean"* ("sem gordura e mesquinho") ter se tornado um dito popular tão na moda em negócios deveria estar nos dizendo algo.

*Pelancudo* é sinônimo de *magro*. Estaríamos nós, portanto, criando economias com bulimia, tão "produtivas" que eventualmente despencarão sob o peso de seus gerentes exaustos, empregados irritados e tecnologias ultrapassadas? E estaríamos construindo uma sociedade mesquinha? Se assim for, com que finalidade? Como alguns de nós podem ser economicamente ricos, enquanto que todos nós somos socialmente miseráveis? Numa sociedade democrática, não existimos para nossas instituições sociais e econômicas; elas existem para nós.

Em 4 de fevereiro de 2002, a *Fortune* publicou sua lista de "As 100 Melhores Empresas para Trabalhar" – aquelas que "tentaram fazer algo certo pelos seus funcionários", amplamente baseada numa pesquisa junto aos empregados (Leverind e Moskowitz 2002). O leitor tinha que ir ao número 15 antes que um nome familiar aparecesse (Cisco Systems). Metade das 14 empresas apresentava vendas abaixo de US$ 650 milhões (a maioria abaixo de US$ 250 milhões). A maior delas alcançava US$ 3,8 bilhões (CDW), o que a colocava no ponto número 430 da *Fortune 500*. Nenhuma dessas empresas estava listada na Bolsa de Valores de Nova York, apenas três delas apareciam na AMEX. O recado é bem claro.

A Mesa Redonda de Negócios (*Business Roundtable*) um grupo de CEOs pertencentes às maiores corporações da América, até então socialmente responsável, concluiu numa "Declaração de Governança Corporativa", publicada em 1997, que "a obrigação primordial da gerência e dos conselhos (*boards*) é para com os acionistas da corporação: os interesses de outros interessados (*stakeholders*) são relevantes como um derivativo da obrigação para com os acionistas" (p. 3). O cliente pode ser "rei" e os empregados podem ser "o maior patrimônio" da corporação, mas, no final das contas, nada mais importa exceto o "valor" ao acionista (significando o preço das ações).

Um relatório anterior elaborado por esse grupo, publicado em 1981, intitulado "Declaração de Responsabilidade Corporativa", era bem diferente: "O acionista deve receber um bom retorno, mas os interesses legítimos de outros integrantes da organização também devem receber a atenção apropriada" (p. 9)[4]. Esse relatório continuou a discutir sobre "equilibrar as reclamações legítimas desses constituintes". No entanto, o relatório de 1997 descartou "a noção de que o Conselho deve, de alguma forma, equilibrar esses interesses", pelo fato de que "fundamentalmente isso distorceria seu papel". Ele referia-se a isso como "uma noção não factível, porque deixaria o Conselho sem critério para solucionar conflitos" entre os diferentes interesses (p. 3-4). Mas, e a obrigação de fazer juízo?

De alguma forma, entre 1981 e 1997, os CEOs das maiores corporações da América perderam seu senso de julgamento. Em relação a isso há inúmeras histórias sobre a mudança de "liderança" nas corporações americanas, acompanhadas por escândalos da remuneração dos executivos.[5] Abaixo o social e viva o econômico, julgaram os CEOs. Fora a responsabilidade e viva a cobiça, é o que queriam dizer. Os CEOs que assinaram aquele documento da Mesa Redonda de Negócios eram seguidores, não líderes.

---

[4] Possuímos uma cópia de ambas as declarações, que inicialmente publicamos em Simons, Mintzberg e Basu (2002). A declaração de 1981 foi subseqüentemente removida do *web site* (*www.brtable.org*), e a solicitação de uma cópia por telefone obteve como resposta "não disponível".

[5] No decorrer dos anos 90, a remuneração dos CEOs aumentou em torno de 570%, enquanto os lucros corporativos cresceram 114% e a média remuneratória da classe trabalhadora cresceu apenas 37% (Anderson et al. 2001). Em 1999, quando o retorno do acionista, em medianas, caiu 3,9%, a remuneração direta do CEO subiu outros 10,8%.

O valor ao acionista é um dogma anti-social que não tem lugar numa sociedade democrática. Ponto final. Ele alimenta uma sociedade que visa a tirar vantagem – de pessoas, bem como de instituições. É mau para os negócios porque mina seu respeito e credibilidade. Olhe para as Enrons, as Andersons e todas as que se seguiram.

Sem dúvida, o valor ao acionista não é rotulado como egoísmo. Ao contrário, é tido como uma "crescente maré" que ergue todos os barcos. Nessa conveniente distorção de dogmas, o egoísmo torna-se altruísta.

Os fatos, convenientemente ignorados por aqueles cuja obsessão é o cálculo, contam uma história diferente. Em 1989, os Estados Unidos possuíam 66 bilionários e 31,5 milhões de pessoas vivendo abaixo da linha oficial de pobreza. Uma década depois, o número de bilionários aumentou para 268, e o número de pessoas abaixo da linha de pobreza cresceu para 34,5 milhões (Collins et al. 1992:2). Em 1996, 26% de todos os trabalhadores estavam em empregos que pagavam salários baixos, uma proporção maior do que no passado (Misher et al. 2001:353). No total, de 1979 a 1997, o 1% do topo viu sua receita após os impostos crescer em US$ 414.000, mas o fundo perdeu US$ 100 (editorial do *Washington Post*, June 6, 2001). Kelly (2001: xiv) apresenta números que mostram que 10% das donas de casa americanas detinham 90% da riqueza no final dos anos 90, e o 1% mais rico dobrou sua participação de 20% para 40% nas últimas duas décadas. A maré está subindo! Mais como uma mudança das águas.

As escolas de negócios não causaram propriamente a maior parte disso, mas contribuíram muito para suas causas, de muitas formas já citadas neste livro. Mas isso as torna parte do problema, não da solução. É isso aceitável para instituições criadas para promover liderança social? Onde está a legitimidade delas?

## UM MBA PARA TODOS OS SETORES?

Nossa discussão concentrou-se, até agora, nas conseqüências sociais nas instituições com fins lucrativos. Mas essas conseqüências alcançam outras esferas – como governo e setor social (sem fins lucrativos, organizações não-governamentais, etc.). Como as organizações que integram esses setores costumam atender basicamente objetivos sociais, o efeito corruptor pode ser bem mais danoso para a sociedade. E aqui as escolas de negócios são as mais diretamente culpadas.

De todas as distorções que emanam das escolas de negócios, nenhuma é mais flagrante do que a afirmação de que esse diploma de administração de *negócios* prepara pessoas para gerenciar qualquer tipo de organização. Às citações anteriores mencionadas a esse respeito pode ser adicionada a declaração de dois estudantes reproduzindo as afirmações de sua escola: "As habilidades e perspectiva ganhas na HBS podem... ser transferidas do mundo dos negócios para as organizações da administração do governo, quase-governamentais e sem fins lucrativos" (Kelly e Kelly 1986:30). Bem, nem todas. Há uma esfera fora dos negócios que conseguiu selecionar e desenvolver gerentes do modo tradicional. Talvez porque sua gente saiba demais. Sua experiência, descrita no quadro a seguir, é instrutiva.

> ### Faça o que Fazemos, Não o que Dizemos
>
> Se você deseja saber como os gerentes devem ser desenvolvidos e selecionados, sugiro que procure especialistas na matéria. Não para ouvir o que eles dizem, mas para ver o que eles fazem. Afinal, as escolas de negócios têm sido extremamente bem-sucedidas. Talvez elas tenham um segredo sobre como gerenciar, desconhecido até para elas mesmas.
>
> Eu proferi palestra sobre essa questão alguns anos atrás, em um encontro de dirigentes de escolas de negócios européias, em torno de 90 diretores e outros dirigentes ao todo, mais ou menos como segue:
>
> "Os senhores gostarão de saber que estamos introduzindo um MUA (Masters of University Administration) na McGill University. Tomaremos nossos estudantes com dois anos de experiência – não necessariamente em trabalho universitário; qualquer experiência servirá. Vamos prepará-los com o currículo MBA mais ou menos padrão, com especial atenção, é claro, à gestão de universidades. (Estamos organizando alguns casos a respeito.)
>
> "No curso de *management science*, por exemplo, pretendemos ensinar um algoritmo para preencher as vagas no corpo docente, para nos livrarmos da política (*politics*) que atinge esse campo de decisão para sempre. As técnicas de portfólio em finanças informarão os estudantes sobre como maximizar o valor fiduciário, porque os valores são muito importantes nas universidades. Particularmente, sou um entusiasta do nosso curso de estratégia. Vamos aplicar a estrutura de análise competitiva de Porter à educação superior, tão logo tenhamos apurado quem são os clientes e quem são os fornecedores.
>
> "Os cursos de comportamento organizacional, economia e estatística não precisarão de quaisquer mudanças (para não mencionar o de ética). Por exemplo, sabemos quem são nossos recursos humanos, mesmo que eles se autodenominem professores. Sabemos também quais são os dados que precisamos coletar: as médias dos nossos estudantes e publicações de nossos recursos humanos nos periódicos com corpo de *referees*. Nossos aspirantes a gestores serão ensinados a sentar em seus escritórios e ler tais coisas.
>
> "Nossos pós-graduados ascenderão numa pista de alta velocidade (*fast track*) ao topo da administração das universidades. Esperamos que eles se tornem diretores após cinco anos – de escolas de medicina, departamentos de teologia, faculdades de filosofia, pouco importa. O que interessa é que eles cheguem lá por volta dos 30 anos de idade, senão, como se tornarão presidentes de universidades aos 40?
>
> "Entretanto, nosso alvo é em especial as escolas de negócios. Todas as direções de escolas estão maduras para usar tais egressos, mas nenhuma mais do que as escolas de vocês. Isso porque a maioria de vocês que aqui sentam desperdiça sua juventude sendo professores, ensinando e pesquisando, em vez de seguirem direto para a administração da universidade. De onde vocês tiraram essa idéia estranha eu não posso imaginar. Certamente não da sua própria sala de aula. Ser um professor na esperança de tornar-se diretor é quase tão ingênuo quanto trabalhar com clientes na esperança de dirigir a empresa.
>
> "Neste ponto, vocês podem ter a impressão de que minha história é apócrifa. Nem tanto. Apenas a respeito da aplicação. Porque agimos assim com todo mundo, mesmo sem permitir que qualquer um faça isso conosco".

Eu havia comentado, no Capítulo 2, que o MBA prepara gente para nada gerenciar. Mas pelo menos o curso oferece conhecimento sobre negócios (*marketing*, finanças, contabilidade, etc.) e pode também aumentar o entusiasmo por esses negócios, pelo menos grandes negócios estabelecidos. Mas como isso transporta para o setor do governo e social constitui um lampejo de fé que as escolas de negócios ainda têm que explicar. Em vez disso, elas convenientemente presumem que magicamente se metamorfosearam em escolas de administração. Elas não ensinam muito sobre administração, mas de alguma forma seus graduados podem gerenciar alguma coisa. Aprendendo a comercializar bens de consumo de rápida movimentação, a conduzir análises competitivas de setores, a usar algoritmos para levantar capital em mercados financeiros e assim por diante, de alguma forma preparam gente jovem para gerenciar embaixadas, igrejas e hospitais. Seriam descartadas como ridículas, não fossem as organizações de setores do governo e sociais terem levado isso a sério (para não mencionar aqueles programas MPA e MHA [nos setores de administração pública e hospitalar, respectivamente] que copiaram o MBA).

Assim, temos gerentes com MBA correndo de hospital a hospital procurando "clientes" aos quais servir, fazendo fusões como loucos e desenvolvendo declarações de missão. (Qualquer um que necessite de uma declaração de missão para compreender um hospital deveria procurar trabalho em outro lugar.) Tal comportamento é particularmente devastador no setor social, que não deve se fiar, como os negócios e o governo, em hierarquia, mas no compromisso das pessoas envolvidas. Em cooperativas, por exemplo, aqueles mais envolvidos – os trabalhadores – podem ser os donos; nas assim chamadas organizações voluntárias, algumas pessoas podem estar contribuindo com seu tempo. Assim, um sistema de duas camadas promovido pela educação MBA, que separa os gerentes dos demais, é particularmente tranqüilizante para boa parte de seu setor.[6]

OS VELHOS VALORES CORPORATIVOS DA "NOVA ADMINISTRAÇÃO PÚBLICA"    Para o governo, este comentário do chefe britânico da Home Civil Service é típico: "Os departamentos terão bom retorno de seu investimento" se mandarem seu pessoal cursar um MBA. A noção do "amador talentoso" estava no fim, declarou ele (Wood 2001). Assim, também, presumivelmente, estava aquela do servidor civil. Quando o governo é dirigido por pessoas com essa mentalidade, todos agüentamos a pendência de "provas" numéricas (presumivelmente por mais contagens de cadáveres) dos problemas da política pública (tais como a poluição ambiental).

Graças a essa espécie de lógica, grande parte do setor público perdeu seu rumo, andando a esmo como um desmemoriado que finge ser uma empresa. Quando um oficial do *staff* da Casa Branca de Bush foi questionado em setembro de 2002 sobre

---

[6] Mirabella e Wish (2000) publicaram "A Comparison of Graduate Education Programs for Nonprofit Managers". Eles encontraram um total de 83 programas nos Estados Unidos, em escolas de negócios, na administração pública e na atividade social. Os programas das escolas de negócios tendiam a ser os menos adaptados ao setor social e a maioria mais no formato de programas convencionais de MBA, embora com alguns acréscimos. (Por exemplo, apenas 7% dos programas de MBA para organizações sem fins lucrativos possuíam cursos de "Filantropia e o Terceiro Setor", comparados a o dobro desse o número nos programas de MBA para organizações sem fins lucrativos e programas MNO [*Masters of Nonprofit Organizations in Social Work*]. E eles tinham muito mais disciplinas obrigatórias de MBA convencionais, como *Marketing* e "Ciências da Decisão".) Como os autores citam argumentos para uma convergência do setor social com os negócios – por exemplo, "a crescente orientação comercial do setor sem fins lucrativos" –, eles encontram diferenças significativas – nos ambientes legal, econômico e social; funções levadas a efeito pelas organizações; estruturas de governança; influência da comunidade; uso de voluntários; fontes diversificadas da fundação; critérios de desempenho; e a importância da colaboração em relação à competição. Como resultado, "Os currículos de gerenciamento sem fins lucrativos acabam perdidos numa escola de negócios", que possui uma "tendência conceitual implícita para negócios na maioria [de seus] cursos de gerenciamento" (p. 221). Além disso, uma enquete com professores, ex-alunos, funcionários e fundadores associados a cada programa revelou que dentre aqueles de MBA sem fins lucrativos, 43% "destacaram… a necessidade de fins não-lucrativos aproximarem-se mais de negócios", e dentre aqueles de outros programas, houve ênfase para o levantamento de fundos, o gerenciamento voluntário, o trabalho com os conselhos-diretores, e assim por diante (p. 226).

um início tardio de uma ofensiva de propaganda de ação contra o Iraque, ele respondeu: "Do ponto de vista do *marketing*, não se lança novos produtos em agosto". A guerra tornou-se um novo produto. Quando essa administração nomeou seu Ministro do Exército, este prometeu apresentar "práticas de negócios saudáveis". Ele veio da Enron.

Mais influente nos últimos anos tem sido a "Nova Administração Pública", um rótulo para velhos valores corporativos. Supõe-se que governos devam tratar o povo como clientes, para manter seus gerentes responsáveis pelo desempenho devidamente medido, para tomar decisões baseadas em custos calculados e benefícios. É tudo tão simples, parte da prevalecente – e destrutiva – correção gerencial. O governo não é negócio; tratando-o como tal, ele se desqualifica.

Manter seus gerentes responsáveis pressupõe que algumas das agências do governo se escapem da bagunça que é a política na democracia. Na verdade, dar poder ostensivamente a funcionários que não foram eleitos para que tomem decisões públicas, muitas vezes tem o efeito oposto, tornando a política mais bagunçada. Quanto a tratar-nos como clientes, eu espero muito mais do meu governo do que isso, obrigado. Sou um cidadão, não um mero cliente. (Veja Mintzberg 1996.)

E quanto à mensuração do setor público: será que não aprendemos nada com a contagem de cadáveres no Vietnam, feita por McNamara? O problema não foi o de usar medidas equivocadas; foi o pressuposto de que a medida poderia substituir o julgamento, que a análise genérica poderia substituir o conhecimento situacional. Muitas atividades caem fora do domínio dos negócios precisamente porque seus benefícios não se estendem às mensurações – por exemplo, o que uma criança aprende numa sala de aula, o que constitui cura em psiquiatria, a eficiência do exército. Sem dúvida podemos gerar toda espécie de mensuração para essas coisas (exemplo, testes de QI para aprendizagem). E elas certamente distorcem as coisas quando permitimos que nos dominem (como o fizeram os testes de QI para medir aprendizagem séria e, especialmente, para criatividade). Por sua própria natureza, os objetivos do governo são vagos e conflitantes, os fatores políticos são complicados, os benefícios (se não os custos) são difíceis de mensurar. Assim, que sentido faz tratar o governo como um negócio – e deixá-lo ser infiltrado pela educação em negócios (*business education*)?

"Eu adoraria estar envolvido em reinventar o governo e reestruturar as agências federais", proclamou um MBA da Wharton em um de seus escritos (1998/1999). Nós também! Mas sem dúvida, por que não: com todos os danos já causados por esse tipo de pensamento, ele provavelmente não tornaria as coisas muito piores. Talvez o problema com o governo dos Estados Unidos é que ele se tornou *por demais* parecido com um negócio.

Em um artigo sobre instituições correcionais, Gendreau (1998) rotula essa disseminação da "síndrome do gerenciamento MBA" como "basicamente fraudulenta". Os gerentes nada sabem sobre as instituições que dirigem, escreve ele, no entanto correm para consertá-las, "agarrando-se a qualquer panacéia que apareça" (p. 73). O quadro a seguir reapresenta partes de outra correspondência que recebi de um servidor público civil, canadense, em 1999.

> ## O ESTILO DE GERÊNCIA NEM TÃO UNIVERSAL
>
> Caro Professor Mintzberg:
> ... Sou um veterano (ou sobrevivente) de 25 anos de emprego no governo federal e muito do que o senhor afirmou hoje [numa entrevista de rádio na CBC] atingiu uma corda ressonante.
> Por anos eu deplorei a "negocificação" do governo. Muitas vezes tivemos consultores, sem qualquer compreensão da realidade do governo, tentando nos convencer. No setor privado, se você faz um trabalho melhor, você obtém mais negócios, mais receitas e, assim, recursos. No governo você enfrenta crescente demanda e, se tiver sorte, os mesmos recursos (e remuneração – não há comissões). Sempre que eu chamo atenção para isso, o consultor fica sem respiração como um peixe fora d'água.
> Estamos em meio, novamente, a um processo de implantação da mensuração de desempenho; assim, gostei dos seus comentários sobre a mensuração de eficiência. Anteriormente, eu estava numa unidade de investigação de crimes corporativos. Tínhamos recursos para investigar apenas 5% das reclamações válidas, portanto, tínhamos que justificar nossa existência em termos do efeito dissuasivo geral daqueles processos que levávamos ao Tribunal... Isso, sem dúvida, não era quantificável. O resultado era uma espécie de ficção de remendos juntos da qual tentávamos mensurar a eficiência ou efetividade em termos de *inputs*, apenas!
> Se eu tiver que assistir a outra sessão de lavagem cerebral... para determinar quem são nossos "clientes", vou adoecer. Sempre acaba sendo o subconjunto do público que atendemos diretamente, a sociedade como um todo, e O MINISTRO. Não necessariamente nessa ordem de prioridade.
> Estou convencido de que o "superávit" do governo é um termo impróprio. Ele só é um excedente se você continuar a fazer o trabalho que o público racional espera que você faça, com eficiência aumentada. Levando-se ao extremo, poderíamos demitir todo o serviço público civil (exceto os coletores de impostos), continuar a tributar e ter um excedente enorme. Isso é o que o governo tem feito, sujeito apenas aos limites de tolerância do público...
> De qualquer forma, obrigado pelas suas idéias.
> [texto publicado com permissão; nome omitido a pedido]

Em suma, além das críticas anteriores, o MBA carrega uma grande bagagem tácita de que não há salvação fora da gestão dos negócios (*no business outside business*). Os graduados em MBA que acreditam que podem gerenciar qualquer coisa são, simplesmente, uma ameaça para a sociedade.

Martin Sorrell (MBA da Harvard, 1968), um bem conhecido chefe de uma empresa de gerenciamento de projetos, de Londres, comentou (*in* Stern 2002) sobre a educação que teve em Harvard: "Estávamos numa estufa, com três estudos de casos por dia sobre o que o presidente e o CEO devem fazer e por quê. Acabamos acreditando que poderíamos fazer qualquer coisa e dirigir o mundo". Num sentido, um de seus colegas graduados na Harvard está fazendo exatamente isso, a partir de uma casa branca em Washington, D.C. Não se esqueça disso.

## O MBA E O REMOVEDOR DE INSETOS

Eu estava em meu gabinete na escola de Negócios do Insead, perto de Paris, há alguns anos, quando em duas ocasiões, num espaço de duas semanas, bateram à minha porta. A primeira vez foi um estudante de MBA buscando completar seus estudos. Ele desejava saber sobre a Bombardier, a empresa canadense de aviões. Já tinha ouvido boas coisas sobre ela e estava considerando a possibilidade de candidatar-se a um emprego lá. O jovem queria saber se a Bombardier era tão boa como diziam e se eu acreditava que ela manteria seu sucesso por mais 10 ou 15 anos? (Outro MBA correndo risco!)

"Como poderei saber?", retruquei. Certamente eles estão indo bem agora. Mas quem sabe o que acontecerá depois que o sujeito que a criou se aposentar ou se ocorrer algum problema com um de seus aviões? (Mais tarde, o fundador se aposentou e a empresa teve efetivamente problemas.) Além disso, perguntei ao rapaz: "Por que eles deveriam contratar você? Você tem alguma experiência na área de aeronaves, equipamento de transporte, veículos esportivos? Seria só porque você tem um MBA?"

Tenho certeza de que ele encontrou um bom emprego, se não na Bombardier, em alguma outra empresa que ficou feliz em aproveitar sua experiência, qualquer que fosse ela.

Duas semanas mais tarde, bateram à minha porta pela segunda vez; foi bem diferente. Tratava-se de um homem encarregado de manutenção, enviado para remover os insetos presos nas minhas lâmpadas fluorescentes. Era um sujeito de boa conversa e bem informado sobre os assuntos que discutia. Ele havia lido todas as espécies de documentos da OECD (sigla de *Organization for Economic Co-operation and Development*, Organização para Cooperação e Desenvolvimento Econômico), revelou-me, e estava preocupado com muitas tendências que observara.

"Quando eu comecei a trabalhar, atuávamos em equipe. Havia um chefe, é claro, mas ele era o mais informado; sua função era treinar o pessoal mais jovem. Agora, tudo isso mudou", choramingava ele, "títulos e *status* tomaram conta". Os chefes muitas vezes não sabem o que está acontecendo. A velha espécie de liderança, que respeitava os trabalhadores e conhecia sua atividade, era melhor. O removedor de insetos estava preocupado com o fato de que a sociedade estava se encaminhando para um estado perigoso.

Ao sair, ele agradeceu-me, dizendo que se sentia muito melhor por ter falado sobre tudo aquilo. Retribui-lhe o agradecimento, respondendo que "Também estou preocupado", apesar de duvidar que ele tenha entendido o quanto!

Aqui temos duas visões diferentes de liderança na sociedade. Qual delas você escolheria? Há uma escolha a ser feita.

# 7

# Novos MBAs?

*Mude o ambiente; não tente mudar o homem.*
— R. Buckminster Fuller

Certamente há pessoas, em escolas de negócios, conscientes de muitas daquelas conseqüências que discutimos nos últimos quatro capítulos. E elas promoveram mudanças nos programas de MBA nos últimos anos para poder lidar com tais dificuldades. Mas essas mudanças fizeram grande diferença? É sobre isso que trataremos a partir de agora.

O automóvel que você dirige apresentou muitas melhorias ao longo dos anos, provavelmente centenas apenas no último ano. Entretanto ainda é fundamentalmente um Modelo T, o veículo construído, em 1908, pela Ford Motor Company. Ele faz mais ou menos as mesmas coisas, mais ou menos da mesma maneira, carregando pessoas sobre pneus de borracha impelidos por um motor de quatro tempos de combustão interna (ou um motor diesel, que é ainda mais antigo). Compare isso com o desenvolvimento dos computadores nas últimas duas décadas.

Produtos e serviços que entram em um mercado e se estabilizam são chamados de *concepções dominantes (dominant designs)* (cf. Abernathy e Utterback 1978). E há poucos projetos mais dominantes do que o MBA de educação em negócios. Desde os anos 60 – e, de certa forma, bem antes – tem sido feita a mesma coisa, em grande parte da mesma maneira e com as mesmas conseqüências. Uma composição de cursos razoavelmente padronizada, baseada em uma filosofia estabelecida, pode ser encontrada de escola em escola e de país em país. (Um artigo no *Guardian* intitulou o MBA "a primeira qualificação universalmente reconhecida do mundo" [Williams 2002].)

Andei observando alguns livros-texto usados em um proeminente programa de MBA europeu há alguns anos. Encontrei a quarta edição do livro de finanças, a sexta edição de contabilidade financeira, a sétima edição de *marketing* e a nona edição de contabilidade gerencial.

Parte dessa padronização foi conduzida por agências de acreditação (credenciamento), tais como a *Association to Advance Collegiate Schools of Business*, ou AACSB, (a ponto de Jerry Wind [1999:24], da Wharton School, ter descrito a educação em negócios como "um setor regulado"). Uma universidade publicou um folhetim de divulgação produzido com material altamente sofisticado para anunciar o credenciamento de seu AACSB, "confirmando que seu corpo docente está entre os líderes mundiais em educação em negócios". "Entre os *seguidores* mundiais", seria uma descrição mais precisa.

Certamente há diferenças entre as escolas, tais como as que existem entre a teoria trabalhada em Stanford e os casos em Harvard. Mas também há diferenças entre *hatchbacks* e *sedans*, que têm pouco a ver com o resto do veículo. Há também os programas eventuais que fogem ao corriqueiro, assim como há automóveis impelidos a bateria. Eles não são os mais comuns.

Este capítulo faz um levantamento dos desenvolvimentos recentes em educação em negócios e educação gerencial, e o próximo levanta as atividades de desenvolvimento gerencial nas empresas. Juntos, eles buscam avanços reais que possam ser combinados para melhorar nossa capacidade de desenvolver gerentes.

Começaremos este capítulo com os avanços da última década, ou por aí, mais enfaticamente exaltados pelas escolas de negócios bem como por uma imprensa de negócios ávida por novidades, concluindo que fundamentalmente nada foi mudado nos cursos de MBA. No início dos anos 90, o diretor da escola de negócios da Carnegie Mellon convidou um de seus mais proeminentes graduados, Paul Allaire, o CEO da Xerox, para falar. "O diretor adjunto fez uma apresentação do currículo", relembrou o reitor. "Allaire disse que o que apresentamos foi o mesmo que ele tinha estudado em 1966" (*in* Crainer e Dearlove 1999:95). Acredito que os pós-graduados de hoje teriam a mesma conclusão.

A segunda parte deste capítulo faz alusão a alguma inovação real, a maior parte dela na Europa e especialmente na Inglaterra, mas dificilmente reconhecida em outro lugar. Isso nos oferece uma ponte entre a Parte I e a Parte II deste livro, que vai de uma crítica negativa do que existe a propostas positivas para o que poderia existir. Ao considerarmos alguns dos programas verdadeiramente novos da Inglaterra, entraremos na área de desenvolvimento de gerentes.

## A Concepção Dominante

Abra qualquer folheto de MBA, de Boston a Bucareste,[1] e você provavelmente encontrará um conjunto de cursos de primeiro ano com determinações tais como economia, métodos quantitativos, *marketing*, finanças, comportamento organiza-

---

[1] Costea (2000) lista Bangladesh, Bulgária, Croácia, Etiópia, Fiji, Islândia, Macau e Nepal, entre os países que oferecem o MBA.

cional, operações, contabilidade e negócios internacionais, seguido de uma oferta de matérias eletivas, quase todas relacionadas sob os mesmos tipos de rótulos, talvez com um curso de estratégia exigido como uma espécie de "curso de fecho (*capstone*)".[2] Assim, em sua crítica, cuidadosamente fundamentada mas, em última análise, basicamente conservadora do treinamento de MBA, Porter e McKibbin (1998) questionam a extensão da diversidade "*real* em vez de aparente" e notam "uma penosa tendência de as escolas evitarem o risco de serem diferentes. Uma 'mentalidade de cortador de biscoitos' não parece ser um termo forte demais para descrever a situação que encontramos em várias escolas" (p. 314/15).

Em 1996, a Oxford University abriu um programa de MBA. Que oportunidade para desbravar novos territórios: todo aquele prestígio e força intelectual por trás de um curso que se tornou tão padronizado. De acordo com o folheto de 1998/1999, a Oxford ofereceu um programa de um ano, em tempo integral para pessoas que tinham em média 27 anos de idade. "Um escore GMAT normalmente acima de 620" é exigido, e "um mínimo de dois anos de experiência de trabalho é pedido". (Um terço da classe tinha entre 21 e 25 anos de idade.) O folheto referia-se ao programa como "avançado e inovador" – em verdade descreviam-no como "o mais empolgante desenvolvimento em educação gerencial dos anos 90". Os dados constantes no folheto, contudo, sugerem exatamente o oposto (como também sugerem que seus autores desconhecem os verdadeiros desenvolvimentos que estavam ocorrendo na Inglaterra). Cursos "integrados", como "Managing Financial Resources" e "Managing Services and Products" soam mais como finanças mais contabilidade e *marketing* mais operações; havia outros cursos de gerenciamento estratégico e economia, bem como eletivas e um *business project*. Toda essa novidade ostensiva (juntamente com 16 menções do nome da Oxford na primeira página desse material) fez o programa crescer para mais de cem alunos em 2001 (*The Economist* 2001).[3]

## E, DE *EXECUTIVO?*

O assim chamado MBA Executivo (jamais conheci um executivo num programa de MBA Executivo) teve início na Universidade de Chicago em 1943, para alunos em tempo parcial com empregos de tempo integral.[4] Depois, a idéia espalhou-se extensivamente, em especial nos Estados Unidos (para 190 programas credenciados em 1999 [Reingold 1999:88]). Aqui novamente estava uma oportunidade real: salas

---

[2] Interessante, numa listagem de disciplinas obrigatórias (*core courses*) da U. Chicago e de Harvard em 1957-1958 (*in* Pierson 1959:245), sete desses nove apareceram na U.Chicago (com nomes idênticos ou similares) e seis na Harvard. A disciplina de *International Business* não aparece em nenhuma delas, mas a estratégia, denominada "Política" (*Policy*) aparecia em Harvard, que não incluía métodos quantitativos ou economia.

[3] Esse folheto buscou distinguir a escola da tradição americana, mas arrolava Dan Quayle e O.J. Simpson entre os palestrantes convidados da Oxford Union Society!

[4] Estabelecidos há mais tempo estão os programas de tempo integral denominado Sloan Fellows Programs voltados a gerentes experientes. Eles foram criados, pelo MIT, em 1931, por iniciativa de Alfred P. Sloan, presidente da General Motors. Dois outros se seguiram, na Stanford e na London Business School, que permanecem, sendo que aqueles do MIT e da Stanford para gerentes custeados por suas empresas.

de aula repletas de pessoas certas; gerentes praticantes com bastante experiência, que poderia ser usada. E o que quase todas essas escolas fizeram? Exatamente o que fizeram com seus alunos diurnos (Raelin 1994:307): reproduziram um currículo projetado para pessoas com pouca experiência e sem contexto.[5] Na verdade, elas se gabavam disso: "O Programa de MBA Executivo da Wharton" é um verdadeiro programa de MBA, afirmava seu folheto de 2000/2002. Os alunos têm o mesmo currículo e... completam o mesmo trabalho de curso... a única diferença é como ele é ministrado e o alto nível de experiência dos alunos".[6]

Se realmente houvesse executivos nesses programas, ou mesmo pessoas perto de se tornarem executivos, por que precisariam todos aqueles cursos nas funções de negócios? Eles estariam saindo dessas funções. Por que freqüentar a escola para ser empurrado para trás? Por que *não* fazer algo com aquele alto nível de experiência? Em seu folheto de EMBA de 1998, a University of Southern California escreveu orgulhosamente sobre um currículo que "simula perfeitamente o ambiente de negócios", com análises de casos, simulações em computadores, projetos industriais e de grupos, pesquisa de campo", e assim por diante. Mas por que a necessidade de "simular" aquele ambiente quando ele está bem ali na classe – nas próprias experiências dos alunos? Por que pegar as pessoas certas e repetir as formas equivocadas? Em um projeto de segundo ano, grupos de participantes "identificam uma empresa local e levam a efeito uma análise estratégica". (Soa como uma operação de apendicite.) Essas pessoas trabalham para empresas reais que têm todas as espécies de problemas reais; elas não deviam estar analisando o que conhecem melhor? Se esses programas fizessem uso natural da experiência natural de seus alunos, o termo *mundo real* pareceria tolo.

## Variações em Torno de um Tema

As empresas de automóveis fazem uma grande confusão sobre o que é novo em seus carros de ano para ano – uma calota mais enfeitada, um motor maior, última moda em tecnologia de CD. Assim também o fazem as escolas de negócios, pela mesma razão: para atrair compradores e melhorar as avaliações. Mas nada disso deve ser confundido com "revolução", outra palavra banalizada, usada com muita freqüência há alguns anos.

A *Business Week* descreveu o início dos anos 90 como a "revolução em programas de MBA, o período de "revisão radical de currículos"(Dunkin e Enbar 1998:64). A Wharton liderou. Como o extrovertido diretor tinha anteriormente declarado à revista *Fortune*: "Temos que fazer mudanças importantes. Temos pensado nisso" (Main 1989:78). A partir daí, em 1991, a Wharton modularizou seu currículo, ensinando intensamente em semanas o que antes levava meses para ser ensinado. A

---

[5] Um estudo de *benchmarking* envolvendo 70 programas MBA executivos revelou que 90% deles ofereciam cada uma das nove disciplinas-padrão obrigatórias ora mencionados (*Executive MBA Review* do Executive MBA Council 1997:7).

[6] A lista de disciplinas obrigatórias incluía todas as funções e matérias usuais, bem como estratégia, mas nenhuma menção foi feita a qualquer curso em Gestão.

escola estava "*até mesmo* formando apenas uma turma por semestre no primeiro ano" (Byrne e Bongiorno 1994:64). Juntamente com isso, mais uma vez, veio a integração – "tentando ensinar negócios como um complexo integrado, em vez de um conjunto de funções desconectadas" – e as habilidades não-numéricas (trabalho em equipe, liderança, qualidade, etc.).

Mas a *Business Week* também escreveu que "de alguma forma... a transformação foi muito ambiciosa". A Wharton tinha que "reconsiderar" algumas novas ofertas. "E a integração, muito *badalada*, do currículo obrigatório (*core curriculum*) encontrou sérios obstáculos numa escola onde o corpo docente dividia-se em 12 departamentos e 21 centros de pesquisa" (Byrne e Bongiorno 1994:66). Não obstante, por todos os seus esforços em promover a mudança, se bem que não propriamente em alcançá-la, a Wharton foi impelida para o topo das classificações da *Business Week* em 1994 – "dessa vez", como colocou a manchete da *Business Week*. Em reconhecimento de que sempre há uma próxima vez, outras escolas de negócios se juntaram à "revolução". A história não registra quantos foram tão longe para oferecer uma turma por semestre, mas aqueles cursos modulares em semanas, em vez de cursos regulares em meses certamente espalharam-se, como as novas tentativas para ensinar as habilidades sociais e de comunicação (*soft skills*) e atingir a integração. As escolas de negócios nunca cessaram de fazer a maior confusão sobre as coisas que elas minimamente são capazes de oferecer. O MBA não é não-numérico; o MBA não é social; o MBA não é gerencial; o MBA não é integrado. Ele coloca-se ao lado do numérico, do analítico e do decomposto.

Quanto mais dominante é uma concepção, mais inclinados estão os "de dentro" em confundir adaptações com revoluções. Sem dúvida, ponha mudanças cosméticas nas mãos de gente que trabalha as promoções – como as escolas de negócios agora o fazem – e você terá "revoluções" aqui e ali. "O MBA está morto", declarou o diretor de uma escola de negócios (Horvath 1995:1). "Viva o MBA!" Exatamente.

## Tecnologias Pedagógicas

Eu gostaria de destacar duas áreas particulares de mudança ostensiva em educação gerencial porque, pelo menos potencialmente, elas podem ser importantes. Uma tem a ver com tecnologias pedagógicas e a outra com internacionalização.

Há duas perspectivas para as duas tecnologias, tais como CD-ROMs, a Internet, e a videoconferência: "Os radicais falam em reinventar o treinamento executivo em torno de novas competências em TI, mas os conservadores vêem-no como um acessório do método tradicional da sala de aula"(Jampol 1998:4). Aqui, como muitas vezes é o caso, o conservadorismo domina, usando os novos meios de oferecer materiais existentes de maneiras familiares – por exemplo, livros de papel convertidos para formato digital, ou palestras em vídeo ("usando a TI simplesmente para colocar [os] gurus *on-line*" (Crainer e Dearlove 1999:219)]). Considere comentário a seguir, publicado em um folheto da Carnegie Mellon, cuja pretensão era de soar radical:

Para os anos 90 e os vindouros, o GSIA está abrindo novos caminhos na educação em negócios. Utilizando tecnologia computacional de ponta, os estudantes aprendem por meio da tomada de decisões em ambientes simulados. O aprendizado experimental baseado em informática vai muito além dos tradicionais métodos de estudo de casos. Usando redes internacionais de computadores, nossos estudantes interagem e concorrem com outros estudantes de grandes escolas de negócios em todo o mundo. Essa é verdadeiramente a nova onda em treinamento internacional de gerenciamento.

Praticar jogos de negócios via redes eletrônicas em vez de em salas fechadas pode ser outra corrente, mas dificilmente é uma nova onda.

Os benefícios das novas tecnologias, além da velocidade, são praticidade e cobertura: os estudantes podem trabalhar a seu próprio ritmo, em seus próprios horários e em sua própria casa. Isso é o *como*, e é novo. Mas não é o *que*, simplesmente porque os *bits* binários nada mudam fundamentalmente no processo de treinamento. Eles certamente viajam mais rápido, mas só até alcançarem o lugar que importa: nossas cabeças. Aí as tecnologias terminam, quando nossos mesmos velhos cérebros assumem. Na verdade, como nessas tecnologias tudo tem que ser reduzido àqueles *bits* binários, uma grande parte, que é crítica para a gestão, é deixada de fora. Pode não ser crítica para o aprendizado da técnica analítica, mas novamente não devemos misturar análise com gestão.

Isso leva a uma conclusão importante: que as novas tecnologias pedagógicas conduzem o treinamento MBA mais adiante, ao longo de seu caminho estabelecido – isto é, em direção à análise e para longe da gestão. (Veja o quadro a seguir.) Assim, quanto mais as escolas de negócios adotam tais tecnologias – e elas são tentadoras –, mais elas se afastam da educação gerencial.

"Interagir com colegas de classe e professores 'sem rosto', em locais remotos com fusos horários estapafúrdios, obriga-o a ser criativo e a pensar", afirmou um estudante de Hong Kong, participante de um programa eletrônico internacional de MBA. "Minha equipe em particular está bem perto. Nós contamos piadas *on-line* e até mesmo enviamos fotos uns para os outros" (Austin 1997). Mas o que torna isso mais reflexivo, ou criativo, que dirá gerencial?

---

### DUBLANDO COM DRUCKER

*(extraído da* Forbes *[Drucker 2000:86])*

Alexander Brigham "trouxe" Peter Drucker para uma série de cursos interativos de gerenciamento executivo, baseados na Web... "Agora somos da marca de Peter Drucker", declara Brigham, um ex-banqueiro de investimentos, de 31 anos.

"Desenvolvemos 30 horas de material educacional baseado na Internet, de acordo com o modo de pensar atualizado de Peter", diz Brigham. Nos programas, Drucker explica seus princípios; depois dos quais, aparecem na tela questões de múltipla escolha. Quando os usuários clicam na resposta certa, a voz de Drucker na dublagem responde, com seu pesado sotaque vienense e comentários: "Excelente" ou "muito bom". Quando o usuário equivoca-se, Drucker lhe diz: "Desculpe, mas está errado"... Eventualmente [a empresa de Brigham] e seus concorrentes esperam oferecer graus de MBA credenciados.

LOCAL E ESPAÇO   Tratando dessa alternativa, Wallace et al. (2003:3) estabelecem a diferença entre "local" e "espaço" – o treinamento que ocorre em um lugar específico comparado às trocas virtuais tornadas possíveis pela tecnologia que desconsidera as distâncias, com duas "abordagens" sendo descritas: cursos por correspondência, nos quais o aluno trabalha sozinho, e o modelo de ensino a distância, no qual os alunos se juntam para palestras recebidas via *links* de vídeo.

Wallace et al. combinam todos esses em um Modelo de Local e Espaço. "Por exemplo, a transferência de informação pode ser mais facilmente conseguida através do espaço. Diálogo e discussão podem começar no local e continuar no espaço" (p. 3). O espaço permite que mais gente participe, e o local oferece um contexto emocional necessário para o aprendizado do grupo todo. Com local e espaço e, na opinião deles, "a verdadeira escola global" torna-se possível (p. 6).

A Open University do Reino Unido, fundada em 1983, é um programa MBA de espaço bem estabelecido, reforçado por componentes de local. Afirma oferecer uma gama completa de materiais para satisfazer as necessidades de estudo [dos alunos], incluindo livros–texto, manuais, vídeos, audiocassetes e informação baseada em computador" (folheto de 1999/2000), reforçados por tutoramento pessoal e grupos colaborativos de estudo que se encontram por períodos de dois a cinco dias. (Também oferece um MBA *on-line* focado só no espaço, desenvolvido para estudantes americanos.) E a Queens University oferece uma Videoconferência Nacional de EMBA", em que os participantes sentam-se em volta de mesas em vários locais no Canadá, com conexões de vídeo em ambos os sentidos com o instrutor. Eles recebem as palestras e podem fazer perguntas, bem como entrar em discussões com seus colegas à volta da mesa. Essas sessões alternadas de sexta-feira e sábado são reforçadas por dois módulos de duas semanas cada em Queens, além de uma viagem internacional de estudo de duas semanas.

GEMBA   Talvez mais ambicioso no sentido tecnológico é o programa GEMBA na Duke University, a que os autores do trabalho sobre local e espaço são afiliados.[7] O programa é orientado para gerentes experientes de todo o mundo (daí o *G*, de global). Seu conteúdo é estruturado como o MBA convencional. Como um de seus idealizadores, Blair Sheppard, comentou, o GEMBA "não reformulou o conteúdo, de forma alguma". Mas no oferecimento do que ele chama de seu "aprendizado mediado por computador", é radicalmente diferente (apesar de ainda "conduzido por professores").

Cada um dos cinco semestres começa num local: sessões residenciais de duas semanas (duas na Duke, na Carolina do Norte; as demais na Europa, Ásia e América do Sul). Os cursos, de 15 a 18 horas de contato em sala de aula para poder estabelecer relações cara a cara parecem ser o tipo de MBA mais comum, com "global" em seus títulos (e presumivelmente conteúdo). Então, cada semestre continua por mais 11 a 12 semanas no espaço – no formato via Internet. Aqui, os instrutores preparam palestras, que são gravadas, para que os alunos possam fazer *downlo-*

---

[7] O que segue é baseado em debates que mantive na Duke com um dos projetistas e diretor técnico do programa em maio de 1997, assim como em correspondência de 2003.

*ad,* segundo suas conveniências. Tarefas de aula são comunicadas semanalmente e fazem-se provas ou exames.

Reforçando tudo isso, estão as discussões eletrônicas (em tempo real ou não) entre os alunos, embora os "quadros de avisos" do curso enfoquem assuntos específicos, com participação do corpo docente. Os professores também têm horas de trabalho *on-line.* Eles também podem determinar um tema para estudo para as equipes "virtuais", que devolvem seus resultados para discussão em aula (eletrônica, é óbvio). É desnecessário dizer, mas criar e coordenar todos os *links* eletrônicos, que inclui suprir todos os alunos com um *notebook* com o *software* necessário, foi um negócio complicado.

O GEMBA talvez seja um programa de MBA em nível um tanto convencional, na estrutura e no conteúdo, dirigido por um corpo docente de um *campus* dos Estados Unidos, mas certamente deve ser examinado a partir de um ponto de vista pedagógico.

## Aventurando-se no Exterior

As palavras *internacional* e, especialmente, *global* tornaram-se mantras nas escolas de negócios de hoje. Parece que nenhum folheto pode ser distribuído, ou uma entrevista à imprensa ser dada, sem fazer menção a elas. O negócio doméstico está fora de cogitações, não importa quão comum possa continuar sendo; o negócio global é o que interessa, o que quer que o termo signifique.

Um programa de MBA pode ser internacional em pelo menos quatro aspectos:

1. Os alunos podem ser internacionais (enraizados em várias culturas, não em uma);

2. O corpo docente pode ser internacional (na cabeça de cada um, não apenas nas origens);

3. Contexto, filosofia e cultura podem ser internacionais (i.e., eclético, que é o oposto de global);

4. A localização e o controle podem ser internacionais (o que significa disseminado, não controlado por apenas um país).

A esse respeito, que eu saiba, não existe programa MBA internacional.[8]

Estudantes Internacionais? Os mais internacionais entre os programas MBA americanos geralmente afirmam possuir de 25 a 35% de estudantes estrangeiros. (Escolas européias, como o Insead, a IMD e a Rotterdam mostram números de mais de 90% de estudantes estrangeiros [dado extraído de um folheto informativo

---

[8] Como Jerry Wind (1999), da Wharton School, destacou, se as empresas que se tornam internacionais evoluem em quatro estágios – "(1) empresa doméstica, (2) importação e/ou exportação, (3) *joint ventures* e investimento estrangeiro direto, e (4) uma organização global verdadeiramente em rede" –, então "a maioria das escolas de negócios está no estágio 1" (p. 10,11). Algumas importam e exportam alunos e professores, e outras poucas foram mais longe. Conclusão de Wind: "O mundo é global, mas a maioria das *B-schools* (escolas de negócio) é doméstica" (p. 5).

da EFMD, setembro de 2002].) Qualquer programa que é nativo na proporção de 2/3 ou mais – e composto de pessoas dificilmente conhecidas, por sua timidez, menos ainda nesse cenário – é mais corretamente descrito como doméstico.[9]

Assim, em um artigo de 1998 intitulado "The Melting Pot Still Has a Few Lumps", a *Business Weerk* declarou: "A cultura da maioria das escolas de negócios dos Estados Unidos permanece fortemente americana, na sala de aula e fora dela" (Reingold 1998:104). O artigo citava um estudante nascido em Hong Kong, mas crescido na América: "Há uma programação social muito forte aqui [na Stanford], e é algo em que a maioria da população do leste da Ásia não consegue entrar". Outro estudante de Berkeley afirmou que "Os estudantes locais fizeram todas as contribuições para a discussão em aula... assim você não sabe como o negócio é conduzido na Europa ou na orla do Pacífico" (p. 108).

CORPO DOCENTE E FILOSOFIA INTERNACIONAIS? Quanto ao corpo docente, especialmente dentre as melhores escolas americanas, pode-se afirmar que é razoavelmente internacional. Em seu próprio benefício, as escolas dos Estados Unidos têm estado escancaradas a cidadãos de outros países. Mas não a treinamento obtido no exterior: quase todas essas pessoas receberam seus doutorados – e, portanto, foram socializadas para a academia – nos Estados Unidos. Como conseqüência, os professores nascidos no estrangeiro estão menos inclinados a carregar suas culturas maternas para a América, como professores, do que a carregar crenças americanas de volta para suas culturas de origem, como visitantes. (Veja o quadro a seguir.) Em outras palavras, o corpo docente internacional que atua na América em educação de negócios nunca demonstrou uma postura mental particularmente internacional. Na verdade, na minha experiência, elas tendem a ser os mais inclinados a promover uma "globalização" homogênea.

---

### QUEM TEM QUE CORRER PARA NÃO FICAR PARA TRÁS?

O professor John Quelch, oriundo da Grã-Bretanha, atuou muitos anos como professor de *marketing* na Harvard Business School antes de retornar para comandar por três anos a London Business School. De volta a Harvard, ele publicou um pequeno artigo intitulado "Why Europe Has Some Catching Up to Do" (Por que a Europa precisa se atualizar?) (2001). Eis alguns trechos:

*A qualificação em administração geral representada pelo MBA tornou-se o padrão educacional para os negócios dos Estados Unidos de uma forma que ainda não aconteceu na Europa. Acredito que a Europa esteja se atualizando, chegando mais perto desse padrão, mas aquele desempenho geral europeu nos negócios provavelmente tenha sofrido, em conseqüência.*

– continua

---

[9] Um folheto da Wharton de 1997-1998, referindo-se à escola como "uma verdadeira comunidade internacional", apresentava números que indicavam que 25% dos formados aceitaram empregos fora dos Estados Unidos, e que 90% deles não eram cidadãos americanos. Parece, portanto, que menos de 4% de americanos aceitaram empregos fora.

> – *continuação*
>
> ... A Harvard Business School tem cerca de 90 anos. Você pode ver os resultados comparando o número de CEOs graduados em MBA na [LST – London Stock Exchange (Bolsa de Valores de Londres)] FTSE 100 com o percentual da Fortune 500 CEOs que possuem o diploma de MBA.
>
> ... Os negócios britânicos estão ainda muito orientados para finanças e contabilidade. Nos Estados Unidos, um número muito maior de altos gerentes chegam através das fileiras da estratégia e do marketing – algo que se reflete na cobertura mais geral do MBA – e, no meu ponto de vista, se traduz numa orientação maior para o risco, um estilo mais empreendedor e uma disposição de ver o copo como meio cheio, em vez de meio vazio...
>
> ...Houve a desastrosa fusão Daimler/Chrysler, que presumivelmente fez sentido na perspectiva dos analistas financeiros, mas que na prática tornou-se emaranhada nas questões não-numéricas da cultura corporativa. As habilidades para manipular essa integração transfronteiriça não são aquelas que você esperaria aprender em um curso de engenharia ou contabilidade – contudo, você estudaria tais desafios em um curso de gerência-geral ou de MBA...
>
> Alguns europeus – certamente uma fração da comunidade britânica de negócios – ainda vêem a academia como remota e irrelevante para o mundo dos negócios. A atitude é refletida no uso da excludente frase britânica "Isso é acadêmico" – um significado pejorativo que você jamais ouviria nos Estados Unidos. [!]
>
> Certamente não estou dizendo que as escolas de negócios dos Estados Unidos são perfeitas – há uma miopia nos Estados Unidos acerca do resto do mundo que eu percebo, ao estar trabalhando na London Business School nestes últimos anos. Em Harvard, uma de minhas funções será estimular o corpo docente a fazer mais pesquisas além-mar.

É notável quão raro é para as escolas de negócios em todo o mundo – exceto no Japão – prestar atenção a qualquer estilo doméstico de gerência. A maioria está ocupada demais tentando ser "global". Há alguns anos, mantive contato por videoconferência com uma aula de MBA em Buenos Aires. Num determinado momento, perguntei ao diretor se seu programa ensina um estilo argentino de gerenciamento. "Não", respondeu ele orgulhosamente, "nós ensinamos o estilo *universal* de gerência". Interpretei que ele queria dizer o estilo americano de gerência.

Locais Internacionais? Quanto à localização internacional, aqui a retórica tende a ficar mais distante possível sem considerar a substância, o essencial.

Tornou-se comum enviar estudantes ao exterior para viagens de estudo. Em 1993, a *Business Week* podia adicionar ao seu quadro de "destaques", dos 25 programas EMBA líderes, frases como "seminário de uma semana no exterior", "viagem global opcional" e "viagem além-mar a Budapeste". Jonathan Gosling, da Exeter University, da Inglaterra (em um discurso para a Association of British Business Schools, em 15 de março de 2000) referiu-se a isso como "A Experiência Mir": visitar outra galáxia a partir de uma nave espacial própria. O aprendizado certamente pode ocorrer, mas até que ponto?

Além da viagem de estudo está o semestre no exterior. Gosling (2001) caracteriza isso como o "Alien Exchange" (Intercâmbio com estrangeiros), normalmente "aprovado na base do conteúdo dos estudos [dos estudantes] sendo tão igual quanto possível aos que eles teriam feito em casa". Da mesma forma, muitas escolas de negócios atualmente possuem um grupo de escolas parceiras pelo mundo, criteriosamente selecionadas para apresentarem *status* equivalente. Sobre essas atividades, um diretor do EMBA da Wharton comentou: "Acreditamos que as pessoas estão substituindo a aprendizagem em favor da residência internacional" (*Financial Times*, October 22, 2001).

Mais recentemente, algumas escolas de prestígio deram um passo além desse, reproduzindo seus programas domésticos em outros países. A Northwestern, por exemplo, estabeleceu programas de MBA Executivo Internacional em vários lugares. O de Israel, em conjunto com a Universidade de Tel Aviv, "modelado segundo o Executive Masters Program" (programa de Mestrado para Executivos) dos EUA, proclama ter um perfil de classe de 75% de israelenses, 8% de palestinos, 3% de jordanianos e 12% de outros integrantes (*web site*, 2003). A Universidade de Chicago mantém um programa de "MBA Executivo Internacional" em Barcelona ministrado por seu próprio corpo docente. Perguntado em uma conferência por que a escola escolheu Barcelona, um administrador do programa afirmou: "Essa é a beleza da coisa, o programa pode ser realizado em qualquer lugar!". Uma empresa de consultoria estava aparentemente encarregada de escolher o lugar.

Há programas que vão muito mais fundo no contexto estrangeiro, mas esses são poucos e, o que é impressionante, alguns dos mais interessantes não provêm exclusivamente de escolas de negócios.

Na University of Pennsylvania, o Lauder Program é oferecido juntamente pela Wharton School e a School of Arts and Sciences. Os alunos recebem um MBA em gestão e um mestrado (MA – Master of Arts) em estudos internacionais. Além das disciplinas do MBA e do MA, como a de economia política internacional, os alunos selecionam uma especialização em linguagem e região – por exemplo, em espanhol ou português na América Latina – e passam lá pelo menos 20% do programa de dois anos. No primeiro verão, eles estudam a linguagem e a cultura; no segundo, praticam "residência" em uma organização local.

Igualmente, no Capilano College, em Vancouver, um programa de pós-graduação de dois anos em Asia Pacific Management, em curso desde 1987, prepara alunos para trabalhar naquela parte do mundo. Juntamente com algumas disciplinas convencionais de gestão existem outras de Geografia da Ásia, Tradições Legais, História da Arte, e assim por diante, bem como disciplinas mais genéricas em áreas como Logística de Negócios e Geografia Econômica. Os alunos devem também estudar uma das seis linguagens asiáticas. O programa do curso é seguido de uma "residência" de 12 meses na Ásia. Em 2002, de acordo com o diretor, 73% dos estudantes receberam ofertas para permanecerem em seus empregos asiáticos.

Um passo além de ida para o exterior é reproduzir a escola no exterior, criando um clone ou encorajando uma escola local a ser um. A Harvard criou vários desses, anos atrás, mas quase todos desapareceram como tais, seja por fecharem ou simplesmente seguirem seu próprio caminho. Uma nova onda está a caminho agora, com o Insead, por exemplo, que construiu um segundo *campus* em Cingapura. Discutirei mais adiante por que acredito que tais iniciativas são questionáveis.

PARCERIAS INTERNACIONAIS? Mais popular agora, e claramente mais ao nível do espírito de internacionalização, é ser parceiro de outras escolas, oferecendo um diploma conjunto. Deve-se notar que os exemplos mais comuns disso, em que uma escola de prestígio, usualmente americana, assume a liderança, trata-se mais de um simples empreendimento do que de uma parceria. Parceria significa equilíbrio. Um exemplo de desequilíbrio, apesar de não constituir uma oferta de diploma, foi um programa chamado Global Leadership 2020. Um *press release* de 1998 (também no *web site* da escola em 1993) descrevia o programa como uma "aliança" da Tuck School of Dartmouth com o Templeton College Oxford e a H.E.C. Paris, mas ainda referia-se ao "The Tuck Global 2020 Program". De forma nada surpreendente, os parceiros dessa "aliança" mudaram de ano para ano e com o tempo desapareceram.

Um exemplo de equilíbrio parece ser o mestrado internacional em gestão oferecido pela Purdue nos Estados Unidos, pela Tilburg na Holanda, pela Budapeste na Hungria, e pela École Supérieure de Commerce de Paris. Ele foi descrito em seu folheto de 2001como dirigido a "profissionais experientes", com as seis residências de duas semanas sendo alternadas entre quatro *campi*, mas parecendo oferecer materiais convencionais de MBA. O mais novo "One MBA", oferecido por escolas de Hong Kong, São Paulo, Monterrey, Rotterdam e Carolina do Norte, parece ser similarmente equilibrado, exceto que, com os estudantes passando "a maior parte de seu tempo em suas universidades domésticas" (Schneider 2001), a dimensão internacional é diminuída. O Capítulo 10 discute nossa própria parceria, num estilo muito diferente, não denominado MBA, de escolas no Canadá, na Inglaterra, na França, na Índia e no Japão, criada em 1996.

## NEGÓCIOS NAS ESCOLAS DE NEGÓCIOS

Para onde essas atividades internacionais levam as escolas de negócios? A maioria, ao lugar errado, em meu ponto de vista.

Em seu relatório de 1988, Porter e McKibbin escreveram que "um número crescente de escolas de negócios está se envolvendo com o desenvolvimento e *marketing* de produtos educacionais para consumo internacional" (p. 312). Se as escolas de negócios fossem realmente negócios, destinados a comercializar produtos para consumo, seria uma ótima tendência. Mas o que se espera é que escolas sejam locais de aprendizado e pesquisa, com a finalidade de desenvolver conhecimento para melhoria das condições. E, assim, o que seria expansão para um negócio, representa uma restrição para uma escola de negócios.

Ser global (*Going Global*), criar alianças, engajar-se em várias formas de exportar e de franquia, tudo isso "imitando o comportamento de grandes corporações", como Crainer e Dearlove (1999) afirmaram, tem que ser julgado só pela sua capacidade de aumentar a qualidade da educação – ou seja, no crescimento do intelecto, não em participação no mercado.

As melhores escolas podem argumentar que tais atividades expandem o alcance de uma educação de qualidade. Mas como, e com que finalidade? Colocar professores num avião para que despejem mensagens, dificilmente vai melhorar sua pesquisa, a menos que fiquem e envolvam-se com a cultura local. Quanto aos estudantes locais, eles podem ser expostos a professores famosos, mas todos freqüentemente, de forma genérica, com pouca referência a suas próprias necessidades culturais. Não deveríamos estar encorajando as escolas locais a crescer com suas próprias pernas, em vez disso? Elas deveriam estar felizes por receberem aconselhamentos, isso é certo, mas com a finalidade de desenvolver o que é melhor para sua própria gente. A parceria eficaz junta pessoas com perspectivas diferentes para aprenderem umas com as outras, não para seguir o líder.

Quanto a escolas que se dispõem a repetir-se em outros lugares, criando um tipo de subsidiárias – resultam, em minha opinião, a um resultado do tipo "se correr o bicho pega, se ficar o bicho come". Os novos *campi* são estabelecidos como clones. Se continuam clones, eles serão sempre de segunda classe, porque os professores-pesquisadores de primeira classe não estarão inclinados a permanecer lá. E se eles superam essa fase e se tornam verdadeiros centros de aprendizado e pesquisa, então eventualmente irão em busca de sua independência. Por que razão professores com respeito próprio aceitariam as decisões curriculares da nave-mãe? Seus professores ficariam satisfeitos em comparecer a reuniões virtuais do corpo docente? Quanto tempo, até se rebelarem? É por isso que os melhores clones de escolas como Harvard, inclusive o próprio Insead, com o tempo seguiram seu próprio caminho, pois as poucas que permaneceram clones não são reconhecidas por prestígio acadêmico.

As grandes instituições educacionais, desde os antigos gregos à contemporânea Cambridge, sempre funcionaram melhor como comunidades geograficamente coesas de pensadores dedicados – alunos e professores agarrados a um tronco, como alguém colocou. A "colegialidade" é uma forma de comunidade estabelecida em um determinado local; não funciona do mesmo jeito dispersa no espaço.

## Enquanto Isso, em Algum Outro Lugar

Imagine outro mundo. Imagine se, cogita Jerry Wind (1999), em vez de as idéias de gerenciamento fluírem dos Estados Unidos para fora elas fluíssem no sentido contrário, para mitigar "os conceitos e métodos cêntricos dos Estados Unidos" (p. 11), em tentativas para compreender as práticas de gerenciamento de outros países. Imagine abrir nossos olhos além da globalização, a todas as coisas interessantes que acontecem neste globo.

Eu estive na República de Gana recentemente, onde fui informado das preocupações do país sobre os controles exercidos pelas corporações multinacionais, para não mencionar o Fundo Monetário Internacional. "Só porque ele funciona em Nova York, não significa que funcionará em Accra". Imagine, por outro lado, alguém chegando aos Estados Unidos com a afirmação "Funcionou em Accra, portanto deve funcionar em Nova York!"

Não há necessidade de imaginar. Kofi Annan foi criado em Gana e tem desempenhado notavelmente bem em Nova York, como chefe daquela que provavelmente é a organização mais difícil e certamente mais global do mundo: as Nações Unidas. Ele pode ter recebido muito de sua educação universitária nos Estados Unidos (inclusive um grau de Master of Science em Gestão pelo MIT), mas seu estilo, mais engajado do que heróico, parece ter sido significativamente influenciado por suas origens (veja Mintzberg 2002). Se Annan é o mais proeminente exemplo disso, pense em todos os outros que não conhecemos, gerentes fazendo coisas interessantes pelo mundo todo, com quem todos podemos aprender.

APRENDIZADO GLOBAL A PARTIR DA EXPERIÊNCIA LOCAL   Em uma conversa com seus colegas diretores de escolas de negócios de todo o mundo, Gabino Mendoza (1990), do Asian Institute of Management, de Manila, disse: "Por 40 anos ou mais os professores dos cursos de pós-graduação em gestão no mundo em desenvolvimento vagaram pelo deserto acadêmico, passaram fome, morreram de sede, iludidos por miragens que invariavelmente se desfaziam na areia. Em sua jornada pelo deserto, três tentações os infernizaram" (p. 13).

A primeira, à qual "a maioria dos professores de gestão do mundo em desenvolvimento sucumbiram", foi simplesmente "levar adiante de maneira acrítica a seus alunos o que parecia funcionar nos países ocidentais, do mundo industrializado e desenvolvido". Mas muito disso, na opinião de Mendoza, tem "pouca relevância" para os países em desenvolvimento. Assim, Sturdy e Gabriel (2000), em um *paper* sobre "Ensino de MBA na Malásia", descreveram os acadêmicos visitantes que vieram do ocidente como equivalentes a missionários religiosos e militares mercenários de antigamente: o conhecimento tornou-se um grande setor de exportação para os países industrializados" (p. 980). Velhos produtos "são vendidos em novos mercados por meio de franquia de idéias", usando propaganda na imprensa da Malásia que "concorre por espaço com a propaganda de automóveis, relógios e cosméticos" (p. 983,986), com pouca diferenciação para consumo local.

A segunda tentação de Mendoza (1990), que ele chama de "um convite ao desespero", é esquecer todo o negócio de educação em negócios. Afinal,

> os japoneses, os coreanos, os taiwaneses, entre outros, formaram seus próprios sistemas de gerenciamento, educaram e treinaram competentes corpos gerenciais, desenvolveram suas economias, concorreram com sucesso com o ocidente industrializado e enriqueceram seus países com pouca ou nenhuma ajuda de modernas escolas pós-graduadas voltadas para futuros gestores. Por que países pobres precisam de instituições tão caras, que consumam tantos recursos? Por que não simplesmente fechá-las e guardar algum dinheiro? (p. 13)

A terceira tentação de Mendoza era para as pessoas dessas nações criarem suas próprias soluções. Ele cita como exemplos um instituto de gerenciamento da América Central que estimulava o diálogo significativo entre as instituições-chave de negócios, governo, trabalho, os militares e a igreja, e escolas africanas que ajudaram o renascimento do setor local de agricultura. Seu recado é que todo país tem algo a aprender com seus próprios comportamentos gerenciais e de negócios, e ensinar isso a outros países. Portanto, vamos dar uma olhada em alguns países que têm algo a ensinar– ou poderiam ter.

EDUCAÇÃO EM NEGÓCIOS NO JAPÃO   O Japão certamente tem sido o exemplo mais importante, o que ajuda a explicar seu notável progresso desde a Segunda Guerra Mundial. (Deve ser destacado que os problemas atuais da economia japonesa não desmerecem o estilo japonês de gerenciamento. A Toyota, por exemplo, tão característica desse estilo, é amplamente referida como a mais bem administrada empresa de automóveis do mundo.)

Os japoneses possuem departamentos de negócios (ou de comércio) em suas universidades, mas esses se concentram quase que exclusivamente na educação em nível de graduação e são "basicamente teóricos", de acordo com Okazaki-Ward (1993:24). O desenvolvimento gerencial no Japão tem sido em sua maior parte uma preocupação das próprias corporações (e será discutido como tal no próximo capítulo).

Os programas de MBA permaneceram raros no Japão (apesar de isso estar mudando agora). A Keio, uma universidade privada, tem mantido um desses programas desde 1978, ainda que modelado segundo Harvard, ao passo que algumas escolas estrangeiras, como a Dartmouth e a McGill, estabeleceram programas moldados no estilo ocidental. Uma pesquisa de 1995 com os ex-alunos da Keio (Ishida 1997) descobriu que "a troca de pontos de vista e de amizade com outros estudantes excedeu grandemente a expectativa que eles tinham [ao chegar], mas a obtenção de conhecimento profissional/especializado avançado ficou muito distante do que esperavam" (p. 191). (A Hitsosubashi University, há muito respeitada como um centro japonês de respeitabilidade acadêmica em negócios e gerenciamento, tem um novo programa de MBA desde o ano 2000. Mas seu diretor, Hiro Itami, escreveu-me [8 de abril de 2003] informando que o objetivo é ensinar a pensar e a analisar, e que ele deixa bem claro aos alunos que eles não serão treinados como gerentes durante os dois anos em que lá estiverem. "O alvo do nosso programa [se não o título] é Mestrado em *Análise* de Negócios" [itálico do autor].)

As empresas japonesas também patrocinaram alguns de seus gerentes para fazerem MBAs nos Estados Unidos. Mas, pelo final dos anos 90, houve cortes nesse procedimento, basicamente porque "muitos MBAs que retornam têm problemas em se reajustar à cultura de negócios local" (Syrett 1995:25). Em conversas pessoais, executivos de algumas grandes empresas japonesas reclamaram junto a mim sobre as altas expectativas dos pós-graduados e sua tendência para deixar a empresa. (Esses números são bem baixos segundo os padrões americanos, mas inaceitáveis pelos japoneses.) Entretanto, o Japão dificilmente pode ser culpado de estar próximo das idéias ocidentais de gerenciamento. Ao contrário: provavelmente nenhum país, inclusive os Estados Unidos, as adotou de forma mais completa e eficaz. Enquanto muitas empresas ocidentais buscam implantar a técnica mais moderna, as empresas japonesas inclinam-se a criteriosamente mesclá-las às suas próprias culturas.

EDUCAÇÃO EM NEGÓCIOS NA ALEMANHA   A Alemanha também seguiu seu próprio caminho em educação em negócios, e igualmente obteve um notável histórico de crescimento econômico desde a Segunda Guerra Mundial. Muitas de suas empresas tornaram-se famosas pela qualidade e pela logística, bem como pela harmonia entre pesquisa e *marketing* (Locke 1996b:98). Entretanto, também aqui o MBA é praticamente inexistente (porém, isso já está começando a mudar), apesar de que os programas de graduação baseados em disciplinas, inclusive programas em economia empresarial (*Business Economics*), tenham sempre sido muito vigorosos (veja Locke 1996b). Na verdade, muitos alemães têm se inclinado a proporcionar tal treinamento especializado diretamente no nível de doutorado. Mesmo lá em 1988, Handy et al. (p. 2) registraram a proporção de 54% de diretores (executivos seniores) com tais doutorados nas 100 maiores corporações da Alemanha.

Bem como o Japão, o "*locus* do gerenciamento alemão é na empresa, não na profissão gerencial propriamente dita." (Locke 1989:100).[10] Mas enquanto a tendência das empresas japonesas era de movimentar seus melhores novos recrutados por toda a empresa para que pudessem vir a conhecer as diferentes funções e partes da empresa, as empresas alemãs tenderam a promovê-los dentro de escalões funcionais determinados. Na verdade, Locke (1989:276) sugere que isso pode ajudar a explicar a capacidade de inovação de muitas empresas alemãs de alta tecnologia, pois seus gerentes de linha participam ativamente do trabalho da comunidade técnico-científica. Ele contrasta isso com os sistemas educacionais da Inglaterra e da França, que acusa de treinarem "uma elite consciente de seu *status*" de generalistas estratégicos separadamente dos gerentes treinados tecnicamente – um problema que pode agora ser pior nos Estados Unidos (como foi discutido no Capítulo 5).

EDUCAÇÃO EM NEGÓCIOS NA FRANÇA   A França é outra história, diferente do Japão e da Alemanha e, num certo sentido, também dos Estados Unidos. Ela tem sua parcela das escolas de negócios dentro da universidade e do equivalente aos programas de mestrado em negócios. Mas o *status* real daquele país vai para um número limitado de *grandes écoles*, de negócios, engenharia, outros campos, que, com uma notável exceção, enfoca o equivalente da educação universitária (terceiro grau, e não pós-graduação). De lá, os graduados se movem rápido, como os MBAs americanos, com muitas das mesmas conseqüências discutidas nos Capítulos 5 e 6. "Na França, os CEOs são selecionados cedo, aos 15 anos de idade, com base em sua capacidade matemática!", gracejou Pierre Batteau, professor da Aix-en-Provence (em um discurso preparado para a Academy of Management em 1998). Um gerente francês sênior colocou o assunto mais seriamente: "Temos que procurar pessoas que rapidamente irão desenvolver-se como gestores....[As principais escolas] produzem uma alta casta de indivíduos que podem estudar um problema e atinar rapidamente com uma solução".

A mais grandiosa das *grandes écoles* (além da École Polytechnique para engenheiros) é a École Nationale d'Administration, ou ENA, tão influente que seus

---

[10] Veja o debate completo de Locke (1989) sobre "obstinação alemã" nas p. 55ss. E, mesmo aqui, "é estonteante observar até que ponto o 'gerencialismo' americano conseguiu influenciar as mentes das pessoas... e fez com que elas parassem de apreciar a alternativa gerencial alemã" (p. 96).

egressos são conhecidos como *énarques**. Eles ingressam na Escola em sua maior parte, logo após o primeiro diploma, muitas vezes obtido em outra *grande école*, e depois seguem em frente de forma que envergonhariam até Harvard. A despeito de seu pequeno número – entre 50 e 100 por ano, à discrição do governo francês –, esses são os aristocratas da França de hoje: representam uma fração surpreendentemente alta da liderança da França, inclusive (não raramente) o Presidente e o Primeiro-Ministro (à época deste texto e desta edição, uma administração depois!), bem como muitos oficiais seniores do governo e chefes de grandes corporações (muitas vezes, as mesmas pessoas, entrando e saindo). O gerente heróico máximo da França nos tempos recentes, Jean-Marie Messier, da Vivendi, é um *énarque*.

Eu conheci muitos egressos das *grandes écoles*; eles muitas vezes são brilhantes, apesar de nem sempre serem criativos. Mas, novamente, esse brilho reflete a educação ou o processo seletivo para ter aquela educação? A resposta é sugerida pelo fato de que os graduados dessas escolas são conhecidos ao longo de suas carreiras por suas classificações nos testes *ao entrar para* essas escolas, não saindo delas! "Alguns recrutadores admitem que em novas contratações eles estão basicamente adquirindo o exame que eles fizeram ao entrar" (Barsoux e Lawrence (1991:63).

Talvez o processo de seleção funcione demasiado bem, porque favorecendo a inteligência analítica sem experiência de trabalho, ele evoca as mesmas críticas feitas aos MBAs nos Estados Unidos: esses graduados são muito cartesianos, muito isolados, muito arrogantes. Um gerente sênior francês, também chefe da French Association of Training Managers, assim comentou: "é difícil para eles gerenciar pessoas... A concorrência feroz presente em sua educação os torna altamente individualistas e interesseiros" (*in* Handy et al. 1988:101,102).

Em seu livro *Voltaire's Bastards*, John Ralston Saul (1992) ataca a racionalidade estreita presente na terra de Voltaire e além dela, inclusive as ondas de *énarques* "com uma ambição pessoal indireta... que nada sabiam sobre o mundo real, mas a quem era rapidamente dado poder" (p. 127). Saul traça um paralelo entre a ENA e a HBS, ambas produzindo uma "elite" que apóia "verdades abstratas baseadas em abstrações longínquas" (p. 129). Mas a França levou isso muito mais longe: apesar de progresso de todos, desde que sejam de Harvard, embora com a ajuda das redes formadas pelos antigos colegas (*old boy´s network),* o sistema francês trabalha para impelir essa gente para frente de uma forma muito mais privilegiada. É como se o país inteiro agisse como uma corporação cuidadosamente controlada, impelindo adiante seus "altos potenciais". Assim, as *grandes écoles* são altamente afinadas com o interesse nacional, mais do que com qualquer setor em particular. E, depois disso, os melhores dentre seus graduados, particularmente os *énarques*, são colocados em empregos de *staff* influente – por exemplo, finanças no governo e planejamento em negócios –, que se tornam trampolins para cargos seniores em gerenciamento. De lá, eles se movem facilmente pelos setores, tanto que um servidor público civil sênior pode de repente ser visto dirigindo uma grande empresa francesa – sem experiência

---

\* N. de R. T.: *Énarques*, significando egressos de ENA e que são uma categoria com poder específico, derivado de serem egressos dessa Escola.

anterior de negócios. Barsoux e Lawrence (1991), no seu artigo na *Harvard Business Review* "The Making of a French Manager", descrevem o gerenciamento na França como um "Estado de Espírito" – uma espécie de "identidade compartilhada... de pertencimento à classe gerencial francesa", chamada o *cadre*, um termo emprestado dos militares.

Isso certamente serve para os graduados. Também pode servir para o país, de certo modo, apesar de, como uma forma limitada de meritocracia, dificilmente serve para democracia e flexibilidade. "O que o Japão consegue por meio de consenso e grupismo, a França obtém por convergência da elite... Como o estabelecimento francês é gerido por um núcleo de pessoas de mentalidades iguais, ela pode tomar ações harmônicas" (Barsoux e Lawrence 1991:66).

Mas isso também dá lugar à burocracia centralizada, que na França pode ser sufocante: os gerentes franceses "gostam de se comunicar escrevendo" e são treinados para desconfiar de soluções improvisadas ou intuitivas". Os gerentes seniores podem também centralizar, porque acreditam que devem suas altas posições à sua inteligência e astúcia" (p. 62). Locke (1998), que estudou o impacto do treinamento MBA americano sobre os nascidos na França, conclui: "A experiência elitista da escola de negócios americana apenas reforçou" a antiga visão francesa de que "o poder flui do topo para a base, em uma organização piramidal", com um poderoso CEO (p. 11).

EDUCAÇÃO EM NEGÓCIOS NO REINO UNIDO    O Reino Unido provavelmente ocupa o segundo lugar, superado apenas pelos Estados Unidos, em número de diplomados em MBA *per capita* (cerca de 11.000 no ano 2000, para uma população que representa a quarta parte daquela dos Estados Unidos).

Como um país de língua inglesa que apresenta fortes laços com os Estados Unidos, é inevitável que os desenvolvimentos no treinamento americano de negócios recebam, rapidamente, atenção no Reino Unido. Certamente isso está acontecendo, o que faz com que algumas escolas rapidamente alinhem-se às mudanças na prática americana. No entanto, ironicamente, isso parece ser mais comum em algumas escolas de grande nome, tais como a London Business School e a Oxford, do que em algumas menos conhecidas, que, como veremos, estão realizando uma série de coisas interessantes. Sem dúvida, levando isso em conta, a Inglaterra está explodindo com novas idéias para educação em negócios e gestão. É triste que tão poucos professores e jornalistas dos Estados Unidos tenham consciência disso.[11]

A seguir, discuto duas tendências importantes na Inglaterra, bem diferentes entre si, mas potencialmente complementares. A primeira, compartilhada com muitas escolas do continente europeu, são programas de MBA altamente especializados. A segunda são programas para gerentes (*practicing managers*).

---

[11] Às vezes, até mesmo os da Grã-Bretanha. No CareerPoint, no *FT.com*, encontrei um relatório (24 de setembro de 2002) tratando sobre como "os graus de MBA para gerentes em exercício" estavam sendo ensinados nas tardes e fins de semana até que "o molde fosse quebrado" pelo programa GEMBA da Grã Bretanha. De fato, programas modulares de uma ou duas semanas existiam na Inglaterra desde pelo menos os anos 80, uma década antes do GEMBA. Lembre-se, também, do comentário anterior citado no folheto da Oxford. É triste constatar que supostos especialistas possam estar mais conscientes de pequenas mudanças na América do que de sérias inovações em casa.

## Diferenciação na Europa

Meu argumento tem sido que a educação em nível de MBA poderia ser o caminho certo para as pessoas certas com as conseqüências certas, caso fosse reconhecido como treinamento especializado para funções especializadas em negócios. Essa é, de fato, a maneira como o treinamento graduado de negócios é interpretado na Europa (cada vez mais, mas nem sempre com o rótulo MBA) –, especializado por função mas às vezes também por setor, como foi discutido.

O MBF (em Finanças), O MBC (em Mudanças), O MBA (em Contabilidade), Etc. Como um estudante de MBA nos Estados Unidos tipicamente completará um conjunto de disciplinas básicas no primeiro ano e depois, no segundo ano, escolherá disciplinas eletivas e algumas relacionadas ao seu *major* (como é chamada a disciplina em que você irá se formar), um estudante, por exemplo, da escola de negócios em Aix-en-Provence, na França, pode obter uma formação completa em nível de mestrado em Auditoria Interna, *Marketing* Quantitativo, Gerenciamento de Sistemas de Logística, Finanças, Direito Comercial Internacional ou Gerência de Projetos. Igualmente, em Warwick, uma das melhores escolas da Inglaterra, pode-se obter diploma de mestrado em Economia e Finanças, Relações Industriais na Europa, Estudos Organizacionais, e outros. Menos convencionais, mas ainda funcionalmente especializados, são os graus de mestrado em Gerenciamento de Projetos de *Design* (*Design Management*), em Westminster, Mudança Organizacional, em Hertfordshire, e Aprendizado de Gerenciamento ("para desenvolvedores gerenciais") na Lancaster University. Imagine-os como programas de MBA sem o *A* – a menos, é claro, que ele signifique *Accounting* (contabilidade)!

Tais programas especializados permitem que o projeto inteiro seja talhado para a função em questão, não apenas nos meios óbvios de currículo e materiais, mas também em termos de ligar os estudos à prática. Por exemplo, os estudantes podem ser enviados para outros lugares para programas de aprendizagem sérios no campo de preferência; alguns dos programas franceses que normalmente duram um ano incluem vários meses de treinamento na empresa. Da mesma forma, os gestores em exercício podem ser trazidos para a sala de aula e até mesmo para colaborar na concepção do currículo.

Além do mais, tais programas fornecem um claro sinal aos graduados e seus empregadores – de que essas pessoas foram treinadas como especialistas funcionais, não gerentes-gerais. Assim, o que é negativo quando se afirma que a proposta é gerencial – como uma ênfase em análise – pode tornar-se positivo quando se afirma que o foco é na aplicação especializada.

Sem dúvida, os graus de mestrado especializados são amplamente difundidos no outro lado do oceano também, mas altamente focado em umas poucas disciplinas mais difíceis e nem de longe tão bem conhecidas como o MBA convencional.[12] A prá-

---

[12] Estatísticas preparadas pela AACSB (2002:9) sobre seus associados mostram 245 escolas relatando programas especializados de mestrado, com o de contabilidade sendo de longe o mais comum (em 192 das escolas), seguido pelo de sistemas de informações (92), finanças (67), tributação (63) e economia (51).

tica européia parece ser mais variada e avançada nesse *front*,[13] mais amplamente reconhecida em casa e mais inclinada a se afastar da concepção dominante de MBA.

A Universidade de Bath dá um exemplo interessante do quanto tal projeto sob medida (*tailored design*) pode ser levado adiante. Seu Grau de Mestrado em Gerenciamento de Compras e Suprimento, instituído em 1993, traz pessoas já experientes no campo para dois anos de estudo em tempo parcial. Ele é "baseado em pesquisa", diz a escola, por causa da "falta de pesquisa avançada e literatura" na área; a expectativa é de que os estudantes a criem! Em seis meses eles participam de cinco "cursos em residência" de uma semana (exemplo, Compras Estratégicas, *Marketing* e Formando Redes), depois do que dedicam um dia por semana à pesquisa de campo, mais um dia por mês a reuniões sobre seu "Conjunto Aprender Fazendo" (*Action Learning Set*) de seis colegas mais ou menos mais um membro do corpo docente. A intenção é elaborar "dois trabalhos de pesquisa para serem publicados", além de uma dissertação cujo tópico é selecionado conjuntamente pelo aluno, o supervisor e o empregador.

O MBF (em Futebol ou Moda), O MBC (em Consultoria), O MBA (em Ciência Aeroespacial), Etc.   Comum também na Europa é a diferenciação por setor-alvo (talvez mais apropriadamente rotulada como segmentação do que diferenciação). Aqui os estudantes especializam-se por setor em estudo, em que encontrarão empregos, ou já os têm.

A Ashridge, no Reino Unido, e a Free University, de Amsterdam, oferecem programas de pós-graduação em Consultoria de gestão; na França, o Centre de Formation Profissionelle des Journalistes tem oferecido um MBA em gestão de jornalismo, e a École Supérieure de Commerce de Toulouse, cidade do Airbus, oferece um MBA em Ciência Aeroespacial. O Bishop Grosseteste College até oferece um grau de mestrado em Gerenciamento de Igrejas e a University of Liverpool (onde mais?) oferece um MBA em setores do futebol. O MBA, que tem sido chamado de "a marca de luxo do mundo educacional do gerenciamento" (Crainer e Dearlove 1999:81), talvez alcance seu ápice em outra das *grandes écoles* francesas, a ESSEC, que oferece graduação em Gerenciamento de Marcas de Luxo. (O folheto respectivo, de grande tamanho, com páginas bastante espessas, oferece as mais sedutoras imagens: um delicado pescoço recebendo uma gota de perfume, uma mão elegante aceitando champanhe numa taça ainda mais chique, e assim por diante.) Palestrantes são trazidos de empresas de marcas de luxo, diz o folheto, e alunos são enviados para nelas estagiarem.

Enfocando um setor específico, como aqueles de função exclusiva, esses programas são capazes de romper com a concepção dominante de MBA, embora apenas alguns optem por fazê-lo.[14] Agora nos voltamos para programas que, embora

---

[13] Gosling atribuiu essa inclinação a uma história diferente, pelo menos no Reino Unido: as escolas de negócios surgiram juntas a partir de departamentos funcionais, que já tinham seus próprios programas especializados (entrevista na IIMB *Management Review*, 1998:168). Muller et al. (1991:85) também afirmaram que as "escolas européias de negócios têm sido poupadas da influência homogeneizadora do processo americano de acreditação."

[14] Nas devidas descrições desse programa da ESSEC, as diferenças soam tão cosméticas quanto os produtos. Disciplinas obrigatórias são oferecidas nas usuais funções de negócios mais sociologia, bem como direito industrial e da propriedade, enquanto que as eletivas soam mais como as funções-padrão de negócios (exemplo, "Ferramentas Específicas de Marketing e Técnicas Usadas pelo Setor do Luxo").

não se concentrem em uma função ou setor específico, de fato rompem com o convencional – rumo ao gerenciamento.

## INOVAÇÕES NA INGLATERRA

Como os Estados Unidos, a Inglaterra possui inúmeros cursos convencionais de educação em negócios e, além disso, existe um movimento agressivo para certificar o gerenciamento como profissão. Mas subjazendo a esses movimentos está uma boa parcela de intrigante inovação.

A grande maioria dos estudantes ingleses de MBA permanece no seu emprego e estuda em tempo parcial.[15] Handy et al. (1988) destacam que os britânicos "têm sempre preferido manter a remuneração enquanto estudam"(p. 170). Inclusive, um bom número de estudantes em tempo integral são pessoas experientes que estão "investindo sua indenização (por demissão) para freqüentar o curso" (Bradshaw 1996); ao passo que 50% deles são financiados integralmente pelos próprios empregadores, e 25% parcialmente (Whiteley 2001).

Como conseqüência, em vez de copiar programas criados para pessoas com pouca experiência, algumas escolas de negócios britânicas têm projetado programas para pessoas com prática. Some a isso a inclinação britânica para a idiossincrasia criativa, e o resultado tem sido um viveiro de desenvolvimentos interessantes. (Um exemplo particularmente incomum será descrito no quadro a seguir.)

---

### GERENCIAMENTO CRÍTICO PARA GESTORES

A University of Lancaster oferece um mestrado de filosofia em Gestão Crítica (*Critical management*) voltado para gerentes, mas não a suas habilidades gerenciais. A finalidade é "questionar a sabedoria convencional" sobre a prática de gerenciamento, escreve Julia Davis, diretora do programa: "Trata menos de soluções rápidas e mais de formas de pensar... O objetivo principal do programa é prover um fórum para reflexão informada, debate e decisão para aqueles que ocupam cargos de responsabilidade".

O folheto descreve o programa como visando a um diploma de "pesquisa de tempo parcial". Durante os primeiros 18 meses, os módulos incluem Ecologia, Ética e Valores, Mudança e Renovação, e assim por diante, seguindo-se "uma rigorosa etapa de pesquisa" com a mesma duração, em tempo parcial. "Estamos oferecendo" esse programa, esclarece o folheto, "porque o gerenciamento é vital para a sobrevivência das organizações, mas precisamos ser críticos a respeito dele a fim de aprimorar a prática diante de um futuro incerto".

Talvez no sentido convencional isso não seja prático para a empresa, mas é extremamente prático para uma sociedade que está inundada de gerenciamento!

---

[15] Whiteley (2001) coloca números para o ano 2000: 5.323 de tempo integral (mas apenas 1.250 britânicos), 4.679 de tempo parcial (quase todos britânicos) e 3.300 de ensino a distância. A média de idade é ligeiramente acima dos 30 anos. Nos Estados Unidos, os números para 2001-2002, relatados por 60% dos membros da AACSB, colocam os MBAs de tempo parcial em cerca de 60% do total, a maioria vindo para tardes e fins de semana (AACSB 2002:21) e, portanto, levando mais tempo, produzindo uma proporção menor de formados.

Antes de discutirmos as características-chave desses desenvolvimentos – colaboração na empresa, módulos periódicos, temas para praticantes e engajamento participativo –, juntamente com exemplos a partir de programas específicos, faço uma advertência: possuo grau de mestrado, mas só um. Não participei de nenhum dos programas discutidos aqui, ou daqueles descritos anteriormente, sobre esse assunto, que é realmente a única maneira de estar certo do que está acontecendo. Estudei seus materiais e discuti alguns deles com pessoas que os conhecem, mas projetos no papel podem ser bem diferentes da prática na sala de aula. E projetos mudam; alguns desses programas poderão não existir mais quando este livro estiver no prelo, enquanto que outros, mais merecedores de atenção, podem ter surgido. A finalidade dessa discussão, entretanto, não é avaliar programas interessantes – candidatos, cuidado! –, mas sugerir desenvolvimentos interessantes que marquem uma mudança de educação em negócios para educação em gestão.

COLABORAÇÃO NAS EMPRESAS   Este livro destacou repetidamente que quando o treinando permanece no emprego, existe a chance de amarrar a experiência educacional ao ambiente de trabalho. Fazer um curso enquanto se mantém o emprego tem impacto no trabalho – negativo, em termos de energia, mas positivo em termos de oportunidade. Assim, tratar a experiência educacional como algo separado – desenvolvida no em seu próprio tempo, para o próprio indivíduo – não só significa perder aquela oportunidade como também jogar mais energia fora. Treinando e empregador perdem. Reconhecendo esse aspecto, as empresas inglesas têm preferido engajar-se no processo educacional – na verdade, às vezes além do que muitas universidades americanas aceitariam.

Programas em *consórcio* são normalmente oferecidos por uma escola de negócios em parceria com um grupo de empresas que assumem a responsabilidade de encher a sala de aula. A Warwick, a Henley e a Lancaster, entre outras, têm oferecido tais programas de mestrado.[16] De que maneira o programa da Warwick se desenvolveu pode vir a ser uma surpresa para algumas das melhores escolas americanas, que tradicionalmente têm insistido em estrito controle acadêmico: "A iniciativa partiu de três membros originais do consórcio: o National Westminster Bank, a BP e a Coopers and Lybrand". Eles queriam um MBA "que enfocasse aplicações práticas e integrasse seus respectivos programas de desenvolvimento da gestão nas empresas" que eles percebiam que não poderia ser desenvolvido em programas tradicionais. "Depois que as corporações tornaram suas necessidades conhecidas, várias universidades propuseram suas candidaturas. Foi aceita a proposta da Warwick de ser o membro acadêmico do consórcio." (Muller et al. 1991:86.)

Essa cessão de considerável controle a empresas não é incomum na Inglaterra. Um documento sobre um programa de mestrado da City University of London, de de 1990, aproximadamente, declarava: "Decisões na área de honorários, currículos e implementação fazem parte do "Conselho do Consórcio", constituído de quatro pessoas da universidade e um representante de cada uma das seis empresas-mem-

---

[16] O CEDEP na França, afiliado ao Insead, também ofereceu tal arranjo por mais de 30 anos, mas não concedendo um diploma.

bro. A conseqüência de tais arranjos pode ser laços razoavelmente fortes. Fundamentados em teoria, mas acionados pela prática é a frase usada num folheto da Lancaster (2000-2002) para seu programa de consórcio, que convida os gerentes de linha dos estudantes para explicar os objetivos do programa e como eles podem ajudar a promover o aprendizado. "As tarefas são todas baseadas em situações reais", assim os alunos podem servir como "catalisadores para mudanças".

Mais perto da prática estão os programas *específicos para uma empresa*, ou *na empresa* (*in company*), em que uma escola oferece um programa (*degree program*) para participantes de uma única empresa. Isso também é comum, cada vez mais, embora não desconhecido nos Estados Unidos.[17] Tais programas podem, sem dúvida, impulsionar agendas de mudanças corporativas até mais diretamente, mas o perigo pode ser uma certa endogenia (*in-breeding*), bem como possíveis transigências com padrões acadêmicos. No quadro a seguir, eu discuto essas conseqüências em termos de duas experiências pessoais com o MBA da British Airways dirigido pela Lancaster University.

MÓDULOS PERIÓDICOS Para permanecer no emprego, os estudantes que trabalham precisam ir à escola em blocos convenientes de tempo (a menos que estudem sozinhos em casa). Os programas americanos de EMBA tendiam a acontecer em tardes ou fins de semana alternados (normalmente sextas-feiras e sábados), restringindo bastante a participação a pessoas nas proximidades. Há programas como esse na Inglaterra, mas mais populares eram aqueles aos quais as pessoas vinham em blocos modulares de duração de uma ou duas semanas. (Não confundir com os "módulos" dos programas americanos discutidos anteriormente no capítulo, onde alunos de tempo integral fazem seus cursos em blocos intensivos.) A Ashridge, por exemplo, em seu programa de tempo parcial de dois anos, mantinha dez módulos residenciais, dois de duas semanas, o restante de cerca de uma semana, intercalados com "desenvolvimento *in company*" (folheto de 1995-1997).

---

### INDO LONGE DEMAIS?

No início do ano 2000, recebi um pedido para submeter uma proposta de um módulo sobre estratégia como parte do programa de MBA da British Airways, a maior parte dele desenvolvido na Lancaster University. O módulo era para ser, de certo modo, terceirizado. Eu não era particularmente simpático a essa abordagem, mas Jonathan Gosling, da Lancaster, bem como um amigo que estava interessado em trabalhar no módulo, mostrou-me sua urgência e concordei em formular uma proposta e fazer uma entrevista com o comitê de avaliação – duas pessoas da Lancaster University e quatro da British Airways –, o que acabou sendo o *Vendor Selection Day* (Dia de Seleção do Fornecedor)! Pelo menos pude aprender algo sobre o processo.

*– continua*

---

[17] O artigo (Scannell 2001) do *Wall Street Journal* descreveu um MBA da Babson oferecido na Intel com "casos e projetos específicos da empresa... inseridos no currículo". Outro programa, na Lucent, existente então há quatro anos, permitia que os empregados obtivessem um grau de mestrado em finanças na Babson.

> *– continuação*
>
> Em 1991, havia ministrado uma palestra na British Academy of Management sobre desenvolvimentos em educação gerencial. Referi-me a alguns aspectos interessantes que aconteciam naquele país, dando a entender que algumas coisas pareciam ir longe demais, e mencionei programas de MBA dirigidos a empresas específicas, como aquele para a British Airways.
>
> Alguém veio a mim, logo depois, e apresentou-se como Jonathan Gosling, da Lancaster University, que estava envolvido com aquele programa. "Eu deveria ver com meus próprios olhos", disse ele, e convidou-me para uma de suas reuniões tutoriais com grupos, com alguns de seus alunos, como "praticantes que refletem" (como Jonathan me escreveu).
>
> A reunião, levada a efeito dois meses mais tarde, foi dedicada principalmente a preparar seus "Projetos de Estratégia". Um dizia respeito aos fornecedores da BA no Extremo Oriente; outro era sobre uma estratégia para o Aeroporto de Gatwick; e uma terceira era sobre uma ameaça competitiva de uma empresa aérea americana. Fiquei impressionado com a natureza dos tópicos e como eles combinavam o pensamento conceitual da universidade com os problemas práticos da empresa. Esses não eram alunos jovens aventurando-se em alguma espécie de "mundo real" para brincar de consultores, ou mesmo alunos experimentados discutindo os casos de outras pessoas. Eram gerentes envolvidos nas questões que estavam investigando e, portanto, eram extremamente conscientes do que não conheciam.
>
> Gosling estava certo! Nossa reunião conduziu a uma maravilhosa colaboração que continua até os dias de hoje, manifestada particularmente no programa do International Masters in Practicing Management (Mestrado Internacional na Prática de Gerenciamento), descrito na Parte II deste livro. Nele, trabalhamos bem próximos das empresas participantes, mas retivemos responsabilidade pelas decisões curriculares: não temos *Vendor Selection Day*!
>
> Finalmente, o que talvez tenha sido melhor para todos os envolvidos, nós não fomos o "fornecedor" selecionado naquela concorrência de 2000. O comitê, como seu representante nos relatou, preferiu algo mais convencional.

Freqüentar as aulas por uma semana inteira ou duas, comparado com tardes ou finais de semana, permite mais concentração nos estudos. Os alunos tendem a ficar menos cansados e podem entrar mais profundamente na matéria. Sem dúvida, há mais tempo longe do trabalho, mas tais períodos não provaram conturbar muito o trabalho. Mais importante, esse formato encoraja a fazer conexões sérias entre a experiência dos estudantes, bem fresca em suas mentes e pronta para ser renovada, e os conceitos da sala de aula. Aqui, de fato, é onde algumas inovações realmente significativas no treinamento inglês de gerenciamento podem ser encontradas.

Temas para Praticantes   Como discutido nos Capítulos 2 e 3, a estrutura dominante do MBA convencional – em torno das funções empresariais – estabeleceu um estrangulamento na maioria dos programas de MBA. Mas muitos gerentes experientes procuram treinamento adicional quando saem desses silos. Na mesma linha de exame, várias escolas inglesas afastaram-se desse tipo de programa e organizaram-se em torno de temas mais próximos da prática gerencial. Por exemplo, alguns módulos daquele programa da Ashridge eram Ambiente Global de Negócios; Conseguindo Efetividade Operacional; Negócios e Sociedade e Implementação de Mudanças (folheto de 1995-1996). Aqui e lá, pelo mundo, outras estruturas interessantes também podem ser encontradas. A University of Capetown oferece um fascinante EMBA na África do Sul, que procura sintetizar abordagem de sistemas com o aprendizado na ação. Os gerentes enfocam questões no campo e aprendem uns com os outros na sala de aula. As atividades gerenciais são analisadas em três domínios: adição de valor (usando recursos e competências eficientemente), inovação ou estratégia (para sustentar a capacidade de criar valor) e normativa (legitimidade, identidade e viabilidade a longo prazo), desenvolvidas em seis módulos. O programa de MBA da Sabanci University, de Istambul, divide o seu primeiro ano em Globalização, Competição, Redes de Negócios, Gerenciamento do Significado, Estruturação Organizacional, Gerenciamento de Produtos, Gerenciamento da Pesquisa e Gerenciamento de Criação de Valor (descrição de 2001-2002).

Outra abordagem temática, menos coesiva porém mais prática, enfoca atividades de programas em torno de questões práticas atuais. Em meados dos anos 90, por exemplo, o programa de EMBA da ESCP, outra das *grandes écoles* francesas, agendou 16 *workshops* de fim de semana, de dez horas cada, sobre tópicos tais como desburocratizar a empresa, definir as relações entre escritórios centrais e subsidiárias e estabelecer uma estratégia européia.

A importância dessas reconcepções temáticas é que elas vêem o mundo do ponto de vista dos praticantes, em vez de impor uma estrutura conveniente aos acadêmicos. Entretanto, há dois perigos. Por um lado, os temas podem ser bem gerais (exemplo, Investigar o Futuro): é bem fácil, especialmente para os acadêmicos, aparecer com temas lindamente rotulados.[18] Por outro lado, os temas podem ser aplicados (por exemplo, Gerenciamento da Qualidade Total) bem próximos da prática, para encorajar a necessária sondagem além do óbvio. O Capítulo 10 discute uma estrutura temática que foi projetada para evitar ambos os perigos.

Todas essas características – colaboração nas empresas, módulos periódicos e temas para praticantes – facilitam uma troca de educação em negócios para educação em gerenciamento, mas uma quarta característica, que diz respeito à pedagogia da sala de aula, é necessária para assegurá-la.

ENGAJAMENTO DO PARTICIPANTE  A verdadeira mudança acontece quando o processo educacional muda, do ensino do professor para o aprendizado do aluno. Isso exige uma alteração radical na pedagogia, além da "participação" de alunos na discussão de casos e projetos de campo, e numa direção oposta àquela das novas tecnologias discutidas anteriormente. A pedagogia tem que se tornar mais engaja-

---

[18] Inclusive os que simplesmente combinam as funções tradicionais. Como destacado anteriormente, transfuncional ainda é funcional. Uma matriz montada com as matérias do programa faz um mapa dos novos temas articulado com as velhas funções. Um currículo verdadeiramente temático dispensa as velhas categorias em vez de rearranjá-las.

da, mais pessoal e especialmente mais personalizada. E aqui, de novo, as escolas inglesas têm estado na vanguarda.

No seu limite – e esse limite tem que ser abordado para ser apreciado –, essa espécie de pedagogia oferece aos "participantes" experientes responsabilidade significativa pelo seu próprio aprendizado, em seu projeto, bem como sua execução. Empurrar conceitos sobre (ou no) estudante pode ser apropriado para alguma matéria estruturada. Mas, como foi enfatizado antes, o próprio gerenciamento não é muito estruturado, e os gerentes dificilmente aprendem a partir dessas formas passivas. O aprendizado ativo acontece quando o aprendiz *puxa* novas idéias para seu domínio de experiência – para conectá-las, vê-las no contexto, usá-las naturalmente.

Dois passos nessa direção podem ser encontrados em várias escolas de negócios da Inglaterra. O primeiro usa algumas tarefas do tipo *Action Learning* (Aprender Fazendo) no emprego. Já vimos exemplos disso nos projetos de MBA da British Airways e nos estudos nas empresas desenvolvidos na University of Bath. Os participantes escolhem o que fazer, talvez em consulta com seus gerentes, e o fazem em suas empresas. Mas como Thirunarayana (1992) destacou, eles não precisam fazer uma verdadeira mudança; eles também podem aprender por meio de investigação de algumas questões vivas.

Projetos de aprendizado da ação efetuados por equipes de praticantes, evidentemente, tornaram-se muito populares em programas de desenvolvimento de gestores sem direito a diploma em especial nos Estados Unidos, como o famoso programa Work Out da General Electric. Mas, como veremos no próximo capítulo, muitos desses tornaram-se exercícios de ação mais do que de aprendizado.

Segundo, sob o que é às vezes chamado de *aprendizado auto gerenciado*, a responsabilidade por grande parte do aprendizado é passada aos próprios participantes, além de simplesmente escolher tarefas ou projetos. Em seu "Management MBA" (cujo título diz alguma coisa), a City University of London alguns anos atrás levou a personalização ainda mais longe. "O local de trabalho é o foco central", dizia o folheto (1994), "não o *campus*", e, assim, "o curso é tão móvel quanto os participantes". Primeiro, "cada estudante passa por um rigoroso processo de avaliação... para adaptar [o treinamento] às necessidades individuais". Então alguns projetos, "geralmente três", servem de "núcleo central" do programa, pelo qual conhecimentos e habilidades aprendidos "são imediatamente postos em prática". Com a afirmação do folheto, de que "acadêmicos não têm o monopólio da sagacidade em negócios", mas que os praticantes são muitas vezes "as melhores pessoas para ajudar a desenvolver" as habilidades necessárias, encontramo-nos bem longe daqueles cursos de teoria dos jogos da Stanford, ainda mais dos 500 casos de Harvard!

De que forma todas essas coisas funcionam – na verdade, o quanto cada uma delas funciona – só os participantes podem revelar. Não realizei qualquer pesquisa sistemática sobre isso. Mas essas inovações podem certamente ajudar-nos a considerar maneiras mais eficazes de desenvolver gerentes, como será discutido em vários capítulos na parte seguinte deste livro.

## Um Conto de Dois Programas*

Deixe-me concluir essa discussão comparando dois programas; ambos usaram várias dessas inovações, mas apenas um de uma forma completamente compromissada. Eu experimentei o primeiro quando trabalhei por um curto tempo com uma de suas turmas há alguns anos; acompanhei o segundo ao longo do tempo por meio de debates com as pessoas envolvidas, particularmente um diretor com uma longa permanência no cargo.

Em Dublin, o Irish Management Institute, em conjunto com o Trinity College, oferece um M.Sc. (mestrado em ciências) na Prática da Gerência. Trata-se de um programa de dois anos, cujo "objeto é proporcionar a gerentes seniores desenvolvimento gerencial geral, em tempo real, centrado em seus próprios empregos e organizações" (*web site*, 2003). De 10 a 12 pessoas são aceitas a cada ano, e até agora já se formaram cerca de 250. Aos participantes é conferido o grau depois de apresentarem uma tese na qual tenham realizado uma análise estratégica de sua organização em seu ambiente, tenham desenvolvido uma estratégia para a mudança em algum aspecto da organização, e tenham descrito "as intervenções feitas, o progresso obtido e o que foi aprendido com a experiência (específica e geral)". Para uma noção da autenticidade das iniciativas, aqui estão alguns exemplos.

"Strategy Formation in a High Technology Irish Company" (Formação da Estratégia em uma Empresa Irlandesa de Alta Tecnologia) foi escrito por um vice-presidente no final da era das *pontocom*. Uma tentativa de redirecionar a empresa falhou por várias razões, e essas foram exploradas. "Colonel to General – Why the Battlefield Looks Different" (De coronel a general – Por que o campo de batalha se mostra diferente) foi escrito pelo gerente de operações de uma subsidiária multinacional durante a sua transição ao posto de gerente-geral. O diretor de RH de uma empresa aérea documentou o gerenciamento da mudança em período da incerteza sem precedentes subseqüente ao 11 de setembro e tirou conclusões em nível corporativo e pessoal.

Ao longo de todo o programa, a ênfase é na "aplicação, do que está sendo ensinado, à organização e à função que o indivíduo exerce". A cada mês os participantes apresentam um relatório que usa as idéias das leituras para descrever sua função e organização. Há também vários seminários, com média de dois dias cada, por um período de dois anos, sobre estratégia, análise financeira, concepção organizacional, gerenciamento de mudanças, e outros. Entre um seminário e outro, intensa tutoria/mentoramento é oferecida para cada participante.

Foi estimulante trabalhar com essa turma. Lembro-me de um "aluno" particularmente articulado irrompendo com idéias interessantes e totalmente familiarizado com a teoria – ele era o segundo no comando de uma grande empresa pública da Irlanda. Ele teria sido uma ótima adição a uma Stanford ou a uma Wharton. Mas teria sido igualmente benéfico para ele?

Não muito longe, geograficamente pelo menos, estava o programa de MBA desenvolvido na Cambridge University no início dos anos 90. As idéias eram ino-

---

* N. de R. T.: O título, em inglês, é "A tale of two programs" que tenta fazer analogia com o romance *A Tale of two cities* (Um conto de duas cidades), do escritor inglês Charles Dickens.

vadoras, mas estavam a meio caminho, como uma espécie híbrida entre o MBA convencional e os programas descritos antes.

Esse programa também era dirigido a pessoas no trabalho, mas jovens, "tipicamente em torno de 20 anos". E, no projeto original, eles tinham que deixar seus empregos por longos períodos – de nove a 10 semanas em cada um dos três anos. Havia um componente de aprendizado da ação, também, mas seu próprio relatório sugeria uma certa hesitação, destacando: "A maioria dos alunos que toma parte nesse curso ainda não ocupa cargos de gerenciamento significativos", mas "mesmo uma parcela de responsabilidade" constitui "um componente gerencial sobre o qual" acumula-se aprendizado. Em outro local, o folheto mencionava a "forte orientação para projetos" do programa... "[cada uma] baseada numa situação de gerenciamento da vida real". Desnecessário mencionar "vida real" em Dublin! O trabalho do curso foi organizado por temas chamados Fundamentos da Gerência, Gerência Integrativa e Gerenciando no Contexto, com uma boa parcela de estudo funcional convencional.

Esse projeto entrou em dificuldades por algumas razões óbvias: longos períodos longe do emprego e muitos dos alunos eram jovens demais para apreciar a gestão ou obter o endosso de seus empregadores. Assim, com o tempo o programa minguou, a ponto de o folheto da Cambridge do ano 2000 enfocar um MBA um tanto convencional, de um ano em tempo integral, mencionando também um programa "Integrado de Dois Anos", em que os estudantes "ganham um ano para trabalhar... seja com seu empregador original ou com um diferente", antes de retornar aos seus estudos.

## Separando MB de A*

Este capítulo no geral, e essas duas histórias em particular, indicam que há uma espécie de fio de navalha no treinamento pós-graduado de MB/A De um lado está *B* (de *business*): especialização nas funções de *negócios*, na maior parte dirigida a gente mais jovem, com pouca experiência, seja reconhecida como tal pelos programas europeus especializados ou não pelos programas de MBA convencionais. E de outro lado está *A*, de *administração*, significando gerenciamento: programas projetados para treinar gerentes em seu próprio contexto, e assim adotar uma abordagem totalmente diferente.

Não apenas parece não haver uma base comum entre os dois, mas as recentes "inovações" descritas no capítulo parecem tê-los separado ainda mais. De um lado as novas pedagogias tecnológicas, os esforços para internacionalização e o ensino de habilidades sociais e de comunicação, que, se algo foi feito, acabou por levar os programas convencionais ainda mais fortemente na direção das orientações analíticas e ainda mais longe da prática gerencial. E, de outro lado, estão as sérias inovações dos programas para gerentes experientes, que mostram o caminho para uma educação gerencial autêntica.

---

* N. de R. T.: O título, em inglês, é *The great divide in the MB/A*.

Falaremos mais sobre esta última no Capítulo 9, em que as conclusões do presente capítulo serão ordenadas em um conjunto de propostas para o desenvolvimento de gerentes. Isso terá prosseguimento nos capítulos 10 a 14, com a descrição de uma família de programas desenvolvidos para concretizar essas propostas. Mas primeiramente precisamos fazer uma viagem ao outro lado do processo, para levantar atividades para o desenvolvimento de gerentes por meios outros que não a educação formal. Lá veremos os benefícios de combinar as melhores idéias do desenvolvimento gerencial com as verdadeiras inovações em educação gerencial.

PARTE DOIS

# DESENVOLVENDO GERENTES

Na segunda parte deste livro, a partir do que expusemos na primeira parte, desviamos o foco, de programas educacionais convencionais voltados a habilidades especializadas, para atividades de desenvolvimento para aprimorar a prática da gerência. Também mudamos o tom, que passa de crítico para construtivo: de problemas que existem para oportunidades que podem vir a ser.

A Parte II contém oito capítulos. Começa pelo Capítulo 8, que analisa a prática de desenvolvimento gerencial dentro e fora das próprias organizações em que os gerentes trabalham. Há uma riqueza que pede para ser ligada à educação gerencial. O Capítulo 9 sugere como esse casamento teoricamente deveria acontecer, enquanto os Capítulos 10 a 14 mostram como ele acontece na prática, em uma família de programas desenvolvidos por uma equipe reunindo alguns colegas e eu mesmo. O capítulo final deste livro chama a atenção para a renovação das escolas de negócio – visando ao real desenvolvimento das mesmas – para que enfim tornem-se, verdadeiramente, escolas de gestão.

# 8

# Desenvolvimento Gerencial na Prática

*Todos nós desejamos aprendizagem na ação customizada em massa para os indivíduos.*
– Heinz Thanheiser

Da educação gerencial, manobramos aqui em direção ao desenvolvimento gerencial – algo bem diferente, infelizmente. Embora a organização que emprega os gerentes raramente se envolva em sua educação, além de contratar e, às vezes, financiá-los como estudantes, elas realmente tomam a dianteira em seu desenvolvimento. Isso tem resultado em maior variedade, assim como em maior experimentação e praticidade; e em mais superficialidade, também. Mas há muita prática de bom senso no desenvolvimento gerencial, e a melhor delas visa a valorizar mais a educação gerencial do que se tem visto.

## Mapeando a Educação e o Desenvolvimento Gerencial

A Figura 8.1 apresenta um mapa para localizar os vários componentes da educação e desenvolvimento gerencial, assim como vários agentes. Da esquerda para a direita, a partir das escolas de negócios, vem o *push* da *educação gerencial* (o que é obrigatoriamente oferecido), com as suas teorias, conceitos etc., colocados à disposição daqueles que se matriculam. A maioria das pessoas, portanto, é

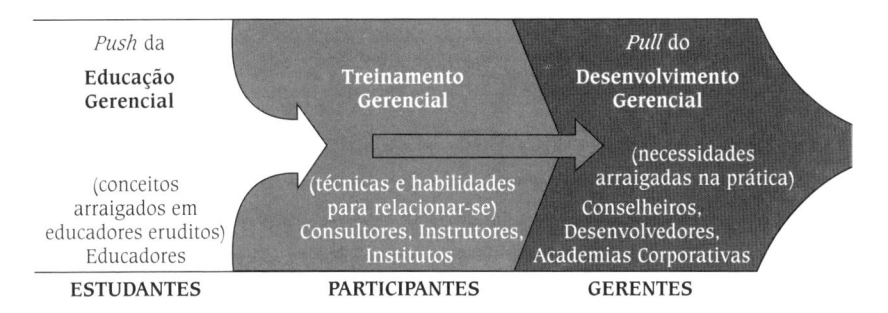

FIGURA 8.1
Mapa da educação e do desenvolvimento gerencial.

educada fora da prática para a qual é contratada ou para a qual retorna. Isso se aplica até mesmo a muitos programas de menor duração para gerentes, que normalmente são projetados como miniaturas dos programas voltados a um diploma – menos intensivos, mas não muito mais conectados. Mesmo as escolas de negócios mais conhecidas – ou, talvez eu devesse dizer, principalmente as mais conhecidas – tendem a diminuir os seus materiais acadêmicos em vez de repensá-los para um público diferente, oferecendo-os indiscriminadamente a todos que se matriculam. Muitas escolas certamente defendem a customização, mas normalmente isso significa a seleção de componentes a partir de um conjunto genérico (*generic pool*).[1]

À direita do diagrama está o *pull* do *desenvolvimento gerencial* tudo que as organizações buscam e que imaginam apropriado para o desenvolvimento dos seus gerentes. Cada vez mais, na busca de customização real, elas fazem isso por si só.

Entre esses dois conjuntos está o *treinamento gerencial*, oferecido por instrutores, consultores e vários institutos independentes. Normalmente eles desenvolvem os seus próprios repertórios práticos de técnicas, habilidades e assim por diante; às vezes, adotam materiais das escolas de negócios.

Um artigo do *Financial Times* (Wood 2000) descreve os cursos de consultoria como programas orientados ao "conhecimento tático", mais "vocacionais" do que "acadêmicos". Mas há uma grande variedade de ofertas aí. Alguns dos que oferecem cursos, como o Center for Creative Leadership e o Aspen Institute, ambos situados nos Estados Unidos, avançam além do treinamento, às vezes chegando ao desenvolvimento de modalidades pouco usuais, e chegando até à educação.

Na melhor das hipóteses, os fornecedores, do meio do diagrama, se relacionam de ambas as formas, agindo como transmissores ou polinizadores, entre, questionamentos de um lado, e necessidades de aplicação, de outro. Eles são capazes de ver mais claramente as necessidades da prática do que muitos acadêmicos e mais amplamente de um lado a outro da prática do que a maioria das empresas. Aos

---

[1] Um artigo recente do *Financial Times* (Bradshaw 2003c) enfatiza uma mudança nos programas "customizados", mas também cita os responsáveis pela educação executiva de Harvard e Wharton sobre o seu entusiasmo em relação a programas "abertos" (ou públicos); ambas as escolas, na verdade, incluíram recentemente vários novos programas, mesmo diante da redução do seu mercado.

*insights* conceituais dos mestres, eles podem adicionar uma maior facilidade com a técnica e uma maior capacidade de desenvolver habilidades. Na pior das hipóteses, eles entram em um tipo de terra de ninguém, promovendo técnica desconexa como um tipo de "melhor forma" idealizada.

Da mesma maneira, na melhor das hipóteses, a educação gerencial se relaciona com o desenvolvimento gerencial: o *push* (o que é obrigatoriamente oferecido) da esquerda se une ao *pull* (o que se busca) da direita. Alguns dos programas ingleses discutidos no capítulo anterior são bons exemplos disso. Mas, em sua maioria, como vimos no Capítulo 2, a educação gerencial separa os mundos do desenvolvimento gerencial. A ampla conclusão que podemos tirar disso é que, enquanto o desenvolvimento gerencial raramente educa, a educação gerencial raramente promove o desenvolvimento. É uma lástima que isso ocorra, pois ambas teriam mais poder se pudessem trabalhar concertadamente.

Esta segunda parte do livro transfere a nossa atenção do *push* para o *pull*, mais precisamente do que é oferecido na educação gerencial convencional (*push*), objeto de crítica na Parte I, para a combinação do *push* e *pull* no desenvolvimento educacional gerencial. Como o quadro a seguir demonstra, essa idéia não é nova.

---

### DESDE QUANDO EM DECLÍNIO?

*Em A República, [Platão] estabeleceu a sua perspectiva para treinar líderes para o estado político ideal. Começar com boa matéria-prima era o que ele considerava um fator decisivo para o sucesso do seu programa... Mas Platão também acreditava que o treinamento e as experiências de trabalho eram importantes. Os candidatos... passavam por estudos rigorosos de aritmética e geometria, com uma dose saudável de atletismo para equilibrar. Depois vinha a experiência de trabalho em serviço público ou militar, o que era acompanhado por estudos aprofundados de filosofia... Ao longo dos anos de preparação, Platão testava os candidatos para determinar quais deveriam avançar para o nível seguinte de estudo e experiência de trabalho. Por fim, com a idade de 50 anos – isso mesmo, 50 anos —, os candidatos preparados por Platão estariam aptos a governar.* (Conger 1992:37-38)[2]
O sonho de Platão nunca se realizou. Mas continuamos tentando!

[2] Conger abre o seu artigo com essa referência a Platão e encerra com outra: "Aristóteles disse que poderia fazer o mesmo em apenas dois [anos]. Seu discípulo era Alexandre, o Grande" (p. 64). Mas, mesmo assim, levou dois anos!

---

Este capítulo analisa a prática no desenvolvimento gerencial. A discussão aqui não é exatamente ampla – para isso seria necessário mais um livro (ver, exemplo, McCauley et al. 1998) –, mas procura identificar e estabelecer as principais abordagens a serem consideradas ao projetar-se uma educação gerencial mais eficaz. As cinco abordagens aqui identificadas são: Nade ou se Afogue; Movimentação, Mentoria e Monitoramento; o *Buffet* do Desenvolvimento Gerencial (sobre cursos); Aprender Fazendo, e Academias Corporativas. A conclusão é que as coisas interessantes acontecem menos dentro dessas abordagens do que nas suas interfaces.

## "NADE OU SE AFOGUE"

Pergunte a um grupo de gerentes, como o faço regularmente, sobre o que aconteceu no primeiro dia em que se tornaram gerentes e a resposta será quase inevitavelmente a mesma: um olhar confuso, os ombros tensos, e depois a resposta comum: "Nada".[3] "Pelo menos alcançaram-lhe algum material sobre gerência para ler?, pergunto. "Não". A gerência é tratada como sexo: você vai acabar aprendendo. E os resultados iniciais normalmente são os mesmos: todos os tipos de conseqüências horríveis e inesperadas.

Ser promovido, de engenheiro de produto para o gerenciamento dos engenheiros, ou de médico obstetra para chefe da obstetrícia, é uma mudança e tanto. As tarefas são totalmente diferentes. "Eu não fazia a mínima idéia de qual era a minha função. Eu entrei rindo de nervoso porque fora promovido e não tinha a menor noção de que princípios ou estilo seguir. No primeiro dia, eu me senti como se tivesse batido em uma parede de tijolos."

Esse comentário consta do livro, cheio de idéias, de Linda Hill (1992:15), *Becoming a Manager*. O tema de seu livro, de forma incidental, é raro na literatura, assim como o treinamento o é para os gerentes na prática – quase ninguém parece se preocupar. Falamos muito sobre gerência, mas quando mais importa, nada fazemos nem escrevemos sobre ela. Pode haver algo de instintivo na gerência, mas tem que ser aprendido também, não apenas fazendo mas sendo capaz de conquistar *insight* conceitual *enquanto* se gerencia. "Os novos gerentes obviamente tinham o seu trabalho arrancado deles: aprender como ser gerente era uma dura tarefa. Eles têm que compreender expectativas, exigentes, complexas e, normalmente, conflitantes."(p. 47)

Não é nenhuma surpresa, portanto, que a prática de desenvolvimento gerencial mais comum, "nade ou se afogue", resulte em muitos afogamentos e poucos nados – estes últimos de forma espadanada e frenética. (Veja o quadro a seguir.)

Claro que ninguém começa do nada. Os novos gerentes já tiveram os seus próprios gerentes, se não como modelos pelo menos como exemplos do que fazem os gerentes. Mas observar isso fora daquele escritório é tão difícil quanto vivenciar isso lá dentro. A maioria dos novos gerentes continua a ter os seus próprios gerentes, que podem prestar-lhes ajuda – mais ou menos —como mentores. Às vezes, isso é feito de forma séria, até mesmo formal, o que pode tornar a aprendizagem um tipo de noviciado. Mas normalmente é apenas "tirar o que puder de quem quer que seja."

Além disso, todos os gerentes são bem-vindos a autodesenvolvimento em seu tempo livre – comprar uma fita cassete, ler um livro, matricular-se em algum curso ou freqüentar um curso que leve a um diploma. Nos Estados Unidos, o desenvolvimento agora está, cada vez mais, sendo considerado uma responsabilidade pessoal. Neste mundo em que tudo que vem fácil, vai fácil, se você perder seu emprego e não encontrar outro, a culpa é sua. Então, esteja preparado.

---

[3] Constable e McCormick (1987) estimam que, dos aproximadamente 130.000 que ingressam na 'gerência' [na Inglaterra] a cada ano,... a maioria... ou não receberá nenhuma introdução formal aos elementos dos negócios ou esperará até que esteja na metade da carreira, estágio em que mais de 1/3 continuará sem receber essa introdução."(Mayon-White 1990:xiii.)

> ## NADE OU SE AFOGUE NA GERÊNCIA
>
> *(De Tony J. Watson,* In Search of Management *(1994:159)*
>
> "Eu não me considero alguém que tenha sido treinado para ser gerente. Para começar, fui jogado em águas profundas. Eu não sabia de que forma iria sobreviver – "nadar ou me afogar" eram minhas alternativas. Acho que sabia que poderia ser bem-sucedido, no final do dia, usando meus dons naturais e tudo o mais. Acho que em seguida aprendi a gerenciar."
>
> "A gerenciar?"
>
> "A manter minha cabeça fora d'água. Bem, eu não tinha a intenção de ser um gerente nesse sentido em que você está falando. Eu só queria estar vivo no final da semana, ou no final do mês, sem me envolver em muitos problemas nem aborrecer colegas."
>
> "Mas isso é realmente muito diferente de 'ser gerente'?"
>
> "Talvez não seja. Eu não sei. Devo admitir que, apesar de todos esses cursos dos quais participei e de todos os livros sobre gerência que engoli, eu ainda confio mais em meus dons, em meu charme devastador, para fazer o meu trabalho. Às vezes chego a pensar que não aprendi nada, outras vezes acredito que estou todo o tempo aprendendo. Não acho que estou prestes a afundar, como já me senti antes."
>
> "Você hoje é um melhor nadador?"
>
> "Eu gosto disso: aprender a gerenciar é como aprender a nadar. É meio instintivo, mas você ainda assim precisa aprender; bem, talvez não aprender, mas se tornar mais seguro. Sim, você ganha confiança à medida que experimenta coisas diferentes."

Mas, separando, assim, aquele que precisa aprender da organização em que está, a aprendizagem se separa da prática, tanto emocional quanto conceitualmente. Gerenciar, dessa forma, é um procedimento tratado como outra função qualquer, como programar um computador, em vez de ser considerada a cola essencial que mantém a empresa unida.

Em um mundo de "nade ou se afogue", todos os gerentes certamente têm que funcionar. Mas há formas de ajudar a nadar. Vamos estudar quatro delas, em particular, que tratam sobre: desenvolvimento no trabalho, o currículo de estudos, aprender fazendo e desenvolvimento formal mais intensivo nas academias corporativas.

# MOVIMENTAÇÃO, MENTORIA E MONITORAMENTO

Se a gerência é uma prática, então algum tipo de aprendizado tem que se mostrar proeminente na forma em que é aprendido. Em outras palavras, deve acontecer algum aprendizado formal, de maneira significativa, no trabalho. Sob esse aspecto, a gestão não é diferente de nenhum outro trabalho complexo. Até mesmo cirurgiões, por exemplo, a despeito de sua longa formação, precisam de desenvolvimento no trabalho.

Em sua maior parte, as organizações hoje não estimulam muito a aprendizagem, pelo menos de modo formal. Mas sob o rótulo "treinamento no local de trabalho" ou OJT (*on the job training*), algumas coisas interessantes acontecem. Eu abordo duas delas em especial: a primeira é movimentar sistematicamente gerentes "de alto potencial" para que maximizem suas oportunidades de auto-aprendizagem; a segunda é a mentora, isto é, promover treinamento a ser desenvolvido por gerentes mais experientes que possam auxiliar nesse processo.

## McCall Propõe Movimentar Pessoas

Morgan McCall (1988; também McCall et al. 1988) enfatizou a movimentação de pessoas, "fazendo rodízio", para facilitar a aprendizagem. Chave para o desenvolvimento de gerentes, segundo ele e seus colegas, "são as lições da experiência" (p. 97), um ponto apoiado por Ohlott (1998), que cita pesquisa que mostra que os gerentes "consideram as experiências no trabalho como a fonte de aprendizagem básica... Pedia-se aos executivos para identificar acontecimentos decisivos no seu desenvolvimento como líderes. Suas histórias comprovaram que eles sentiam que aprendiam mais com pessoas influentes no trabalho e com desafios inerentes a suas funções do que por meio de outras experiências não relacionadas a trabalho" (p. 128).

McCall (1998) ressalta esses desafios especialmente na definição de tarefas. Ele se refere a um estudo em uma grande empresa que "revelou uma relação expressiva entre desafio inicial no trabalho... e o sucesso gerencial subseqüente" (p. 2):

> Em muitas experiências no transcurso de sua aprendizagem, os gerentes entraram no jogo com *pelo menos uma carta a menos*. Eles enfrentaram, rotineiramente, funções, negócios, produtos ou tecnologias não conhecidas; em alguns casos, eles eram muito jovens, tinham o histórico "errado" e precisaram aprender a usar linguagens para lidar com o computador, com finanças ou com o direito. Alguns se encontravam em país estrangeiro, sentindo-se incapazes de falar a língua local ou de estabelecer comunicação com as pessoas que gerenciavam. Ainda assim, o desafio era não permitir que a carta que lhes faltava os derrubasse; o desenvolvimento estava em trabalhar em torno de uma desvantagem significativa. (p. 5)

"Atender a esses desafios não deixou muitas opções, senão aprender e desenvolver novas capacidades." Assim, "o desenvolvimento veio de dentro", o que fez com que McCall estabelecesse a sua primeira regra: "Desenvolvimento não é algo que as pessoas construam por si mesmas" (p. 5). Mas a segunda regra de McCall esclarece que o desafio pode ser inserido para encorajar esse autodesenvolvimento, notavelmente fazendo com que as pessoas trabalhem em rodízio em uma série de atividades que aumentem as suas capacidades: desde gerenciar uma empresa iniciante, para aprender a "exercer um forte comando em face da ambigüidade", até gerenciar uma reviravolta de um negócio existente, para aprender "a superar a resistência e a incompetência"(p. 9). Da mesma forma, "pequenas tarefas estratégicas" podem "chocar" as pessoas "a partir de um ponto de vista provinciano, exigindo que elas partam de uma perspectiva operacional para uma perspectiva estratégica" (Lombardo e Eichinger, colegas de McCall, 1989:9). E, evidentemente, as "dificuldades" ensinam "porque nos informam sobre os nossos limites". McCall acrescenta que "em nossa pesquisa, os gerentes comentaram conosco sobre cometer erros, ficar paralisados frente a trabalhos que não tem fim, ser obrigados a demitir pessoal e suportar as vicissitudes da vida. Esses acontecimentos em geral fizeram com que os gerentes olhassem para dentro de si próprios e refletissem sobre a sua humanidade, sobre a sua capacidade de resiliência e sobre as suas falhas." (p. 3)

## BOETTINGER PROPÕE MENTORIA

Mentores, *coaches* e modelos* – chame do que quiser – podem ajudar em tudo isso. "Ter um bom chefe parecia ser mais importante no primeiro trabalho gerencial e em uma atividade de grande escopo", principalmente se eram modelos "de habilidade ou atributo excepcional" (McCall 1988:4).

Esses papéis são considerados um tanto informais em grande parte da prática, assim como em parte da literatura (ex. Fox 1997). Uma defesa vigorosa da aprendizagem formal surgiu em um artigo de 1975 da *Harvard Business Review*, intitulado "Is Management Really an Art?", escrito por Henry Boettinger, Diretor de Planejamento Empresarial da AT&T. "A intuição por si só não é suficiente, nem mesmo para um desempenho amador nas artes convencionais", argumentou ele. A proficiência leva anos para ser desenvolvida, por meio de "métodos... passados do professor para o pupilo... geralmente nada tendo sido atingido de forma instintiva ou sem prática" (p. 55). "Apenas alguém que pode de fato desempenhar ou agir é qualificado para ensinar", escreveu Boettinger. Na gestão, entretanto, comparado com "as outras artes", isso não começa em um estágio inicial, com pessoas jovens trabalhando com o mestre. Boettinger em verdade fez uma citação sobre uma exceção à regra, que ele considerava como ideal: os primeiros dias do Serviço Público Civil dos Povos Indígenas (*Indian Civil Service*), em que novos membros uniam-se a outros mais experientes, "que os instruía em suas tarefas. O mentor dava a eles missões mais difíceis, de forma progressiva, ajudava-os quando estavam atrapalhados, escreviam relatórios confidenciais sobre o seu progresso e faziam recomendações para novas tarefas, visando ao desenvolvimento dos pontos fortes e à eliminação dos pontos fracos" (p. 59).

Boettinger estabeleceu distinção entre algumas dessas outras artes e a gestão, o que o fez chegar a uma conclusão oposta à de McCall. "Quando as ferramentas e os materiais de uma arte são inanimados, como na escultura... o desenvolvimento é uma atividade pessoal", enquanto que na gestão, em que as "personalidades, talentos e esforços" dos outros estão em jogo, "a educação de seus membros torna-se uma responsabilidade social da instituição em si" (p. 57). Como atesta Raelin (2000), em apoio à posição de Boettinger, movimentar-se sozinho deixa o aprendizado com o indivíduo, enquanto que movimentar-se com alguém servindo de mentor torna-se um processo social, o que faz com que essa ação alcance maior eficácia. Raelin entende, por exemplo, que ampliar as tarefas, embora seja desafiante, não oferece necessariamente ao gerente muita chance de refletir com

---

* N. de R. T.: *Role models*, no original.

os outros sobre a aprendizagem. "Em outras palavras, a experiência tende a ensinar em particular, reforçando a noção de que a aprendizagem [nas organizações] é feita de forma individual e não coletiva" (p. 18).

Embora a estratégia de mentorear tenha existido por muito tempo como um processo informal, o *coaching* mais formalizado tornou-se comum nos últimos anos. Pelo menos, o termo tornou-se popular assim como programas destinados a estimulá-lo. Como aponta Capelli (2000:22), em um excelente artigo de análise sobre o comprometimento dos empregados, o recurso à mentorear interna entrou em declínio, acompanhado por um aumento "explosivo" dos *coaches* e mentores para contratação pessoal, pelos gerentes. Contudo, há interessantes exceções, uma delas discutida no quadro a seguir.

---

### MENTORIA AO ESTILO CRUZ VERMELHA

Há alguns anos, realizamos uma reunião com o pessoal de desenvolvimento gerencial de empresas envolvidas em nossos programas de mestrado. Começamos com uma busca de experiências ao nosso redor, quando pessoas de várias empresas de grande porte descreveram os procedimentos utilizados para desenvolver seus gerentes. Até que chegou a vez de uma representante da International Federation of Red Cross and Red Crescent Societies (entidade que envia equipes de socorro para áreas onde ocorrem catástrofes, para trabalho de assistência). Ela se desculpou pelo que parecia ser um esforço algo menor – poucos cursos, pouca atividade de gabinete.

Após ouvi-la falar, manifestei minha discordância, porque eu havia passado um certo tempo, recentemente, em um dos seus campos de refugiados na Tanzânia. A Cruz Vermelha era provavelmente a maior desenvolvedora de gerentes da sala, afirmei; só que fazia isso de uma forma diferente. Juntamente com cada gerente "delegado" na Tanzânia, e normalmente em todos os outros lugares, havia um membro da Red Cross Society local, que agia como "contraparte". Tal pessoa trabalhava ao lado desses gerentes mais experientes para ser por eles treinada.Os "delegados" que observei despendiam grande parte do seu tempo trabalhando com suas "contrapartes". Essa forma de mentoria pode até parecer um tanto informal, mas era pessoal e poderosa. (Ver Mintzberg 2001, como também *Depressing is hardly the word*, na categoria *stories*, em *mintzberg.org*.)

---

## TODOS A FAVOR DO MONITORAMENTO

A avaliação, por outro lado – monitorar o desempenho dos gerentes, assim como determinar as suas necessidades – tende a ser desempenhada de forma muito mais comum e de forma muito mais sistemática. A tendência aqui é focalizar alguma técnica popular, como o *"feedback* de 360 *graus"* de pessoas que estão em torno do gerente. Como Milan, Kurb e Prokopenko apontaram já em 1989 (p. 79), a variedade de técnicas relevantes para as necessidades de avaliação em si é grande: testes e exames, questionários, entrevistas, observação, diários, auto-avaliação, gerência por objetivos etc, além de avaliações de desempenho e núcleos de avaliação. A literatura sobre monitoramento é igualmente vasta, mas uma vez que as questões estão, de certa forma, fora das preocupações deste livro e são tratadas de forma ampla em outros lugares, não vou discuti-las aqui (embora tenha algo a comentar no Capítulo 13 sobre medidas numéricas aplicadas ao desenvolvimento gerencial).

## OJT NO JAPÃO

Boettinger (1975:8) assinalou que as empresas bem-sucedidas permitem – de fato, estimulam – seus gerentes a assumir riscos e a cometer erros. Assim, "o movimento através das barreiras organizacionais ocorre normalmente e de forma fácil", e o desenvolvimento de talento executivo é aceito "como uma responsabilidade de linha". Essas empresas reconhecem que "fazer crescer um gerente-geral" leva tempo, e não há atalhos" (p. 9).

Onde esse procedimento é mais apreciado é no Japão. Como aponta Handy et al. (1988), o OJT (*On the Job Training*), que significa treinamento no local de trabalho, "é uma máxima japonesa". Gerenciar, acreditam os japoneses, só pode ser aprendido pela observação, ouvindo e praticando sob a orientação de pessoas mais experientes. Assim, "o Japão elevou a técnica de mentorear a uma exigência formal para cada gerente", apoiada por uma política de portas abertas, que permite que os gerentes em potencial observem seus superiores, principalmente em momentos de estresse. (p. 5, 14, 33). Mais importante ainda é a prática que faz com que as pessoas cresçam como gerentes no Japão. A empresa japonesa "contrata pessoas que estão fora da escola, oferece a elas treinamento para várias funções por meio de um sistema de rodízio de cargos executado cuidadosamente, complementando o treinamento no local de trabalho com cursos rápidos dentro ou fora da empresa" (Locke 1996a:140).

Okazaki-Ward (1993) especificou em detalhes essa prática em *Management Education and Training in Japan*. "Treinamento sistemático dentro da empresa" realmente se tornou proeminente após 1945. As grandes empresas *zaibatsu* estavam, de fato, recrutando seus gerentes direto dos bancos universitários para emprego vitalício desde o final do século XIX, mas, exceto pelo rodízio praticado, essas pessoas tinham de adquirir as habilidades necessárias por si mesmas (p. 18). Depois da guerra, entretanto, a educação para gerentes, dentro da empresa (*in company*) tornou-se mais importante, enquanto que o rodízio permaneceu sendo chave. "Em algumas grandes empresas que empregam mais de 10.000 funcionários, cerca de 500 gerentes são trocados de lugar simultaneamente. Fora o aspecto de desenvolvimento... [esse rodízio] permite que os indivíduos formem uma ampla rede interpessoal dentro da empresa" (p. 72). Okazaki-Ward acredita que esses movimentos foram planejados pelo departamento de pessoal dois ou três postos à frente. Um levantamento junto a *katzo* (gerentes em nível intermediário) constatou que 78% das empresas aplicavam "rodízio de desenvolvimento para firma situada em outro ramo de atividade" (p. 140).

Do ponto de vista ocidental, isso pode parecer excessivo, até mesmo obsessivo. Nas palavras de McCall (1988):

> Sistemas formais elegantes não garantem práticas eficazes de desenvolvimento executivo. Planos de carreira rígidos, programas de mentoreamento e *coaching* obrigatórios, planos de rodízio "trancados", catálogos de programas de treinamento e esmeradas tabelas de planejamento de sucessão podem, na verdade, ser contraproducentes. Nossos estudos indicam que o desenvolvimento do talento executivo é altamente individualizado. (p. 11)

Mas os Estados Unidos são uma sociedade centrada no indivíduo. O Japão, não. Na verdade, as empresas em todo o mundo se envolvem nessas práticas, mesmo que raramente da forma sistemática e ampla como no Japão. Movimentação, mentoria e monitoramento continuam sendo provavelmente as formas mais comuns de desenvolvimento gerencial nos nossos dias.

## O *Buffet* do Desenvolvimento Gerencial

*Fora* do ambiente de trabalho existem cursos e programas disponíveis – muitas oportunidades de estudar formalmente. Tais cursos e programas são oferecidos por empresas de consultoria, institutos de desenvolvimento, fornecedores do setor público, escolas de negócios e pelas próprias empresas; são colocados à disposição no local, em disco, pela Web, e na tela, grande e pequena. As ofertas variam também em estilo, de cursos bem leves que desenvolvem alguma técnica, habilidade ou ponto de vista em algumas horas, até programas que duram alguns meses e se parecem com os MBA.

Acima de tudo, isso constitui um serviço de *buffet* de desenvolvimento gerencial gigantesco, a partir do qual os gerentes e as suas organizações podem escolher – um pouco disso, um pouco daquilo, ou uma generosa porção de um ou dois pratos (Meister 1994:19). Alguns anos atrás, observei atentamente o prospecto do Civil Service College of the British Government. Parecia a lista telefônica de uma cidade pequena, chegando a mais de 300 páginas e com centenas de cursos, desde "Econometria" até "Definindo os Rumos da Organização".

Vejamos, agora, algumas práticas comuns, incluindo cursos de liderança em geral e programas ofertados pelas escolas de negócios, em particular. Mas primeiro vamos fazer um esclarecimento sobre termos-chave.

### Entretenimento, Ensino, Treinamento e Aprendizagem

Um grande número de cursos, talvez mais do que as pessoas admitam, nada fazem além de oferecer um espetáculo. Os gerentes têm de se sentar passivamente e permanecer hipnotizados diante do que se passa à sua frente, numa tela, para somente no dia seguinte refletir sobre o que quer dizer aquilo que lhe foi passado.

Vail (1989) sugere, em palavras eloqüentes, que há um elemento desse entretenimento superficial em grande parte do desenvolvimento gerencial:

> O "fator entretenimento" alcançou índices altíssimos no mundo do trabalho durante a minha carreira, mas eu não acredito que isso tenha aprimorado a qualidade do que está sendo apresentado. Na verdade, eu diria que uma vez que procuramos tornar nossas transparências mais "profissionais" e em colocar as nossas "habilidades de palco" mais na moda, tivemos que tornar o conteúdo mais trivial. Eu queria saber se os participantes percebem a superficialidade do conteúdo que estão recebendo no meio de toda a instrumentação cintilante. Ou, deixe-me colocar de forma mais justa: o problema com algumas apresentações de *slides* cuidadosamente preparadas, ou de um exercício interativo elaborado com base em um computador, ou a partir de um livro que é realmente uma máquina de doutrinação embora pareça um livro, é que os participantes não podem conversar sobre o assunto. Eles não podem modificá-lo. Eles não podem afetá-lo, nem ensinar nada à tecnologia da informação. Tudo o que eles podem fazer é vivenciá-la a partir de um sistema fechado... eles não são mais participantes – são consumidores passivos *mesmo quando o sistema é interativo!*

Assim, a maioria dos programas de desenvolvimento gerencial, mesmo quando baseados em palestras ao vivo ou em discussões de casos, e não em tecnologia sofisticada, não passa de entretenimento, pois os "participantes" não podem ensinar nada a eles. Uma vez que os *designs* são predeterminados, os gerentes devem simplesmente consumi-los. E uma vez que a vida média da aprendizagem tende a ser curta (Whetten e Clark 1996:162), eles precisam continuar fazendo mais cursos como viciados em drogas na busca de um outro pico.[4]

A qualidade do espetáculo é geralmente o critério-chefe por meio do qual os programas são avaliados. Uma vez que perguntas importantes – "O que você aprendeu?" ou "Isso fará a diferença?" – são difíceis de serem respondidas, pergunta-se às pessoas: "Você ficou impressionado?". O resultado pode ser confundir o ensino com um sermão de igreja.

Não muito melhor é uma mistura confusa de *ensino* com aprendizagem. Isso acontece quando os alunos e os gerentes são tratados como potes que se deve procurar encher [de conhecimento]. Despeje e eles aprendem. Usando outro tipo de metáfora, Sue Purves, que gerenciou o desenvolvimento executivo em Zeneca, descreveu esta abordagem ao desenvolvimento gerencial como "pulverize e reze": "Expomos as pessoas a todos os tipos de coisas e esperamos que ocorra o melhor". Assim, o Presidente do Banco Mundial disse, em 1997, que ele estava enviando trezentos dos seus melhores gerentes para a escola de negócios a fim de receberem orientação ao cliente (publicado em *The Economist*, June 7, 1997). Felizmente, eles se concentraram no que o corpo docente disse e não no que a escola faz.

O *treinamento* fica mais próximo do indivíduo, especificamente de suas competências. Os cursos de treinamento podem ser intensivos e, por isso, caros: para

---

[4] Pior do que cursos vistos como entretenimento, talvez, porém cada vez mais aceitos, são o que se pode chamar de "reuniões de renascimento corporativo", nas quais centenas de empregados são conduzidos como rebanhos a grandes salões, onde são supostamente reanimados por executivos que se apresentam no palco, cantando (às vezes, literalmente) os predicados da empresa. Em grande parte, isso nos mostra o estado deplorável da liderança corporativa.

algumas poucas pessoas, durante alguns dias, sobre um único assunto, como gerência de projeto, negociação, ou administração do tempo.

Por último, mas por certo não menos importante, vem a *aprendizagem*, em que o foco está no que o receptor aprende, não no que o "instrutor" ensina. Isso significa envolvimento, decidindo o que deve ser aprendido e como. A diferença entre aprender e ensinar pode ser bastante sutil e eu não conheço nenhum professor, seja ele mais ou menos autoritário, que não acredite que esteja estimulando a aprendizagem. Mas eu conheço muitos alunos que não estão assim tão certos disso. (Leia mais sobre ensino *versus* aprendizagem no próximo capítulo.)

Robert Fulmer, em um artigo de 1997 intitulado "The Evolving Paradigm of Leadership Development", descreve os programas de liderança de "antigamente" (p. 60). Os inscritos chegavam cheios de interrogações, carregando pilhas de livros e uma agenda, especificando o que seria aprendido a cada hora. Muitos papéis em branco sugeriam que a pessoa deveria ouvir e tomar nota de tudo. Mais tarde vinha um outro programa, apropriado para o desenvolvimento do estágio seguinte. Todos esses programas, segundo Fulmer, constituíam um tipo de "curso com itinerário predefinido" (p. 62) – na verdade, mais ensino do que aprendizagem. Mas esses velhos tempos são *passé* (p. 60), escreve ele; "no novo mundo os participantes ouvem ocasionalmente, interagem freqüentemente em situações simuladas para testar as suas habilidades ou compreensão, e despendem freqüentemente um tempo precioso demonstrando a sua capacidade de aplicar conceitos aos desafios reais" (p. 60).

Mas será que esses velhos tempos são realmente passado para a maioria das pessoas que ainda chega com agendas, cronogramas e papéis em branco? E o quão melhor é esse novo mundo? Participação desinformada, por exemplo, dificilmente é uma melhoria quando comparada à audiência passiva. Há um programa que restringia palestra dos especialistas convidados a escassos sete minutos, para que os executivos seniores pudessem fazer os seus próprios comentários. O fato de alguns professores apresentarem tendência a falar muito não serve como desculpa para o fato de os executivos não apresentarem tendência a ouvir o suficiente. Pelo menos nas questões complexas como, por exemplo, nesse programa, a "evolução da economia mundial", o propósito de fazer com que as pessoas se reúnam para programa de desenvolvimento não é nem cobri-las de conceitos nem fornecer a elas uma oportunidade de falar; é estimular a aprendizagem na interface de ambos: em que os conceitos, apresentados de forma séria, encontram as experiências vivenciadas de forma profunda.

## Customização

*Customização* é outro termo que exige esclarecimento. Há cursos que são oferecidos de forma individual, por exemplo, em fitas cassete, CD-ROMs e na Web. Os demais, em sua maioria, reúnem as pessoas em grupos. Isso não significa necessariamente que elas aprendam juntas, mas somente que sentam juntas. Grande parte desses cursos ainda trata a aprendizagem como uma atividade pessoal.

Os cursos que as pessoas fazem individualmente, em casa – também chamados de "ensino a distância" – normalmente são projetados para serem *genéricos*: o projeto, o material e a entrega foram predeterminados, não importa quem esteja sentado na frente do livro ou da tela. Isso é conforme a sua natureza. Mas isso também, é a concepção de muitos cursos em sala de aula, e não serve à sua natureza – na verdade, deixa passar uma grande oportunidade.

A abordagem genérica tem sido chamada de *plug and play* (coloque na tomada e ligue), seja literalmente no caso de uma fita cassete ou figurativamente no caso de um instrutor ao vivo fazendo uma palestra, apresentando um caso ou fazendo um exercício. Isso normalmente acontece mesmo quando um curso foi projetado para um determinado grupo – por exemplo, gerentes de vendas ou gerentes aeroespaciais. Todos eles sentam passivamente recebendo a mesma coisa. Imagine tais cursos como equivalentes à segmentação do mercado de cereais: você escolhe a caixa, mas o que vem dentro é padronizado.

O oposto disso é a *customização*, que em seu estrito sentido significa que o conteúdo da caixa se ajusta às suas necessidades particulares *aqui e agora*. Talvez isso não se ajuste a cereais, mas faz muito sentido no desenvolvimento gerencial, por duas razões.

A primeira delas é porque a necessidade varia, não somente entre setores, empresas e funções mas também entre indivíduos e tempo. Em outras palavras, todos que estão em uma sala de desenvolvimento gerencial têm as suas próprias necessidades naquele momento em particular. Certamente, há necessidades gerais entre grupos, e até mesmo entre gerentes, e essas merecem um lugar de destaque em toda sala de aula de gerência. Mas não é só isso: o material também tem de ser adequado às necessidades individuais e, dessa forma, ser incorporado à aprendizagem do indivíduo.

A segunda razão para a customização diz respeito ao comentário feito no início deste livro, de que o gerenciamento e a aprendizagem profundos dependem do envolvimento pessoal, e não apenas de um especialista isolado que "sabe mais". Assim, os gerentes adquirem aprendizado mais profundo quando demonstram responsabilidade significativa em todos os aspectos do processo de aprendizagem, incluindo a sua concepção.

"Paramos de enviar os nossos executivos às escolas de negócios. É frustrante aprender sobre o *marketing* do antisséptico bucal Listerine e ver aquilo que é de nosso interesse ser deixado de lado, afirmou um executivo à revista *Strategy & Business* (Crainer e Dearlove 1999:38). Assim, existe agora uma grande demanda de ofertas customizadas – programas para os "pouco importantes", como Nancy Badore destacou, em vez da "massa crítica".

As escolas de negócios resistiram a isso durante muito tempo. Como Porter e McKibbing ressaltaram, em seu relatório de 1988, poucas entre as escolas que eles entrevistaram alegavam estar "tentando acomodar qualquer solicitação razoável dessa natureza" – dificilmente a adoção entusiástica da customização –, enquanto "outras escolas" responderam que não "iriam montar cursos sob medida" para certas empresas, mas sim oferecer um "leque de programas predeterminados e deixar as empresas decidir se irão ou não inscrever os seus gerentes para esses cursos" (p. 332) Quase nenhuma escola ousaria fazer isso hoje. Mas ainda há quem o faça. Na verdade, grande parte da "customização" que é oferecida se transforma em uma outra forma de padronização, em que os componentes básicos são montados à medida que surgem as solicitações. É como montar um sistema estéreo: a empresa junta essas palestras e *cases* a mais um ou dois exercícios fora da sala de aula. Até mesmo cursos customizados para uma determinada empresa – por exemplo, usando casos escritos a respeito dela mesma – não vão longe o suficiente, porque todo mundo recebe a mesma coisa. Repetindo, somente quando a dinâmica da sala de aula responde às pessoas presentes é que a customização se torna realidade. Pense em uma casa projetada pelo arquiteto para uma certa família, ou em uma campanha publicitária desenvolvida por uma agência para uma empresa em um determinado momento.

Mas a customização total tem de ir além daquela casa projetada pelo arquiteto; tem de responder aos desejos e imaginação das pessoas que lá irão viver. Portanto, não pense no projeto da estrutura, mas na decoração dos interiores. Há uma adaptação contínua à medida que o tempo passa, de acordo com as necessidades dos seus habitantes. De forma similar, o programa realmente customizado alcança a consciência coletiva na sala de aula, para estimular uma atmosfera de aprendizagem compartilhada. Os participantes ajudam a definir a agenda de aprendizagem; levantam novas questões à medida que a aprendizagem caminha (de maneira *que* a aprendizagem possa progredir) e compartilham as experiências uns dos outros de forma extensa. Esse procedimento os transporta do mundo passivo do ensino para o mundo ativo da aprendizagem, o que significa que os "instrutores" têm de abrir mão de parte do controle da sala de aula para pessoas que não são "alunos". O quadro a seguir nos mostra um exemplo disso.

---

### UMA EXPERIÊNCIA CUSTOMIZADA

Decidi alguns anos atrás que, quando alguém me pedisse para desenvolver um programa dentro da empresa, sugeriria um *workshop* sobre questões atuais enfrentadas pela organização. Descobri que todos, inclusive eu, aprendiam melhor daquela forma. Quando fiz tal sugestão a Davis Frances, que estava trabalhando com Don Young no grupo Thorn-EMI, no Reino Unido, recebi mais do que esperava.

Os participantes eram um grupo de profissionais de desenvolvimento organizacional de várias divisões da empresa. Eles vinham usando meu livro sobre estruturação das organizações, de forma que havia uma base comum de material conceitual. Cada um de três gerentes de divisão: de *Software* de Computador, de Iluminação, e de Música e Serviços de Distribuição, apresentou um tipo de caso ao vivo, essencialmente uma coletânea de materiais sobre dificuldades estruturais que estavam enfrentando. Os participantes lêem esse material com antecedência e, depois, para começar cada uma das três sessões de meio dia, o gerente de divisão esboça a questão, e encerra com uma série de perguntas. A classe depois se divide em grupos menores para discuti-las, e apresentam as suas recomendações ao gerente de divisão e a mim. Nós dois em seguida nos envolvemos em uma discussão, o gerente de divisão discorrendo sobre a sua compreensão da questão e eu sobre conceitos que poderiam ser usados para lidar com ela. O que surgiu foi uma combinação intrigante de aprendizagem e consultoria de aquário (*fishbowl consulting*), que ajudou a levar para casa os materiais conceituais, mostrando como devem ser aplicados, e fazendo progresso sobre as questões em si.

Os programas genéricos são projetados para transmitir uma mensagem – a técnica mais recente, o conceito atual. Eles são "gerencialmente corretos" na medida em que oferecem os pontos de vista consagrados. Isso pode partilhar informações, mas não estimula a aprendizagem profunda. Os programas customizados, ao contrário, sacodem as pessoas, para descongelar os pontos de vista estabelecidos e promover a reflexão. Claro, os gerentes precisam de ambas as coisas em seu desenvolvimento. O problema é que recebem muita carga do pensamento atual, mas muito pouca chance de "suspender suas descrenças", e colocar em exame essa pretensa precisão sobre o gerenciamento, de molde e tornar-se pessoa mais atenta e perspectiva.

## Programas de Liderança

Vamos olhar mais de perto alguns tipos de programas, começando com as ofertas mais comuns de cursos sobre liderança. Eu deveria observar que poucos, até mesmo entre os programas mais interessantes aqui discutidos são customizados da forma que descrevi.

A liderança é um negócio cheio de artimanhas. Talvez isso aconteça porque ninguém tem certeza do que ela é e também porque a prática da liderança bem sucedida pode variar muito de uma situação para outra. Mas isso não desestimulou os cursos e programas – mesmo em 1994, a *Fortune* revelou que eles estavam sendo oferecidos em 600 formatos somente nos Estados Unidos, variando de um livro de US$ 29 a um discurso de US$ 65.000 (Huey 1994:54).

Jay Conger (1992, 1996) fez uma útil análise dos programas formais freqüentando ele mesmo diversos deles e entrevistando 150 colegas participantes pelo caminho. Ele traz ao debate quatro tipos de programas:

- *Crescimento pessoal.* "Profundamente influenciado pelos preceitos das psicologias humanísticas dos anos 60 e 70, esses programas argumentam que a maioria dos gerentes está ignorando um chamado interno para aperfeiçoarem seu potencial como líderes. Se pudessem entrar em contato com os seus desejos mais íntimos e suas capacidades, um maior número de gerentes poderia se transformar em líder" (1992:46). Então imediatamente eles irão se envolver em atividades físicas ao ar livre e exercícios psicológicos dentro. "O que pular de uma montanha tem a ver com liderança?", perguntou Conger. "Isso lhe dá *empowerment* (capacitação, poder) para assumir riscos e responsabilidades", lhe responderam, "coloca você em contato com as suas paixões". "Se você consegue saltar daquela montanha, imagine o que você poderá fazer quando voltar ao escritório" é o tom desse pensamento" (1996:53). Conger não ficou impressionado. Ele concluiu que "os programas de crescimento pessoal tinham a tendência de melhorar muito mais a vida pessoal dos candidatos do que a sua vida no trabalho." (p. 55)

- *Feedback*. A premissa nesses programas é que "por meio de processos de *feedback* eficazes, podemos aprender sobre os nossos pontos fortes e fracos [latentes] em um bom número de habilidades de liderança" (1992:52). Exercícios de experimentação são usados e é dado *feedback*, informalmente por pares ou através de instrumentos formais; os psicólogos também podem observar os comportamentos e comentar. Conger descobriu que esses programas "podem, de fato, produzir resultados bastante positivos para alguns participantes". Mas as pessoas também podem ser "esmagadas" com informações e podem "gravitar para mudanças que exigem pouca ou nenhuma mudança em nossa personalidade". Para Conger, a "maior dificuldade" desses programas é a falta de oportunidade de recuperar habilidades mais fracas" e também que esses desejos sinceros de mudar comportamentos ineficazes são "dissipados logo depois que o programa termina", em muitos casos devido à "falta de apoio e *coaching* no próprio trabalho" (1996:58).

- *Compreensão conceitual*. Esses cursos têm a tendência de ser o campo de domínio das escolas de negócio, oferecendo teorias de liderança e modelos – ou, mais comumente, um modelo em cada programa – por meio de palestras e discussões de casos. Tais cursos criam certa consciência das habilidades e comportamentos de liderança, segundo Conger, mas dificilmente encorajam a reflexão profunda no processo de liderança ou o teste de capacidades de liderança.

- *Desenvolvimento de habilidade*. Conger descobriu que os cursos de desenvolvimento de habilidade eram os mais comuns, embora os menos atualizados em liderança. Aqui alguma habilidade que se acredita ser passível de ser ensinada (por exemplo, formular a visão, comunicar-se, etc) é identificada na sala de aula, talvez através de um estudo de caso e depois praticada com *feedback*. Esta abordagem é prática e rápida; a dúvida é se a habilidade em questão pode realmente ser ensinada. Por exemplo, "Aprende-se a ter realmente visão a partir de experiências de trabalho importantes, não em um *workshop* de um dia (1996:56). Conger argumenta que as pessoas precisam de um tempo considerável para aprender uma habilidade – na gerência e nos esportes —, tempo para estudar, vivenciar, experimentar, receber orientação e depois promover melhorias. Em outras palavras, o cenário tem de ser autêntico, vinculado à prática da gerência. Conger denomina esses programas de desenvolvimento de habilidade de "*nouvelle cuisine* da aprendizagem" – um pouquinho disso, um pouquinho daquilo.

Conger conclui, finalmente, que quatro abordagens deveriam ser colocadas juntas: uma parte conceitual para compreender a liderança; desenvolvimento de habilidade para praticar as habilidades que podem ser ensinadas e construção de consciência para outras; *feedback* para compreender os pontos fortes e fracos pessoais; crescimento pessoal para trazer emoções e estimular a imaginação. Isso tudo aponta para a necessidade de desenvolvimento contínuo e não um curso rápido, preferencialmente nos pontos de transição-chave na carreira de um gerente, em que instrução e mentoria são técnicas de apoio indispensáveis.

O que Conger não conclui – embora suas descobertas tenham sugerido isso – é que os cursos podem não ser uma forma eficaz de desenvolver os líderes. Na minha opinião, o real desenvolvimento de líderes, em suas crenças e valores-chave, acontece cedo na vida. Depois disso, podemos certamente fomentar a liderança, desenvolvendo as condições que a faz aflorar nas pessoas – como nos desafios no trabalho descritos por McCall. Realmente acredito que determinados tipos de cursos desenvolvem as capacidades gerenciais e de compreensão das pessoas – de *networking* até a leitura de um balancete – e também influenciam as suas atitudes, o que pode melhorar o seu potencial de liderança. Mas cada vez mais acredito que se determinar a criar líderes em sala de aula, seja em programas curtos ou em cursos de pós-graduação que concedam diplomas, normalmente gera pessoas pretensiosas. Elas acabam acreditando que são sagradas.

## Programas de Escolas de Negócios

Com exceção dos programas de foco conceitual, a maioria dos programas de desenvolvimento da liderança que Conger discute é oferecida por institutos especiais de treinamento e desenvolvimento. As escolas de negócios, mesmo sob o rótulo de desenvolvimento *gerencial*, tendem a favorecer programas em áreas de negócios. É como eles são organizados, como seu corpo docente foi preparado para atuar, e como e são mobilizados para proceder. Por exemplo, "Financial Management for Nonfinancial Managers" é provavelmente o programa de curta duração mais comum que as escolas oferecem. Como a revista *Business Week* apontou, em um relatório de 1991 sobre educação executiva, o que pode não ser menos verdade hoje, as empresas que esperavam que seus alunos-executivos fossem "voltados a pensamento de liderança de ponta" estavam "normalmente alcançando... mera visão geral de disciplinas como *marketing*, ensinada por acadêmicos de pouca formação" (Byrne 1991:103).

E tudo isso é feito com a mesma falta de integração. Um determinado memorando, divulgado alguns anos atrás por uma escola de negócios bastante conhecida por seus programas de desenvolvimento gerencial, continha a seguinte diretriz: como "proprietários" do programa. "É... essencial que o [diretor do programa] esteja presente no *campus* durante o desenrolar do [programa], que interaja com o corpo docente para monitorar a evolução do [programa] e esteja disponível rapidamente para atender aos participantes... Durante o [programa], o diretor não deve se ausentar por mais de 48 horas." Isso quer dizer ausente da escola e não da sala de aula! Apresentar o palestrante do dia e depois desaparecer parecia perfeitamente adequado. Exceto à noitinha: o diretor do programa "deve estar presente em todos os eventos sociais"! Deixando de lado os eventos sociais, um programa é aparentemente a soma total dos professores que vêm e vão. De certa forma, tudo acaba integrado, magicamente. Por que uma empresa iria tolerar isso?

**AMPs**  A mais proeminente das ofertas das escolas de negócios são os chamados "Advanced Management Programs"(AMPs). Harvard e Chicago lançaram alguns no início dos anos 40 (embora o MIT tivesse um programa similar desde 1931); em 1958 havia 40 desses programas (Gordon e Howell 1959:294).

Platão entendia ser necessário cinqüenta anos para treinar um bom líder, mas Harvard promete em seu *site* que "você sairá do programa como um profissional de visão global" após nove semanas. Claro, Platão não esperava que alguém se desligasse de tudo durante cinqüenta anos, mas Harvard exige que os gerentes se afastem do seu trabalho por nove semanas. Isso certamente chama a atenção: será que o afastamento por tanto tempo vem facilitar o vínculo com a experiência dos gerentes e será que isso se ajusta ao ritmo das atividades empresariais nos dias de hoje?

Muitos programas AMP assemelham-se a programas de MBA mais curtos. Os componentes do programa apresentam denominações similares e aplicam os mesmos métodos de ensino. Portanto, o AMP de Harvard "começa com uma série de casos em que os participantes ganham uma visão holística de uma empresa multinacional à medida que ela evolui para ser um poderoso concorrente internacional em duas décadas". Depois que os participantes avaliam os seus próprios desafios gerenciais e objetivos, segue-se "um módulo intensivo de quatro dias focado nos pontos fundamentais de contabilidade e finanças". Depois disso vem o programa obrigatório básico, de 3 a 7 semanas, em que os participantes estudam "os tópicos gerenciais-chave", incluindo "Estratégia Competitiva e Empresarial", "Gerência Financeira" e "Liderança de *Marketing*", assim como "Seminários Eletivos". As duas últimas semanas concentram-se no "papel amplo e integrador da liderança corporativa".

Falando da pedagogia empregada, no AMP de Harvard em particular, há abundância de casos. Encorajados a fazer mudanças no AMP, um diretor novo do programa disse à *Fortune* que estava "repensando a abordagem de Harvard... talvez diminuir o número de casos, de três para dois por dia" (O'Reilly 1993:54). O catálogo de 1996 faz referência breve a casos complementados por métodos aplicados "à situação específica de cada participante", mas pelo próprio participante: "Através do uso de um diário, os participantes são convidados a anotar os itens mais importantes de cada sessão para sua situação específica e a aplicar as novas perspectivas e habilidades que adquiriram para atendimento de seus objetivos particulares". Pode-se então compreender a descrição de Fulmer (1997) do AMP convencional como um "rito de passagem", com "pouca relação com outras atividades de desenvolvimento que acontecem em uma carreira que progride" (p. 61-62):

> A expectativa é de que os participantes se envolvam em discussões de casos, debatam recomendações ou alternativas e, às vezes, façam apresentações em sala de aula, com base em suas conclusões sobre as tarefas de estudo que lhes foram determinadas. Essas tarefas normalmente envolviam um *business case* que tinha pouca relevância direta com as situações enfrentadas pelos participantes no trabalho; entretanto, esperava-se que eles fossem capazes de aplicar o conhecimento adquirido e surgissem situações similares com que eles tivessem que se deparar. (p. 60)

Não Muito Desenvolvidos  Os programas de desenvolvimento gerencial nas escolas de negócios parecem, portanto, não ser muito desenvolvidos ou avançados. A *Business Week,* em 1997, relatou uma pesquisa sobre "Tendências no Desenvolvimento Executivo" envolvendo 44 empresas, "menos de 25% dos entrevistados indicaram que as universidades eram eficazes no atendimento de [seus] critérios". O artigo concluiu que "o halo de credibilidade" tinha abandonado as escolas de negócios, cujo lugar no centro do universo de desenvolvimento gerencial estava sendo tomado pelas próprias empresas (Vicere 1998:538, 539, 541). E por empresas de consultoria: a *Business Week* divulgou, em 1999, que 53% das empresas entrevistadas afirmaram que "os consultores eram os fornecedores mais eficazes de educação executiva"; somente 39% disseram o mesmo em relação às escolas de negócios (Reingold 1999:77).

Seja como for, nas escolas de negócios e em qualquer outro lugar, há alguns desenvolvimentos intrigantes.

## Alguns Novos Programas

Há uma enorme parede nas escolas de negócios de grande prestígio. De um lado estão as *crown jewels\** os programas que concedem diplomas, cuidadosamente protegidos pelo corpo docente. Do outro lado, estão os programas de desenvolvimento gerencial, que recebem pouca atenção do corpo docente, já que outras pessoas assumem responsabilidade por eles.

O resultado comum são as ofertas padronizadas, descritas anteriormente, convenientes o suficiente para atrair um corpo docente sempre ocupado. Mas outro resultado é a inovação ocasional interessante, pois qualquer professor que quiser fazer algo novo pode ter grande liberdade para fazê-lo. Qualquer coisa serve, desde que o mercado dê respostas favoráveis à inovação – nenhum comitê pedante a ser transposto, apenas orçamentos. O mesmo acontece, por certo, com fornecedores de fora das escolas de negócio. Faço, a seguir, uma breve análise, apenas como ilustração, de alguns exemplos interessantes. Muitos mais podem ser encontrados; mas o que eu analiso são programas que eu pessoalmente vi em funcionamento.

Programas Criados por Ghoshal  Sumantra Ghoshal é um bom exemplo de um professor que está trabalhando do outro lado daquela parede, primeiro no Insead, depois na London Business School. No início dos anos 90, ele orientou a criação de um programa para a Digital Equipment Corporation (DEC) com o objetivo de "desenvolver as capacitações no campo internacional necessárias para apoiar" o movimento da empresa na direção de um novo negócio (Ghoshal, Arnzen e Brownfield 1992:54).

---

\* N. de R. T.: Literalmente, jóias da coroa, mas significando os programas mais prestigiados da Escola, sobejamente reconhecidos.

O programa funcionava em três fases durante o período de um ano. A primeira que consistia em duas semanas no Insead, identificava as forças da empresa para entrar no novo negócio e estabelecia projetos e planos de pesquisa para a segunda fase. Esta se desenvolvia no período de um ano e consistia em pesquisa local em várias contas de grandes clientes da Digital, para identificar os desafios específicos e as restrições do novo negócio. A terceira fase levava esses grupos de volta ao Insead, por duas semanas, "para analisar os dados da pesquisa... e comparar e contrastar os diferentes *casos,* de modo a formular um modelo conceitual e algumas conclusões gerais" (p. 56).

Ghoshal et al. afirmam que o programa não foi muito planejado e que fora implementado à medida que "evoluía" pelo Insead e pessoas da DEC (p. 59). Eles sustentam que o programa construiu pontes "entre o desenvolvimento executivo e a mudança organizacional... entre pesquisa-ação (*action research*) e aprender fazendo (*action learning*)... e entre o corpo docente das escolas de negócio e um grupo de profissionais de educação dentro da empresa" (p. 65). (À medida que o programa se desenvolvia, a DEC "começou a sentir os efeitos do pior declínio de receita de sua história." Houve corte nos custos, mas decidiu-se manter o programa.)

Ghoshal, então, foi desenvolver um programa de consórcio igualmente incomum no Insead, denominado Executive Forum. Estive envolvido no segundo e fiquei encantado com duas de suas atividades.

Para abrir o programa, foi agendada uma visita de um dia à EuroDisney, durante a qual os participantes foram organizados em grupos para passear como observadores/pesquisadores e fazer seu relato aos gerentes da Disney à tarde. Intitulado "Caçada Organizacional"*, seu *designer* e facilitador, Richard Pascale, descreveu a tarefa na viagem de ônibus a caminho da EuroDisney. Os participantes eram desafiados a aplicar os seus próprios poderes de observação e indução "para aprender tanto quanto possível sobre o que torna a EuroDisney atrativa" – a sua estratégia, a posição no mercado, o moral dos funcionários, a filosofia gerencial, os valores, etc. Os participantes tinham liberdade para "fazer qualquer coisa, repetir qualquer coisa, tudo aquilo que um convidado da EuroDisney faria" e mais: "por exemplo, fazer experiências inteligentes que 'testassem' o sistema ao seu limite e observar como ele iria responder", desde que fosse legal e inofensivo ao anfitrião e ao relacionamento do Insead com a EuroDisney. A "Caçada Organizacional" foi um sucesso, tanto em abrir para os participantes o *design* pioneiro do curso quanto em afiar os seus poderes de observação e *insight*.

A segunda atividade era dividir a turma, na metade desse programa de cinco dias e levar todo mundo às empresas participantes localizadas na Europa (Daimler-Benz, Royal Dutch Shell, Smith Klein Beecham). Lá eles despendiam um dia fazendo entrevistas e observando, depois retornavam à classe no dia seguinte para relatar tudo o que viram. Eu queria saber o que eles teriam descoberto em

---

* N. de R. T.: A tradução foi a melhor encontrada para a expressão, em inglês, que é *"The Organizational Scavenger Hunt".*

um dia. Descobri que foi muita coisa exatamente como um mestre enxadrista percebe o que está presente no tabuleiro apenas com um passar de olhos. Em relação ao *feedback* sobre qual parte do programa os participantes apreciaram mais, eles ficaram mais tempo falando sobre essas visitas. Como no programa DEC, essas experiências foram tecidas ao redor dos conceitos apresentados formalmente pelo corpo docente.

Ghoshal posteriormente mudou-se para a London Business School, onde ele e Lynda Gratton estabeleceram o Global Business Consortium, que reúne seis gerentes seniores de cada uma das seis empresas para três módulos de cinco dias cada um, na Ásia (Asia Pacific) sobre "Estratégia Global e Organização", na América do Norte sobre "Crescimento e Desenvolvimento Empresarial" e na Europa sobre "Liderando a Transformação". Novamente, o "programa combina pesquisa acadêmica de ponta e ferramentas analíticas com a oportunidade para compartilhar experiências". As equipes de cada uma das empresas têm um desafio para o principal executivo, um projeto estabelecido pelo executivo responsável a quem as descobertas são apresentadas no módulo final. Um dia também é dedicado aos "casos do consórcio" – "análise profunda de como cada empresa do consórcio sustenta vantagem competitiva na região que está sendo visitada."

SEMINÁRIOS AVIRA E ASPEN   AVIRA, [sigla de Awareness, Vision, Imagination, Responsability, Action; em português, Ciência, Visão, Imaginação, Responsabilidade, Ação.] Este seminário, que dura cinco dias, é oferecido algumas vezes por ano por Henri-Claude de Bettignies no Insead para 20 gerentes seniores. Essencialmente, trata-se de uma discussão, ao redor de uma mesa, sobre questões de amplo espectro. "Não são feitas palestras nem há estudos de caso. No encontro, são discutidas as preocupações atuais dos líderes empresariais modernos e problemas específicos levados pelos participantes" (Web site, 2003). O objetivo, que parece ajustado especialmente a gerentes nesse nível, é não transferir conhecimento nem desenvolver habilidades, mas desenvolver autoconsciência e explorar lógicas alternativas, principalmente sobre liderança – também "desaprender", o que Bettignies descreveu-me como um processo "doloroso".

Semelhantes ao AVIRA, pelo menos nas intenções, são os Seminários Executivos de uma semana do Aspen Institute, em que os gerentes aprendem "com os grandes pensadores do passado (Aristóteles, Jefferson, Locke, etc.) e discutem ao redor de uma mesa, novamente em um estilo socrático. O folheto distribuído no ano 2000 descreve essa "busca, descoberta e liberação de sabedoria através do processo do diálogo".

O PROGRAMA DO EXÉRCITO AMERICANO   Richard Pascale (1997) escreveu sobre a fascinante simulação em grande escala feita pelo Army National Training Center (NTC), dos Estados Unidos, para o desenvolvimento da liderança e de mudança organizacional. "Durante um esgotante período de duas semanas, uma unidade organizacional completa, envolvendo 3.000 a 4.000 pessoas [em todos os níveis], ficam frente a frente com um concorrente de igual tamanho em uma simulação tão parecida com a realidade que nenhum participante permanece ileso" (p. 134).

Eu visitei o local com Pascale e vi tanques de guerra simulados tomando o deserto com apoio de aeronaves.

Um general-brigadeiro relatou ter aprendido mais no NTC do que ao longo de sua carreira de 14 anos. "Dia após dia, você se confronta com a dura evidência de discrepâncias entre intenções e uma execução equivocada, entre o que você desejava que o inimigo fizesse e o que ele realmente fazia" (p. 135).

Seiscentos instrutores tomavam parte, um para cada pessoa com responsabilidade gerencial; eles eram como uma sombra que acompanhava cada um durante 18 horas por dia. O evento de relato de missão, denominado "*After Action Reviews* (Análise Depois da Ação) poderia ser embaraçoso; vimos comandantes experientes temendo a crítica (não desencorajada mesmo considerando a falta de tempo para dormir). Essa análise, de acordo com o comandante do NTC, "inspirou uma disciplina implacável de questionamento em tudo o que fazemos. Acima de tudo, ressocializou 3 gerações de oficiais a substituir seu estilo de liderança do tipo comando-e-controle por um outro que tira vantagem da inteligência distribuída" (p. 136).

PROGRAMA CCMD  Uma das atividades de desenvolvimento gerencial mais efetivas foi criada pelo Centre for Management Development (CCMD), do governo do Canadá, dirigido aos funcionários públicos civis seniores mais promissores. Envolvia 56 dias úteis ao todo, metade em Ottawa, metade em viagens de estudo realizadas em qualquer outro lugar, ao longo de seis meses.

Uma fase de pré-curso começou com uma avaliação pessoal em termos físicos e gerenciais, e foi concluída com a identificação de uma estratégia de desenvolvimento pessoal. O primeiro módulo de quatro semanas aconteceu logo em seguida, enfocando "tendências a longo prazo" e "desafios globais que o Canadá estava enfrentando", com viagens de estudo por todo o país e no exterior, assim como aprender fazendo em pequenos grupos. O módulo seguinte, dois meses depois, também de quatro semanas, focalizou-se na gerência "e nas tradições e experiências políticas, sociais e econômicas do Canadá", novamente com viagens de estudo. A liderança foi o foco do terceiro módulo, de três semanas, juntamente com "políticas-chave de curto prazo e questões gerenciais enfrentadas pelo Canadá", incluindo um relatório final para as autoridades do serviço público civil canadense.

O programa CCMD enfatizava a "aprendizagem autodirigida", "interação em pequenos grupos" e "ênfase na... renovação intelectual e na '"reinstrumentação' profissional". Essas foram as palavras escritas no papel, mas eu as vi ganharem vida em várias ocasiões em uma sala de aula incrivelmente entusiasmada.

Em uma apresentação do programa durante uma conferência, em junho de 1993, o co-diretor Ralph Heinzman articulou as "grandes tendências" para o CCMD e para o desenvolvimento gerencial em geral: primeiro, criar experiências profundas de transformação pessoal; segundo, desenvolver uma consciência global; e terceiro, estabelecer um vínculo mais estreito entre aprendizagem e trabalho. Ele viu o propósito do programa CCMD como não menos do que desenvolver a sabedoria dos participantes.

A importância de receber apoio da alta gerência é enfatizada em toda a literatura de desenvolvimento gerencial. Mas raramente há reconhecimento do outro lado da espada: programas que dependem do apoio de certos padrinhos e ficam vulneráveis quando eles caem fora. Várias vezes eu testemunhei iniciativas maravilhosas, como a do CCMD, terminarem porque houve "mudança de guarda" na gerência do programa ou por causa da saída dos próprios diretores do programa: "Não é meu programa" é a atitude comum dos que substituem os que saíram, em vez de se perguntarem se "Este é um bom programa?". O panorama do desenvolvimento gerencial é cheio de lixo de restos de programas maravilhosos que as novas pessoas envolvidas simplesmente não se preocuparam em levar adiante. Não nos faltam boas idéias no desenvolvimento gerencial, mas pessoas abertas o suficiente para utilizá-las.

## APRENDER FAZENDO

O assim denominado Aprender Fazendo (*Action Learning*) vem sendo utilizado no desenvolvimento gerencial há muito tempo. Primeiramente na Europa, em especial por meio de pessoas conectadas a Reg Revans na Inglaterra e então na Bélgica.[5] Mais tarde, Jack Welch lançou o *Work out* (ensino pela prática) na General Electric, com uma filosofia não muito diferente, e grande parte dos Estados Unidos se apaixonou por essa forma de desenvolvimento de gerentes. "Aprender Fazendo: O Desenvolvimento Executivo Escolhido para os Anos 90" foi o título de um artigo de um periódico (Keys 1994), décadas após os esforços iniciais de Reavan.

E, assim, no mundo gerencial repleto de modismos, qualquer programa de respeito parece ter como obrigatório seu componente de ação. Os gerentes ocupados ficam muito mais ocupados realizando projetos com os seus colegas de trabalho, em parte para aprender, em parte para constituir uma rede e, em grande parte, porque, crescentemente, isso parece realizar algo para seus empregadores.

Onde posicionar o Aprender Fazendo? Quando um projeto é simplesmente acrescentado a um programa, isso pode ser considerado como trabalho do curso – e parecia assim em muitos programas já descritos neste capítulo (assim como em muitos programas, revisados, de MBA, como descrito no Capítulo 7).Visto como uma filosofia para o desenvolvimento de gerentes, entretanto, como Revans e seus seguidores o fizeram, ele assume-se como uma forma distinta de desenvolvimento gerencial, em algum lugar entre os de menos formal movimentação e mentoria ligada ao trabalho e os cursos mais formais não relacionados. A atividade de campo combinada com uma reflexão séria cria um tipo de laboratório de aprendizagem – um curso no mundo do trabalho, se você preferir. Mas tratado como uma desculpa para fazer com que as coisas sejam feitas, em que a ação antecede a reflexão, isso não é, de nenhuma forma, desenvolvimento gerencial, apenas mais negócios como de costume. Considero, neste texto, o Aprender Fazendo como uma forma de desenvolvimento gerencial e retorno a ela rapidamente como uma pedagogia no próximo capítulo.

---

[5] Na verdade, em 1915, John Dewey escreveu sobre a necessidade de se conectar o pensamento com a ação, e ainda sobre como os alunos devem ter uma "situação de experiência verdadeira" em que um "problema genuínos e desenvolve... como um estímulo ao pensamento" (*in* Burgoyne e Mumford 2001:25).

## Aprender Fazendo, Estilo Revans

No livro *The A.B.C. Of Action Learning*, Revans (1983) criticou a aprendizagem apenas teórica e defendeu o "aprender fazendo". "Não pode haver ação sem aprendizagem nem aprendizagem sem ação". (p. 16) Ele tinha em mente um tipo particular de ação: "Fazer perguntas com a simples intenção de fazer com que [os gerentes] abordem os problemas reais, para os quais se busca uma solução há muito tempo." (p. 11) Eles tinham que praticar isso em um "programa", que "alocava cada participante... um exercício da vida real", levado a efeito em horário integral ou parcial (p. 16,19). Então, embora o problema fosse real, a experiência não o era – não era natural, mas acrescentada (ou seja, imposta de forma não-natural).

Nesses programas, Revans não rejeitou a "instrução formal", considerando-a um auxílio para abordar esses problemas – um estimulante para "*insight* exploratório" (p. 12). E a chave aqui é a reflexão sobre a experiência: "Uma mudança comportamental duradoura é mais suscetível de seguir a reinterpretação das experiências do passado do que a aquisição de conhecimento novo", principalmente quando advêm de "trocas com outros gerentes, ansiosos para aprender a reordenar as suas próprias percepções".

Por outro lado, para Revans "a intervenção de especialistas é, na melhor das hipóteses, ambígua; em geral, opinativa; e, na pior das hipóteses, reacionária" (p. 14). Assim, a "responsabilidade dos professores que ensinam a gerenciar" é criar "condições para que os gerentes possam aprender uns com os outros" (p. 15); Revans foi duro em sua crítica a "facilitadores não-envolvidos, entre eles os professores de estudos de casos" [p. 16]. Chave para essa aprendizagem é o grupo tutorial, ou "conjunto aprender fazendo" (*actim learning set*), na terminologia utilizada por Revans. Aqui "os alunos aprendem a refletir sobre as suas experiências, a examinar as hipóteses colocadas em ação, a reestruturar esses pressupostos com base na teoria e na prática, e então testar novas ações com as suas habilidades associadas" (Raelin 1993a:6).

Tudo isso faz sentido e, de fato, forma uma base para a abordagem descrita nos capítulos seguintes: aprendizagem relacionada à ação, de forma indutiva e, até mesmo, exploratória.

Porém Revans, mais tarde, reviu sua posição e inseriu tudo em um "método científico" bastante inflexível. Ele descreveu "os estágios bem-sucedidos" do processo de Aprender Fazendo, como observação ou *survey*; hipótese provisória ou teoria; tentativa, teste ou experimento; auditoria; e análise (p. 16, 17-18). Revans argumentou que a "noção seqüencial é importante" (p. 31) "forçando os [gerentes] a planejar o seu tempo" (p. 33), muito embora a solução criativa de problemas tenha se mostrado um processo iterativo, em que a ação informa o pensamento assim como o pensamento informa a ação (Weick 1979). Novamente, gerenciar foi reduzido a um processo analítico. Ainda mais curioso, porém, era a atitude de Revans com relação à gerência sênior. Ele descreveu projetos por ela impostos como talvez "já claramente identificados por várias facções poderosas dentro da organização", para "lidar com algum problema que não pode mais ser ignorado". Para ele, "Aprender Fazendo nada tem a ver com diversionamentos, mas sim com o encorajamento de pessoas *reais* a atacar problemas *reais* em tempo *real* (p. 62), como se houvesse algo de *irreal* nas preocupações da gerência sênior e o Aprender Fazendo pudesse estar imune a lutas pelo poder.

## MiL

Como foi mencionado anteriormente, esse tipo de Aprender Fazendo disseminou-se principalmente por meio dos esforços de Revans na Europa, incluindo-se alguns programas de MBA (ver Gosling e Ashton 1994). O instituto MiL (Management in Lund), na Suécia, uma fundação independente criada em 1977, usou uma versão que chama de "Aprender Fazendo/Reflexão" (ver Figura 8.2), com sua rede de cerca de 150 empresas-membro e 100 profissionais associados. Em seus programas "abertos (*open*)", "de parceria (*partner*)" e "internos (*internal company programs*)", pequenas equipes compostas de participantes variados conduzem projetos de mudança em outros setores de suas próprias empresas ou até mesmo em outras empresas, apoiados por um *coach* de aprendizagem. Esses procedimentos são reforçados por uma série de *workshops em* residência, em que a aprendizagem é compartilhada e especialistas fazem apresentações.

A abordagem de solução de problema do instituto MiL parece mais flexível do que a de Revans. De acordo com Lennart Rohlin (1999), fundador e presidente do MiL, os participantes são encorajados a "criar as suas próprias perspectivas e teorias através de reflexão facilitada". O MiL, argumenta ele, gosta de trabalhar com "'paradoxos da gestão': entre ação e reflexão, ordem e caos, os aspectos difíceis das relações humanas e dimensões sociais e de comunicação dos processos empresariais". (p. ii). Mas, talvez, refletindo os sentimentos de Revan sobre a gerência sênior, embora de forma mais construtiva, o MiL declara seu desejo de transformar as organizações de "empregados em hierarquias" em "parceiros em redes", e de "autoridade e controle" para "empoderamento (*empowerment*) e confiança (p. 9). Isso sugere que o tipo de desenvolvimento gerencial aplicado por uma organização pode influenciar sobremaneira a sua própria concepção sobre a gestão (como vimos no Capítulo 5 e como veremos nos próximos capítulos).

## O WORK-OUT NA GENERAL ELECTRIC

Talvez Revans possa ter ficado maravilhado com o fato de o *Work-Out* (programa de ensino pela prática) ter se tornado tão popular nos Estados Unidos nos anos 90, disseminando uma filosofia que ele defendia há muito tempo. Ou talvez ele tenha ficado desconcertado e triste com o fato de o *Work-Out* ter sido orientado por um CEO e ter se enfocado mais a ação do que a reflexão.

Depois de ter assumido a posição de CEO na General Electric em 1982, a intenção de Jack Welch era investir contra procedimentos burocráticos e derrubar as paredes entre as funções e os níveis de gerência. Como vários CEOs que seguiram a sua liderança, Welch começou fazendo cortes – vendeu empresas, suprimiu alguns

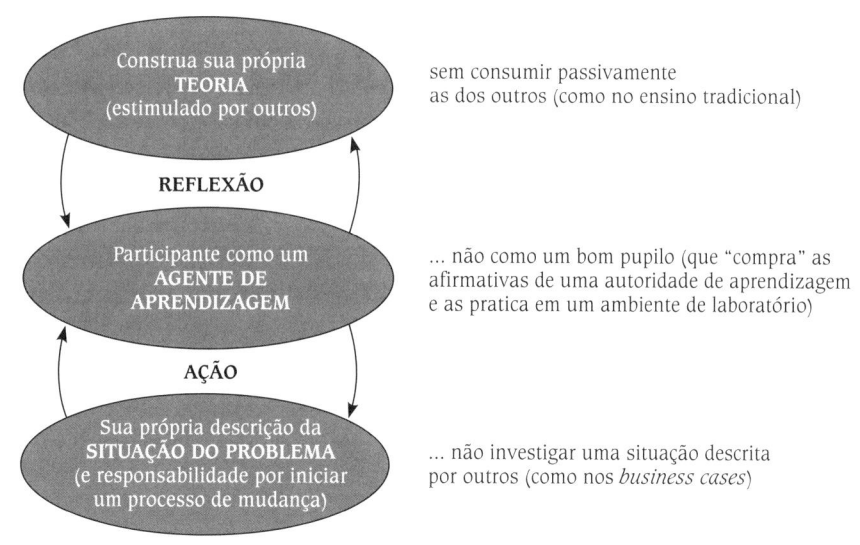

FIGURA 8.2
Filosofia de aprendizagem MiL (extraído de Rohlin 1999:8).

níveis gerenciais, reduziu grupos do *staff* e coisas do gênero – a ponto de ter ficado conhecido como "Neutron Jack", por eliminar pessoas deixando ao mesmo tempo os edifícios intactos.

Mas como outros poucos CEOs, Welch seguiu essa linha como algo muito diferente. Ele buscava melhorias na produtividade e acreditava que as pessoas mais próximas das operações exerciam papel decisivo nisso, desde que tivessem a chance de falar. Então, em 1988, ele e Jim Baughman, que liderava o centro de desenvolvimento gerencial da GE em Crotonville, criaram o *Work-Out*, "para transmitir a idéia de eliminar o *nonsense* da General Electric, das pessoas 'treinadas na prática' envolvidas em tornar a si mesmas produtivas e ágeis, e dos problemas cujas soluções precisavam ser "exercitadas" (Slater e Welch 1993:214).

Com o passar dos anos, várias idéias parecem ter sido misturadas e combinadas sob esse rótulo, pelo menos de acordo com relatos e artigos sobre o assunto. Na verdade, o *Work-Out* teve o seu uso inicial específico, mas também foi usado como "conceito guarda-chuva" para as iniciativas da GE (Dave Ulrich, em correspondência pessoal), das quais duas são discutidas aqui.

A EVOLUÇÃO DO WORK-OUT   Em sua forma original, concebido como um tipo de "reunião da Prefeitura de New England", em que os cidadãos dialogavam com as autoridades da cidade, os gerentes de um determinado negócio chegavam acompanhados de grupos de 40 ou 50 funcionários. Eles eram divididos em três ou quatro subgrupos, que eram assistidos por consultores externos e acadêmicos. Durante o curso de três dias, eles pensavam em como colocar os negócios nos eixos – "livrar-se do tempo gasto desnecessariamente e de minúcias burocráticas", nas palavras de Steve Kerr (entrevistado *in* Hodgetts 1996:70), que também administrou Crotonville. Eles começaram com "a fruta pendurada a pouca altura", aquelas coisas que são fáceis de mudar, do tipo "como podemos reduzir o número de relatórios?"

> Depois de cada grupo identificar a sua lista de melhorias, os planos de ação passariam a ser desenvolvidos e para cada plano seria designado um *campeão*. Depois, na última parte da sessão, o gerente do negócio traria de quatro a seis assistentes, e eles ouviriam essas idéias por três horas. Ao final, deveriam dizer sim ou não sobre cada mudança proposta. Como resultado dessas sessões, a GE conseguiu diminuir seu tamanho e aumentar a produtividade ao mesmo tempo. (p. 70)

Em seu livro sobre *Work-Out* – um tipo de manual sobre como aplicar a técnica –, Ulrich, Kerr e Ashkenas (2002) a descrevem como um instrumento que é mais do que simplesmente resolver problemas e reduzir a burocracia: "É também um catalisador, para criar uma força de trabalho com poder (dotada de *empowerment*)" para desafiar o crescimento burocrático, e que "pode ajudar a criar uma cultura de mudanças rápidas, inovadora e sem fronteiras". O *Work-Out* também pode "se tornar um veículo para desenvolver os gerentes e os líderes que tomam decisões rápidas em um diálogo energizante com os funcionários –, em vez de se esconder no escritório, decidindo por decreto" (p. xiv).

Um relatório da *Fortune* cinco anos depois do início do *Work-Out*, entretanto, relata algo bem diferente, uma segunda abordagem: "Fornecer às equipes de executivos problemas reais do negócio para solucionar.... identificados pela alta gerência de uma divisão ou por toda a empresa". Baughman ofereceu como exemplos: "Qual o mercado para os serviços na área de finanças da GE na Índia? Como a GE pode prestar melhores serviços ao setor de automóveis?" Nessa versão, um grupo de 40 executivos da GE, escolhidos dentre os 3.500 da empresa, foram divididos em seis equipes que durante um mês passavam "correndo o mundo, entrevistando e pesquisando", depois de terem sido preparados por consultores e professores de escolas de negócios que ensinavam a eles "novas formas de organizar, de pensar e de decidir". Cada equipe apresentou seus resultados a Welch e a outros gerentes seniores (O'Reilly 1993:54). A GE também se envolveu no que chamava de "Melhores Práticas", um outro "segmento do *Work-Out*", segundo Slater, no qual as pessoas visitavam outras empresas para ter contato *in loco* com formas alternativas de aumentar a produtividade. Depois, isso foi estendido, de acordo com Kerr, para visitas a várias empresas da GE, o que parece uma terceira abordagem.[6]

Kerr falou em sua entrevista sobre a resistência inicial ao *Work-Out* original: uma vez que Welch o defendia, "as pessoas deveriam mostrar interesse, mesmo que não tivessem esse interesse. Hoje, a participação continua sendo um problema" (Hodgetts 1996:72-73). Kerr colocou da seguinte forma:

> [O *Work-Out*] ainda está em uso, mas passou por uma série de mudanças. No Estágio 1 ele era aplicado de maneira formal, de forma consciente. Costumávamos chamar isso

---

[6] Em sua entrevista de 1996 com Hodgetts, Kerr estabeleceu a diferença entre as três abordagens, referindo-se à segunda como CAP – "Change Acceleration Process" ou Processo de Aceleração da Mudança – que, segundo ele, substituiu o Work-Out (rapidamente, parece, todas as empresas passaram a copiar!). E a terceira, "Best Practices" ou Melhores Práticas, ele também descreveu como outra coisa. Kerr argumentou que o Work-Out original tinha, na época da entrevista, se tornado tão internalizado na empresa que ninguém estava se preocupando em rastreá-lo.

de "atos não-naturais em lugares não-naturais"... porque a ação estava fora do âmbito normal dos negócios; e em geral isso era feito fora do local de trabalho... No Estágio 2, treinamos facilitadores para fazê-lo dentro das próprias empresas. Denominávamos este estágio "atos não-naturais em locais naturais"... Quando a transição é feita de forma correta, a iniciativa deve, finalmente, mover-se para o Estágio 3: "atos naturais em lugares naturais". As pessoas executando todos os procedimentos naturalmente, como um estilo de vida. Raramente realizamos *workouts* de maneira formal, explícita e centralizada. A maioria dos negócios de fato faz uso disso regularmente... E se alguém do topo me perguntasse quantos *workouts* já foram realizados na GE, eu diria: "Tenho o prazer de lhes informar que não faço idéia". Não é planejado. Exatamente como acontece com todos os atos naturais... Hoje, é politicamente aceito não praticar *workouts*, ou pelo menos não é politicamente arriscado deixar de realizá-los, porque não há ninguém rastreando o processo. Eu *creio* que as pessoas agora estão fazendo isso pela compensação. (p. 72, 73; itálico do autor)

Foi esse um interessante comentário sobre o mais famoso programa de desenvolvimento gerencial americano!

E também uma evolução interessante como forma de desenvolvimento gerencial. A respeito do CAP (Change Acceleration Process), disse Kerr, "Você tem que chegar com um projeto... uma "necessidade a ser satisfeita, e não "algo divertido de se fazer". O foco estava claramente na ação, não na reflexão, assim como mais voltado a gerar resultados do que desenvolver propriamente os gerentes. Claro, pode ter sido assim que a GE tenha desenvolvido seus gerentes, usando esses processos para pregar uma cultura de mudança; aprender fazendo e repetir isso tudo em outros ambientes. Dessa forma, talvez o *Work-Out* realmente pertença ao estilo de Movimentação, Mentoria (e também Monitoramento)!

## Ação Suficiente?

Aonde nos leva o Aprender Fazendo? Pessoalmente, eu também quero saber. Os gerentes são pessoas ocupadas – na verdade, depois de todo o *downsizing*, mais ocupados ainda. As suas funções são carregadas de ação, ou pelo menos deveria ser assim, e eles normalmente não acusam falta de projetos.

Claro, diferentes tipos de projetos – projetos que levam os gerentes a novos lugares, com novos problemas – podem ser benéficos. O trabalho é feito enquanto uma nova aprendizagem pode ocorrer, como McCall deixou claro. E uma cultura pode ser modificada, como na GE, para promover inovação. Mas isso também é ação orientada e eu volto ao argumento de Revans de reflexão conectada à ação. Welch estava preocupado com a burocracia na GE – a relutância em agir – e os seus programas abordaram esse aspecto. Mas, para o seu desenvolvimento, os gerentes de hoje realmente precisariam de mais ação, ou de uma oportunidade maior de refletir sobre a ação mais-do-que-suficiente que eles já vivenciam? Colocando de outro modo: os gerentes precisariam de fato melhorar a sua capacidade de agir ou a sua capacidade de refletir sobre a ação que já desempenham? Eu coloco essas questões retoricamente porque, embora o objetivo das organizações possa ser agir, o objetivo do desenvolvimento gerencial é melhorar a qualidade dessas ações. E isso, como argumento no próximo capítulo, exige que os gerentes recuem da ação.

No auge da popularidade do *Work-Out*, a revista *Training and Development* publicou um artigo intitulado "Strategic Shifts in Executive Development", ou Mudanças Estratégicas no Desenvolvimento Executivo. As empresas estavam buscando ajuda para alcançar os seus objetivos, e então os "profissionais de desenvolvimento executivo responderam concentrando-se em programas de desenvolvimento customizados, estratégicos e orientados a resultados, impelidos pela alta gerência" (Mann e Staudenmier 1991:37). Esses programas "precisam ser projetados de forma que os participantes sejam convencidos de que a freqüência é essencial para fazer com que o seu trabalho real seja concluído, e não considerá-los um simples escape ou tempo fora para reflexão" (p. 40). *Simplesmente tempo fora para reflexão*. Que declaração curiosa! Está completamente errada e é antitética em relação à aprendizagem, não importa que seja uma tendência na prática gerencial moderna. Isso acontece porque aprendizagem não é ação; é reflexão sobre a ação. E reflexão não é um escape, mas um fator essencial no processo gerencial – e provavelmente é o componente mais fraco no mundo de excessos de hoje.

Claro, executado com o propósito de gerar reflexão – exemplificado no exercício do Exército americano – pode constituir-se em forma poderosa de aprender. Mas somente quando se tem o fim em mente: aprender, e não simplesmente agir. Como declarou Joe Raelin (1994), um entusiasta do Aprender Fazendo, seus "detratores sentem que a maioria dos programas da AA(AL) privilegia a prática em detrimento da teoria" (p. 305).

Um *paper* sobre Aprender Fazendo (Pedler 1997) reproduz um *cartoon* de um balão de gás quente com pesos diferentes, rotulados "tarefa" e "autodesenvolvimento". Na linha seguinte está escrito "Se desejamos continuar, um deles terá que ser jogado fora". Revans viu isso e comentou: "Será que eles não sabem que ambos são necessários?". Mas as organizações podem ter o seu bolo de ação e também saborear a aprendizagem? O que MiL denomina "Ganhar enquanto Aprende" funciona tão facilmente como eles acreditam? Ou será que o ganhar eventualmente extingue a aprendizagem, e os resultados eventualmente elegem a reflexão? Pedler responde que "na prática, normalmente é difícil manter as duas prioridades ao mesmo tempo" (p. 256). Talvez, por isso, seja hora de reconhecer que a aprendizagem não deve ser misturada com a ação. Talvez, ao contrário, o desenvolvimento gerencial deva simplesmente fazer uso da ação que os gerentes já fazem.

## ACADEMIAS CORPORATIVAS

O desenvolvimento gerencial talvez tenha alcançado o seu nível mais aperfeiçoado nas escolas antigas. Eram unidades dedicadas ao desenvolvimento intensivo dos gerentes vinculados a determinadas instituições. Assim, suas atividades eram customizadas para aquelas instituições, ou para suas próprias necessidades pessoais. Portanto, juntamente com o treinamento em conceitos e competências, vinha uma boa dose de doutrinação, para fortalecer o elo entre o indivíduo e a instituição, e para assegurar total aceitação dos seus valores, normas e estratégias.

As escolas de Estado Maior mais conhecidas (por exemplo: West Point, Sandhurst) têm sido, evidentemente, as militares, de formação de oficiais. Conger (1992:39-40) na verdade aponta que os "exércitos antigos e medievais....possuíam vários programas para ensinar aos jovens oficiais as artes da guerra", embora o foco estivesse basicamente nas habilidades físicas. Instituições similares existiram para serviços civis, que se tornaram mais famosas por desenvolver os mandarins da China antiga.

Embora as escolas continuem a existir no setor militar, em todo lugar o conceito parece antigo. Mas desenvolvimentos recentes no setor corporativo, principalmente nos Estados Unidos, sinalizam o renascimento da idéia. Durante os anos 90, muitas empresas criaram unidades internas extensivas para focalizar o desenvolvimento dos seus gerentes e de outros funcionários. Eles usaram vários rótulos para isso, o mais famoso foi "universidade corporativa".

No meu entendimento, esse foi um desenvolvimento entusiasmante, não somente porque reconhece o desenvolvimento gerencial como um processo complexo, com necessidade de cuidado e customização, mas também porque contrariou a tendência nos cursos de distanciar os gerentes de suas empresas, incluindo a crença de que os gerentes são responsáveis pelo seu próprio desenvolvimento. (Menos encorajador, entretanto, é o rótulo "universidade", que somente serve para camuflar idéias interessantes, que nada têm a ver com as universidades. Essas unidades têm como objetivo desenvolver pessoas, e não fazer pesquisa e conceder diplomas.[7] É triste verificar que as unidades corporativas estão se fazendo passar por universidades, assim como as escolas de negócios pretendem servir aos seus clientes – ambas as coisas acabando por abandonar seus propósitos básicos. Os rótulos "academia", "instituto" ou "centro", usados respectivamente pela LG, GE e Boeing parecem mais apropriados.[8])

Em seu livro *Corporate Quality Universities*, Meister (1994) descreve essa nova tendência em desenvolvimento gerencial como fundamentada em uma aprendi-

---

[7] Na verdade, essas unidades de treinamento corporativo estabelecidas mais cedo e que se posicionaram no sentido de conceder diplomas, como a Arthur D. Little School of Management e o General Motors Institute, acabaram, por fim, tornando-se independentes e até mudaram sua denominação.

[8] O livro de Meister (1994) sobre universidades corporativas lista 30 unidades, das quais somente metade usava o rótulo "universidade" (e uma "U"). Quatro autodenominaram-se "Institutos"; quatro, "Centros" e, três, "Faculdades". É bom ter em mente que esse primeiro uso do termo "universidade" foi considerado uma piada. McDonald's criou a "Universidade do Hambúrguer" nos anos 60 e oferecia um título de bacharel em "Hamburguerologia" (*Web site*, 2003). A Motorola University, unidade corporativa que mais tarde popularizou o uso sério do termo, quase desapareceu na época em que este livro estava sendo escrito. Em um artigo de 1990 da *Harvard Business Review*, seu fundador, Bill Wiggenhorn, era objetivo quanto ao uso do termo, dizendo que "eu tinha receio de que o nome 'universidade' fosse muito pretensioso". Esta não deveria ser um lugar para pesquisa livre e aberta. Deveria prover treinamento e educação para a força de trabalho e para os gerentes" (p. 80). Mas o "CEO gostava do rótulo; ele acreditava que criaria uma expectativa do sentido do crescimento da instituição" (p. 81). Wiggenhorn deixou claro o quanto a sua unidade se diferenciava de uma universidade – por exemplo, os professores tendiam a ser "funcionários recentemente aposentados da Motorola" e "mulheres casadas graduadas em curso superior, cujos filhos já tinham abandonado a casa de seus pais" (p. 82). Entretanto, o rótulo pegou, surgindo a Ford Heavy Truck University e muitas outras (Meister 1994). "Peter Huston, diretor do Hart Schaffner & Marx University acredita que o tema da universidade foi bem-sucedido... porque o público-alvo... não seria os funcionários [da empresa], mas sim o pessoal de varejo que vendem ternos nas lojas... e adquirem um *status* e uma distinção que não existem em seus trabalhos atuais no andar térreo da loja da Macy's ou da Dillard's" (p. 46).

zagem ao longo da vida para funcionários de todos os níveis, dos trabalhadores horistas até os principais executivos, e outros mais, dentro da cadeia de fornecedores/clientes. Houve a priorização do desenvolvimento das competências relacionadas ao trabalho e da fixação de um senso de cultura corporativa, vinculada às necessidades estratégicas do negócio. Assim, como nas antigas escolas de estado-maior, os programas tendem a ser desenvolvidos pela empresa. "As salas de aula empresariais estão mudando o foco da oferta de um *curriculum* como um bufê de centenas de cursos para se concentrar em" programas que visam a desenvolver "as competências básicas da empresa" (p. 21). Algumas, por exemplo, fazem "uso deliberado e freqüente de relatos de histórias dentro da função de treinamento", para comunicar "aspectos da história da empresa, suas tradições, sucessos e fracassos" (p. 110). Séculos atrás, menestréis deslocavam-se de cidade em cidade cantando músicas que uniam as comunidades. Hoje os menestréis corporativos estão fazendo a mesma coisa nas salas de aula.

O Boeing Leadership Center fornece um bom exemplo das coisas interessantes que essas instituições podem fazer.[9] Possui um grande *campus* perto de St. Louis, que pode abrigar 120 convidados. Entre 28 de fevereiro de 1999 e 1º de maio de 2000, o Centro formou 2.920 pessoas nos seus programas fundamentais e recebeu 17.143 convidados por dia. O pessoal da Boeing considerou o Centro um tipo de "encruzilhada", onde os gerentes de todos os níveis da empresa se reúnem para fins de "alinhamento estratégico, integração cultural da empresa como um todo, *networking* e compartilhamento das melhores práticas".

Em 2000, o Centro estava oferecendo sete programas, estrategicamente distribuídos entre os níveis gerenciais, dos níveis iniciais da empresa ao nível executivo, liderança operacional, liderança de pessoas e liderança pessoal. Em sua maioria, esses programas eram elaborados sob medida para as necessidades da Boeing e oferecidos no Centro, embora o projeto e/ou o oferecimento do programa de alguns deles fosse realizado com a ajuda de especialistas externos.

Esses programas tinham como objetivo alcançar pontos de transição na carreira de um gerente, para focalizar as competências necessárias. O programa para gerentes médios recém indicados os capacitava a praticar "novos papéis, como de administrador do negócio, líder de mudança, e de ponte entre a estratégia e os executivos", enquanto um programa para executivos visava a dar-lhes uma perspectiva do "sistema total". O programa elaborado para novos supervisores de primeira linha (incomum, como mostrado na introdução deste capítulo), denominado "Transição para a Gestão", incluía três componentes: "fundamentos", abrangendo tópicos como compensação, relacionamentos com o sindicato e ética; "trabalhando de forma eficaz com pessoas" e "gerenciando o negócio"; e "liderança", para definir "o papel do gerente" e "vincular o comportamento de liderança aos resultados empresariais". Em 2000, o Centro estava ministrando esse programa a grupos de 24 pessoas, sessenta vezes por ano!

---

[9] Esta descrição é baseada na apresentação que eu assisti de Carol Yamada, gerente sênior do Centro, durante a Executive Development Spring Conference, que aconteceu no sul da França em 31 de maio de 2000, organizada por Bob Mountain. No dia seguinte, Harry Stonecipher, o presidente da empresa, fez uma apresentação inicial no Centro.

Mais customizadas, ou menos, são as academias corporativas que focalizam o desenvolvimento do gerente como indivíduo. Os centros de avaliação são usados, às vezes, para determinar necessidades específicas; depois, então, cursos, assim como orientação profissional e rodízio de funções são assim adaptados. Aqui a customização é para o indivíduo, não para a empresa. Igualmente há empresas que permitem que escolas de negócio em particular tomem a liderança no desenvolvimento e apliquem seus programas, mas sob contrato e respeitando suas próprias especificações.

## O Futuro das Academias

Esse tipo de desenvolvimento gerencial seguiu o seu curso? Como apontado anteriormente em uma nota de rodapé, a empresa que fez brotar um interesse estimulante por essas atividades, a Motorola University (ver Wiggenhorn 1990), quase tinha desaparecido enquanto eu escrevia estas palavras. E um artigo recente no Financial Times argumenta: "Nosso *survey* nas empresas demonstra que as grandes empresas não estão dando grande ênfase ao assunto das universidades corporativas" (Bradshaw 2003a). Se isso for verdade, seria uma lástima – jogar fora a água da banheira com a criança dentro – porque embora as organizações possam não precisar "universidades", a mensagem deste capítulo é que precisam de amplas atividades de reflexão para desenvolver gerentes.

## Prática Japonesa *versus* Prática Americana

Podemos reunir grande parte da discussão neste capítulo contrastando as diferenças entre as práticas de desenvolvimento gerencial do Japão com as dos Estados Unidos, uma vez que parecem situar-se nos dois pólos extremos do espectro do desenvolvimento gerencial. Certamente uma grande variedade de práticas pode ser encontrada em ambos os países; e assim como algumas tradicionais empresas japonesas estão diminuindo as suas práticas extensas, vemos algumas empresas americanas estendendo as suas. Mas, acima de tudo, as atitudes nesses dois países, no que diz respeito ao desenvolvimento gerencial, diferem muito.

As grandes empresas japonesas não se basearam em programas de graduação oferecidos em outras instituições para preparar seus gerentes, mas somente para educar as pessoas que contratam, cautelosa e basicamente – e não em gestão. Eles têm seu próprio desenvolvimento gerencial, que parece ser, de fato, completo.

De acordo com Okazaki-Ward, pelo menos em 1993, o processo normalmente começa com uma integração planejada: "No dia 1º de abril a maioria das empresas faz uma comemoração para saudar os novos colegas. O presidente faz um discurso de boas-vindas delineando a visão corporativa, a filosofia e os ideais da empresa". Depois começa um "curso inicial de treinamento, para gerar... um senso de identidade de grupo", que pode ser muito amplo (p. 244). Isso pode durar um ano ou mais e, normalmente, inclui experiência com participação ativa (OJT) e outras tarefas temporárias, como trabalhar no chão da fábrica, mentoreado por um "irmão mais velho", designado para trabalhar bem próximo ao novato (p. 246-47).

O período "intermediário e sólido" da carreira segue com postos de supervisão mais sérios à medida que essas pessoas sobem, gradualmente, na organização, por cerca de 10 anos, enquanto "cultivam um hábito mental de sempre ir atrás do problema" (p. 248). Um artigo do *The Economist* (1991:23) mostrou que "avaliações formais acontecem, normalmente, três vezes por ano".

Acompanhando tudo isso, há os "exercícios de desenvolvimento", por exemplo, o de criar um plano para alcançar algum objetivo após prévia consulta com um superior – assim como projetos que exigem mais iniciativa, tudo para desenvolver um ponto de vista holístico. Isso tudo é complementado com treinamento específico em habilidades funcionais, como contabilidade, por exemplo, com o comparecimento a cursos dados fora da empresa, uma tendência em crescimento (p. 313).

A soma total de tudo isso é notável em sua extensão, também pela forma como combina as várias práticas do desenvolvimento gerencial discutidas neste capítulo: movimentação extensa, mentoria e monitoramento; cursos ao longo do caminho; algo equivalente ao Aprender Fazendo (bem antes de se tornar moda no Ocidente); tudo isso integrado com um criterioso gerenciamento de carreira (como nas academias corporativas). Somente "nade ou se afogue" parece ausente – parece!

Eu não sei se as empresas japonesas têm usado o termo "*staff college*" (escola de estado maior) ou mesmo o conceito, mas o modelo por eles utilizado parece ser sua forma mais moderna, pelo menos nos negócios. Um gerente da Toshiba que estava visitando a London Business School, ao ser informado de que a maioria dos alunos deixara seu emprego para freqüentar o MBA, exclamou: "Então, no caso, a Toshiba é a escola"!

Compare tudo isso com a estrutura americana, baseada em cursos – por exemplo, consta em um prospecto de 1997 da Harvard que seu Programa de Desenvolvimento Gerencial "prepara os executivos em um curso intensivo de 11 semanas, o que poderia, de outra forma, levar anos de experiência para alcançar, mesmo com o melhor treinamento no local de trabalho". E prosseguia: "Ensina a conquistar vantagem competitiva sustentável através da construção e nutrição de capacidades críticas", como "criar uma organização que aprende" e como "fazer reengenharia na cadeia de suprimento". Tudo isso em onze semanas, no interior de uma sala de aula!

A despeito das novas academias corporativas, a conclusão alcançada por Handy et al. (1988) em seu relatório sobre práticas de desenvolvimento empresarial provavelmente ainda se aplica: "A educação formal constitui-se na estrutura básica da abordagem americana para o desenvolvimento de seus gerentes" (p. 52). Igualmente na Inglaterra: "Certamente uma carreira funcional, um esquema de avaliação e um curso de três semanas sobre a gestão são pobres substitutos para a concepção japonesa, embora a maioria das organizações inglesas não faça muito mais hoje em dia" (p. 183).

## Um Ato "Não-natural"

Boyatzis (1995) leva essa perspectiva americana além, muito além. Uma vez que acredita que a gerência é um "ato não-natural", "o desenvolvimento e a preparação para formar um gerente precisa ser intencional", não baseada na "experiência de vida", na abordagem "nade ou se afogue" que muitas organizações adotaram. A palavra-chave parece ser "preparação" e não "desenvolvimento", porque Boyatzis enfatiza o "papel da educação gerencial formal (chamada MBA)... para ajudar as pessoas a começar o processo de forma explícita" (p. 50). Em outras palavras, os gerentes – exatamente como os cirurgiões – devem ser preparados na escola para desempenhar atos que não são naturais. Assim, embora os cirurgiões tenham que ser treinados no trabalho, os gerentes podem aparentemente se sair bem sem esse treinamento. Pelo menos nos Estados Unidos, se não no Japão!

Aqui, de forma mais explícita, estamos diante da preocupação que me levou a escrever este livro. Se a gerência não é um ato natural, o MBA está certo. Alguns anos em uma sala de aula e depois você começa a praticar, de forma genérica, "profissionalmente". Mas se a gerência é um ato natural, então a educação artificial a tornou não-natural e assim distorce a sua prática.

Obviamente, nem todo mundo na Harvard Business School concordaria com as citações sobre o quanto pode ser assimilado no programa de desenvolvimento gerencial. Por exemplo, John Kotter, professor em Harvard, comentou que "desenvolver um gerente-geral leva de 10 a 20 anos, e não há atalhos para tal" (McGill 1988). Assim, as abordagens holísticas de algumas academias corporativas estão certas, sem mencionar os processos mais extensivos utilizados no Japão. Que lástima, assim, é constatar que muito desenvolvimento gerencial real ter acontecido fora dos limites das universidades, e não em conjunção com elas.

# Desenvolvendo Gerentes à Revelia das Categorias

Minha conclusão para este capítulo deve ser tornada clara agora. Algumas abordagens ao desenvolvimento gerencial concentram-se na experiência e no trabalho, outras em educação e na pessoa, outras ainda nos resultados e na corporação. Cada uma delas tem as suas vantagens e limitações. Elas fazem mais sentido quando tomadas em conjunto – não justapostas, mas combinadas com bom senso, de acordo com a necessidade específica.

Cursos rápidos podem fornecer contribuições-chave; eles transmitem conhecimento articulado e podem desenvolver determinadas competências. Cursos que forneçam diplomas para gerentes em exercício são descritos nos capítulos seguintes como fomentadores poderosos ao desenvolvimento gerencial. Movimentos de carreira sistemáticos, reforçados por *coaching* e avaliação de progresso periódico fomentam a aprendizagem a partir da experiência. Aprender Fazendo, com reflexão adequada, fortalece a capacidade de realizá-la com sucesso. Reunir o máximo que se puder disso tudo em uma academia corporativa, melhor ainda aproveitando o tipo de prática do Japão, oferece poderosas possibilidades de integração. Mesmo o "nade ou se afogue" tem o seu lugar: às vezes é bom se afogar, só um pouquinho, para valorizar mais o nado.

A Figura 8.3 repete o diagrama inicial deste capítulo com os elementos de nossa discussão nela expostos. À esquerda está a zona da *educação*, o domínio das escolas de negócio, com os seus tradicionais programas de MBA que não consideram a prática, assim como os seus programas de MBA Executivo e programas curtos de AMP conectados a homens da prática gerencial, se não efetivamente à sua prática. Isso é desenvolvimento *pessoal*.

Ao centro está a zona de *treinamento*, o domínio de consultores e institutos, que em sua maioria oferecem cursos de curto prazo, normalmente focalizados nas habilidades gerenciais. Esses cursos podem estar relacionados à prática ou à teoria e, de forma ideal, a ambos. Esse é o campo do *desenvolvimento do gerente* e do *desenvolvimento da gerência*.

E do lado direito está a zona da *prática*, o domínio das empresas e de suas academias. Algumas atividades, como movimentar, mentorear e monitorar acontecem exclusivamente aqui, enquanto outras podem também atingir outras zonas – programas consorciados, por exemplo, que fazem caminho de volta às universidades. (A ação do Aprender Fazendo acontece aqui, enquanto a *aprendizagem* pode estender-se para a esquerda.) Esse é o campo, principalmente, do *desenvolvimento da organização* mas também, olhando para a direita, do *desenvolvimento social* e, para a esquerda, do *desenvolvimento do gerente e da gerência*.

Como visto anteriormente, os americanos pendem para a esquerda, com ênfase na educação e treinamento externos para desenvolver o *indivíduo*, independente-

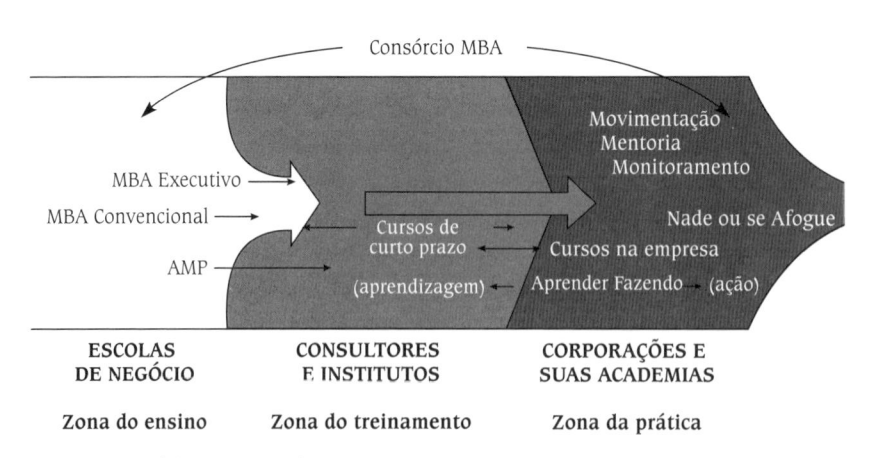

FIGURA 8.3
Formas de desenvolvimento e ensino em gerência.

mente do contexto. Aqui existe a atitude prevalecente de que é "basicamente uma responsabilidade individual adquirir esta educação, embora as empresas benevolentes devam fazer o que podem para ajudar" (Handy et. al. 1988:59). E os japoneses pendem para a direita, principalmente a favor de movimentar e mentorear. Esse lado trata a gerência mais como uma prática natural arraigada no contexto, enquanto os outros consideram-na mais como uma "profissão", até mesmo um ato não-natural e, assim, relativamente livre de considerações de contexto.

Lógico, o crescimento das academias corporativas fez com que a prática americana caminhasse em direção à direita do diagrama, mas talvez não tanto quanto poder-se-ia esperar, dado à confiança residual em cursos. A movimentação sistemática não é tão comum, embora mentorear ao estilo *coaching* esteja se tornando mais popular nos Estados Unidos. Diz-se, entretanto, que está sendo praticado cada vez mais por consultores contratados pelos próprios gerentes.

Mas a cultura não deve ser um fator determinante aqui. As necessidades específicas nos vários países variam de acordo com o setor e a empresa. Por exemplo, os *mass producers* podem ter maior necessidade de ensino nas funções convencionais do negócio, já que é como eles tendem a se organizar, enquanto firmas de alta tecnologia, mais fluidas em suas estruturas, podem se beneficiar de uma educação mais flexível assim como mais mentoreamento e movimentação no trabalho. Como Raelin (2000:11) apontou, nesses contextos mais inconstantes, "aprender a aprender" pode ter que substituir a aprendizagem de habilidades específicas, em relação a ambos, gerentes e funcionários.

Igualmente, a forma mais apropriada de desenvolvimento irá variar conforme o estágio da carreira de um gerente. Hill (1992) escreve em seu livro *Becoming a Manager* que a "ênfase atual na aquisição de competências gerenciais (principalmente conhecimento gerencial, enquanto distinto de habilidade gerencial) e na aprendizagem na sala de aula pode ser mal colocada" para novos gerentes (p. 265). Eles precisam aprender "como buscar a informação e como resolver problemas em situações semi-estruturadas", "como observar e diagnosticar problemas interpessoais", "o que significa e como é ser gerente", e como lidar com a ansiedade vinculada à gerência (p. 266). Tudo isso é verdade suficiente, mas eles também precisam de alguma base nas funções empresariais elementares – a linguagem dos negócios – sem que isso venha a dar uma falsa impressão de que se está ensinando a gerenciar. Hill também destaca a que novos gerentes também "desejam *feedback* sobre o desempenho"; eles precisam "aprender sobre os seus pontos fortes e fracos" (p. 269), o que indica a importância de desenvolvimento no emprego, onde mentorear ocupa lugar de grande realce.

À medida que as pessoas se tornam mais experientes e confiantes na sua gerência, e podem estar prontas para rumar na direção da administração geral, este pode ser o melhor momento para uma educação *gerencial* em termos intensivos, para despertá-los para toda a amplitude da prática. As formas de fazer isso são discutidas no Capítulo 10 até o Capítulo 14.

Mais tarde na carreira, para aqueles que alcançaram posições gerenciais seniores, os cursos de curto prazo sobre questões sociais e econômicas mais amplas, mais preocupados com sabedoria do que com técnica, podem fazer mais sentido. A gerência, sempre uma arte baseada na experiência e que usa alguma ciência, pode se tornar mais uma arte à medida que o gerente progride em sua carreira.

Seja como for, as diferentes abordagens discutidas neste capítulo precisam ser vistas como um portfólio que se deve utilizar para se projetar o desenvolvimento dos gerentes em vários estágios de suas carreiras. Para concluir este capítulo, exatamente como nos capítulos anteriores, o objetivo não é encontrar a melhor forma (*the one best way*) de educar e desenvolver gerentes; é combinar muitas técnicas positivas, sem confundir as distinções que existem, para combinar os pontos fortes de cada uma.

# 9

# DESENVOLVENDO A EDUCAÇÃO GERENCIAL

*É tudo muito simples, Anjin-san.*
*Basta mudar o seu conceito de mundo.*
— JAMES CLAVELL, SHOGUN

As conclusões às quais chegamos nos capítulos anteriores sugerem uma abordagem completamente diferente para desenvolver gerentes, pelo menos nos programas educacionais em caráter intensivo. Este é o assunto no qual nos concentraremos agora.

As idéias apresentadas neste capítulo podem ser muito diferentes da prática de ensino vigente. Mas a nossa experiência com elas (a ser discutida nos capítulos seguintes) indica que podem ser percebidas mais facilmente se voltarmos às noções básicas de aprendizagem. Essas noções estão muito bem ilustradas no melhor artigo que já li sobre ensino voltado ao desenvolvimento gerencial, mesmo que esse texto tenha sido escrito sobre crianças do ensino fundamental. Trechos desse artigo compensam o tempo e o espaço consumidos no quadro a seguir. Altere os termos, que se referem aos alunos (*learners*) da história, para gerentes e você não vai mais precisar alterar nenhuma palavra para saber exatamente o que é necessário fazer na educação gerencial.

Como refere o artigo, no espírito da citação que abre este capítulo, tudo é realmente muito simples: apenas precisamos modificar nosso conceito de mundo em termos de educação gerencial.

> ## Um Método Curioso:
> ## Gerenciando no Décimo Segundo Dia
>
> *(extraído de um artigo de Patrícia Clifford e Sharon L. Friesen [1993] publicado na* Harvard Educational Review, *reeditado aqui com permissão)*
>
> A Falsa Tartaruga prosseguiu:
> "Nós tivemos a melhor educação possível – na verdade, íamos à escola diariamente."
> "E quantas horas vocês estudavam por dia?", perguntou Alice, apressando-se para mudar de assunto.
> "Dez horas no primeiro dia", disse a Falsa Tartaruga, "Nove no dia seguinte, e assim por diante."
> "Que método curioso!", exclamou Alice.
> "É por isso que chamávamos as aulas de lições (lessons)", observou o Grifo, "porque elas diminuíam (lessen) a cada dia".
> Aquela representava uma noção totalmente nova para Alice, e ela ficou pensando um pouco antes de fazer mais uma pergunta. "Então o décimo primeiro dia deve ter sido feriado?"
> "Certamente que era", respondeu a Falsa Tartaruga.
> "E como fizeram no décimo segundo dia?"
> (Alice no País das Maravilhas, *de Lewis Carroll*)
>
> Anualmente, no mês de setembro, professores e alunos reúnem-se em nossa sala de aula para aprender. Cada um de nós, tanto o professor como a criança, entra na sala trazendo experiências e interpretações que são só nossas. Cada pessoa está também embarcando em uma jornada que irá compartilhar com as outras. Essa jornada se renova todos os anos com todas as turmas. Estamos comprometidos com o desenvolvimento de uma sala de aula em que professores e alunos são aprendizes apaixonados e fortes...
> Estamos buscando um *curriculum* escolar que reconheça a importância da experiência vivida por crianças e professores; que compreenda o crescimento principalmente como uma questão interior, privada e individual de desenvolvimento que se desdobra...
>
> Encontramos David e seus pais no primeiro dia de escola. Eles tinham acabado de retornar ao Canadá depois de passar sete anos na África, onde viveram e trabalharam entre os Masai. Embora fosse descendente de europeu, David nascera na África. Ele freqüentara um jardim de infância instalado em uma vila e passava brincando e cuidando do gado na companhia de crianças Masai... À medida que observávamos os primeiros dias de David na escola, normalmente esquecíamos que a vida que ele experimentara até o final de agosto era radicalmente diferente daquela que tinha que enfrentar agora em nossa sala de aula canadense, espaçosa, complexa e barulhenta.
> Durante os meses de setembro e outubro, David falou muito pouco... Um dia, em meados de outubro, ele chegou à escola trazendo um livro enorme sobre os Masai e perguntou se poderia mostrá-lo às outras crianças. Essa era a primeira vez que David tinha se oferecido para compartilhar suas experiências de vida com toda a classe, para nos ensinar aquilo que ele mais sabia – a vida entre os Masai. David então colocou-se de pé, de frente para a turma, segurando seu livro. Seguia folheando o livro, página por página, e falando calmamente... as crianças ficaram encantadas. Elas tinham tantas perguntas para fazer a David, queriam saber tanto... Ali estava a chance perfeita para David vivenciar a atmosfera completa da sala de aula.
> Naquela tarde, a mãe de David apresentara-se como voluntária para atuar na sala de aula. Perguntamos se ela poderia nos falar sobre os Masai. Ela aceitou, sentou em frente
>
> *– continua*

*– continuação*

ao grupo em uma pequena cadeira e abriu o livro de David. Enquanto ela falava, David permanecia quieto, apoiado em seu ombro, acariciando os longos cabelos da mãe. Ele parecia relaxar rememorando aquele lugar seguro e familiar... Quando nossos olhos se encontraram por cima da cabeça das crianças, percebemos que estávamos esperando por isso há muito tempo, mesmo sem saber: esperando que a vida de David na África se tornasse viva para nós... A partir de então e até agora, David estava enfim integrado com as outras crianças...

Os nossos esforços para ver as crianças como membros contribuintes da nossa comunidade na sala de aula é um tipo de convite permanente, mas nunca sabemos quem irá aceitar ou como irão proceder. Parecia que David tinha decidido que aquele era o momento, e ele fez o primeiro movimento, essencial... A classe estava curiosa e surgiram muitas perguntas nos momentos que passamos juntos... No dia seguinte, David nos trouxe o livro *Bringing the Rain to Kapiti Plain*... Este livro era apenas o início das histórias sobre a África... David levou outros [livros e] objetos para compartilhar conosco, como um colar feito de pedras e facas usadas para sangrar o gado...

Continuamos a nos perguntar: que proporção da nossa vida fora da escola é bem-vinda à sala de aula como conhecimento e experiência que pode nos enriquecer? Que proporção de cada criança vai à escola? Quando uma criança diz "Esta sou eu e estou pronta para dizer isso a vocês", sentimos que devemos exaltar essa oferta; jamais repudiá-la, nem mesmo restringi-la, ou ficar apressados para voltar ao programa de estudo...

Abrindo-se à classe dessa forma, David trouxe novas possibilidades para ele, mas prestou um serviço igualmente importante para todos os seus colegas. Todas as crianças passaram a viver as experiências de um convite permanente. Observando a forma como demos atenção a David e às outras crianças que também ofereceram as *suas* histórias, os demais começaram a entender a importância do que cada um poderia trazer para a jornada em que nossa classe tinha embarcado. [Isso significa] que a voz de cada criança pode ser ouvida e que o seu discurso pode fazer a diferença para a tomada de decisão envolvendo nosso programa... No início do ano não é possível planejar tais momentos, mas nós estávamos preparados para eles, porque sabíamos que eles surgiriam inevitavelmente.

Acreditamos que quando o programa de ensino está divorciado da vida real, as crianças normalmente perdem as conexões com as suas memórias e histórias. Elas perdem contato com aquilo que são. Elas podem existir aos nossos olhos mais como alunos do que personalidades que estão se desenvolvendo, e nos questionamos se elas continuarão a aprender, no sentido exato e apaixonado dessa palavra.

... Quando as crianças observam que suas próprias perguntas são respondidas como base para trabalho e estudo subseqüente, elas começam a considerar o programa de ensino uma coisa viva, uma experiência conectada de forma profunda. O programa não é entregue a elas por meio de atividades realizadas pelos outros; é criado com elas, inspirado pelo trabalho do grupo, no qual cada uma delas é um membro valioso... O que realmente chegou como uma surpresa para nós foi ver, em nosso relacionamento com as crianças, o poder da imaginação para construir conexões que não eram apenas gratificantes pessoalmente, mas também profundas, do ponto de vista educacional.

... Talvez o mais inesperado... tenha sido o fato de as crianças aprenderem muito mais do que podemos imaginar...

As lições (*lessons*) *não* precisam diminuir (*lessen*) dia a dia, mês a mês, ano a ano. As crianças e os professores *podem* encontrar novas e poderosas formas de conhecer uns aos outros por meio de trabalho real que envolve mente, coração e espírito.

Todos nós podemos, na verdade, gerenciar bem no décimo segundo dia.

## Começando em um Lugar Diferente

Porter e McKibbin, em sua introdução à avaliação sobre o estado da educação e do desenvolvimento gerencial, datada de 1998, com um apelo para que se possa "transcender os interesses mesquinhos de certos grupos":

> Como, enquanto nação, podemos educar melhor e também melhor desenvolver esses indivíduos que agora têm – e terão no futuro – responsabilidade por gerenciar, liderar e dirigir as nossas organizações...? Como, em resumo, podemos fazer melhor uso dos recursos educacionais e de desenvolvimento disponíveis – e claramente limitados – para aprimorar a qualidade do gerenciamento? Essa, em tese, é a questão principal do Projeto que está sendo aqui relatado. (p. 3)

Essa também é a questão principal deste capítulo. Mas começa em um lugar muito diferente: não são os "indivíduos" que devem ser desenvolvidos, mas os membros de um sistema social em que a liderança está enraizada; em que somente os que *já* têm responsabilidade gerencial podem ser educados e desenvolvidos para serem gerentes; e em que as palavras *internacional* e *global* são vazias, quando o propósito é educar "enquanto nação".

Nos itens seguintes, Porter e McKibbin escreveram que o programa do curso "é um ponto de partida útil e lógico". No texto se diz que o programa de estudos (o currículo) "explicita o que é ensinado aos alunos [mais tarde, referidos como "a nata da... juventude"], numa determinada ordem e seqüência", e também "fornece a estrutura para o sistema de transferência dos conhecimentos. Se o corpo docente pode ser considerado emissor e os alunos receptores, então o programa, juntamente com o ensino, pode ser considerado uma parte essencial (a estrutura) do processo de 'transmissão" (p. 47).

Tudo isso pode ter sido certo se o objetivo era modificar a forma como os programas de MBA eram concebidos. Mas praticamente ficou colocando obstáculos no caminho de renovar a concepção da educação para formar gestores. Então, nosso ponto de partida aqui é a substituição do que é "ensinado" pelo que é aprendido, e dos "alunos" e da "juventude", "a nata" ou seja lá o que for, por adultos experientes. Questionamos a noção de "programa de curso (*course of study*)", e certamente sua ordem e seqüência; a maior parte da educação para a gestão já tem estrutura demais. O ponto de partida lógico são as necessidades dos gerentes e de suas empresas, que nunca são totalmente claras antes de se conhecer a turma em particular, assim como a natureza do processo de aprendizagem em si, que tem que se adaptar de forma flexível àquela turma específica. A "transmissão" é apenas uma parte desse processo – e, sem sombra de dúvida, a parte mais importante: a aprendizagem não caminha como a eletricidade. Os alunos (os que esperam aprender) não devem mais ser vistos como "receptores", tanto quanto o corpo docente não deve ser visto como "emissor". Ambos têm de ser vistos como participantes de um processo de aprendizagem.

Isso, assim o espero, estabelece o rumo que estamos seguindo – ou seja, para longe da educação convencional, rumo àquela sala de aula em Calgary. O ensino convencional impediu, em sua maior parte, uma aprendizagem séria. Do ensino fundamental à faculdade, precisamos de algo muito diferente, assim como precisa a gerência – menos controladora e mais envolvente –, não para nos afastar dos valores acadêmicos básicos, mas para nos levar até eles de forma mais séria.

Apresento a seguir oito pontos, como proposições básicas para a educação gerencial. Elas descrevem não só as pessoas adequadas para receber educação gerencial, minha crença, como também as formas mais apropriadas para desenvolvê-las. As conseqüências que devemos esperar estão inseridas na discussão.

## Proposição I. A Educação Gerencial Deve Ser Restrita aos Gerentes*

Tenho argumentado que gerentes não podem ser criados em sala de aula, mas que os gerentes existentes podem alcançar maior desenvolvimento ali. As suas experiências podem tornar a sala de aula uma arena rica para a aprendizagem, mesmo com o uso de métodos tradicionais. Estudos de casos, por exemplo, podem ajudar os gerentes a visualizarem suas experiências em outros contextos, enquanto a teoria pode ajudá-los a generalizar a partir de sua própria experiência. Um desses métodos assemelha-se a histórias de viajantes; o outro, a mapas. Ambos são mais bem apreciados por pessoas já familiarizadas com o território (conforme palavras de Gosling, em correspondência pessoal).

QUEM SERÁ SELECIONADO E QUEM FARÁ AS ESCOLHAS?   Quem deve freqüentar essa sala de aula? Quem tem condições de avaliar melhor o potencial de liderança? Certamente não a pessoa por si mesma, e dificilmente algum comitê de seleção, em uma universidade, desligado do contexto. A resposta óbvia para essa pergunta é: quem testemunhou aquele potencial em ação – a saber, as pessoas que trabalharam próximo aos candidatos.

Certamente os gerentes precisam ser inteligentes, e resultados obtidos em testes oferecem uma base para essa aferição. Mas o desempenho demonstrado no trabalho gerencial fornece uma base bem mais eficaz para a seleção – e muito mais apropriada para a sociedade, que necessita de liderança. A educação gerencial, em outras palavras, deve ser um privilégio conseguido por quem teve desempenho como gerente, não um direito garantido pelo resultado de um teste.

Como foi dito mais atrás, os programas de MBA baseiam-se inicialmente num processo de auto-seleção: os candidatos se inscrevem e a escola seleciona. Depois, os egressos do programa emergem numa "pista de alta velocidade *(fast track)*". Não deveríamos nós reverter essa ordem, exigindo que as pessoas que foram devidamente testadas, em um setor industrial e numa organização, sejam selecionadas de acordo com esse último critério? Tal procedimento também ajudaria a assegurar que pessoas entrem numa sala de aula com uma certa humildade – sabendo o que não sabem e precisam aprender. São esses, sem dúvida, os pré-requisitos para que se tenha um processo sério de aprendizagem. Em resposta àquela velha questão sobre liderança – se os líderes são forjados ou se já nascem feitos, os programas

---

* N. de R. T.: No original é *practicing managers*. Preferimos traduzir por simplesmente "gerentes" e não "gerentes praticantes", que nos parece uma expressão inadequada em nosso vernáculo.

de MBA são formulados para forjar tais líderes. O que está sendo proposto aqui é aprimorar a formação dos que nasceram líderes e daqueles que foram forjados.

A forma mais eficaz que conheço para essa seleção é fazer com que as organizações apontem seus candidatos e os apóiem, pagando por sua educação inclusive, cobrindo o custo do afastamento do local de trabalho. Isso garante às empresas o incentivo necessário para uma escolha cuidadosa, patrocinando pessoas em quem realmente botam fé.

Notas em testes, questões dissertativas, a média das notas obtidas (*grade point average*) e coisas do gênero podem jamais se aproximar da efetividade desse processo de seleção. Permitam-me ilustrar esse aspecto. Minha própria universidade, McGill, sempre insistiu em exigir nível universitário completo para o ingresso em estudos de pós-graduação. Abriu as suas primeiras exceções em nosso programa de *masters program for practicing managers* (que vamos abordar nos capítulos seguintes), por causa da vasta experiência das pessoas enviadas pelas empresas. Algumas pessoas perguntaram-me, depois do programa estar sendo administrado há seis anos, se isso trazia algum problema para a sala de aula. Não, disse eu; na verdade, não consigo me lembrar de nenhum desses participantes sem diploma universitário como problemático em sala de aula. Na verdade, há várias razões para isso. Primeiro, a falta de um diploma os motivava a estudar mais: eles apreciavam o fato de ter uma segunda chance. Em segundo lugar, conseguir fazer o que eles faziam sem um diploma significava que essas pessoas estavam entre as melhores. Não houve atalho (*fast track*) para elas. E, em terceiro lugar, sem a formação completa, esses estudantes estavam especialmente prontos para aprender. Assim também eram os outros gerentes que ingressaram no programa: pessoas que já atingiram a metade da carreira não investem tempo acidentalmente.

Os programas de MBA cometem todos os tipos de erro em seus processos de seleção, não a respeito de inteligência básica, mas sobre capacidade gerencial e sobre aquela vontade de gerenciar que discutimos no Capítulo 1. Muitos egressos de programas de MBA são pessoas inteligentes que nunca deveriam ter recebido aval para gerenciar alguma coisa. A nossa experiência, ao contrário, sugere que a seleção pelas organizações patrocinadoras leva a poucos erros sobre a vontade de gerenciar, a capacidade de gerenciar *e* a inteligência básica.

Claro, a seleção no local de trabalho aumenta a chance de surgirem outros problemas. Por exemplo, as organizações podem restringir escolhas. Elas podem, por exemplo, barrar pessoas de postura independente (*mavericks*); organizações autoritárias podem escolher gerentes autoritários. Mas essas são questões internas das organizações em si, além dos limites do processo educacional; tais problemas têm de ser solucionados onde surgem. Educar os independentes (*mavericks*) ou os gerentes não-autoritários de forma independente não irá solucionar o problema. Devo acrescentar que não há nada em nossas propostas de ensino que torne essas pessoas problemáticas na sala de aula. Também aceitamos alguns empreendedores em nosso programa, assim como gerentes seniores de empresas pequenas, alguns deles certamente pessoas independentes, e eles se saíram bem.

Um outro problema com esse tipo de seleção, principalmente no clima corrente de "vem fácil, vai fácil", é que as organizações podem se recusar a enviar seus gerentes para esses programas. Por que investir em pessoas que poderão eventualmente deixar a empresa? Eu inverto a questão: se essa é a atitude da organização, então as pessoas de fato estarão inclinadas a sair! Em outras palavras, esse tipo de atitude também deve ser considerado um problema na organização, não no processo educacional aqui proposto. Qualquer organização que se recusa a investir menos do que metade do salário de um ano para aprimorar a prática de seus gerentes por meio do ensino merece o índice de rotatividade de gerentes que provavelmente tem. Meu conselho para os bons gerentes que se encontram nessas situações é encontrar um empregador que respeite o seu talento.

QUANDO SELECIONAR? Se são os gerentes a resposta à pergunta "Quem se deve selecionar?", e "Quem fará a seleção?" deve ter como resposta aqueles que trabalham com esses gerentes, então a próxima pergunta é: "Quando selecionar?". Três momentos na carreira gerencial são sugeridos: no início do trabalho de gerência, no meio da carreira e ao nível de gerência sênior.

Como mostra a seguir a Figura 9.1, há um *trade-off* aqui. À medida que os gerentes progridem em sua carreira, eles podem trazer mais experiência ao processo educacional. É também provável que seu empregador venha a investir nessa educação, já tendo conhecimento de suas reais capacidades e da probabilidade de conseguir manter tais pessoas na empresa. Por outro lado, os novos gerentes podem se beneficiar ainda mais dessa aprendizagem: os seus hábitos ainda estão por ser formados, eles têm toda uma carreira pela frente e possuem mais energia e inclinação para estudar. O diagrama aponta que o meio da carreira seria o melhor momento: suficientemente tarde para ser selecionado de forma eficaz e cedo o suficiente para ainda se beneficiar da aprendizagem. Gerentes jovens podem não ter a experiência necessária; já os mais velhos podem ter experiência demais.

Mas também pode haver benefícios significativos numa educação intensiva para gerentes mais jovens. "Sabemos surpreendentemente muito pouco sobre a

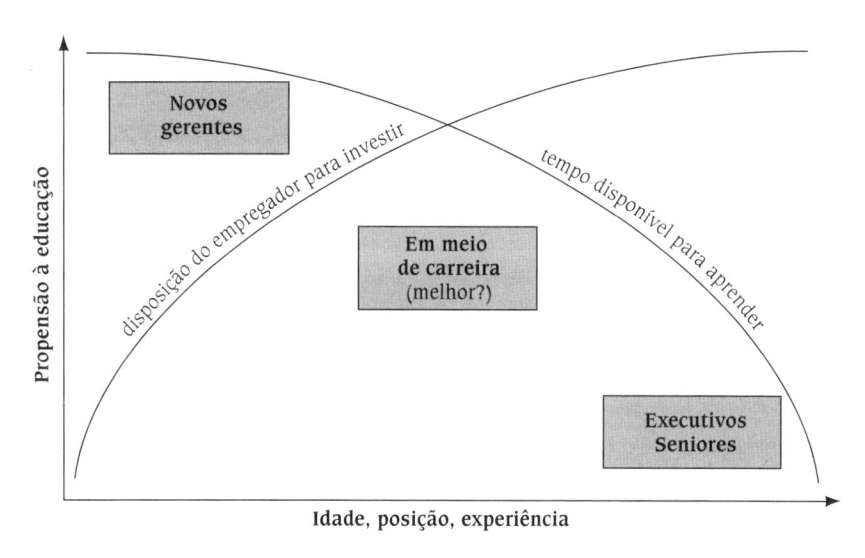

FIGURA 9.1
Qual o melhor momento para a educação gerencial?

transição para a gerência", escreve Hill (1992:2) em *Becoming a Manager*. Mas sabemos que os novos gerentes precisam de ajuda: aqueles que ela estudou pressentiam que, a despeito do treinamento inicial que receberam, "não iriam muito longe. Eles estavam mal preparados para lidar com todos os dilemas que encontraram" (p. 239). Na verdade, quando se pediu que os executivos identificassem eventos-chave em sua carreira, as coisas que fizeram a diferença na forma como gerenciavam, eles apontaram o seu primeiro trabalho gerencial, quando estavam, talvez, mais abertos para aprender a partir da experiência (p. 242).

Talvez, então, haja necessidade de programas em dois níveis (como veremos posteriormente). Um em nível mais gerencial, dirigido a pessoas no meio da carreira; e outro fortemente gerencial, mas com rico material funcional do tipo "precisa saber", para os gerentes mais novos. Em ambos os casos, a educação deve ser combinada com outras formas de desenvolvimento gerencial, aplicando principalmente os recursos que propõem movimentar, mentorear e monitorar, comentados no capítulo anterior. Os gerentes juniores podem se beneficiar particularmente de processos simultâneos de educação e mentoreamento.

## Proposição 2. A Sala de Aula Deve Alavancar a Experiência dos Gerentes em sua Educação

Não faz sentido selecionar pessoas com base na prática e depois ignorá-la no processo de educação. Isso apenas nega o uso da ferramenta mais poderosa que temos: a experiência natural própria de cada um. Por isso, a alavancagem dessa experiência é decisiva no processo de aprendizagem como percebemos ao ler "Gerenciando no Décimo Segundo Dia"; a aprendizagem deve girar em torno daquilo que os alunos melhor conhecem. Permitindo que os gerentes permaneçam no trabalho, comparecendo à sala de aula periodicamente, suas experiências podem ser entrelaçadas em todo o processo educacional, que pode assim ser estendido ao local de trabalho.

Evidentemente que levar isso adiante cria aquela ansiedade de ter que trabalhar e tentar aprender ao mesmo tempo. Mas essa é apenas uma das várias fases tensas que têm que ser enfrentadas, e não evitadas, para que a aprendizagem desenvolva raízes profundas.

A SALA DE AULA CONECTADA  Em seu relatório de 1959, Gordon e Howell se referiram aos programas de meio período como "uma grande oportunidade", em face da maturidade, da experiência e da motivação dos alunos – "uma aproximação ao caso ideal que descrevemos no relatório" (p. 286). Mas eles acreditavam que esses programas apresentavam "um problema sério", por causa do tempo limitado para estudo e da fadiga, depois de um dia inteiro de trabalho. Gordon e Howell tinham em mente programas ministrados à noite. Mas outros formatos, com mais tempo despendido em sala de aula, podem funcionar de forma eficaz.

Claro, muito tempo longe do trabalho pode causar estresse na volta às atividades. Mas tempo muito escasso pode interferir na aprendizagem efetiva. Os programas curtos, como luzes estroboscópicas, podem ser artificiais, enquanto que os longos, como holofotes, podem fazer com que os gerentes não enxerguem as experiências deixadas para trás. Descobrimos que, como outros métodos discutidos no Capítulo 7, esses módulos de uma ou duas semanas em sala de aula, com intervalos de poucos meses, permitem aprendizagem profunda sem destruição desnecessária da prática.

EXPERIÊNCIA NATURAL E CRIADA   O ingrediente-chave para a educação gerencial é a experiência *natural*, a vivência cotidiana, no trabalho e fora dele. Como destacou Whitehead em 1932, "Há somente uma matéria para a educação, e é a Vida em todas as suas manifestações" (p. 10). Seu livro representou um "protesto contra o conhecimento morto" (p. v) que é "meramente recebido na mente sem ser utilizado, nem testado, nem lançado em novas combinações" (p. 1-2).

Isso não é negar a utilidade de experiência *criada* durante o estudo, como se envolver em um *workshop* de teatro para colocar em cena temas de interesse, ou visitar uma pequena empresa para obter outra perspectiva sobre negócios. Quando essas atividades são autênticas, elas podem ser poderosas, acrescentando algo visual e visceral à educação verbal. Em minha opinião, entretanto, a experiência criada, incluindo o aprender fazendo e a aprendizagem por projeto, deve ser considerada suplementar, não central, ao processo educacional. A aprendizagem mais poderosa advém da reflexão sobre experiências que foram vividas naturalmente. Na verdade, uma vez que cada gerente praticante carrega uma enorme bagagem de experiências, uma sala de aula repleta deles favorece uma incomum situação de aprendizagem.

A SALA DE AULA CUSTOMIZADA   Em seu artigo sobre o mito do gerente bem-educado, Sterling Livingston (1971) apontou evidências de que os melhores gerentes pensam por si mesmos – eles mostram uma certa individualidade em seu comportamento, apropriada ao contexto: "Cada gerente deve descobrir por si próprio... o que funciona e o que não funciona em diferentes situações" (p. 83). A implicação importante disso é que a educação gerencial em si tem de ser fundamentalmente customizada, para o indivíduo. Isso significa projetar, no currículo, a flexibilidade para responder às pessoas com quem estamos lidando.

Obviamente seria proibitivo, muito dispendioso, projetar um programa para um gerente em particular, da mesma forma que o arquiteto projeta uma casa para uma determinada família. Não é isso que eu estou sugerindo – é quase isso. A metáfora é inapropriada em dois aspectos: primeiro, o arquiteto faz o projeto, embora consultando a família; em segundo lugar, a casa é terminada antes de a família se mudar.

Estenda a metáfora para o que acontece depois e ela fica mais próxima do que queremos transmitir. Quando a casa fica pronta, a família se muda e, como mencionado no último capítulo, as pessoas que lá irão morar colocam a mobília. Em outras palavras, customizam o interior da residência às suas próprias necessidades. Na verdade, o processo normalmente se alonga por um período de tempo considerável – de certa forma, nunca pára. O mesmo acontece com famílias que se mudam para casas perfeitamente padronizadas. A padronização reduz o custo de construção, mas ainda permite aos habitantes customizar o interior. O interior de programas que realmente desenvolvem as necessidades dos gerentes precisa ser customizado da mesma forma.

A sala de aula equivalente à casa, assim, é uma estrutura geral provida de conteúdo, que é completado pelas necessidades e experiências dos gerentes que a habitam. Nessa sala de aula, não é somente uma questão de quando a classe estará estudando *marketing* com casos determinados e assim por diante, mas sim como Alan pode envolver a classe com assuntos de seu interesse diante da visão restrita que encontra nos canais de *marketing* da empresa.

O método de estudo de caso foi citado no Capítulo 2 como "provavelmente tão próximo da experiência prática quanto uma pessoa pode receber em sala de aula" (Aaronson 1992:179), e embora falte "algum realismo... parece transmitir mais da natureza essencial dos problemas administrativos da empresa do que qualquer outro método" (citado em McNair 1954:86). Isso pode ser verdadeiro quando os alunos não têm experiência própria. Mas o argumento deste livro é que a educação gerencial é desperdiçada com pessoas que não têm experiência própria. E para aquelas que têm, o mais próximo que a sala de aula pode chegar da prática *é* justamente a experiência prática que elas já têm! Casos publicados são muito úteis para expor a experiência dos outros. Mas nunca podem se aproximar da experiência que foi vivida pelo aprendiz (*learner*) – seus próprios "casos vividos".

Colocado de outra forma, há muito ensino e pouca aprendizagem na educação gerencial – muito controle da sala de aula pelos "instrutores". Os professores certamente têm muito conhecimento formalizado para transmitir (como será discutido a seguir) e outra experiência para difundir por meio de casos, mas isso tem de encontrar-se com aquilo que os participantes trazem para a sala de aula. Em outras palavras, a aprendizagem acontece onde o *push* (o oferecer forçosamente) do professor encontra o *pull* (a extração) dos alunos (*learners*) O *push* da teoria e dos casos dominam os programas de tempo integral; o *pull* da prática domina muitos cursos de curto prazo. A educação gerencial pertence ao ponto em que os dois se encontram.

## Proposição 3. Teorias Repletas de *Insight* Ajudam os Gerentes a Encontrar Significado em sua Experiência

Porter e McKibbin (1988) apontam em seu estudo que as pessoas das empresas por eles entrevistadas desejavam que a educação gerencial fosse "mais realista", "prática", "com a mão na massa" (p. 303). Ouvimos muito sobre todas essas demandas. Elas estão erradas. Os gerentes que estão fazendo o seu trabalho vivem a prática todos os dias. Dificilmente precisam que o ambiente educacional se torne mais prático. (Assim como acontece com os alunos sem experiência que fazem essas demandas, o Santo Graal do "mundo real" está pronto e de forma realista disponível no mundo real. Encontre um emprego!)

Educação significa "mãos *livres*"; do contrário não será educação. Tem que fornecer algo diferente – idéias conceituais que são literalmente *ir*realistas e *im*-

praticáveis, pelo menos parece ser assim quando vista de modo convencional. As pessoas aprendem quando *afastam suas descrenças* e passam a aceitar idéias desafiadoras que podem remodelar o seu pensamento. Educação é isso.

Os gerentes têm de ser "práticos" – têm que conseguir que as coisas sejam feitas. Mas eles também têm de ter bom senso. O melhor deles raciocina por si próprio – expressa aquela individualidade sobre a qual Livingston escreveu. Os piores copiam os demais – não aprendem com os outros, apenas os copiam, sem pensar. Eles buscam algum segredo externo para o sucesso gerencial, alguma fórmula ou técnica, sem perceber que essa é justamente a fórmula do fracasso. Colocado de outra forma, um propósito central da educação gerencial é estimular o desenvolvimento de sabedoria. Isso exige uma atmosfera de bom senso na sala de aula, em que os indivíduos podem examinar sua própria experiência, com idéias, conceitos e teorias interessantes.

*Teoria* é um palavrão em certos meios gerenciais. É curioso, porque todos nós, principalmente os gerentes, não podemos mais viver sem teorias, assim como as bibliotecas não podem sobreviver sem seus catálogos – e, pela mesma razão: as teorias nos ajudam a entender as informações novas que recebemos. "A experiência não é suficiente. As pessoas podem aprender pouco com a sua experiência se não tiverem meios de classificá-la e analisá-la." (Sims et al. 1994:284.)

Seria ótimo se pudéssemos carregar a realidade em nossa mente e usá-la para tomar nossas decisões. Infelizmente, nenhuma mente é grande o suficiente para suportar isso. Então carregamos as teorias ou modelos: estruturas conceituais que simplificam a realidade para nos ajudar a entendê-la. Além do mais, é bom que essas teorias sejam boas! A universidade é o instrumento da sociedade para desenvolver e disseminar boas teorias.

John Maynard Keynes declarou certa vez: "Os homens práticos, que acreditam estar isentos de quaisquer influências intelectuais, normalmente são escravos de algum economista falecido". Em outras palavras, usamos a teoria quer percebamos ou não. Portanto, a nossa escolha não está entre teoria e prática, mas entre diferentes teorias que podem mudar nossa prática. Para os gerentes, é aí que a educação séria acontece.

Que tipos de teorias melhor instruem a prática? Eu acredito que existem cinco características-chave:

- *Teorias surpreendentes*. A teoria é repleta de *insight* quando permite que as pessoas interpretem – profundamente, de forma imaginativa e não-convencional – a prática, de forma a abrir seus olhos para novas perspectivas. A teoria que reforça as crenças convencionais – teoria banal, a qual não paramos de receber – não ajuda muito, porque não muda muito o comportamento. A teoria que ajuda tende a ser imprevista, porque fornece *insight* para a realidade que as pessoas acreditavam que compreendiam; por exemplo, que não há um, mas vários modelos de capitalismo em operação em diversos países. Essa teoria é um tanto subversiva: ela mina as crenças convencionais e, assim, promove o pensamento mais profundo.

Imagine, por exemplo, um curso chamado "Liderança Através da Formulação de Perguntas"![1]

- *Falsas teorias.* A teoria em si é neutra. Mas a promoção de qualquer teoria como verdade é dogma; torna a aprendizagem uma doutrinação. Isso acontece porque nenhuma teoria pode ser sempre verdadeira. Cada uma delas consiste em um conjunto de símbolos, normalmente palavras sobre pedaços de papel. Isso não é realidade, mas a simplificação da realidade; portanto, não pode ser verdade. Um exemplo simples pode explicar: a teoria da Terra redonda. Descobrimos a "verdade" em 1492: o mundo é redondo e não plano. Bem, pense novamente. O mundo torna-se abaulado no Equador. E tem saliências chamadas montanhas. Então, o mundo não é mais perfeitamente redondo do que seria perfeitamente plano. Redondo, claro, provou-se melhor para navegar. Mas não interfere na construção naval – algum construtor ajusta seus navios em relação à curvatura do mar? Para a construção de navios, a teoria da Terra plana funciona bem, assim como funciona a física newtoniana para todas as aplicações, não obstante o *insight* de Einstein sobre a relatividade.

- *Teorias alternativas.* A implicação deste tipo de teoria na prática da gerência é profunda: essas teorias são usadas não porque sejam verdadeiras, mas porque são úteis – *em determinadas circunstâncias*. E então não temos nenhuma empresa promovendo teorias específicas em nossas salas de aulas – não há "*one best way*", nenhum modismo de perfeição gerencial. As situações variam muito. O que deveríamos fazer em nossas salas de aula gerenciais, por isso, é delinear as teorias implícitas que os gerentes têm em mente – o que Argyris e Schon (1996) denominaram "teorias em uso" – e oferecer teorias alternativas, explicações competitivas do mesmo fenômeno, de forma que os gerentes possam interpretar a sua experiência a partir de diferentes perspectivas. Quando se trata de teoria, em outras palavras, os gerentes precisam de escolhas, não de dogmas. (Veja o quadro, a seguir.) A Tabela 9.1, logo antes desse quadro, lista alguns fenômenos referentes a quais teorias alternativas podem ser úteis aos gerentes.[2]

- *Teorias incômodas.* Ter que levar em consideração teorias conflitantes pode não ser muito cômodo. É muito mais fácil receber "a palavra", principalmente quando ela confirma nossas idéias preconcebidas. Isso até pode ser entretenimento, mas não é educação e estimula a má gerência. Como ressaltou F. Scott Fitzgerald, "o teste de um intelecto de qualidade superior é a capacidade de ter na mente, ao mesmo tempo, duas idéias opostas e

---

[1] Comentado por Carlo Bramat, diretor da Duxx Graduate School of Business Leadership, no México, durante a Aspen Institute Conference (11 de abril de 1999).

[2] Exemplos de livros bastante conhecidos, escritos para abrir a mente dos gerentes para teorias alternativas, são: *Images of Organization*, de Morgan (1986) e *The Seven Cultures of Capitalism*, de Hampden-Turner e Trompenaars (1993). Meus próprios livros com esse espírito incluem dois sobre as várias formas de organizações (Mintzberg 1979, 1983) e uma terceira sobre dez escolas de pensamento a respeito do processo estratégico (Mintzberg, Ahlstrand e Lampel 1998).

TABELA 9.1   MODELOS ALTERNATIVOS PARA OS GERENTES

MODELOS DO INDIVÍDUO

- Como um agente racional (modelo econômico)
- Como um agente emocional (modelo psicológico, modelo criativo)
- Como um agente social (modelo político, modelo sociológico, modelo administrativo)

MODELOS DA ORGANIZAÇÃO

- Como uma máquina
- Como um cérebro
- Como um indivíduo (o empreendedor)
- Como uma rede
- Como uma equipe de especialistas, etc.

MODELOS DOS PROCESSOS ORGANIZACIONAIS

- Sistemático
- Direcionado
- Orgânico

MODELOS DE SOCIEDADE

- Econômico
- Sociológico/antropológico
- Ético, etc.
- Político/Legal
- Histórico

ainda assim preservar a capacidade de funcionar". Se os gerentes ao menos pudessem manter duas! Talvez o melhor conselho para os gerentes venha de Whitehead: "Busque a simplicidade mas desconfie dela". Karl Weick captura o sentimento de forma perfeita em sua alegação de que a educação pode simplificar ou complicar, para fazer com que as pessoas sintam-se confortáveis ou incômodas. O pior de tudo para os gerentes, e isso infelizmente é muito comum, são os programas que simplificam para torná-los confortáveis. Claro, os programas que complicam para causar desconforto podem não ser muito melhores. Weick (1996) mostra evidências de "simplificações que desconfortam ou complicações que confortam" (p. 252).

- *Teorias descritivas.* Por fim, percebe-se algo importante nas teorias, modelos e conceitos que estou abordando: elas descrevem mais do que prescrevem; tentam explicar como o mundo funciona, não como deveria funcionar. Crainer e Dearlove (1999:xx) comentam com entusiasmo uma conferência muito importante de gurus acadêmicos que ficaram confusos diante da seguinte questão: "As escolas de negócios eram difusoras das melhores práticas ou eram líderes nas melhores práticas?" Eles não precisavam ficar envergonhados: a pergunta estava errada. Os professores também não têm experiência empresarial. O seu papel é explicar a prática. "As pessoas [na educação executiva] realmente desejam saber o que fazer, mas ainda mais, elas desejam saber o que as coisas significam, como entender os eventos" (Weick 19996:257-58).

Os gerentes nos dias de hoje são inundados de prescrições. Esse é o problema na gerência, não a solução, porque as situações variam muito. Você iria a uma farmácia que prescreve apenas um determinado tipo de pílula? Então por que os gerentes vão a cursos que prescrevem um tipo de técnica, a solução para todas as empresas, seja planejamento estratégico ou valor para os acionistas? Os gerentes precisam é de *insight* descritivo para ajudá-los a escolher ou desenvolver prescrições para as suas necessidades específicas. O fato é que a melhor descrição na mente do praticante inteligente é a ferramenta descritiva mais poderosa que temos, uma vez que nenhum gerente pode ser melhor do que as estruturas conceituais que usa. Essa é a base da sabedoria.

---

##### UM MODELO DE INDIVÍDUO OU MUITOS?

O artigo de Jensen e Meckling (1994) sobre a "Natureza do Homem" foi citado anteriormente neste livro. Ele apresenta cinco modelos de comportamento humano, apenas para desconsiderar quatro para favorecer seu "Modelo criativo, Avaliativo e Maximizador" – uma visão limitada e, de certa forma, um tanto depreciativa do comportamento humano.

Foi solicitado a Kunal Basu que realizasse uma palestra sobre modelos do comportamento humano dentro de nosso programa de mestrado para gerentes. Ele começou pedindo aos gerentes para ler o artigo de Jensen e Meckling antes da aula. Mas em vez de usar quatro dos modelos como base para apoiar o quinto, ele usou todo o artigo como base para apoiar a idéia de modelos alternativos, focalizando a atenção em todos esses modelos e em outros mais.

Como reforço, Basu exibiu um filme japonês clássico intitulado *Rashomon*, sobre um casal que foi atacado por um bandido em uma floresta perto de Kyoto. O filme relata a história diversas vezes – nas versões do marido, de sua esposa, do bandido e de uma testemunha. Cada um deles descreve aquela realidade de uma forma diferente, colocando-se no melhor lugar possível.

A classe fez uso desse material todo para se envolver em um debate sobre a natureza do comportamento humano, a necessidade de perspectivas múltiplas em relação a ele, e sobre a questão de ele poder ou não ser moldado. Um grupo de gerentes, por iniciativa própria, traçou, mais tarde, uma espécie de mapa, descrevendo todos os modelos; pedindo a seus colegas que enquadrassem ali a sua respectiva empresa. Isso levou a discussão adiante.

---

### PROPOSIÇÃO 4. A REFLEXÃO PONDERADA SOBRE A EXPERIÊNCIA À LUZ DAS IDÉIAS CONCEITUAIS É CHAVE PARA A APRENDIZAGEM GERENCIAL

Muitos programas gerenciais prometem um "campo de treino militar": Esteja preparado para trabalhar duro, eles alertam – isto não é um *country club*. Os gerentes certamente não precisam de uma atmosfera de *country club* para o seu desenvolvimento, mas também não precisam de um "campo de treino militar". Nada de campo militar, obrigado; muitos vivem isso todos os dias Esses campos de manobras militares treinam soldados para marchar e obedecer, não para parar e pensar. Os gerentes hoje precisam desesperadamente parar e pensar. Eles precisam recuar após a ação e refletir de forma ponderada sobre a experiência que vivem.

Uma observação feita no capítulo anterior deve ser repetida aqui: aprender não é fazer; é refletir sobre o fazer. Em um de seus poemas, T. S. Eliot escreve: "Tínhamos a experiência, mas perdemos o propósito". Refletir significa encontrar o significado. De fato, em seu livro *Rules for Radicals*, Saul Alinsky (1971) argumenta que uma atividade só se torna "experiência" depois de se ter refletido de forma sensata sobre ela:

> A maioria das pessoas não acumula experiência. Muitos seguem pela vida sendo submetidos a uma série de acontecimentos, que passam pelo seu organismo sem serem digeridos. Tais acontecimentos tornam-se experiências apenas quando são digeridos, quando se reflete sobre eles, quando são relacionados a padrões gerais e sintetizados. (p. 68-69)

Certamente, precisamos de *pessoas que fazem* em lugares de destaque. Mas precisamos de *pessoas que fazem* que sejam capazes de refletir durante a ação, como ressaltou Schon (1983:60), para superar uma "visão paroquial e estreita".

Todos os gerentes hoje são forçados a carregar uma bagagem conceitual. Há todas aquelas teorias e modelos, a maioria no subconsciente, e todas as técnicas amplamente promovidas – toda aquela perfeição gerencial a que, supõe-se, todo mundo vai se submeter. Além disso, todos os setores têm o que Spender (1989) chama de suas próprias "receitas" – as crenças e procedimentos aceitos sobre como as coisas devem lá funcionar. Coloque tudo isso junto e um pouco mais e você vai apreciar por que a reflexão cuidadosa é tão importante para o desenvolvimento dos gerentes.

SOBRE A NATUREZA DA REFLEXÃO  Refletir não significa meditar e não é casual. Significa desejar, examinar, analisar, sintetizar e conectar – significa "ponderar cuidadosa e persistentemente sobre o significado de uma experiência para o eu". E não somente sobre *o que* você pensa que aconteceu, mas "*por que* você pensa que isso aconteceu?" e "o *quanto* essa situação é semelhante e diferente dos outros problemas?" (Daudelin 1996:41).

Tudo isso exige luta. Como apontado anteriormente, as teorias ou modelos implícitos têm de aflorar e as descrenças têm de ser afastadas de forma que possam ser examinadas – o que não é uma coisa fácil de fazer. Para que isso tudo aconteça, as pessoas precisam ser curiosas, estar alertas, comprometidas – precisa haver uma vibração na sala de aula. Isso exige não as novas e populares tecnologias educacionais (aprendizado via Internet, CD-ROMs, etc.), que podem levar os estudantes precisamente para a direção oposta, mas de professores que trabalhem em cima de um bom modelo antigo, com menos tecnologia e muita interação pessoal – educadores interagindo todo o tempo com os alunos. Em outras palavras, não há atalho para o verdadeiro desenvolvimento de gerentes. Esse desenvolvimento talvez seja interpretado como dispendioso, mas a gerência em si é mais dispendiosa. E a gerência que falha é ainda mais cara.

REFLETINDO SOZINHOS E JUNTOS   Toda a reflexão é, por fim, pessoal. Mas os gerentes também aprendem pessoalmente através de uma reflexão coletiva.

Os gerentes precisam de tempo para refletir sobre o que fizeram (McCall 1988:8). Na sala de aula, eles podem ter tempo para refletir quietos, talvez escrevendo. Além da sala de aula, eles podem escrever relatórios para estabelecer conexão entre o que aprenderam e as suas experiências no próprio trabalho. (Exemplos de como fazer ambas as coisas serão descritos mais adiante.)

É importantíssimo que esse tipo de reflexão aconteça levando em consideração o modo de ser dos próprios gerentes. O corpo docente pode introduzir os conceitos e teorias, mas cada gerente tem de vinculá-los às suas próprias experiências, como ele interpreta esses conceitos e teorias pessoalmente. Enfim, os "casos" têm de ser deles mesmos.

Além disso, os gerentes podem se beneficiar do compartilhamento de suas experiências e reflexões em pequenos grupos, para estimular a interpretação mais profunda. "A aprendizagem gerencial é uma troca social", de acordo com Revans (1983); "o trabalho [é] o programa e o colega [é] o professor" (p. 15, 53).

A partir dessas discussões de grupo, pode advir a aprendizagem em um terceiro nível de reflexão, na sala de aula como um todo, onde os melhores *insights* podem ser compartilhados. A idéia, com certeza, é fazer com que os três níveis atuem juntos, o que a Figura 9.2, mais adiante, mostra como rodas de engrenagens: a do indivíduo acionando o pequeno grupo, que aciona toda a classe.

Os candidatos ao aprendizado (alunos) podem vir de uma "comunidade de prática" diferente, como uma empresa ou um setor; isso torna mais fácil a comunicação entre eles. Porém, às vezes bem mais fácil, porque juntos eles podem ficar

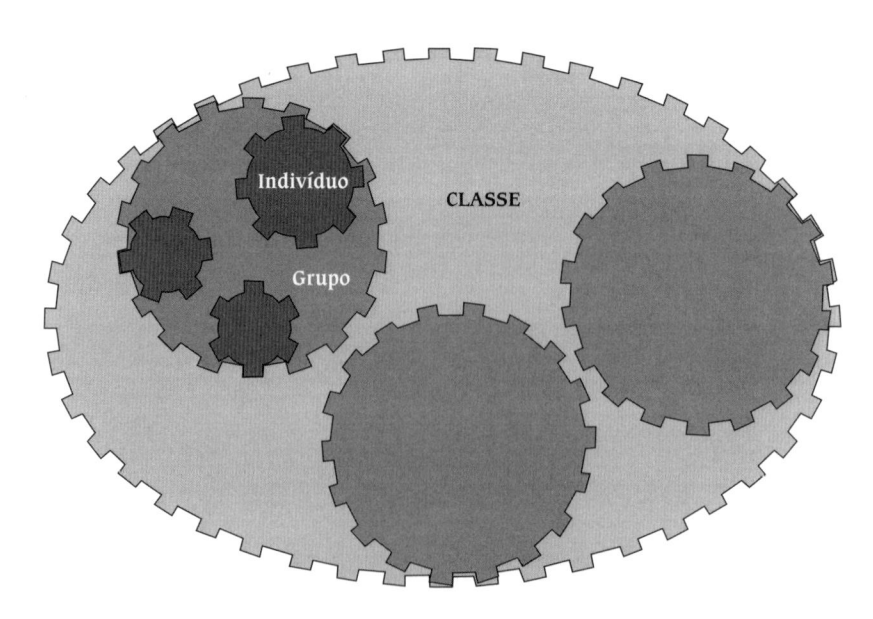

FIGURA 9.2
Reflexão entrelaçada em três níveis.

cegos para significados mais amplos. Portanto, há benefícios para uma comunidade de aprendizagem que envolve pessoas de práticas diferentes. Ideal, talvez, seja uma combinação de duas comunidades, de forma que as pessoas possam entrar e sair dos grupos de afinidades – às vezes, refletindo sobre a prática com colegas que pensam parecido; outras vezes, com colegas que exercem outras práticas. (Mais adiante, vou examinar um leiaute de sala de aula para facilitar essa abordagem.)

Certamente, a experiência é compartilhada em cada programa de desenvolvimento gerencial. Fale com gerentes voltando de um desses cursos e eles irão relatar todas as discussões interessantes que acontecem durante as refeições, nos intervalos, depois das aulas. Esses encontros normalmente são do que eles mais gostam. Então por que não podem ser o centro das atenções na sala de aula? Por que, em outras palavras, o tempo em sala de aula não pode ser tão envolvente quanto o tempo fora dela – permitindo que os gerentes reflitam de forma coletiva sobre a sua própria experiência? Na verdade, fazer isso na sala de aula permite que o compartilhamento seja estimulado por teorias, conceitos, casos interessantes e outros materiais que o corpo docente pode apresentar. O ponto mais importante que os acadêmicos que atuam em programas de gestão devem assimilar é que os gerentes experientes têm tanto a aprender uns com os outros quanto com o corpo docente. Se tiverem chance, os gerentes podem ensinar uns aos outros de forma muito eficaz.

Da mesma forma, o corpo docente tem de entender que tem pelo menos tanto a aprender com os gerentes como com sua própria pesquisa. Isso não avilta o seu papel diante de observadores que ficam do lado de fora, embora possam certamente fazer isso com mais freqüência. Significa envolver-se na fermentação de aprendizagem que é toda sala de aula interessante, lançando materiais conceituais interessantes e inclusive ajudando que eles entrem na discussão toda. Nunca deixo de me maravilhar com o quanto de *insight* pode ser gerado por uma sala de aula repleta de gerentes experientes e envolvidos. (A primeira vez que colocamos nosso programa em ação, um dos gerentes – Alan Whelan, da BT – veio até mim durante o terceiro módulo e declarou: "Este programa é um fracasso". Até então, as coisas pareciam estar indo muito bem; Alan, em particular, estava muito entusiasmado. O que ele queria dizer com aquela frase? Ele explicou: "Há muitas idéias interessantes sendo geradas na sala de aula, mas elas não estão ultrapassando os limites da sala de aula. A aprendizagem é perdida em outras." Respondi a ele que eu teria que escrever vários artigos por dia para poder acompanhar tudo e me manter a par!)

## Proposição 5. "Compartilhar" suas Competências Aumenta a Consciência dos Gerentes Sobre a sua Prática.

Ao lado dos conceitos estão as competências ou habilidades – os *como* juntamente com os *que* e os *porquês*. (A despeito dos esforços da literatura pertinente para estabelecer diferenças entre habilidades e competências,[3] na prática elas normalmente são tomadas uma pela outra, como vou fazer aqui.) Elas são obviamente críticas para a prática da gerência: as competências exercitadas no trabalho gerencial transformam pensamentos em ação. Mas é difícil lidar com elas em uma sala de aula. Além disso, adquirir várias competências não torna necessariamente um gerente competente.

COMPETÊNCIAS EM EDUCAÇÃO GERENCIAL? Ensinar conceitos é relativamente simples e direto. Mas desenvolver as competências – *treinar* as habilidades – não o é. Pode ser difícil e levar tempo, exigindo "aprender as idéias básicas, fazer experiências, ser treinado, receber *feedback*" e levar essa aprendizagem adiante (Conger 1992:178). Um curso de desenvolvimento gerencial de curta duração que conheci, sobre habilidades de apresentação, era realizado em duas sessões de alguns dias, cada uma delas com alguns poucos gerentes. Implemente alguns cursos assim e você irá quebrar o orçamento de quase todo programa que concede um diploma.

Além disso, a maior parte do talento para desenvolvimento de habilidades não é tão simples de ser encontrada entre acadêmicos como o é entre treinadores profissionais, seja autônomo, funcionário de empresa ou de empresas de consultoria. Certamente, há professores adeptos do ensino de habilidades leves e cursos que lhes permitam alcançar esse objetivo; entre os mais comuns, o de negociações. E há livros-texto interessantes (por exemplo, *Developing Management Skills*, de Whetten e Cameron [2001, em sua quinta edição).[4] Mas os professores são contratados para posições efetivas e detêm estabilidade por causa de sua capacidade de pensar e de pesquisar, não de ensinar habilidades.[5] Assim, isso nunca se tornou um pensamento dominante nas escolas de negócio, a despeito de repetidos apelos para que isso fosse considerado.[6]

---

[3] Meus colegas Kanungo e Misra 1992), por exemplo, descreveram as competências como "exigidas para tarefas não rotineiras e não programadas" (referindo-se a "funcionamento inteligente e às capacidades para envolvimento em atividades cognitivas), enquanto as habilidades são descritas mais como rotina, como algo programado, especificamente relacionadas a contexto e tarefa ("disparadas pelas demandas das tarefas específicas") (p. 1321). Ambas, entretanto, parecem mais constituir-se em um prolongamento dessas dimensões do que representar duas categorias distintas. Eu acrescentaria que o *Random House Dictionary* usa um termo para definir o outro.

[4] Entretanto, um debate vigoroso surgiu a respeito da mistura de treinamento para habilidades com o ensino de conceitos. McKnight (1991), por exemplo, argumenta que as habilidades são "um produto do inconsciente humano" e não podem advir da "aprendizagem conceitual". Ele acusa o texto de Whetten e Cameron, que considera o melhor disponível, de cair na armadilha de tentar tornar o desenvolvimento de habilidades muito conceitual (p. 207). Ao contrário, "deve ser centrado no aluno", com o professor desempenhando o papel de *coach* que observa de perto um aluno que exercita uma determinada habilidade (p. 212, 213). Isso até poderia ser razoável se não houvesse certa restrição para exercício do *coaching* nas escolas de negócio.

[5] Isso não é necessariamente verdade quanto a outros setores da universidade. Como Serey e Vederber (1991) apontam, o ensino de habilidades é bastante incomum em relação a tudo, desde treinamento em linguagem e técnica científica de laboratório até arte, música e medicina.

[6] Incluindo a minha própria: "A escola de gestão somente irá influenciar de forma significativa a prática gerencial quando se tornar capaz de ensinar um conjunto específico de "habilidades" associadas ao trabalho gerencial (Mintzberg 1973:188). Levamos isso a sério em McGill e fizemos um curso de "Desenvolvimento de Habilidades" em nosso programa de MBA por alguns anos (ver Waters 1980). Foi passado de um membro do corpo docente a outro, até que não se encontrou mais ninguém que assumisse e, então, o curso morreu. A propósito, há uma ironia interessante: eis aqui uma área em que a falta de experiência gerencial no MBA não atrapalha. Para determinadas habilidades, como conduzir negociações, a maioria dos alunos possui experiência natural. Aqui, portanto, é a inexperiência do corpo docente que atrapalha!

COMPETÊNCIAS NO DESENVOLVIMENTO GERENCIAL   As competências têm recebido muito mais atenção no desenvolvimento gerencial. Há todo o tipo de curso voltado para algumas delas, como as de liderança, que examinamos no capítulo anterior. Basta compará-las com a lista das competências que os gerentes parecem exibir em seu trabalho (veja a Tabela 9.2) e você verá o quanto o treinamento de competências é limitado e até mesmo acidental. O quanto realmente sabemos sobre desenvolver algumas competências proeminentes, como pensamento estratégico e, até mesmo, liderança (como discutido no capítulo anterior) e planejamento (*designing*, abordado no quadro a seguir)? Talvez como aquele velho conto do Oriente Médio, buscamos chaves para as competências gerenciais num ambiente claro, onde podemos ver claramente, e não no escuro onde elas foram perdidas.

---

### A CAPACIDADE CONCEPTUAL* NA EDUCAÇÃO GERENCIAL

Em um pequeno e intrigante livro intitulado *The Sciences of the Artificial*, Herbert Simon (1969) declarou que a concepção (*design*) é essencial para o que ele chama de "ciências artificiais" – seu rótulo para práticas que envolvem pessoas –, como medicina, engenharia, arquitetura e até mesmo música, bem como administração. A concepção e o projeto em si envolve intervenção humana para criar ou mudar algo: construir uma ponte, compor uma sinfonia e curar uma doença. Os gerentes concebem estruturas e estratégias, e supervisionam os processos pelos quais essas estruturas e estratégias, assim como os produtos, prédios e processos, são projetados.

Para Simon, o *design* é imprescindível para o treinamento nesses campos. Mas a atenção a isso varia muito. A arquitetura o ensina de forma central e formal; a medicina focaliza a atenção em uma forma estreita de *design* (concepção) chamada diagnóstico; e as escolas de negócio, a despeito da presença de Simon no campo, não têm habilidades de *design* explicitamente reconhecidas, embora certamente façam uso proeminente de expressões como "concepção da organização" (*organizational design*).

Então, sem denominá-lo ou, talvez, sem nem mesmo reconhecê-lo, as escolas de negócio ensinam uma forma de *design*: como análise. Na verdade, conceber com vistas a fazer um projeto reduz-se a analisar.

A própria posição de Simon sobre isso é instrutiva, porque por um lado ele o promoveu e por outro ele o desaprovou. De certa forma, ele conseguiu o que queria, mas não foi feliz no resultado.

*As escolas de profissionais vão reassumir as suas responsabilidades profissionais ao grau de poder descobrir uma ciência de* design *(concepção), um corpo de dureza intelectual, analítico, parte formal, parte empírico, doutrina ministrável sobre o processo de design (conceber, projetar).* (p. 58; itálicos do autor)

Simon estava falando sério sobre isso, comentando que "não há dúvida... de que o processo de *design* fica escondido por trás do "julgamento" ou da "experiência" (p. 156). O seu livro contém um alentado exemplo expresso em uma tese de doutorado com um

---

\* N. de R. T.: No livro, o termo usado aqui é *designing* cuja tradução não é consagrada em português. Ora usa-se o próprio termo em inglês (*design*) ora usa-se projeto, em nosso entender inadequadamente, embora o uso consagrado nas faculdades de arquitetura. No entanto, a tradução mais correta é concepção mas, por vezes, projeto é bem esclarecedor. Por isso, via de regra, introduzimos a palavra concepção junto com a palavra *design* ou a palavra projeto como tentativas de deixar mais claro o pensamento do autor.

*– continua*

> *– continuação*
>
> método altamente programado para projeto de estradas (p. 145-46) e, em um determinado ponto, ele até mesmo celebrou o papel do computador na composição musical (p. 158).
>
> Lembre que (no Capítulo 2) Simon também defendeu o papel das disciplinas básicas (economia, psicologia, matemática) na educação empresarial, daí também resultando em ênfase na análise. Por isso, ironicamente, vemos sua preocupação com o fato de
>
> *as ciências naturais quase terem suprimido as ciências do artificial do currículo da escola profissional. As escolas de engenharia tornaram-se escolas de física e matemática; as escolas médicas tornaram-se escolas de ciências biológicas; as escolas de negócio tornaram-se escolas de matemática finita. O uso de adjetivos como "aplicada" esconde, mas não muda o fato... Não significa que como conceber* (design) *seja ensinado, como algo distinto da análise.* (p. 56)
>
> Mas o design, a concepção, o projeto é *ensinado* nas escolas de negócio *como* análise. E assim as escolas não apenas "abdicaram da responsabilidade de treinar na principal habilidade profissional", a de conceber e projetar, como argumentou Simon, (p. 57), mas ainda pior, desviaram essa responsabilidade para a análise.
>
> A gestão, como discutido no Capítulo 1, e os outros campos "artificiais", são *práticas* que combinam arte, prática e ciência. A medicina, por exemplo, pode pender em direção à ciência, a gestão na direção da prática, a arquitetura em direção à arte,[7] mas todas elas exigem as três. Se você permitir muita ciência no ato de conceber e projetar, como é comum na medicina e na gestão, a tecnologia acaba por ser o *designer*, o projetista, tendo como resultado a diminuição da criatividade, do *insight* e da experiência.
>
> Então, melhor é aceitar o comentário importante de Simon sobre o papel do ato de conceber e projetar, mesmo que não adotemos sua abordagem de como exercitá-la, e concluir que na gerência realmente precisamos chegar a fazer uma espécie de acordo com essa competência básica.
>
> ---
> [7] É interessante a esse respeito comparar a descrição de Schon (1983, 1987) sobre a prática e o ensino do projeto na arquitetura, com os pontos de vista de Simon.

COMPARTILHAMENTO DE COMPETÊNCIAS    Charles Lindblom (1968) indicou que o treinamento se aplica melhor a práticas que são "codificadas". Mas estas, venho argumentando desde o início, são raras na prática da gerência. Deveríamos, por isso, desistir do desenvolvimento de habilidades na educação gerencial e aceitar as palavras de um colega quando me provocou: "Você treina cachorros, não gerentes"? Deveríamos, em outras palavras, deixar de lado esse tipo de desenvolvimento (de habilidades) na educação para a gestão no sentido da movimentação e mentoreamento no trabalho, onde ele acontece de qualquer forma, embora informalmente, e para realizar aqueles cursos formais curtos que lidam com pelo menos algumas competências?

Não exatamente. Eu acredito que em educação gerencial podemos fazer mais do que pensamos, mesmo que seja menos do que outros acreditam. Além da noção de treinamento há um papel que combina bem com a sala de aula acadêmica: podemos denominá-lo *compartilhamento de competências*.

Identificar uma competência gerencial, como negociar e gerenciar projetos – melhor ainda, uma determinada aplicação de uma competência, como negociar com

TABELA 9.2  UMA LISTA DE COMPETÊNCIAS GERENCIAIS

A. COMPETÊNCIAS PESSOAIS

1. Gerenciar a si mesmo, internamente (reflexão, pensamento estratégico +)
2. Gerenciar a si mesmo, externamente (tempo, informação, estresse, carreira +)

B. COMPETÊNCIAS INTERPESSOAIS

1. Liderar indivíduos (selecionar, ensinar/mentorear/*coaching*, inspirar, lidar com especialistas +)
2. Liderar grupos (formar equipes, solucionar conflitos/mediar, facilitar processos, dirigir reuniões +)
3. Liderar a organização/unidade (organizar, fazer fusões, construir cultura, gerenciar mudança +)
4. Criar ligações com a organização/unidade (*construção de redes*, representação, colaboração, promoção/*lobbying*, negociar, fazer política, proteger/encontrar soluções +)

C. COMPETÊNCIAS RELATIVAS A INFORMAÇÃO

1. Comunicar-se verbalmente (ouvir, entrevistar, falar/apresentar/sintetizar, escrever, reunir informações, disseminar informações +)
2. Comunicar-se de forma não-verbal (ver [educação visual], sentir [educação visceral] +)
3. Analisar (processar dados, criar modelos, mensurar, avaliar +)

D. COMPETÊNCIAS DE AÇÃO

1. Programar (coordenar informação, priorizar, estabelecer agendas, lidar com diversas tarefas simultaneamente, administrar o tempo +)
2. Administrar (alocar recursos, delegar, autorizar, sistematizar, estabelecer objetivos, avaliar desempenho +)
3. Conceber, projetar (planejar, praticar, ter visão de futuro +)
4. Mobilizar ("apagar incêndios", gerenciar projetos +)

*Nota*: Esta tabela deriva de um modelo de trabalho gerencial (Mintzberg 1994) por mim desenvolvido; recorri também a uma análise de muitas outras listas de fontes diversas, inclusive elaboradas por outras empresas e publicadas. Muitas delas – espero que não a minha – misturam habilidades, valores, características e, até mesmo, desejos, de forma estranha (p. ex., de uma lista de empresa: *coaching*, foco no cliente, comprometimento; ou em um destacado livro-texto: gerência financeira, trabalho árduo, pensamento claro, respeito).

---

parceiros em uma *joint venture* ou lidar com um atraso em um projeto – e você pode normalmente encontrar grande experiência disso em uma sala repleta de gerentes. (Pode haver enorme experiência gerencial em uma sala com 40 gerentes de nível intermediário.) Dê a eles uma chance de compartilhá-la em uma atmosfera de reflexão ponderada e observe o que acontece. A primeira vez que tentamos fazer isso em nosso programa, perguntando aos participantes "Como você consegue refletir em um trabalho que o mantém muito ocupado?", as idéias surgiram de forma espontânea durante cerca de 40 minutos, preenchendo várias folhas de *flipchart*. Os gerentes adoram a oportunidade de compartilhar a sua experiência e de estar abertos para a experiência dos outros. E podem aprender muito no desenrolar desse processo.

Compartilhamento de competência não significa como uma competência em particular *pode* ser praticada, de acordo com alguma teoria geral, ou como *deveria* ser praticada, de acordo com algum artigo famoso, mas como *vem sendo* praticada pelos gerentes daquela sala – o que funcionou e o que não funcionou com eles. Os gerentes simplesmente obtiveram uma chance de tornar públicas as suas práticas e a partir daí compará-las com as dos outros.

Todo tipo de coisa pode surgir durante essas sessões – práticas boas e ruins, triviais ou profundas. Fazer com que venham à tona expõe os gerentes a formas alternativas de se comportar, assim como obter diferentes modelos conceituais os expõe a formas alternativas de pensamento. A razão pela qual isso é importante é que aumenta a consciência dos gerentes sobre suas próprias práticas, de forma que podem continuar a aprender com a sua experiência pessoal. Pense nisso, no espírito de reflexão, como um tipo de "aumento de consciência" sobre competências.[8]

Essa abordagem pode funcionar, inclusive, para as muitas competências que não estão abertas a treinamento formal. Considere o pensamento estratégico. É difícil imaginar qualquer adulto tornando-se um pensador estratégico em sala de aula. Mas o compartilhamento de competências pode certamente tornar um gerente mais ciente do que seja pensamento estratégico – o que é, como funciona, o que faz, quando é necessário – e assim aprimorar o uso que faz disso.

## Proposição 6. Depois da Reflexão na Sala de Aula Vem a Aprendizagem do Impacto Sobre a Organização

A maioria das organizações vê com satisfação o fato de poder inscrever seu pessoal em programas de desenvolvimento gerencial, pela expectativa de que retornem gerentes mais preparados para exercer o cargo. Elas não deveriam ficar tão otimistas assim. Parar nesse ponto desconecta o processo de aprendizagem do contexto da aprendizagem. Começa a ocorrer condescendência – em favor do indivíduo isolado. E, o pior de tudo, deixa de ser aproveitado um enorme potencial.

O MBA enfoca a aprendizagem pessoal, com a intenção de oferecer melhor talento por um alto preço. Isso ajudou a alimentar uma cultura de gerentes que servem a si próprios. Mas o resultado é praticamente o mesmo de muitos programas de desenvolvimento gerencial, embora as organizações continuem enviando os seus gerentes e pagando as taxas. Em seu livro *Evaluating Management Education*, Robing Hogarth (1979) avaliou a aprendizagem de 246 participantes do programa de consórcio CEDEP. Um resumo do conteúdo desse livro está reproduzido na Tabela 9.3, logo adiante. Perceba a forma de expressão das palavras, repetidamente: "capacitou-*me*", "*eu* gostei muito", "para *mim*", "ajudou-*me*". Todas as afirmativas inscritas nessa tabela estão nesse tom, com exceção de uma, em que se lê de forma claudicante: "A aquisição de novas técnicas favorece os relacionamentos dentro da empresa". A educação gerencial tem que ir além do *eu*, deve estimular os gerentes a ir além de si mesmos – em outras palavras, deve ressaltar a liderança.

O primeiro ponto deste capítulo tratou da seleção dos gerentes dentro de suas respectivas organizações. Isso implica um forte compromisso entre o indivíduo e

---

[8] Muitas pessoas que escrevem sobre gerência defendem a mesma abordagem, como McKnight (1991:205), Kotter (1990-4), Conger (1992:49) e Lee (1989), que estabelece diferença entre escola de liderança tipo "treinamento de consciência (*awareness*)" para e escola de "construção de habilidades" e cita o diretor de um programa do Center of Creative Leadership: "Tão logo o nível de consciência dos gerentes se eleva, eles passam a ter uma boa noção do que fazer" (p. 23, 24).

Tabela 9.3 AVALIAÇÃO DA APRENDIZAGEM NO CEDEP
(de Hogarth 1979:93; itálicos acrescentados)

| ITEM | PERCENTUAL DE CONCORDÂNCIA ($n = 246$) |
|---|---|
| *Relações humanas e contatos aumentados* | |
| • O CEDEP permitiu-*me* entrar em contato com pessoas que trabalham em outras áreas. | 98 |
| • *Eu* gostei muito do contato com gerentes de diferentes empresas e nacionalidades. | 97 |
| • Os aspectos das relações humanas foram, particularmente, valiosos para *mim*. | 86 |
| • Acima de tudo, o CEDEP representou um enriquecimento intelectual para *mim*. | 84 |
| *Conhecimento* | |
| • Foi muito útil para *mim* ter realizado exercícios mentais novamente. | 89 |
| • O CEDEP permitiu-*me* adquirir conhecimento sobre assuntos que, anteriormente, *eu* desconhecia. | 85 |
| • A aquisição de novas técnicas favorece os relacionamentos dentro da empresa. | 73 |
| • Foi particularmente útil para *mim* adquirir técnicas quantitativas | 68 |
| • O CEDEP ajudou-*me* muito a entender melhor a empresa. | 50 |
| • *Eu*, acima de tudo, atualizei-*me* em minha área de atuação. | 23 |
| • *Eu* adquiri, principalmente, muitas receitas práticas. | 19 |

a organização que o patrocina, e deve funcionar de duas formas: a organização se compromete com o preparo do indivíduo e este assume o compromisso de disseminar a sua aprendizagem ao voltar a sua empresa.

Em nosso programa, isso se chama *impacto*, o qual é trabalhado na sua concepção, no seu *design*. A intenção é ir além do desenvolvimento gerencial para chegar ao desenvolvimento da organização.

Com a popularidade do Aprender Fazendo e do Work-Out, um aspecto de impacto se tornou algo de grande relevância: você aprende algo e depois usa esse conhecimento para fazer a sua organização funcionar de forma mais eficaz. Denominaremos isso *impacto da ação*. Mas há outro aspecto que deve se tornar algo ainda maior, o qual denominaremos *impacto do ensino*.

Todos os gerentes têm de ser professores. Como *coaches* ou mentores, eles têm que desenvolver o seu pessoal e auxiliar os seus colegas compartilhando idéias e experiências. Isso deve acontecer especialmente com gerentes que tiveram o privilégio da educação formal: aqueles que estão fora, estudando (*learners*) deveriam ser professores quando voltassem para suas empresas. Impactos desse tipo podem variar do compartilhamento de leituras que os gerentes considerem interessantes até o fornecimento de instruções detalhadas aos colegas sobre sessões na sala de aula em particular, até mesmo criando réplicas em miniatura de módulos completos, como alguns gerentes em nosso programa o fizeram. Cada aspecto do processo educacional pode ser levado para a empresa como *impacto do ensino* (como veremos no Capítulo 13).

Os impactos de ambos os tipos exigem, por parte das escolas e das organizações patrocinadoras, o abandono de influências anteriores. As escolas têm de estar abertas – têm de se tornar mais responsivas às necessidades dos gerentes e de sua organização – e as organizações têm de aumentar as suas expectativas sobre os programas para os quais enviam os seus gerentes e fazer algo a respeito.

Os gerentes, normalmente, afastam-se, sozinhos, para fazer um determinado programa e quando voltam sentem-se isolados. Eles aprenderam coisas novas e desejam fazer mudanças. Mas ninguém parece se preocupar com isso. Então eles se frustram. Esse é um problema por demais conhecido, abordado em programas e em literatura impressa. Mas raramente é abordado na prática.

Com pouco esforço, as organizações patrocinadoras podem transformar o problema em oportunidade. Enquanto as escolas deveriam estar gerenciando menos o processo educacional, as organizações deveriam estar gerenciando bem as conseqüências do treinamento. Por exemplo, elas podem enviar grupos de gerentes para participar de um determinado programa, de forma que possam trabalhar juntos durante o curso. De volta ao trabalho, podem ser feitos ajustes para permitir que eles compartilhem a sua aprendizagem e para encorajar as mudanças naturais que crescem a partir daí. No Capítulo 13, descrevo o que algumas empresas com as quais trabalhamos estão fazendo a esse respeito, apoiadas pelos esforços em nossa sala de aula.

Os benefícios tanto do impacto de ação quanto do impacto de ensino deveriam ser evidentes. Menos evidente, mas também importante, é o fato de que com as corporações atualmente tão preocupadas com "coisas a entregar (*things to deliver*)", esses impactos podem ajudar a justificar os custos da educação gerencial e, então, apoiar o seu propósito principal, que é mais difícil de ser definido claramente – a saber, o desenvolvimento de gerentes mais eficazes.

## Proposição 7. Todos os Itens Anteriores Devem se Juntar em um Processo de "Reflexão Vivenciada"

Combine todos os elementos discutidos neste capítulo e você irá obter um processo novo de educação gerencial, que pode ser denominado *reflexão vivenciada*. Como mostra a Figura 9.3, os gerentes trazem a sua experiência para a sala de aula,

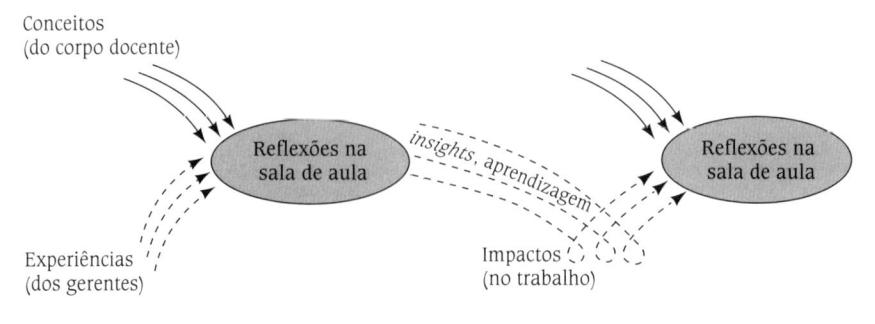

FIGURA 9.3
Reflexão vivenciada na educação gerencial.

onde o corpo docente introduz vários conceitos, teorias, modelos. Podemos dizer que os gerentes vivem no território enquanto o corpo docente fornece os mapas. A reflexão acontece onde eles se encontram: experiência considerada à luz de idéias conceituais. A aprendizagem resultante é levada de volta à empresa, onde tem impacto sobre o comportamento, fornecendo mais experiência para reflexão no trabalho e na volta à sala de aula. Isso constitui um ciclo recorrente, da compreensão tácita no trabalho à aprendizagem explícita na sala de aula, retornando à aplicação tácita no trabalho e ao próximo módulo educacional.

A reflexão vivenciada na sala de aula confronta novas idéias com crenças estabelecidas, ao nível do indivíduo, de pequenos grupos e em toda uma turma. Por tratar-se de uma pedagogia de compartilhamento e adaptação, os participantes* devem ter capacidade para organizar a si próprios, com tempo livre suficiente, às vezes, espontaneamente, para seguir os padrões naturais da descoberta.

Tudo isso, repito, é decididamente de baixa tecnologia, porque o cérebro humano é um mecanismo de baixa tecnologia. Ele absorve e processa a informação exatamente como sempre fez, não importa quão extravagante seja o novo dado que está sendo absorvido. Uma vez que esses insumos chegam aos olhos e aos ouvidos, os mesmos e antigos processos humanos acontecem. Então o gargalo está no cérebro humano, como acontece em toda educação real. Mas grande é o poder – de sintetizar e de criar. Nenhum computador sequer se aproxima dessa capacidade. É isso que pode tornar esse tipo de educação gerencial tão efetivo.

REUNINDO AS PEDAGOGIAS EMPRESARIAIS   A reflexão vivenciada pode também combinar vários métodos de educação gerencial – palestras, estudos de casos, exercícios, projetos –, mas em torno da aprendizagem do gerente e não do ensino do professor. Cada abordagem, em outras palavras, pode ser usada para que os gerentes tenham alguns *inputs* em torno dos quais refletir, de acordo com a sua própria experiência pessoal.

Considere essas diferentes formas pedagógicas em termos de quatro dimensões básicas de aprendizagem, das mais rasas às mais profundas: absorção (internalizar conhecimento), aplicação (usá-lo de alguma forma limitada – como por exemplo, para solucionar um problema), execução (ganhar experiência com o conhecimento, como se estivesse desempenhando um papel) e reflexão (encontrar o significado na experiência).

Aulas expositivas, juntamente com leituras, provavelmente são a pedagogia mais comum nas escolas de negócio hoje. (Por alguns anos, venho fazendo um pequeno estudo: toda vez que passo por uma sala de aula, observo quem está falando. Adivinhe o resultado!) A questão é a absorção ou, para repetir uma metáfora anterior, sobre encher o pote chamado aluno. Entorne-o, como acontece nos exames, e você verá grande parte da aprendizagem derrama. Talvez pouco tenha sido realmente absorvido.

---

* N. de R. T.: Normalmente, quando se refere aos participantes dos programas de desenvolvimento gerencial, o autor usa a palavra *learner*, cuja tradução literal seria aprendiz, mas cujo significado em nosso vernáculo tem conotações outras. Por isso, traduzimos diferentemente, nos diferentes trechos, ora como aluno, como participante, como estudante, preferindo deixar de lado a expressão aprendiz.

Estudos de caso são, provavelmente, o segundo método pedagógico mais comum, juntamente com outras simulações de trabalho gerencial (como jogos empresariais). Enquanto estudos de casos vêm sendo retratados como execução – para desenvolver habilidades gerenciais e ganhar uma perspectiva gerencial –, como concluímos no Capítulo 2, elas mais parecem uma aplicação, até mesmo absorção (pelo menos onde o caso é usado para ilustrar ou transmitir alguma mensagem). Se palestras são usadas para encher o pote, os estudos de caso dizem respeito a guiar o aluno para a água na esperança de que ele a beba.

Aprender Fazendo, na forma de trabalho de campo e outros projetos, envolve a execução em uma nova situação e assim oferece mais potencial para reflexão. Mas, uma vez que se adiciona experiência e, portanto, algo artificial (ver Figura 9.4), as oportunidades para reflexão acabam ficando limitadas.

A reflexão vivenciada, quarta forma pedagógica, pode tornar benéfico o uso dessas outras fontes de insumos para a reflexão: conceitos por meio de palestras, as experiências dos outros por meio do estudo de casos, novas experiências por meio de estudos de campo e projetos. Mas o seu poder real está na combinação disso tudo com as experiências naturais dos gerentes (ilustrado na Figura 9.5), que deveriam assumir lugar central no processo de aprendizagem.

Claro, cada gerente, nessa sala de aula, viveu somente as suas próprias experiências. O contexto, por fim, é pessoal – totalmente customizado. Durante um estudo de caso, ao contrário, todos compartilham uma experiência singular. Mas essa não é uma experiência original. E, no trabalho de projeto, cada grupo vive uma experiência. Esta, porém, é uma experiência forçada. A vantagem da expe-

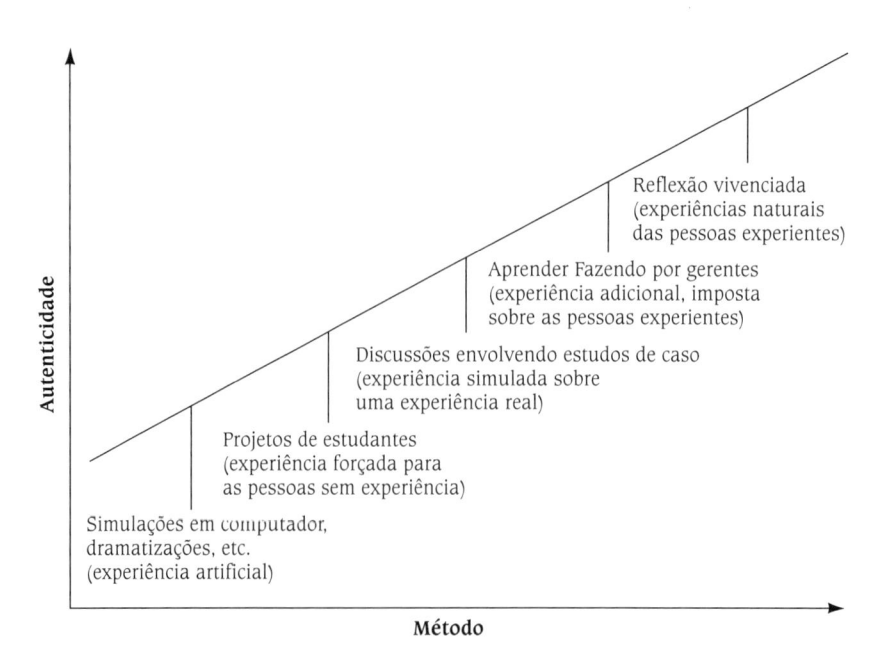

FIGURA 9.4
Pedagogias gerenciais em uma escala de autenticidade.

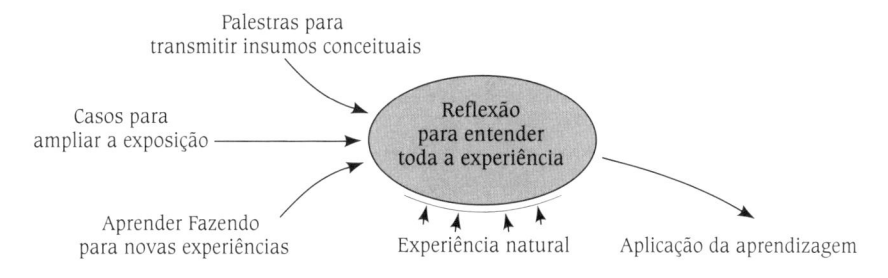

FIGURA 9.5
Combinando os métodos pedagógicos.

riência natural é que ela é robusta, sentida profundamente pela pessoa que a viveu e facilmente compartilhada com colegas que viveram experiências similares. Por exemplo, todos os gerentes compartilham as experiências de ter negociado contratos ou tomado uma decisão em uma situação de estresse. De certa forma, a totalidade dos gerentes em uma sala de aula vivem as experiências uns dos outros; todos eles são protagonistas, vendo refletidas nas histórias dos colegas as suas próprias histórias. A forma diferente como os gerentes viveram as suas experiências e a elas responderam pode ser comparada com aprendizado encorajado, em vez de sofisticado. Além disso, em um programa modular, os gerentes retornam repetidamente e com isso ficam conhecendo melhor o contexto dos seus colegas. As experiências coletivas dessa sala de aula se tornam um conjunto de casos vivos em andamento.

As histórias, é bom enfatizar, podem representar dispositivos-chave de aprendizagem. Sims et al. (1994:281) destacaram que os "gerentes preferem o analógico ao digital". O mesmo acontece com alunos atentos, incluindo as crianças das escolas de Calgary (Alberta, Canadá). É por isso que as histórias são tão poderosas: "Elas transmitem conhecimento analógico", combinando experiências com idéias.

COMBINANDO A APRENDIZAGEM    Para vir de lá até aqui, precisamos mudar o foco da sala de aula, passando do ensino para a aprendizagem. Certamente os dois estão vinculados e ambos são necessários. Mas o que tem o foco de atenção faz uma enorme diferença, como demonstram as citações no quadro a seguir.

Ensinar é algo "sob o controle do instrutor" – transmite substância, normalmente em embalagens esmeradas. Assim, tende a ser controlado, convergente e categórico. Isso pode ser importante para transmitir informações sobre conceitos e, até mesmo, competências – coisas a serem "cobertas". Mas repetindo um aspecto discutido no Capítulo 1, os professores que sempre "sabem mais" minam a aprendizagem.

A aprendizagem concentra-se no aluno e em como ele se desenvolve. Por isso mesmo, tem de ser responsivo e customizado, combinado com um fluxo de descoberta – como a gerência em si, em que as experiências, conceitos e reflexões se combinam à medida que o gerente segue adiante. E assim deveria acontecer na educação gerencial, em um ciclo recorrente entre a sala de aula e o trabalho.

> ### ENSINO *VERSUS* APRENDIZAGEM
>
> - *"Estou sempre pronto para aprender, embora nem sempre goste que me ensinem."* (Winston Churchill)
> - *"Estava observando como a aprendizagem realmente acontece quando as pessoas não interferem."* (Nancy Badore, comentando sobre uma experiência de desenvolvimento gerencial)
> - *"Eu preciso da dificuldade de falar para um grupo de pessoas sobre algo de que gosto."* (palavras de um professor universitário, citado em um artigo da *Business Week* [Bongiorno 1994:45] sobre os melhores professores das escolas de negócios nos Estados Unidos)
> - *"Por natureza, o ensino torna homogêneos tanto os sujeitos quanto os predicados. A aprendizagem, por outro lado, libera."* (Bennis 1989:70)
> - *"A aprendizagem é um processo de construção. Em outras palavras, o que é aprendido é reunido pelo aprendiz."* (Gaskins e Elliot 1991:41)
> - *"Nós odiamos o ensino: amamos a aprendizagem."* (*feedback* ao corpo docente em nosso International Masters Program in Practicing Management)

## PROPOSIÇÃO 8. O CURRÍCULO, A ARQUITETURA DA SALA DE AULA E O CORPO DOCENTE DEVEM SER MODIFICADOS – DE UMA CONCEPÇÃO CONTROLADA PARA UMA FACILITAÇÃO FLEXÍVEL

Todos os aspectos anteriores chamam a atenção para a reconsideração de muita coisa que se tornou sagrada na educação gerencial. Já estava na hora! Se os conceitos deste capítulo tiverem mérito, eles devem ser subversivos, minando a prática corrente. Muita coisa que agora é excessivamente controlada – a concepção e o projeto curricular, o leiaute da sala de aula, o papel do corpo docente – tem de se tornar facilitadora. Em outras palavras, tem de favorecer a aprendizagem, não guiar o ensino.

**PROGRAMAS DE ENSINO PARA FAVORECER O APRENDIZADO COLABORATIVO** Os cursos de gestão, sejam eles mais longos, voltados à educação, ou mais curtos, voltados ao desenvolvimento, são quase sempre divididos em "disciplinas" e "aulas" claramente ordenadas, cada um com a sua própria caixa de conhecimento, habilidades, estudos de casos e assim por diante, dissociadas, tudo empacotado em um "programa de estudos ou currículo". Isso é ensino. "Se hoje é terça-feira, ou estamos no segundo semestre, devemos estudar Ética." Voltemos aos pressupostos daquela velha máquina: se os planejadores fizerem o seu trabalho com antecedência, as partes irão somar-se magicamente ao todo, como automóveis passando por uma linha de montagem. Pense nisso como intrusão – tudo é inserido. O *marketing* é inserido. A Ética é inserida. Até mesmo aquele curso "final" sobre estratégia é inserido depois de todos outros.

Disciplinas e turmas de alunos não são adicionáveis para chegarmos à educação. Se em seu próprio trabalho os "gerentes não podem concentrar-se em problemas isolados, separados, por muito tempo", se eles "precisam desenvolver uma capacidade de sintetizar as informações de uma ampla variedade de fontes e apreciar a falta de conexão entre fenômenos e decisões" (Whitley 1989:220), então, não deveríamos concluir que a educação gerencial não deveria, nesse caso, ser projetada para lidar com esses aspectos?

Por exemplo, se a ética é realmente importante para a empresa, então tem que influenciar todos os comportamentos dessa empresa. Indicar um vice-presidente para assuntos de ética, como se uma pessoa pudesse ser responsável pelo comportamento de todos, é tolice. Todos têm que se comportar de forma ética. Da mesma forma, se a ética é importante para educar os gerentes, então projetar um curso para "transmitir" ética é também um procedimento tolo. A ética tem que influenciar a sala de aula, em todas as questões, sempre que surgirem, desde expandir um negócio até definir preço para produtos farmacêuticos. Igualmente, a estratégia e as pessoas não são matérias isoladas, mas fenômenos vinculados a tudo aquilo que as organizações fazem. Estendendo aquela velha história, uma vez que a educação gerencial não é um elefante constituído de partes dissociadas, a educação gerencial não pode ser um "açougueiro" que faz os cortes de acordo com a conveniência do programa de estudos.

Imagine, portanto, um programa entrelaçado de valores e atitudes, misturando histórias com idéias, usando métodos envolventes de aprendizagem, que façam com que os participantes tornem-se responsáveis por refletir juntos sobre as suas experiências. Imagine um corpo docente com uma presença contínua, que ajuda a combinar idéias que são geradas em um dia e em um módulo ao próximo. Isso é uma integração que flui, e não algo dirigido.

Nada disso torna o corpo docente passivo. Justamente o oposto: ele passa a se envolver mais profundamente, como os alunos, na dinâmica em desdobramento. "Nenhuma surpresa" na sala de aula significa nenhuma aprendizagem para o professor – e pouca aprendizagem para os alunos. Precisamos de menos controle na educação gerencial e de mais empenho no favorecimento da aprendizagem.

U<small>M</small> L<small>UGAR PARA</small> R<small>EFLETIR</small>   A universidade é o lugar ideal para refletir. É um magneto para as pessoas que gostam de ser críticas, nos dois significados da palavra: "inclinada a encontrar erro" e a "arte ou ato de julgar a qualidade" de algo (Random House Dictionary). Muitos acadêmicos certamente inclinam-se a encontrar erros. Mas isso se torna útil quando é combinado com a arte de julgar a qualidade: de ver abaixo, acima e além do óbvio, de enxergar o significado mais profundo e maior dos aspectos importantes. Somente isso pode tornar a universidade um ambiente produtivo para o desenvolvimento de gerentes. É precisamente isso que torna tão inadequadas as tendências atuais nas escolas de negócios, voltadas a "abobrinhas" e comportamento "tipo empresarial".

Se os gerentes necessitam recuar, afastar as suas descrenças e refletir sobre idéias interessantes, então que melhor lugar do que a segurança e seriedade do ambiente acadêmico, em que a "aventura da ação encontra a aventura do pensamento", sem pressão nem interrupção, "para unir imaginação e experiência?" (Whitehead 1932:143, 140). A academia é um bom lugar para escapar das respostas fáceis e refletir sobre as questões difíceis.

UM ESPAÇO PARA REFLETIR  Whitehead (1932) também escreveu que "a combinação da imaginação com a aprendizagem normalmente exige algum lazer, ausência de restrições, distanciamento das preocupações" (p. 146). Tudo isso só pode ser verdade na universidade se for verdade nas suas salas de aula. Campos de treinamento militar, exames intensivos e salas de aula projetadas para colocar pressão no aluno atrapalham a aprendizagem.

As salas de aula, comuns nas escolas de negócio hoje, alinham os alunos em filas ordenadas de carteiras, de forma que todos possam ver o professor. Esse arranjo pode ser bom para transmitir informações lá da frente, mas não facilita o compartilhamento entre as outras pessoas. Dispor as carteiras em forma de U, para que os alunos também possam ver uns aos outros durante os estudos de casos pode ser uma melhoria, mas ainda assim isso focaliza a atenção no indivíduo, e não no grupo, principalmente naquele indivíduo colocado lá na frente, no chamado "púlpito". Tais salas de aula são projetadas mais para a competição do que para a colaboração, mais para pronunciamentos do que para compartilhar experiências. Elas aceleram as coisas; não diminuem o seu ritmo.

Dê uma passada de olhos nos livros das escolas de negócio e observe as fotos em que aparecem os professores. Eu reuni algumas fotos dos programas executivos de Harvard: em todas elas o professor sempre aparece fazendo uma observação (com o dedo em riste!), enquanto os gerentes o observam atentamente; na foto, os gerentes estão fora de foco! Seria esse um ambiente para gerentes?

Sabemos, por meio de diferentes tipos de pesquisa, que os gerentes trabalham em sua maioria diretamente um com o outro, "olho no olho", seja individualmente ou em pequenos grupos. Eles raramente se reúnem em grandes grupos. Sabemos também que despendem grande parte do seu tempo com os seus pares. Mas nas salas de aula estão olhando fixamente para a autoridade que se posta lá na frente. Parece uma caricatura de hierarquia! Também sabemos que a despeito do advento da tecnologia da informação sofisticada, os gerentes ainda priorizam a presença física. Eles praticam um trabalho que envolve pessoas. Por que tirá-los da sala de aula, colocá-los longe uns dos outros – apenas para usar essa tecnologia?

A sala de aula pode não ser o local de trabalho, mas deveria pelo menos ser compatível com ele. Uma sala de aula num mesmo nível, com mesas redondas, facilita a discussão natural em pequenos grupos juntamente com apresentações formais. Não há necessidade de "começar abruptamente". Os gerentes podem entrar e sair de discussões reflexivas em um piscar de olhos. Cada mesa se torna uma pequena comunidade de aprendizagem em seu direito, com a comunidade maior que é toda a sala de aula. Variando-se a forma como as pessoas se reúnem

– em grupos de empresas, em grupos de indivíduos com as mesmas preocupações no trabalho, de forma transcultural e assim por diante –, o foco da discussão em torno das mesas pode se diversificar. Enquanto a sala de aula tradicional mostra-se claramente projetada para o corpo docente, esse tipo de organização permite que os gerentes dividam o espaço. No Capítulo 10, veremos como essa arquitetura mostrou-se decisiva na educação gerencial, passando de ensino para aprendizagem.

UM CORPO DOCENTE PARA AJUDAR  Educação adaptável em um espaço flexível exige um corpo docente adaptável e apoiativo. Isso deve ter início já no projeto curricular, como já abordamos anteriormente. O corpo docente por certo deve transformar-se em *designers* – arquitetos da experiência de aprendizagem –, mas naquela forma de arquitetura que vimos antes: não projetando e delineando para criar estruturas rígidas, mas estabelecendo superestruturas flexíveis que possam se adaptar aos alunos. O corpo docente, em outras palavras, tem de ser *designer* de um processo social em andamento, assim como emissores de conhecimento conceitual. E, diferentemente de muitos "arquitetos" de hoje, devem permanecer atuantes no local até que seu projeto se torne uma realidade. Bloom (1987:20) vinculou o seu papel à obstetrícia, no seguinte sentido: o corpo docente ajuda a facilitar um processo perfeitamente natural. Simplesmente pelo fato de as pessoas serem chamadas de professores não significa que elas têm de passar a maior parte do tempo lecionando.

É bom ter professores-estrela, que transmitem conteúdo interessante de forma atraente. Mas precisamos de pessoas que possam introduzir conteúdo interessante e depois envolver toda a turma nele – estimulando, ouvindo, integrando. Isso significa não somente acompanhar o fluxo, mas também introduzir novos conceitos *"just in time"*, à medida que se tornam relevantes para a discussão em questão. Mais precisamente, significa que o corpo docente tem de encorajar os gerentes a se envolver no processo. E, a partir desse ponto, uma atenção considerável tem de ser dada aos participantes, para ajudar a estabelecer a agenda à medida que questões-chave surgem.

Em nossas salas de aulas, possuímos uma regra 50-50, que atribui metade do tempo do programa para a agenda dos alunos. Lutamos para alcançá-lo e raramente conseguimos superá-lo. Mas buscamos esse frágil equilíbrio entre dirigir e facilitar.

Em um dos nossos módulos, o tempo de aula foi programado de forma equivocada para terminar muito cedo. Então, algumas sessões foram estendidas. Os membros do corpo docente chegaram cuidadosamente preparados e foram comunicados de que teriam uma hora extra. A administração do tempo se provou perfeita! Eles ficaram mais livres e permitiram tempo para reflexões sobre os conteúdos. Além disso, a regra número 4 era acrescentada às diretrizes que preparamos para "professores que desejam formar gerentes reais", como reproduzimos no quadro a seguir.

> **DEZ REGRAS PARA PROFESSORES QUE
> DESEJAM FORMAR GERENTES REAIS**
>
> 1, 2, 3. Não use modelos fechados. Não use modelos fechados. Não use modelos fechados.
> 4. Programe tempo extra para cada sessão de aula, mas não avise de antemão os "instrutores".
> 5. Lecione menos: os participantes têm, pelo menos, tanto a aprender com os colegas quanto com o professor. (Isso é sobre o que eles aprendem, não sobre o que nós ensinamos.)
> 6. Deixe os participantes trabalharem os conceitos dentro de seu ritmo.
> 7. Seja flexível; permita a discussão produtiva: se necessário, corte o que deveria ser "ensinado", segundo o programa.
> 8, 9, 10. Ouça. Ouça. Ouça.

Tudo isso, mais tarde descobrimos, requer menos facilitadores treinados e muito menos animadores-estrela, mas sim mais pessoas inteligentes com habilidades de facilitação. Não podemos fazer muito por bons facilitadores que não são tão bons com os conceitos ou com *professores-estrela* que preferem controlar a discussão ou apenas ouvir a si mesmos. Obtivemos grande sucesso com pessoas inteligentes e palestrantes de grande capacidade, que desejam facilitar uma boa discussão. Em todos os locais onde nosso programa é ministrado, incluindo-se aí o Japão e a Índia, onde ficamos sabendo da aplicação de abordagens tradicionais de ensino (os locais no Ocidente não são tão diferentes), fomos capazes de influenciar bons acadêmicos – ou seja, pessoas dispostas a aprender – por essa nova pedagogia. Esse processo deriva do fato de que professores realmente capazes gostam muito mais da aprendizagem do que do ensino. Eles podem estar acostumados a lecionar nas salas de aula, mas também estão acostumados a aprender em pesquisa. Então, por que não na sala de aula? Eles podem, por fim, pensar por si mesmos e essa é uma habilidade valiosa para facilitar a reflexão vivenciada.

Lembro-me bem de um economista, na Índia, que fez uma ótima apresentação na sessão da manhã, em nosso programa, seguida de algumas perguntas, antes do intervalo. Eu observei o programa e vi que ele iria fazer exatamente a mesma coisa depois do intervalo. Epa, pensei, os participantes irão protestar! Eles precisam de uma chance para assimilar bem o conteúdo passado.

O tal economista voltou, escreveu no quadro-negro uma pergunta de facilitação e solicitou a todos que discutissem a respeito em suas mesas. A classe permaneceu ativa. Mais tarde ele expôs as suas descobertas em uma sessão com a participação de todos os alunos.

Depois da sessão, perguntei a um colega: "Como aquilo aconteceu?". "Fácil", respondeu ele. "Eu o chamei durante o intervalo e sugeri tal modificação", ao que ele respondeu "Claro, por que não?"

Minha grande satisfação é observar que pessoas que nunca pensaram muito sobre métodos de ensino (inclusive eu mesmo) tornam-se extremamente animadas com a energia de uma classe como aquela, vendo os seus conceitos ganharem vida no contexto da experiência. Nesse tipo de arquitetura, com esse tipo de aluno, muitas pessoas estão desejando ficar um pouco mais livres e experimentar. Certamente, os professores criativos ficam muito entusiasmados nessa sala de aula também, porque é empática em relação às suas habilidades. Eles não precisam mais remar contra a maré. Muitos deles jamais pensam em voltar para os programas tradicionais.

## Rumo à Gerência Engajadora

O Capítulo 4 abordou os estilos da gerência rotulados de calculista e heróico para mostrar que eles estão minando a prática gerencial. Um outro estilo foi também lá mencionado, mas não discutido, denominado *engajador*. Agora é hora de tratar dele, porque esse é um estilo que acredito ser estimulado pela abordagem à educação gerencial que está sendo descrita aqui.

O Capítulo 1 fez a distinção entre esses campos povoados por especialistas que têm que conhecer mais, como na cirurgia, e aqueles para os quais saber mais é um problema. Gerenciar e educar foram descritos como exemplos deste último – ambos exigem mais facilitação do que controle. Mas a educação gerencial tradicional favoreceu professores que acreditam que sabem mais e isso, por sua vez, produziu gerentes que também acreditam que sabem mais.

Mas, ao longo do último século, as nossas percepções da gerência têm se voltado para a posição oposta. Compare as famosas palavras de Henri Fayol em 1916 – trabalho gerencial como planejamento, organização, coordenação e controle (quatro rótulos para controlar) – com os escritos mais recentes sobre as organizações como redes flexíveis de trabalhadores do conhecimento. Não deveríamos estar educando os gerentes de forma compatível com o que acreditamos que deve ser praticado? Em outras palavras, não deveríamos estar envolvendo os gerentes na sala de aula, de forma que possam ser encorajados a engajar outras pessoas na organização?

Descritos em termos ideais aqui, próximo da prática, os gerentes engajadores estão menos inclinados a ter em mente os escritórios que os separam dos outros. Eles cavam impressões além da leitura dos fatos, ouvindo mais do que falando, vendo e sentindo mais do que parando e analisando. Eles estão inclinados a inspirar mais do que atribuir poder (*empower*), a colaborar mais do que controlar. Desse modo, tais gerentes não vêem a si mesmos como alocadores de recursos, incluindo aqueles recursos humanos, mas sim como fortalecedores dos laços em torno dos seres humanos.

Acima de tudo, esses gerentes valorizam mais os cuidados do que a cura; não agem como cirurgiões que cortam aqui e ali, mas como enfermeiros que têm a intenção, primeiramente, de procurar evitar uma cirurgia. Eles vêem suas organizações como redes, não como hierarquias, com eles mesmos atuando por toda a empresa e não no topo. Isso significa que, para eles, estratégias representam árvores a serem plantadas por muitas pessoas, e não raios de luz lançados de cima para baixo. Se "eu acredito que você vai fazer" é o bordão implícito do gerente heróico, então "sonhamos em fazer" é o bordão do gerente engajador. Essas pessoas se envolvem para envolver os outros – a saber, para gerar a energia positiva que existe naturalmente dentro das pessoas. Isso faz aquele velho bordão da liderança, sobre pessoas que crêem que fizeram as coisas sozinhas, dar um importante passo adiante: a constatação de que elas *de fato* fazem tudo sozinhas.

A Tabela 9.4 mostra as diferenças entre os dois principais estilos de gerência que estamos discutindo. A descrição da gerência heróica é uma reminiscência das tabelas do final do Capítulo 2, sobre a impressão deixada pela educação MBA, e no final do Capítulo 4 sobre "Regras para se tornar um líder heróico". A descrição da gerência engajadora reúne comentários feitos em vários pontos durante a nossa discussão. A educação MBA inclina-se para um lado dessa tabela; eu acredito que a educação gerencial deveria inclinar-se para o outro.

Tabela 9.4    DUAS FORMAS DE GERENCIAR

| GERÊNCIA HERÓICA | GERÊNCIA ENGAJADORA |
|---|---|
| 1. Os gerentes são pessoas importantes, um tanto afastadas dos outros que desenvolvem produtos e apresentam serviços. | 1. Os gerentes são importantes pelo fato de que ajudam outras pessoas a desenvolver produtos e a fornecer serviços importantes. |
| 2. Quanto mais "alto" estes gerentes chegam, mais importantes se tornam. No "topo", o principal executivo *é* a corporação. | 2. Uma organização é uma rede que interage, não uma hierarquia vertical. Os líderes eficazes atuam em toda a organização; não ficam sentados no topo. |
| 3. De cima para baixo na hierarquia vem a estratégia – clara, deliberada e audaciosa – emanando do principal executivo que age dramaticamente. As outras pessoas "implementam". | 3. Fora da rede emergem as estratégias, à medida que pessoas envolvidas solucionam pequenos problemas que se tornam grandes iniciativas. |
| 4. A implementação é o problema, porque enquanto o chefe abraça a mudança, a maioria resiste. É por isso que as pessoas de fora devem receber mais atenção que as de dentro. | 4. A implementação é o problema, porque não pode vir separada da formulação. É por isso que as pessoas de dentro da organização, e com ela comprometidas, são necessárias para resistir a mudanças que não foram avaliadas de forma apropriada, mas impostas de cima para baixo. |
| 5. Gerenciar é tomar decisões e alocar recursos – incluindo os recursos humanos. Gerenciar, portanto, significa analisar, freqüentemente fazer cálculos, com base em fatos presentes em relatórios. | 5. Gerenciar é fazer aflorar a energia positiva que existe naturalmente dentro das pessoas. Gerenciar, portanto, significa engajar, com base em julgamento, fundamentado no contexto. |
| 6. Recompensas por melhor desempenho apresentado vão para a liderança. O que importa é o que é medido. | 6. Recompensas por a empresa ter se tornado um melhor local de trabalho vão para todos. Os valores humanos têm importância, mas muito pouco pode ser medido. |
| 7. A liderança é imposta sobre pessoas que impõem a sua vontade sobre os outros. | 7. Liderança é um tipo sagrado de confiança, obtida a partir do respeito dos outros. |

Em seu leito de morte, um fazendeiro diz a seus filhos que há um tesouro enterrado na sua propriedade e que eles devem desenterrá-lo. Após a morte do pai, os filhos passam a cavar e cavar. Jamais encontraram tesouro algum. Mas o fato de terem cavado em vários locais da propriedade melhorou a qualidade do terreno, e assim eles passaram a viver de forma mais confortável. Nós realmente precisamos cavar muito no terreno da educação gerencial.

## 10

# DESENVOLVENDO GERENTES I:
*O Programa IMPM*

*Não siga o caminho comum; abra novos caminhos e deixe um rastro.*
— RALPH WALDO EMERSON

O que Vladěna deve fazer? Ela tem uma boa educação – um diploma de Bacharel em Filosofia de uma universidade tcheca de grande reputação e mestrado em Relações Internacionais de uma universidade americana muito conhecida. Vladěna adquiriu excelente experiência, tendo trabalhado para uma organização internacional de consultoria e depois para uma jovem empresa de Internet, antes de se tornar gerente em uma empresa de telecomunicações tcheca. Na República Tcheca, ela pratica gerência usando a sua experiência e a sua sagacidade. Isso é tudo que ela tem, além da orientação de um colega experiente. Vladěna é inteligente e bem apessoada. Sua intenção é cursar uma escola de negócios.

De que forma os estudos pretendidos podem favorecer Vladěna? Certamente, o seu poder de barganha no mercado de trabalho internacional aumentará. Também lhe dará uma melhor compreensão dos negócios, incluindo o vocabulário para enfrentar outros gerentes com MBAs. Mas será que isso fará dela uma gerente melhor?

Ao longo de vários capítulos até aqui, argumentei que não, exatamente o contrário. Agora gostaria de descrever talvez não o que Vladěna possa fazer imediatamente, mas o que eu espero que todas as Vladěnas possam fazer num futuro próximo.

## O *International Masters in Practicing Management* (*IMPM*)\*

Um grupo de colegas do Canadá, da Inglaterra, da França, da Índia e do Japão, além deste autor, passou a maior parte da última década colocando em prática as intenções expressas no capítulo anterior. Não quisemos criar apenas um outro programa ou apenas outro programa nobre. Propusêmo-nos a mudar a direção da educação gerencial: apresentar uma abordagem adaptada à educação séria e ao desenvolvimento de gerentes. A obtenção de conhecimento e a melhoria de competências são importantes, mas queríamos que o nosso programa fosse além disso, para ajudar as pessoas a se tornarem não apenas gerentes mais eficazes, mas também seres humanos mais sensatos – mais criativos, mais "conhecedores do mundo ao nosso redor", mais engajados e envolventes.

O resultado disso é o Mestrado Internacional de Prática na Gestão (IMPM), que acreditamos estar de acordo com os princípios do último capítulo. Ainda temos um longo caminho pela frente, mas também já percorremos um longo caminho, acredito que o suficiente para apresentarmos nossa experiência como sendo indicativa do que se pode fazer. Minha intenção neste e nos próximos quatro capítulos é convencê-lo disso, descrevendo a concepção do IMPM, seu funcionamento, seus resultados e suas ramificações.

Não existe aqui nenhuma pretensão de objetividade. Meus colegas e eu colocamos os nossos corações e mentes nesta atividade; você, pois, terá que aceitar um certo grau de entusiasmo. Além disso, a objetividade é tediosa, quando estamos criando algo empolgante. O que fizemos e aprendemos requer algum espaço para ser apreciado; assim, dividimos essa discussão em vários capítulos: sobre o ambiente do IMPM (Capítulo 10); sobre as posturas mentais que servem de substrato organizador para o ensino da gestão (Capítulo 11); sobre o aprendizado quando se retorna ao trabalho (Capítulo 12); sobre o impacto dessa educação nas organizações patrocinadoras, incluindo seus custos e benefícios (Capítulo 13); e sobre a difusão dessa inovação para outros programas, de curta e longa duração (Capítulo 14).

Para desenvolvermos o IMPM, tomamos emprestadas as inovações mais eficazes que conseguimos obter a partir de outros programas para desenvolvimento de gerentes (muitas delas na Inglaterra, como registramos no Capítulo 7), adicionamos algumas das nossas próprias inovações e combinamos tudo isso num modelo completo que consideramos uma única inovação. Portanto, enquanto partes do IMPM podem ser encontradas em outros programas, o pacote não pode, apesar desses capítulos terem sido escritos para mudar isso.

---

\* N. de R. T.: A tradução mais adequada do título nos parece ser "Mestrado Internacional na Prática da Gestão". O capítulo, como outros capítulos anteriores, fala em preparar *practicing managers*, que poderia ser traduzido por gerentes em exercício ou gerentes praticantes, mas preferimos ficar apenas com o termo gerentes, que se reserva a quem está em exercício e não a quem pretende ser e busca uma educação. Continuamos a usar a sigla em inglês (IMPM) no texto.

Espalhados por toda parte estão casos, histórias e comentários das pessoas envolvidas no programa – participantes, funcionários das empresas, professores universitários, observadores. (Alguns são trabalhos elaborados para um congresso que foi realizado na Inglaterra, no ano 2000, sobre o programa,,. Eles podem ser examinados e as referências bibliográficas necessárias estão no *site* www.impm.org.) Tudo isso é oferecido na esperança de que outras pessoas tomem emprestada a nossa experiência, como fizemos com outras, para que todos possamos levar adiante a tarefa, que já está bastante atrasada, de desenvolvermos a educação para a gestão.

Visão Geral   A Figura 10.1 mostra o esquema do IMPM, com cinco módulos de duas semanas desenvolvidos nos nossos cinco locais, cada um deles voltado a uma disposição mental gerencial diferente (denominados reflexão, análise, visão de mundo, colaboração e ação). Em torno dessas estão as outras atividades do programa, muitas das quais acontecem na volta ao trabalho. Os **Papers de Reflexão** são elaborados para vincular o aprendizado de cada módulo ao contexto dos participantes. Esses trabalhos, em especial, são apoiados por

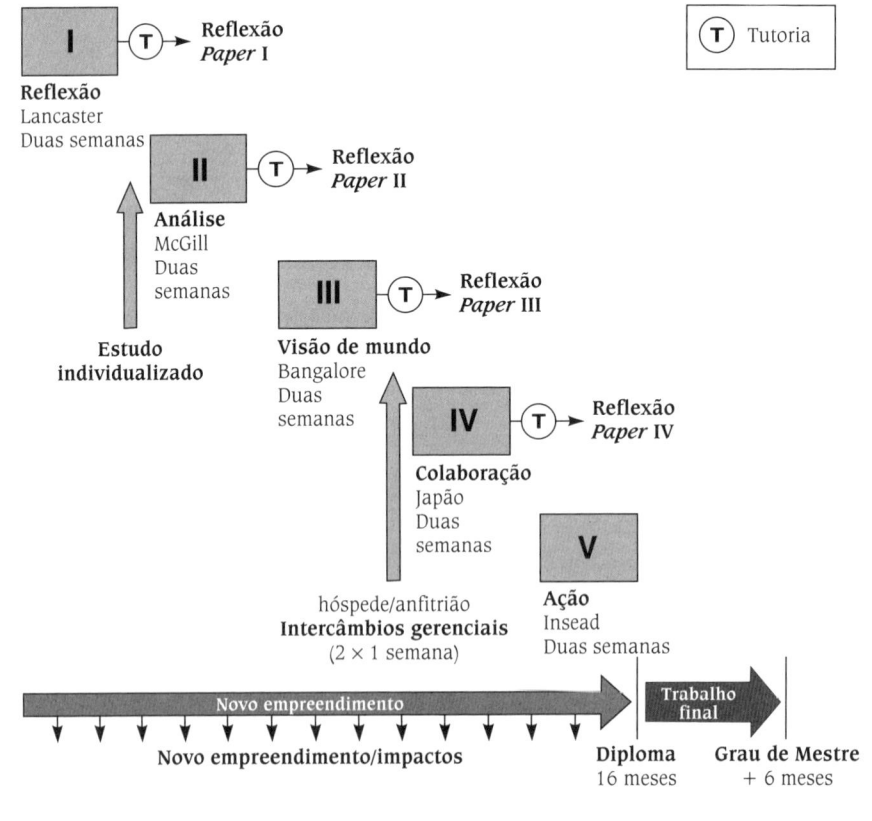

FIGURA 10.1
Estrutura do IMPM.

*Tutoria* (sinalizada com a letra T). O que chamamos de *Estudo Individualizado* desenvolve a "linguagem dos negócios" em *marketing*, finanças e contabilidade, previamente ao que vai se estudar no Módulo II. *Intercâmbios Gerenciais* acontecem entre os Módulos II e IV, em que os participantes trabalham em pares e passam uma semana no local de trabalho um do outro. *Empreendimento novo*, bem como *Impactos*, concentram-se em atividades de renovação na volta ao trabalho. Isso tudo leva quase um ano e meio; de forma tal que o IMPM ocupa dez semanas de atividades em sala de aula, incluídas numa jornada educacional de dezesseis meses. Depois disso, aqueles que desejam receber o Grau de Mestre em Prática da Gestão preparam um Trabalho final (*Major paper*), uma espécie de pequena tese.

Gerentes de nível intermediário para cima, a maioria deles na faixa etária entre 35 e 45 anos, são enviados e patrocinados pelas suas empresas. (Usarei a palavra *empresa* por uma questão de conveniência, apesar de uma ONG proeminente ser ativa no IMPM e de um programa assemelhado ter sido desenvolvido para organizações do setor social.) Uma determinada turma, que chamamos de *ciclo*, que existe a cada ano, desde a primavera de 1996, costuma contar com 35 a 40 participantes. Recomendamos que as empresas enviem seus candidatos em grupos, para que eles possam trabalhar juntos em questões da própria empresa e também para que a turma possa ser vista como vários *clusters* de trabalho e não como uma coleção de indivíduos.

## CENÁRIO GEOGRÁFICO: AUTENTICAMENTE INTERNACIONAL

Nossa proposta foi criar uma experiência autenticamente internacional no IMPM – não apenas um programa doméstico com atividades no exterior, mas um programa realmente equilibrado, desenvolvido em diferentes partes do mundo, não centrado em nenhuma delas, de tal forma que cada localidade sinta-se tanto local quanto estrangeira. As empresas que inscreveram participantes estão sediadas em nossas cinco localidades, e às vezes até em outras. Apesar de ter sido solicitado que elas se comprometessem com apenas um ciclo por vez, a maioria participou de todos, ou de quase todos, os ciclos, (até o Ciclo 8, que teve início em 2003) incluindo-se aí a Fujitsu e a Matsushita, do Japão; a LG, da Coréia; a Electricité de France (EDF)/Gaz de France, da França; a Internacional Federation of Red Cross e a Red Crescent Societies, com sede em Genebra; a BT, da Grã-Bretanha; a Lufthansa, da Alemanha; e a Alcan e o Royal Bank, do Canadá. Da Índia recebemos especialmente gerentes sênior de pequenas empresas, o que funcionou muito bem (apesar de algumas empresas maiores de lá, como a Hewlett-Packard, a Coca-Cola e a Bharati Telecom, terem enviado gerentes mais recentemente). Típico da nossa freqüência equilibrada foi o Ciclo 3, freqüentado por 15 asiáticos, 15 europeus, seis norte-americanos, dois africanos e um sul-americano.

MULTICULTURAL, NÃO "GLOBAL" Nosso programa pode parecer um tanto internacional, mas ele não tem a intenção de ser "global". Como a maioria dos gerentes até mesmo das corporações mais "globais", nossos participantes tinham suas raízes nas suas culturas domésticas.[1] Nossa intenção foi não arrancá-los de suas culturas, mas manter essas raízes intactas, enquanto se abria para a percepção de outras culturas. Por que impor a conformidade, quando podemos nos beneficiar da diversidade, para explorar perspectivas diferentes? Dentro desse espírito, nossa intenção foi criar gerentes com uma visão de mundo, e não globais. (Veja a Tabela 10.1.)

Portanto, o IMPM tornou-se um ponto de encontro de diferentes culturas – entre países e empresas – num ambiente seguro e confortável, nos territórios domésticos uns dos outros. Isso amplia o aprendizado, incluindo o questionamento das próprias noções de global e local. Estereótipos desaparecem rapidamente numa sala de aula desse tipo, uma vez que as pessoas encontram atributos comuns onde elas esperavam diversidade, e diversidade onde elas esperavam atributos comuns. É claro que isso acontece em todo programa com participação internacional, mas o fato do IMPM ser tão japonês quanto britânico, tão canadense quanto indiano, e assim por diante, faz toda a diferença. Além disso, como os participantes são locais em um dos módulos e, portanto, podem servir de anfitriões para seus colegas, as experiências no exterior tornam-se menos contemplativas e mais engajadas nos contextos.

Juntamente com isso, algo muito nobre atingiu as escolas parceiras: uma expectativa de que elas façam a inserção de seus módulos na cultura local – para descobrirem as suas raízes gerenciais, digamos assim. Algumas escolas adotaram esse desafio mais do que outras, especialmente no Japão e na Índia (sobre o contexto de desenvolvimento, quando não sobre um estilo indiano de gerenciamento).

TABELA 10.1  GLOBAL OU TRANSCULTURAL
(ADAPTADO DE COSTEA E WATSON 1998)

| UM PROGRAMA DE MBA AMERICANO EM BUDAPESTE | O IMPM |
|---|---|
| • Participantes do ocidente e do oriente demonstram semelhanças. | • As características pessoais dos participantes são tão distintas quanto as culturas de que provêm. |
| • Os materiais e métodos instrucionais são transferíveis, porque as práticas nos negócios são universais e a gestão é uma matéria "global" – daí o foco ao ensino como um processo de transmissão. | • Os materiais e métodos instrucionais têm que ser adaptados a diferentes necessidades, porque as práticas gerenciais são contextuais – daí o foco na aprendizagem como uma reflexão pessoal e compartilhada. |
| • O gerente é visto como um "eu" individual abstraído, cujo comportamento é ordenado principalmente pela racionalidade econômica. | • O "eu" humano é visto como uma combinação dinâmica de processos e eventos que vão acontecendo em relação a outros "eus". |
| • A aprendizagem é vista como cognitiva e abstraída do contexto. | • A aprendizagem é vista como interativa, baseada sempre em relacionamentos. |

---

[1] Uma pesquisa realizada durante um dos ciclos, sobre quem, dentro daquela turma, tinha um passaporte diferente da localidade da sede da empresa empregadora, foi bastante reveladora, em relação a esse grupo e provavelmente à "globalização" em geral. Apenas funcionários da Alcan e da Cruz Vermelha levantaram a mão numa quantidade relevante. Quase todos os demais participantes, apesar de em alguns casos terem uma ampla experiência internacional e até mesmo estarem atuando no exterior, eram cidadãos do país onde estava a sede da empresa.

## CENÁRIO ESTRUTURAL: UMA PARCERIA EQUILIBRADA

O IMPM foi criado para funcionar como uma parceria equilibrada entre o Indian Institute of Management, em Bangalore (IIMB); o Insead, em Fontainebleau, França; a Faculty of Management da Universidade de Lancaster, na Inglaterra; a Faculty of Management da Universidade McGill, em Montreal, Canadá; e, no Japão, de um grupo de professores oriundos de três instituições, Universidade de Hitsosubashi, Universidade de Kobe e Instituto Japonês Avançado de Ciência e Tecnologia (mais tarde, também o Instituto de Desenvolvimento da Coréia, em Seul).

O programa tem uma pequena administração central, independente de qualquer escola, com um diretor e um administrador. Um diretor de ciclo, geralmente de uma das escolas, inspeciona e coordena as atividades de um ciclo específico e presta atendimento a todos os seus módulos. Esses diretores de módulos, mais o diretor de ciclo (que geralmente chefia o módulo na sua própria escola), fazem a maior parte da tutoria.

Todas essas pessoas juntas também formam o Comitê Organizador, que trata de questões relativas a todo o programa. Isso tem funcionado bem porque as pessoas representam escolas, e não departamentos. Então elas não fazem *lobby* pelas suas funções específicas (além de não terem que fazer *lobby* pelas suas escolas, uma vez que cada uma tem o seu próprio módulo). Mas tais pessoas não se envergonharam de fazer *lobby* em prol de sua posição a respeito do que o programa necessita (a ponto de denominarmos esse comitê "Gangue dos Seis").

Por fim, os reitores ou diretores das diversas faculdades formam o Comitê Administrativo do programa, que se reúne anualmente, quase sempre em conjunção com a reunião anual que fazemos para representantes das empresas participantes, onde compartilhamos o nosso aprendizado e as nossas práticas.

Tudo isso resulta numa parceria bastante incomum. Já fui questionado repetidas vezes por colegas acadêmicos, especialmente nos Estados Unidos, sobre o fato de conseguirmos sustentar esse tipo de parceria. Num primeiro momento, essa pergunta costumava deixar-me intrigado. Eu respondia que conduzimos isso como se conduz qualquer aliança, isto é, com muita atenção. Depois, percebi o que havia por trás da pergunta. Em várias formas de atividades em conjunto, em geral uma faculdade de prestígio, normalmente americana, lidera e outras a seguem. A parceria IMPM funciona porque ela efetivamente *é* uma parceria; não existe nenhuma faculdade-líder.

A parceria se estende às empresas que enviam os participantes, porém mais *de facto* do que *de jure*. Essas empresas não formam um "consórcio" que tenha a propriedade do programa, mas o simples fato de tantas empresas terem permanecido com o programa ao longo dos anos e continuem participando de reuniões conosco, todos os anos, para compartilhar experiências, acabou por gerar uma parceria bastante forte. (Mais adiante trataremos com maior profundidade sobre atividades de empresas.)

## Cenário Conceitual: Disposições Mentais Gerenciais

Um grande desafio para nós foi chegar a uma estrutura que ultrapasse o formato simplesmente funcional que tanto tem dominado a educação empresarial. Criticá-la é muito fácil, mas precisávamos de uma estrutura substituta. Então, refletimos muito para desenvolver uma forma gerencial.

As funções empresariais tradicionais vêem o mundo como repleto de problemas a serem alocados nos departamentos de conhecimento especializado nas faculdades – *marketing*, finanças, recursos humanos e assim por diante. O mundo, assim, é objetivo, capaz de ser compreendido através da aplicação do conhecimento sistemático. Forneçam-se ferramentas aos gerentes e eles resolverão os problemas.

Infelizmente os gerentes não vivem num mundo assim. O mundo deles é desordenado e confuso. Os problemas que puderem ser alocados às funções habituais podem ser delegados a especialistas funcionais, mas os problemas complexos não são, assim, atacados. Esses problemas são gerenciais exatamente porque não se encaixam em categorias nítidas e pré-definidas.

Como foi observado no Capítulo 8, alguns programas têm usado estruturas temáticas, em torno de questões como a globalização e o gerenciamento da cadeia de suprimento. Essa é uma abordagem positiva, já que encara as preocupações como elas aparecem na agenda gerencial. Mas esses temas podem ser restritos e temporários. Os gerentes precisam de uma estrutura que seja mais estável e amplamente conceitual.

CHEGANDO ÀS DISPOSIÇÕES MENTAIS[2]   A Figura 10.2 sugere que tudo aquilo que um gerente eficaz realiza encaixa-se entre a *ação* no campo de trabalho e a *reflexão*

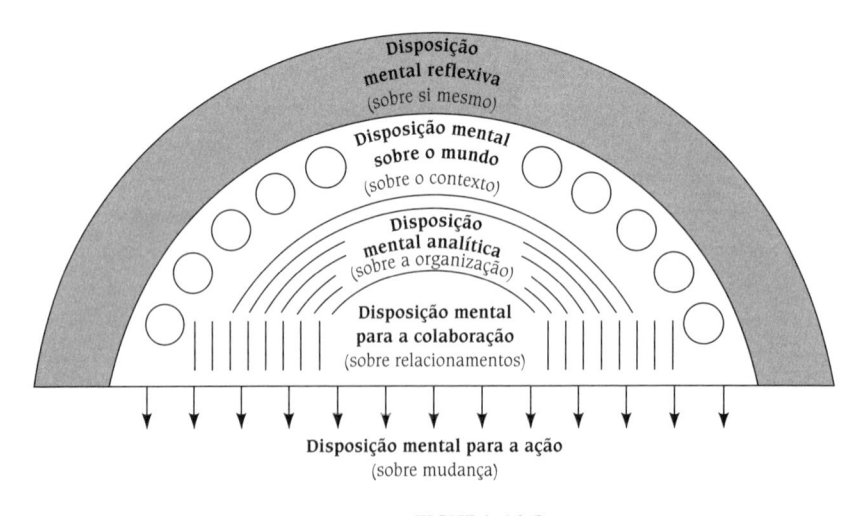

FIGURA 10.2
Quadro referencial para a Educação Gerencial.

---

[2] A estrutura descrita aqui foi influenciada por um modelo de trabalho gerencial que desenvolvi alguns anos antes (ver Mintzberg 1994).

*que se desenvolve* na mente. A reflexão sem ação é passiva; a ação sem reflexão é imprudente. Portanto, gerentes eficazes trabalham na interface dessas duas *disposições mentais*: em que o pensamento reflexivo encontra a ação prática. Da mesma forma situamos o nosso programa, entre um módulo sobre reflexão, no início e um sobre ação, ao final.

Mas refletir e agir sobre o quê? Vemos os quês em três níveis: sobre as pessoas e os seus *relacionamentos*, sobre a *organização* que está sendo gerenciada e sobre o mundo em torno dessa organização – ou seja, o seu *contexto*. Chega-se, assim, a duas disposições mentais e a três matérias.

Mas cada uma dessas três matérias tem uma outra disposição mental relacionada de maneira mais íntima com cada uma delas. Em relação a pessoas e relacionamentos, consideramos que a disposição mental venha a ser a *colaboração* – realizar as coisas de maneira cooperativa com outras pessoas; em negociações, por exemplo. Em relação à organização, consideramos que a disposição mental predominante seja a *análise*. As organizações dependem da decomposição e da combinação sistemática de atividades que formam a essência da análise. E, em relação ao contexto, consideramos que a disposição mental mais importante seja não global, mas *de visão de mundo* (*worldly*), que o *Dicionário Oxford* define como "prática, conhecedora do mundo, experiente", o que indica uma consideração profunda da realidade em suas várias formas.

Da mesma maneira, as duas disposições mentais, mencionadas no início, também possui as suas próprias matérias. No caso da reflexão, é o *eu*: os gerentes refletem, em última instância, como *indivíduos*. E, no caso da ação, a matéria é *mudança*, que atinge todas as demais matérias – o *eu*, os relacionamentos, a organização e o contexto.

Junte tudo isso e surgirão cinco perspectivas que devem ser combinadas na prática do gerenciamento.

- Gerenciando o *eu*: a disposição mental reflexiva;
- Gerenciando Organizações: a disposição mental analítica;
- Gerenciando o Contexto: a disposição mental voltada para uma visão de mundo;
- Gerenciando Relacionamentos: a disposição mental colaborativa;
- Gerenciando a Mudança: a disposição mental voltada à ação.

Se você é gerente, este é o seu mundo!

O mapa dessas perspectivas foi localizado em cada um das cinco sedes de nosso programa, de tal maneira que cada parceiro pudesse desenvolver o seu módulo com base em uma das disposições mentais – não de forma exclusiva, mas essencialmente essa disposição. Grande parte disso de fato provou ser obra do acaso: aplicamos reflexão na Inglaterra, onde estão pessoas que podem ser bastante reflexivas; aplicamos análise na McGill, na América do Norte, onde a abordagem analítica à gestão alcançou seu desenvolvimento mais completo; preocupação com uma visão de mundo foi o foco do módulo na Índia, um lugar muito diferente, onde vários mundos se encontram; colaboração foi o foco do módulo no Japão, que dá muita atenção a essa disposição mental; e, finalmente, ação foi o que predominou no Insead sediado na França, que se destaca no ensino da mudança. Com efeito, tem sido fascinante ver como os módulos adotaram uma dessas cinco disposições mentais diferentes – por exemplo, um sabor um tanto inquisitivo sobre a reflexão na Inglaterra em comparação com o sabor mais afirmativo sobre a ação no Insead.

Não reivindicamos que essa estrutura seja considerada científica ou completa, mas apenas que ela provou ser particularmente útil no nosso programa (veja Gosling e Mintzberg 2003). Os gerentes relacionam-se com ela de maneira fácil e natural; eles podem ver tanto a si próprios como o seu trabalho nessa estrutura. Além disso, não usamos o rótulo "disposição mental" para modificar a cabeça de ninguém. Já tivemos demasiadas tentativas de fazer isso. Ao contrário, para nós representam atitudes – mudanças ou estados de espírito que põem a atividade em movimento. Pense nelas também como *mindsights*\* – ou seja, perspectivas. Apenas tenha em mente que, usadas de maneira inadequada, elas também podem tornar-se *minedsites* (campos minados): uma excessiva porção de qualquer uma delas, na ausência de outras, podem explodir na cara do gerente, quer seja uma análise obsessiva ou uma colaboração compulsiva, etc.

## Cenário Pedagógico:
## a Sala de Aula Reflexiva

Como trazer à tona essas disposições mentais (*mindsets*)? Nosso propósito tem sido não apenas ensinar essas estruturas, mas também lhes dar vida no processo de aprendizado. É aqui que entra a nossa abordagem de reflexão experimentada: alavancar a experiência ampla e variada de gerentes em torno das perspectivas de reflexão, ação, colaboração, análise e assuntos relacionados a uma visão de mundo.

Não queremos "estudantes" na nossa sala de aula – jarros apenas esperando para terem [conhecimento] sendo ali vertido – pelo menos não mais do que queremos "clientes" – compradores em fila para receber nossos "serviços". O que queremos são *participantes*, que se responsabilizem pelo seu aprendizado e tragam, assim, sua própria experiência ao processo de aprender. "A raposa sabe muitas coisas, mas o ouriço sabe algo muito mais importante", diz uma antiga expressão grega. Refletir sobre a experiência é o "algo muito mais importante" do IMPM.

Para que ocorra uma reflexão profunda, os participantes – e os professores – devem abrir mão das suas concepções cotidianas e abrir suas mentes para idéias novas e às vezes aparentemente estranhas. Na famosa frase de Samuel Coleridge, que já foi usada várias vezes, é necessário que estejam dispostos a afastar as suas descrenças; ou, usando as palavras de Ramnath Narayanswamy, um dos nossos diretores de ciclo, é preciso "institucionalizar a dúvida".

---

\* N. de R. T.: O autor aqui, contrapõe *mindsets* (traduzido por disposições mentais) com *mindsights*, palavra de pronúncia muito semelhante, com foco em *sight ou seja, perspectiva*.

A reflexão ocorre dentro e fora das nossas salas de aula. Mais adiante discutirei as atividades externas; por enquanto, irei aqui concentrar-me na reflexão sobre o que ocorre internamente.

MESAS APÓSTROFE   Usamos o que denominamos "mesas apóstrofe" para definir a disposição física dos lugares onde os participantes se assentam. Depois de passar algum tempo em sala de aula, Jeanne Liedtka, da Faculdade de Darden, na Virgínia, referiu-se a esse leiaute como "um tipo de criadouro para democracia estudantil subversiva"!

A idéia surgiu depois de uma pergunta dirigida por Nancy Badore, que tornou-se conhecida por estabelecer um programa de desenvolvimento executivo ambicioso na Ford Motor Company (veja Helgesen 1990). "Como pretende dispor as pessoas no ambiente de estudo?", perguntou-me ela antes de começarmos. "Suponho que numa dessas salas de aula com as carteiras posicionadas em forma de U", repliquei. "Não me venha com essas mexidas obstétricas!", Nancy respondeu. Aquele foi um dos momentos mais importantes para o nosso desenvolvimento. Sentamos para trocar idéias com um arquiteto e chegamos a uma outra forma de disposição, que se tornou absolutamente fundamental para toda a nossa abordagem.

O nome "mesas apóstrofe" deve-se ao fato de os participantes sentarem-se em torno de mesas circulares distribuídas numa sala de aula de superfície plana e, em determinados locais, adicionamos pequenas mesas (os apóstrofos) para aqueles que precisariam girar o corpo para apreciar a apresentação de algum trabalho. Nossa intenção foi evitar que as pessoas sentassem meramente como indivíduos em fileiras, todos olhando para um "instrutor" que orienta os procedimentos. Também não desejávamos interromper a aula para "dividir " a turma para a realização de discussões em pequenos grupos – que deveriam acontecer com freqüência. Essa nova disposição física, conforme foi observado no Capítulo 9, cria uma série de comunidades ao redor de cada mesa e um sentimento de comunidade em toda a sala de aula. É uma sensação muito diferente da reunião de pessoas numa sala de aula tradicional. Como os participantes podem se voltar para dentro, para compartilhar experiências, assim como para fora, para apreciar apresentações, eles dominam o espaço tanto quanto os professores. Num certo sentido, a sala de aula não tem nenhuma parte frontal óbvia, além de uma parede à frente da qual as apresentações são feitas. Esse leiaute talvez possa restringir o tamanho da sala de aula – acredito que funciona bem para até 40 pessoas – mas, muito além disso, qualquer sala de aula corre o risco de mudar do aprendizado para o ensino.

Mais importante, essa disposição de mesas e cadeiras permite que os alunos entrem e saiam de discussões em grupo, algumas vezes durante poucos minutos por vez. Podemos começar, por exemplo, perguntando se existe alguma pergunta "de mesa" – aquelas perguntas dirigidas pelos grupos que sentaram em volta das mesas – em vez de oriundas apenas do primeiro indivíduo que levantar a mão.

O tipo de disposição que definimos certamente é conveniente e mesas redondas é claro que já foram usadas em outros lugares, mas acredito que, em comparação com a disposição que se costuma encontrar nas salas de aula de faculdades de administração de empresas, ela é revolucionária – como sugere a história no quadro a seguir.

> ### "POSSO *VER* O QUE VOCÊ QUER DIZER!"
>
> TOMO NODA, DO INSEAD, QUERIA SE ENVOLVER NO ESTILO DE EDUCAÇÃO DO IMPM, MAS NUNCA TINHA ESTADO EM UMA DAS SALAS DE AULA. ENTÃO, O CONVIDAMOS PARA A ABERTURA DE UM NOVO CICLO EM LANCASTER – O PRIMEIRO DIA DE UMA NOVA TURMA.
> 
> Como diretor de programa, Jonathan Gosling começou esboçando brevemente as próximas atividades. Depois de cerca de 10 minutos, ele abriu espaço para perguntas. Não havia nenhuma – todos eram novos e tímidos demais para começar. Então, Johnathan falou por mais cinco minutos e depois disse: "Por que vocês não discutem isso nas suas mesas e vêem se há perguntas"?
> 
> Houve um murmúrio imediato na sala de aula, já que todos atenderam ao pedido.
> 
> Tomo aproximou-se de mim com um brilho no olhar. "Posso *ver* o que você quer dizer!" Tínhamos explicado anteriormente a ele a abordagem do IMPM, e ele havia compreendido tudo o que dissemos. Mas com apenas alguns minutos naquela sala de aula, mesmo com um grupo totalmente novo, ele pôde *ver* a diferença!

Já dispusemos os participantes de várias maneiras em volta das mesas: em grupos de empresas, para considerar diferentes modelos de organização; por país de residência, para comparar os comportamentos dos consumidores; por cargos ocupados, para considerar as pressões sobre a gestão, e assim por diante. Outras vezes eles sentam-se aleatoriamente ou explicitamente misturados ("Pessoas da mesma empresa ou mesmo país não devem sentar à mesma mesa"). Certa vez, depois de uma sessão intensiva de "Gerenciamento de egos", as mulheres da sala de aula decidiram que – por uma única vez – gostariam de sentar juntas.

DENTRO E FORA DE *WORKSHOPS* (OFICINAS DE TRABALHO)  Esse tipo de leiaute pode encorajar os professores a repensar sua abordagem. Isso ocorre porque a classe diante deles é uma comunidade, não um conjunto de indivíduos, que se voltam para dentro de si, de suas próprias preocupações, bem como para fora na direção das idéias dos professores. É claro que nada impede que os membros do corpo docente preparem seus próprios insumos; com efeito, apresentar materiais interessantes é uma parte fundamental do processo, por meio de palestras, estudos de casos, ou por leitura prévia, etc., para estimular o aprendizado. Mas isso funciona melhor quando o material é entregue aos participantes que estão em volta das mesas *em seus arquivos*. Eles devem absorver esse material – ver como ele pode se tornar compreensível dentro de seus próprios contextos. É isso que abre profundas possibilidades para o aprendizado.

É especialmente aqui que entra nossa "regra 50:50": Durante metade do tempo, tentamos entregar a sala de aula aos participantes para tratar de suas próprias agendas particulares. Depois de ministrar uma aula sobre formas de organizações no segundo módulo, por exemplo, peço aos participantes, sentados em grupos por empresas, que discutam como podem usar esse material para entender melhor os problemas estruturais de suas empresas.

Os *workshops* podem ser longos ou curtos. As perguntas originárias das mesas só precisam alguns minutos, assim como outras discussões. Em uma sessão sobre a moralidade, o professor parou a sua apresentação repetidas vezes para discussões de dez minutos em volta das mesas – por exemplo, sobre "Será que um gerente precisa ser 'bom' para ser bom?". Isso funcionou bem. Depois perguntei se ele costuma fazer esse tipo de coisa. "Nunca fiz isso antes", ele respondeu. "Li as suas 'Instruções para Instrutores' [sobre a nossa abordagem] e decidi tentar!"

Mais comumente, os grupos em volta das mesas discutem as questões por quase uma hora – para conseguir entender o significado das suas experiências. Como isso ocorre repetidas vezes, ao longo dos cinco módulos, os participantes acabam conhecendo bem o contexto uns dos outros. Assim, a sala de aula torna-se um tipo de conjunto vivo de casos em andamento.

REFLEXÕES MATINAIS  Absolutamente decisivo para todo o processo de aprendizado é o que denominamos "reflexões matinais", uma idéia apresentada por Ramesh Mehta, diretor do Módulo do Ciclo 1, em Bangalore. (Usarei números para designar o ano do ciclo – por exemplo, Ciclo 6 significa a nossa sexta turma – e algarismos romanos para designar os módulos – por exemplo, Módulo IV é o que trata de colaboração no Japão.) Como primeira atividade da manhã, quando a mente está fresca, muitas vezes depois que pensamentos são expressos a respeito do que aconteceu desde o dia anterior, pede-se que todos reflitam. A chave aqui é capturar, compartilhar, reforçar e estender o aprendizado nesse momento especialmente descansado do dia.

Começamos com alguns minutos de tempo individual para que todos escrevam alguma idéia que lhes ocorreu nos "Livros de *Insight*" que eles recebem. (Uma aluna do mestrado sugeriu, numa reunião em sua empresa, recepcionar novos participantes no programa, e disse que "Este é o melhor livro sobre gerenciamento que eu já li!") É realmente notável ver uma sala de aula repleta de gerentes, que costumam estar muito ocupados, sentados em silêncio absoluto.

Em seguida, segue-se um debate em volta de cada mesa, para compartilhar o que cada um escreveu. Dez a quinze minutos é suficiente, tanto para trazer à tona quanto para filtrar idéias individuais. A seguir, desenvolve-se uma discussão plenária sem limite de tempo, iniciada pelas discussões nos pequenos grupos (geralmente conduzidas pelo diretor do módulo ou do ciclo, às vezes pelos participantes). Não é necessário dizer que essas discussões podem durar muito tempo – enquanto um professor aguarda ansiosamente para começar a aula da manhã. A solução para esse problema é simples. Faça ele ou ela esperar (e aprender também). É claro que isso pode afetar o planejamento do dia. Mas, repetindo, estamos lá para aprender, não para simplesmente cumprir programa, e boa parte do nosso mais profundo aprendizado acontece durante essas reflexões matinais. Até mesmo – especialmente – quando essas discussões se prolongam, em geral por quase uma hora. Frank McCauley, que dirigiu o desenvolvimento de executivos no Royal Bank of Canada, visitou nossa turma na Índia e compareceu a uma das reflexões matinais. Mais tarde, ele confidenciou a um jornalista do *Fast Company*: "Essa foi a conversa mais fascinante, num cenário acadêmico, que eu já vi. Passamos em volta da sala de aula discutindo de tudo um pouco, de questões políticas a econômicas, para depois entrarmos em ética e negócios" (Reingold 2000:286).

Como sugere esse comentário, qualquer coisa pode surgir durante tais sessões: reflexões sobre as questões de ontem, acontecimentos nas empresas, fatos que são notícia, preocupações relativas a dias e módulos anteriores. Assim, essas reflexões matinais tornam-se um comentário contínuo – um fio que se desenrola – ao longo de todo o programa, para encadear todo o aprendizado.

Compartilhando Competências    Uma forma de reflexão que parece funcionar bem, apesar de não a termos utilizado nem perto do que seria suficiente, é o compartilhamento de competências, discutido no Capítulo 9. O objetivo aqui é relativamente modesto: não o de apresentar a melhor prática, ou mesmo propor uma boa prática, mas simplesmente compartilhar uma prática efetiva – como os gerentes presentes usaram determinadas habilidades.

É interessante perceber quantas idéias aparecem quando se solicita que um grupo de gerentes experientes compartilhe alguma experiência relacionada às competências. Todos adoram contar uma história favorita e, no compartilhamento de competências, várias histórias são contadas sobre o que funcionou e o que não funcionou. Como foi observado no Capítulo 9, quando perguntamos no primeiro módulo "Como você reflete num cargo que o mantém muito ocupado?" jorraram idéias. Quase todos na sala de aula tinham alguma coisa a dizer – num determinado momento, oito pessoas estavam tentando falar. Essas discussões não são dramáticas. Elas são silenciosas e retraídas, porém entusiásticas.

Questões de competência para outros módulos podem incluir "Como você lida com uma estrutura formal?" (Módulo II), "Como você se aproxima dos clientes?" (Módulo III), "Como você conseguiu administrar uma grande mudança por meio de pequenas alterações?" (Módulo V). A lista não tem fim e é altamente relevante. Essas questões aparecem naturalmente numa sala de aula de gerentes; o truque é parar o que está sendo feito e dar tempo para discuti-las.

A reflexão experimentada em todos esses aspectos não significa apenas utilizar mais *workshops* e gerar maior participação. É muito mais do que isso: trata-se de reconceituar a sala de aula visando a colocar o foco na experiência dos alunos. E isso muda tudo.

O Papel do Professor numa Sala de Aula Reflexiva    Na condição de professores desse programa, ensinamos; nossa tarefa, como já se disse, é apresentar elementos interessantes à sala de aula. Então, fazemos exposições, designamos leituras como tarefas a cumprir, lideramos discussões de casos, planejamos exercícios, executamos simulações. Fazemos tudo aquilo que todos os típicos professores de administração fazem. (Até mesmo atribuir notas a trabalhos.)

Mas, além disso, nosso papel é estimular uma reflexão profunda e com discernimento, o que, como foi observado anteriormente, requer uma alteração na orientação. Temos que ajudar a extrair a experiência dos participantes e trabalhar com eles para fazer conexões essenciais entre as introduções conceituais e as suas experiências pessoais.

Isso requer algum planejamento, para conteúdo e especialmente para o processo, mas mais do que tudo isso, requer um engajamento: Os professores precisam se envolver, fisicamente por meio da sua presença, intelectualmente por meio das suas concepções, emocionalmente por meio da sua energia. Parece mais fácil do que, digamos, dar uma palestra, mas exige muito mais. Se tivesse que identificar a habilidade mais fundamental para tudo isso, diria que é aquela que tem menor oferta em toda a educação contemporânea: ouvir.

Kentaro Nobeoka, como co-diretor do Módulo IV no Japão, comentou que, para administrar uma sala de aula de maneira interativa, o professor precisa captar 95% do que é dito. Tendo o inglês como segunda língua, ele acredita que tenha captado cerca de 75%. Talvez porque ele tenha se esforçado mais, pois duvido que a maioria dos professores de língua inglesa no nosso programa consiga captar tudo isso. (É claro que eles efetivamente captam muito menos do que isso, uma vez que grande parte da discussão acontece entre os participantes em volta das mesas.)

Os professores estabelecem o tom, que deve ser de abertura, flexibilidade e descrença afastada – um alto nível de atenção, em que todos estão mais preparados para ouvir do que para falar, e depois falar com base no que foi dito. Todas as melhores intenções, manifestadas nos currículos mais fantásticos, são condições necessárias, mas estão longe de serem suficientes. O aprendizado depende muito do tom estabelecido na sala de aula – de confiança por todo lado, conquistada pelo respeito recíproco entre todos os presentes.

Na maioria dos programas, os professores entram e saem; eles voam para um determinado lugar, entregam uma mensagem, isto é, dão uma aula e vão embora. Não somos a favor dessa visão pombo-correio de ensinar. Também temos professores que vêm e vão, mas nesse ínterim espera-se que eles aterrissem e engajem a turma, especialmente em *workshops* que vinculem o material deles com a experiência dos participantes.

Pode haver lugar para algumas "estrelas", capazes de fascinar os alunos com as suas idéias. No entanto, o problema com a maioria delas é que a fascinação interfere no aprendizado. Já vi muitas estrelas que, apesar de serem rápidas para aceitar perguntas, não se desviam das suas próprias preocupações, e cujas idéias em sala de aula parecem ter uma meia-vida de algumas horas.

Uma característica peculiar fundamental da sala de aula do IMPM são os professores que permanecem e facilitam, particularmente o diretor do módulo para cada módulo e o diretor do ciclo para todos os módulos. Ao permanecer *in loco*, ou seja, na sala de aula, eles tornam-se parte fundamental da cola que mantém unida toda a experiência do aprendizado. Eles conhecem os participantes, as suas experiências e as suas preocupações, enquanto trabalham com o grupo como uma classe coesa.

Ao longo do tempo, fortalecemos o papel do diretor de ciclo, oferecendo a ele mais tempo na sala de aula para discutir atividades do programa que acontecem fora do ambiente de estudo – particularmente os trabalhos de reflexão, intercâmbios gerenciais, novos empreendimentos e impactos. (Ter esses dois profissionais em sala de aula pode parecer dispendioso, mas é preciso perceber que eles se responsabilizam inteiramente por boa parte do tempo da aula – talvez até 1/3 do total – incluindo a discussão sobre as atividades acima, reflexões matinais e estudos de campo [discutidos mais adiante], a maioria envolvendo pouco tempo de preparação.)

Mas os professores não são capazes de promover o aprendizado sozinhos. Os participantes também precisam assumir esse papel. O aprendizado não acontece enquanto as pessoas estão sentadas, esperando que o professor as solicite. Então, uma medida do nosso sucesso é até que ponto os participantes assumem o papel de facilitadores. Esse espírito foi manifestado por um observador de ensino, que fez o seguinte comentário, depois de uma aula particularmente satisfatória: "Eles pensaram que *ele* [o professor] tinha chegado à conclusão. *Eles próprios* é que chegaram à conclusão!" Uma história parecida é contada no quadro a seguir – uma bela maneira de fechar este capítulo sobre o cenário do IMPM.

---

### ESPIRITUALIDADE NA SALA DE AULA

ELE ERA UM PROFESSOR SÊNIOR DE ESTUDOS RELIGIOSOS E NUNCA TINHA ESTADO DIANTE DE UMA SALA DE AULA DE GERENTES ANTES. ELE DEVERIA FALAR À TURMA SOBRE "ESPIRITUALIDADE E A PRÁTICA DA GESTÃO", NO MÓDULO I SOBRE REFLEXÃO, E DEPOIS INICIAR COM ELES UM *workshop* em molde de uma peça teatral. Toda essa atividade estava planejada para um dia inteiro mais uma parte da manhã seguinte.

Quando o professor começou a falar, com o que me pareceu três palavras em cada frase que eu nunca tinha ouvido antes, pensei, "Uh-oh". Entre referências a "grandes narrativas" (como Gênese) e "pequenas narrativas" (histórias pessoais), a sua própria grande narrativa estava sendo contada para os ouvidos surdos de pessoas que estavam preocupadas com as suas próprias pequenas narrativas. Mas a turma ouviu com respeito. Durante algum tempo. Depois, alguém levantou a mão e fez um comentário do tipo "O senhor poderia, humm..., talvez esclarecer esse último ponto?" Questões semelhantes se seguiram e o tal professor começou a ficar na defensiva. A turma e o palestrante começaram a andar em direções opostas. Alguns momentos de tensão se seguiram. "Como vamos agüentar um dia assim", pensei.

Então uma aluna disse: "Estou me esforçando para entender o que o senhor está tentando dizer". Era o sentimento perfeito: não que ela tivesse se desligado, mas que ela estava tentando se conectar. O palestrante por certo tinha trabalhado muito duro para preparar a sua apresentação – duro demais – e obviamente tinha coisas interessantes a dizer. O comentário da jovem reconheceu isso e expressou boa-vontade. O professor relaxou e adotou um tom mais pragmático, e com isso a manhã terminou com algum aprendizado útil.

A tarde foi bem diferente. O professor comandou um exercício, um "sentimento" voltado à espiritualidade, e depois organizou a classe em grupos que apresentaram cenas sobre as reações ao módulo. Isso funcionou bem.

Mais tarde, todos sentamos formando um grande círculo para refletirmos sobre aquele dia. Houve uma boa discussão, com uma simpatia relaxada. Então, um dos participantes japoneses, ainda pouco à vontade no seu inglês (eram os primeiros dias do primeiro módulo), falou com franqueza: "Sabe, para ser honesto, eu não entendi nada da aula da manhã". A turma, demonstrando grande sensibilidade em relação ao colega, trabalhou em cima do que poderia ser feito na hora que restava na manhã seguinte. Alguém sugeriu que se concentrassem apenas na religião ocidental, especificamente no cristianismo, mas o professor entendeu, de maneira errada, que esse comentário era uma solicitação por alguma coisa sobre religião comparada. Não, disseram todos. Nesse momento sugeri, solicitando ao professor: "O senhor deveria apresentar uma descrição do cristianismo, como estava programado para esta manhã, de tal forma que você [acenando para o participante japonês] possa entender. E se você entender, então todos nós deveremos entender. Porém [voltando a dirigir-me ao professor], o senhor não deve fazer nenhum tipo de preparação". (Imagens dele acordado até 4h da manhã.) Todos concordaram.

*– continua*

*– continuação*

Na manhã seguinte houve uma das apresentações mais impressionantes que qualquer um de nós jamais tinha ouvido.

A turma tinha passado poderes ao palestrante. A grande administração não é fazer apenas alguma coisa a partir do que você obtém, mas alguma coisa fantástica. Esses gerentes afastaram as suas descrenças e, por meio de um esforço honesto, aprenderam sobre espiritualidade – na religião e naquela sala de aula.

# 11

# DESENVOLVENDO GERENTES II:
## *Cinco Tipos de Disposição Mental*

*Este é o curso de física avançada. Isso significa que o instrutor considera o assunto confuso. Se ele o considerasse fácil, o curso seria chamado de física elementar.*
– LUIS ALVAREZ, LAUREADO COM O PRÊMIO NOBEL, 1964

Entremos agora no núcleo (*core*) do IMPM, que são as atividades em sala de aula desenvolvidas em torno das cinco disposições mentais. A natureza distintiva de cada uma delas, combinada com a nossa pedagogia particular, apresentou um grande desafio a cada uma das equipes dos módulos, forçando-as a uma postura de pensar tudo de novo. Neste capítulo, descrevo os cinco resultados a que se chegou, depois de apresentar as questões básicas que tivemos que enfrentar para conceber cada um dos módulos. Nossa intenção foi criar cinco experiências singulares que combinassem entre si, resultando num único programa integrado.

## CONCEBENDO OS MÓDULOS

Nossos módulos tiveram que ser concebidos, projetados, mas sem exageros; em outras palavras, tiveram que ser projetados tendo a flexibilidade na sala de aula como um fator importante. Isso se assemelha ao trabalho de cozinhar: utilize a panela certa, coloque bons ingredientes, aqueça com cuidado, mexa periodicamente e então deixe o processo assumir o comando.

Perseguimos quatro objetivos ao projetar cada um dos módulos:

- Tivemos que *cobrir* a matéria de cada disposição mental – por exemplo, no Módulo III, abranger diversos aspectos relativos ao gerenciamento do contexto (por exemplo, comportamento do consumidor, mercados financeiros, relações com os *stakeholders*), idealmente como modelos descritivos alternativos (por exemplo, diversas formas de capitalismo) e competências relacionadas (por exemplo, formação de redes e negociação). Mas essa foi a parte fácil; a teoria é usada para "cobrir território", pelo menos o território conceitual.

- Tivemos igualmente que formular um lema para cada módulo, para provocar uma síntese natural à medida que ele se desenvolve. No quarto módulo (Administrando Relacionamentos), por exemplo, o lema foi "Administrar não significa controlar pessoas, mas, sim, facilitar a colaboração humana". É claro que os lemas ou temas orientadores foram sendo alterados à medida que novos professores se envolviam no módulo. As disposições mentais provaram ser telas ricas nas quais se podia pintar idéias interessantes.

- Kunal Basu, diretor de módulo na Universidade de McGill, enfatizou que precisamos ir além das interpretações óbvias de cada disposição mental, para atingir o seu *significado mais profundo* na prática da administração. Temos que chegar às verdades mais profundas, afirma ele, contar as estórias mais relevantes. Qual é a essência da análise nas organizações? Qual é o verdadeiro significado de desenvolvimento para participantes oriundos de países desenvolvidos e dos em desenvolvimento? Todos os temas orientadores simplificam; nas palavras de Karl Weick (1996), tivemos que chegar à "simplicidade profunda" – além das regularidades "evidentes" até atingir as "simplificações conquistadas com esforço, que capturam as lições da... experiência mais complexa". (p. 252)

- O mais difícil de tudo foi dar vida a cada disposição mental – não apenas apresentar material sobre ela, mas *vivê-la* durante o módulo. Em alguns módulos, isso provou ser fácil: se você não for natural da Índia, só precisa dar uma caminhada para perceber o contexto naquele país. Da mesma maneira, a reflexão foi incluída na própria noção do módulo em Lancaster. Mas como sentir a mudança em Fontainebleau ou a análise em Montreal? É fácil ensinar análise numa Escola de Administração. Mas como provê uma experiência sobre a análise? Em outras palavras, como você faz com que os peixes – tanto os participantes quanto os professores – gostem de água?

Não incluo integração nessa lista de objetivos, porque descobrimos que eles devem ser tecidos em cada um dos componentes, em vez de serem projetados formalmente. Em outras palavras, esse tipo de educação não visa a projetar nossos passos rumo ao topo de alguma montanha, de onde tudo pode finalmente ser visto, mas a trabalhar em conjunto para tecer um pano de fina textura. A integração deve acontecer à medida que combinamos esforços individuais e coletivos, interligando as fibras de diferentes idéias. O tecido resultante certamente está bem tramado; isso, entretanto, não se deve a nenhum fio em particular, mas sim a cada um deles – ou seja, por todas as idéias e experiências discutidas naquela sala de aula.

## Concepção Geral do Módulo

Para continuar nosso trabalho a partir desses objetivos elevados, tivemos que preencher as lacunas naquelas malditas folhas chamadas tabelas de horários. Todos devem saber o que está acontecendo o tempo todo. Teoricamente, ao menos. Se for terça-feira, em Chicago, os alunos estarão aprendendo sobre Valor ao Acionista. Também preenchemos essas folhas no IMPM, mas na esperança de deixarmos alguns espaços em branco que permitam algumas brechas estratégicas na tabela.

A Figura 11.1 retrata o projeto geral do módulo. Ela não sugere que os módulos imitem uns aos outros – uma visita às nossas cinco salas de aula rapidamente afastaria essa idéia –, mas sim que uma estrutura comum ajuda a combiná-las numa única experiência.

Começamos a maioria dos módulos "refletindo retrospectivamente", para rever pensamentos e experiências que tenham ocorrido desde o último módulo, e encerramos a maioria deles refletindo quanto ao futuro, levando em consideração o retorno ao trabalho e, também, o módulo seguinte. Entre um e outro, na maioria das vezes, estão as sessões de conteúdo de meio dia ou de um dia inteiro sobre assuntos relacionados à disposição mental específica, apresentadas por meio de palestras, exercícios, casos, etc., seguidos de *workshops* em torno de cada uma das mesas de trabalho.

Programas educacionais geralmente são organizados em torno de cursos que acontecem periodicamente durante semanas ou meses; programas de desenvol-

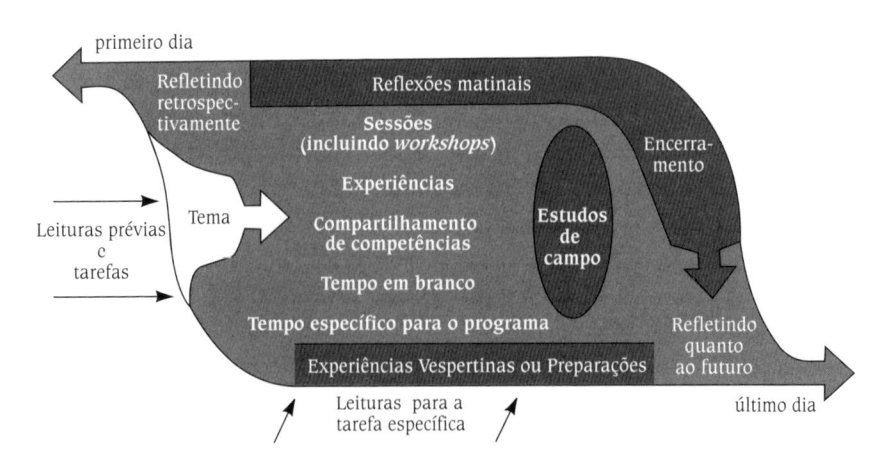

FIGURA 11.1
Concepção geral do módulo.

vimento tendem a ter sessões de algumas horas cada. Nossos módulos são como cursos que se estendem por duas semanas, enquanto nossas aulas são como sessões que se estendem por algumas horas.

Ainda que seja importante utilizar da melhor maneira possível as experiências que os participantes trazem para a sala de aula, também criamos algumas experiências de participação *in loco* – visitas de diversos tipos, exposição à cultura local e assim por diante. Aqui, o que mais importa não são exatamente os eventos singulares que impressionam, mas a experiência interessante que leva as pessoas a refletir. Por exemplo, um discurso gravado por uma autoridade local pode não acrescentar nada significativo, ao passo que uma pergunta dirigida por uma turma bem instruída a uma determinada pessoa pode ser esclarecedora. E, é claro, com a ênfase no verbal na sala de aula, há muita coisa a se ganhar dando atenção ao visual fora dela. Assim, próximo a Lancaster, a turma visita regularmente locais onde a Revolução Industrial teve origem, para apreciar os desafios da administração numa outra época.

Um outro componente importante de todos os módulos, à medida que o programa se desenvolvia, chama-se *tempo específico para o programa*. Aqui o diretor do ciclo lida com assuntos relacionados com o programa em geral. Certamente que todo programa tem um pouco disso, mas esse aspecto se torna mais significativo no IMPM, com sessões especiais que consideram o impacto do aprendizado na volta ao trabalho, que compartilham *insights* que emanaram nos *Papers* de Reflexão, e que resumem e explicam as Trocas sobre as Experiências Gerenciais e os Novos Empreendimentos (*Ventures*). A Figura 11.1 também mostra tempo alocado para o Compartilhamento de Competências e para as Reflexões Matinais, tema que já comentamos, e para o Tempo em Branco (*White Time*) e Viagens de Estudo (*Field Studies*), discutidos a seguir.

TEMPO EM BRANCO  A melhor maneira de derrotar as malditas folhas das tabelas de horários é preencher algumas lacunas com lacunas. Eu chamo isso de *tempo em branco* – nada é escrito naqueles espaços em branco. ("Desculpe, esse horário está ocupado; portanto, não estamos fazendo nada nessa hora".) De uma forma inesperada, coisas interessantes inevitavelmente surgem em programas de desenvolvimento gerencial. É lamentável quando não há possibilidade de encontrar um espaço para tratá-los na sala de aula. O tempo em branco proporciona a chance de voltarmos a elas.

Pessoas que concebem programas costumam viver com um medo mortal do que os locutores de rádio chamam de "tempo morto". E se ninguém tiver alguma coisa para falar? Praticamente não me lembro de nenhum silêncio desse tipo em nossas salas de aula; os gerentes não têm falta de coisas interessantes para discutir, apenas têm falta de tempo e de liberdade para discuti-las. Apesar de nossas boas intenções, incluindo as Reflexões Matinais e a nossa regra 50-50 (que é infringida quando o cronograma está atrasado), os participantes do IMPM têm uma reclamação incessante: falta de tempo para compartilhar entre eles próprios. O tempo em branco pode consertar essa situação, permitindo-nos não apenas conceber o programa, nas coisas que julgamos importantes, mas deixar um tempo *concebido para coisas fora do que pensamos inclua.* (Veja o quadro seguinte sobre Fóruns do IMPM.)

## Fóruns do IMPM

No segundo módulo, sobre a disposição mental analítica, programamos um dia para cada uma das diversas funções de negócios – *marketing*, finanças, contabilidade, tecnologia da informação. As manhãs são dedicadas ao material "de fronteira" nesses campos e, durante o Ciclo 4, decidimos reservar as tardes para Fóruns sem definição prévia de tema – com efeito, tudo que você sempre quis saber sobre *marketing* num dia, finanças em outro e assim por diante. Os participantes podiam listar numa tabela aqueles assuntos que gostariam de discutir (por exemplo, em *marketing*: "Como você pode criar a marca de uma nova empresa?"; em finanças: "Alguma empresa já implementou o *balanced scorecard*?"); e outros assuntos que surgiram durante as sessões matinais. Muitos professores especializados, sentados entre os participantes, às mesas, participaram da discussão geral; não havia ninguém em pé lá na frente.

No primeiro dia em que decidimos fazer isso, abordando temas em finanças, o Fórum estava programado para acontecer das 14 às 17h – três horas sem prazo específico para término. A discussão avançou até 17h45min! No meio da tarde, alguém solicitou uma apostila sobre Valor Econômico Adicionado. Um dos participantes da Alcan, com grande experiência nessa área, deslocou-se até a frente da sala de aula e fez um relato que foi muito bem recebido. Mais tarde, o grupo interrogou os seus colegas da Cruz Vermelha sobre como a entidade financia as suas campanhas. No dia seguinte, na aula de contabilidade, o Fórum começou mais tarde, mas prolongou-se até 18h30min. Nada de tempo morto!

No Ciclo 7, eu deveria conduzir um dia inteiro de estudo sobre formas organizacionais, para estabelecer comparações entre os modelos Máquina, Profissional, Empreendedor e Projeto (Mintzberg 1989: Pt. II). Apresentei o material conceitual pela manhã, com dois *workshops*, para que os grupos discutissem suas próprias empresas. As coisas aconteceram mais rápido do que o esperado, então decidimos realizar um fórum à tarde; Brenda Zimmerman, que foi a diretora de módulo e possui um talento criativo para conceber *workshops*, juntou-se a mim. Aproveitamos as várias questões que tinham surgido pela manhã, "*just in time*", digamos assim, mas com um pouco mais de estrutura do que em fóruns anteriores.

- Alguém havia perguntado sobre formas alternativas de organizar a mesma atividade nos diferentes tipos de organizações. Escolhemos o desenvolvimento de um novo produto como sendo essa atividade e perguntamos quem tinha uma ampla experiência no assunto. Surgiram quatro voluntários e, felizmente, eles vinham de organizações que mostravam ser diferentes entre si. Os quatro alunos, então, encaminharam-se até a frente da sala de aula e, sentados em banquetas, passaram a responder perguntas sobre como se organizavam para o desenvolvimento de um novo produto. Discutiu-se abertamente e com entusiasmo.

- Uma outra questão dizia respeito ao controle em "*adhocracias*", tipo organização-projeto – como elas o fazem, comparadas com organizações mais convencionais. Os alunos estavam sentados em volta das mesas por grupos de empresas, e perguntamos, com base nos *workshops* da manhã, qual forma descrevia melhor as suas empresas. Cada um dos quatro tipos estava representado; então, designamos um canto da sala para cada tipo e pedimos, aos participantes pertencentes a empresas que tinham adotado aquela forma, que lá se reunissem e discutissem como o seu sistema de controle refletia a sua forma. Mais tarde, elas apresentaram as suas descobertas, que deixaram claro, usando a experiência na sala de aula, até que ponto os sistemas de controle diferiam nas diferentes formas apresentadas.

*– continua*

> – *continuação*
>
> - O gerente de uma empresa canadense havia perguntado como o *kaizen*, ou o sistema de melhoria contínua, pode se tornar uma atividade regular em vez de esporádica. Convocamos os participantes da Fujitsu, uma empresa com ampla experiência nessa área. A partir dos seus comentários e do debate que se seguiu, chegou-se à conclusão de que tratar isso como uma técnica, utilizando reuniões formais, é bem diferente de instilar isso como uma filosofia, no trabalho regular.
>
> Isso foi apenas uma tarde, mas ela foi rica em aprendizado a partir da experiência, no caso relacionando-a a conceitos. Foram necessários apenas três ingredientes: (1) matéria-prima apropriada – ou seja, participantes experientes e conceitos aplicáveis; (2) uma cultura de sala de aula que apreciava a reflexão a partir da experiência; e (3) algumas idéias simples para organizar as discussões.

VIAGENS DE ESTUDO   Utilizamos *viagens de estudo (field studies)* em todos os nossos módulos, mas de uma forma específica: os participantes visitam as operações locais das empresas representadas na sala de aula. Não se tratava de visitas passivas, mas de investigações ativas sobre um assunto relacionado ao módulo, por exemplo, uma "auditoria cultural" na BT no primeiro módulo ou uma investigação sobre o processo de mudança na Lufthansa no último.

Exceto no primeiro módulo, os participantes de cada empresa são responsáveis por estabelecer o que estudar (mas não acompanham seus colegas; eles encaminham-se para outra empresa); eles decidem a questão a ser estudada, associada à disposição mental do módulo, dividem a turma em grupos de cerca de cinco pessoas, para que investiguem a questão em diversas partes da empresa (de preferência, o que chamamos de topo e base, da administração sênior às operações básicas); eles organizam essas investigações e fazem exposição elucidativa para a turma sobre o que iam fazer.

Os grupos saem por um dia inteiro. Na manhã seguinte, todos aqueles que visitaram uma determinada empresa se reúnem para consolidar as suas descobertas, que são apresentadas para a turma à tarde; depois, desenvolve-se uma discussão aberta, incluindo reações dos participantes dessas empresas.

Essas apresentações parecem funcionar melhor quando não são demasiado trabalhadas. Não precisamos mais do PowerPoint tanto quanto não precisamos de sumários executivos. Precisamos extrair as descobertas interessantes, estimular a discussão livre. A intenção aqui não é prescrever a mudança, mas oferecer *insights* descritivos. Em outras palavras, isso deve ser visto como inquéritos reflexivos, não estudos de consultoria, que contribuem para o entrelaçar dos fios da costura do módulo. Além disso, com que freqüência um gerente pode receber comentários de colegas de confiança sobre a sua situação, sem nenhum interesse pessoal, sem nada para vender e nenhuma autoridade para impressionar?

Mencionei, no Capítulo 8, minha surpresa sobre como as visitas de um dia às empresas dos colegas funcionavam bem nos cursos rápidos desenvolvidos por Sumantra Ghoshal no Insead. Foi isso que inspirou nossas viagens de estudo e, repito, considero notável a forma como elas funcionam bem. Os participantes das empresas freqüentemente elogiam o discernimento dos comentários dos seus colegas, enquanto as pessoas entrevistadas em cada empresa muitas vezes comentam sobre o quanto aprenderam, simplesmente com as perguntas que a elas foram feitas. "Por que não fazemos perguntas, tão simples como essas, uns aos outros?", observou um gerente da Matsushita.

Tais viagens de estudo podem parecer semelhantes a estudos de caso, mas elas apresentam várias diferenças fundamentais: as experiências são visuais e podem ser viscerais, não apenas verbais – os participantes estão lá, no local da empresa; eles já tinham conhecido as empresas por intermédio dos seus colegas; e esses colegas, que viveram esses "casos", podem levá-los a um nível mais profundo. Lembro-me de um gerente da BT que visitou um *call center* no Royal Bank of Canada, dizendo à turma que o seu próprio trabalho era ajudar a montar esses tipos de centros para clientes da BT, mas nunca tinha visto um que tivesse sido projetado considerando, em primeiro lugar, os fatores comportamentais, seguido dos fatores tecnológicos. Ele ficou impressionado! O gerente desse *call center*, um participante da turma, estava radiante! Repetindo um aspecto que vale a pena repetir, os gerentes experientes têm muito a aprender com as experiências uns dos outros.

JUNTANDO ISSO TUDO   Junte todos os componentes discutidos aqui e você terá uma grande variedade de atividades em nossos módulos – de sessões reflexivas a sessões de conteúdo, de visitas a fóruns a viagens de estudo, etc., vinculando cada uma dessas formas. É justamente isso que ajuda a sustentar o interesse.

Bill Van Buskirk, um educador voltado à gestão criativa (veja, por exemplo, Van Buskirk 1996), visitou nossa sala de aula e observou "como tudo isso se auto-organiza". Talvez essa seja a melhor medida do sucesso: até que ponto os participantes assumem o aprendizado, tornam-se parceiros, ou cidadãos, do programa. Temos exemplos disso com os participantes de um ciclo, que pediram para conduzir as Reflexões Matinais, e com os de outro ciclo, que tomaram a iniciativa de se encontrarem antecipadamente com professores que iriam se apresentar à turma.

Deixe-me falar, agora, dos módulos específicos. Desenvolvê-los foi um grande desafio – cinco desafios, na verdade. Mas foi isso que atraiu um corpo docente interessante e entusiasta. Como é possível apanhar todas as características que acabaram de ser descritas e desenvolver duas semanas de aulas em torno de uma disposição mental que nunca tinha sido abordada, chegando a preservar sua característica especial mas devidamente integrada dentro de um programa geral coeso?

Richard Rumelt, da UCLA, brincou, dizendo que se dois professores tiverem a mesma idéia, um deles será redundante. Esse não tem sido o nosso problema! Todos aqueles que estão envolvidos no programa têm apresentado as suas próprias idéias. E continuam a concebê-las. Assim, o que é descrito a seguir não é necessariamente a nossa melhor prática, ou a nossa prática atual – enquanto estou escrevendo isso, alguma coisa está sendo mudada, ou até melhorada – mas a essência de uma parte da nossa prática à medida que caminhamos.[1]

---

[1] Devo informar que, como diretor de programa, estive presente nos primeiros 22 módulos do IMPM – ou seja, em todos os primeiros quatro ciclos, mais os primeiros dois módulos do quinto ciclo. Desde então, ministrei aulas regularmente em três módulos e fiquei mais envolvido com o segundo módulo em McGill, onde sou co-diretor no Ciclo 8, 2003.

## Módulo I: Gerenciando o Ego – A Disposição Mental Reflexiva

O IMPM começa em Lancaster, definindo o tom exato do programa. A finalidade é a *reflexão*: apreciá-la, fazê-la, vivê-la. Existe uma antiga expressão chinesa, atribuída a Lao Tzu, esclarecendo que "conhecer outras pessoas é inteligência; conhecer a si próprio é a verdadeira sabedoria". Nossa intenção neste módulo é promover um pouco da verdadeira sabedoria.

É claro que um módulo sobre reflexão representa uma grande mudança das pressões do trabalho cotidiano, mas não menos da maior parte da educação e do desenvolvimento gerencial. Ainda assim, o *que* fazemos neste módulo talvez seja menos incomum do que *como* a coisa é feita – e *quanto* dela é feito. Pois aqui temos duas semanas inteiras de atividades relacionadas de uma forma ou de outra à reflexão. A Figura 11.2 mostra uma visão geral conceitual, ou um mapa, referente a este módulo.

Para que possam desenvolver uma disposição mental reflexiva, os participantes concentram-se neles próprios, no seu trabalho e no seu mundo, para que possam apreciar como pensam, agem e gerenciam; como lidam com o estresse de ser um gerente; e como aprendem com a experiência, para adquirirem mais discernimento – para serem mais "críticos", no sentido construtivo do termo. De acordo com a metáfora de Jonathan Gosling, que conduziu o Módulo 1 nos dois primeiros

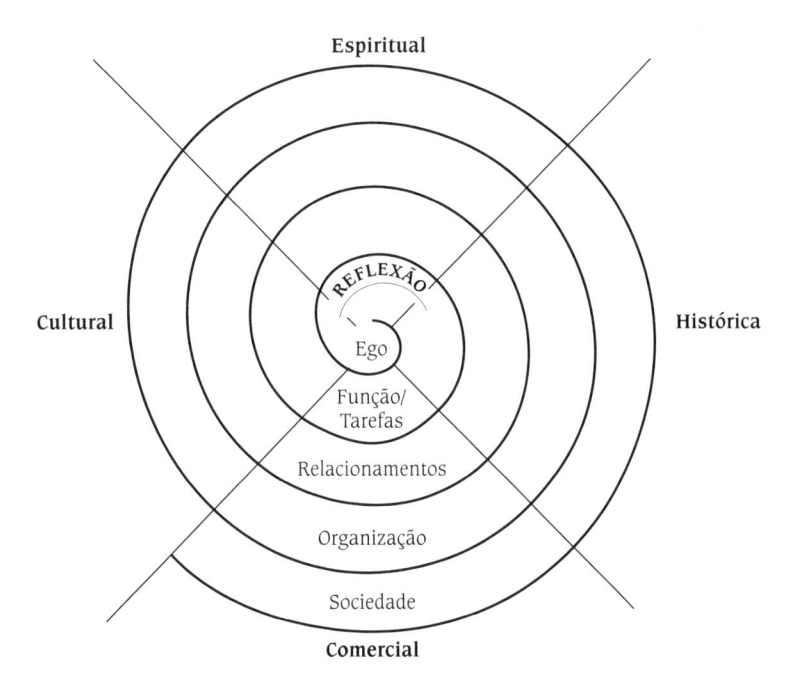

FIGURA 11.2
Mapa do módulo de reflexão.

ciclos, refletir é como descascar uma cebola, camadas cada vez mais profundas são reveladas:

- sociedade (história, economia, ética, espiritualidade)
- organização (cultura, estrutura, conhecimento)
- relacionamentos (com os outros, com grupos)
- função (o trabalho gerencial, o gerenciamento de si próprio, o gerenciamento do tempo)
- o ego (experiência, estilo)

Os três primeiros refletem os três módulos seguintes do programa, o que indica uma outra intenção deste módulo: proporcionar uma abertura para todo o programa. O Módulo I lança o programa ao apresentar todos os seus elementos e também ao unir a classe numa comunidade de aprendizado bem fechada. Os participantes não perdem as suas identidades nacionais aqui, mas as reforçam ao aprender como usá-las para aprofundar a apreciação que eles têm do mundo. Uma participante afirmou que descobriu o seu americanismo aqui no norte da Inglaterra.

Em latim, *refletir* significa dobrar de novo, o que sugere que a atenção deverá estar voltada para dentro, para que depois possa se voltar para fora, a fim de ver algo conhecido de uma maneira diferente. Isso é uma boa parte do que acontece neste módulo.

Os detalhes das atividades neste e nos outros módulos estão descritos na publicação que acompanha este livro (acessível no *site* www.impm.org), de tal forma que aqui transmitirei apenas visões gerais. Como mostra a Figura 11.2, quatro dimensões de conteúdo – espiritual, histórica, cultural e comercial (ou econômica) – são costuradas ao longo das diferentes sessões no que diz respeito à individualidade, às tarefas, aos relacionamentos, à organização e à sociedade. Há sessões sobre o trabalho gerencial e o pensamento administrativo; sobre a organização de aprendizado e sobre a investigação apreciativa (*appreciative inquiry*); sobre a moralidade e o papel da religião; sobre o significado do trabalho e a natureza da individualidade (o ego). Todas essas sessões são combinadas em *workshops* voltados à reflexão. O tema do módulo, da maneira como evoluiu, é apreciar como o contexto molda a individualidade (o ego) por meio do trabalho e da cultura.

O módulo também vincula-se a um conjunto de experiências: inicialmente, exercícios externos, para estimular a camaradagem; um *workshop* sobre teatro, para se apreciar a natureza da interação espontânea; uma sessão sobre espiritualidade, que já levou a turma numa "peregrinação" a um local pagão, a um templo budista e a uma igreja de Cristo (comentado em Roberts 1999); e uma viagem pela história econômica, que visita uma algodoaria e a "nova economia". Também existe aquela "auditoria cultural" das empresas britânicas representadas na turma.

Um número surpreendente de participantes comentou conosco, ao longo dos anos, que esse módulo acabou sendo uma experiência que mudou as suas vidas. Inicialmente, esse efeito me pegou de surpresa, mas não deveria. Os gerentes estão terrivelmente perturbados hoje em dia. Eles raramente param, até mesmo no chamado tempo livre que dispõem. De repente, eles se acham num cenário descontraído, livres durante várias horas para participarem de todo tipo de atividades reflexivas inesperadas, e os resultados podem ser profundos. Quase ao final do segundo ciclo, uma participante fez uma pesquisa de opinião junto aos seus colegas para averiguar se o IMPM tinha sido uma experiência capaz de mudar as vidas deles. Todos, com exceção de um, responderam sim (o outro *ainda* não tinha certeza!), e a maioria indicou o módulo inicial em Lancaster.

Nós, professores, estávamos nervosos na primeira vez que conduzimos este módulo, não apenas porque o programa era bastante novo, mas também porque não havia precedentes de se desenvolver duas semanas de reflexão para gerentes. Agora, com vários anos de experiência, podemos imaginar por que isso aconteceu. Gerentes contemporâneos têm uma grande quantidade de tempo para *não* refletir. Ao começar pela reflexão, o IMPM estabelece um princípio para desenvolver gerentes mais criteriosos, mais equilibrados e mais inteligentes.

## Módulo II: Gerenciando Organizações – A Disposição Mental Analítica

Depois da reflexão em Lancaster, passamos para a análise em McGill. Uma grande mudança na disposição mental! E, posso garantir a você, a fonte de inúmeras horas de reflexão em McGill a respeito de como desenvolver um módulo sobre análise.

Como foi observado anteriormente, todas as respostas óbvias foram fáceis demais. Em escolas de negócios, nos especializamos em ensinar análise; no trabalho, os participantes se especializam em usá-la. Assim, o módulo poderia ter ensinado somente sobre a técnica e acabar por aí. Dessa forma, pelo menos teríamos "coberto" a linguagem dos negócios. Mas tínhamos que fazer muito mais do que isso – por exemplo, colocar a análise sob a mesma avaliação que ela coloca todas as outras coisas. Essa era a nossa tarefa em McGill: fazer com que os peixes, tanto professores quanto gestores, gostassem de água e de terra. Isso significava ficar longe o suficiente da análise para poder se aprofundar nela. Em outras palavras, tínhamos que entrar na disposição mental analítica: quem realmente faz a análise, por que, de que maneira e com qual propósito?

Para a concepção do módulo foi fundamental partir de uma estrutura criativa. Com efeito, toda a noção de escolher e aplicar uma estrutura pode ser considerada a essência da análise. A Figura 11.3 mostra um mapa desse módulo, semelhante ao mapa genérico de módulo mostrado na Figura 11.1, porém com linhas retas, para demonstrar a natureza estruturada da análise como sendo a decomposição do todo nas partes que o compõem.

O módulo em si pode ser decomposto em três partes: a primeira parte, denominada *estruturação (framing)*, apresenta o módulo; a segunda parte, denominada *estruturas funcionais (functional frames)*, leva em consideração as funções de

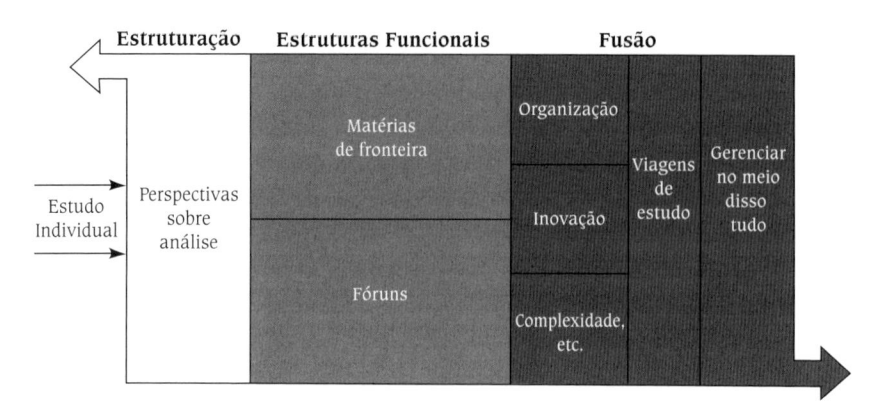

FIGURA 11.3
Mapa do módulo analítico.

negócio específicas; e a terceira parte, denominada *fusão (fusion)*, busca juntar essas estruturas *(frames)*.

Projetamos a análise no início oferecendo perspectivas diferentes sobre a natureza da mesma – por exemplo (no Ciclo 8), sessões conduzidas por um famoso filósofo sobre o papel da ciência (Bunge 1998) e por um pesquisador sobre como o jogo da análise é jogado no ramo dos negócios (Langley 1995) Uma outra sessão contrasta abordagens analíticas, artísticas e artesanais com o processo de formulação de estratégias.

Uma vez que é estabelecida a moldura *(frame) geral do módulo,* movimentamo-nos para molduras específicas – ou seja, como geralmente se aplica a análise em organizações empresariais, nas funções de *marketing*, finanças, contabilidade e tecnologia da informação. Como foi observado no quadro anterior sobre os Fóruns do IMPM, dedica-se um dia a cada uma, tipicamente em duas partes. O período da manhã oferece matérias de "fronteira" *(cutting-edge)*, às vezes como disciplinas eletivas; por exemplo, Opções, na área de finanças. Aqui, em alguns casos, já utilizamos com sucesso professores mais jovens, que compensavam sua pouca experiência com grupos de gerentes com o conhecimento atualizado sobre a matéria. Tivemos até oportunidade de utilizar pessoal formado em nossos próprios programas universitários, como um banqueiro que lecionou uma disciplina eletiva sobre Opções. Já durante as tardes, aconteceram aqueles fóruns sem definição prévia de tema e hora fixa para terminar, discutidos anteriormente, em que todos podiam levantar questões sobre a função que estiver sendo discutida, o que incluiu o compartilhamento de competências, como já ocorreu (por exemplo, num fórum sobre *marketing*: "Como faço para aproximar-me dos meus clientes?").

Uma dificuldade que surgiu na organização desses dias voltados a uma moldura funcional é que o nível de conhecimento pode variar enormemente numa turma desde pessoas que fizeram toda uma carreira naquela função a outras que mal e mal com ela trabalharam. É aí que entra o Estudo Individualizado – trabalho preparatório, antes do oferecimento do módulo para fazer com que as pessoas atinjam um certo nível de conhecimento mínimo em *marketing*, contabilidade e finanças (a ser abordado mais adiante).

A terceira parte do módulo trata da fusão. Aqui buscamos superar a decomposição em funções, para olhar a organização como um todo, a partir de várias perspectivas: diferentes formas de organizações; teoria da complexidade; o papel da concepção (*designing*) na gestão; e inovação. As viagens de estudo também servem como fusão ao permitirem que os gerentes investiguem como a análise é utilizada nas organizações da América do Norte representadas na sala de aula (por exemplo, no planejamento estratégico ou nos relatórios financeiros).

Ao final de um dos módulos que dirigiu, Kunal Basu colocou o seguinte:

- Reflexão. Análise
- Reflexão, Análise
- Reflexão ↔ Análise

Em outras palavras, essas disposições mentais apresentam-se dissociadas, seqüenciais ou interativas? É óbvio que nosso objetivo é chegar ao item final dessa lista.

## MÓDULO III: GERENCIANDO O CONTEXTO – A DISPOSIÇÃO MENTAL VOLTADA A UMA VISÃO DE MUNDO

O terceiro módulo do IMPM também provoca mudanças em muitos dos participantes. Em parte, isso se deve à Índia, que tem por hábito provocar mudanças nas pessoas; e, em parte, deve-se também ao módulo em si; na maior parte, no entanto, é a simbiose decorrente da interação entre ambos os fatores. Esse módulo é *sobre* contexto, mas os participantes também vivenciam o contexto aqui na Índia. Como aventamos anteriormente, a Índia atinge as pessoas e, assim, a todos os participantes, exceção feita aos naturais do país, como uma forte onda que provém do mar: não se trata apenas de um outro mundo, mas num certo sentido, de outros mundos. A Figura 11.4, a seguir, mostra um mapa desse módulo; ele foi projetado segundo o pressuposto de que estarmos expostos aos mundos de outras pessoas nos traz discernimento em relação ao nosso próprio mundo, e isso nos auxilia a ter um conhecimento mais aguçado dos mecanismos humanos e de uma percepção do mundo (*worldlywise*).

Vivemos em um mundo que, à distância, parece uniformemente redondo. Da mesma maneira, a "globalização" vê o mundo de uma distância que incentiva a homogeneização do comportamento. Será que é isso que queremos dos nossos gerentes?

No entanto, um olhar mais atento revela algo bastante diferente: esse globo é composto dos mais variados mundos. Portanto, será que não deveríamos estar

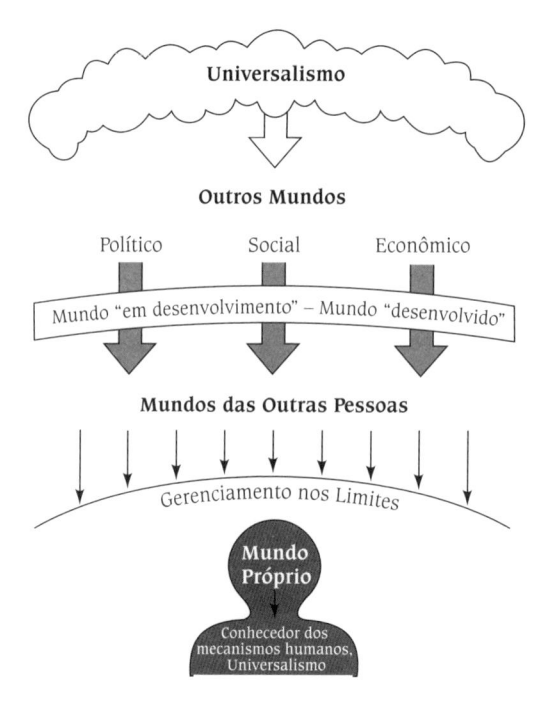

FIGURA 11.4
Mapa do módulo universalista (*worldly*).

estimulando os nossos gerentes a se tornarem mais universais (*worldlywise*), o que definimos anteriormente como alguém com experiência de vida, de uma forma ao mesmo tempo refinada e prática? Os gerentes precisam entrar em mundos além dos seus próprios – os mundos das outras pessoas, com seus hábitos e culturas –, para que conheçam melhor o seu próprio mundo. Parafraseando T.S. Eliot, os gerentes devem manter-se explorando sem cessar, para poderem voltar para casa e conhecer o lugar pela primeira vez. Essa é a disposição mental universal.

É claro que fazer tudo isso em apenas duas semanas é uma tarefa difícil. Mas é surpreendente como podemos ir longe, o quanto as experiências simples adquirem poder num novo contexto. Nos comentários que recebemos em relação ao Ciclo 1, um participante descreveu este como sendo o "módulo de imersão total", enquanto outro escreveu "Muito revelador, até mesmo chocante... Bangalore mudou a minha maneira de ver o mundo". A Índia é um lugar profundamente diferente, porém ideal para o desenvolvimento internacional de gerentes – um país verdadeiramente em desenvolvimento, dotado de uma ampla facilidade para o inglês e de uma infra-estrutura acadêmica forte.

Porter e McKibbin (1988), na avaliação que fizeram da educação para a administração, pedem maior "atenção ao ambiente externo – relações governamentais, tendências sociais, aspecto legal, desenvolvimentos internacionais, entre outras áreas – pela óbvia razão de que esses eventos 'fora' da organização estão penetrando cada vez mais nas operações internas da empresa e estão afetando a sua eficiência e a sua eficácia centrais" (p. 318). Essa é exatamente a intenção deste terceiro módulo do IMPM, mas com um foco no estímulo ao conhecimento das práticas e comportamentos (mecanismos) humanos, no encorajamento de uma visão de mundo universalista. (Leia com atenção o quadro a seguir.)

---

### CONHECIMENTO DOS MECANISMOS HUMANOS NA FUJITSU

*(extraído do Trabalho de Reflexão de Amane Inoue, Ciclo 5, 2000)*

Os japoneses às vezes confundem os significados de "global" e "universal" (*worldly*), em oposição ao termo "local". No entanto, o termo "global" efetivamente significa "o que afeta ou inclui o mundo todo", enquanto que "universal" significa "ter bastante experiência e conhecimento sobre as pessoas e sobre a vida". No módulo da McGill, ao fazermos perguntas provocadoras, estamos buscando uma maneira de encontrar novos conceitos. Isso nos proporcionou uma forma de destacarmos pontos ou questões essenciais relativas à empresa. Naquele momento tentei formular algumas perguntas provocadoras em relação à política da empresa, segundo a qual, "a Fujitsu busca o *status* de uma empresa provedora de soluções globais". No entanto, como a Fujitsu pode ser uma provedora de soluções globais quando as soluções são de natureza localizada? Ou seja, a solução para a Fujitsu Europa será diferente daquela para a Fujitsu Índia. [Em vez disso], se você disser que a "Fujitsu busca um *status* de empresa provedora de soluções universais", então toda a empresa e os seus funcionários poderão entender esse conceito de maneira mais clara. Com efeito, o termo universal descreve melhor os objetivos da Fujitsu, porque refere-se a experiência; "global", apesar de significar "em todo o mundo (*worldwide*)", não transmite a experiência ou o conhecimento necessários para uma empresa do porte da Fujitsu. Portanto, os funcionários identificam-se melhor com o *status* de soluções "universais" (*worldly*).

---

Tendo como cenário a sociedade em desenvolvimento em geral e a Índia em particular, esse módulo busca integrar os diversos componentes do contexto externo numa apreciação de mundos além daquele da própria pessoa. Isso ganha vida em diversas experiências específicas, como na ioga logo cedo a cada manhã (voluntariamente) e no entretenimento noturno, em espetáculos teatrais, na música e na dança. Mas para aqueles que não são naturais da Índia, apenas o fato de estar lá, especialmente entre colegas gerentes daquele país, traz vida a esse outro mundo. Isso faz com que eles superem as belas abstrações de diferenças econômicas, políticas e sociais em sala de aula e vão para o mundo externo, o das ruas, onde essas diferenças ganham vida. "Como você consegue dirigir neste trânsito?", perguntou uma participante americana ao diretor do módulo, nervosa durante o trajeto do aeroporto até a cidade. Ele respondeu: "Simplesmente sigo o fluxo". O aprendizado mundano já começava! Existe ordem nas ruas de Bangalore, mas você precisa entrar num outro mundo para apreciá-la. O módulo começa com visitas à diversidade que é a Índia, de um mercado de alimentos a um *campus* de *software*, a uma distância de poucos quilômetros e vários séculos. Isso pode ter o efeito de um choque. Contudo, após termos solicitado aos participantes para refletirem sobre isso de fora para dentro, advém o verdadeiro choque de que esse tipo de passeio também é possível em Nova York.

O núcleo do módulo concentra-se nas dimensões política, social e econômica, em mundos "em desenvolvimento" e "desenvolvidos". Por exemplo, o contexto político é conhecido tanto como controlador quanto conflitivo, e se manifesta em questões como a regulação, a privatização e a governança. O contexto social pode ser visto como cultural e colaborativo, preocupado com redes e alianças bem como com organizações nem públicas nem privadas – cooperativas e ONGs desenvolvimentistas, por exemplo. O contexto econômico leva em consideração a concorrência e o consumo; é aqui que a globalização começa, na forma de mercados financeiros, comportamento dos consumidores e análises setoriais.[2]

Conforme mostra a Figura 11.4, entre o mundo próprio e o mundo das outras pessoas está o tema administrativo deste módulo: "Gerenciar nos Limites (*edges*)", entre a organização e o seu contexto. Conforme Raphael (1986) comentou em seu livro *Edges*, os biólogos descobriram que muitas das coisas mais interessantes acontecem nessas interfaces, por exemplo, na estreita zona entre a terra e o mar, onde "os organismos vivos encontram condições dinâmicas que possibilitam uma imensa variedade". E causam tensão também: "A flora das campinas", por exemplo, "à medida que ela se aproxima da floresta, passa a lidar com condições cada vez mais desfavoráveis" – solo diferente, menos luz solar, competição de espécies estranhas de árvores e arbustos. "Em resumo, os limites podem ter uma abundância de vida, mas cada forma de vida precisa lutar pela sua própria sobrevivência" (p. 5-6). O mesmo acontece com administradores que, igualmente, devem funcionar no limite: CEOs e gerentes de vendas de maneira mais evidente, mas todos os gerentes, que devem conectar as suas unidades com o mundo mais amplo em volta deles. Aqui a gestão é unir, mais do que liderar; convencer, mais do que controlar; negociar, mais do que fazer. Portanto, esse terceiro módulo aborda as competências, estreitamente relacionadas, de formação de redes, negociação, trabalho com os diferentes interessados (*stakeholders*) e gerenciamento além das fronteiras culturais.

Se a Lancaster olha para dentro e a McGill olha para fora, então Bangalore olha para fora para enxergar dentro. Num certo sentido, o módulo vincula a reflexão internalizada com a análise externalizada. Pode-se dizer que o conhecimento das práticas e comportamentos (mecanismos) humanos, a consciência do mundo, o universalismo coloca a análise e a reflexão dentro do contexto.

## Módulo IV: Gerenciando Relacionamentos – A Disposição Mental Colaborativa

O termo japonês *ba* descreve um espaço compartilhado para relacionamentos emergentes, especialmente para criar significado (Nonaka e Konno 1998). Esse

---

[2] Pode parecer que aqui há uma superposição com o material de outros módulos, mas o foco nos diferentes módulos efetivamente demonstra a singularidade das disposições mentais. Por exemplo, *marketing* e finanças são discutidos no Módulo II no que diz respeito a fazer análise e aplicar técnica, e no Módulo III no que diz respeito a entender o comportamento dos consumidores e dos mercados financeiros em contextos diferentes.

tem sido um tema popular para o quarto módulo: há palestras e leituras sobre *ba*, muito debate a respeito e o termo tem sido usado em muitos *Papers* de Reflexão de *follow-up* (algumas vezes, para o próprio IMPM).

Não apenas o conteúdo, mas também o espírito e o tom deste quarto módulo são muito diferentes dos outros. Ele transmite de maneira inequívoca a visão de mundo japonesa. Como já foi observado antes, o Japão é um local no globo que não adotou, nem se inclinou para adotar, uma visão "global" do gerenciamento. Então, enquanto a Índia abre perspectivas para outros mundos em geral, o Japão abre perspectivas para um outro mundo gerencial em particular. E não apenas dos professores: a verdadeira força do módulo está no fato de esse mundo ganhar vida por intermédio daqueles que o vivem – os gerentes japoneses da turma – e onde ele vive – nas visitas de campo às suas empresas. Ao observar na Fujitsu as pessoas sentadas num grande espaço aberto, com a mesa do gerente em uma ponta, um banqueiro do Canadá reagiu com horror à idéia de o chefe poder observar todo mundo o tempo todo. Mas talvez ele não esteja controlando, afirmou uma de suas colegas japonesas; talvez esteja ajudando!

Hiro Itami, o diretor de módulo para os Ciclos 1 e 2, descreveu esse módulo da seguinte maneira: "Os gerentes não devem controlar as pessoas. Devem, em vez disso, deixá-las colaborar". Portanto, esse módulo trata de "gerenciar redes humanas". No que diz respeito ao valor para os acionistas, Itami gostava de dizer à classe, em nome das empresas japonesas: "Vamos sair e contratar alguns acionistas para nós!". Durante anos tentei motivá-lo a incluir alguma coisa sobre liderança. Eu sempre dizia que tínhamos que prestar alguma atenção ao assunto liderança; e o Módulo IV é o lugar óbvio. Depois, sugeri "estilos de liderança". Finalmente, Itami respondeu "Isso, podemos fazê-lo!" Aprendi com o meu colega que "Liderança", como concepção, faz parte do estilo ocidental de gerenciar!

Kaz Mishina, que assumiu a diretoria do módulo mais tarde, seguiu pelo mesmo caminho. Ele concebia o estilo japonês como sendo "liderança nos bastidores", tratando de "permitir que o maior número possível de pessoas ordinárias liderem". Como gracejou um dos participantes, o gerente torna-se um "*ba-tender*"!*

Para que isso possa ser apreciado, conhecimento tácito é fundamental, uma outra idéia que inspirou este módulo – a percepção que usamos muito mais conhecimento do que podemos articular formalmente. Ikujiro Nonaka, diretor de acadêmicos da gestão japoneses, leciona a matéria no módulo (veja Nonaka e Takeuchi 1995).

Tudo isso é transmitido nas experiências bem como no conteúdo do módulo. "Respirar o ar local", como diz Itami, já incluiu visitas a diversos locais japoneses, incluindo-se aí o gigantesco mercado de peixes de Tóquio, os escritórios da Fujitsu, locais de reconstrução depois do terremoto de Kobe e uma escola primária japonesa, para observar as origens da cooperação. Particularmente bem recebida foi uma sessão em que trabalhadores da Fujitsu adentraram à sala de aula para falar sobre como eles se engajam no *kaizen*. Com o envolvimento da LG, uma parte do módulo agora é realizada na Coréia, com as suas próprias experiências.

---

* N. de R. T.: O trocadilho parece ser com "*bartender*", aquele que prepara coquetéis e bebidas para os freqüentadores de um bar.

Um mapa deste módulo (Figura 11.5; compare-o com o mapa, mais linear, do Módulo II) foi elaborado por Kentaro Nobeoka, co-diretor de módulo do Ciclo 3. Ele distribuiu o conteúdo em torno das coordenadas (1) da natureza da colaboração, que pode ser implícita/social/informal (ou seja, tácita) ou explícita/racional/formal; e (2) do escopo da colaboração, desde o nível individual até os níveis intra-empresarial, interempresarial e nacional/coletivo. Assim, por exemplo, ocorreram sessões sobre a natureza do ser humano (implícita e individual, como a sessão de Basu sobre tipos de pessoas, descritas em um quadro no Capítulo 9) sobre alianças e *joint-ventures*, parcerias (interempresariais, explícitas) e sobre colaboração empresa-governo (nacional, explícita).

O compartilhamento de competências nesse módulo pode incluir sessões sobre o trabalho em grupo, o desenvolvimento da cultura, a relação entre mentor e aprendiz, e a arte da comunicação não-verbal, além das diversas habilidades de colaboração. Um prolongado *workshop* de encerramento tem sido utilizado para devolver o módulo à classe durante uma tarde, para que esta se auto-organize e leve em consideração o seu aprendizado de duas semanas em torno da questão temática "Como se motiva funcionários de primeira linha?". Depois da apresentação das suas conclusões aos professores no dia seguinte, o grupo do Ciclo 1 cantarolou "Há um tipo de 'ba'... no mundo todo!*".

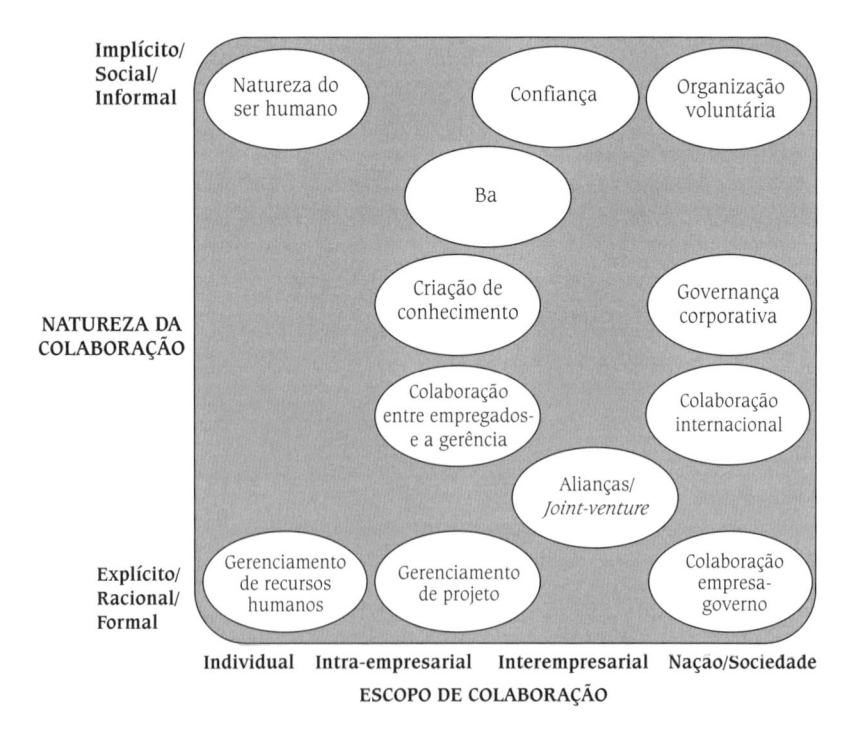

FIGURA 11.5
Mapa do módulo colaborativo (modificado a partir de Nobeoka).

---

* N. de T.: Trata-se de uma referência à canção *"There's a kind of hush"*, sucesso dos anos 60 interpretado pelo grupo Herman's Hermits, que iniciava dizendo *"There's a kind of hush... all over the world..."*

## MÓDULO V: GERENCIANDO A MUDANÇA – A DISPOSIÇÃO MENTAL PARA A AÇÃO

Depois das experiências do Módulo III na Índia e do Módulo IV no Japão, a classe volta a um assunto gerencial mais convencional, num cenário gerencial mais convencional, pelo menos para os europeus e norte-americanos. Estamos nos referindo à disposição mental para a ação (originalmente chamada de catalítica), sobre o gerenciamento da mudança, no Insead de Fontainebleau, na França.

O Insead é especializado no ensino da mudança; ele possui muita gente que faz isso muito bem. Esse não tem sido o nosso problema; nossa preocupação tem sido nos afastarmos disso (em alguns dos outros módulos também) –, ir além do bom ensino na direção do aprendizado ativo, também. Afora apresentar a mudança, tratar sobre ela e discutir seus aspectos, a classe precisa vivê-la e viver também as experiências dos seus membros em relação a ela, para depois transformar isso numa profunda experiência de aprendizado, ultrapassando o rótulo do módulo e chegando à sua essência. O problema de chamar o módulo de "catalítico", originalmente, era que um catalisador permanece o mesmo enquanto outras mudanças acontecem. O mundo precisa de gerentes que mudem os outros enquanto mudam primeiramente a si próprios. E isso significou mudar a forma como nós, no papel de professores, projetamos um programa de ensino sobre mudança.

O módulo V foi desenvolvido considerando dois aspectos: formato e tipos de uso da experiência. Quanto ao formato, o módulo assemelha-se a disciplinas, ou blocos – foco sustentado em aspectos específicos de mudança, como mostra o mapa da Figura 11.6. Depois de uma sessão de abertura, projetada para desfazer as noções-padrão de mudança (por exemplo, "mudar é bom, resistir à mudança é ruim"), seguem-se três blocos.

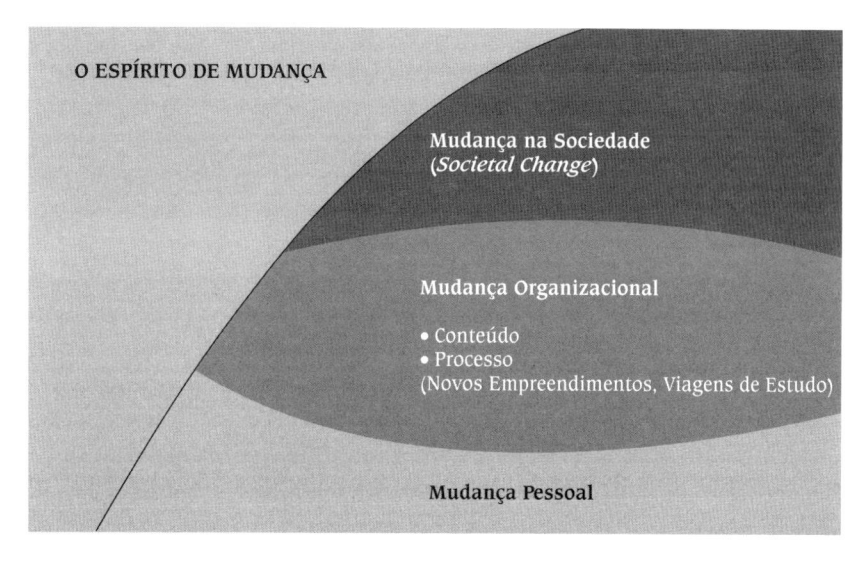

FIGURA 11.6
Mapa do módulo de ação.

Um bloco enfoca a macromudança – mais drástica e descontinuada, geralmente realizada de cima para baixo, conduzida pelo líder, deliberadamente estratégica. Casos e exemplos são usados para mostrar como essa mudança foi bem-sucedida em diferentes organizações.

Outro bloco trata sobre a micromudança, especialmente a partir de uma perspectiva da gerência em nível intermediário, em que se encontra a maioria dos participantes. O empreendedorismo e o uso de projetos é especialmente importante aqui, em comparação com a reestruturação e a estratégia ampla para o bloco macro.

O terceiro e último bloco trata sobre mudança pessoal, no qual os participantes se concentram em questões como seu próprio estilo de promover a mudança e suas próprias tendências em ação. Por razões óbvias, esse tende a ser o mais experimental dos três blocos e inclui o estabelecimento de agendas pessoais para ação futura. (Também ocorrem várias sessões sobre mudança social.)

Experiências de mudança são incluídas no módulo de diversas maneiras. É claro que os *workshops* baseiam-se nas próprias experiências dos participantes vinculadas a diversos *inputs* conceituais. Os trabalhos de campo também são especialmente importantes aqui. Como se pode imaginar, depois de um ano e meio de convívio com colegas da Lufthansa e Electricité de France, por exemplo, as visitas a essas empresas para investigar procedimentos de mudança podem ser altamente reveladoras. Um grupo, por exemplo, verificou que, num determinado setor de uma empresa, havia um maior "senso de urgência" de mudança entre os funcionários de primeira linha do que entre os gerentes. Especialmente reveladores foram os trabalhos de campo desenvolvidos em postos da Cruz Vermelha, na assistência a zonas de catástrofe, incluindo campos de refugiados na Tanzânia e operações em Kosovo (antes do módulo, voluntariamente).

Uma parte significativa desse módulo é dedicada a apresentações dos Novos Empreendimentos – os projetos de mudança nas suas próprias empresas que todos os participantes foram conduzindo ao longo do programa (sobre os quais trataremos mais adiante). Estes se tornam estudos de caso, digamos assim, por parte dos protagonistas visando a mudanças em suas organizações.

Experiências adicionais durante o módulo incluíram uma visita ao Louvre para uma apresentação sobre inovações na pintura, impulsionadas pela tecnologia, e sessões de exercício físico em que a turma se envolvia em intervalos diversos. (A instrutora vem procedendo dessa forma com as pessoas do Insead há muitos anos no centro de exercícios; foi a primeira vez em que entrou efetivamente numa sala de aula do Insead!)

Este Módulo V é intrincado, pela mesma razão que o Módulo II também o é: fazer melhor o que os acadêmicos fazem é muito fácil – ou seja, ensinar *sobre* mudança, citando exemplos a partir de casos apresentados e relacionando-os a conceitos. Fomos além dessa abordagem, para usar experiências – incluindo as que foram desenvolvidas durante os 16 meses do programa. Entretanto, devemos levar isso muito mais longe, como devemos fazer em relação a todos os módulos, para proporcionar mais vida às suas disposições mentais em sala de aula.

Concluindo esse quinto módulo, a Tabela 11.1 lista as diversas dimensões dos cinco módulos apresentados.

TABELA 11.1  DIMENSÕES DOS MÓDULOS

| MÓDULO | DISPOSIÇÃO MENTAL | ASSUNTO | ESCOLA | GERENCIA |
|---|---|---|---|---|
| I | Reflexiva | Indivíduo (ego) | Lancaster (Inglaterra) | A si próprio |
| II | Analítica | Organização | McGill (Canadá) | No meio |
| III | Mundana, universalista | Contexto | Bangalore (Índia) | Nos limites |
| IV | Colaborativa | Relacionamentos | Japão e Coréia | Redes humanas |
| V | Ação | Mudança | Insead (França) | De forma abrangente |

# 12

# DESENVOLVENDO GERENTES III:
## *Aprendendo no Trabalho*

*Experiência não é o que acontece com você.*
*É o que você faz com o que acontece com você.*
– ALDOUS HUXLEY

Muita coisa pode ser feita na sala de aula, como espero que tenha sido demonstrado no capítulo anterior. Mas a filosofia essencial do IMPM – a própria noção da aprendizagem vinculada à experiência – significa que uma boa parte dessa aprendizagem deve acontecer no retorno do aluno ao trabalho em sua respectiva empresa, estimulado pelo que vivenciou em sala de aula. Os participantes podem não ter tempo livre, ou pelo menos tempo livre ininterrupto, no trabalho, mas é aí que a experiência se faz presente, pois é justamente aí que muitas conexões devem ser feitas. Da mesma maneira, buscamos e continuamos a buscar, formas de estimular esse procedimento, de acordo, tanto quanto possível, com a nossa crença de usar o trabalho em vez de fazer o trabalho – visando a conceber as atividades entre os módulos, para vinculá-las ao trabalho que já vem sendo feito. Uma tarefa difícil, talvez, mas acreditamos que já fizemos um progresso considerável.

Como pudemos observar anteriormente na Figura 10.1, essas atividades que acontecem entre módulos incluem os *Papers* de Reflexão, elaborados depois dos módulos, os Estudos Individualizados, entre os Módulos I e II, os Intercâmbios Gerenciais entre os Módulos II e IV, os Novos Empreendimentos que ocorrem ao longo de todo o programa, e o *Trabalho Final* após o encerramento do último módulo. Cada uma dessas atividades será discutida aqui.

## Papers de Reflexão

Embora busquemos criar uma atmosfera reflexiva em nossos módulos, eles duram apenas 2 semanas, por 5 ocasiões, num programa que é bem mais longo. Durante essas 2 semanas, os participantes são bombardeados com todo tipo de novos conceitos, variados entre si. Tudo isso leva tempo para digerir. Promovemos vários *workshops* nos módulos para ajudar os participantes a estabelecer a relação entre esse material e as suas experiências. Mas esses encontros ocorrem longe de tal experiência. E voltar ao local onde a experiência se dá pode induzir a novos e importantes conceitos. Por isso, introduzimos *Papers* de Reflexão exatamente para encorajar essa aprendizagem no retorno ao trabalho. Para obter uma noção de como essa aprendizagem reflexiva pode ser interessante e como isso é fundamental para toda a filosofia do IMPM e o que a distingue tanto de outro tipo de desenvolvimento gerencial, leia atentamente o quadro a seguir, extraído de uma discussão sobre a sessão de espiritualidade discutida num quadro no Capítulo 10.

---

### Refletindo Sobre a Espiritualidade

*(excertos do Paper de Reflexão para o Módulo I, elaborado por Kerry Chandler, Motorola, Ciclo 2, julho de 1997).*

*Mundos Distintos?* "Espiritualidade e a Prática do Gerenciamento" foi uma sessão que me ensinou mais sobre o processo do comportamento humano e a sua relação com a experiência de aprender do que sobre religião e gestão. Eu sentia uma satisfação profunda à medida que o dia transcorria. Permiti-me participar de uma viagem que começou com um teólogo altamente intelectualizado, palestrando num estilo ao qual a maioria não estava acostumada, juntamente com os professores, planejadores e na verdade os "pais" do IMPM testemunhando praticamente uma rebelião dos participantes, passando por uma decisão consciente feita pelo teólogo de rapidamente adaptar-se a um estilo diferente – uma verdadeira aprendizagem sobre o vínculo entre espiritualidade e gestão, e muitas vezes a ausência desse vínculo – e encerrando com uma autodescoberta do eu, encontrada, de todos os lugares possíveis, em duas faixas de um CD de Sinead O'Connor intitulado *"Universal Mother"* (*Mãe Universal*) [usado pelo professor].

Não precisei mais do que 10 minutos para perceber que [o professor] tinha feito um grande esforço preparando-se, ao longo de todo um semestre, para fazer uma exposição para um grupo de profissionais corporativos de nível intermediário para cima; uma platéia que, de fato, estava a muitos mundos de distância daquelas a que ele estava acostumado. Em menos de 11 minutos desde o início da palestra eu já sentia enorme constrangimento com a maneira como os meus colegas participantes do módulo desafiavam o palestrante, interrompendo-o no meio de uma frase para exigir um estilo de discurso diferente. Em praticamente 12 minutos eu pude testemunhar a mágoa de um homem que havia passado tanto tempo se preparando e agora se via diante dessa demanda por algo diferente. E não haviam se passado 13 minutos para que eu o visse reunir coragem e ímpeto para mudar aquela situação, apesar de estar magoado; e talvez tenham passado 15 minutos para que eu me sentisse agradecida por testemunhar aquele episódio e ter sido uma participante silenciosa no processo.

*– continua*

*– continuação*

Em muitos aspectos posso me colocar na situação em que [ele] estava no dia da sua apresentação. Também já passei por situações em que tinha uma consciência profunda do meu conhecimento, da minha experiência e, muitas vezes, da minha intuição, e de que eu podia contribuir para o meu mundo de trabalho na Motorola. Algumas vezes tenho lutado contra o método de expressão dos meus pensamentos, idéias e fatos, bem como contra o tempo utilizado para manifestá-los. Como exerço minha função na área de Recursos Humanos, senti que as minhas contribuições, apesar de importantes, eram "amenas" demais para terem valor no mundo técnico da Motorola. Lidei com essas percepções me detendo algumas vezes, mas, com maior freqüência, forçando os meus pensamentos e as minhas idéias para o interior de um conceito voltado para o processo, mensurável e, portanto, apresentável. Depois de uma reflexão, muitas dessas idéias podem ter perdido o sentido e o valor para a organização, justamente por eu as ter forçado para o interior de um molde ao qual elas não pertencem. Ao mesmo tempo em que era importante para [o professor] se comunicar conosco num estilo que pudéssemos entender, também era importante que não o obrigássemos a simplesmente "ser como nós", a ponto de dificultar nossa aprendizagem e nossa oportunidade de crescimento por ter tido [essa] experiência.

Quando [o professor] encerrou um segmento da sua sessão com a faixa *"Famine"* (que significa fome, escassez de víveres), do CD de Sinead O'Connor, fui acometida de um profundo senso de povo, e uma capacidade de concordar com uma artista que, até aquele momento, estava a mundos de distância de mim. Na canção mencionada, Sinead "conversa" (*raps*) sobre o impacto de uma fome histórica na Irlanda, a partir da perspectiva dela como cidadã irlandesa. Ela tinha consciência a partir de uma perspectiva diferente, a perspectiva irlandesa em vez da britânica, consciência do que representou esse evento histórico e como tem sido difícil ser educada nessa visão alternativa freqüentemente discutida e geralmente negada. Ela observa que, para mudar de um local de sofrimento para um local de paz, é preciso haver um determinado nível de reconhecimento, depois um tempo para lamentações, depois o perdão.

Como mulher afro-americana, nascida e criada nos Estados Unidos, eu senti que poderia ter simplesmente alterado algumas palavras na música e a faixa representaria sentimentos com os quais já lidei com freqüência demais para contar. Sou constantemente lembrada da minha "negritude" nos Estados Unidos, tipicamente com alguma forma de tratamento sutil, porém de mau gosto. Pouquíssimas pessoas estão dispostas ou até mesmo são capazes de ouvir um relato sobre o que representa passar por experiências como essas. Muitas vezes, homens brancos nos Estados Unidos alertam-me de que "não são responsáveis pelas ações do seus bisavôs". Eles não querem dialogar sobre questões raciais nos Estados Unidos que aconteceram há 200 anos, há 20 anos ou até mesmo há 20 dias. Para mim, essa forma de negação é pessoalmente prejudicial, no sentido de que algumas vezes ela dificulta minha chegada num ponto de perdão e de compreensão...

No contexto da minha volta [ao trabalho], percebi que trazia comigo perspectivas um pouco diferentes, tanto no ambiente das operações de negócio quanto no de recursos humanos dos quais participo. Tipicamente, preenchi, talvez até tenha superado, as expectativas dos meus clientes internos como de meus colegas na área de Recursos Humanos. Fiz desafios onde julguei apropriado. Estabeleci metas e instrumentos de medidas para a minha equipe e adotei um papel de liderança para fazê-las ser atingidas. Propus a mim própria o desafio de buscar formas de tornar a empresa mais produtiva, a partir da pesquisa de soluções que acelerassem o desempenho e melhorassem as contribuições das pessoas na organização – afinal de contas, como costumamos afirmar, "as pessoas são o nosso ativo mais valioso".

Depois do Módulo I, ainda me pego fazendo essas coisas, mas com um espírito diferente e talvez até mesmo com uma motivação diferente. O espírito diferente é aquele que cria espaço para a criatividade, permite um tempo para a resposta, mantém-se tranqüilo

*– continua*

> – *continuação*
>
> diante da noção de que algumas vezes não existe resposta e, mais importante, encontra paz no espaço que permite a reflexão. Quanto à motivação diferente que estou experimentando, é exatamente aquela que agora é mais pessoal do que talvez impulsionada pelo negócio em que opero. Apesar de certamente haver um vínculo, encontro maior motivação no espírito da função que ocupo na área de Recursos Humanos do que por aquilo que os negócios solicitam que seus profissionais de Recursos Humanos se tornem.

Muitos participantes relatam terem desenvolvido idéias para os *Papers de Reflexão* dentro do avião, no vôo de volta para casa. Mas não o fazem quando aterrissam. Os mundos de Lancaster, Bangalore e de vários outros locais rapidamente voltam para os bastidores (*background*) quando os gerentes reencontram suas respectivas famílias e locais de trabalho pela primeira vez em duas semanas. Mas várias semanas mais tarde, depois do retorno à normalidade, solicitamos que eles revejam todo o material do módulo e escrevam um *paper* que vincule qualquer coisa que lhes pareça mais relevante para eles próprios, para o seu trabalho, sua organização, seu mundo.[1]

Rever o material do módulo é fácil. As leituras, os folhetos distribuídos, as transparências, as anotações pessoais e assim por diante voltam a ganhar vida quando são revistos. E estar de volta ao trabalho, fonte da experiência de cada um, facilita a formação de conexões. De fato, isso permite que os materiais conceituais sejam vistos a partir de uma nova perspectiva. Anteriormente, fiz menção a uma sessão em Lancaster que foi classificada como ruim, mas que, no entanto, foi amplamente utilizada nos primeiros *Papers* de Reflexão. Veja o comentário de um participante de um ciclo posterior, num estilo semelhante:

> Durante o tempo em Lancaster, houve várias ocasiões em que me peguei pensando "Como isso poderia ser relevante para a minha prática no trabalho?". Dentro do espírito do curso e mantendo a mente aberta, perseverei. Refletindo, muitas vezes fiquei surpreso com a relação bastante real que alguns desses campos de ação têm com a minha prática como gerente e com os vínculos existentes entre diferentes áreas e que pareciam ser superficialmente independentes. (Rob Sanders, da BT, *Paper* de Reflexão para o Módulo I do Ciclo 5).

Sabíamos que os gerentes que estavam freqüentando o IMPM eram pessoas ocupadas, e que ficaram mais ocupadas ainda com o programa. Por isso, não esperávamos trabalhos de Reflexão muito extensos. No entanto, tivemos uma surpresa agradável e continuamos assim depois de quase mil desses trabalhos. Os gerentes realmente demonstravam muita dedicação. Vinte páginas espaço simples não são incomuns, apesar de a média ficar entre dez e quinze em espaço duplo. Também tivemos uma surpresa agradável em relação ao conteúdo. Esses não são o tipo de relatório que os gerentes estão acostumados a preparar – não

---

[1] Devido à logística do programa, que termina no Módulo V exceto pelo *Trabalho final*, não seria apropriado solicitar um *Paper* de Reflexão sobre este último módulo. Mas os professores do Insead instituíram com sucesso uma atividade em que os participantes escrevem um breve *Paper* de Reflexão sobre o módulo, quando este se aproxima do final.

aqueles argumentos analíticos concisos, precedidos de sumários executivos. "Um *Paper* de reflexão não é o que somos treinados para fazer numa empresa", comentou um participante, em que todos esperam "quatro ou cinco itens de impacto". Também não é como uma tarefa acadêmica que os participantes possam ter feito em estudos anteriores, em que deviam entrar numa biblioteca ou obter dados de alguma outra maneira. A matéria-prima está lá: insumos conceituais obtidos em sala de aula e experiências trazidas do trabalho. Solicitamos aos gerentes que as combinem numa forma reflexiva, uma exigência um tanto incomum neste mundo, deixem a mente fluir livre e promovam relações criativas entre o mundo das idéias e o mundo da prática. Não queremos tratados acadêmicos nem tampouco sumários executivos. Queremos reflexões criteriosas, bem pensadas.

E isso a gente consegue. Nem sempre imediatamente. Algumas pessoas ficam confusas com a exigência, pelo menos no começo, e têm dificuldades para cumpri-la. Outras de imediato captam o "espírito da coisa". Mas geralmente os dois grupos têm caracterizado a experiência como sendo "intensiva"! Um gerente revelou que se dirigiu ao seu escritório num domingo de manhã, para dedicar algumas horas ao *paper,* com a expectativa de estar de volta em casa ao meio-dia. Trabalhou até às 4h da manhã do dia seguinte! Outro deles afirmou que, quando se está diante de um caso para analisar, você simplesmente faz – talvez não de maneira criativa, mas consegue fazer. Quando se está diante de uma folha de papel em branco, no entanto, você precisa fazer a sua própria reflexão. Não há nenhum padrão a ser seguido, nenhum modelo (apesar de proporcionarmos exemplos de bons trabalhos no primeiro módulo e porque os tutores, como será discutido depois, trabalham intimamente com os participantes, nos seus primeiros *papers*).

Para muitos de nós, que pertencemos ao corpo docente, os melhores *Papers* de Reflexão estiveram entre os escritos mais interessantes que já lemos, de colegas ou alunos. E do ponto de vista dos gerentes, como disse Nancy Balore depois da tutoria, escrever uma reflexão ligando questões à experiência pode criar um "comprometimento incrível". Um participante relatou que "ficou impressionado com o quanto ele havia lido e refletido *depois do módulo*". Um novo tutor, integrante do corpo docente, revelou ter ficado comovido com o quanto o seu grupo tinha conseguido extrair da experiência de aprendizagem do módulo, apesar de que "somente percebeu isso algum tempo depois". Outro participante afirmou que idéias que teve em um dos seus *Papers* de Reflexão pagaram várias vezes o preço do programa. Uma outra reação merece uma citação mais longa, porque ela oferece uma boa noção de como esse processo pode funcionar:

> Quando voltei do Módulo 1, sabia mais sobre mim mesmo e, por meio do *Paper* de Reflexão, identifiquei algumas mudanças essenciais que gostaria de fazer na maneira como eu abordava as coisas. Acredito que hoje esteja agindo de maneira diferente como resultado da sessão. Releio o *Paper* de Reflexão regularmente para reviver a aprendizagem e ter certeza de que continuo a internalizá-la.
>
> Durante o Módulo 2, procurei revelações pessoais semelhantes ao longo das semanas; no entanto, elas não se desenvolveram. Depois de deixar Montreal, senti que possuía novos conceitos e habilidades técnicas; no entanto, não tinha certeza de como

eles teriam impacto no meu trabalho cotidiano. Os conceitos pareciam ser mais aplicáveis à direção de uma grande organização, em vez de a uma parte dela.

Somente quando sentei para fazer o *Paper* de Reflexão do módulo é que comecei a entender quão relevantes eram os aprendizados essenciais. A imersão na atividade diária e as prioridades associadas ao meu trabalho, enquanto revia o material das sessões em sala de aula, tornaram clara a conexão. Essa não era uma experiência do tipo que desperta, como a do Módulo 1; no entanto, gradualmente as peças começaram a se encaixar e o *paper* resultante vai funcionar como um plano de ação para mim, quando me tornar Gerente Regional de Área (Vince Isber, Royal Bank of Canada, Ciclo 1).

Um membro do corpo docente fez uma proposta, no Ciclo 2, de focar alguns desses *papers* em assuntos específicos – por exemplo, analisar o balancete da organização para o *paper* do Módulo 2. A classe protestou; "mantenha os trabalhos 'flexíveis', 'abertos', 'criativos', ou então simplesmente os derrubaremos", disseram as pessoas. Dessa forma, a tarefa para todos esses *papers* continuou com o seguinte enunciado:

> Reveja suas anotações e *insights*, as leituras e experiências do [...] Módulo. Depois, de acordo com o espírito da [...]disposição mental, prepare um *paper* sobre as implicações dessa aprendizagem para você mesmo e/ou para seu cargo a empresa e/ou sua organização. Por favor, vá além da simples descrição: tente analisar, interpretar, resumir, etc.

Existe algo extremamente significativo – e terapêutico – sobre o mero ato de olhar para dentro de si próprio, estimulado por idéias interessantes por um lado e experiências ricas por outro. Chegamos à conclusão que esse deve ser o papel da educação gerencial.

## TUTORIA

Usamos a tutoria no IMPM, aquela tutoria ao antigo estilo britânico, e a sua manifestação mais recente no Aprender Fazendo (sem sequer lembrar a maneira como os professores trabalham com alunos do doutorado). Membros do corpo docente (na sua maioria, diretores de módulos) trabalham com pequenos grupos de participantes localizados numa área geográfica comum (para reduzir as viagens). Os grupos se reúnem no primeiro módulo e, depois, quatro vezes mais, entre cada um dos módulos.

A tutoria personaliza e sustenta o processo de aprendizagem, proporcionando uma conexão de cada participante com vários colegas e um membro do corpo docente. Isso permite um apoio contínuo para todas as tarefas do programa e encadeia toda a aprendizagem, em sala de aula e no trabalho. Os membros do grupo de tutoramento compartilham experiências entre eles, enquanto o tutor funciona como um técnico (*coach*) de aprendizagem para ajudar a ancorar as pessoas nesse ambiente novo e às vezes estranho. Isso pode ser especialmente importante para os primeiros *Papers* de Reflexão. (Esses *papers* são submetidos primeiramente ao tutor e, quando são considerados satisfatórios, seguem para o diretor do ciclo e para a universidade, onde é realizada a avaliação final.)

Uma reunião de tutoramento pode significar apenas um grupo de pessoas que se agrupam em algum lugar para discutir as tarefas, o programa e a aprendizagem. Mas ela vem avançando continuamente para algo mais importante do que isso, para se transformar em experiências de um dia inteiro – e às vezes num encontro de vários dias – no local de trabalho de um participante, incluindo visitas, reuniões com colegas e sessões de *brainstorming* sobre questões cruciais. Os participantes da Cruz Vermelha têm sido especialmente criativos no sentido de marcar reuniões tutoriais em alguns locais onde prestam socorro, que inclusive já exerceram uma profunda influência sobre os seus colegas e sobre o tutor, como pode ser observado no quadro a seguir.

### DIÁRIO DE UM TUTOR NA ÁFRICA

*(por Oliver Westall, publicado in* The Times Higher Education Supplement, *August 17, 2001)*

Quarta-feira
Segundo dia de tutoria com gerentes da Cruz Vermelha Internacional, em Nairobi. Observamos suas tarefas: diversidade cultural e bilateralismo dentro da Cruz Vermelha e defesa humanitária na era da informação. Mais tarde, relaxamos na noite tropical apreciando a dança de belas bailarinas vestidas com seda branca, num restaurante etíope.

Quinta-feira
Acordo cedo para observar o trabalho da Cruz Vermelha em Kisumu, no Lago Victoria. Preciso estar atento ao trabalho deles para ser um tutor útil. Sou recebido pela filial da Cruz Vermelha. Eles explicam o desafio local: um índice de infecção por HIV/AIDS em torno de 30%.

Jacqueline, uma enfermeira que cuida de 600 doentes nos seus casebres, utilizando medicamentos básicos e técnicas de nutrição, responde minhas perguntas com a autoridade de quem conhece.

Fizemos telefonemas corteses para um dinâmico prefeito asiático...e para um comissário de província preocupado. De lá partimos para Kabour, uma pequena vila. Encontramos um grupo de auto-ajuda de portadores de HIV/AIDS que explica os seus problemas: não há saúde, não há energia, não há trabalho, não há comida, não há família. Frederick, o organizador da reunião, morreu ontem. Será que devemos prestar nossas homenagens? Esther, uma bonita menina de oito anos, entra correndo: seus pais faleceram e ela é HIV positivo.

Tivemos um encontro com o Conselho da Vila e com a Associação de Pais e Mestres. A Escola Primária de Kabour tem 300 crianças; 105 delas são órfãs. As avós agüentam o peso. Essas pessoas de grande dignidade são diretas: "Desculpe-nos por ter que falar isso, mas, por favor, ajude-nos".

As crianças demonstram o seu aprendizado sobre o HIV/AIDS com cantos e danças impressionantes. Um habitante local alcança algum dinheiro à pequena dançarina principal. Aproveitamos a iniciativa e fizemos o mesmo, entrando na dança – todos riem. Esse foi o agito que mais me divertiu até hoje. Percebemos Esther espiando o espetáculo através de uma cerca viva. Sua avó não tem condições de pagar a taxa escolar. Chamamos a menina para dentro. Mais tarde, um colega pagou todas as taxas.

Fomos à casa dos pais de Frederick. Passamos pela precária estrutura de gravetos, que foi até onde ele conseguiu chegar na construção de uma nova casa. Os pais ido-

*– continua*

> – *continuação*
>
> sos de Frederick e duas de suas filhas permanecem em silêncio ao lado do cadáver. A enfermeira Jacqueline nos conduz em oração e nos pêsames. Beijo a mãe de Frederick e as duas crianças, e deixo uma pequena importância para o seu pai. Há lágrimas quando os funcionários da Cruz Vermelha reconhecem o olho do furacão nessa cabana silenciosa, devastada.
> Sexta-feira/Sábado
> Faço as malas e vou para casa.

A tutoria é algo que pode demandar muito tempo e ser dispendiosa, mas o tutor proporciona uma conexão essencial entre os participantes e o programa. (Imagine um participante japonês podendo trabalhar com um tutor japonês, depois de freqüentar o primeiro módulo na Inglaterra.) Num certo sentido, por conectar localmente, ajuda a personalizar o programa nos seus limites. Quy Huy, do Insead, que atualmente é diretor de programa, afirmou que os participantes do IMPM que melhor aproveitaram o programa foram aqueles que "enfrentaram tutores desafiadores e críticos" (segundo um memorando dirigido ao corpo docente do IMPM, datado de 28 de abril de 2002). Os tutores também proporcionam conexões pessoais com as empresas participantes, tornando-se o ponto de contato para o programa. Assim, o tempo e o custo da tutoria têm sido bem empregados.

## ESTUDOS INDIVIDUALIZADOS

Estudos individualizados é a denominação que usamos para referirmo-nos ao trabalho, feito antes da disposição mental para a análise, do Módulo II, pelos participantes, para fazer com que eles adquiram um nível de conhecimento mínimo nas funções empresariais de *marketing*, contabilidade e finanças. (Também consideramos adicionar conteúdo de economia antes do Módulo III.)

Inicialmente, a técnica denominava-se "aprendizagem próxima" (*close learning*), para deixar claro que o rótulo comum, "aprendizagem à distância" está afastado do provedor, mas próximo ao usuário. Modernamente, preferimos Estudos Individualizados, que descreve melhor a atividade efetiva.

Também pensamos nisso como sendo um treinamento na linguagem. O IMPM não é um MBA, mas os seus formandos da área de negócios devem ser basicamente alfabetizados na linguagem de negócios. Muitos, no meio da carreira, já alcançaram essa alfabetização e podem até mesmo ensinar aos outros. (Como já foi observado antes, às vezes isso acontece.) Mas não é assim com todo mundo. Então, proporcionamos ajuda no básico, para ser estudado em casa, através de uma instrução programada, livros de exercícios, livros-texto, tela do monitor ou papel – o que funcionar melhor. (Nossa experiência até agora revelou o que funciona melhor: para contabilidade, é um livro de exercícios; para *marketing*, é um livro-texto; e, para finanças, ambos são eficazes.)

É claro que não pretendemos comprimir os cursos de MBA nesses tópicos, por isso recomendamos cerca de 40 horas de Estudos Individualizados (dependendo do conhecimento prévio do participante). Assim, proporcionamos aquilo que acreditamos ser um nível de exposição apropriado [na matéria em questão] para aqueles que ainda não tenham sido tão expostos, algo muito parecido com o que fazem as principais empresas de consultoria (como vimos no Capítulo 4), que oferecem três semanas de curso aos seus novos funcionários, sem formação na área de administração de empresas. Como veremos mais adiante, um IPMP para novos gerentes provavelmente prolongaria os Estudos individualizados, aproximando um pouco o programa do MBA.

## Intercâmbio Gerencial

O Intercâmbio Gerencial, elemento de grande sucesso do IMPM, foi introduzido de maneira quase inadvertida. Antes do início do programa, encontramos em uma revista uma referência a algo semelhante que aconteceu na Hewlett-Packard.[2] Mas uma tentativa inicial de localizar tal referência fracassou e não fomos adiante. Inicialmente, nosso segundo módulo, sobre a forma analítica de pensar, durava três semanas. Isso provou ser tempo demais longe do trabalho e de casa, e decidimos que poderíamos reduzir o período para duas semanas. Mas como tínhamos nos comprometido com as universidades sobre uma determinada carga de trabalho a ser desenvolvida pelos alunos para a obtenção do grau de mestre, tivemos que acrescentar um componente para aquela semana. "Por que não visitas dos gerentes aos locais de trabalho uns dos outros?", foi a sugestão de Jonathan Gosling numa reunião; todos concordaram – claro, por que não? Os participantes não aprendem tanto uns com os outros?

Foi assim que o componente mais popular e, juntamente com *Papers* de Reflexão, talvez o mais poderoso, do IMPM, passou a existir. Descobrimos que trabalhar numa sala de aula comum, repleta de pessoas do mundo todo, é uma coisa; e deixar um escritório bancário em Toronto para entrar no mundo da alta tecnologia de Osaka é algo bem diferente.

EXECUÇÃO SIMPLES  O Intercâmbio Gerencial é quase tão simples em sua execução quanto foi em sua concepção. Pense nele como sendo uma experiência antropológica – tempo que se passa em contato com uma cultura diferente, simplesmente para viver a sua vida durante algum tempo. O intercâmbio gerencial também já foi descrito como sendo, em nível individual, o que as viagens de estudo são em nível organizacional – só que mais intensivo e mais diretamente focado na natureza do trabalho gerencial. Os membros da turma são divididos em pares, envolvendo

---

[2] "'Os dois melhores dias da minha carreira'. Foi assim que George Sparks, gerente-geral da área de equipamentos de mensuração da Hewlett-Packard, descreveu o tempo que passou seguindo Frances Hesselbein por todo lado. Como experiência de aprendizado, às vezes, a HP designa um executivo para fazer 'sombra' a outro que possua qualidades dignas de serem imitadas" (*Fortune*, November 27, 1995:68).

empresas e países, e algum tempo depois do segundo módulo cada pessoa passa uma semana com o seu parceiro no trabalho, nos dois sentidos, como visitante e como anfitrião.

Como membros do corpo docente, precisamos fazer pouco mais do que assegurar a organização desse componente em sala de aula, com algumas orientações antes e depois. A orientação prévia tomou a forma de uma sessão com duração de meio dia sobre a natureza da observação, sobre como manter um diário para registrar anotações e sobre como fazer comentários construtivos para o anfitrião. Durante a visita, no quarto dia, o visitante esboça comentários e, no último dia, os compartilha com o anfitrião. Depois da visita de retorno ter sido feita, escreve-se um *Paper* de reflexão sobre toda a experiência, como anfitrião e como visitante. "O que estava acontecendo com você? O que estava acontecendo ao seu redor?... Tente deduzir padrões no seu estilo de gerenciamento, orientações sobre como a cultura corporativa e a nacional o afetam" (extraído de um documento de orientação prévia do IMPM, elaborado por Simon Western). Esses relatórios e as próprias experiências são retomados no Módulo IV.

Voltando a um assunto do qual já tratamos anteriormente, podemos concluir que as pessoas que se identificam com a janela preferem o papel de visitante, como observadores, enquanto as pessoas que se identificam com espelho preferem o papel de anfitriãs, para que possam ver o seu comportamento refletido nos olhos do seu visitante. O que ajuda a fazer desses intercâmbios um sucesso tão grande é que todos devem desempenhar os dois papéis. O visitante aprende ao fazer perguntas, mesmo que ingênuas ("Por que você está fazendo isso"?); o anfitrião aprende com as perguntas que são feitas. "Há alguém olhando no fundo dos olhos e perguntando 'Por quê? Por quê? Por quê?'. E você precisa responder", observou um participante.

REAÇÕES DOS PARTICIPANTES   Apesar de termos desenvolvido diversas diretrizes para esses intercâmbios, um dos mais interessantes de todos – considerando-se que até agora houve quase 500 semanas de intercâmbios – foi o primeiro deles, que ocorreu antes que houvesse qualquer diretriz.

Os intercâmbios do Ciclo 2 deveriam acontecer depois do Módulo IV, mas Mayur Vora, um empreendedor da área de produtos de alimentação da Índia, e Françoise LeGoff, uma gerente da filial africana da Federação da Cruz Vermelha, em Genebra, saíram na frente: Mayur visitou Françoise a caminho do Módulo IV. Ele veio com a sua esposa, que trabalha com ele, e acomodaram-se num apartamento vago exatamente em cima de onde Françoise morava; assim, eles também tiveram tempo de se encontrar fora do trabalho.

Quando Mayur viu Françoise digitando em seu PC no trabalho, ele demonstrou surpresa. Será que uma secretária não poderia fazer isso? De repente, diferenças em escalas de pagamento entre a Índia e a Suíça tornaram-se evidentes, assim como as suas conseqüências. Quando, no último dia, Mayur propôs a Françoise que ele ficaria feliz em falar com qualquer um dos funcionários dela que estivessem interessados, todos fizeram fila, inclusive as secretárias, para transmitir através dele as suas considerações sobre o estilo de gerenciamento dela.

Françoise ficou tão entusiasmada com a experiência que, durante o módulo, alguns dias depois, ela sentou-se a meu lado para comentar, com detalhes, suas reações. Nesse momento, percebi que algo especial iria acontecer.

Ele sempre perguntava a ela "Por que você está fazendo isso?" e, no final da semana, ela também estava se perguntando a mesma coisa. "Ele era como um espelho para mim", disse Françoise. A experiência "não foi confortável para mim, no começo", mas provou ser "muito poderosa". Mayur disse a Françoise que ela tomava responsabilidades demais para si própria e que deveria aprender a dizer não mais vezes e a delegar mais. Ele também comentou sobre a linguagem corporal que observara na sede da Cruz Vermelha. A experiência inteira foi além do que Françoise imaginava: "Eu estava totalmente exausta no final". Na segunda-feira seguinte, pela manhã, dois dos seus assistentes chegaram com propostas específicas de mudanças.

PAPÉIS DOS VISITANTES   Essa foi apenas uma experiência – de fato, apenas a primeira – mas foi indicativa do que pode acontecer num exercício desse tipo. Os visitantes podem visitar; podem participar de reuniões; pessoas podem pedir conselhos a eles; eles podem fazer qualquer coisa que as pessoas nesse cenário considerem valiosa. Um banqueiro de Toronto acompanhou a sua anfitriã da Cruz Vermelha a um campo de refugiados na África Ocidental e ficou profundamente tocado com a experiência. Perguntado, depois, se seria capaz de aplicar esse aprendizado ao seu local de trabalho, ele respondeu "Sim, o tempo todo!". Quando ela entregou o relatório como sua visitante em Toronto, o banqueiro o fez circular para as pessoas em volta dele e o incluiu como parte da sua avaliação de 360 graus.

Alguns visitantes escolhem fazer o papel de pária, fazendo aquelas observações simples que contêm muito discernimento. "Declare-se ingênuo", aconselhou um membro do corpo docente. "Faça o seu dever de casa e esteja disposto a parecer pouco lúcido". Outros desempenham o papel de técnico (*coach*), de confessor, de *alter ego* ou de consultor. Mas, sobre este último, um participante sugeriu que o visitante devia participar de uma tarefa daquelas de "acompanhar alguém como uma sombra", não uma tarefa de consultoria, expressando o sentimento de outros colegas de que os gerentes não precisam de mais conselhos de especialistas; precisam é de comentários honestos sobre o que eles fazem. "Você não recebe muito *feedback*, especialmente quando está subindo na carreira", observou um participante; e raramente você recebe retorno de um bom colega, sem interesses próprios que interfiram. Uma pessoa caracterizou a experiência como uma "auditoria amigável".

APRENDIZAGEM INESPERADA   O melhor aprendizado que se tira desses intercâmbios costuma ser o mais inesperado. Um gerente do BT comentou sobre uma visita ao Japão onde "passaram metade de um dia falando de uma *única* palavra. Nunca fazemos isso!" Antes de outro intercâmbio, Takeshi ("Terry") Yukitake, da Fujitsu, orientou Philippe Thirion, da EDF:

> Temos o famoso escritório *oo-beya* (uma única grande sala). As condições serão bem diferentes das suas, mas essa é a nossa cultura. Por favor, aprecie-a. Estou tentando posicionar a sua mesa próxima à minha; no entanto, se isso não for possível, com-

partilharemos a minha mesa ou você terá uma mesa num bloco de dez. (Lembre-se de que dez mesas formam um bloco e a minha mesa fica à frente do bloco). Desculpe pelo transtorno mas, repito, essa é a nossa cultura.

É claro que Philippe não falava japonês. Ainda assim, aquela situação poderia levar a um outro tipo de aprendizagem, ainda mais rica. Não conhecer o idioma obriga o visitante a observar de maneira mais intensa, captando comportamentos não-verbais, desenvolvendo, assim, uma habilidade que pode ser muito benéfica para qualquer gerente. "Fiquei feliz por escolher um país onde não entendia o idioma", escreveu um visitante.

O Intercâmbio Gerencial é, num certo sentido, uma semana inteira de "tempo em branco". Os gerentes costumam ser pessoas que têm muita energia e versatilidade, então dê-lhes um tempo livre e eles encontrarão alguma coisa útil para fazer nesse período vago. Desenvolver a habilidade da observação é algo muito útil. Uma visitante comentou numa reunião de duas horas: "Tive que encontrar uma nova maneira de aprender". Ela observou o fluxo e depois repassou ao seu anfitrião as suas impressões sobre o papel que ele estava desempenhando lá.

Esse aprendizado se estende além do anfitrião, de maneira semelhante ao que acontece nas viagens de estudo (*field studies*). Os colegas do anfitrião aprendem com as perguntas inesperadas de alguém de fora (um *outsider*) olhando para o que acontece dentro do ambiente de trabalho. "Para sua informação, deixe-me fazer algumas perguntas a você", brincou o magnata do cinema Sam Goldwyn. No seu documento de orientação para Terry, Phillipe listou como sendo um dos objetivos da visita: expressar seu [de Terry] espanto ao nos [Philippe] questionar, de tal forma a conseguirmos progredir". Um outro anfitrião, Mark Jones, da Zeneca, comentou sobre a experiência: "Quando Ron [Foss, do Royal Bank of Canadá] aqui veio, fez perguntas que eram provenientes de um ponto de vista completamente diferente – as pessoas opinaram que isso tinha sido muito interessante e útil. Como resultado, um dos meus gerentes passou uma semana com ele mais tarde". A partir do seu ponto de vista, Ron escreveu um memorando ao corpo docente:

> Admito que nas semanas e dias antes de visitar Zeneca para ver Mark Jones eu estava um pouco ansioso, por causa do novo trabalho e das demandas que teria... No entanto, tendo agora experimentado a oportunidade, não tenho arrependimentos e não abriria mão disso de forma alguma. Quantas vezes na sua carreira você pode pegar o que você sabe, o que você está tentando aprender e aplicar uma parte disso, ou tudo, numa empresa e num setor industrial que você conhece muito pouco? É como apanhar os seus brinquedos e ir brincar na caixa de areia de outra pessoa.
> Mark esteve no Royal Bank na semana passada e acredito que ele também tenha gostado da experiência. Suas observações foram precisas e as suas idéias e pontos de vista foram agradáveis. Ele nos ofereceu algumas coisas muito boas para considerarmos à medida que avançamos... Fiquei agradecido pela sinceridade e pela perspectiva diferente.

Às vezes, alguns participantes têm dificuldade de escrever sobre a experiência: "O intercâmbio teve um elemento de 'você tinha que estar lá', sobre o qual simplesmente não se pode escrever de uma maneira satisfatória", relatou um participante. No entanto, isso parece representar não uma ausência, mas um tipo diferente de aprendizagem. Se a aprendizagem pela ação é visceral, sobre fazer, então os Intercâmbios Gerenciais são visuais, sobre "ver" – sobre estar lá e observar. Esse tipo de aprendizagem é mais tácita do que explícita e, portanto, não pode ser expressa facilmente em palavras. Mas os participantes insistem nas suas afirmações sobre a profundidade da experiência. "Tenho um pensamento e não consigo expressá-lo". Esse é um princípio básico da educação formal, mas nossas experiências nos Intercâmbios Gerenciais indicam que às vezes ele pode estar completamente errado!

Durante os Intercâmbios Gerenciais puxamos a essência do IMPM até o seu limite, com grande sucesso. Essa atividade é altamente pessoal, atraentemente colaborativa, profundamente personalizada, fundamentalmente reflexiva e autenticamente internacional.[3]

## Novos Empreendimentos

No que diz respeito à prática atualmente muito difundida, especialmente no desenvolvimento de gestores, os Novos Empreendimentos (*Ventures*) não são incomuns em nosso programa. Esse é um tipo de aprendizagem ativa, em que os participantes realizam projetos para executar algum tipo de mudança em suas organizações. Juntamente com o caráter reflexivo do restante do programa, no entanto, a execução pode ocorrer de maneira diferente.

Solicitamos que Novos Empreendimentos abordem o que não teria sido feito ou, então, teria sido diferente, como resultado de ser parte integrante do IMPM. É claro que ao longo dos 16 meses do programa, muitos desses Novos Empreendimentos deverão mudar de rumo. Como relatou Kerry Chandler, da Motorola: "Todo modelo, tudo estava mudando. Meu trabalho estava mudando. Minha vida estava mudando. Inclusive o meu Novo Empreendimento". Da mesma maneira, deixamos bem claro que o objetivo do Novo Empreendimento é aprender, não executar planos – de fato, especialmente aprender com as mudanças realizadas no Empreendimento ao longo do caminho. Kerry acabou fazendo o seu Empreendimento sobre mudança pessoal no IMPM! (Alguns dos seus resultados são apresentados no Capítulo 13.)

Os participantes podem preparar os seus Novos Empreendimentos de maneira individual ou em grupos. Apesar de estimularmos esta última forma, nos primeiros anos a maioria escolheu trabalhar individualmente, em geral sobre questões que interessavam aos seus próprios locais de trabalho. Mas o IMPM deve ajudar a gerar uma perspectiva de toda a empresa, e então um aumento do número de Empreendimentos em grupo ao longo dos anos, em alguns casos especificados pela empresa, é bem-vindo. (No Capítulo 14, descreverei um uso mais amplo de Novos Empreendimentos num programa de parceria.)

---

[3] Para mais detalhes sobre os intercâmbios, acesse *www.impm.org/westerngosling*. Não é preciso dizer que o potencial dos intercâmbios gerenciais é enorme, nos programas de desenvolvimento existentes e como atividades de desenvolvimento gerencial independentes. Sob os auspícios da Universidade de Lancaster, foi criada por Western e Gosling uma organização dedicada (acesse *www.lead2lead.net*) que estende esses serviços a outras organizações.

Os tópicos de Novos Empreendimentos têm incluído o seguinte:

- "Criatividade, Aprendizagem e Inovação", em Zeneca (Grupo do Ciclo 2), que incluiu entrevistas com grupos de outras empresas do IMPM, sendo que os participantes da Fujitsu foram entrevistados durante cinco horas.

- Desenvolver um curso chamado "Monitoramento de Rede", para passar conhecimentos sobre Internet aos gerentes sêniors da Lufthansa (Oliver Sellnick, Ciclo 4); 120 gerentes experientes, incluindo quatro membros da Diretoria Executiva, acabaram por fazer o curso, introduzidos por 60 jovens que serviram como seus "mentores"; essa atividade conquistou o prestigioso Prêmio de Gerenciamento em Recursos Humanos da Alemanha, no ano de 2000.

- "Estabelecimento de uma Nova Rota da Seda para Negócios de *Software* e de Serviços", da Europa passando pelo Oriente Médio, Índia e China até o Japão (Roy Sugimura, Matsushita Ciclo 1); logo depois, o *board* da empresa designou Sugimura para desenvolver esse tópico.

Os Novos Empreendimentos são orientados pelos tutores e supervisionados pelo diretor do ciclo, que recebe relatórios periódicos e o relatório final. Como foi observado anteriormente, há um interrogatório completo sobre Novos Empreendimentos no último módulo, incluindo a apresentação aos colegas. Os participantes também devem refletir sobre a sua capacidade de executar mudanças e a sensibilidade das suas organizações de as aceitarem.

Algumas empresas ficaram muito entusiasmadas com os Novos Empreendimentos. Como todos os projetos desse tipo, eles apresentam um resultado tangível. Zeneca, que designou tópicos de Novos Empreendimentos para cada grupo, solicitou que todos relatassem as conclusões finais à gerência, enquanto a Lufthansa estendeu a atividade internamente ao designar um "patrocinador (*sponsor*) executivo" para cada Novo Empreendimento. No entanto, algumas outras empresas expressaram a convicção de que o IMPM faz um bom trabalho de desenvolvimento de seus gerentes, e isso é o suficiente. (Falarei mais sobre isso logo adiante.)

Alexei Gartinski, da Cruz Vermelha (Ciclo 2), escreveu que o seu Empreendimento forneceu o "'elo perdido' entre 'fazer' e 'pensar'". Ele próprio trabalhou em desenvolvimento gerencial e elaborou o seu projeto de Novo Empreendimento sobre "Mudança do Foco dos Programas de Treinamento da Federação da Cruz Vermelha", um exemplo de fazer de maneira diferente um projeto que ele estava executando, normalmente (ou seja, usando seu trabalho). Mais tarde, ele comentou:

> Sem colocar [esse projeto] numa estrutura de novo empreendimento, provavelmente teríamos ido na mesma direção, só que mais como um processo de tentativa e erro, sem muita perspectiva geral de longo prazo. Acredito que, por causa do novo empreendimento, trabalhamos no projeto de uma forma mais "consciente":... introduzimos elementos adicionais de análise e estrutura no nosso pensamento, o que não faz mal nenhum a uma unidade como a nossa! Uma das principais lições que aprendemos no processo do novo empreendimento foi bastante simples: *saber o que se está fazendo ajuda muito*.

As questões que permanecem são: com que freqüência isso ocorre? e como atender às necessidades de aprendizagem dos diversos participantes ao mesmo tempo em que se atende às necessidades práticas das suas empresas?

## TRABALHO FINAL E COLAÇÃO DE GRAU

Uma das melhores decisões que tomamos foi oferecer o IMPM como um grau de mestrado. Minhas próprias percepções sobre esse assunto estavam embaraçadas no começo. Por que se preocupar com isso? É o aprendizado que importa, não a credencial. Isso é bem verdade, mas descobrimos que a credencial aumenta o aprendizado. Não por causa de uma ameaça infantil do tipo "Se você não fizer o seu trabalho, não irá colar grau", mas, na prática, é exatamente o contrário: o grau de mestrado torna-se uma compensação natural, que estabelece um relacionamento maduro entre os participantes e o corpo docente. Diversas atividades são inerentes ao diploma de mestre; então os participantes, que são gerentes sérios que entendem um compromisso, as realizam. E assim aprendem mais. Isso contrasta com o notório problema de fazer com que gerentes executem tarefas adicionais, externas em programas que não ofereçam diplomas. Lembro-me do diretor de um programa importante, com um formato mas não conteúdo bastante semelhante ao IMPM (grupos de empresas em módulos de duas semanas, etc.), vangloriando-se para mim de que ele não via nenhuma necessidade de oferecer um diploma de mestre. Ainda assim, ele teve grande dificuldade para fazer com que os participantes realizassem seus trabalhos entre os módulos.

É interessante notar que o diploma faz com que outras pessoas também levem o programa mais a sério. Para as empresas, o diploma ajuda a equipe de desenvolvimento gerencial a atrair bons candidatos, e também faz com que o programa tenha uma reputação melhor na percepção dos gerentes mais experientes. Quanto às faculdades, como foi observado anteriormente, programas que concedem diplomas são como as jóias da coroa: o corpo docente deles toma conhecimento quando o nome da faculdade está gravado naqueles certificados. Isso pode gerar um acompanhamento e julgamento mais próximo e, portanto, maior conservadorismo, mas também pode substituir uma atitude do tipo "qualquer coisa serve", em programas que não conferem grau de mestrado, por uma atitude do tipo "É melhor fazermos isso bem". E pode atrair os melhores professores para o programa. As duas pessoas que conduziram os primeiros módulos no Japão eram diretores de grandes escolas de negócio; no Insead, dois ex-diretores conduziram os primeiros módulos.

Em nosso projeto inicial tivemos dificuldade com um problema intrincado: como manter o programa sintonizado com as necessidades dos gerentes (*practicing managers*) e ao mesmo tempo justificar a concessão de um diploma de mestrado. Realizamos uma reunião decisiva no Japão, quando cinco de nós, sentados em volta de uma mesa de restaurante, enfrentamos os dois itens da pauta: este, ora mencionado, e a necessidade de fixar uma data para a nossa próxima reunião. Típico de uma grande parte da nossa deliberação, resolvemos o primeiro item crítico em poucos minutos utilizando uma idéia-chave, enquanto desistimos do item do agendamento da nova reunião após 1 hora de discussão.

A idéia-chave foi instituir um "Trabalho Final" (*major paper*) como um tipo de mini-dissertação, depois de completadas todas as outras atividades do programa. Com isso, poderíamos desenvolver novas atividades, menos tradicionalmente acadêmicas, a partir da introdução dessa outra idéia, mais convencional. (A Figura 10.1 mostra as outras atividades que se encerram após 16 meses, seguidas do Trabalho Final que leva cerca de seis meses.)

Além de firmar o IMPM como um programa de mestrado, o Trabalho Final também é o requisito mais intensivo e mais pessoal do programa. A expectativa é de que os participantes façam isso sozinhos e entrem para valer num determinado tema.

Preparamos um *workshop* para o Trabalho Final adjacente ao quinto módulo, que conta com apresentações sobre métodos de pesquisa e fornece oportunidades para que os participantes discutam as suas propostas uns com os outros e com um membro do corpo docente. Depois, é designado um professor para cada participante, que acompanha o trabalho do aluno e avalia o resultado.

Em nossas orientações para o Trabalho Final, não o definimos como uma dissertação* formal[4] e nem como um simples relatório, mas como uma tarefa substancial que costuma ser executada por meio de uma revisão de literatura séria, sustentada por um estudo aprofundado. Fundamental para isso é dar-lhe substância, comparativamente aos *Papers* de Reflexão, que são baseados mais na opinião pessoal e na reflexão. No entanto, as orientações deixam claro que "isso não é apenas uma exigência acadêmica, mas uma parte fundamental do seu desenvolvimento como gerente: lidar com a investigação de uma questão relevante. É a habilidade de adotar a visão ampla, com base num entendimento profundo que costuma distinguir o grande executivo sênior... O trabalho final pode ser projetado para ter um impacto importante sobre a sua organização; ou não – a escolha é sua...Mas precisa ir além disso...como uma contribuição ao entendimento de alguma questão".

Uma questão óbvia é a seguinte: que relevância uma exigência acadêmica desse tipo tem para gerentes? E a resposta, de acordo com a nossa experiência, é: muito maior do que se possa imaginar. Esses trabalhos costumam adquirir uma relevância considerável para as pessoas que os elaboram.

Um bom exemplo disso foi um trabalho sobre federalismo realizado por Luc De Wever, do escritório jurídico da Federation of Red Cross and Red Crescent Societies (Ciclo 1). Ele tinha a tarefa de repensar os estatutos da organização e usou o Trabalho Final para desenvolver isso. Pouco antes de completar, Luc escreveu ao seu orientador sobre uma "imensa tarefa... que acabou por se tornar excitante". O trabalho considerava o federalismo ao longo de um amplo espectro de experiências, dos Documentos Federalistas dos Estados Unidos sobre a divisão de poderes entre o governo federal e os estados, à forma divisional de estrutura, usada nos negó-

---

* N. de R. T.: O termo, em inglês, é *thesis*, mas preferimos traduzir por dissertação, que é o termo usado no Brasil para se referir a um trabalho final de mestrado.

[4] A McGill oferece mestrados com e sem tese; no caso do IMPM, oficialmente é sem tese.

cios, incluindo o artigo de Charles Handy (1992), que relacionava isso ao conceito federal. Nos termos de Luc, esse estudo foi usado para que chegasse a conclusões sobre "como a Federação é e poderia ser". Ele apresentou as suas conclusões a um comitê do *board* que discutia as questões a respeito dos novos estatutos ou constituição da *Federation*.

Listamos, a seguir, outros exemplos desses Trabalhos Finais, em que se pode perceber que variam bastante. Com efeito, uma listagem de todos os assuntos abordados num determinado ciclo proporciona um retrato interessante do que preocupa os gerentes naquele momento. (Ofereci essa lista a alunos do doutorado em busca de assuntos para tese.) Também podemos ver nesses assuntos, como em muito mais do IMPM, uma reunião dos conceitos acadêmicos com as preocupações da prática.

- "Visão do Túnel sob o Canal", Alan Whelan (BT, Ciclo 1): nada sobre alguma visão do Túnel sob o Canal, mas sobre a visão de túnel em canais de *marketing*.
- "O Papel da Tecnologia Japonesa em Mercados Emergentes", Bunji Mizuno (Matsushita, Ciclo 3).
- "Colaboração do Setor Bancário no Canadá: de Aliados Relutantes a Parceiros Estratégicos", Shari Austin (Royal Bank of Canadá, Ciclo 4).

O formato do IMPM – 16 meses de outras atividades, seguidos de seis meses para preparar o Trabalho Final – nos permitiu fazer algo mais, que provou ser fortuito: tornar opcional o grau de mestre. Os participantes poderão parar depois do quinto módulo e ganhar um certificado de freqüência (o único documento em que poderá constar legalmente o nome das diversas faculdades), bem como um diploma do Insead. Ou então poderão continuar para fazer o Trabalho Final, matriculando-se em McGill ou em Lancaster, que oferecem o grau de mestrado e designam um membro do corpo docente para supervisionar o trabalho.

O mestrado poderá ser opcional, mas é relevante o fato de que até hoje quase todos os participantes escolheram se matricular para obter o diploma de mestrado e a maioria deles conseguiu concluí-lo (no geral, cerca de 80% dos participantes recebem o grau de mestre). Então, fomos capazes de manter o nosso bolo e comê-lo também; pudemos sustentar um projeto adequado ao desenvolvimento gerencial e ainda assim obter a disciplina que vem com o grau de mestre. Concluo, a partir daí, que programas educacionais sérios têm um papel importante a desempenhar para o desenvolvimento de gestores. Eis o porquê destes capítulos – e deste livro!

POR QUE UM MPM? Uma última palavra sobre o nosso "timbre" no diploma. Poderíamos ter poupado muito esforço e simplesmente termos chamado isso de um MBA. (Num determinado momento, chegamos a pensar em "MBA Gerencial", mas o diretor da McGill não gostou muito disso!) Estabelecer um novo rótulo, especialmente diante de um que já estava tão entrincheirado, não é uma tarefa fácil. Mas tínhamos que fazer isso exatamente por essa razão. O rótulo MBA envia todo tipo de sinais que gostaríamos de contrariar: de que a educação está mergulhada na técnica analítica; de que os freqüentadores foram treinados, de uma maneira geral, fora de contexto; de que o grau de mestrado valoriza as pessoas perante o mercado; e assim por diante. Decidimos pelo novo rótulo *Mestrado em Prática Gerencial*, para assinalar que essa é uma nova iniciativa, que deverá ser entendida nos seus próprios termos.

Com efeito, a obscuridade do rótulo ajuda, de uma certa forma, porque o MPM é projetado para tornar os seus formandos *menos* vendáveis: ele busca fortalecer o vínculo entre o gerente e a organização. Ao desenvolver as pessoas no contexto, o MPM é projetado para ajudá-las a *fazer* um trabalho melhor, não a *conseguirem* um emprego melhor. Não é possível mudar hábitos tão antigos quanto esses usando rótulos antigos. Como já foi sugerido antes, depois de um século, é hora de um novo diploma!

# 13

# DESENVOLVENDO GERENTES IV:
## *O Impacto da Aprendizagem*

*Você vê as coisas como elas são e pergunta: "Por quê?"*
*Mas eu sonho com coisas que nunca existiram e pergunto: "Por que não?"*
– GEORGE BERNARD SHAW

Passaremos agora a analisar, em vários aspectos, o impacto desse novo tipo de educação gerencial que estamos tratando. Começaremos verificando os custos – especificamente, o IMPM vale a pena? Depois, examinaremos o IMPacto, nosso rótulo para a influência do IMPM na volta ao trabalho. Isso nos leva a uma discussão mais ampla sobre resultados – o IMPM de fato oferece benefícios? A resposta, discutida ao final, realmente repousa nas avaliações daqueles que têm estado envolvidos no programa – participantes, em especial, mas também gente da empresa, corpo docente e observadores.

## O IMPM VALE A PENA?

Parece haver pouca dúvida de que o IMPM oferece algo especial para o desenvolvimento de gerentes. Mas ele tem um custo: para as empresas, em termos de dinheiro; para os participantes, em termos de tempo, pois grande parte do IMPM é baseada em contato pessoal, frente a frente. Se, entretanto, como eu argumentei, não houver atalhos para o verdadeiro desenvolvimento gerencial, então a pergunta será: quem pagará por ele?

As Empresas Devem Arcar com os Custos? Programas de MBA podem custar uma pequena fortuna. Mas o valor é geralmente pago por indivíduos que esperam aumentar seus ganhos. No caso do IMPM, entretanto, praticamente todos os participantes são enviados por seus empregadores, que arcam com as despesas.

Há duas argumentações atuais contrárias ao pagamento dos cursos pelas empresas. Primeiro é a natureza "vem fácil, vai fácil" do cenário corporativo de hoje, pelo menos nos Estados Unidos. As pessoas são tão instáveis na empresa, prossegue o argumento, que faz pouco sentido investir nelas. Que elas procurem seu próprio desenvolvimento. O segundo argumento é que mesmo aqueles que permanecem na empresa progridam tão rápido que simplesmente não têm tempo para um desenvolvimento intensivo.

Considero ambos os argumentos fora de propósito. Primeiramente, as empresas não são coleções informais de agentes independentes; são sistemas de pessoas unidas em redes sociais. Investir nessa espécie de educação reforça esses laços e, portanto, a empresa.

Em segundo lugar, especialmente em um mundo com tanto exagero, confusão e ansiedade, as pessoas precisam parar e avaliar situações; elas precisam considerar a perspectiva mais ampla. Cursos de curta duração, fáceis, relâmpagos – e mesmo os mais prolongados, moldados como um campo de treinamento de fuzileiros – podem apenas agravar as piores tendências das práticas atuais de gerenciamento. Não precisamos reproduzir, na sala de aula, os problemas de gerenciamento, mas corrigi-los. Em um mundo de superficialidades há necessidade de substância; em mundo onde há constante pressão, há necessidade de reflexão.

Mas, enfim, as empresas devem fazer esse investimento? Sim, sem dúvida – se de fato consideram a liderança tão importante quanto dizem. Líderes não surgem imaculadamente concebidos, prontos para serem conectados [ligados na corrente elétrica, como um aparelho adequado], oriundos de programas de MBA, ou de qualquer outro lugar, inclusive o IMPM. Nenhuma sala de aula pode fazer isso. Líderes surgem no contexto. Mas a educação gerencial efetiva pode ampliar o potencial de liderança melhorando a compreensão das pessoas em relação ao contexto e aprimorando sua capacidade de gerenciar.

A Pechincha da Dispendiosa Educação Gerencial Essa espécie de desenvolvimento do qual estamos tratando custa dinheiro. O preço do IMPM em 2003 era de US$ 45 mil, mais um adicional de US$ 6.750 para quem optou por obter o diploma de mestre. (As empresas, de uma certa forma, esperam que os participantes paguem esse último valor. Os participantes da Índia e da Cruz Vermelha pagam cerca de um terço dessas tarifas. O custo mais baixo do módulo na Índia equilibra tudo.) O custo de manutenção do aluno está em torno de US$ 12 mil (exceto para aqueles que aceitam acomodações mais simples), mais os custos de viagem (que são altos na classe executiva e mais baixos quando há reserva antecipada). Multiplique isso por várias pessoas enviadas num determinado ciclo, e você obterá uma despesa considerável para a empresa.

Então, é mesmo muito caro? Sim, sem dúvida, quando comparado com vários outros orçamentos de desenvolvimento gerencial. Mas que avaliação é essa? Gerentes valem muito mais do que o valor pago, e brutalmente caro é o gerenciamento falho.

O gerente de um país desenvolvido, que busca matrícula num IMPM pode custar à sua empresa, em salários e benefícios, quatro ou mais vezes o custo do programa durante os dois anos de duração do curso. Em outras palavras, por dois anos, a empresa incorre em um aumento de 25% no custo do seu gerente. Que nível de retorno seria necessário para justificar todo esse investimento? Não muita – e a evidência (discutida mais adiante) indica que as empresas estão obtendo muito mais do que pensavam obter. Assim, o problema não são os custos, nem mesmo os orçamentos; a contabilidade na maioria das empresas lança essa espécie de desenvolvimento profissional como despesa a um departamento de *staff*, em vez de lançar como investimento em operações.

Mas e se algumas dessas pessoas abandonarem a empresa, levando junto o investimento? Os números sugerem que uma empresa terá que perder alguns de seus participantes antes que esse investimento se torne negativo. Mas, novamente, essa pode ser a pergunta errada. Essa é uma questão de desperdiçar dinheiro com pessoas que vão embora, ou economizar dinheiro com aquelas que ficam? Em outras palavras, ao lado da perda óbvia de algumas pessoas está a menos óbvia permanência de outras. O IMPM é projetado para reforçar o vínculo entre o gerente e a empresa. Isso, por si só, já justifica os custos. Em 20 de setembro de 1999, a *Business Week* publicou uma matéria de capa sobre "o dreno cerebral – o que as empresas inteligentes estão fazendo para manter seniores-estrelas trabalhando". Enviá-los a programas como o IMPM é uma dessas alternativas. (Mais adiante apresentarei números sobre a taxa de retenção da empresa.)

Frank McCauley, que trouxe o Royal Bank of Canada para o IMPM, apresentou outro argumento sobre seu custo: que esse fator pode ampliar a perspectiva internacional de um gerente de forma muito mais barata — e talvez até mesmo mais eficaz — do que uma designação temporária no exterior. Considerando remuneração incentivada, habitação, seguro – saúde, pagamentos de equalização de impostos e outros custos, ele estimou o típico pacote de remuneração de um expatriado em duas vezes e meia aquele para a mesma pessoa no Canadá. "A economia do IMPM parece muito diferente, sob essa luz!", escreveu ele em um memorando. De fato, muitas empresas participantes do IMPM valem-se do programa para preparar seus gerentes para designações no exterior.

Ponha tudo isso junto, e o apoio da empresa visando à educação gerencial começa a fazer grande sentido. Para aquelas empresas que enxergam além do preço das ações nos próximos trimestres, não se trata de uma educação gerencial desconectada, mas de um desenvolvimento organizacional integrado.

Sem dúvida, há o outro lado da equação, além dos custos – nominalmente, os benefícios, para os participantes e para suas empresas. O IMPM faz essa diferença toda? Dois aspectos a esse respeito são considerados neste capítulo: o impacto direto da educação e as avaliações dos benefícios pelos envolvidos.

## IMPacto

Um outro fator-chave para esta discussão foi apresentado no Capítulo 9 sob o título *impacto*, embora aqui possamos denominá-lo IMPacto (ou ancoragem, como em um outro programa a ser abordado mais adiante). Desenvolver melhores gerentes é uma coisa; desenvolver melhores organizações *no processo* de desenvolver melhores gerentes, em vez de *como uma conseqüência* de desenvolvê-los, é bem outra. Ou seja, programas como o IMPM devem ser projetados de forma tal que o desenvolvimento *organizacional* resulte diretamente do desenvolvimento gerencial, na medida em que os participantes levam o aprendizado para suas empresas.

O impacto pode tomar duas formas diferentes, como apresentado no Capítulo 9. Na primeira forma, *impacto da ação*, ocorre o aperfeiçoamento de alguns aspectos da organização. Essa é a finalidade dos Novos Empreendimentos IMPM, bem como de grande parte do desenvolvimento gerencial hoje, inclusive do Aprender Fazendo e do *Work-Out*. Minha preocupação em relação a isso, expressa anteriormente, é que enquanto a finalidade de uma organização é agir, a finalidade do desenvolvimento é aprimorar sua *capacidade* de agir. O que muitas vezes exige voltar atrás, pensar antes da ação.

A segunda forma, *impacto do ensino*, refere-se à transmissão, para outros da empresa, do aprendizado que tiveram aqueles que participaram do programa. Como discutido no Capítulo 9, todos os gerentes têm que ser professores – ajudando a desenvolver sua própria equipe e seus colegas por meio do compartilhamento do que aprenderam. Isso nada mais é do que mentorear. E quem melhor para ensinar do que gerentes que participaram de um programa de aprendizagem?

Um dos participantes do nosso programa comentou: "O que temos aqui é uma série de oportunidades, nada mais". É verdade, mas junto com elas vêm uma série de desafios. As pessoas podem aprender em grupos, mas presume-se que elas levem esse aprendizado com elas como indivíduos. Assim, juntamente com o programa de desenvolvimento da gestão vem a síndrome do estudante solitário, que se manifesta especialmente no retorno ao trabalho: "Eu voltei mudado e ninguém ligou". Convém esclarecer que procuramos evitar esse tipo de problema em nosso programa colocando várias pessoas da mesma empresa para aprender juntas. Mas, quando os módulos terminam, a maioria delas some em diferentes setores da empresa. "Como eu levo isso de volta para a minha função?", perguntou um participante. "Desço da escada rolante, encontro meus colegas, e eles estão nos mesmos lugares onde eu os havia deixado". Um representante da empresa descreveu o mesmo problema em seus programas *in-house*, em que *todo mundo* vem da mesma empresa!

Comenta-se por aí que não se deve mandar uma pessoa 'mudada' de volta para um ambiente inalterado (Raelin 2000:21). Mas você sempre faz isso. Os programas são projetados para 'mudar' os participantes, não o ambiente. Assim, talvez esse aspecto tenha que ser alterado. Estamos trabalhando nisso, ao lado das empresas participantes.

O ALCANCE DOS IMPACTOS   À medida que começamos a pensar sobre essa questão, concluímos que os programas já estão tendo todas as espécies de impactos, nas ações e no ensino. Muitos desses têm sido pequenos, mas eles se somam. Com um pouco de estímulo de nossa parte, mesmo que seja apenas para tornar os participantes conscientes dos impactos uns dos outros, pode haver muitos mais.

O impacto ocorre quando um participante volta de um módulo e compartilha uma leitura com um colega; quando ele muda um procedimento, baseado em alguma leitura; também quando um grupo anfitrião é sacudido por uma pergunta de um convidado, em um Intercâmbio Gerencial; e quando esse grupo fica tão impressionado que escolhe e faz um intercâmbio por si próprio. Outros impactos resultam mais diretamente das Viagens de Estudo, dos Novos Empreendimentos e dos Trabalhos Finais.

Para apreciar as possibilidades, a Figura 13.1 mapeia os IMPactos em três dimensões. A primeira dimensão é a fonte do impacto – o *quê*. Como indicado, usando os símbolos da figura, isso poderá ser qualquer atividade do programa, de um *Paper* de Reflexão a um evento em um módulo, até uma Viagem de Estudos. A segunda dimensão diz respeito ao receptor do impacto – o *onde*. Pode tratar-se da unidade gerida pelo participante, outra unidade ou a empresa inteira, e até mesmo a sociedade em geral (inclusive a família do participante). A terceira dimensão é o processo de produzir impacto – o *como* – que pode ser pensado das seguintes maneiras:

- Compartilhando materiais de aprendizagem
- Aplicando métodos
- Modificando comportamentos
- Estimulando novos conceitos e perspectivas, novas molduras

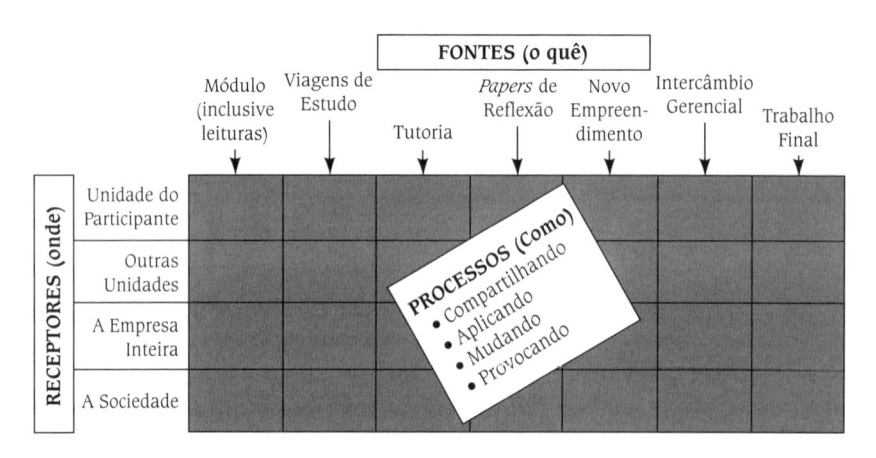

FIGURA 13.1
Mapa dos IMPactos.

Essas quatro formas estão em ordem crescente de impacto. Compartilhar matérias deixa a iniciativa para o receptor, enquanto aplicar métodos altera procedimentos estabelecidos, e modificar comportamentos altera outras pessoas. O maior impacto de todos é chegar a introduzir novas molduras, novas perspectivas nas percepções, pois isso encoraja outras pessoas a examinarem as questões por um outro ângulo e, possivelmente, a provocar uma grande mudança. Note que, enquanto a segunda e a terceira formas são essencialmente impactos de ações, a primeira e a quarta formas são impactos mais vinculados ao ensino Deduz-se daí que transmitir o aprendizado ocorrido pode causar mais impacto do que usá-lo para produzir mudança direta. Os exemplos a seguir oferecem uma noção da variedade de impactos resultantes do IMPM:

- Jack Donner, um participante da Motorola no Ciclo 2, envolveu colegas nos módulos enviando para eles, na empresa, uma série de cartões postais eletrônicos sobre o que estava aprendendo. (Compartilhando)

- Francine Dyksterhuis e Wendy Youzwyshyn, do Royal Bank of Canada (Ciclo 2), realizaram "*open houses*" [recepções] para membros de sua equipe, a fim de compartilhar experiências adquiridas nos módulos. Mais formalmente, a Matsushita manteve "Fóruns às Sextas-feiras", para capacitar participantes a discutir com os colegas as questões que surgiram durante os módulos. (Compartilhando)

- Jeff Guthrie, do Royal Bank (Ciclo 3), aproveitou uma idéia tirada de um livro de Jay Galbraith (1995), cuja leitura lhe fora designada, e criou para seu empreendimento uma "organização distribuída", delegando ao *staff* responsabilidade por várias funções centrais de unidades de *staff* para unidades de linha por todo o Canadá. (Aplicando)

- Um grupo da Motorola, impressionado com a visita de Intercâmbio Gerencial de um participante da Lufthansa, aproveitou a idéia e partiu também em intercâmbio para a Lufthansa. (Aplicando)

- Gorur Gopinath, um empresário que desenvolveu vários negócios antes do IMPM, concebeu o primeiro serviço de fretamento de helicópteros da Índia como seu Novo Empreendimento, por ampliado, para uma companhia de transportes aéreos operando a preços módicos. (Mudando)

- Simon Cooper, da BT (Ciclo 3), escreveu seu *Paper* de Reflexão do Módulo III na forma de um discurso que ele deveria proferir para uma divisão da empresa. Ele o utilizou "para ilustrar como devemos nos tornar mais 'mundanos', 'universais' e ter intenções globais... houve o aproveitamento direto de uma série de *inputs* da Índia, em particular, introduzindo-os em meu trabalho diário normal, adicionando valor real" (*e-mail*, 5 de maio de 1999). (Provocando)

Um interessante relato dos impactos, por um participante, e suas reflexões sobre eles, são apresentados no quadro a seguir.

# UM RELATO DE IMPACTO

*(carta a dois membros do corpo docente do IMPM, por Simon Herriot, Avecia [que era parte de Zeneca], Ciclo 4, 3 de maio de 2001)*

Cavalheiros,

O último "i" tem um pingo e o "t" é cortado no meu trabalho final e, assim, quase chegando ao diploma, a jornada IMPM está agora de fato encerrada.

Lamentável! Se pudéssemos justificar tudo na vida na base da pura diversão e no prazer de boa companhia e o estímulo intelectual, eu começaria tudo de novo agora... Pensei que deveria brevemente refletir, como outros já o fizeram, sobre a controvertida questão do "impacto na volta para casa".

**Verdadeiras Mudanças**

Se aceitarmos por um minuto que, neste mundo de "resultados financeiros", meu desenvolvimento pessoal creditado ao IMPM não tem valor até que produza um verdadeiro impacto econômico, creio que ainda posso apresentar uma crescente lista de verdadeiras mudanças que eu fui capaz de promover, como conseqüência direta do aprendizado obtido. Eis o meu resultado:

*Nossa estratégia de negócios enfatiza uma visão do tipo de negócio que desejamos ser e das competências que desejamos desenvolver, juntamente com as aspirações financeiras usuais. Ela abrange uma flexibilidade dos "quês" e "comos" que minhas tentativas anteriores procuraram erradicar, em vez de estimular.*

*Continuamos a informar sobre resultados financeiros, mas nossa equipe de negócios gasta seu tempo com medidas de* input *e* atividade, *tirados diretamente de meu* Paper de Reflexão *do módulo realizado na McGill. Alteramos o sistema de gratificações para nossa equipe de vendas e incorporamos* feedback de 360 graus *para a equipe de gestão; ambos largamente baseados no aprendizado que eu extraí dos colegas participantes.*

*Meu próprio* feedback de 360 graus *trouxe algumas mensagens que concordaram fortemente com as exortações de Jean-François Manzoni, no sentido de os gerentes andarem de mãos dadas com seus empregados, tivessem eles desempenhos favoráveis ou não. Penso que estou vencendo, mas só o tempo e a próxima rodada de* feedback *poderão definir isso.*

*Redimensionamos nosso espaço do escritório de serviços ao cliente, removemos paredes e introduzimos espaços abertos "colaborativos": uma mudança ainda mais radical aqui nos Estados Unidos do que possa parecer em outro lugar.*

*Meu trabalho realizado no módulo indiano identificou uma oportunidade de mercado que continua na "prancheta", mas está sob sério exame, e o interesse que mostrei por inovações, em meu trabalho final, proporcionou-me desempenhar um papel de liderança em pesquisas estratégicas para a empresa.*

A concepção e a implementação de todas essas mudanças foi, em última análise, um esforço de equipe, mas em cada uma delas a experiência no IMPM tem sido a fonte de inspiração.

**Implicações**

Há duas grandes regularidades surgindo: primeiro, (talvez um tanto óbvio), o de que o sucesso máximo pode ser obtido onde o indivíduo tem autoridade para implementar. Dois anos atrás, o impacto que eu teria sido capaz de causar certamente seria muito menor.

Segundo, eu não me preparei para utilizar o conhecimento obtido do IMPM dessa forma, simplesmente aconteceu. Em outras palavras, quando eu me vi frente a frente com um (normal) conjunto de desafios gerenciais e estratégicos, descobri-me muito melhor equipado para lidar com eles. Isso pode refletir um estilo pessoal "reativo", mas eu preferiria pensar que é a inevitável e apropriada resposta às mudanças emergentes em nosso

*– continua*

> *– continuação*
>
> ambiente e o negócio seria, inversamente, mal servido por implementações seletivas de técnicas extraídas de um cardápio. Você nos disse muitas vezes que tem pouca simpatia pelo ensino de um manual de técnicas de negócios e que o IMPM é o "antiMBA". Mas é portanto axiomático que se, como você pretende, os formados do IMPM vão embora com um profundo poço de conhecimento tácito (em vez de um manual jeitosamente embrulhado), será muito mais difícil "provar" o impacto da volta para casa, como você tem sistematicamente tentado fazer.
>
> Temo que você tenha que continuar tentando, assim como nós, os estudantes; daí, a minha lista. Mas, pergunte-me onde a próxima contribuição do IMPM incidirá no meu negócio e na minha vida pessoal, e eu responderei que não faço idéia! Estou confiante, contudo, que ocorrerá.
>
> Suspeito que não esteja sozinho ao sofrer pelo fim de uns investigativos e estimulantes dois anos. Obrigado a ambos; foi muito agradável!
>
> Cordialmente,
> Simon Herriott

Fizemos um avanço em termos de impacto que eu creio ser especialmente importante. Taizoon Chinwalla, da Motorola, escreveu ao corpo docente depois de completar o Ciclo 2 que o Impacto deve tornar-se uma parte formal do programa, por exemplo, mudando o Novo Empreendimento para uma série de relatórios sobre impactos tentados e obtidos, e o que foi aprendido. (Um participante do Ciclo 3 batizou tais relatórios de "Refl'Action"!) Assim, não alteramos os Novos Empreendimentos, mas o entusiasmo de Taizoon conferiu-lhe o cargo de co-diretor do Ciclo 5 (ao mesmo tempo em que fazia seu trabalho na Motorola), onde ele manteve sessões regulares com a classe sobre seus impactos. Agora, isso tornou-se parte regular do programa.

A Figura 13.2 mostra uma série de posturas para impactos, desde a simples aprendizagem individual num extremo (*Work-in*) até a mudança agressiva de ação no outro (*Work-out*) – em outras palavras, desde a educação convencional em negócios aos programas de desenvolvimento gerencial de Aprender Fazendo. As duas posturas mostradas entre esses extremos são talvez onde a atenção deva agora ser concentrada. Uma é rotulada como *aprendizagem compartilhada*, onde o estudante em sala de aula se torna o professor no trabalho. A outra é rotulada como *mudança induzida*, onde a atenção não está em levar a efeito projetos de mudança, mas em usar o aprendizado para provocar mudanças. Formalmente referidos como

**WORK-IN** — **WORK-OUT**

| Aprendizagem individual | Aprendizagem compartilhada | Mudança induzida | Mudança na ação |
|---|---|---|---|
| Participante como estudante | Participante como instrutor | Participante como estimulador | Participante como agente |

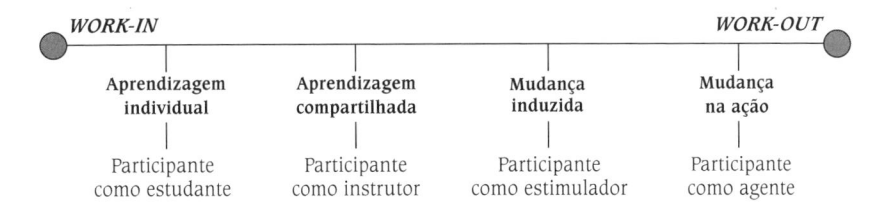

FIGURA 13.2
Posturas de impacto.

projetos de mudanças de "grande êxito" devem ser reservados para processos que surgem naturalmente na organização [figura] p. 341 do livro.

O Papel da Empresa nos Impactos e Além Deles   Até aqui, foram abordados impactos cuja origem eram os próprios participantes, seja a partir de um projeto consciente ou simplesmente porque aconteceram, como descreveu Simon Herriott. Quando os gerentes retornam para seus antigos contextos com novas idéias, é natural que tentem fazer as coisas de maneira diferente. Mas isso também pode ser estimulado, e os esforços para fazer isso na sala de aula já foram discutidos neste livro. Vamos nos voltar, agora, para os esforços por parte das empresas. As experiências do IMPM sugerem que a educação em gestão e o desenvolvimento gerencial irão se tornar muito mais eficazes quando as empresas participarem ativamente desses processos, junto com seus gerentes. Isso se aplica especialmente a impactos, mas também a atividades antes e além deles.

A Figura 13.3, logo adiante, mostra os papéis das empresas em um programa como o IMPM: elas selecionam os participantes, preparam-nos para o programa, lidam com a reentrada depois de cada módulo, estimulam impactos de todas as atividades do programa e administram a reentrada final, bem como o subseqüente desenvolvimento da carreira. As empresas variam enormemente no modo como administram esses processos. Algumas delas, por exemplo, escolhem candidatos a dedo para o programa dentre seus gerentes de "alto potencial"; houve uma determinada empresa que, certa vez, enviou informações sobre o programa para seus 10 mil gerentes e então teve que se ocupar das 500 indagações que retornaram. A preparação para o programa igualmente varia entre as organizações, desde a distribuição de alguns dos nossos materiais até cerimoniosas reuniões informativas (*briefing*) com egressos do programa, empregados da empresa. (Os participantes da Matsushita, no primeiro ciclo, apresentaram-se exibindo orgulhosamente uma fotografia com seus "professores". Durante duas semanas eles participaram de um treinamento para melhor domínio da língua inglesa; o módulo 1 funcionou por quatro semanas para eles!)

Com relação à gestão, pela empresa, das reentradas e impactos durante os programas de gerenciamento em geral, uma prática domina: não fazer coisa alguma. Sabemos, por experiência própria, que as empresas tendem a dar especial atenção

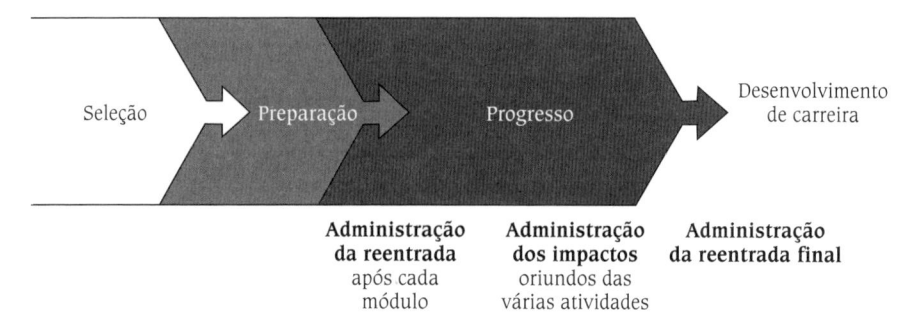

FIGURA 13.3
Papéis da empresa em relação ao processo educacional.

à seleção e à preparação de candidatos no início e/ou à administração de suas carreiras depois, mas são menos inclinadas a colaborar quanto à reentrada e ao impacto, durante o curso. Felizmente, contudo, essa situação começou a mudar no IMPM, em parte pelo estímulo que, em nossa reunião anual com os representantes de empresas, lhes passamos.

Um procedimento que as empresas podem tomar é dar apoio aos participantes. Se o programa designa tutores, então as empresas podem designar mentores. Dessa forma, os participantes são apoiados em cada extremo. Zeneca, por exemplo, fez com que cada participante tivesse um elo lateral com um membro do comitê executivo. A empresa também pode designar um grupo de parceiros de aprendizagem – gerentes juniores –, com o qual cada participante pode compartilhar seu aprendizado; eles podem até mesmo fazer uma espécie de "sombra IMPM" com o participante. De maneira similar, mas dessa vez utilizando seniores em vez de juniores, algumas empresas criaram uma espécie de "Conselho de Novos Empreendimentos" para supervisionar essa atividade. Algumas delas, como observado, também determinaram tópicos para Novos Empreendimentos.

De todas as organizações IMPM, a Lufthansa tem talvez sido a mais efetiva em procurar estender o aprendizado do programa por toda a empresa. Ela designou um membro de sua Escola de Negócios (LHSB) para trabalhar com seus participantes e, nos Ciclos 5 e 6, também designou um gerente sênior como patrocinador (*sponsor*) de cada Novo Empreendimento; além disso, tomou medidas para fazer circular os resultados. A Lufthansa igualmente organizou várias reuniões especiais. Uma delas, antes do início do programa, coloca os novos participantes junto a seus gerentes, o pessoal da LHSB e egressos do IMPM. Após cada módulo, também é realizada uma reunião para discutir as lições aprendidas, bem como o progresso nos Novos Empreendimentos, Intercâmbios Gerenciais e outras atividades. Uma reunião final celebra a conclusão do programa.

Após um debate na LHSB, em outubro de 2000, enviei um *e-mail* ao corpo docente do IMPM sobre essas reuniões, sugerindo que eles podiam oferecer um excelente fórum para impactos – um lugar para os participantes compartilharem as idéias e resultados do programa. Esses gerentes estariam aprendendo com o reconhecimento de que um grupo de colegas em atividade está escutando, de forma sistemática. Isso pode encorajá-los a fazer anotações de cada aula, um "diário de IMPactos", para registrar as possibilidades desses impactos e preparar relatórios sobre impactos reais obtidos, grandes e pequenos, para compartilhar nessas reuniões da empresa. A coorte de um ciclo pode também relatar, depois de cada módulo, como ela vê, de maneira diferente, a empresa. Na verdade, por que não avançar e usar essas reuniões para sugerir tópicos relevantes para *workshops* nos módulos?

Iniciativas de todos esses tipos podem tornar o desenvolvimento gerencial extremamente eficaz. Mas isso necessitará de um radical afastamento de práticas atuais, inclusive o reconhecimento de que esforços paralelos têm que ser desenvolvidos nas empresas. Falamos bastante sobre "organizações que aprendem" nos dias atuais. Estender o desenvolvimento gerencial ao desenvolvimento de organizações pode dar vida a essas palavras. Não pretendendo que os gerentes se agitem realizando projetos, mas alavancando seus aprendizados de todas as maneiras.

Não há *realmente* nada além de uma série de oportunidades. Se as escolas pudessem encontrar meios de trabalhar eficazmente com as empresas, então os programas para gerentes, particularmente os que conferem grau, tornar-se-iam sua mais importante atividade educacional.

## O IMPM Oferece Algum Benefício?

O IMPM pode valer a pena, comparado com as alternativas, mas oferece algum benefício? Ele pode produzir mudanças sérias, sustentadas, úteis? Depois de ter lido um parágrafo de um artigo que escrevi, intitulado "O IMPM vale a Pena?, Frank McCauley, do Royal Bank, escreveu-me: "O que você quer que o leitor guarde desse parágrafo é uma impressão da riqueza do IMPM, não do seu custo". Concordo. Mas como faço isso? Frank pôde fazer esse comentário porque ele visitou a classe e observou os participantes que enviou desenvolverem-se ao longo de todo o programa. Ele *viu* a riqueza. Mas e o leitor, que não teve essa oportunidade?

Eu tento, primeiro, prover a resposta mais comum a essa pergunta – prove-o com números –, porque creio ser a resposta errada. Você não pode provar coisa alguma com números. Você pode às vezes oferecer uma indicação, o que eu vou fazer. Mas além disso, o melhor que eu posso provavelmente fazer em um livro como este é permitir àqueles que estiveram lá falar por si próprios. Isso também não provará nada, mas pode encorajar alguns leitores a se aproximar da riqueza da experiência e descobrir por si próprios.

Fé na Medição? Números, repito, não provam coisa alguma. Eles oferecem indicações razoáveis de alguns fenômenos, mas aprender não é um deles, nem o é a liderança. Todo mundo pode fazer um espalhafato hoje em dia sobre "desempenho", "retorno", "vendas" e resultados, mas o fato é que — quando se trata de aprendizagem e liderança — os benefícios, diferentemente dos custos, não podem ser quantificados.

Você agora está lendo este livro. Você sabe o que isso lhe custa, em termos de tempo e dinheiro. Assim, quais são os benefícios? Você considera a leitura maravilhosa (assim eu espero), mas você pode atribuir um número para isso? Você pode saber qual será o retorno do aprendizado? Ou talvez você creia que este livro é um contra-senso – e que você percorreu um longo caminho para dar nisso! –, mas de repente, daqui a alguns meses, mesmo sem perceber, você realiza algo útil em função daquilo que você leu aqui. Pois deixe-me sugerir que você suspeite dos números quando se tratar de processos como a aprendizagem. (Este conselho, por si só, deveria valer o custo do livro!)

Sem dúvida, a maneira moderna é livrar-se do que não pode ser medido. Confie nos números. Se não podemos medi-los, então não podemos administrá-los, estabelece o dito popular. Bem, então, teremos que nos livrar da maioria das iniciativas de criação de empresas, porque poucas geram números confiáveis antecipadamente. Da mesma forma, teremos que descartar o verdadeiro desenvolvimento de um novo produto, pois raramente alguém demarca corretamente os mercados em potencial. (As fraldas descartáveis Pampers foram desenvolvidas para o mercado de viagens, jamais se imaginou que esse produto teria consumo em casa.) E, a propósito, também teremos que abrir mão do gerenciamento sênior, às vezes os mais entusiastas por medições entre todos, porque não podemos tampouco avaliar os efeitos por eles gerados. (Se você crê que o valor das ações mede isso, então sugiro que você leia os jornais.) Todos esses são atos de fé. Na verdade, o que é mais um ato de fé do que a própria medição? Quem já mediu os benefícios de medir?

De acordo com um relatório da *Business Week* de 18 de outubro de 1999 (Reingold 1999:80), "...30% das empresas pesquisadas pela *Business Week* tentaram quantificar o sucesso de seus programas, embora poucas relatem resultados palpáveis". Alguma vez o fizeram? "O conhecimento verificado nessas áreas é desencorajantemente pequeno", escreveram Gordon e Howell, em 1959, citando uma afirmação de uma década atrás e frisando que a "situação não está muito melhor hoje" (p. 75). Nem hoje, quase meio século depois.[1]

O diretor de desenvolvimento de executivos de uma proeminente escola de negócios afirmou que "no fim, a verdadeira medição da educação de executivos no setor privado será o efeito que ela tem sobre o preço das ações da empresa." (*Canadian Business Magazine*, suplemento de propaganda, de 11 de dezembro de 1999.) Isso é um absurdo. Eu desafio essa pessoa a estabelecer essa conexão. Acredito, por outro lado, em Jack Welch, que "sempre se recusou a medir *Work-Out*, concluindo que ele morreria se começassem a medir e traçar os resultados que estava produzindo. Ao contrário, ele sabia lá no fundo quando tudo estava funcionando e quando não estava" (Ulrich, Kerr e Ashkenas 2003:23).

Certamente devemos medir o que pudermos – desde que não prejudique o que não podemos. O problema é que muitas vezes isso acontece. Isso elimina o julgamento, sem o qual toda a medida é inútil.[2]

Como outros programas, avaliamos respostas a determinadas aulas (sessões) bem como a módulos inteiros. Mas às vezes, pelo menos, nos afastamos daqueles números tirânicos e perguntamos simplesmente: "Qual é a primeira palavra que vem à mente para descrever esta sessão [ou módulo]?". Em uma sessão, por exemplo, recebemos estas respostas: erudição, fundamento, repleto de *insights*, criativo, mais divertido!, interessante, incerto, artístico, útil, diferente, etc." As palavras podem levar o leitor a pensar; elas são mais informativas do que 4,2.

Mas qualquer avaliação pode ser traiçoeira. Anteriormente, fiz menção a uma sessão, no primeiro módulo do IMPM, que foi terrivelmente mal avaliada, e, mais tarde, extensamente usada nos *Papers* de Reflexão. Tivéssemos feito as avaliações dois meses depois, teríamos recebido um resultado inteiramente diferente. "Você sai pensando: 'Por que eu passei o dia lá?'", escreveu um participante sobre tal

---

[1] Para conhecer uma tentativa particularmente avançada de avaliar sistematicamente os resultados de um programa como um todo, como o da CEDEP da França, consulte o livro *Evaluating Management Education*, de Robin Hogarth (1979).

[2] Consulte Devons (1950): Cap. 7), resumido em Mintzberg (1994a:205-66), com uma brilhante exposição a respeito; leia também *Impediments of the Use of Management Information* (Mintzberg 1975), resumido como "The Soft Underbelly of Hard Data" (Mintzberg 1994a:257-66), e a discussão sobre eficiência, reportada na totalidade em Mintzberg (1989: cap. 16).

experiência, "e um mês depois é a primeira coisa que lhe vem à mente!". Educação é mais do que um concurso de popularidade.

Além do mais, muitas vezes medimos as partes e esquecemos do todo. Gosling e Westall (*www.impm.org/goslingwestall.pdf*) descobriram um "contundente" resultado na avaliação do módulo I do IMPM: "Enquanto as sessões individuais normalmente obtêm uma resposta bastante satisfatória, e algumas são excepcionalmente de alta cotação, isso de jeito algum aproxima a resposta ao módulo como um todo". O todo sendo avaliado como "consideravelmente maior do que a soma de suas partes" tem que ser considerado como um significativo sinal de sucesso.

Com isso em mente, vamos colocar uma lente sobre os resultados do IMPM principalmente em palavras, algumas costuradas dentro de histórias, até mesmo alguns números, para começar. Evidentemente, gestos, inflexões, expressões faciais e coisas desse tipo – isto é, se você está no local do treinamento – contam muito melhor. Mas se você não pode estar lá, comentários e histórias é o que de melhor existe depois da presença do observador, pelo menos quando relatados por aqueles que lá estiveram. Felizmente, temos muitos comentários e histórias de uma grande variedade de pessoas envolvidas de todas as formas, porque em relação a algo tão novo como o IMPM, todos estão avaliando-o todo o tempo, não numericamente, mas criticamente.

ÍNDICES DE RETENÇÃO  Comecemos com os julgamentos das empresas participantes. Elas aprovam seus orçamentos e pagam as faturas, as quais, como já observado, podem ser significativas. O IMPM não é um consórcio; assim, não se exige que as empresas comprometam-se com mais de um ciclo por vez. Portanto, um bom indicativo de como estamos nos saindo é o número de vezes que as empresas retornam. A Tabela 13.1 tem a resposta: índice de retorno esmagador. Abrangendo os oito ciclos até agora, de um total de 61 vezes que empresas que enviam vários participantes decidiram retornar, elas o fizeram 51 vezes no ano seguinte, e 56 vezes contando aquelas que retornaram depois de faltarem a um ou mais ciclos no meio.[3] Trata-se de uma taxa de retenção extremamente notável – superando, suspeitamos, muitos programas de consórcio.

A maioria das empresas ficou conosco ao longo da maior parte dos ciclos, muitas delas, inclusive, ao longo dos oito ciclos, e algumas perdendo um ciclo ou dois e depois retornando. Nossa taxa de desistência de participantes tem igualmente sido bem baixa, provavelmente bem abaixo do que a maioria dos programas de graduação para gerentes experientes – cerca de duas pessoas por ciclo, em média.

Com relação à retenção por parte da empresa, de gerentes enviados para o IMPM, esses números parecem muitos bons, também. A Matsushita costumava enviar seus gerentes para programas americanos de MBA. Cerca de 9% deles subseqüentemente deixaram a empresa, um número que a Matsushita considerava inaceitável. A empresa juntou-se ao IMPM no início e enviou gerentes para todos

---

[3] Por exemplo, a Motorola estava no Ciclo 2 com cinco pessoas e voltou no Ciclo 5 com três pessoas. Eu não considerei o fato de que uma pessoa da Motorola voltou no Ciclo 8, porque isso foi mais uma decisão pessoal, embora apoiada pela empresa.

Capítulo 13   Desenvolvendo Gerentes IV: *O Impacto da Aprendizagem*   **325**

TABELA 13.1   PARTICIPAÇÃO DA EMPRESA NOS CICLOS IMPM

| EMPRESA | CICLO 1 1996-1998 | CICLO 2 1997-1999 | CICLO 3 1998-2000 | CICLO 4 1999-2001 | CICLO 5 2000-2002 | CICLO 6 2001-2003 | CICLO 7 2002-2004 | CICLO 8 2003-2005 |
|---|---|---|---|---|---|---|---|---|
| Alcan | 3 | | 3 | 4 | | | 4 | 3 |
| BT | 5[1] | 4 | 3 | 4 | 3 | 6 | | |
| EDF/GDF | 3 | 2 | 2 | 4 | 3 | 1 | 3 | 2 |
| Fujitsu | 1 | 3 | 3 | 2 | 3 | 3 | 3 | 3 |
| Lufthansa | 4 | 5 | 4 | 4 | 4 | 4 | | 5 |
| Matsushita | 5 | 3 | 4 | 4 | 4 | 4 | 2 | 2 |
| Cruz Vermelha | 3 | 3 | 4 | 3 | 2 | 4 | 2 | 2 |
| Royal Bank of Canada | 5 | 4 | 4 | 3 | | 4 | | |
| Motorola | | 5 | | | 3 | | | 1 |
| Zeneca | | 4 | 4 | 4 | | | | |
| LG | | | 4 | 5 | 4 | 3 | 3 | 3 |
| Marconi | | | | | 5 | 4 | | |
| Índia[2] | 2 | 3 | 5 (uma afiliada à Alcan) | | 1 (uma afiliada à BT) | 6 | 9 | 3 |
| Outras[3] | 1 | | | | 2 | 2 | 3 | 7 (4 da Via Rail) |
| Total | 32 | 36 | 40 | 37 | 33 | 41 | 29 | 31[4] |

[1] Inclui duas da sócia da Telenor.
[2] Participantes da Índia são computados juntos, na maior parte, especialmente até o Ciclo 5; eles são empresários e gerentes seniores de pequenas empresas. (Tivemos uma afiliada da BT no Ciclo 5 e uma afiliada da Alcan no Ciclo 3, computadas aqui.) No Ciclo 6, começamos a atrair a participação de empresas maiores: a Sasken Communication Technologies teve dois participantes no Ciclo 6 e um no Ciclo 7; a Hewlett-Packard India enviou duas pessoas no Ciclo 7, e a Coca-Cola Índia enviou um gerente no Ciclo 8.
[3] Incluem-se aqui um participante da Bombardier no Ciclo 1 e outro no Ciclo 7, dois membros da Aga Khan Foundation, do Canadá, no Ciclo 6, e uma pessoa por empresa da 3Com, da Lendlease, da Siemens, e da Swiss Re. A Via Rail of Canada participou do Ciclo 8 com quatro gerentes.
[4] A queda nos Ciclos 7 e 8 refletem os acontecimentos do 11 de setembro de 2001, e a subseqüente relutância de voar, bem como o desaquecimento econômico, que afetou o comparecimento a maior parte dos programas financiados pelas empresas.

os ciclos – 28 pessoas ao todo. Nem um único gerente deixou, até agora, a empresa. Em outros casos, particularmente empresas do mundo de língua inglesa, os números são maiores, mas não excessivamente. No Royal Bank of Canada, no extremo mais alto, seis dos vinte participantes enviados para o programa deixaram a empresa. No geral, dos nossos primeiros três grupos que iniciaram o programa de 1996 a 1998, 18 dos 108 participantes deixaram suas empresas a partir de 2003. Os números dos anos mais recentes são menores. Não disponho de dados comparativos de outros programas, mas creio que nossos números devem ser bem baixos – mais baixos, talvez, do que a rotatividade normal de muitas empresas hoje.

No encontro de boas-vindas aos participantes da Lufthansa do Ciclo 8, foram apresentados dados sobre os 25 formados pertencentes à empresa (ao final do Ciclo 6): dez deles tiveram um significativo "desenvolvimento vertical da carreira"; nove, um "significativo desenvolvimento horizontal"; e três ainda não tinham sido realocados. Dois deixaram a Lufthansa – um foi para uma empresa (i.e., parceira) amiga, o outro foi para uma empresa de propriedade da Lufthansa – e um terceiro estava em licença-paternidade. Esse registro foi descrito por Herr Schollmeyer, o chefe do pessoal executivo e de desenvolvimento de recursos humanos, como "um impacto extraordinário" comparado com outros programas.

COMENTÁRIOS DAS EMPRESAS   Por que as empresas continuam voltando, inscrevendo mais gerentes? Para a nossa reunião, efetuada com todos os grupos envolvidos com o IMPM, na primavera de 2000, pouco antes do início do Ciclo 5, Sue Purves, da (então) Zeneca, solicitou comentários dos representantes das empresas envolvidas no programa, que ela reuniu num documento (em *www.impm.org/purves*). Sue observou, no interesse de seus colegas, que "as empresas que se juntaram ao programa IMPM estavam todas engajadas na procura de oportunidades de desenvolvimento de lideranças que difeririam dos cursos tradicionais em oferta em muitas escolas de negócios". Elas queriam programas que tivessem um forte impacto sobre seu pessoal, em termos de "profundidade de pensamento, capacidade de sintetizar e aprender rapidamente e coragem e julgamento para agir", aspectos de desenvolvimento que elas sentiram que não estavam prontamente disponíveis em programas convencionais. O IMPM também atraiu empresas pela sua dimensão transcultural e o fato de que seu programa estava dentro de uma "estrutura de conhecimento... mas temperado com a realidade do mundo dos negócios" – mesmo que *outcomes* fossem muito menos prescritos do que em outros programas".

Os comentários dos representantes da empresa sugerem que a taxa de retenção tem muito a ver com a "intensa influência" do programa (para citar de Fujitsu) sobre os participantes. Frank McCauley, do Royal Bank of Canada, declarou a um repórter da *Fast Company* (Reingold 2000) que o IMPM "muda as pessoas mais do que qualquer programa que eu já tenha visto – sempre. Leva-as a um lugar diferente". McCauley fez o seguinte comentário no *paper* de Purves: "Aprender sobre uma disposição mental e então literalmente caminhar dentro daquela disposição mental nas ruas de Bangalore é inestimável... [Pessoas ] tornam-se mais reflexivas, mais abertas, com maior compreensão das mudanças. Isso baixa seu volume, mas aumenta a riqueza de sua música". A própria Sue Purves descreve tais mudanças nos participantes de Zeneca como "profundas e sutis". O trabalho concluía: "Todas as organizações e indivíduos reconheceram o enorme crescimento pessoal que foi atingido durante este programa". O IMPM "representa um passo gigantesco à frente, em educação de executivos".

COMENTÁRIOS DOS PARTICIPANTES   Não temos escassez de comentários dos próprios participantes. Anteriormente eu me referi ao Empreendimento de Kerry Chandler, no qual ela descobriu que todos os seus colegas de sala no Ciclo 2, exceto um, consideravam o IMPM uma experiência de "mudança de vida". Isso é refletido em muitos comentários escritos apresentados vários anos após a formatura – por exemplo: "O programa tornou-me uma pessoa diferente" (participante do Ciclo 3), e "Este é um desses incríveis programas em que, sem ser tão dramático, algo simplesmente muda aqui dentro". Este último comentário foi feito por Taizoon Chinwalla, da Motorola (Ciclo 2), que se apresentou ao quadro de diretores da Motorola University para reivindicar sua continuada participação no programa:

> Meu tom foi bastante brando. Contei-lhes como eu tinha mudado como indivíduo. Conversei bastante sobre como tinha sido capaz de trazer equilíbrio para a minha vida, o que eu vinha tentando fazer nos últimos 15 anos. Havia algumas coisas profundas em mim que eu não compreendia, mas que esse programa ajudou-me a trazer à tona.
>
> Eu fiz uma aposta. Estou sentado em frente a esses indivíduos, todos eles analíticos, falando toda essa coisa branda e eles estão realmente impressionados com isso. Eles não queriam ouvir a parte crítica, porque já tinham-na ouvido integralmente antes. Ali estava alguém em pé em frente a eles, abrindo-se e dizendo "Olhem, eu tenho uma profunda sensação de insegurança em relação a mim próprio, eu percebo isso, e é justamente isso que mudou meu estilo de gerenciamento". Tais palavras representaram uma lufada de ar fresco para todos eles.

O que ouvimos com maior atenção – ou, pelo menos, o que lembramos melhor – são histórias relatadas por participantes sobre suas experiências relacionadas com o programa. Várias são contadas no quadro a seguir. Como elas são obviamente seletivas, oferecem um sabor especial ao que o programa tem de melhor. (Note que a aprendizagem sobre uma determinada disposição mental não se dá exclusivamente em um módulo com esse nome.)

---

### Histórias sobre Disposições Mentais

**Duas histórias de reflexão**

- Durante as despedidas, ao final do primeiro módulo do primeiro ciclo, alguém falou para Alan Whelan, do BT: "Foi ótimo conhecer você", ao que ele respondeu de pronto: "Foi ótimo conhecer a mim mesmo!"

- Um participante da Lufthansa, estudante do Ciclo 6, falava aos seus colegas de empresa, que começavam o Ciclo 8, o quanto ele tinha aprendido no início do programa e sobre o fato de compartilhar essa experiência com sua esposa. Ele revelou que ao comentar sobre o assunto, em casa, sua mulher afirmou que estava aliviada, pois finalmente ele próprio estava começando a enxergar o que para ela era muito óbvio desde o começo, e que por isso tinha passado a apoiar o compromisso dele com o programa.

**Duas histórias de análise**

- "Foi preciso Lancaster para eu compreender Marx depois de cinco anos numa universidade soviética!" (Evgeni Parfenov, da Cruz Vermelha, Ciclo 2.)

- Duas descrições de lugares e épocas diferentes — um participante japonês e outro da Índia, estudando em ciclos diferentes — eram notavelmente semelhantes. Ambos estavam sendo forçados a decisões óbvias devido a análises superficiais em suas empresas: feche a fábrica; acelere um projeto que está lento. Depois da disposição mental analítica em Montreal, cada um deles voltou e analisou tudo com maior profundidade; por exemplo, eles analisaram a análise de outros – de onde as pessoas

*– continua*

*– continuação*

estavam vindo, que dados e hipóteses estavam usando; eles cavaram outros tipos de informações que não se ajustavam à análise convencional; encontraram limitações nas técnicas usadas; e mais importante, reconheceram preconceitos em suas próprias maneiras de pensar. Como resultado, passaram a ver as coisas diferentemente, mudaram o curso e ajudaram a solucionar problemas.

**Uma história de conhecimento do mundo**

- Para a conferência do ano 2000 (*www.impm.org/william.pdf*), David William, que entrevistou os egressos do IMPM, descreveu um exercício ao ar livre realizado bem no início do programa, quando um coreano silenciosamente aproximou-se e acabou solucionando um quebra-cabeças, depois de uma americana e um alemão terem falhado. A aluna americana, em suas próprias palavras, "rebelou-se", por não terem permitido que eles soubessem "logo de início" que ele poderia ter êxito, e, assim, fizeram com que todos "desperdiçassem tanto tempo. O coreano simplesmente olhou para mim e com toda a tranqüilidade disse: 'Na realidade, em minha cultura nós não agimos dessa forma, porque isso se chama gabolice '. Minha nossa! Aquele foi um momento delicadíssimo para mim". O que impressionou o escritor desta história, contudo, não foi o incidente, mas a capacidade de o participante articulá-lo: "De alguma forma, o IMPM torna real o conhecimento abstrato... Esse parece ser um dos segredos do IMPM. Ele nos ensina o que pensamos que já sabemos".

**Uma história de colaboração**

- No Ciclo 1, na Índia, a classe partiu para um *ashram* (retiro monástico) por dois dias. Durante um momento livre, alguns participantes jogaram na quadra de hóquei usando raquetes improvisadas e uma bola de papel. Eles competiram ferozmente; dois deles acabaram feridos, ainda que sem gravidade. No módulo seguinte, realizado no Japão, um professor do Insead avaliava o plano para o módulo final. Quando ele sugeriu que deveria haver uma "competição" para a apresentação dos Novos Empreendimentos, a classe explodiu. Falando por seus colegas, um dos competidores mais violentos no jogo de hóquei disputado na Índia declarou: "Nós não competimos uns com os outros!"

**Uma história de ação**

- Recebi uma correspondência enviada por Vince Isber, do Royal Bank, de quem fui tutor no Ciclo 1. (Ao ler este texto, lembre a discussão confiança *versus* competência, vista no Capítulo 3.)

- "Henry, não estou bem certo se perdemos muito tempo conversando sobre seus comentários [perguntando] sobre minha opinião a respeito de o IMPM passar ou não confiança aos participantes. Falando estritamente a partir do meu ponto de vista, há duas forças separadas aqui. Sempre confiei... em meu valor e minha importância na organização. Assim, minha confiança organizacional era alta. Mas eu não era tão seguro ou possivelmente consciente da mais ampla perspectiva de gerenciamento e o impacto potencial que podemos causar à sociedade e à organização. Eu chamaria isso de confiança fora do mundo do [Royal Bank]. Agora, depois dos quatro primeiros módulos, sinto que estou muito mais qualificado para liderar e contribuir para a sociedade por meio da organização. Minha consciência quanto aos amplos conceitos de gerenciamento aumentou, como também cresceu minha confiança fora da organização. Isso, na realidade, teve um efeito ímpar sobre meu nível de confiança dentro da empresa".

*– continua*

> – continuação
>
> **História final sobre como as coisas funcionaram para um gerente**
>
> - Este relato é de Jack Donner, da Motorola, Ciclo 2: "Quando comecei o IMPM, eu era responsável por uma equipe de vendas globais, constando de equipes de gerência de contas servindo à maioria das 500 empresas da *Fortune*. Minha carreira se caracterizava por contínua realização de objetivos e promoções freqüentes. Eu esperava que o IMPM ajudasse a me mover para além de um simples papel de vendas até a gerência-geral.
>
>     Entretanto, logo descobri que minha maneira de pensar sobre a função de um departamento de vendas dependia de organização industrial específica e da tecnologia existente. Meus trabalhos de reflexão gradualmente revelaram-me que eu poderia criar um maior impacto na minha empresa ajudando a redefinir a relação entre vendas, *marketing* e desenvolvimento de negócios (aquisições e alianças). Por sorte, o intercâmbio gerencial levou-me a um departamento de *marketing* de um setor completamente diferente, em um continente também diferente. Isso realmente ajudou-me a enxergar o quanto as coisas podem ser realizadas de modo diferente e, quando meu parceiro de intercâmbio visitou-me, eu pedi que ele se concentrasse em aclarar nossas teses e opções de mudança. Isso acabou sendo útil para ele também, e imediatamente começamos o processo de mudança selecionando algumas de nossas equipes para visitarem umas às outras, exatamente como tínhamos feito durante o Intercâmbio Gerencial.
>
>     Isso foi conseguido com uma resposta muito dinâmica e entusiasta de nossos colegas, inclusive aqueles que não realizaram visitas, mas agiram como 'anfitriões'. Fomos capazes de criar uma nova organização, que redefiniu nossas funções e responsabilidades.
>
>     Esse tópico tornou-se o principal foco do meu empreendimento, e meu trabalho final adentrou-se mais profundamente nos novos canais de vendas que, a partir de então, se abriram".

APRENDIZAGEM DO CORPO DOCENTE  Quando comecei a rascunhar esta seção, em janeiro de 2001, o terceiro módulo do quinto ciclo estava acontecendo em Bangalore. Era o vigésimo terceiro módulo do IMPM e o primeiro que perdi (Jonathan Gosling assumira como diretor do programa). Enquanto viajava repetidas vezes em função de módulos anteriores, quase sempre por longos trajetos, eu vivia perguntando-me o que, afinal, eu estava fazendo. A resposta sempre me vinha logo depois da chegada. Alguns minutos naquela sala de aula e meu entusiasmo era reacendido. Oliver Westall, de Lancaster, que dirigiu dois ciclos, fez ecoar esse sentimento. Ele também afirmou que a resposta dos participantes à sua disciplina reviveu sua excitação sobre história econômica. Duvido que haja outra sala de aula em qualquer das nossas universidades, seja de física, medicina, teatro, ou outra disciplina qualquer, onde o nível de energia presente na aprendizagem dos alunos, mas também pelo corpo docente, possa superar o que se passa no IMPM.

Tony Dimnik, um professor de contabilidade na Queens University, e um dos mais respeitados educadores do Canadá, fez o seguinte comentário (*in* Schachter, 1998) sobre seu envolvimento como professor:

> As experiências das pessoas na sala de aula serão tão boas quanto quaisquer estudos de casos que você obtenha. Elas são, realmente, protagonistas de seus próprios casos. Elas conhecem as questões... Nós temos unicamente que extraí-las, o que às vezes é

difícil de fazer... Eu tratei a respeito de tantos casos tantas vezes, que sei exatamente o que as pessoas vão dizer em momentos diferentes. Tenho meus passos planejados, antes de entrar na sala. Mas, nessa abordagem, você nunca tem certeza do que vai acontecer... O corpo docente é entusiasta porque estamos aprendendo tanto quanto os participantes.

Algumas páginas atrás escrevi sobre nosso sucesso em converter alguns professores tradicionais ao método da reflexão experimentada. Mas, por que não? Um corpo docente brilhante, não importa quão tradicional ele seja, aprecia uma boa discussão. Por que não fazer o mesmo com gerentes experimentados em um cenário atento? Este corpo docente não tem se pronunciado sobre o amor de palestrar; tem feito apenas o que os professores fazem. Então por que não engajar a classe no uso de seus materiais e aprender também?

Certamente também escrevi antes sobre aqueles professores que apenas fazem suas exposições e não querem ser incomodados após, ou que só querem orientar a classe por meio da discussão planejada de um caso. Talvez já tenham aprendido o bastante ou talvez apenas necessitem estar no controle. Em nenhuma de nossas experiências isso é melhor ilustrado, e em nenhuma é o contraste entre o IMPM e a educação convencional em negócios, trazido a uma justaposição mais acurada do que na carta reproduzida no quadro a seguir. Jonathan Gosling escreveu-a, mas não a enviou, a um professor que perdeu a paciência em sala de aula quando percebeu que alguns participantes não tinham preparado suficientemente o caso do qual ele tratava. Ele repreendeu tão duramente a turma que um dos participantes mais tarde relatou: "Pensei que ele estivesse brincando". Mas Jonathan não estava.

---

### "FICANDO MARCADO"

Caro Professor...

Foi um privilégio tê-lo visto ensinar no IMPM na semana passada. Sua reputação é bem merecida.

O senhor tinha bastante a falar sobre como os estudantes de MBA da Harvard se comportam, e como os professores se comportam em relação a eles. Mantive meu silêncio, interessado em descobrir o fundamento de seu ponto de vista, mas agora deixe-me juntar-me a essa briga questionando sua comparação entre os estudantes da Harvard e os participantes do IMPM.

Primeiramente, o senhor foi perspicaz em apontar quão nervosos os alunos da Harvard ficam ao serem marcados. Ninguém gosta de ser marcado por um professor da Harvard, [sua escola], ou mesmo da Lancaster. Mas, para ser honesto, essa é a menor das ansiedades das pessoas desse grupo. Por exemplo:

- Evgeni, da Cruz Vermelha, deve evitar que suas operações no Iraque sejam "marcadas" pelas Nações Unidas [delegados], que comprometeriam a prontidão de sua delegação para auxílio durante catástrofes...
- Ian, do Royal Bank of Canada, teve sua família transferida de Toronto para Londres durante o módulo. Suas preocupações éticas têm mais a ver com a interrupção da

*– continua*

> *– continuação*
>
> educação e amizades de seus filhos e, é claro, sua responsabilidade por vários milhões de fundos do Royal Bank of Canada.
>
> Ele, como os outros, é consciencioso e curioso. Não lhes faltam oportunidades para ficarem marcados. Na verdade, todos eles só gastaram uma semana com visitas entre si, um a um, a que chamamos de Intercâmbio Gerencial, no qual as suas práticas gerenciais estavam abertas à avaliação de um de seus colegas do IMPM. Muitos deles foram marcados em assuntos realmente relevantes...
>
> - Usha, da Motorola, aprendeu com Hideo que seu sistema de teste de confiabilidade, líder mundial entre esses sistemas, ainda está [um pouco] atrás do ilusoriamente simples processo da Matsushita.
> - Srinivas, proprietário e CEO de uma confeitaria em Bangalore, ouviu de Clive que com todo o honrado apoio de sua força de trabalho, as deficiências de alguns de seus gerentes mais experientes estão ameaçando o negócio...
>
> Tudo isso sendo dito, foi descortês por parte de alguns deles não terem se preparado para a aula. Talvez seu arrependimento foi o que os motivou a entrar de todo o coração na discussão de casos, tão logo ela começou, e a oferecer suas próprias experiências sobre questões éticas similares – mesmo que tenha sido depois de você escrever as respostas no quadro!
>
> Atenciosamente,
> Jonathan Gosling
> Diretor do Ciclo 2

Ludo van der Heyden, diretor de módulo para os Ciclos 3 e 4 no Insead, declarou, na conferência do IMPM do ano 2000: "Eu costumava ver meu papel como 'Sei o que é bom para você, o que você precisa aprender, como posso testar você'. Agora vejo meu papel na forma 'Como posso ajudá-lo?'". Meu próprio modo de colocar as coisas é que, depois de 28 anos como professor de administração, finalmente tornei-me um professor de administração. O IMPM foi a faculdade dos *nossos* gerentes!

Precisamos neste programa de um corpo docente maduro, afinado com a preocupação dos praticantes e instruído sobre gerenciamento e questões de negócios em geral (exceto para sessões especializadas). Eles também precisam pensar por si próprios, o que significa que freqüentemente têm que mostrar sabedoria, dispostos a seguir o fluxo da sala de aula, com confiança para trocar as engrenagens quando algo interessante surge. Tudo isso pode soar como uma ordem absurda, mas nos encantamos com o resultado. Duvido que qualquer de nós tenha entendido antecipadamente quão bem sucedidos seríamos trazendo o corpo docente acadêmico regular para o centro de desenvolvimento gerencial.

Acontecem coisas espantosas no desenvolvimento gerencial; poucas no IMPM. O IMPM lida mais com a profundidade das coisas comuns. Entre na sala de aula e você encontra um silêncio mortal, pois todo mundo está escrevendo em seus cadernos de reflexão. (Esses são gerentes?) Ou talvez haverá discussões em torno das mesas.

(Eles são gerentes!) Ou um participante pode estar engajando um professor na aplicação de algum conceito. (Isso é uma revolução?) Nada de fantasioso. Mas além das partes óbvias está o todo mais sutil, e é radicalmente diferente de quase todos os programas para gerentes que eu já vi. A educação gerencial séria acontece aqui.

## Ainda Aprendendo

Estou evidentemente orgulhoso do programa. Mas nosso trabalho está longe de tê-lo como terminado, e gostaria de discutir algumas de minhas preocupações para concluir este capítulo.

Em primeiro lugar, deve estar o Impacto, a transferência do aprendizado da sala de aula para o local de trabalho. Tenho escrito sobre estender o desenvolvimento gerencial ao desenvolvimento organizacional, especialmente por meio da difusão do aprendizado. Estou feliz que nossos professores e algumas empresas tenham começado a tratar dessa questão de forma harmoniosa, mas temos um longo caminho para percorrer. O verdadeiro progresso dependerá de reconcebermos o desenvolvimento/educação gerencial mais radicalmente do que a reconcebemos, especialmente no que diz respeito a conexões entre sala de aula e trabalho.

Também expressamos ambivalência sobre quanta ação realmente queremos no Impacto, e quanta ação no aprender fazendo em geral. Nessa ambivalência, eu não estou sozinho. Entre os participantes tivemos alguns hesitantes em agir na volta para casa, para não parecerem privilegiados; e outros que se sentiram obrigados a agir na empresa precisamente por causa do privilégio de terem sido enviados ao programa. As visões têm igualmente variado entre os professores e as empresas. Kaz Mishina, que dirigiu o Módulo IV por alguns anos, enviou um *e-mail* ao corpo docente (datado de 15 de julho de 2001) afirmando que o IMPM "foi projetado apropriadamente para empresas japonesas", pois as duas envolvidas enviaram participantes a todos os módulos. É "imprescindível" tornar o IMPM ainda melhor com um forte enfoque em insumos (ou aprendizagem), em oposição a produtos (ou demonstração do aprendizado)".

Há quem não concorde. John King, do BT (Ciclo 5), comentou sobre uma reorganização que fez, influenciado por uma sessão de impacto: "Sem os processos de pensamento disparados por reflexão sobre os módulos McGill e Lancaster, a aparência e a sensação finais da organização de serviço teriam sido bem diferentes. Estou... convencido de que a verdadeira chave para tirar proveito do IMPM é a sintetização de todo o aprendizado em projetos reais".

Sue Purves, por alguns anos responsável pelo desenvolvimento executivo em Zeneca, tem ela própria sido ambivalente. Ela comentou: "Você pode influenciar pessoas. Não estou bem certa se você pode influenciar a aprendizagem". Sue também escreveu no trabalho antes citado que "Todas as organizações participantes notaram que este programa proporcionava crescimento pessoal jamais igualado por outros programas, mas as organizações lutaram para conseguir desenvolver a competência de trazer as idéias *in-house*". Em seu próprio interesse, ela declarou: "O elo a ser reforçado agora é aquele entre o aprendizado individual e o organizacional. Essa é uma grande mudança cultural que deve ser atingida para obter-se os benefícios do profundo aprendizado do indivíduo a partir do IMPM".

Continuo pessoalmente convencido de que podemos fazer grande progresso nessa questão se reconhecermos a distinção entre impacto de ensino e impacto de ação, passando a tratá-los diferentemente: o impacto de ensino deve ser mais formalmente administrado e promovido, já o impacto de ação deve ocorrer naturalmente, embora ambos devam ser compartilhados na sala de aula como uma espécie de crescente consciência das possibilidades.

Outra área de preocupação para mim é o *compartilhamento de competências*. Não que seja difícil de se fazer – em verdade, uma vez iniciado, é bem fácil –, mas como pode ser altamente benéfico ainda se perde no meio de todas as outras atividades. Se tivéssemos um pequeno sino que tocasse toda vez que surgisse uma questão de competência – OK, agora que alguém mencionou negociar com funcionários do governo, vamos parar e compartilhar experiências" –, o problema estaria resolvido. Talvez devêssemos embutir tais sinos nos crânios dos participantes, para fazer com que os membros do corpo docente (felizmente) lembrassem de prestar muita atenção à discussão.

De uma maneira ampla, a *tutoria* funciona bem no IMPM, mas apresenta um problema de logística na nossa situação em particular. É muito dispendioso trazer os tutores para cada módulo, e fazê-los tutorar perto de casa, próximos aos locais de trabalho dos participantes, distancia-os de outras atividades do programa (exceto o módulo que a maior parte deles dirige). Temos pensado sobre tutoria nas empresas, desenvolvida por egressos do programa. Isso garantiria conhecimento total das atividades, mas a expensas da conexão com as universidades. Sem dúvida, o problema desapareceria num programa similar levado a efeito num único local, como num programa irmão descrito no próximo capítulo. Mas isso surge a expensas de exposição internacional.

Por outro lado, declarar a nossa regra 50-50 não é o mesmo que atingi-la. Raramente erramos – certamente a partir da perspectiva dos alunos – ao oferecer tempo demais para os *workshops* de participantes em suas agendas. Estamos melhorando à medida que entendemos o quanto de aprendizagem esses *workshops* encorajam, mas ainda não chegamos lá. Também temos que "cobrir" toda sorte de matérias, como se o que os professores planejam fosse mais importante do que o que surge em aula. Tudo muitas vezes é exatamente o oposto. Falando por mim mesmo, pelo menos tanto quanto alguns dos meus colegas, se pudéssemos ouvir mais poderíamos aprender mais e assim ter que ensinar menos.

Estamos melhorando em "auto-organização". Penso que os objetivos do IMPM serão totalmente atingidos quando os participantes assumirem a sala de aula todos juntos. Não há muito perigo disso, eu lhe garanto, graças aos participantes e aos professores. Precisamos de equilíbrio. Mas começamos tão longe disso, e continuamos com tanta falta disso (comparado com nossas próprias intenções, se não outros programas), que todos os passos nessa direção devem ser bem acolhidos. Michael Heuser, como diretor da escola de negócios da Lufthansa, afirmou sobre o IMPM que "trata-se de um processo, não um programa". Percorremos até aqui um longo caminho, mas temos ainda um longo caminho à frente.

Também poderíamos aprimorar alguns dos nossos módulos, especialmente trazer as disposições mentais à vida na sala de aula. De parte do Japão — e da Índia, em menor proporção —, também podemos evoluir retratando a variedade de estilos gerenciais, encontrados em várias partes do mundo.

Por fim, chego à minha maior preocupação. Por oito anos, o IMPM tem posto em funcionamento uma turma para cerca de 35 pessoas. Pergunte a essas pessoas e você irá descobrir que obtivemos um grande sucesso. Em qualidade, não em quantidade. Podemos expandir o IMPM um pouco – planejávamos introduzir um segundo ciclo por ano, mas os eventos do 11 de setembro de 2001 puseram um freio temporário nisso. Mas se quisermos que essa inovação seja "difundida", como diz o pessoal de gerência, ela tem que ir além de nossa parceria. Foi por isso que escrevi estes capítulos. E é assim que deverei encerrar a discussão no próximo capítulo – tratando sobre a difusão da nossa inovação.

# 14

# DESENVOLVENDO GERENTES V:
*Difundindo a Inovação*

*A maioria das tecnologias leva 20 anos
para se tornar um sucesso da noite para o dia.*
– PAULO SAFFO

O que é exatamente o IMPM? Um programa? Um processo? Um laboratório? Um gabarito (*template*)?

Certamente é um programa, termo que venho usando durante todo o tempo. E, de acordo com a citação de Michael Heuser, da Lufthansa, no capítulo anterior, obviamente tem sido também um processo. Mas sem dúvida ele representa bem mais que isso.

O IMPM tem sido o nosso laboratório para desenvolver, testar e integrar várias inovações na educação gerencial. Algumas delas nós mesmos criamos; outras, tomamos emprestado de terceiros; a mais importante delas reúne todas as demais: o IMPM pode ser *constituído* de inovações, mas o vemos como *uma só inovação*.

Eu acredito que falo por meus colegas ao afirmar que essa inovação é agora sólida – definida claramente em conceito e executada de forma bem-sucedida na prática. Em nosso oitavo ano, juntamente com iniciativas relacionadas (descritas neste capítulo), a inovação funciona de forma consistente. Então, é hora de seu próprio impacto, além das suas atividades. É hora, em outras palavras, de alterar a educação gerencial – ou talvez de iniciá-la de modo mais inteligente.

Em setembro de 2000, durante nossa reunião anual dos representantes empresariais do IMPM com o corpo docente, havia cerca de 15 pessoas na sala compartilhando experiências. Eu disse que esperava assistir a essa reunião em 2010 com 500 pessoas na sala. Se 100 mil pessoas podem ser treinadas a cada ano em programas de mestrado em administração de empresas, somente nos Estados Unidos, então por certo há potencial para que milhares de pessoas freqüentem o Mestrado em Prática da Gestão (*Masters of Practicing Management*).

Dessa forma, acredito que o IMPM deve ser considerado também um gabarito (*template*) para o desenvolvimento de outros programas. Não com o objetivo de copiá-lo, mas para apreciar a sua essência e inserir esse espírito.

## POSICIONANDO O MESTRADO EM PRÁTICA DA GESTÃO

Antes de analisar as várias formas possíveis de difusão, seria útil levar em consideração como a educação gerencial real difere da educação em negócios convencional e de grande parte do desenvolvimento gerencial. É o que nos mostra a Tabela 14.1. A tabela praticamente fala por si própria; desejo somente acrescentar algumas palavras sobre o resultado final.

O foco de intenção no MBA é a melhor tomada de decisão por meio de treinamento em análise – de um modo genérico, não a partir de um contexto específico. A gerência é vista como um tipo de profissão ou ciência; conseqüentemente, a aprendizagem é *genérica*. Ao contrário, grande parte do desenvolvimento gerencial enfoca habilidades específicas de preocupação das empresas, normalmente

TABELA 14.1  POSICIONANDO A EDUCAÇÃO GERENCIAL

| CARACTERÍSTICA COMUM | EDUCAÇÃO EM NEGÓCIOS (MBA) | EDUCAÇÃO GERENCIAL (MPM) | DESENVOLVIMENTO GERENCIAL |
|---|---|---|---|
| Público-alvo | Aspirantes a empregos em empresas ou a ser empresários, inscritos por conta própria | Gerentes experientes, enviados por empresas | Gerentes experientes, nas empresas |
| Distribuição da carga horária | Estudo em tempo integral | Seqüência de módulos | Blocos curtos |
| Referencial para organização de conteúdo | Funções empresariais | Disposições mentais gerenciais | Preocupações corporativas |
| Foco em | Análise (modelos, teorias, técnicas) | Gerência (fazer juízos, "habilidades sociais e de comunicação") | Liderança (habilidades ou conhecimento) |
| Pedagogia | Absorver conhecimento estabelecido por meio de palestras e casos apresentados | Refletir sobre a experiência por meio do compartilhamento | Aplicar idéias por meio de projetos e exercícios |
| Disposição dos lugares em sala de aula | Assentos em fileiras | Mesas-redondas | Variada, com salas para dividir a turma em subgrupos. |
| Intenção básica | Melhores decisões em geral (ciência) | Melhor avaliação do contexto (prática = *craft*) | Melhores habilidades nas empresas (arte, prática = *art, craft*) |

relacionadas com liderança, de uma forma ou de outra. A gerência, nesse caso, é considerada menos como ciência e mais como arte (*art*) e prática (*craft*). Já o foco de intenção do MPM, contudo, é diferente das duas abordagens ora mencionadas, é a chegar a um melhor juízo dentro de cada contexto, é auxiliar os gerentes a se tornarem mais aptos a pensar de acordo com a situação particular de cada um – as questões que precisam enfrentar, as atribuições desempenhadas, a empresa, o contexto.

O MPM concentra-se na gerência – não no conhecimento sobre a gestão e nas funções empresariais, tampouco na liderança *per se*, mas na prática de gerenciar dentro de um determinado contexto. Para tal, faz uso de estilo pedagógico próprio, rotulado de reflexão vivenciada, que prioriza o estímulo à prática gerencial e, de certa forma, adiciona mais arte, baseando-se menos em ciência do que a educação em negócios convencional. Por isso, conduz os gerentes rotulados como calculador (*calculating*) e heróico (*heroic*) para o estilo que rotulamos como envolvente (*engaging*). Podemos afirmar que o MPM favorece, ou seja, o gerenciamento silencioso (*managing quietly*), sem espalhafatos (Mintzberg 1999 a).

Anteriormente, no Capítulo 10, fiz referência a uma expressão grega que dizia: "A raposa sabe muitas coisas, mas o ouriço sabe algo muito mais importante". Eu vejo o MBA como um programa-raposa; desenvolve as pessoas que são espertas, que se movem rapidamente e que sabem muitas coisas. O MPM, na minha opinião, é um programa-ouriço; sua preocupação é que os alunos aprendam algo muito importante. David Williams resume suas entrevistas com os alunos de IMPM como segue:

> A maioria dos cursos para a área de negócios recebe pessoas que sabem pouco sobre determinado assunto e transforma-os em pessoas que sabem muito. São campos de treinamento (*boot camps*) intelectual, e — caso você permaneça no curso — a transformação de um civil em soldado da corporação é sempre igual. É possível, portanto, ouvir um único participante falar sobre o curso e perceber que a experiência... será verdadeira para os outros... Para o IMPM, [no entanto] não há é fácil generalizar... Cada participante terá aprendido muitas coisas diferentes. Algumas dessas aprendizagens serão iguais às de outras pessoas; algumas, porém, serão singulares (*unique*). No entanto, a transformação total será individual e complexa, e não facilmente descrita. (*www.impm.org/williams.pdf*)

Para mim, o "algo muito importante" formado por todas aquelas "coisas diferentes" é essa "transformação total", normalmente em direção à maior capacidade de reflexão.

Desejamos aos egressos, por isso, não um sucesso heróico, mas sim um melhor desempenho na gerência, na mesma atividade ou em outra. Como já foi esclarecido neste livro, esse programa refere-se a desempenhar um trabalho melhor (*better jobs*), **não** a encontrar um emprego melhor (*better jobs*). As pessoas conquistarão melhores empregos (*better jobs*), **se** fizerem um trabalho melhor (*better jobs*). As duas coisas estão acontecendo.

Se os programas de MBA apanham os analistas, parece que nós apanhamos as pessoas envolvidas com a prática. (A maioria dos artistas mantém-se longe da escola.) Utilizamos várias vezes um instrumento que avalia a orientação pessoal direcionada à arte (*art*), à prática (*craft*) e à ciência (*science*). A prática sempre se sobressai em nosso grupo, seguido da arte e não da ciência. Por exemplo, no segundo módulo do Ciclo 3, 22 dos 38 participantes destacaram-se com prática em primeiro lugar, 13 com arte em primeiro lugar, e apenas três com ciência em primeiro lugar. Dos 22 com prática em primeiro lugar, para 13 a arte ficou em segundo lugar, e para nove a ciência. (A propósito, os quatro membros do corpo docente obtiveram o mesmo resultado da maioria, isto é, prática em primeiro lugar e arte em segundo. É provável que essa classificação esteja contrastando severamente com a postura da maioria de nossos colegas das escolas de negócio, indicando que há uma auto-seleção correspondente entre o corpo docente.) Assim, o IMPM parece atrair o que ele reforça, o mesmo ocorrendo com o MBA.

## Buscando uma Difusão mais Ampla

Se desejarmos fazer com que 500 pessoas participem daquela conferência de 2010, atrás mencionada, devemos correr e passar do IMPM para o MPM, e inclusive ir além, na direção do desenvolvimento gerencial e executivo. A Figura 14.1 mostra cinco caminhos para alcançar tal intento, denominados Expansão, Extensão, Diferenciação, Infiltração e Compressão.

*Expansão* significa simplesmente que mais ciclos sejam oferecidos por parceiros associados. Em princípio, a comissão que dirige o IMPM aprovou esse procedimento; estamos aguardando condições econômicas mais favoráveis. Mas é decisão obviamente restrita.

A *extensão* oferece maiores perspectivas. O IMPM não é patenteado – como já foi dito anteriormente, os acadêmicos maximizam o ego, não o lucro – e sempre encorajamos outras pessoas a assumir a partir do ponto em que paramos. Por exemplo, Carlos Arruda, diretor da Fundação Dom Cabral, associada à Pontifícia Universidade Católica de Minas Gerais, no Brasil, enviou-nos correspondência em

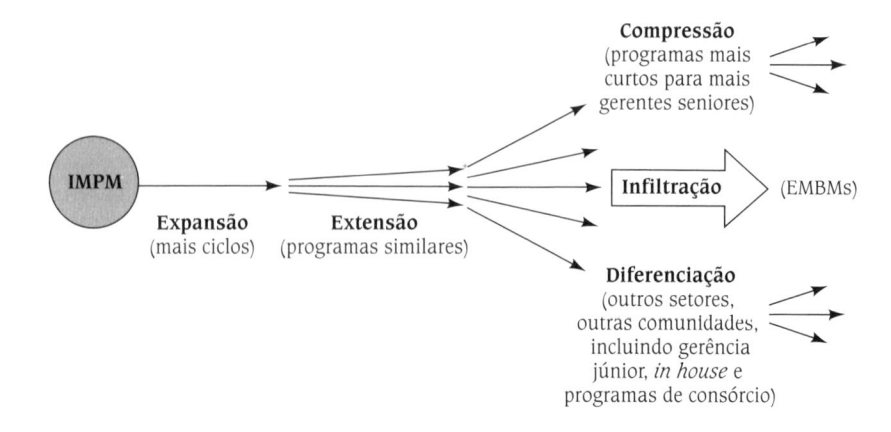

FIGURA 14.1
Maior difusão do IMPM.

2002, declarando: "Aprendemos muito sobre o programa IMPM e aplicamos alguns de seus conceitos em nosso MBA. Funcionou tão bem que o nosso programa foi apontado por uma revista de negócios brasileira [*Exame*] como o melhor programa de MBA do Brasil."

Em grande parte, de acordo com nossa experiência, essas idéias são levadas adiante por pessoas com experiência prática em nossas salas de aula – a saber, o corpo docente e, às vezes, convidados que testemunharam o IMPM em ação. Portanto, a difusão dentro das escolas de nossos parceiros aconteceu mais fácil do que a difusão além delas (como iremos ver; acesse o *web site* do Insead sobre o seu novo EMBA). Isso, entretanto, está mudando à medida que um leque mais amplo de pessoas se envolve no IMPM e outras se tornam mais sintonizadas com essas idéias.

Adiante da extensão está a infiltração – esforço organizado para mudar os programas existentes. Como relatado diversas vezes, há pouco aqui para o MBA convencional e muito para o EMBA. Pelo fato de serem dirigidos a pessoas com vínculo empregatício, muitas das quais gerentes que estudam apenas meio período, há fortes razões para tornar os programas mais gerenciais, e o IMPM aponta o caminho. Assim, a nossa própria parceria desenvolveu uma iniciativa de "*E Roundtables*" (mesas-redondas E) para os programas de EMBA existentes, que descreveremos mais à frente neste capítulo.

A seguir, indo além da infiltração, temos a *diferenciação*, que visa a aplicar a aprendizagem do IMPM em outras áreas de atividade e em outras comunidades. Eis um exemplo típico: um MPM para gerentes de organizações voluntárias (ONGs) no Canadá, que funcionou, com enorme sucesso, nos três ciclos que foram previstos na McGill. As Faculdades de Gestão (Faculty of Management) e de Medicina (Faculty of Medicine) da McGill também estão iniciando um IMHL (liderança em saúde) para gerentes seniores oriundos dos mais diversos setores ligados à saúde (hospitais, associações comunitárias, etc.; visite *www.imhl.ca*).[1]

Particularmente útil seria um MPM que reunisse mais gerentes juniores. Várias empresas levantaram a idéia junto a nós, mas o assunto ainda está em fase de estudo de viabilidade. Teria, provavelmente, que conter mais material das funções de negócio do tipo "necessário saber", grande parte, talvez, ensinada por meio de estudos individualizados (como na Open University (Universidade Aberta), e terminar como um híbrido de IMPM e MBA, incluindo a maioria dos aspectos do IMPM (disposições mentais, reflexões, intercâmbios, tutoria, etc). Os benefícios de permitir que novos gerentes compartilhem suas experiências, preocupações e frustrações uns com os outros poderiam ser particularmente substanciais, principalmente quando combinados com a prática de mentoria dentro da empresa. Um

---

[1] Um programa para o setor público tem sido discutido, mas essa idéia apresenta dois problemas. Fazê-lo funcionar internacionalmente é quase certo que não seria possível: até mesmo os canadenses e americanos ficariam perplexos com as práticas uns dos outros. Já domesticamente, talvez a solução mais viável fosse reunir representantes nacionais, regionais e do governo local; a questão, no entanto, esbarraria no financiamento. No caso da assistência à saúde, ao contrário, grande parte da tecnologia e das práticas são as mesmas em todo o mundo; até mesmo as diferenças sistemáticas, entre o setor público e o privado, estão em um *continuum*, em que cada sistema experimenta pressões de ambos os lados.

programa desse tipo parece-me algo natural que logo verá a luz do dia, provavelmente como um consórcio de empresas que desejam desenvolver simultaneamente muitos de seus gerentes, talvez enfocando setores específicos, como serviços financeiros ou alta tecnologia.

Várias pessoas familiarizadas com o IMPM levantaram questões mais amplas de diferenciação: como ficam os gerentes e os líderes de pequenas empresas, ou aqueles de postura contestadora (*mavericks*), que não são enviados por suas empresas, assim como os individualistas, que desejam seguir um caminho próprio? E quanto aos gerentes que trabalham em empresas que não querem investir em desenvolvimento de pessoal?

Eu tenho uma resposta para tudo isso. A idéia essencial subjacente ao IMPM é que os gerentes aprendem melhor em seus contextos naturais. Há rotas melhores e piores para uma sala de aula IMPM, mas apenas as que tornam os gerentes capazes de aprender em seu contexto são aceitáveis. Na verdade, como foi observado anteriormente, tivemos muitos gerentes e empreendedores individuais de pequenas empresas da Índia, o que funcionou bem (embora seja preferível que o trabalho, dentro da aula, seja com diversos colegas da mesma empresa). Então, uma classe IMPM, digamos, de empreendedores, deveria também funcionar bem – na verdade, seria fascinante –, porque eles se baseariam em compartilhar suas experiências (embora eu suponha que a maioria iria preferir um programa mais curto do que a nossa versão com grau de mestrado).

Para os de postura contestadora e aqueles individualistas que precisam pagar, eles próprios, as matrículas (*fees*) correspondentes, tal método poderia ser bem-sucedido, desde que eles fossem gerentes capazes de aprender dentro do contexto. Mas seria isso possível quando a empresa não se responsabiliza pelos custos do curso? Talvez esses gerentes pudessem convencer sua empresa a respeitá-los e a apoiá-los, ou talvez eles pudessem encontrar outro trabalho onde isso lhes fosse permitido. Seja como for, o IMPM é para gerentes e não para pessoas que aspiram à gerência; na verdade, eu tenho frisado repetidamente que *nenhum* programa para a gestão é dirigido àqueles que desejam ser gerentes.

Por fim, como quinto caminho para aprimorar o desenvolvimento gerencial e executivo, temos a *compressão*; ela refere-se a versões mais curtas do IMPM, a maioria voltada aos gerentes seniores. Mais adiante, neste capítulo, eu descrevo uma importante iniciativa da BAE Systems para a maioria de seus gerentes seniores, uma versão mais curta que a McGill desenvolveu para o Royal Bank of Canada, e nossos planos atuais para um novíssimo – Programa de Liderança Avançada (Advanced Leadership Program) sobre questões específicas levantadas por grupos de empresas. Uma idéia que parece intrigante e, na verdade, está sendo posta em prática no Mestrado em Liderança da Exeter University, agora sob a responsabilidade de Jonathan Gosling, é um cruzamento entre a sala de aula ao estilo IMPM e o *coaching* pessoal. Vamos denominá-lo "grupo de *coaching*", um tipo de pequeno grupo de apoio, para gerentes novos, médios ou, até mesmo, seniores. Os participantes trabalham individualmente com um *coach* e reúnem-se periodicamente para discutir experiências e compartilhar preocupações.

A Figura 14.2 mapeia alguns desses programas conforme os diferentes estágios no exercício da carreira gerencial. A seguir, vamos examinar exemplos específicos de difusão mencionados anteriormente.

## PROGRAMA DE MESTRADO PARA O SETOR DE ATIVIDADES VOLUNTÁRIAS

Frances Westley, uma colega que conheci na McGill e grande amiga, lecionou no IMPM e ficou impressionada com a experiência. Quando recebeu um convite da J. W. McConnell Family Foundation para um programa cujo objetivo era fortalecer a liderança das organizações canadenses voluntárias (incluindo artes, ambiente, jovens, saúde, serviços sociais e redução da pobreza), ela delineou um projeto inspirado no IMPM.

O resultado foi o Mestrado em Gerência para Líderes do Setor Voluntário Nacional (*Master of Management for National Voluntary Sector Leaders*) da McGill-McConnel, totalmente financiado tanto para o preparo do programa como para o seu funcionamento pela McConnell Foundation. O programa funcionou durante três ciclos, conforme o planejado, com 40 gerentes por vez, procedentes de organizações que operam no Canadá, como a Kidney Foundation, a Amnesty International, a Canadian Parents for French e a YMCA. As pessoas da McConnell Foundation trabalharam junto com a equipe McGill, que selecionou o corpo docente, inclusive diretores de módulo, em todo país.

Frances escreveu um artigo para a nossa conferência de 2000 (*www.impm.org/westley.pdf*) em que descreve a sua experiência. Muito útil para nossa discussão aqui é o seu comentário sobre a "natureza robusta do projeto IMPM", principalmente as disposições mentais, que forneceram "um mapa extremamente flexível, mas estimulante". O programa é construído em torno de cinco disposições mentais similares, acrescidas de uma sexta, sobre valores, chamada "disposição mental ética", interligada às demais. (Frances está tão entusiasmada com os *papers elaborados* pelos participantes do programa e com sua importância para o setor da

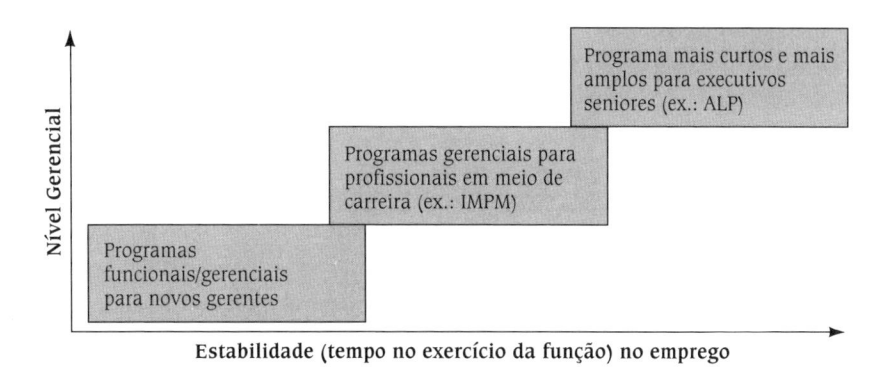

FIGURA 14.2
Programas por estágio de carreira.

ação voluntária que já prepara uma publicação de seis volumes com os melhores trabalhos, um volume para cada tipo de disposição mental.)

A maioria dos outros aspectos do IMPM pode ser encontrada neste programa, como a forma de organizar a sala de aula, as várias atividades externas e o cronograma de módulo de duas semanas. *Ancoragem* é o rótulo desse programa para o que o IMPM chama de Impacto, e tem sido cuidadosamente gerenciado. Cada participante designou uma Equipe de Ancoragem quando retornou ao trabalho na empresa, composta de "parceiros", por meio dos quais a aprendizagem era estendida para a organização, iniciando com um *workshop* de um dia para todos os membros, antes do primeiro módulo.

Uma vez que a McConnell Foundation desejava que o programa tivesse um impacto maior em todo o setor de atividade voluntária no Canadá, foi utilizada uma versão interessante do módulo Novos Empreendimentos (*Venture*), chamado *Theme Integrative Projects- TIPs* (Projetos de Conteúdo Integrador). Os participantes trabalharam em equipes envolvidas em temas pertinentes a todo o setor da atividade voluntária, relatando as suas descobertas em um congresso específico da área ou em uma publicação voltada a ela. Exemplos de estudos TIPs incluem: voluntários no Canadá, como uma força para mudança social e o desenvolvimento de parcerias com outros setores.

Essa iniciativa, que Frances descreve em seu artigo como "o primeiro fruto do IMPM, totalmente acabado", mostra como o projeto básico pode ser adaptado a outros contextos, retendo a sua essência enquanto relaxa algumas de suas características básicas (neste caso, a dimensão internacional e a divisão de participantes por empresa, uma vez que todos estavam divididos por setor). Frances Westley também enfatizou a sinergia dos dois programas, referindo-se à colaboração entre o corpo docente neles envolvido como tendo "criado uma explosão de aprendizagem sobre pedagogia" na McGill:

> Como acadêmicos, raramente reservamos tempo para observar uns aos outros no ato de ensinar, e menos tempo ainda para explorar de forma extensa as questões de concepção de um novo curso. Mas o IMPM e o MMVS têm sido projetos de equipe, tanto em termos da concepção quanto da implementação... Com os dois programas coexistindo na McGill... novas idéias movem-se rapidamente entre eles. Tudo, desde '*pausas para o café*' até sessões tutoriais e ao uso de termos corretos na descrição de projetos e revoluções (*serendipitous breakthroughs*) na sala de aula, é rapidamente comunicado e adaptado. Esses procedimentos têm criado um sentimento de energia e empolgação na McGill que é uma novidade e, certamente, assim creio, é comunicada aos participantes do curso.

## *E Roundtables* (Mesas-redondas E)

Apontei anteriormente que os programas EMBA treinam as pessoas certas (*right*) de maneira equivocada (*wrong*), com as conseqüências inadequadas (*wrong*). Em outras palavras, eles admitem pessoas experientes, muitas delas gerentes, e repetem programas de MBA regulares projetados para pessoas inexperientes. As oportunidades para aplicar muitas das inovações IMPM tornam-se, portanto, evidentes: a pedagogia, as disposições mentais, os artigos de reflexão, os intercâmbios gerenciais e assim por diante. O formato pode ser diferente – turmas de finais de semana e à noite, em vez de módulos de duas semanas –, mas isso pode ser facilmente ajustado.[2]

Nossa iniciativa a esse respeito se chama "*E Roundtables*" (mesas-redondas E), hoje em desenvolvimento. Irá reunir os alunos de programas EMBA existentes em todo o mundo em três módulos de uma semana cada; o primeiro deles na Inglaterra, tratando sobre disposição mental reflexiva; o segundo na Índia, tratando sobre disposição mental conectada (o gerente entre a organização e o contexto); e o terceiro no Canadá, tratando sobre disposição mental para a ação. A idéia é sustentar um tipo de EMBA internacional justo, em que os alunos de todos os lugares se reúnem e compartilham as suas experiências como gerentes, e talvez também formando pares para intercâmbios gerenciais. (Podemos também introduzir uma versão com certificado de pós-graduação, para gerentes, incluindo os egressos de MBA.)

Com certeza, os números aqui serão muito maiores do que na sala de aula IMPM. Mas a intenção é dividir o grupo total em turmas de cerca de 40 pessoas, o mais internacionalmente mesclado possível, de forma que as atividades possam se desenvolver em três níveis: palestras e painéis de convidados para todo o grupo; a maior parte da aprendizagem específica em turmas de 40 participantes; e, no âmbito dessas turmas de 40, a formação de pequenos grupos para compartilhar suas experiências em mesas-redondas mescladas. Os membros do corpo docente das escolas participantes irão trabalhar com essas turmas menores; os mais experientes, como facilitadores, os menos experientes, como mentores.

Na verdade, as Mesas-redondas E são projetadas para serem o componente internacional dos programas EMBA domésticos e talvez também o seu componente gerencial intensivo. A intenção é começar como uma opção para os alunos no lugar de alguns cursos eletivos, eventualmente tornando-se um componente totalmente integrado desses programas. Na verdade, a nossa real esperança é que esse procedimento promova a difusão de outros aspectos do projeto IMPM nesses programas, enquanto o corpo docente e os alunos se familiarizam com a abordagem IMPM. Uma observação final, não totalmente trivial: o "E" de "Mesas-redondas E" não significa *Executivo*. Significa *Experiente*. Devemos ter obtido êxito nesta "difusão", sendo que o mesmo pode ser dito em relação ao "E" em EMBA!

## Programas mais Curtos de Disposições Mentais
### *In Companies*

As empresas adotaram a noção de disposições mentais, juntamente com a pedagogia, de várias formas. A seguir, são descritos dois programas que funcionaram em muitos ciclos e que foram altamente bem-sucedidos; um deles, da BAE

---

[2] O sucesso das escolas inglesas com módulos de uma ou duas semanas indica que os programas americanos poderiam ser facilmente alterados para funcionarem assim. Além disso, a divisão em sala de aula poderia ser feita, por exemplo, por setor de atividade ou tipo de trabalho, e os participantes não precisam ser financiados se, pelo menos, vierem com a experiência exigida e vinculados ao contexto.

Systems, usa cinco disposições mentais, o outro, para o Royal Bank of Canadá, concentrou-se em uma.

PROGRAMA DE LÍDERES ESTRATÉGICOS DA BAE   Logo no início do IMPM, a British Aerospace (agora BAE Systems), em meio a uma fusão, adotou a noção de disposições mentais e, em parceria com a Lancaster e a participação de Bangalore, desenvolveu um programa um tanto elaborado para os seus gerentes seniores. Denominado "Programa de Líderes Estratégicos", está funcionando anualmente com 15 participantes desde 1996. Ao início de 2003, todos os gerentes mais seniores já haviam passado por ele.

O programa consiste em cinco módulos de cinco a sete dias cada, desenvolvidos num período de 13 a 15 meses, cada um em seu local com o seu respectivo diretor. Na versão de fevereiro de 2000 a maio de 2001 (Ciclo 3), os módulos desenvolvidos foram os seguintes:

- No Reino Unido, a Disposição Mental Receptiva ("aumentando a sensibilidade e a tolerância" em relação ao próprio comportamento e ao mundo)
- Na Índia, a Disposição Mental Reflexiva ("perceber as diferenças culturais por meio das quais normalmente enxergamos", o que "faz surgir visões alternativas da empresa")
- Nos Estados Unidos, a Disposição Mental Competitiva ("como liderar na empresa reconfigurada, em um setor em rápida transformação")
- Na China, a Disposição Mental Colaborativa ("insere a colaboração no contexto global", incluindo "liderança de alianças transculturais, *joint ventures* e fusões")
- Na Eslovênia, a Disposição Mental Catalisadora ("liderar no meio de uma mudança esmagadora", envolvendo "comportamentos e organizações temporárias que convertem o caos em renovação")

DA ANÁLISE À AÇÃO   O Royal Bank of Canada, que se uniu ao IMPM desde o início, buscava em 1998 um programa curto para fomentar um espírito de risco, orientado à ação. Eles ficaram impressionados com o segundo módulo do IMPM; então, a McGill e a empresa desenvolveram juntas um programa de três dias e meio chamado "Da análise à ação". Foi oferecido seis vezes em um período de três anos a grupos de 25 executivos de bancos.

Foi solicitado aos participantes que enviassem por escrito algumas "questões-chave" antes de sua chegada – uma preocupação que tivessem e sobre a qual desejassem empreender alguma ação. Elas eram compartilhadas com o grupo previamente, discutidas na primeira tarde e depois embutidas nos *workshops* nos outros três dias. Os *workshops* visavam a estimular, e não dirigir a tomada de ação, individual ou em equipes, que surgissem durante o programa. Respaldando tudo isso, havia material conceitual para abrir as pessoas para além de sua análise convencional – por exemplo, para a estratégia como um processo de arriscar-se mais do que planejar.

## Programa de Liderança Avançado ou Advanced Leadership Program (ALP)

Muitas pessoas com experiência no IMPM deram uma boa olhada nos chamados "*Advanced Management Programs* (AMPs)", isto é, Programas Avançados de Gestão oferecidos por muitas escolas de negócio de grande prestígio (discutidos no Capítulo 8). Provavelmente, esses têm sido os programas mais bem-sucedidos para o desenvolvimento gerencial, embora a maioria não pareça tão avançada assim:

- Em sua maioria, são projetados em torno das funções empresariais, voltados a gerentes que estão deixando essas funções a caminho da gerência-geral.
- Eles defendem a inovação, embora sejam exatamente iguais; também enfatizam a "globalização", ainda que normalmente funcionem em uma escola sediada no Ocidente.
- Eles mantêm os alunos sentados individualmente em carteiras enfileiradas, encarando um "instrutor" para discutir trabalho em equipe, colaboração e *empowerment*.
- Eles prometem "campo de treinamento" (*boot camp*) para pessoas que precisam recuar e refletir calmamente sobre a sua experiência.
- Eles se baseiam em casos práticos, mas ignoram a riqueza da experiência presente na sala de aula.
- No sistema deles, os participantes devem permanecer um ou dois meses longe do trabalho, para discutir as pressões de trabalhar no mundo de hoje.

Os programas da BAE e do Royal Bank indicaram-nos que grande parte da abordagem IMPM poderia funcionar em programas de duração mais curta. Então, decidimos desafiar o AMP com um ALP – um programa de liderança verdadeiramente *avançado* (visite www.alp-impm.com). O seu projeto avança além do IMPM, também, em dois aspectos. Em primeiro lugar, vendemos mesas e não lugares no ALP; há um único preço por uma mesa para seis gerentes seniores, não importa quantos a empresa realmente envie. Desejamos equipes nesse programa, não indivíduos isolados. Em segundo lugar, pedimos a cada equipe que traga uma questão-chave, que possa ser explorada em consulta com as equipes de outras empresas. A empresa pode construir a sua equipe em torno da questão ou enviar uma equipe natural que já esteja trabalhando na mesma; empresas que sofreram fusão e alianças também podem enviar equipes para trabalhar em questões relacionadas à sua colaboração.

Perceba a grande diferença entre essas questões e os projetos em Aprender Fazendo: em vez de o programa produzir efeitos somente quando o indivíduo retorna a sua atividade na empresa, ele avança questões naturais de trabalho já em sala de aula. Em outras palavras, o único compromisso dos participantes é o tempo que permanecem em sala de aula, onde uma atmosfera reflexiva é usada para reconsiderar as preocupações-chave da empresa.

As empresas normalmente têm duas formas de abordar uma questão espinhosa: com uma força-tarefa interna ou contratando consultores externos. A ALP combina essas duas alternativas de uma forma que pode ser muito mais efetiva do que essas duas alternativas isoladamente: um grupo interno aborda a questão com colegas externos, agindo como consultores, de forma amigável, em uma atmosfera de reflexão. Como desenvolvimento gerencial, o custo deste programa é aparentemente normal; como consultoria, é uma verdadeira pechincha!

Enquanto as questões (*issues*) podem variar muito – estimular a inovação, lidar com uma fusão difícil, evitar que o conhecimento saia pela porta em um mundo de *downsizing* –, os executivos de todas as empresas provavelmente terão vivenciado todas elas, de uma forma ou de outra. Com isso, podem trazer as suas experiências para auxiliar os seus colegas enquanto aprendem. Descobrimos no IMPM que a técnica de uns abordarem as preocupações dos outros é uma forma muito eficaz de fazer com que os gerentes aprendam.

Os corpos docentes de Bangalore, Insead, Lancaster e McGill têm trabalhado no projeto do ALP, em parte com representantes de empresas interessadas. (Reingold [2000] descreveu uma dessas primeiras reuniões em um artigo da *First Company*.) Nos organizamos em três módulos de uma semana, distribuídos em alguns meses, como ilustra a Figura 14.3 e aqui descritos:

- *Liderança Reflexiva*, no English Lake District, enfoca o eu, investigando o comportamento, o estilo de liderança e a cultura do indivíduo. Cada grupo apresenta a sua questão à classe, questão essa mais tarde é discutida por outros grupos mesclados em torno das mesas. Eles fornecem *feedback* quanto às suas interpretações e sugestões e, no final do módulo, o grupo da empresa apresenta a sua nova idéia sobre a questão ou problema (*issue*).

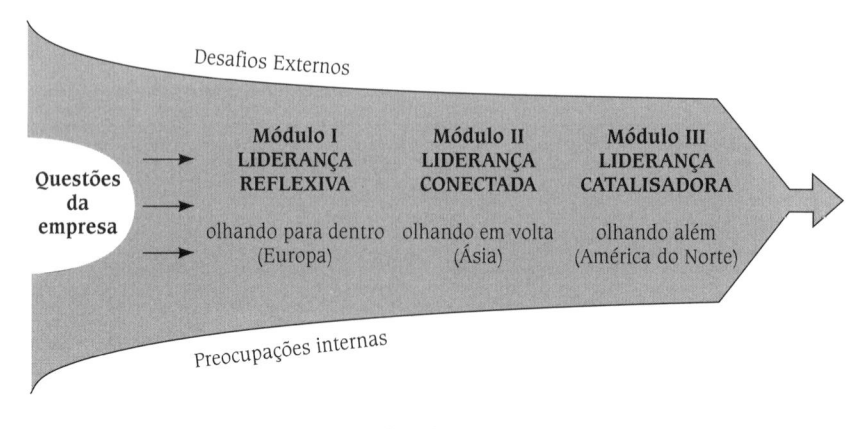

FIGURA 14.3
O projeto ALP (Advanced Leadership Program).

- *Liderança conectada*, em Cingapura e Bangalore, leva em consideração a organização e o ambiente, tendo o líder como vínculo entre os dois, com raízes em ambos. Alguns tópicos para a apresentação formal neste módulo são decididos no primeiro módulo, de acordo com as questões (ou problemas) da empresa envolvida; por sua vez, eles alimentam *workshops* renovados sobre essas questões.

- *Liderança catalisadora*, em Montreal, vê o líder como um agente no processo de mudança, que emerge nos escalões inferiores e é dirigido pelo alto escalão, que se auto-organiza assim como é organizado formalmente, com liderança que energiza mas também trabalha a estratégia. Neste módulo, um tempo considerável é dedicado a relatórios sobre as questões da empresa, no que diz respeito a obter mudança.

Os próprios aspectos que tornam o desenvolvimento gerencial convencional nada atraente para alguns gerentes (as pressões do trabalho, a desconexão da sala de aula, etc.) podem ser justamente o que torna o ALP atraente para eles. O ALP se conecta ao trabalho sem aumentar as pressões do trabalho. Na verdade, oferecendo *insights* profundos para questões aparentemente intrincadas – como uma sala repleta de colegas com mentalidades e preocupações similares, mas sem nenhuma questão a ser discutida –, o ALP pode ser capaz de reduzir algumas pressões desse tipo. Talvez, de modo mais notável, essa mudança de projetos realizados no trabalho para questões em sala de aula possa representar uma mudança significativa no desenvolvimento gerencial, usando o trabalho que os gerentes fazem naturalmente. Assim, pensamos nisso como uma terceira geração do desenvolvimento gerencial; além das palestras direcionadas e dos estudos de casos da primeira geração e do trabalho improdutivo (*make-work*) do Aprender Fazendo da segunda, rumo à aprendizagem reflexiva a partir de questões reais na terceira geração.

## As Características Essenciais da Inovação IMPM

Os programas que acabamos de comentar estão resumidos na Tabela 14.2, juntamente com as suas características-chave. A tabela mostra como o IMPM está começando a servir de modelo para uma família de programas de desenvolvimento gerencial de nova geração, que atribuem ou não diplomas de mestrado. Listando as várias inovações do IMPM, destacamos as que aparecem nos vários programas; a tabela captura o que é essencial nessa nova abordagem e o que pode ser modificado ou descartado. Como podemos observar, todos os programas fazem uso de módulos, de disposições mentais, de pedagogia e de formas de organizar a sala de aula. Essa é a essência da inovação IMPM. Os Intercâmbios Gerenciais, os *Papers* de Reflexão, as Viagens de Estudo, a Tutoria e o Trabalho Final aparecem nos programas que concedem diploma de mestrado, (*ridges*) mas não nos programas de desenvolvimento gerencial mais curtos. Os novos empreendimentos, projetos relacionados às questões ou pontos de debate (*issues*) aparecem na maioria mas não em todos os programas. E a dimensão internacional do IMPM aparece somente

**TABELA 14.2 DIFUSÃO DAS INOVAÇÕES IMPM NOS DIAS DE HOJE**

| | IMPM (DESDE 1996) | MESTRADOS PARA SETOR DE VOLUNTARIADO (1999-2002) | LÍDERES ESTRATÉGICOS DA BAE (DESDE 1997) | ANÁLISE PARA A AÇÃO DA RB DO CANADÁ (DE 1998-2001) | MESAS-REDONDAS E (EM DESENVOLVIMENTO) | ALP (EM DESENVOLVIMENTO) | IMHL (SAÚDE) (EM DESENVOLVIMENTO) |
|---|---|---|---|---|---|---|---|
| Número de módulos | 5 de 2 semanas | 5 de 2 semanas | 5 de 5-7 dias | 1 de 3,5 dias | 3 de 8 dias | 3 de 7 dias | 5 de 2 semanas |
| Disposições Mentais | ✔ (5) | ✔ (6) | ✔ (5) | ✔ (1) | ✔ (3) | ✔ (3) | ✔ (5) |
| Pedagogia de Reflexão Vivenciada; Alunos sentados em mesas-redondas | ✔ | ✔ | ✔ | ✔ | ✔ | ✔ | ✔ |
| Grupos de empresas | ✔ | Um setor | Uma empresa | Uma empresa | | ✔ (equipes) | possivelmente |
| Participação internacional | ✔ | Um país | Uma empresa (com parceiros de *joint venture*) | Uma empresa e país | ✔ | ✔ | ✔ |
| Funcionamento em vários países | ✔ | | ✔ | | ✔ | ✔ | um módulo |
| *Papers* de Reflexão | ✔ | ✔ | | | possivelmente | | ✔ |
| Tutoria | ✔ | ✔ | *coaching* | | | | ✔ |
| Estudo Individualizado | ✔ | ✔ | | | | | ✔ |
| Viagens de Estudo | ✔ | ✔ | ✔ | | | possivelmente | ✔ |
| Intercâmbios Gerenciais | ✔ | ✔ | | | possivelmente | | ✔ (múltiplas) |
| Novos Empreendimentos | ✔ | ✔ (Projetos de Tema Integrados) | | ✔ (Questões-chave da empresa) | | ✔ (Questões da empresa) | ✔ |
| Grau de mestrado e Trabalho Final | ✔ | ✔ | | | | | ✔ |
| Impacto Gerenciado | ✔ | ✔ | | | | | ✔ |

no IMHL (para saúde), nas Mesas-redondas E (*E Roundtables*) e no ALP; todos os outros programas concentram-se em uma empresa e/ou um país; e são oferecidos praticamente em um único lugar, com exceção do programa BAE.

Se uma nova tecnologia realmente leva 20 anos para se tornar um sucesso da noite para o dia, então temos 12 anos pela frente! (Espero que seja menos!)

## Educando Gerentes nos Limites

Eu sei que não devemos misturar metáforas, mas eu gostaria de usar três delas para fechar este capítulo: fronteiras (*borders*), cordas bambas (*tightropes*) e desfiladeiros. Além disso, essas três metáforas estão relacionadas àqueles "Limites" (*edges*) sobre os quais Raphael escreveu, em que a vida é mais rica e mais variada, mais propícia à inovação, mas também sujeita à tensão. Lugares empolgantes e difíceis, esses limites.

No *feedback* do programa, um participante escreveu que deveríamos manter o IMPM como um "trabalho em andamento... mudando constantemente... para permanecer nos limites". Vamos ver como isso pode ser feito.

EDUCANDO ALÉM DAS FRONTEIRAS   As fronteiras dividem. Elas mantêm as coisas separadas, seja para o bem ou para o mal.

Essas fronteiras existem em grande quantidade na educação e no desenvolvimento gerencial. Fronteiras entre o ensino e a aprendizagem. Fronteiras entre "alunos" e "instrutores". Fronteiras entre as funções empresariais. E a mais significativa, uma grande fronteira entre o processo de educar e a prática da gerência. Isso tudo atrapalha o caminho. Precisamos construir pontes entre essas fronteiras.

O que também embaraça o caminho são as fronteiras mais comuns de todas, aquelas entre países, mas aqui porque há um excesso de pontes entre eles. Conseqüentemente, as escolas de negócio são notavelmente similares em todo o mundo, o que limita a sua inovação e a sua atenção ao contexto local. É como se tivéssemos descoberto uma verdade universal e todo gerente no mundo precisa estar impregnado dessa verdade. Isso representa a agenda "global" no que ela tem de pior.

As culturas da empresa variam, as culturas entre setores variam; as culturas nacionais variam; as pessoas variam. A educação gerencial deve respeitar essas variações todas, o que significa que tem que ser muito mais eclética, flexível e customizada do que o é hoje. Embora trabalhemos, no aspecto colaborativo, ultrapassando-as, precisamos de algumas fronteiras na educação e desenvolvimento gerencial.

CAMINHANDO NA CORDA BAMBA (*TIGHTROPES*)   Normalmente há tensões ao longo das fronteiras. Focalize-se nisso – levante essas barreiras na sua cabeça – e elas parecerão cordas-bambas. O MBA pode parecer firme, plantado de forma sólida no solo. Mas a educação gerencial verdadeira necessariamente deve sacudir, estar suspensa no espaço. Isso acontece por causa do que está certo nela e não por causa do que está errado. Os problemas reais da gerência estão aqui, residem entre a ambigüidade, a complexidade e a nuance, não num outro terreno, com fórmulas, técnicas e sistemas.

Trabalhar em um programa como o IMPM normalmente compara-se a caminhar em uma corda bamba – na verdade, em um conjunto competitivo de cordas-bambas. Há tensões entre o global e o local; entre os participantes e suas organizações; entre o tempo despendido no programa e o tempo no trabalho, sem contar o tempo em casa; entre as abordagens tácitas do Oriente e as abordagens explícitas do Ocidente. Tudo isso vai a nossas salas de aula. Nelas, há tensões construídas nas próprias disposições mentais – por exemplo, entre ação e reflexão (precisa fazer e precisa pensar); entre o analítico e o mundano (necessidade do explícito; necessidade do tácito); entre a mudança e a organização (necessidade de adaptação; necessidade de estabilidade). De forma mais geral, há tensões entre a teoria e a prática, entre o conceitual e o concreto (a força que empurra a partir do conhecimento *versus* a força que puxa a partir dos problemas); entre o ensino e a aprendizagem, mas também entre a aprendizagem individual e a compartilhada, e entre a acomodação e o desafio. Também pode haver tensão entre a educação gerencial e o desenvolvimento gerencial, sem contar o desenvolvimento da organização. De uma forma particular, pode ser desconcertante a tensão entre a aprendizagem real e a aprendizagem demonstrada através de avaliações numéricas (seja por meio das notas exigidas pela universidade ou coisas objetivas – *deliverables* – exigidas pela empresa).

Como exemplo típico, imagine um gerente equilibrando-se numa corda-bamba, segurando uma daquelas varas com pesos nas pontas: as pressões do trabalho de um lado e as exigências do diploma universitário do outro. O gerente, no meio, é a experiência de aprendizagem. Se uma das extremidades da vara pesar mais (ou menos) do que a outra, o gerente cairá. O equilíbrio tem de assegurar que o trabalho não interfira mais na aprendizagem do que a aprendizagem na gerência (ou a nota e a avaliação, na aprendizagem).

Estique todas essas tensões e você poderá apreciar o conjunto de cordas bambas precárias nas quais os participantes e o corpo docente dessa educação têm que se equilibrar. Mas essas não são apenas as tensões da educação; a maioria delas vem do dia-a-dia na gerência. Portanto, elas têm que aparecer em um programa que seja verdadeiramente gerencial. Além disso, como ressaltou Frank McCauley, do Royal Bank of Canada, somente quando uma corda bamba está completamente esticada é que você pode avançar nela para fazer progresso. Assim, temos que caminhar nessas cordas bambas, e não evitá-las. Para obter sucesso, talvez precisemos vê-las, mais uma vez, de uma maneira um pouco diferente.

Na Crista da Educação Gerencial   Em um certo sentido, uma crista é tanto uma fronteira quanto uma corda bamba. É uma fronteira entre dois territórios (normalmente, assim, uma fronteira nacional). Também pode parecer uma corda bamba, apenas mais sólida, embora quando ela se torna mais estreita, você começa a imaginar coisas. Assim, a crista pode ser considerada a melhor metáfora das três, o melhor local de onde apreciar a educação gerencial. Por isso, termino essa discussão tratando dela.

Imagine a educação gerencial lá do alto da crista de uma montanha alpina. De um lado há um abismo: o abismo da irrelevância acadêmica. Não podemos nos permitir de forma alguma cair nele. Do outro lado, o terreno apresenta uma inclinação forte: é a ladeira escorregadia da prática fácil. Comece aí e você nunca vai parar. Vimos muitos programas escorregar dessa forma, assim como vimos muitos outros tentarem ultrapassar o rochedo e então despencarem sobre as pedras lá embaixo.

Portanto, se você deseja embarcar nessa viagem, o único local seguro é a crista (*ridge*), em que a educação gerencial se encontra com o desenvolvimento gerencial. Esse poderá ser um local traiçoeiro, exigindo permanente vigilância. Mas também poderá ser um local agradável. Além do mais, as coisas interessantes costumam estar nas fronteiras. Esse é o lugar onde o futuro por um melhor desempenho gerencial poderá ser vivenciado. Siga-nos: o cenário é esplêndido!

# 15

# DESENVOLVENDO VERDADEIRAS ESCOLAS DE GESTÃO

*Toda mudança parece impossível. Mas, uma vez realizada,
o que parecerá impossível é o estado em que você não mais se encontra.*
– ALAIN, FILÓSOFO FRANCÊS

É hora de renovar as escolas de negócios – hora de os agentes de mudança mudarem. Elas podem estar no auge do sucesso, atraindo alunos que pagam caro, os quais, por sua vez, estão conquistando empregos que pagam altos salários. Inclusive, as escolas de negócios produzem quantidades enormes de pesquisa. No entanto, elas estão falhando na sua finalidade principal, que é aprimorar a qualidade da liderança na sociedade.

Em diversos aspectos, as escolas de negócios perderam o rumo. Afirmam que desenvolvem gerentes, porém produzem especialistas *de staff* que promovem estilos não-funcionais de gerenciamento. Pretendem ser instituições acadêmicas de qualidade e reflexão, mas estão cada vez mais voltadas para engodos promocionais. Deveriam ser premiadas pelo seu discernimento, pelos seus critérios; no entanto, costumam copiar umas das outras sem critério algum. Muitas não conseguem tomar decisões coletivas entre reduzir o material usado, por uma questão de "relevância", e forçar um aumento irreversível deste, por uma questão de "rigor", quando deveriam estar repudiando as duas coisas. As áreas em que as escolas de negócios efetivamente se sobressaem – as funções empresariais, especialmente no que diz respeito à pesquisa – são embutidas em programas educacionais que tratam tais abordagens como se fosse gestão, mas apenas marginalizam a gestão. Nas palavras de March, está havendo explotação demais e exploração de menos nas escolas de negócios.

A educação *empresarial* não foi questionada seriamente durante quase cinquenta anos, e a educação *gerencial* jamais foi conduzida de maneira séria. Então, é hora de as escolas cuidarem da sua própria receita – ou seja, que mudança deve ocorrer enquanto as coisas parecem estar caminhando bem, antes da queda.[1] Temos muitas idéias criativas a oferecer em nossas escolas, desde que sejam direcionadas para fins construtivos, não para fins oportunistas.

"O que seria um excelente programa de MBA?", perguntou um professor (*in Canadian Business* [Johnson 1994:30]). "A resposta curta [é]... um programa que forneça as melhores perspectivas de carreira para os formandos". Já é hora de uma resposta longa.

## O Privilégio da Erudição Acadêmica

Karl Weick (1995) referiu-se a instituições acadêmicas como sendo "locais projetados para fazer as coisas adquirirem sentido" (p. 21); falando sobre escolas de negócios, Alfred North Whitehead (1932) escreveu que "[a] universidade transmite informações, mas o faz de maneira criativa... Uma universidade que falha nesse aspecto não tem razão de existir" (p. 139). Escolas de negócios que se expandem para novos "mercados", "afagam" clientes e tornam-se "práticas", não têm razão para existir.

A finalidade de uma instituição acadêmica é criar e transmitir idéias que ajudem, aqueles que aprendem, a ver o seu mundo de formas diferentes e mais profundas. Portanto, existe um critério dominante para se determinar todas as atividades realizadas nessas instituições: o de que elas desenvolvam idéias, seja criando novos conhecimentos ou transmitindo-os de maneira criteriosa.

O termo *slack*\* pode apresentar uma conotação negativa, mas deve ser um componente importante das atividades acadêmicas, tanto para os professores quanto para os estudantes. *Slack* não é desperdiçar recursos, mas recuar e levar em consideração questões importantes, seja por meio de reflexão em sala de aula, seja pelo engajamento em pesquisa. À medida que a vida se torna mais agitada, as instituições acadêmicas tornam-se ainda mais importantes como abrigos, nos quais é necessário investir (*take stock*). "Poucas instituições sociais têm esse privilégio como herança", escreveu Robert Chia (1996:417).

Os acadêmicos são pagos para fazer o que gostam, pelo menos na pesquisa, se não no ensino. Na pior das hipóteses, isso leva ao prazer; na melhor, produz as idéias que modificam o mundo. Antigamente, na Europa Oriental, os homens mais instruídos das comunidades judaicas casavam-se com as moças das famílias

---

[1] Philip Whitley traçou um paralelo entre as escolas atualmente em funcionamento do Reino Unido e os fabricantes de automóveis do país na década de 50: "são capazes de vender toda a quantidade que produzem" e assim têm pouco incentivo para investir numa mudança séria. "A velha máxima de que a longo prazo nada faz fracassar tanto quanto o sucesso, ainda poderá voltar a assombrar os educadores de administração do Reino Unido" (Keep e Westerwood 2002).

\* N. de R. T.: O termo *slack* tem vários significados, mas o sentido que entendemos como o mais adequado é de "folga", um período livre para descanso, um tempo de pouca atividade.

ricas, para que pudessem passar a vida estudando e assim preservar e aprimorar a riqueza do conhecimento da sociedade local. Os acadêmicos representam algo equivalente nos tempos modernos. A sociedade os apóia, em números relativamente pequenos, para ser a sua consciência, num certo sentido. Portanto, desperdiçar esse privilégio é uma irresponsabilidade.

Acredito que o papel da escola de *gestão* é o desenvolvimento gerencial para promover o desenvolvimento da organização e, assim, alcançar o desenvolvimento social. Em outras palavras, a *maneira como* cumprimos nossa finalidade é desenvolvendo gerentes mais capazes para melhorar as organizações. O motivo *pelo qual* fazemos isso é para formar uma sociedade melhor. Relegue o desenvolvimento social e estaremos condescendo com nossas organizações; relegue o desenvolvimento da organização e estaremos abandonando os nossos estudantes. As duas coisas tornaram-se comuns.

A essência deste capítulo começa com uma consideração sobre a entrega (*delivery*), ou seja, sobre os programas que acredito que as escolas de gestão/negócios deveriam oferecer, em geral, se não cada uma das escolas, em particular. Isso leva a um portfólio de programas discutidos em capítulos anteriores. Em seguida, o capítulo volta-se para o desenvolvimento – ou seja, a área de pesquisa e como ela pode ser reconsiderada. Uma última seção analisa a natureza das próprias escolas e como elas podem se tornar mais eficazes, tanto para o desenvolvimento quanto para a entrega – ou seja, para o aprendizado.

## Os Ms, os Bs e os As

Tem havido uma convergência notável no que as escolas de negócios oferecem, especificamente em torno do modelo prevalecente de MBA, que acabou se infiltrando tanto na educação de 3º grau quanto nos programas para o desenvolvimento gerencial, e até mesmo nos estudos para doutorado. O fato de isso não funcionar nem mesmo para programas de MBA foi o assunto da primeira parte deste livro; o fato de que nunca deveríamos ter permitido que tal modelo se infiltrasse nesses outros estudos faz parte da discussão a seguir.

Acredito que as escolas de gestão/negócios deveriam se desvincular do MBA, especificamente tripartir suas intenções para um conjunto de programas de negócios (funções empresariais), outro enfocando a administração (gerenciamento) e um terceiro verdadeiramente tratando sobre maestria. Ironicamente, os programas de maestria (*mastering*) são propostos não em nível de mestrado, mas acima e abaixo dele, nos estudos de doutorado e de nível superior.[2]

Hoje em dia, as escolas de negócios agem em grande parte como pontos de *partida*; na maioria das vezes, elas lançam pessoas jovens em suas carreiras (até mesmo em programas de doutorado). O portfólio aqui proposto sugere que as escolas de gestão/negócios possam funcionar mais equilibradas como escolas de pontos de

---

[2] Isso não sugere excluir programas de maestria mais profundos no nível de mestrado, como o mestrado em filosofia da Lancaster sobre estudos críticos em administração, discutido no Capítulo 7, mas apenas indicar que o potencial para esses programas é limitado.

partida, escolas de desenvolvimento e escolas de acabamento (*finishing*); além de educar, também podem ser escolas de especialização e escolas de aprimoramento – mas cada uma do seu próprio jeito, para os seus estudantes específicos. O portfólio também sugere que possa haver uma ampla escala de ofertas pelas escolas, para refletir a variedade de organizações, de setores industriais e de países. Não existe um "único melhor jeito" (*one best way*) em administração, em nenhum país específico, e muito menos em nível "global". As carências das empresas em desenvolvimento são diferentes das carências das empresas desenvolvidas, assim como as necessidades de países em desenvolvimento são diferentes daquelas dos países desenvolvidos. E a produção em massa, cujos sistemas e técnicas permanecem tão influentes ao longo de todo o espectro da educação e da prática empresarial, raramente é um modelo para empresas de alta tecnologia, para gestão de conhecimento ou para o empreendedorismo no setor de negócios, conseqüentemente, muito menos em outros setores da sociedade. Ao se tornarem padronizadas no mundo inteiro, as escolas de negócios enfraquecem a prática.

O portfólio apresentado aqui possui cinco componentes: programas de mestrado especializados, para empresas; programas de mestrado mais genéricos, para gerentes (*practicing managers*); programas de desenvolvimento sem diploma, para gerentes; programas de bacharelado, para educar alunos na área; e programas de doutorado, para adultos.

## Programas de Mestrado Especializados

Há um lugar para o estandarte MBA nos programas oferecidos atualmente pelas escolas de negócios, mas não da forma hoje concebida. Devemos acabar com aquela hipocrisia de treinar especialistas em negócios aparentando desenvolver gerentes-gerais. O M* (de *master*, mestre) será apropriado quando esses programas forem reconhecidos pelo que eles são: B (*business*, negócios), não A (*administration*, administração).

Certamente existe uma simbiose no MBA convencional. É uma educação de produção em massa, relativamente barata, dirigida a pessoas cujos custos de oportunidade são na sua maioria relativamente baixos (mesmo que as taxas que eles paguem costumem ser um tanto altas). É adequada para acadêmicos interessados em pesquisa e diretores de escola interessados em escala. O problema é que o programa, ao pretender ser mais do que é, resulta em estudantes dominando o assunto menos do que deveriam. Esse título deveria ser valorizado pelo que faz melhor.

A alteração óbvia, discutida no Capítulo 7, é retirar da sigla MBA o A e substituí-lo por diversas designações especializadas: um MBM (*Master of Business in Marketing*) em *marketing*, ou até mesmo um MBMR (Master of Business in Marketing Research) em pesquisa de *marketing*, um MBF (Master of Business in Finance) em finanças, e assim por diante. (Mas, por favor, nada de MBS em estratégia: essa não é uma função especializada e nem um conjunto de técnicas analíticas.)

---

* N. de R. T.: Devemos lembrar que MBA significa literalmente Master of Business Administration.

E que tal um MBA mais geral, conforme a sua própria natureza: um Mestrado em *Análise* de Negócios (Master in Business Analysis)? Suspeito que isso possa ser amplo demais, uma "olhadela" superficial. Talvez possa funcionar restringindo-se a um único setor industrial – um MBB (Master of Business in Banking) em atividades bancárias, um MBR (Master of Business in Retailing) em varejo, e assim por diante.

Essa proposta oferece dois benefícios óbvios. Em primeiro lugar, permite mais profundidade, precisamente no que os estudantes tiram de mais eficaz nos estudos de MBA hoje em dia. Em segundo lugar, deixa claro aos estudantes e aos seus empregadores que eles foram educados numa função empresarial, não em gerência-geral.

É claro que estudantes que freqüentam esses programas precisariam estar mais expostos a materiais sobre empresas, até mesmo algo sobre gestão e sobre organizações. Mas isso só requer inverter o que as escolas de negócios já fazem, conforme ilustra a Figura 15.1. Hoje em dia, os estudantes costumam fazer uma série de cursos básicos sobre todas as funções empresariais no primeiro ano e, depois, se especializam em alguma delas por meio de matérias eletivas no segundo ano. A proposta aqui é de uma mudança para ênfase na especialização, sustentada por disciplinas sobre as outras funções, como também disciplinas sobre a gestão e a organização, com o objetivo de informar especialistas, e não de desenvolver gerentes.

Portanto, estudantes com pouca ou nenhuma experiência de trabalho podem ser treinados naquilo que podem aprender melhor. Depois, podem passar para empregos especializados em empresas, como a maioria faz hoje em dia, mas com um treinamento mais eficaz. Aqueles que mais tarde demonstrarem o desejo de gerenciar poderão voltar, como gerentes, para uma educação específica na sua função.

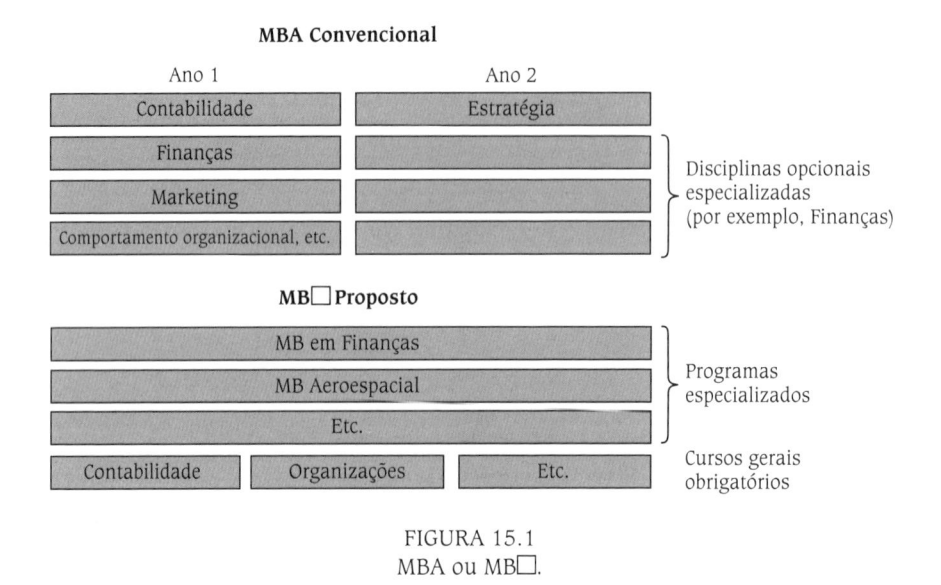

FIGURA 15.1
MBA ou MB☐.

Boa parte da energia das escolas de negócios agora está dentro das áreas funcionais, que disputam, entre si, espaço e lugar no currículo do MBA. Então, por que não alavancar essa energia, permitindo que diversas áreas desenvolvam os seus próprios programas, adequados a necessidades específicas na prática? Assim, professores especializados poderiam trabalhar com grupos que atuam em suas respectivas especialidades – por exemplo, professores de *marketing* com praticantes de *marketing* e associações –, planejando o currículo em conjunto, organizando atividades de campo e estágios, e colocando os formandos no mercado de trabalho depois da formatura. Conforme discutido no Capítulo 7, na Europa especialmente, encontramos evidência substancial para a viabilidade disso, incluindo alguns exemplos notavelmente criativos (como o programa de Bath em Compras, discutido anteriormente). Muitos exemplos também são encontrados na América do Norte, especialmente na área de contabilidade: essa proposta busca estender essas iniciativas.

## Programas de Mestrado para Gerentes

Obviamente os negócios exigem gerentes que entendam suas funções especializadas. Mas tão óbvio quanto isso é o fato de a educação gerencial dever ir muito além dessas funções. E como a prática do gerenciamento vai muito além dos negócios, para áreas em que o *B* do MBA fica no caminho, realmente precisamos de todo tipo de programas de Mestrado em Prática Gerencial (MPM – *Master of Practicing Management*). Conforme foi observado anteriormente, deve haver lugar para milhares de pessoas nesses programas.

Vejo esses programas posicionados em dois níveis. Um para pessoas que estão na metade de suas carreiras, com idades entre 35 e 45 anos, com uma experiência gerencial significativa, geralmente dedicadas a uma indústria ou a um setor, apoiadas por um empregador que patrocine os seus estudos. Esse é o modelo do IMPM descrito nos Capítulos de 10 a 14, e funciona. O outro dirige-se àqueles menos experientes, pessoas no seu primeiro emprego como gerentes. Assemelha-se com o IMPM, mas com uma dose mais pesada das funções empresariais, boa parte delas talvez vindo de estudos individualizados.

Além disso, vejo esses programas como sendo diferenciados por setor, com diversos deles para gerentes vindos de empresas, até mesmo de âmbitos empresariais como o de pequenas empresas, de assistência à saúde, da área social e assim por diante. Dependendo das necessidades, elas poderão ser internacionais, como no IMPM de negócios, ou locais, como foi o programa da McGill-McConnell para o setor de atividades voluntárias canadense.

Como havia comentado no Capítulo 14, e agora reitero aqui, seria mais lógico que os programas de EMBA fossem reorientados dessa forma, porque começam com as pessoas certas – ou seja, gerentes com experiência que permanecem no emprego. Não vejo nenhuma justificativa para que tais programas continuem a imitar um projeto concebido para pessoas sem contexto ou experiência. É claro que as escolas quase não têm incentivo para mudar quando o atual programa está repleto de alunos. Mas os gerentes ali presentes não tiveram nenhum outro lugar para ir. Esperamos que em breve possamos descobrir o que acontece quando fazem isso.

No que diz respeito a rótulos, o EMBA está quase tão bem estabelecido quanto o MBA. Em princípio, não precisará ser modificado, se o *A* passar a ter o seu significado real (e o *E* faz isso, significando *Experiente*, não *Executivo*). Mas sou a favor do estabelecimento do rótulo de MPM para transmitir a mensagem de que esses estudos são diferentes do MBA. Estabelecer um novo rótulo pode não ser uma tarefa fácil, mas, afinal, faz um século que o último grande rótulo foi introduzido em escolas de gestão/negócios.

## Programas de Desenvolvimento para Gerentes

Como vimos no Capítulo 8, existe uma grande barreira em várias escolas de negócios, com os programas com diploma – as jóias da coroa – por um lado, atentamente monitorados pelos professores, e os programas sem diploma, para gerentes, por outro lado, que costumam ser ignorados pelos professores.

A boa notícia no oitavo capítulo foi que esses últimos programas, em conseqüência, podem ser altamente inovadores, especialmente quando algum líder (*champion*) imaginativo se envolve profundamente neles. A má notícia é que poucas pessoas assim se envolvem tanto. O resultado tem sido um excesso de programas padronizados, geralmente apenas para ganhar dinheiro fácil. Como tais, não devem estar nas universidades. O fato de as empresas os terem tolerado no ambiente universitário sugere que elas poderiam ter ficado fascinadas com as credenciais acadêmicas. Mas felizmente os provedores não-acadêmicos, incluindo as próprias empresas, tornaram-se mais ativos e às vezes mais criativos no oferecimento de tais cursos.

Whitehead (1932) afirmou que "as universidades devem ser sedes de aventura" (p. 147). Imagine tratar todo programa de desenvolvimento gerencial como uma aventura – como uma oportunidade para gerar idéias e não apenas dinheiro. Imagine derrubar essas infelizes barreiras, de tal forma que as melhores idéias sobre desenvolvimento gerencial possam encontrar o caminho da educação gerencial e vice-versa. Espero que, algum dia, o fato de ser uma escola de gestão de prestígio não signifique explorar uma "marca", mas sim dar um novo passo.

## Programas de Bacharelado para Educar

Se quiser encontrar os verdadeiros programas de maestria hoje nas escolas de negócios, não os procure em nível de mestrado. A maestria costuma acontecer depois desses programas, em nível de doutorado. Também acredito que deveria acontecer antes deles, em nível de bacharelado.

Existem escolas de negócios – hoje em dia, especialmente na Europa; antigamente, havia muitas nos Estados Unidos – que educavam os seus estudantes do 3º grau; não os treinavam. É claro que as escolas de negócios são cercadas de pedidos de uma educação "prática". Mas esse termo é um oximoro. Qualquer pessoa que insistir numa educação prática durante a graduação deverá ser mandada para uma escola técnica; tal aluno não tem o que fazer numa universidade. Joseph Wharton identificou isso corretamente desde o começo.

Atualmente, o que é mais indicativo do problema é a confusão entre as exigências do diploma de bacharelado e o do mestrado. Várias vezes já ouvimos: "Mas já estudei 'comportamento organizacional' no meu programa de bacharelado. Usamos até o mesmo livro didático. Por que tenho que estudar de novo?" A pergunta faz sentido: será porque a pessoa agora tenha 24 anos em vez de 20 e isso seria relevante? Tais questionamentos são razoáveis porque a situação não é razoável. Compare isso com uma disciplina em Comportamento Organizacional para gerentes experientes que usam a experiência deles. Será que qualquer pessoa pediria isenção por ter feito um curso com esse título na graduação ou no MBA – até com o mesmo livro didático?

Existe uma solução simples para esse problema. Tire o material aplicado do currículo do curso de graduação. Lá não é o lugar mais próprio. Com uma freqüência muito grande ele produz um simulacro do processo educacional (lembre-se da discussão no Capítulo 2 sobre "Motivação: Esse é Maslow, não é?"). Leia o *e-mail* que segue, um dos muitos que recebo de estudantes universitários (e de pós-graduação), e pergunte-se por que qualquer pessoa, aluno ou professor, deveria gastar o seu tempo com esse tipo de "educação".

> Caro Sr. Mintzberg:
> Escrevo-lhe na esperança de que o senhor possa me ajudar num projeto de estudo específico. Estou tentando elaborar o argumento da Formação da Estratégia; infelizmente, estou achando incrivelmente difícil discutir sobre essa área. O senhor poderia ajudar-me, por favor? Agradeceria muito pela sua resposta. Obrigado.

Podemos substituir o material "prático" das funções empresariais pelo material sólido das disciplinas de base que proporcionaram raízes aos estudos sobre negócios e sobre a gestão (psicologia, economia, matemática e, além dessas, história, antropologia, literatura, filosofia, etc.). Em outras palavras, vamos educar os estudantes. Se eles escolheram administração de empresas e merecem estar numa universidade, então vamos fornecer-lhes o que a administração de empresas mais precisa: consideração, reflexão. "Em 1916, os fundadores da Graduate School of Business [da Columbia University] acreditavam que uma educação liberal fosse a melhor maneira de fornecer aos empresários o 'conhecimento amplo e a habilidade especial, além dos quais apenas a experiência pode fornecer'." (Aaronson 1992:163.) Eles estavam certos naquela época, e continuam certos hoje.

Ainda mais importante do que qualquer disciplina específica é a disciplina de saber pensar, e isso pode vir de uma base séria em qualquer campo sério da investigação. No quadro a seguir, um professor de filosofia defende a sua própria disciplina.

> ### INTERESSADO EM NEGÓCIOS? ESTUDE FILOSOFIA
>
> *(extraído de um artigo de jornal de 1990, escrito por Thomas Hurka,
> um professor de filosofia da Universidade de Calgary)*
>
> Como o Canadá deve educar os estudantes para competirem com sucesso no mundo dos negócios? Alguns governos provinciais [estaduais] acreditam que é ensinando-lhes a administrar empresas...
>
> Evidências recentes sugerem que essa abordagem está errada. Produziremos gerentes melhores se primeiro os educarmos em matérias tradicionais na área das ciências humanas. Poderemos fazer melhor ainda se os educarmos em filosofia...
>
> Considere o GMAT... Estudantes de administração do 3º grau, que se poderia imaginar que estivessem especialmente bem preparados para esse exame, obtêm notas baixas, ficando aquém da média entre todos aqueles que prestam o exame. Os melhores resultados são obtidos por estudantes de matemática, seguidos por estudantes de filosofia e engenheiros...
>
> De acordo com um livro do sociólogo Michael Useem [1989], [estudantes de *arts and science*] têm mais dificuldades para encontrar empregos iniciais na área gerencial do que aqueles que possuem diplomas de administração ou de outro curso superior, porque lhes faltam habilidades específicas em finanças ou engenharia. Quando são contratados, costumam ocupar níveis inferiores na hierarquia da empresa. Mas quando começam a atuar, no entanto, avançam mais rapidamente do que os seus colegas... Um estudo da AT&T mostrou que, depois de 20 anos trabalhando na empresa, 43% das pessoas formadas em ciências humanas [*liberal arts*] haviam atingido um nível gerencial entre intermediário e superior; no caso dos engenheiros, o número foi de 32%. O Chase Manhattan Bank descobriu que 60% dos seus piores gerentes tinham MBA, enquanto 60% dos seus melhores gerentes eram bacharéis em ciências humanas (BAs). Na IBM, 9 dos 13 principais executivos da empresa eram formados em ciências humanas.
>
> O que explica o sucesso dos estudantes de ciências humanas (*arts and science*)?... Ao analisar exames admissionais, descobriu-se que os estudantes que têm melhor aproveitamento são aqueles que "se formam num campo caracterizado pelo pensamento formal, relações estruturais, modelos abstratos, linguagens simbólicas e raciocínio dedutivo". Quanto mais abstrato for um assunto, mais ele desenvolve habilidades de raciocínio puro; e quanto mais desenvolvidas forem as habilidades de raciocínio de uma pessoa, melhor desempenho ela terá em qualquer campo aplicado.
>
> Isso está de acordo com os dados empresariais. As corporações relatam que, apesar de as habilidades técnicas serem mais importantes em empregos de gerência num nível baixo, elas se tornam menos relevantes nos empregos de nível médio e superior, em que as principais características incluem a habilidade de comunicação, a habilidade de formular problemas e o raciocínio.

As próprias escolas de negócios, como locais de reunião das disciplinas, podem fazer muito por esse tipo de educação. Muitas delas possuem economistas, estatísticos, psicólogos, historiadores e outros profissionais na equipe, que podem desenvolver cursos substanciais que relacionem questões disciplinares à natureza do empreendimento empresarial. Com efeito, esses cursos sendo bem ministrados podem estimular o interesse pelos negócios de maneira muito mais efetiva do que os obtidos usando técnicas de *marketing* e estratégia.

Joseph Wharton e Alfred North Whitehead (1932:142) fizeram apelos semelhantes por uma educação em nível de graduação nos anos de 1870 e 1930, respectivamente. Esses apelos ecoaram nos três principais relatórios sobre negócios em 1959 e 1988:

> As faculdades (ensino superior)... devem enfatizar as disciplinas de base [como a literatura e a linguagem, a matemática, a psicologia e a economia], dedicando uma atenção consideravelmente menor às especialidades funcionais e aos detalhes do desempenho gerencial. (Pierson 1959:xiv.)
>
> *Recomendamos que não menos do que a metade do programa de graduação de quatro anos seja dedicado à educação geral*, e acreditamos que muito mais seria desejável. (Gordon e Howell 1959:133; itálicos no original.)
>
> Durante nossas investigações encontramos uma preocupação justificada, especialmente entre executivos seniores atuantes no mundo dos negócios, que é a de que os estudantes das escolas de negócios tendem a ser educados de uma forma limitada em relação a como deveria ser... A educação em nível de graduação... deveria... [preocupar-se] com a educação integral do estudante... [Com efeito], chegou a hora de as escolas de negócios se voltarem, com a pretensão de enriquecerem-se, para virtualmente todos os setores universitários. (Porter e McKibbin 1988:316,317.)[3]

É estranho que tais apelos tenham procedido regularmente dessas fontes e tenham tido tão pouco impacto.

Muitos professores que lecionam em escolas de negócios poderão lhe dizer que os estudantes do 3º grau tendem a ser mais criativos e vigorosos do que os de MBA, e também são mais voltados para o empreendedorismo. (Lembre-se dos dados que vimos sobre esse assunto, citados no Capítulo 5.) Isso sugere que uma educação ampla, baseada em idéias, pode ser mais útil a eles e à sociedade do que uma educação técnica e limitada. Igualmente indica que os planejadores de currículos de graduação devem relaxar e deixar as idéias criativas fluir.

Robert Chia, da escola de negócios da Exeter University, na Inglaterra, é um professor que deixou essas idéias fluírem. Questionando se as disciplinas formais mais convergentes deveriam formar realmente a base da educação empresarial de graduação, ele argumentou em favor de um estudo mais criativo da literatura e das ciências humanas. Compare as idéias dele, reproduzidas no quadro a seguir, com as de Thomas Hurka, expostas no quadro anterior, enfatizando o "pensamento formal" e o "raciocínio dedutivo", e compare também com a seção intitulada "escola onde as dificuldades são mitigadas" (*School of Soft Knocks*), no Capítulo 3, sobre o treinamento de empreendedores em programas de MBA.

---

[3] Porter e McKibbin (1988) sugeriram uma redução da "proporção empresarial do programa (de 3º grau) para o mais próximo possível de 40%, ou seja, para o limite inferior da quantidade exigida para reconhecimento pela AACSB" (p. 317). Talvez eles devessem ter questionado esse limite.

> ### Cultivando a Imaginação Empreendedora
>
> *por Robert Chia (de 1996:409, 411, 415)*
>
> Este trabalho argumenta que o cultivo da "imaginação empreendedora" é a contribuição absolutamente mais importante que as escolas de negócios de universidades podem oferecer à comunidade empresarial. Em vez da ênfase prevalecente no aspecto vocacional de programas empresariais/gerenciais, para torná-los mais "relevantes", as escolas de negócios devem adotar uma estratégia educacional deliberada que privilegie o "enfraquecimento" de processos de pensamento, de tal forma a encorajar e estimular a imaginação empreendedora. Isso requer uma mudança radical em prioridades pedagógicas, relegando o ensino de habilidades analíticas para a solução de problemas e objetivando cultivar uma mentalidade de "mudança de paradigma". Por sua vez, isso exige que os próprios acadêmicos de gestão se engajem na prática do que chamamos aqui de "empreendedorismo intelectual"... Isso implica uma tentativa consciente e deliberada da parte deles... de explorar, de maneira ousada, o mundo das idéias e sem as inibições indevidas de restrições disciplinares, de tal forma a cultivar... um senso íntimo pela força e pela beleza das idéias...
>
> Acredito que recorrer à literatura e às ciências humanas proporcione a melhor maneira de estimular os "poderes de associação" em mentes férteis e jovens... Enquanto a mentalidade científica tradicional enfatiza a *simplificação* da multiplicidade complexa de nossas experiências em "princípios", "axiomas", etc., gerenciáveis, a literatura e as ciências humanas têm enfatizado de maneira persistente a tarefa de tornar os nossos processos de pensamento *mais complexos*, e assim nos tornar sensíveis às variações sutis da vida moderna... É o próprio ato de se libertar das maneiras de pensar dominantes e das convenções estabelecidas que distingue o empreendedor das outras pessoas.

## Programas de Doutorado para Adultos

A maestria certamente acontece ao nível de doutorado. Mas maestria do quê?

Estudantes de doutorado dominam os materiais – isto é, a literatura para pesquisa – e dominam também métodos de pesquisa, pelo menos aqueles "rudes", chamados quantitativos. O que um número cada vez maior deles não é encorajado a dominar é a independência de fazer as coisas com seus dois pés devidamente assentados. Uma quantidade enorme de programas de doutorado, particularmente nos Estados Unidos, bem como suas imitações no exterior, não trata os estudantes como adultos.

O Modelo Americano   A seqüência de fatos mencionados a seguir não é incomum, especialmente em programas americanos. Em primeiro lugar, ninguém é aceito no programa sem selecionar uma área de estudo pré-designada: escolha de uma lista, como você faz no McDonald's. As escolas de negócios não fornecem diplomas de doutorado se você busca afastamento das categorias convencionais ou mesmo por uma combinação delas; também não fornecem muitos diplomas de doutorado em negócios ou gestão – elas os concedem principalmente em *marketing*, finanças, estratégia ou algo parecido, como se todo o conhecimento relevante sobre negócios e administração se encaixasse facilmente em um ou outro desses rótulos. Não se trata de uma distorção grosseira concluir que estudantes que queiram pensar de maneira ampla sobre negócios ou administração não precisam se candidatar.[4] Como conseqüência, o pensamento dos estudantes torna-se mais restrito do que amplo nos estudos de doutorado.

O novo estudante de doutorado, como o novo estudante de MBA ou do 3º grau, é recebido com uma lista de cursos, alguns obrigatórios para todos, a maioria deles de acordo com a área de especialização. Uma vez que o estudante tenha completado devidamente o número de cursos exigido e atendido a todos os requisitos, presta o exame "geral" ou "abrangente"*, juntamente com os outros estudantes de sua turma no campo de especialização, sendo testado sobre conhecimento a partir de uma lista de leitura padrão.

Então, até esse ponto, o programa de estudos – para uma vida acadêmica altamente independente – foi concebido para o estudante, que tem pouco controle sobre o conteúdo, talvez até pouca oportunidade de fazer qualquer coisa original.

No entanto, existe uma anomalia interessante aqui, porque ao longo do caminho disseram repetidas vezes ao estudante que ele deveria publicar alguma coisa ou correria o risco de não conseguir um emprego quando se formasse – afinal, estudantes de doutorado em outras faculdades também receberam o mesmo tipo de alerta. Portanto, nos estudos de doutorado, a expectativa é de que você escreva a abertura antes de compor a ópera. Mas como fazer isso quando você ainda não aprendeu nada sobre escrever óperas, quanto mais aberturas? De muitas maneiras, a solução mais simples é inserir-se em algum projeto de pesquisa em andamento de um professor. Essa não será uma má idéia se servir como verdadeiro aprendizado; somente será uma má idéia se for uma forma conveniente de os professores aumentarem sua produção científica.

A ópera é a tese, o auge dos estudos acadêmicos, para demonstrar erudição independente e perspicaz. O fato de tantas teses hoje em dia carecerem de uma fagulha de discernimento pode ser atribuído ao número de programas que oferecem pouco espaço para independência. (Algumas vezes, a própria tese é inserida na agenda de pesquisa de alguns professores.) Não que falte rigor a essas dissertações; ao contrário, muitas contêm *apenas* rigor.

Nem todos os programas de doutorado exigem todo esse processo, mas um número apreciável deles, sim, e a maioria o faz durante uma parte significativa do caminho. Eles deveriam ser reconcebidos na direção oposta – promover estudos (*scholarship*) criativos e independentes. Estudantes de doutorado devem ser selecionados pelo seu potencial de independência; devem demonstrar criatividade no trabalho ou devem ser convidados a se retirarem – o mundo já tem professores pedantes o suficiente; devem conceber *seus* programas em parceria com os seus orientadores, definindo, durante o processo o seu próprio foco de estudo específi-

---

[4] Os números da AACSB, para matrículas em doutorados nas escolas associadas, nos Estados Unidos, em 2002, mostram 868 em finanças, 674 em economia/economia gerencial, 657 em contabilidade, 605 em *marketing*, 581 em MIS (Management Information Systems), 337 em ciência comportamental/comportamento organizacional, 217 em gerenciamento de produção/operações, 162 em RH e 151 em gestão estratégica – para um total de 4.252. Em "Gestão" foram 633; em "Administração Geral", 249; e em "Negócios Internacionais", 143 – para um total de 1.025, menos de um quarto das áreas mencionadas.

* N. de R. T.: Exame de qualificação é o termo normalmente utilizado no Brasil.

co, além das categorias regulares ou dentro delas. Em outras palavras, o programa de cada estudante deve ser personalizado, customizado.

Muitas vezes pedem a estudantes de doutorado que abordem alguma questão gerenciável na sua pesquisa, que escolham uma pequena fração de uma grande questão. Não concordo. As teses realmente interessantes abordam realmente grandes questões. Não ao tentarem estudar tudo, apenas concentrando a atenção em algum aspecto importante. Tais estudantes de doutorado são inspirados. Vão direto na jugular. Muitos outros são superficiais. E continuam a fazer isso como professores. Então, se você realmente deseja saber o que está preocupando as empresas hoje em dia, literalmente estará fazendo melhor negócio lendo Dilbert e não a maioria das revistas acadêmicas de negócios. (Se você não for um acadêmico, sugiro que apanhe um desses periódicos e leia o sumário.)

A TRADIÇÃO EUROPÉIA  Tradicionalmente, estudos de doutorado, em muitas partes da Europa, têm ficado no outro extremo. No limite, mas novamente fundamentado em alguma prática, não há programa, não há disciplinas, não há exames. O estudante se apresenta a um professor, desaparece durante anos para escrever uma dissertação e depois reaparece para se reapresentar no momento em que entrega o trabalho. Com a influência das escolas de negócios dos Estados Unidos, muito disso foi abandonado para dar lugar à abordagem descrita anteriormente. Mas efetivamente ocorrem exceções agradáveis. Uma delas está descrita no quadro a seguir.

---

### TESE SEM SOCIALIZAÇÃO

Alguns anos atrás, recebi do nada uma carta de um consultor norueguês chamado Lars Groth. Queria ajuda para a sua tese de doutorado. Algo nisso tudo me pareceu incomum, então liguei para o tal Lars e conversei com ele. Como eu faria escala no aeroporto de Oslo dias depois, combinamos de nos encontrar. Ele me entregou um trecho da sua tese, que eu li no avião. Era sobre o impacto de sistemas de informação sobre o *design* das organizações. Já havia sido editada uma grande quantidade de obras monótonas sobre esse assunto desde a década de 50, repletas de promessas sem resultados, mas o trabalho de Lars pareceu-me interessante. Não era "quantitativo"; baseava-se na considerável experiência de consultoria que ele desenvolvia na área – algo totalmente proibido em programas de doutorado respeitáveis.

Lars explicou-me o seu problema. Ele tinha agido da forma clássica dos doutorados europeus, com um professor do Departamento de Sociologia da Universidade de Oslo. No entanto, pouco tempo antes de conseguir voltar àquela mesa para entregar o trabalho – elaborado com amor, que ele levou oito anos para concluir – o professor faleceu e nenhum dos seus colegas levou essa obra adiante. Lars explicou que existe uma regra na Noruega de que uma tese desse tipo pode ser defendida em uma outra universidade, pelo menos se os professores de lá estiverem dispostos a avaliá-la. Lars, em função disso tudo, perguntou se eu poderia ajudá-lo nessa questão.

Com efeito, ele já tinha feito uma consulta à famosa Norwegian School of Economics and Business Administration, sediada em Bergen. Liguei então para Torge Revê, que eu co-

*– continua*

> *– continuação*
>
> nhecia de lá, para respaldar o pedido de Lars. Eles foram favoráveis. Por mérito dessa faculdade, foi permitido que Lars defendesse a sua tese em Bergen. Um episódio memorável!
> Pediram-me para ser o examinador externo. A Wiley acabou publicando o trabalho, sob o título Future Organizational Design (Groth 1999), e fui pressionado a redigir o prefácio. Lá, escrevi:
>
> *Em meus comentários (na defesa), expliquei por que essa tese deveria ser inaceitável: o assunto é amplo demais, o tópico é vazio demais, não foi realizado nenhum trabalho empírico sistemático, e o trabalho é longo demais. Isso tudo é para dizer que não existe uma fórmula para escrever uma tese, como também não existe para aplicação (tecnologia da informação). Não confie nos professores quando o assunto for esse. Com efeito, o trabalho em questão é extraordinário em todas as frentes: profundidade, criatividade, linguagem, estrutura, perspectiva histórica. É um testemunho da erudição sem socialização: poucos dentre os estudantes de doutorado altamente doutrinados fazem isso bem. Discordo do autor em alguns trechos, mas aprecio sobremaneira a forma pela qual o seu trabalho abnegado brilha do começo ao fim. Essa deveria ser a essência da erudição (scholarship).*

Teses de doutorado ao estilo europeu podem nem sempre funcionar tão bem quanto a descrita no quadro anterior, da mesma maneira que as dissertações ao estilo americano às vezes acabam sendo maravilhosamente criativas. Mas é preciso haver um meio termo que proporcione alguma orientação, ao mesmo tempo deixando a responsabilidade pela concepção do programa de estudos, bem como a sua execução, significativamente nas mãos do doutorando. Acredito que tenhamos isso em Montreal.

O PROGRAMA CONJUNTO DE DOUTORADO EM ADMINISTRAÇÃO   Graças à criação de um comitê governo-universidade, as faculdades de administração nas quatro universidades de Montreal foram obrigadas a oferecer um Programa Conjunto de Doutorado. O que parecia ser uma fórmula para o desastre tornou-se uma oportunidade para colaboração. Pudemos juntar nossos recursos, incluindo várias centenas de professores, e fazer algo realmente interessante, entre o modelo europeu e o americano (semelhante à própria vida em Montreal). Planejamos o programa inicial (algumas mudanças ocorreram desde então) com as seguintes características:

- O programa não é oferecido em nenhuma área predeterminada, ou, mais objetivamente, não elimina nenhuma área. Os candidatos, no momento da inscrição, indicam a área em que desejam estudar e os *review committees* (comitês julgadores) da universidade em que se inscrevem e, depois, um comitê conjunto das quatro universidades admitem os mais fortes que tenham apoio de membros do corpo docente que estejam dispostos a trabalhar com eles. A maioria se inscreve em áreas-padrão. Mas não todos.

- Não existem caminhos-padrão ao longo do programa. Cada "programa" é personalizado para um determinado estudante, que trabalha com o seu próprio comitê docente *(faculty committee)*. É claro que um comitê pode impor um caminho-padrão como condição para trabalhar com ele. Mas não é o que ocorre com a maioria.

- Depois do primeiro estágio de *preparação* (demonstração de conhecimento básico, em matérias fundamentais (*core business subjects*) seguem-se os estágios de *especialização* e *tese*, sendo que para cada um deles forma-se um comitê de supervisão. O estudante convida vários membros do corpo docente para participar, sendo que pelo menos um dos professores precisa ser oriundo de uma das outras três faculdades.

- O programa de estudo para a fase de especialização é desenvolvido pelo estudante com o seu comitê. Ele contém disciplinas opcionais apropriados (há disponibilidade de cerca de cinqüenta a cada ano), duas disciplinas em uma área de apoio (geralmente numa disciplina de base), e dois trabalhos teóricos (exigência que foi reduzida) em que o estudante investiga profundamente algum aspecto da literatura. Além disso, todos os estudantes no programa inteiro freqüentam uma seqüência de três seminários do núcleo comum: "Fundamentos do Pensamento Administrativo" (que se tornou eletivo), "Metodologia de Pesquisa em Administração" e "Pedagogia em Administração".

- O exame de qualificação ao final da fase de especialização é totalmente personalizado: cada estudante é examinado pelo seu próprio comitê, com base numa lista de leitura preparada em conjunto.

- O comitê de supervisão é reconstituído formalmente no estágio de tese (apesar de geralmente os membros serem os mesmos). Como na maioria dos outros programas, esse comitê acolhe a proposta de pesquisa e o resultado final, sendo que ambos são defendidos publicamente. (Um trabalho de Jean-Marie Toulouse e meu, detalhando o projeto original do programa, está disponível por meio do endereço eletrônico *santa.rodrigues@mcgill.ca*.)

O Programa Conjunto de Doutorado em Administração existe desde 1976 (e cresceu bastante, recentemente). Até dezembro de 2002 tinha graduado 234 pessoas, sendo que várias das suas teses receberam prêmios de grande prestígio. (Devo acrescentar aqui uma nota pessoal: trabalhei principalmente com estudantes mais maduros nesse programa, na faixa dos trinta anos, e isso foi extremamente gratificante. Eles costumam trazer uma experiência de trabalho fascinante e, tendo-a deixado pela vida de pobre estudante de doutorado, costumam demonstrar uma dedicação profunda e autêntica pelo conhecimento.)

# O Papel da Pesquisa

Desde as mudanças ocorridas na década de 60, as escolas de negócios tornaram-se vigorosos centros de produção acadêmica, locais ecléticos de encontro para uma grande variedade de pesquisadores. Ainda não havia passado uma década desde que a revista *Fortune* publicara o artigo de Zalaznick (1968) com o subtítulo "Os pós-graduados em negócios podem ser elogiados em proporção desmedida, mas as escolas de pós-graduação costumam ser menos valorizadas do que deveriam" (p. 168):

> Pouco notada e certamente subvalorizada é uma dimensão nova mas extremamente promissora das escolas de pós-graduação em negócios. Ultimamente, várias delas têm trabalhado muito duro para recrutar acadêmicos de primeira linha para os seus corpos docentes e, com isso, melhoraram bastante a qualidade da pesquisa que patrocinam. Esses acadêmicos têm abordado uma variedade impressionante de problemas complexos (p. 169).

Pesquisadores das escolas de negócios abordam duas questões centrais do nosso tempo. Uma diz respeito aos negócios, em suas diversas manifestações; conforme foi observado, o progresso já conquistado em algumas áreas funcionais, como finanças e *marketing*, tem sido impressionante e influente. A outra, reconhecida com menos clareza, é a organização. Não tanto a gestão, mas a organização.

Várias ciências sociais, principalmente a antropologia, a sociologia, a economia e a ciência política, concentram-se em questões amplas relacionadas à sociedade; só uma delas, a psicologia, põe o foco no indivíduo. Mas nenhuma dá uma atenção séria ao importante nível de atividade humana entre o indivíduo e a sociedade – ou seja, as organizações, que influenciam tanto as nossas vidas diárias. Vivemos num mundo de organizações, do dia em que nascemos num hospital até o dia em que somos enterrados por uma funerária, incluindo tudo o que acontece nesse intervalo. A própria economia contém organizações empresariais de todo tipo. O governo é tanto uma rede interativa de organizações públicas quanto um sistema de política legislativa e executiva. O restante da sociedade, denominada sociedade civil, é uma grande conjunto de todo tipo de organizações, chamadas de ONGs, organizações sem fins lucrativos, *trusts*, cooperativas, e assim por diante. Precisamos desesperadamente entender esses fenômenos, e é nas escolas de negócios que eles recebem uma atenção particular – de pessoas não apenas treinadas nos negócios, mas em diversas ciências sociais, que ali se reúnem para focalizar questões de organizações.

Portanto, o potencial é enorme. E acredito que o resultado impressiona – de fato, um dos segredos mais bem guardados no mundo acadêmico.

## GARIMPANDO O OURO ACADÊMICO

Freqüente a reunião anual da Academy of Management e encontrará milhares de acadêmicos abordando todo tipo de questões relativas a organizações. A maior parte dessa discussão é pedante, grande parte é horrível; a melhor parte dela, no entanto, evidencia substancial discernimento.

O problema com a reunião da Academy of Management é que os pesquisadores falam principalmente uns com os outros, como fazem na maioria dos periódicos. Alguns profissionais de mercado empresarial se infiltram, mas a maioria vai procurar idéias em outro lugar. Vários deles consideram a pesquisa acadêmica irrelevante para as suas necessidades. Mas mencione um Michael Porter, ou um James

Brian Quinn, ou ainda um Edgar Schein, e a reação será diferente. Pois o fato é que muitos dos escritores atuais mais influentes na área de administração – pensadores sérios, amplamente lidos – fizeram as suas carreiras na academia.[5]

EFICIENTE NÃO SIGNIFICA EFICAZ   A pesquisa acadêmica sobre organizações e gestão sofre de dois grandes problemas. Em primeiro lugar, não é muito eficiente. Em segundo lugar, não é muito acessível.

Encontrar boas idéias (*insights*) a partir da pesquisa acadêmica é como garimpar ouro. O pesquisador precisa passar por uma quantidade enorme de sedimentos e pedras até que apareça uma pepita. É um trabalho tedioso, que a maioria dos gerentes experientes evita. Uma atitude compreensível, porém equivocada, porque as pepitas podem ser valiosas.

O ideal é que a pesquisa nas escolas de negócios fosse mais eficiente. Na área da física também seria bom, se a pesquisa fosse mais eficiente, assim como na área farmacêutica. Livre-se de todo trabalho inútil e concentre-se nos trabalhos realmente inovadores. Seria ótimo que pudéssemos identificar a diferença – mesmo depois, melhor ainda antes. (Certa vez, um professor que tive disse-me que as teorias passam por três estágios: inicialmente, são erradas; depois, são subversivas; e, finalmente, são óbvias.) Tornar a pesquisa mais eficiente é fácil – administradores e contadores fazem isso o tempo todo. A parte difícil é torná-la eficaz (*effective*).

Simplesmente não sabemos identificar quem irá produzir essas pepitas ou onde. As pessoas e locais que parecem tão adequados – os indivíduos que falam bem, obtêm notas altas, as faculdades de prestígio em que essas pessoas parecem tão seguras de si mesmas – costumam estar equivocadas, enquanto muitas idéias interessantes provêm de fontes estranhas. A pesquisa é contributiva quando traz à tona alguma coisa inesperada – em outras palavras, quando viola a sabedoria convencional. Então, as pessoas e locais óbvios, os assentos da sabedoria convencional, costumam provar ter menos sucesso do que aqueles que parecem ser irrelevantes e também costumam ser irreverentes. Minha noção de um bom pesquisador tem como base o personagem de um conto de Hans Christian Andersen, o garotinho que afirmava que o imperador estava nu.

PESQUISANDO PARA BILL E BARBARA   O segundo problema é acessibilidade. Nós, acadêmicos, falamos uns com os outros em locais como a Academy of Manage-

---

[5] Um *site* do *Financial Times*, chamado FTdynamo.com (agora extinto), publicou em janeiro de 2001 uma lista dos 50 "principais pensadores" na área de administração. Dos 10 primeiros, quatro eram acadêmicos e outros três (Peter Drucker, Charles Handy e Gary Hamel) tinham tido há muito tempo laços acadêmicos. Os nove seguintes eram todos acadêmicos. O FTdynamo deixou a sua rede ampla, para incluir empresários e consultores (Jack Welch e Bill Gates estavam entre os 10 primeiros). Mas "uma surpresa inicial foi o fraco desempenho de consultores de destaque na mídia". De maneira semelhante, a revista da empresa de consultoria Accenture, *Outlook*, na sua edição de janeiro de 2003 publicou a classificação dos "50 principais gurus". Mais de metade dos 15 primeiros era composta de acadêmicos e muitos apareciam em seguida. Praticamente não havia consultores entre esses 15 empresários, como Bill Gates e Jack Welch, se seguiam (números 19 e 34, respectivamente). Uma imensa organização de profissionais liberais, a American Society for Training and Development, com 70 mil membros, oferece um prêmio por contribuições ao aprendizado e desempenho no local de trabalho – um campo aplicado, se é que existe. Dos seis ganhadores até hoje, cinco são acadêmicos por toda uma vida, bastante conhecidos nas publicações especializadas; o outro é Peter Drucker.

ment e escrevemos uns para os outros em publicações como a *Administrative Science Quarterly*. Nossa pesquisa é basicamente fechada, decidida, conduzida, julgada e controlada por nós mesmos, e portanto costuma ser impenetrável para todos, exceto para aqueles mais determinados. Insistimos no direito exclusivo de avaliarmos os trabalhos uns dos outros e ainda assim esperamos que a sociedade pague a conta. É uma demonstração extraordinária de arrogância, igualada apenas pela aquiescência daqueles que pagam as tais contas. É claro que insistimos nisso como um escudo para proteger nossas preciosas idéias, nunca admitindo que isso também possa ser uma cortina de fumaça para esconder um trabalho ruim.

Pesquisadores nas áreas de negócios e na gestão não estudam a fissão nuclear. Lidam com assuntos cotidianos. Então, qualquer descoberta interessante deve ser logo transmitida para profissionais inteligentes. E qualquer descoberta que não possa ser transmitida provavelmente não é útil. É claro que o jargão pode interferir, mas isso costuma ser uma outra cortina de fumaça para esconder um trabalho ruim.

Alguns anos atrás, Bill, um grande amigo, convidou-me para acompanhá-lo no jantar com sua colega Bárbara. Ali estavam dois gerentes inteligentes e articulados. Bill administrava o departamento de distribuição (*marketing*) do National Film Board of Canada, integrado por 300 pessoas, a maioria das quais subordinadas a Bárbara, responsável no Canadá. Ela manifestara interesse em encontrar-se comigo para discutir aspectos de liderança.

Na ocasião, eu estava me preparando para participar de uma conferência acadêmica exatamente sobre liderança, em que deveria comentar os trabalhos que seriam apresentados. Enquanto eu os lia, imaginava como Bill e Bárbara reagiriam. Assim, decidi fazer meus comentários nesse sentido. "Isto chamaria a atenção de Bill e Bárbara?". Questionei a conclusão de um trabalho. Grande parte dos pesquisadores não gostaram dos meus comentários. Então, ao prepará-los para publicação, decidi solicitar as opiniões categorizadas de Bill e Bárbara em relação a cada um dos trabalhos, as quais publiquei juntamente com os meus próprios comentários (*in* Mintzberg 1982). O resultado é que meus comentários haviam sido brandos! Vale a pena citar alguns deles para mostrar o nível de reflexão de alguns gerentes que nunca passaram por uma escola de negócios:

> Isso vai além de olhar para o próprio umbigo – é solipsismo... A coisa toda é como uma boneca *matrioska* russa – estudos dúbios envolvendo estudos dúbios envolvendo estudos banais, superficiais e desinteressantes, para começar. Para piorar as coisas ainda mais, boa parte da apresentação é escrita num estilo que só pode ser descrito como torturante (Bill, p. 245).

> Tanto trabalho para determinar que "há uma grande quantidade de diferenças e complexidades na maneira pela qual os líderes realizam os seus contatos interpessoais". *Eureka*! (Bárbara, p. 243)

> [Esse estudo] está tentando medir coisas que são intrinsecamente não-quantificáveis – pelo menos, em escalas nítidas. É como um crítico de arte afirmar que, se o teto da Capela Sistina fosse um pouco mais alto e se os dedos indicadores de Deus e de Adão estivessem um pouco mais longe um do outro, o impacto causado seria 2% menor. Esse tipo de abordagem não tem imaginação e erra completamente o alvo (Bill, p. 246)

> O problema relacionado aos manuais do tipo "como fazer" (*how to*), para habilidades interpessoais, é que os bons líderes não precisam deles (foi assim que se tornaram líderes!), e não se pode ensinar os maus líderes a usarem tais habilidades. (Bárbara, p. 247)

De uma maneira abrangente, Bill concluiu que "muitos desses trabalhos chegam a tamanhos e explicações incríveis e enroladas, apenas para afirmar o óbvio no final", enquanto Bárbara afirmou que "o que mais me incomodou, quando li os diferentes trabalhos, foi a suspeita corrosiva de que toda a pesquisa estava sendo realizada como um fim em si mesma". (p. 243)

Pesquisadores podem ser portadores de uma reclamação válida, a de que, a julgar pelo nível e pelo tom de tantos livros de administração que são *best sellers*, os leitores não exerceram nenhum julgamento do tipo "aprovo" ou não. O fato é que existem muitos Bills e Bárbaras por aí, praticantes atentos que não lêem esse tipo de livro e que adorariam receber idéias interessantes originadas pela pesquisa (era por isso que Bárbara tinha interesse no jantar), da mesma maneira que existem Porters e Quinns e Scheins felizes em abastecê-los. Encontramos esse tipo de gerente no nosso programa IMPM o tempo todo. Assim, concluí meu trabalho propondo um "teste de Bill e Bárbara":

> Divulgue que qualquer pedido de financiamento para pesquisa ou qualquer encaminhamento de trabalho para um periódico terá que passar pela avaliação de um profissional inteligente, atuante no mundo dos negócios. Um membro desse círculo de leitores terá que considerar o material relevante antes que o mesmo seja aprovado. Então, observe o que acontece... Se você não pode servir a líderes, como poderia servir à liderança? (p. 258-59)

FORA DOS ARQUIVOS E PARA OS ESPAÇOS DAS GALERIAS   O problema não é apenas na realização da pesquisa, mas na sua disseminação. Poucas pessoas de fora ficam sabendo de algumas das descobertas mais interessantes, ao menos em teoria das organizações.

Em outras palavras, os arquivos de pesquisa organizacional são lugares movimentados, repletos de acadêmicos trabalhando duro. No entanto, no andar de cima, os museus permanecem um tanto vazios. Muitas das peças mais interessantes não são exibidas, ou então são mal exibidas. Além dos museus, as galerias de arte certamente estão cheias, mas de muitas pessoas procurando quadros simples para explicarem um problema complexo. Gerenciar é principalmente cuidar das nuances, enquanto obras de sucesso costumam proporcionar fórmulas – pintura por meio de números, digamos assim.

Portanto, parece que nos deixam com uma escolha entre uma "aplicabilidade" superficial nas galerias e o "rigor" artificial nos arquivos. É hora de colocarmos um ponto final nessas duas casas. Precisamos combinar necessidades reais com idéias interessantes – juntar o *pull* da prática com o *push* da produção acadêmica, a demanda criteriosa com a oferta criativa.

Esperar que acadêmicos sérios atendam às necessidades dos praticantes não é proposto aqui como uma forma de enfraquecer a produção acadêmica, mas sim de fortalecê-la. Ter que lidar com os problemas interessantes do mundo leva ao desafio de cavar mais fundo, de entender melhor. Isso também obriga o acadêmico a se comunicar de maneira mais clara. É isso que tem conduzido os trabalhos de pessoas como Porter, Quinn e Schein, e os tornou tão bem-sucedidos – e, casualmente, não apenas entre praticantes: os acadêmicos também precisam de material para as suas salas de aula e não encontram a maior parte dele na pesquisa "rigorosa".

Existem publicações importantes – *Harvard Business Review, Sloan Management Review, California Management Review*, entre outras – que podem resolver o hiato entre a pesquisa e a prática de maneira inteligente e exitosa. Mas elas são poucas, num universo de muitos outros aspectos, e apenas uma apresenta uma circulação realmente ampla. Além disso, a tendência de demorar a dar uma guinada em direção à aplicação "prática" não ajuda em nada. Ao mesmo tempo em que tiramos os acadêmicos realmente perspicazes dos arquivos, também precisamos trazer os praticantes inteligentes para as galerias.

## Sobre a Natureza da Produção Acadêmica Perspicaz

Rigor *versus* relevância tem sido o grande debate relativo a pesquisa das escolas de negócios. Ambos os aspectos atrapalham a produção acadêmica lúcida.

Não Esse Tipo de "Rigor", Obrigado    No *Strategic Management Journal*, há alguns anos, seu editor escreveu num editorial que, "se a nossa área de atuação deve continuar a crescer e desenvolver relações importantes entre a pesquisa e a prática, como deve ser, precisamos melhorar nossa pesquisa e entender que a relevância advém do rigor" (Schendel 1995:1). Essa declaração em si não foi tão rigorosa, uma vez que não se apresentou nenhuma evidência para sustentá-la. Como de costume, foi afirmada como um artigo de fé.

Leia a literatura "rigorosa" e você poderá chegar à conclusão oposta: de que esse tipo de rigor – o rigor metodológico – interfere na aplicabilidade, na identificação da relevância. Pessoas que se preocupam demais em fazer as suas pesquisas corretamente, muitas vezes não as fazem de maneira criativa.

É óbvio que o rigor intelectual – ou seja, o pensamento claro – não prejudica a identificação da relevância. O editor também se referiu a isso em seu editorial (como "lógica cuidadosa"), mas o que ele de fato quis dizer é que "a pesquisa nessa área não deve virar especulação, opinião ou jornalismo inteligente; deve gerar trabalhos que possam ser reproduzidos, dos quais se possa tirar conclusões, independentemente de quem os tiver desenvolvido ou tiver aplicado os resultados" (p. 1).

No meu conceito, essa é uma pesquisa burocrática, porque busca fatorar a dimensão humana – imaginação, discernimento, descoberta. Se estudo um fenômeno e desenvolvo uma teoria interessante, não é isso rigoroso porque alguma outra pessoa poderia ter desenvolvido a mesma teoria? Se aceitar isso, você terá que rejeitar qualquer teoria que jamais tenha sido desenvolvida, qualquer descoberta que jamais tenha sido feita, da física à filosofia, porque todas foram esforços idiossincráticos, invenções de mentes criativas. ("Desculpe, Sr. Einstein, mas a sua teoria da relatividade é especulativa, não provada, por isso não podemos publicá-la.") Sumantra Ghoshal escreveu ao mesmo editor, tratando sobre um artigo que fora publicado, e que tinha sido avaliado, anteriormente, pelo próprio Ghoshal:

> Analisei o artigo três vezes... O processo crítico, ao longo dessas iterações, mudou significativamente a essência do artigo. Acredito que o novo argumento... é interessante, mas inevitavelmente superficial... Citações e ligações com a literatura tiraram a maior parte da riqueza e quase toda a especulação de que eu gostei tanto na primeira versão. Apesar de o artigo parecer talvez mais "acadêmico", não tenho muita certeza sobre quem sai ganhando com essa aparência... Não posso esconder meu desapontamento pelo fato de que a descrição, o discernimento e a especulação terem sido substituídos pela citação, pela definição e por uma pretendida maior precisão.

INDUTIVA, NÃO "QUALITATIVA" Em termos formais, o que temos aqui é uma disputa entre a pesquisa indutiva e a dedutiva. A indução tem a ver com desenvolver idéias, conceitos ou teorias a partir da investigação em primeiro lugar. Requer investigar, às vezes de maneira sistemática, às vezes não, para gerar uma descrição rica o suficiente para estimular a mente criativa. A indução representa o que não pode ser reproduzido, porque as suas descobertas são as invenções de cérebros específicos, como o desenvolvimento de um novo produto ou o ato de escrever um conto. A dedução, ao contrário, envolve testar essas descobertas para descobrir o quanto elas são explanatórias. Isto é, aquilo que pode ser replicado.

Os pesquisadores das escolas de negócios costumam expressar essa distinção de maneira diferente e errônea. Contrastam a pesquisa "qualitativa" com a "quantitativa", como se toda pesquisa indutiva fosse qualitativa e toda pesquisa dedutiva fosse quantitativa. Por exemplo, uma parte da minha própria pesquisa indutiva, considerada "qualitativa" (por exemplo, Mintzberg 1973; Mintzberg e McHugh 1985), está repleta de números.

O problema é a crença prevalecente, entre muitos pesquisadores que dominam as publicações acadêmicas, de que a pesquisa "quantitativa" é um trabalho respeitável, enquanto que a pesquisa "qualitativa" é, no máximo, algo que se permite fazer ocasionalmente. Usando esses outros rótulos, no entanto, deixa claro que uma pesquisa dedutiva não pode acontecer sem uma pesquisa indutiva. Em outras palavras, só podemos testar o que já inventamos. Portanto, se não houver indução não haverá novas idéias. Conforme Karl Weick (1969) quando citou Somerset Maugham: "Ela mergulhou num mar de chavões e, com o poderoso nado de peito de alguém que faz uma travessia, rumou confiante para o despenhadeiro pálido do óbvio" (p. 63). É claro que as teorias devem ser testadas. Mas apenas quando são interessantes.[6]

Esse preconceito disfuncional manifesta-se de maneira mais destrutiva em cursos de doutorado, que ensinam métodos quantitativos (especialmente estatística) como sendo ritos de passagem. Aqueles que não conseguirem lidar com eles simplesmente não podem obter diplomas de doutorado, apesar de haver vários tipos maravilhosos de pesquisa que não envolvem números. Por que não obstruir

---

[6] A primeira verificação de campo rigorosa do modelo de Darwin para a evolução rápida de características visíveis (como o tamanho dos bicos nos pássaros) foi feita durante os eventos do El Niño na década de 1980". (Quinn 2002:96)

aqueles estudantes de programas de doutorado incapazes de desenvolverem idéias interessantes?

Enquanto Isso, Voltemos à Questão da Relevância   Do outro lado desse debate está a relevância. Não devemos simpatizar mais com os pedidos simplistas por relevância do que com os pedidos esnobes por rigor. Essa noção de se receber a "relevância" em algum tipo de bandeja de prata, sem nenhuma obrigação de pensar, investigar, trabalhar, tem sido a causa de uma quantidade enorme de práticas inadequadas na gestão.

Repetindo, não é de relevância que precisamos, mas sim de discernimento. Como vimos no Capítulo 9, citando Keynes, somos escravos das teorias que temos em nossas cabeças. Portanto, o que precisamos é de teorias melhores, maneiras alternativas pelas quais podemos entender melhor o mundo. E essas maneiras vêm da luta para incorporar novos discernimentos (*insights*) à nossa própria experiência. *Lutar* é fundamental: aprendemos quando ficamos confusos; depois, afastando a descrença; e, finalmente, incorporando o novo discernimento através do trabalho árduo. O fato de precisarmos lutar para alcançar tal objetivo sugere que qualquer coisa óbvia e demasiadamente "relevante" poderá freqüentemente ser irrelevante.

Descrição, Não Prescrição   Há uma importante implicação a partir desse estudo: a de que o papel da pesquisa é descrever, não prescrever. A prescrição é responsabilidade do gerente, diante de uma questão. Apenas ele pode prescrever, no seu contexto. Até mesmo os consultores, podem unicamente *aconselhar*. O trabalho do pesquisador é auxiliar os profissionais a aprofundarem o seu entendimento *descritivo* – oferecer discernimentos novos para que esses agentes, no seu contexto, possam ver o mundo mais claramente e, portanto, agir de maneira mais eficaz. Quando ouço estudantes inexperientes exigindo prescrições fáceis em sala de aula, minha resposta é: "Você não poderia ter entrado nesta sala sem entender como funciona a maçaneta. O que o faz pensar que será capaz de desenvolver qualquer atividade numa organização sem entender como ela funciona?"

Uma parte da culpa por isso deve recair sobre a estrutura funcional das escolas de negócios, que parte em fatias a realidade complexa das empresas, para que cada professor possa proclamar a sua própria visão da verdade. (Lembre-se da discussão sobre o modelo REMM – *Resourceful, Evaluative, Maximizing Model*, ou Modelo Imaginativo, Avaliativo e Maximizador, de Jensen e Meckling, que vimos no Capítulo 6.) Isso ajudou a transformar o processo educacional numa coleção de prescrições contraditórias: as glórias do valor ao acionista, no campo das finanças; as maravilhas da responsabilidade social, no campo da ética; e assim por diante.

Esses comentários aplicam-se igualmente a publicações de negócios que impõem respostas prescritivas, normativas, a todos os seus leitores. É sempre oportuno repetir: não existe "uma única melhor forma de gerenciar", não existe uma solução "prática" para os problemas de todos. É bom que se apresente técnicas, mas de maneira descritiva, "criticamente": como funcionam, onde já se verificou que funcionam, quando falham. Dessa maneira, os gerentes podem decidir sozinhos, conforme devem fazer no final das contas, se, quando e especialmente como, usá-las. Então, vamos trazer de volta aquela imagem da caveira com os ossos cruzados, desta vez para ser carimbada em todos os artigos que falam de técnica: "Cuidado: perigoso se usado fora de contexto". Nas mãos de pessoas inteligentes, as técnicas podem ser poderosas, mas fórmulas nas mentes daqueles que não sabem pensar são destrutivas. É por isso que a educação em gestão/negócios precisa concentrar-se em ajudar as pessoas a tornarem-se mais atentas.

CONECTANDO E DESCONECTANDO   Uma boa pesquisa baseia-se profundamente no fenômeno que busca descrever. Ela se aproxima o suficiente para apreciar a riqueza do fenômeno e as variações. Métodos de pesquisa que distanciam o pesquisador do objeto, como nos inúmeros questionários que são enviados com tanta facilidade, costumam gerar mais confusão do que esclarecimento, porque os dados são superficiais demais para produzirem *insight*. O distanciamento na prática da pesquisa não é melhor do que o distanciamento na prática da gestão. Pesquisadores eficazes costumam cavar seus dados, pouco a pouco, no local da pesquisa.

Mas depois de ter estado perto, o pesquisador precisa se afastar – ficar a uma distância suficiente do objeto que lhe permita percebê-lo de maneira diferente. Em outras palavras, o pesquisador precisa conectar-se e, depois, desconectar-se.

TEORIAS COMO LENTES E MARTELOS   Será que encorajamos nossos pesquisadores a conectarem-se? Pouco provável. No caso de estudantes de doutorado, os encerramos em bibliotecas durante anos e depois determinamos que saiam em busca de um tema para pesquisa. A biblioteca é o pior lugar para se encontrar um tema para pesquisa. Até mesmo estudantes que já estiveram no mundo da prática esqueceram-se do que lá acontece.

O resultado é que uma grande quantidade de pesquisa é impulsionada por alguma percepção ou algum ângulo teórico: teoria dos jogos, formação de redes, responsabilidade social corporativa (de novo), qualquer coisa que siga a moda no mundo acadêmico. Sob o exame minucioso dessas lentes simples, as organizações parecem distorcidas. Lembre-se da "regra da ferramenta" – se você der um martelo a um garotinho, tudo parecerá um prego. Conceitos restritos não são melhores do que técnicas restritas. As organizações não precisam ser atingidas na cabeça por nenhuma delas.

No meu ponto de vista, a pesquisa mais interessante geralmente começa a partir de um puxão (*pull*), não de um empurrão (*push*); busca abordar alguma preocupação importante lá fora, não promover um construto elegante aqui dentro. É orientada pelo comportamento na prática (Lawrence 1992:140). Costumo dizer aos meus alunos de doutorado que comecem com uma pergunta interessante, não com uma hipótese sofisticada. Encontrem algum lugar vivo em que ela se revela, busquem os dados e os relacionem a todas as teorias, todos os conceitos e ângulos potencialmente relevantes, e qualquer coisa a mais que vocês consigam encontrar na literatura.

Lembro-me do contraste existente entre dois pequenos congressos (*conferences*) das quais participei anos atrás. Um tratava sobre tecnologia da informação, repleta de professores famosos, engajados no que considero uma "pesquisa de pantera": ficar sentados em árvores, esperando para pular sobre qualquer comportamento correto que passasse – neste caso, o uso "adequado" da TI. Um forte empurrão. A outra conferência tratava sobre negócios internacionais. Eu ficava imaginando por que ela continha tantas idéias interessantes. Resposta: porque esses pesquisadores possuíam uma clientela, eles estavam sendo puxados para as preocupações interessantes de pessoas que precisavam administrar num contexto específico.

UM INGREDIENTE DECISIVO FINAL   Existe um ingrediente final sobre a pesquisa que reúne todos os demais: a paixão. Examine esses dois títulos de uma conferência da Academy of Management: "Isomorfismo Cognitivo em Redes de Avaliação Interorganizacionais: Um Exame Empírico da Imagem e da Identidade na Academia" e "Sacudido por Gabriel: Como Virar Pai Mudou Minha Carreira". Qual dos dois você considera que contém paixão?

É claro que precisamos de objetividade na pesquisa. Mas também precisamos de discernimento, *insight* e isso vem de um comprometimento profundo. Observe o quadro a seguir.

---

### TRAZENDO DE VOLTA A PAIXÃO

*(Resumo da apresentação do autor diante da Divisão de Teoria da Organização e Gerência da Academy of Management Conference, 1996)*

- *Dane-se a estabilidade*. É melhor poder olhar-se no espelho do que ter a cabeça exposta no clube dos professores.

- *Publique algo apenas quando você tiver o que dizer*. Você ficará ainda mais feliz como leitor.

- *Fale tudo de uma vez, direto*. Aproveite a chance de ficar famoso em vez de sofrer fraturas.

- *Nunca tenha a ambição de ser o melhor*. Faça o *seu* melhor.

- *Gere conhecimento*. Descubra algo novo; quase todo mundo está digerindo novamente o que é velho. Talvez exista algo novo na sua frente agora mesmo (como Fleming, com aquele fungo). O garotinho do conto de Hans Christian Andersen não teve a coragem de *falar* que o imperador estava nu; ele teve a coragem de *ver* isso. Depois de ter visto, falar foi fácil.

- *Escreva para o profissional atento*. Cair do penhasco íngreme da irrelevância acadêmica não é melhor do que descer a ladeira escorregadia da prática fácil. Mantenha-se naquele topo; esse é um lugar divertido para estar, menos perigoso do que qualquer um dos lados. Seus colegas sensatos o respeitarão por isso.

- *Aproxime-se da ação*. Não "*a*" ação, simplesmente ação. Surpreenda-se. Então, talvez você possa surpreender os outros.

- *Tenha paixão pelo que você faz, ou caia fora*.

Temos uma ótima oportunidade de agir com paixão em nossas escolas de gestão/negócios. Abordamos assuntos fascinantes que estão no centro da sociedade contemporânea – tratamos sobre negócios e organizações, e sobre o gerenciamento em geral. A psicologia e a economia recebem uma atenção enorme, apesar de nenhuma das duas serem capazes de explicar esses monstros estranhos e importantes que denominamos "organizações". Uma vez que superamos as questões de rigor e a relevância, devemos encher nossos museus e galerias.

## O Ensino para a Pesquisa

Ensinar é agora parte do problema em pesquisa. Diante de estudantes que não têm proximidade com a prática, os professores não têm nenhum incentivo para promover esse contato. Os pedidos desses estudantes por materiais "práticos" apenas pioram o problema ao desviarem a atenção dos professores para conceitos fáceis e ao sabor da moda. Muitos professores tornaram-se tão condicionados por esses estudantes que, quando estão diante de gerentes experientes que realmente possuem uma trajetória profissional interessante, em vez de ouvirem e aprenderem, apenas repetem as aulas e os casos desenvolvidos para os outros.

Que desperdício vergonhoso de oportunidade. Já vimos o que pode acontecer quando a teoria encontra a prática na sala de aula, quando pesquisadores e gerentes refletem juntos sobre questões importantes. Já entendemos como isso pode ajudar os gerentes, e também como pode beneficiar a pesquisa, ligando e avaliando as suas idéias e encorajando a geração de novos conceitos. Minhas próprias experiências nesse tipo de sala de aula nunca param de me informar e de me surpreender. Portanto, a necessidade não é de separar o ato de pesquisar do ato de ensinar, mas juntá-los para a melhoria de ambos.

Há alguns anos, a revista *The Economist* (14 de dezembro de 1991) citou um diretor de Wharton mencionar que a faculdade precisar trazer "os frutos da pesquisa de Wharton para dentro da sala de aula, mais rapidamente. Como muitas empresas americanas, Wharton precisa encurtar o seu ciclo de desenvolvimento de produtos" (p. 74). Bobagem. Ninguém é mais rápido para falar das suas descobertas mais recentes do que o pesquisador acadêmico. Como um dos meus diretores costumava brincar, "A primeira coisa que um novo doutor quer ensinar é a última coisa que aprendeu"! O problema não é introduzir os conceitos da pesquisa na sala de aula, mas conectá-los à experiência, para que pesquisadores e gerentes possam aprender uns com os outros. Alguns comentários bem articulados sobre essa matéria, feitos por Karl Weick, da Universidade de Michigan, estão reproduzidos no quadro a seguir.

> ## O CONHECIMENTO (*SCHOLARSHIP*) DA INTEGRAÇÃO
>
> *Karl Weick sobre a Educação Executiva*
>
> A educação executiva envolve uma importante forma de erudição... Abrange o conhecimento da integração... que trata de estabelecer conexões, dar significado a fatos [vinculando-se a pesquisa original]...Executivos falam sobre conexões no mundo com absoluto descuido em relação às fronteiras disciplinares que podem estar violando. As conexões servem de pontes para as linhas arbitrárias que nós, como acadêmicos, traçamos em volta das disciplinas... Suas ações de ligação reduzem nosso isolamento... Aprecio criar tais conexões. É realmente muito simples...
> 
> Acredito que estar conectado a uma postura de busca de conhecimento da integração representa uma plataforma melhor para a educação executiva do que estar conectado a um conhecimento de aplicação. As pessoas realmente querem saber o que fazer, mas mais do que isso, querem saber o que as coisas significam, como entender eventos, como os seus rótulos podem restringir as opções que elas vêem...
>
> Estou tão interessado nas conexões, integração e padrões que constituem o significado e na compreensão (*sense making*), quanto estou interessado na descoberta. O mesmo se aplica aos executivos sobrecarregados que freqüentam a minha sala de aula. Portanto, não causa surpresa o fato de que a prática deles e o meu conjunto de conhecimentos tenham mais em comum do que se poderia esperar (1996:12-13).

## O VÍNCULO COM A UNIVERSIDADE

A discussão anterior concentrou-se principalmente na conexão das escolas de gestão/negócios com a prática. Seu vínculo, sua conexão com a universidade não é menos importante.

Considere as escolas mais conhecidas pela sua pesquisa. Quase todas estão vinculadas a universidades fortes. Existem escolas como o Insead, que mantêm uma agenda ativa de pesquisa sem vínculo a qualquer universidade. Mas isso costuma ser uma batalha difícil. Até mesmo na Escola de Negócios de Harvard a pesquisa pode ter sido prejudicada pelo fato de a faculdade ter ficado tão independente do resto da universidade. Graças em parte às conexões que forjou nos seus programas de doutorado, sua pesquisa tornou-se muito mais consistente.

Certamente, a questão do vínculo com a universidade poderá tornar-se um transtorno terrível. (O IMPM teve que ser aprovado por 11 diferentes comitês da McGill!) Mas o lado positivo do vínculo é que a universidade ancora a escola de gestão/negócios em suas atividades de produção de conhecimento. O "puxão" da prática de um lado é equilibrado pelo "puxão" da produção acadêmica do outro lado. Assim, a pesquisa nas escolas de gestão/negócios também precisa superar esse distanciamento entre conhecimento e prática. Oscilar como um bêbado entre a irrelevância acadêmica e a pratica fácil está longe do desejado.

## Reorganizando a Escola de Gestão/negócios

Antes de concluir o capítulo, vamos então tratar sobre a organização das escolas de gestão/negócios em si, considerando seu corpo docente, carga horária, estabilidade, as funções e disciplinas.

### Além de 40:40:20

Você consegue dar aulas numa escola de negócios de grande prestígio ao comprovar que é um perito em pesquisa. A partir de então, a publicação em revistas merecedoras de crédito o qualifica a continuar treinando os líderes do futuro. De fato, esse é um sistema curioso.

Existe uma explicação simples para isso: ser um bom pesquisador o torna, por um passe de mágica, um bom professor. Aqui, a lógica está no mesmo nível de o rigor produzir magicamente a relevância. Depois de se gabar dos bons empregos que alguns recém-formados conseguiram, o diretor do programa de doutorado de uma famosa escola de negócios escreveu aos seus colegas: "Essas indicações demonstram a validade da ênfase deste programa na pesquisa consistente como sendo a base para a excelência no ato de ensinar". Negativo, elas demonstram como a pesquisa superou o ato de ensinar. Será que o diretor pelo menos sabe como os seus pós-graduados ensinam? A pergunta se torna importante na medida que seu programa, como a maioria dos outros, não aborda o ato de ensinar aos estudantes de doutorado.[7]

Certamente existem muitos professores excelentes nas escolas de gestão/negócios, apesar de não ser por falha nos procedimentos de contratação e de estabilidade. (Uma famosa escola tornou-se tristemente famosa por recusar estabilidade ao recebedor do seu prêmio de melhor professor – por três anos consecutivos!) Mas também existem vários professores ruins, alguns dos quais escrevem e publicam.

A afirmação de que é preciso fazer pesquisa para ser um professor eficaz é bobagem pois induz a conclusão de que os professores não sabem ler. Em outras palavras, que eles não são capazes de ensinar as idéias de outras pessoas, ou pelo menos não são capazes de entendê-las se eles próprios não forem pesquisadores. Os fatos costumam mostrar o contrário: há muitos pesquisadores inovadores que não querem ler ou ensinar além dos seus interesses restritos. E, conforme observou Whitehead (1932), existem grandes professores, de fato excelentes acadêmicos, que nada publicam:

> Para algumas das mentes mais férteis, a composição na escrita — ou numa forma redutível à escrita — parece ser uma impossibilidade. Em todo corpo docente você verá que os professores mais brilhantes não estão entre os que publicam. A originalidade

---

[7] Em nosso Programa Conjunto de Doutorado em Montreal, conforme mencionado anteriormente, incluímos um curso de pedagogia. Alguns professores protestaram. Isso não era normal. Um curso de pedagogia – 3% da atividade – num programa que licencia pessoas a passarem tanto tempo dando aulas quanto fazendo pesquisa!

deles exige, para a sua expressão, a comunicação direta com seus pupilos na forma de palestras ou de discussão pessoal. (p. 148; Whitehead citou Sócrates como exemplo!)

Por que não simplesmente avaliamos as pessoas, sobre seu ensino e sua pesquisa de forma independente? E, depois, por que não estabelecemos as cargas horárias de acordo com a avaliação que fazemos? Não seria hora de desvincular daquelas abordagens comuns que esperam a mesma coisa de todos os professores que buscam estabilidade, especialmente aquela fórmula "40:40:20", em que passam 40% do tempo ministrando aulas, 40% fazendo pesquisa e 20% em atividades administrativas? De acordo com diferentes habilidades e inclinações, por que não 90:0:10 ou 20:60:20? (Observe a Tabela 15.1, logo adiante).

É verdade que existem cargos de professor adjunto que não apresentam demanda por pesquisa. O problema é que costumam ser tratados como adjuntos (que o meu dicionário define como "assistentes ou suplentes". Se as universidades têm essas duas funções, criar e transmitir conhecimento perspicaz, por que preterir uma delas?

Bons professores com cargas horárias do tipo 80:0:20 deveriam ser tratados como membros respeitados da comunidade, incluindo-se aí a estabilidade. E grandes pesquisadores, que são o terror na sala de aula, poderiam se livrar desses primeiros 40%, ou pelo menos se restringirem a trabalhar com alunos de doutorado. Existem também aqueles professores do tipo 40:40:20, que efetivamente afastam-se dos segundos 40%, deixando de fazer pesquisa depois de receberem a estabilidade. Da mesma maneira, deveriam perder 40% dos seus salários ou então ter dobrada a sua carga horária no que diz respeito a dar aulas (80:0:20). Fazer pesquisa não é um presente para a universidade, mas uma exigência a qualquer pessoa que possua um emprego em tempo integral, lecionando apenas em meio período.

A Suécia apresenta um sistema interessante. Oferece a novos doutorandos com potencial um período de teste de seis anos em que ministram poucas aulas, mas devem produzir muita pesquisa (um tipo de fórmula 10:90:0). Depois disso,

TABELA 15.1   ECLETISMO NAS DESIGNAÇÕES DE PROFESSORES

| POSIÇÃO | PERCENTUAL DE TEMPO NO ENSINO | PERCENTUAL DE TEMPO EM PESQUISA | PERCENTUAL DE TEMPO EM ATIVIDADES ADMINISTRATIVAS |
|---|---|---|---|
| Caminho convencional para a estabilidade | 40 | 40 | 20 |
| Jovens acadêmicos suecos | 10 | 90 | 0 |
| Professores catedráticos nos Estados Unidos | 20 | 60 | 20 |
| Professores clínicos nos Estados Unidos (tempo parcial) | 40 | 0 | 10 |
| Cátedras departamentais na Europa | 20 | 30 | 50 |
| Executivos em residência (tempo parcial) | 40 | 0 | 10 |
| Professores estáveis afastados da pesquisa (tempo parcial) | 40 | 0 | 10 |

escolhem postos de professor para fazer pesquisa ou para lecionar (da ordem de 30:50:20 e 70:10:20, respectivamente), dependendo do desempenho apresentado. É claro que os postos de professor catedrático nos Estados Unidos costumam definir cargas horárias mais leves no que diz respeito a lecionar, talvez 20:60:20. Pesquisadores gabaritados têm permissão para ministrar menos aulas. Compare isso com a prática comum na Europa, em que possuir cátedra significa ser chefe de departamento. Como recompensa pela excelência na pesquisa, os beneficiados recebem uma grande carga administrativa!

Sou um grande admirador do modelo 40:0:10. Isso é para praticantes atentos, muitas vezes consultores ou "executivos em residência", com vocações acadêmicas e uma excelente habilidade para lecionar. Eles têm muito a contribuir para as escolas de gestão/negócios, mas, de preferência, apenas em meio período, juntamente com outras responsabilidades. Assemelham-se a postos de professor clínico de medicina, mas sem a expectativa de que façam pesquisa.[8] Muitas vezes, especialmente na Europa, tenho observado exemplos maravilhosos de pessoas relativamente estudiosas da prática serem atraídas para esses cargos, sendo que muitas delas lêem tanto quanto os acadêmicos mais dedicados.

Do ponto de vista da escola de negócios, essas pessoas podem ser fortes onde acadêmicos regulares tendem a ser fracos – por exemplo, no desenvolvimento de habilidades e na atividade facilitadora na sala de aula. Também podem proporcionar pontes eficazes para a prática. Do ponto de vista dessas pessoas, elas ganham o prestígio de uma filiação a uma universidade, o que não as prejudica em nada se o outro trabalho que exercem é na área de consultoria. Com efeito, os seus ganhos tendem a ser, comparativamente, pequenos, o que significa que as escolas podem negociar com elas contratos bastante favoráveis.

Nada disso tem a intenção de diminuir a importância da pesquisa. Ao contrário, isso pode fortalecê-la, retirando parte da pressão de lecionar dos ombros dos professores mais inclinados à pesquisa. Na verdade, a intenção é engrandecer a importância de lecionar, o que precisa ser feito em muitas escolas de gestão/negócios.[9]

## ALÉM DA ESTABILIDADE

Gostaria de referir-me aqui sobre a estabilidade acadêmica. Essa prática foi introduzida para proteger a liberdade de expressão dos professores, especialmente quanto à demissão arbitrária por parte de políticos ou administradores da universidade devido a pontos de vista divergentes. Atualmente, a estabilidade costuma

---

[8] A escola de negócios da Universidade de Chicago usa o termo professor clínico, mas reservado apenas a um pequeno número de professores em período integral, para períodos de até cinco anos e sujeito ao voto afirmativo dos professores estáveis.

[9] Esclarecendo-se a questão das cargas horárias, deve-se esclarecer igualmente como as cargas de trabalho são computadas. Muitas escolas definem-se por número de disciplinas; isso é o equivalente a negociar camelos e bodes – não se pode negociar nada menor. A moeda já provou ser uma boa idéia e assim muitas faculdades podem recuperar-se contando pontos de diversas atividades, incluindo aulas dadas e assim por diante. O Insead procede assim, por isso conseguiu incorporar facilmente as aulas do IMPM às cargas horárias; a McGill não faz o mesmo, e assim tem sido obrigada a manter as aulas do IMPM separadas das demais.

ameaçar a liberdade de expressão. Isso acontece porque a ameaça ao acadêmico dissidente agora vem menos de fora do que de dentro – ou seja, dos seus próprios colegas. Enquanto *ter* estabilidade pode ter protegido aqueles que se manifestavam livremente, hoje em dia *obter* estabilidade os ameaça. Colegas ofendidos poderosos podem ser capazes de negarem isso a eles, sejam eles economistas radicais em uma determinada universidade ou sociólogos conservadores em outra, para não falar daqueles cuja pesquisa não é "rigorosa" o suficiente.

Acredito que a estabilidade possa desempenhar um papel útil quando sujeita a duas condições. Em primeiro lugar, deve ser concedida de acordo com uma avaliação de desempenho equilibrada, o que significa garantir que o ato de dar aulas tenha um lugar de destaque juntamente com a pesquisa, e também que esta última seja julgada pela contribuição ao usuário (o que significa trazer de volta aquele teste de Bill e Bárbara: praticantes inteligentes também participando de comitês de estabilidade).

A segunda condição é que a estabilidade seja revista periodicamente. Na verdade, a palavra vem do francês, *tenir*, "deter" (o termo em inglês é *tenure*), mas 10 parece ser o número certo: a estabilidade pode ser revista aproximadamente a cada década, não para que as pessoas passem por todo aquele processo de novo, mas simplesmente para garantir que estejam cumprindo os seus compromissos. Caso contrário, deverá haver uma readequação nas cargas horárias – por exemplo, um aumento no número de aulas dadas, caso a atividade em pesquisa tenha diminuído.

## Saindo das Chaminés

Você também poderá lecionar numa escola de gestão/negócios se conseguir provar que é um especialista em *marketing*, finanças, contabilidade, administração de recursos humanos, gerenciamento estratégico e assim por diante – não um especialista em empresas ou em gerenciamento. Aqui também as pessoas interessadas nas questões mais amplas não precisam se candidatar: muitas vezes literalmente não há lugar para elas.

Investigue a história da escola de negócios e descobrirá que a maioria das funções atuais já existia há quase um século. Os sistemas de informações entraram depois, graças ao computador; então, o gerenciamento se transformou na função de gerenciamento estratégico, e o comportamento organizacional, na função de administração de recursos humanos. Muitos registros de mudança ao longo de um século!

E quanto à inovação? *Design*? História dos negócios? Gerenciamento puro e simples? É indiscutível que as funções tradicionais são fontes de importante conhecimento. Mas certamente pode-se contestar que elas contenham todo aquele venerável conhecimento. Da mesma maneira, não se pode discutir que essas funções tenham um papel central a desempenhar nas escolas de gestão/negócios. Mas em lugar algum é admissível o fato de elas exercerem uma influência repressora sobre tudo o que essas faculdades fazem. Mas isso ocorre em quase todo lugar. Programas são concebidos, disciplinas são atribuídas, orçamentos são alocados, espaços a preencher são designados e professores são contratados de acordo. Muitas e muitas vezes vi candidatos a professores de grande capacidade serem rejeitados porque não "cabiam" em nenhum departamento funcional específico. Todos admitiam que tais candidatos eram ótimos. Mas nenhum departamento estava disposto a abrir mão dos seus "espaços" – em outras palavras, diluir a sua influência.

Herbert Simon questionou isso nos idos de 1957, com a seguinte afirmação: "Estruturas departamentais não devem ter permissão para se desenvolverem dentro da escola profissional ou, caso isso seja inevitável, a importância delas deve ser minimizada". As faculdades poderão ter que "delegar a subgrupos especializados algumas responsabilidades específicas para o recrutamento e a avaliação de professores dentro das suas especialidades – mas, em nenhuma circunstância, responsabilidade exclusiva" (p. 351). A prática hoje em dia está mais próxima de "em *todas* as circunstâncias"!

Os efeitos disfuncionais dessas influências repressoras apareceram ao longo de todo este livro: em programas de gerenciamento, até mesmo em Programas de Gerenciamento *Avançados*, que "empurram" os gerentes de volta para dentro dos silos funcionais dos quais eles estão saindo; em pesquisa, com uma tendência maior a promover ângulos mais restritos do que a abordar questões mais amplas; no planejamento de um programa, como moeda de troca entre as áreas funcionais e assim por diante. É irônico que empresas estejam trabalhando para demolir esses silos funcionais enquanto as escolas de negócios continuam a revigorá-los.

Recebi um memorando de um professor que se referiu às funções que "descarregam produto" no MBA. No entanto, em seguida expressou uma preocupação quanto ao enfraquecimento do "sentimento de propriedade" por parte dessas funções, porque isso poderia ser "fatalmente prejudicial" para o MBA. Em minha opinião, o MBA já foi fatalmente prejudicado por tal propriedade, pelo menos se você acreditar que administrar uma empresa envolve mais do que a soma das funções. Escreve Wind (1999): "Precisamos remodelar os sistemas de incentivo aos professores e aos estudantes, para recompensar realizações interfuncionais. Só então poderemos começar a abordar as questões interfuncionais que as empresas estão enfrentando atualmente" (p. 9; em Porter e McKibbin [1988:323, 332] você encontra comentários quase idênticos). Mas as empresas não enfrentam questões interfuncionais; enfrentam simplesmente questões (incluindo um grande número *causado* pela separação de funções). Precisamos reprogramar nossas mentes para fugirem dessas categorias restritas.

Muitas vezes, as funções impedem uma mudança séria nas escolas. Proponha alguma coisa nova e você tipicamente terá que defendê-la perante um comitê de representantes funcionais, sendo que cada um deles está lá para defender o território. Essa é uma das principais razões pela qual as escolas de negócios não superaram o diploma concedido em 1908 com a estratégia da década de 50. Ensinamos aos nossos alunos que estruturas estabelecidas podem impedir mudanças necessárias. No entanto, vivenciamos essas conseqüências todo dia.

No que diz respeito à pesquisa, a sua organização numa base estritamente funcional pode desencorajar o que Kuhn (1962) denominou ciência "revolucionária", em oposição à ciência "normal". "O perigo é que a pesquisa sobre gerenciamento simplesmente tome como verdadeiro as funções de gerenciamento que se desenvolveram com o crescimento da grande organização burocrática e as confine à simples 'solução técnica de problemas'" (Fox 1992:88). Será que as áreas funcionais estão tendo o mesmo progresso que tiveram há dez ou vinte anos? Se coisas interessantes acontecem à margem, fora dos lugares estabelecidos, então há muito poucas margens nas escolas de negócios.

Raramente encontrei algum diretor que não tenha depreciado a estrutura funcional da sua faculdade. Ou algum que tenha tomado alguma providência suficiente para mudá-la. As soluções são bastante fáceis; tudo que precisamos fazer é mudar o nosso conceito sobre o mundo. E, o que dá na mesma, precisamos passar pelos porteiros (*gatekeepers*) – os professores, na estrutura existente. Foi como fazer os relojoeiros mecânicos suíços aceitar a tecnologia do quartzo. É claro que eles acabaram aceitando. Mas foi preciso o mundo exterior, para impulsionar essa realidade. Então, acorde, mundo exterior – a educação para o gerenciamento precisa de você!

O quadro a seguir contém minhas próprias propostas. Mas tome cuidado para não ficar entre elas e as escolas de negócios, ou você correrá o risco de ser pisoteado na ânsia de adotá-las.

---

### RUMO À REESTRUTURAÇÃO DAS ESCOLAS DE GESTÃO/NEGÓCIOS PARA GESTÃO E NEGÓCIOS

- Em primeiro lugar, nunca, absolutamente nunca, permita que alguma área especializada controle os orçamentos, especialmente no que diz respeito a vagas para contratações.

- Em segundo lugar, submeta todas as decisões sobre contratações a um comitê central composto de pessoas ecléticas, que ajam em nome da necessidade acadêmica de gerentes e de organizações e da sociedade. Não apenas uma composição eclética – indivíduos ecléticos, mesmo que tenham iniciado numa função. Juntamente com aqueles que você poderá encontrar dentro da faculdade, traga vários Bills e Bárbaras.

- Em terceiro lugar, insista para que esses tipos de pessoas planejem todos os programas de gestão. Utilize os especialistas funcionais apenas onde o projeto especificar atividades funcionais.

- Em quarto lugar, reserve cerca de metade das vagas de professores para as funções e a outra metade para pessoas que não se enquadram em nenhuma função, mas que se interessam por empresas e pela gestão. Mesmo nas funções existentes, prefira pessoas com capacidade para várias funções – por exemplo, uma pessoa da área de *marketing* com um interesse genuíno por finanças – além de pessoas das disciplinas fundamentais, desde que demonstrem um entusiasmo real em abordar questões do interesse das empresas e da gestão.

- Em quinto lugar, uma forma eficaz de medir a robustez de qualquer escola de negócios deve ser o número de pessoas que trabalham nas funções empresariais estabelecidas, inclusive novas funções (fora delas e intercruzando-as). Outra forma efetiva de avaliar se a entidade merece ser chamada de escola de gestão deve ser o número

*– continua*

> *– continuação*
>
> de pessoas maduras o suficiente para refletir com perspicácia junto a uma classe de gerentes experientes.
>
> - Em sexto lugar, esteja atento à configuração interna: ela é parte da estrutura que interessa. Por exemplo, não posicione especialistas de áreas semelhantes em escritórios próximos uns dos outros. Eles acabarão descobrindo uns aos outros. Já que as pessoas conversam com os seus vizinhos, misture os especialistas para livrar-se dos guetos. Afinal de contas, essa deve ser a "aldeia global."

## Uma Palavra Sobre as Matérias

Parte da grande revolução ocorrida nas escolas de negócios depois da década de 50 foi o recém-descoberto respeito que tinham pelas matérias acadêmicas fundamentais, especialmente a economia, a psicologia e a matemática. Muitas das melhores escolas passaram a imitar a era dourada de Carnegie com Bach, Simon e outros, ao trazerem acadêmicos dessas matérias que se concentravam em questões amplas de empresas e organizações (se não na própria gestão). Isso fez com que essas escolas passassem a ser locais de encontro empolgantes para idéias – exatamente o que devem ser as universidades. Até certo ponto, é isso que está acontecendo em muitas escolas de negócios hoje em dia. Até *certo* ponto.

Em um dos capítulos de seu livro clássico *Administrative Behavior*, Herbert Simon (1957) abordou "A Escola de Negócios" como sendo "Um Problema na Concepção da Organização". Ele escreveu que as três matérias básicas mencionadas no parágrafo anterior "deveriam exercer uma influência eficaz" nessas escolas (p. 348). Para que isso acontecesse, estas teriam que convencer as pessoas que atuam nesses campos de que "elas podem fazer um trabalho significativo, fundamental no ambiente da escola de negócios, e que poderão fazer isso de maneira *mais* eficaz lá do que no tradicional departamento de economia, de psicologia ou de matemática" (p. 346). Isso envolveria "alguns membros cujo trabalho não tem uma relevância óbvia para os negócios, mas que realmente imponham um alto respeito em sua disciplina", de acordo com o seu "desejo de identificação com aquela disciplina e a sua aprovação por ela" (p. 349).

Foi isso que aconteceu em muitas escolas de negócios, para o bem e para o mal. Fatos que acabaram minando várias delas, inclusive a do próprio Simon, em que a economia tornou-se dominante (até que acabasse se separando das demais).

As escolas de gestão/negócios devem se aproximar das disciplinas fundamentais, incluindo essas três e diversas outras, talvez a história, a antropologia e até mesmo a geografia. Todas essas são fontes de uma grande quantidade de conhecimento sobre o comportamento social, e as escolas de gestão/negócios precisam se aproximar de qualquer fonte que possam encontrar. Mas elas não precisam copiar essas matérias para alcançarem tal resultado. Seus professores, também, podem ler.

Pense nas matérias como sendo raízes, como as apresentei na Figura 2.1, no Capítulo 2. Elas nutrem o tronco dos negócios, do gerenciamento e das organizações e, por sua vez, os galhos das funções aplicadas. Mas, como raízes, devem permanecer embaixo da terra, não empurrar as suas próprias teorias para cima.

O que as matérias podem fazer – o que elas têm feito maravilhosamente bem – é produzir acadêmicos que pertençam às escolas de gestão/negócios, porque se preocupam com as questões de negócios, de gerenciamento e/ou de organizações. Eles ajudaram a tornar essas escolas lugares muito melhores. Três dos colegas que mais estimo em McGill vieram da sociologia, da ciência política e da história. Eles usam a sua instrução básica para abordar esses tipos de questões, puxadas da prática. Frances Westley, por exemplo, que criou o programa de mestrado para gerentes do setor de atividades voluntárias, discutido no capítulo anterior, é oriunda da sociologia da religião. Mas ela estuda gerenciamento, não religião (apesar de algumas vezes ela ter usado essa formação em seu favor, como em Mintzberg e Westley 1992).

Como foi observado no Capítulo 2, as escolas de negócios não precisam de sumo sacerdotes autodesignados, como professores de finanças que se autodenominam "economistas financeiros", ou usuários da teoria dos jogos econômicos, que jogam estratégia. Mas eles precisam ser ecléticos em sua erudição. Nesse sentido, é uma pena que as escolas de gestão/negócios estejam tendo tanto sucesso em colocar os seus próprios estudantes de doutorado no mercado de trabalho, porque isso as torna menos ecléticas e tão menos interessantes. Deveríamos estar refrescando nossa maneira de pensar contratando, de maneira significativa ao longo de todo um conjunto de matérias fundamentais e além delas.

## MUDANDO OS AGENTES DE MUDANÇA

Não é fácil ser o diretor de uma escola de gestão/negócios hoje em dia, ou talvez nunca tenha sido. Imagine ser o administrador de tantas pessoas que devem lidar com o gerenciamento. As escolas de gestão/negócios têm estabilidade, prima-donas em abundância, a rigidez da divisão em departamentos, programas e pensamento entrincheirados, tudo em nome de mudar as demais pessoas. Da mesma maneira que pessoas tornaram-se psiquiatras em vãs tentativas de se sentirem melhor, talvez nos tornemos professores de fenômenos organizacionais em vãs tentativas de nos organizarmos.

Falamos sobre o desenvolvimento de um novo produto tendo apresentado o nosso último grande diploma em 1908; falamos sem parar em mudança estratégica ao mesmo tempo em que seguimos uma estratégia que data da década de 50; ensinamos os modelos de investimento mais extravagantes do mundo, porém, para tomarmos nossas próprias decisões, contamos com modelos de recuperação de investimento em um ano. E "nenhum outro setor negligenciaria uma pesquisa básica numa área [currículo] tão fundamental à sua missão" (Wind 1999:17), sem mencionar o impacto dos seus próprios formandos sobre a prática gerencial.

Existem duas maneiras evidentes de mudar uma escola de negócios: a lenta e a rápida. Não tenho certeza se qualquer uma delas funciona. A mudança lenta apenas reforça o *status quo*. A estrutura e os programas de diploma estão entrincheirados demais. Iniciativas para viabilizar esse tipo de mudança nas últimas várias décadas apenas o enterraram mais fundo. Simplesmente, as escolas de negócios obtiveram grande sucesso fazendo várias coisas erradas. Enquanto a sociedade tolerar isso – aceitar em posições de liderança pessoas cuja educação seja antitética em relação a ela, apoiar pesquisadores que conversam entre si em sistemas fechados – por que se deve mudar qualquer coisa? Além disso, uma mudança real requer um esforço de colaboração. Se já é difícil os professores se juntarem para participar de reuniões regulares, como esperar que qualquer coisa mude?

É claro que a mudança rápida, drástica, está na moda agora. As empresas estão correndo por aí de maneira meio atrevida, refazendo tudo que está à vista, pelo menos até que aconteça um desastre, quando elas fazem uma reviravolta e mudam tudo, ao que era antes. (Mais mudança!) Nossas escolas de gestão/negócios não precisam disso. Não precisamos de uma revolução ou de uma reorganização, pelo menos para principiantes, mas sim de uma reconcepção: precisamos manter nossa mente ligada naquilo que fazemos, e não naquilo que afirmamos que iremos fazer. Somente assim poderemos fazer as coisas de maneira diferente. Como este livro buscou expressar, temos que repensar sobre quem educamos, como e com que finalidade; temos que repensar a respeito de como e por que fazemos pesquisa, e para quem; e temos que repensar a forma como estamos organizados para fazer as duas coisas. E, então, sendo honestos, nossa única escolha será mudar.

Mas será que seremos capazes de fazer isso dentro das nossas estruturas atuais? Será que uma rebelião por parte dos nossos estudantes, ou dos seus empregadores, ou da sociedade em geral, é capaz de fazer isso? Ou será que a verdadeira mudança terá que surgir a partir de alternativas concorrentes – novas abordagens, novas escolas, novas pessoas, talvez montando cavalos de Tróia? Fique ligado.

Para voltar ao ponto de partida, será que chegaremos a ficar com escolas de gestão ou escolas de negócios? Agora temos escolas de negócios sem muita gestão. Talvez algumas reconheçam a sua devoção aos negócios e acabem com a pretensão de desenvolverem gerentes. Espero que muitas outras escolham tornar-se seriamente gerenciais. Exigimos um gerenciamento melhor neste mundo e precisamos de instituições educacionais sérias para nos ajudar a chegar lá.

Nunca tive a menor pretensão de tornar-me diretor de uma escola de negócios ou de gestão. Talvez eu saiba demais. Além disso, adoro a atividade diária que desenvolvo e não a trocaria por nada. Mas se eventualmente eu viesse a me tornar diretor, meu objetivo não seria desenvolver a melhor escola de negócios do mundo. Seria simplesmente desenvolver a primeira boa escola de gestão.

# BIBLIOGRAFIA

Association to Advance Collegiate Schools of Business. "Overview of U.S. Business Schools." St. Louis, Mo., 2002.
———. "A Report of the AACSB Faculty Leadership Task Force." St. Louis, Mo., 1996.
Aaronson, Susan A. "Dinosaurs in the Global Economy?" In *Management Education and Competitiveness: Europe, Japan, and the United States,* ed. Rolv Petter Amdam, xiv. London: Routledge, 1996.
———. "Serving America's Business Graduate Business Schools and American Business." *Business History* 34, no. 1 (1992): 160-82.
Abernathy, William J., and James M. Utterback. "Patterns of Industrial Innovation." *Technology Review* 80, no. 7 (1978): 40-47.
Ackerman, Robert W. *The Social Challenge to Business.* Cambridge, Mass.: Harvard University Press, 1975.
Adweek Magazine's Newswire. "It Sure Did Good Advertising." October 21, 2002. Alden, Edward. "Inside Track 260 Business Education." *Financial Times,* August 14, 2000.
Alinsky, Saul David. *Rules for Radicals: A Practical Primer for Realistic Radicals.* New York: Random House, 1971.
Amado, Gilles. "A Transitional Design for Management Learning." In *Working with Organizations and Their People: A Guide to Human Resources Practice,* ed. Douglas Weston Bray. New York: Guilford, 1991.
Anderson, Sarah, John Cavanagh, Chris Hartman, and Betsy Leondor-Wright. "Executive Excess 2001." Boston: Institute for Policy Studies, 2001.
Andrade, Gregor, Mark Mitchell, and Erik Stafford. "New Evidence and Perspectives on Mergers." *Journal of Economic Perspectives* 15, no. 2 (2001): 103-20. Andrews, F. "Management: How a Boss Works in Calculated Chaos." *New York Times,* October 29, 1976.
Andrews, Kenneth Richmond. *The Concept of Corporate Strategy.* 3d ed. Homewood, IL: Irwin, 1987.
Appelbaum, Alec. "Beyond the Bottom Line." *Salon Ivory Tower,* March 1, 1999. (Disponível em www.salon.com/it/feature/1999/03/olfeature.html)

Argyris, Chris. "Education for Leading-Learning." *Organizational Dynamics* 21, no. 3 (1993): 5-17.
———. "Some Limitations of the Case Method: Experiences in a Management Development Program." *Academy of Management Review* 5, no. 2 (1980): 291-98.
Argyris, Chris, and Donald Schön. *Organizational Learning II: Theory, Method, and Practice.* Reading, Mass.: Addison-Wesley, 1996.
Armstrong, J. S. "The Devil's Advocate Responds to an MBA Student's Claim That Research Harms Learning." *Journal of Marketing* 59 (1995): 101-6.
Aspen Institute Initiative for Social Innovation through Business. "Where Will They Lead? MBA Student Attitudes about Business and Society." New York, 2002.
Atlas, James. "The Million-Dollar Diploma: Harvard Business School Struggles to Maintain Its Value." *New Yorker,* July 19, 1999, 42-51.
Avery, Simon. "Hewlett-Packard's Profit Falls 66% but Tops Forecast." *Globe and Mail,* May 17, 2001.
Bach, George Leland. "Managerial Decision Making as an Organizing Concept." In *The Education of American Businessmen: A Study of University-College Programs in Business Administration,* ed. Franck Cook Pierson, 319-54. New York: McGraw-Hill, 1959.
Baker, Stephen, and Gary McWilliams. "Now Comes the Corporate Athlete." *Business Week,* January 31, 1994, 71-72.
Balke, W., H. Mintzberg, and J. A. Waters. "Team Teaching General Management: Theoretically, Experientially, Practically." *Exchange: The Organizational Behavior Teaching Journal* 111, no. 2 (1978).
Barnes, Louis B., C. Roland Christensen, and Abby J. Hansen. *Teaching and the Case Method: Text, Cases, and Readings.* 3d ed. Boston: Harvard Business School Press, 1994.
Barsoux, Jean-Louis, and Peter Lawrence. "The Making of a French Manager." *Harvard Business Review* (July-August 1991): 58-67.
Beer, M., R. A. Eisenstat, and B. Spector. "Why Change Programs Don't Produce Change." *Harvard Business Review* (November-December 1990): 158-66.
Beer, Michael, Bert Spector, Paul R. Lawrence, D. Quinn Mills, and Richard E. Walton. *Human Resource Management: A General Manager's Perspective: Text and Cases.* New York: Free Press; Collier Macmillan, 1985.
Beer, Michael, Russell A. Eisenstat, and Bert Spector. *The Critical Path to Corporate Renewal.* Boston: Harvard Business School Press, 1990.
Belson, Ken. "Japan Firms Are Cashing In on Patent Caches." *International Herald Tribune,* March 15, 2002.
Bennett, Roger C., and Robert G. Cooper. "The Misuse of Marketing: An American Tragedy." *Business Horizons* 24 (1981): 51-61.
Bennis, Warren G. *On Becoming a Leader.* Reading, Mass.: Addison-Wesley, 1989. Berger, C. A. "In Defense of the Case Method: A Reply to Argyris." *Academy of Management Review* 8, no. 2 (1983): 329-33.
Bhidé, Amar. *The Origin and Evolution of New Businesses.* Oxford: Oxford University Press, 2000.
———. "The Road Well-Traveled: A Note on the Journey of HBS Entrepreneurs." Boston: Harvard Business School, 1996.
Bigelow, John D. *Managerial Skills: Explorations in Practical Knowledge.* Newbury Park, Calif.: Sage, 1991.
Bloom, Allan David. *The Closing of the American Mind.* New York: Simon & Schuster, 1987.
Bloomberg, Mary Schlangenstein. "Oryx Gambles on Spar Platform to Help It Repair Fiscal Damage." *Journal Record,* September 20, 1996.
Boettinger, Henry M. "Is Management Really an Art?" *Harvard Business Review* (January-February 1975): 54-60.
Bok, Derek. "Report of the President of Harvard College and Reports of Departments." In *Official Register of Harvard University.* Cambridge, Mass.: Harvard University Press, 1979.

Bolton, Allan. "Joint Architecture by HR Specialists and Business Schools." *Management Development Review* 9, no. 1 (1996): 22-24.

Bongiorno, Lori. "The B-School Profs at the Head of Their Class." *Business Week,* October 24, 1994, 45-46.

Boyatzis, Richard E. "Cornerstones of Change: Building the Path for Self-Directed Learning." In *Innovation in Professional Education,* ed. Richard E. Boyatzis, Scott S. Cowen, David A. Kolb, and Associates. San Francisco: Jossey-Bass, 1995.

Boyatzis, Richard E., Scott S. Cowen, and David A. Kolb. "Conclusion: What If Learning Were the Purpose of Education?" In *Innovation in Professional Education,* ed. Richard E. Boyatzis, Scott S. Cowen, David A. Kolb, and Associates. San Francisco: Jossey-Bass, 1995a.

Boyatzis, Richard E., Scott S. Cowen, David A. Kolb, and Associates, eds. *Innovation in Professional Education.* San Francisco: Jossey-Bass, 1995b.

Bradshaw, Della. "Making Courses Measure Up." *Financial Times,* May 19, 2003a.

———. "Plenty of Room for Naked Gamesmanship." *Financial Times,* January 20, 20036.

———. "Running a School Like a Business." *Financial Times,* January 20, 2003c. "A Year to Remember." *Financial Times Survey,* October 3, 1996.

Branch, Shelly. "Hunt War on MBA." *Fortune,* March 15, 1999, 79-80.

———. "MBAs Are Hot Again and They Know It." *Fortune,* April 14, 1997, 77-79.

Brickley, Peg. "Foamex Buyout Hits Snags." *Philadelphia Business Journal* 18, no. 34 (October 10, 1999): 1-2.

Brunsson, Nils. "Propensity to Change: An Empirical Study of Decisions on Reorientations." Goteborg: Goteborgs Universitet, 1976.

Buchanan, Phil. "Harvard B-School's E-Mania." *New York Times,* December 12, 2000.

Buell, Barbara. "The Second Comeback of Apple." *Business Week,* January 28, 1991.

Bunge, Mario. *Social Science under Debate.* Toronto: University of Toronto Press, 1998.

Burck, Gilbert. "The Transformation of European Business." *Fortune,* November 1957, 145-52.

Burgoyne, John. "Creating the Managerial Portfolio: Building on Competency Approaches to Management Development." *Management Education and Development* 20, No. 1 (1989): 56-61.

Burgoyne, John, and Alan Mumford. "Learning from the Case Method: A Report to the European Case Clearing House." Lancaster: Lancaster University Management School, 2001.

Burrows, Peter. "Carly's Last Stand? The Inside Story of the Infighting at Hewlett-Packard." *Business Week,* December 24, 2001a.

———."The Radical: Carly Fiorina's Bold Management Experiment at HP." *Business Week,* February 19, 2001b, 70-80.

———.The Business Roundtable. "Statement on Corporate Governance." Washington, D.C., 1997. *Statement on Corporate Responsibility.* New York, 1981.

*Business Week.* "The Good CEO." September 23, 2002, 80-81.

———. "How Executives Rate a B-School Education." March 24, 1986, 63.

*Business Week Online.* "The Best Performers." March 25, 2002a.

———."The Forces That Move Drug Costs." December 10, 2001.

———."Learning to Put Ethics Last." March 11, 2002b.

Button, Graham. "Marshall Makes Out." *Forbes* 150, No. 12 (November 23, 1992).

Button, Graham, and John R. Haynes. "The Perils of Pearlman." *Forbes* (February 15, 1993).

Byrne, H. S. "FMC Corp." *Barron's,* July 6, 1992, 41.

Byrne, John A. "Back to School: Special Report on Executive Education." *Business Week,* October 28, 1991, 102-7.

———. "The Best B-Schools: Big Changes since 1988 Have Made a Lot of Graduates Happier." *Business Week,* October 29, 1990a, 42-66.

———. "The Best B-Schools: Is Research in the Ivory Tower Fuzzy, Irrelevant, Pretentious?" *Business Week,* October 29, 1990b, 62-64.

Byrne, John A., and Lori Bongiorno. "The Best B-Schools." *Business Week,* October 24, 1994, 62-70.

*Canadian Business.* "Education 2000: Custom Programs for Strategic Training." December 31, 1999.

Cappelli, Peter. "Managing without Commitment." *Organizational Dynamics* 28, no. 4 (2000): 11-24.

Carlton, Jim. "Thinking Different: At Apple, a Fiery Jobs Often Makes Headway and Sometimes a Mess." *Wall Street Journal,* April 14, 1998.

Castro, J., and J. Hannifin. "Gone but Not Forgotten." *Time* 136, no. 8 (August 20, 1990).

Caulkin, Simon. "All Aboard the Gravy Train. But Is an MBA Really the Business?" *The Observer,* November 8, 1998.

Cha, Ariana Eunjung. "Hewletts, Packard vs. HP." *Washington Post,* December 9, 2001.

Charan, Ram, and Geoffrey Colvin. "Why CEOs Fail." *Fortune,* June 21, 1999, 31-40.

Cheit, Earl E. "Business Schools and Their Critics." *California Management Review* 27, no. 3 (1985): 43-62.

———. *The Useful Arts and the Liberal Tradition.* New York: McGraw-Hill, 1975. Chetkovich, Carol, and David L. Kirp. "Cases and Controversies: How Novitiates Are Trained to Be Masters of the Public Policy Universe." *Journal of Policy Analysis and Management* 20, no. 2 (2001): 283-314.

Chia, Robert. "Teaching Paradigm Shifting in Management Education: University Business Schools and the Entrepreneurial Imagination." *Journal of Management Studies* 33, no. 4 (1996): 409-28.

*Chief Executive.* "B-Schools under Fire." April 1993, 50-64.

Christensen, C. Roland, Kenneth R. Andrews, and M. E. Porter. *Business Policy: Text and Cases.* 5th ed. Homewood, Ill.: Irwin, 1982.

Christensen, C. Roland, and A. Zaleznik. "The Case Method and Its Administrative Environment." In *The Case Method at the Harvard Business School: Papers by Present and Past Members of the Faculty and Staff,* ed. Malcolm P. McNair and Anita C. Hersum. New York: McGraw-Hill, 1954.

Clifford, Patricia, and Sharon L. Friesen. "A Curious Plan: Managing on the Twelfth." *Harvard Educational Review* 63, no. 3 (1993): 339-58. Copyright 1993 by the President and Fellows of Harvard College. All rights reserved. Reprinted with permission.

Cohen, Peter. *The Gospel According to the Harvard Business School.* Garden City, N.Y.: Doubleday, 1973.

Collins, C., B. Leondor-Wright, L. Thurow, and H. Skal. "Shifting Fortunes: The Perils of the Growing American Wealth Gap." *Boston: United for a Fair Economy*, March 1999.

Collins, Randall. *The Credential Society: An Historical Sociology of Education and Stratification.* San Diego, Calif.: Academic Press, 1979.

Conger, Jay A. "The Brave New World of Leadership Training." *Organizational Dynamics* 21, no. 3 (1993): 46-58.

———. "Can We Really Train Leadership?" *Strategy and Business* 2 (Winter 1996): 52-65.

———. *Learning to Lead: The Art of Transforming Managers into Leaders.* San Francisco: Jossey-Bass, 1992.

Constable, John and Roger McCormick, *The Making of British Managers,* London, British Institute of Management and Confederation of British Industry, 1987.

Copeland, Melvin T. "The Genesis of the Case Method in Business Instruction." In *The Case Method at the Harvard Business School: Papers by Present and Past Members of the Faculty and Staff,* ed. Malcolm P. McNair and Anita C. Hersum, 25-33. New York: McGraw-Hill, 1954.

Costea, Bogdan. "Executive Education in the Era of the Global: Some Thoughts on Globalism, Diversity, Learning." Bailrigg, Lancaster, U.K.: Lancaster University, 1998.

———. "Representations of Human Diversity in Mainstream Management Education: Critique and Development." Ph.D. diss., Lancaster University, 2000.

Costea, Bogdan, and Stephen Watson. "The Globalisation of Management Education: Differences in International Perspectives." Trabalho apresentado no 1998 Annual International Conference of the Society for Research in Higher Education, Lancaster University, 1998.

Crainer, Stuart, and Des Dearlove. *Gravy Training: Inside the Business of Business Schools.* San Francisco: Jossey-Bass, 1999.

———. "Introduction to Top Fifty Thinkers." Available at www.FTdynamo.com, January 17, 2001.
Cyert, R. M., and J. G. March. *A Behavioral Theory of the Firm*. Englewood Cliffs, N.J.: Prentice Hall, 1963.
Cyert, Richard, and William Dill. "The Future of Business Education." *Journal of Business* 37, no. 3 (1964): 221-37.
Dash, Eric, Ellen Florian, Lisa Munoz, and Jessica Sung. "America's 40 Richest under 40." *Fortune*, September 17, 2001, 193—200.
Daudelin, Marilyn Wood. "Learning from Experience through Reflection." *Organizational Dynamics* 24, no. 3 (1996): 36—48.
Davis, Harry L., and Robin M. Hogarth. "Rethinking Management Education: A View from Chicago." Chicago: University of Chicago Graduate School of Business, ca. 1992.
De Rouffignac, Ann. "Once Great Tyler Now Troubled by Declining Sales." *Houston Business Journal* 27, no. 9 (July 18, 1997).
DeCloet, Derek. "Trolling for Minnows." *Canadian Business* 73, no. 2 (2000): 47-49.
de Meyer, Arnoud, in J. C. Linder and H. J. Smith. "The Complex Case of Management Education." *Harvard Business Review* (September—October 1992).
Deutschman, Alan. "The Second Coming of Steve Jobs." *The National Post*, November 1, 2000.
———. "The Trouble with MBAs." *Fortune*, July 29, 1991, 67—78.
Devons, E. *Planning in Practice: Essays in Aircraft Planning in War-Time*. Cambridge: Cambridge University Press, 1950.
DiNardo, Robert. "No Confidence Vote for Oryx's Changes." *Platt's Oilman News* 73, no. 15 (January 23, 1995).
Dolan, Kerry A. "The Return of Jimmy Three Sticks." *Forbes* 164, no. 7 (September 20, 1999).
Donham, Wallace B. "Business Teaching by the Case System." *American Economic Review* 12, no. 1 (1922): 53-65.
Dooley, Arch R., and Wickham Skinner. "Casing Case-Method Methods." Boston: Harvard Business School, 1975.
Dorfman, Dan. "More Firms Should Bounce Chief Executives." *USA Today*, January 21, 1993.
Dougherty, Thomas W., George F. Dreher, and William Whitely. "The MBA as Careerist: An Analysis of Early-Career Job Change." *Journal of Management* 19, no. 3 (1993): 535-48.
Dreyfuss, Joel. "John Sculley Rises in the West." *Fortune*, July 9, 1984, 180-84.
Drucker, Peter F. *Management: Tasks, Responsibilities, Practices*. New York: Harper & Row, 1974.
———. *The Practice of Management*. New York: Harper, 1954.
———. "Putting More Now into Knowledge." *Forbes*, May 15, 2000, 84-87.
———. "The Theory of the Business." *Harvard Business Review* (September-October 1994): 95-104.
Dunkin, Amy, and Nadav Enbar. "Getting the Most for Your B-School Money." *Business Week*, October 19, 1998, 176-78.
Dyckman, Thomas. "The 1996 Cornell Sponsored MBA-Executive Study: Corporate Leadership: A Survey on Values." Ithaca, N.Y.: the Johnson Graduate School of Management at Cornell University, 1996.
*The Economist*. "Back to the Laboratory." October 7, 1995, 69.
———. "Dons and Dollars." July 20, 1996, 53-54.
———. "The Quiet American." November 8, 1997.
———. "Wharton Business School: A New MBAge." December 14, 1991, 72-74.
*The Economist Global Executive*. "The Scene at Said." November 12, 2001.
Eliot, T. S. *Four Quartets*. London: Faber, 1959.
Eliasson, Gunnar. "The Nature of Economic Change and Management in the Knowledge-Based Information Economy." Stockholm: KTH Stockholm, Department of Industrial Management, 1998.
Enthoven, A. C. Annex A in D. Novick "Long-Range Planning through Program Budgeting." In *Perspectives of Planning*, ed. E. Jantsch. Paris: OECD, 1969.

Ewing, David W. *Inside the Harvard Business School: Strategies and Lessons of America's Leading School of Business.* New York: Times Books, 1990.

Fabrikant, Geraldine. "Executives Tremble as Judge Slaps Hand in Privately Held Cookie Jar." *New York Times,* June 16, 2003.

Fallows, James. "The Case against Credentialism." *Atlantic Monthly* (December 1985): 49-67.

Fayol, Henri, and Irwin Gray. *General and Industrial Management.* Rev. ed. New York: Institute of Electrical and Electronics Engineers, 1984. (Publicado primeiramente em francês em 1916.)

Filipczak, R., J. Gordon, M. Hequest, and D. Stamps. "Good Distance Training Looks Like... Well, Like Good Training." *Training* 34, no. 1 (January 1997): 13-16.

*Financial Times.* "Concerns Are Raised by Global Thrust." October 22, 2001.

———. *Mastering Management.* London: Financial Times, Prentice-Hall, 1997.

Fitzgerald, Thomas J. "Firms Offer Employees Custom MBA Programs." Available at www.collegejournal.com; citado em 19 de julho de 2001.

*Forbes.* "Hard Times for Marshall Cogan." January 26, 1987.

Fox, S. "Debating Management Learning: II." *Management Learning* 25, no. 1 (1994): 83-93.

———. "From Management Education and Development to the Study of Management Learning." In *Management Learning: Integrating Perspectives in Theory and Practice,* ed. J. G. Burgoyne and M. Reynolds, 17-20. London: Sage, 1997.

———. "What Are We?" *International Studies of Management and Organization* 22, no. 3 (1992): 71-93.

Friedman, Milton. *Capitalism and Freedom.* Chicago: University of Chicago Press, 1962.

———. *The Counter-Revolution in Monetary Theory.* London: Published for the Wincott Foundation by the Institute of Economic Affairs, 1970.

Friedrich, Otto. "The Money Chase." *Time,* May 4, 1981.

Fulmer, Robert M. "The Evolving Paradigm of Leadership Development." *Organizational Dynamics* 25, no. 4 (1997): 59-72.

Furnham, Adrian. "Business Schools Should Be Put to the Test." *European Business Forum* 7 (2001): 12-13.

Galbraith, Jay R. *Designing Organizations.* San Francisco: Jossey-Bass, *1995.* Gaskins, I. W., and T. T. Elliot. *Implementing Cognitive Strategy Instruction across the School: The Benchmark Manual for Teachers.* Cambridge, Mass., 1991.

Gendreau, Paul. "What Works in Community Corrections: Promising Approaches in Reducing Criminal Behavior." In *Successful Community Sanctions and Services for Special Offenders,* ed. B. J. Auerbach and T. C. Castellano, 59-74. Lanham, Md.: American Correctional Association, 1998.

———. "Offender Rehabilitation: What We Know and What Needs to Be Done." *Criminal Justice and Behavior* 23, no. 1 (1996): 144-61.

Gerth, H. H., and C. W. Mills, eds. *From Max Weber: Essays in Sociology.* New York: Oxford University Press, 1958.

Ghoshal, Sumantra, Breck Arnzen, and Sharon Brownfield. "Learning Alliance between Business and Business Schools: Executive Education as a Platform for Partnership." *California Management Review* 35, no. 1 (1992): 50-67.

Gilbert, Xavier, and Peter Lorange. "The Difference between Teaching and Learning." *European Business Forum,* no. 7 (2001): 7-8.

Gimein, Mark. "CEOs Who Manage Too Much." *Fortune,* September 4, 2000, 235-42.

Gladwell, Malcolm. "The Talent Myth: Are Smart People Overrated?" *New Yorker* 78, no. 20 (2002): 28-33.

Gleeson, Robert E. "Stalemate at Stanford, 1945—1958: The Long Prelude to the New Look at Stanford Business School." *Selections: The Magazine of the Graduate Management Admission Council* 13, no. 3 (1997): 6-23.

Gleeson, Robert E., and Steven Schlossman. "George Leland Bach and the Rebirth of Gra-duate Management Education in the United States, 1945-1975." *Selections: The Magazine of the Graduate Management Admission Council* 11, no. 3 (Spring 1995): 8-46.

———. "The Many Faces of the New Look: The University of Virginia, Carnegie Tech, and the Reform of American Management Education in the Postwar Era." *Selections: The Magazine of the Graduate Management Admission Council* (Winter 1992): 9-27.

Gleeson, Robert E., Steven Schlossman, and David Grayson Allen. "Uncertain Ventures: The Origins of Graduate Management Education at Harvard and Stanford, 1908-1939." *Selections: The Magazine of the Graduate Management Admission Council* (November 3, 1993): 9.

Godin, Seth. "Change Agent." *Fast Company* (September 2000): 322.

Gordon, Robert Aaron, and James Edwin Howell. *Higher Education for Business.* New York: Columbia University Press, 1959.

Gosling, Jonathan, and David Ashton. "Action Learning and Academic Qualifications." *Management Learning* 25, no. 2 (1994): 263-74.

———. "Educating and Developing the Managers." Trabalho apresentado no International Policy Symposium on Management Education, Lancaster, England 1993.

Gosling, Jonathan, and Henry Mintzberg. "The Five Minds of a Manager." *Harvard Business Review* (November 2003): 54-63.

Graduate Management Admission Council. *The Official Guide for GMAT Review.* Princeton, N.J.: ETS Educational Testing Service.

Greco, Susan. "The Inc. 500 Almanac." *Inc.* (November 2001).

Greenhouse, Steven, *Deflating America's Dream,* New York Times, October 30, 2002.

Griffith, Victoria. "Kellog in the Media." *Financial Times,* August 18, 2003.

———. "Re-engineering for Business Schools." *Financial Times* (April 1995).

Groth, Lars. *Future Organizational Design: The Scope for the It-Based Enterprise.* Chichester: Wiley, 1999.

Gulick, Luther Halsey, and Lyndall E Urwick. *Papers on the Science of Administration.* New York: Institute of Public Administration, Columbia University, 1937.

Gupta, Indrajit. "Turning Dream into Reality." *Businessworld,* January 24, 2000, 52-55.

Halberstam, David. *The Best and the Brightest.* New York: Random House, 1972.

Hampden-Turner, Charles, and Alfons Trompenaars. *The Seven Cultures of Capitalism.* New York: Currency/Doubleday, 1993.

Handy, Charles. "Balancing Corporate Power: A New Federalist Paper." *Harvard Business Review* (November-December 1992): 59-75.

Handy, Charles B., Colin Gordon, Ian Gow, and Collin Randlesome. *Making Managers.* London: Pitman, 1988.

Harrington, Ann. "E-Curriculum: Easy Come, Easy Go." *Fortune,* April 16, 2001, 410-11.

Harvard Business School Associates. "The Success of a Strategy: An Assessment of Harvard University Graduate School of Business Administration." Boston, 1979. Harvard Business School. *HBS Survival Guide.* Boston, 2003.

*Harvard Business School's Enterprise Newsletter.* "Making a Case: The Birth of an HBS Case Study." 2001.

Hayes, Robert H., and William J. Abernathy. "Managing Our Way to Economic Decline." *Harvard Business Review* (July-August 1980): 67-77.

Haynes, Peter. "Management Education: Passport to Prosperity." *The Economist,* March 2, 1991.

Heaton, Herbert. *A Scholar in Action, Edwin F Gay.* New York: Greenwood, 1968.

Helgesen, Sally. *The Female Advantage: Women's Ways of Leadership.* New York: Doubleday Currency, 1990.

Henry, David. "Mergers: Why Most Big Deals Don't Pay Off." *Business Week On-line,* October 14, 2002, 60-70.

Hilgert, Arnie D. "Developmental Outcomes of an Executive MBA Programme." *Journal of Management Development* 14, no. 10 (1995): 64-76.

Hill, Christian G. "Sculley's Shift Was Forced, Suit Argues." *Wall Street Journal,* September 27, 1993.

Hill, Linda A. *Becoming a Manager: Mastery of a New Identity.* Boston: Harvard Business School Press, 1992.

Hilton, Anthony. "Unzipping the Merger Myth." *Management Today* (February 2003): 48-51.

Himelstein, Linda. "New Turbulence in the Jean Pool." *Business Week,* October 12, 1998.

Hitch, Charles Johnston. *Decision-Making for Defense.* Berkeley: University of California Press, *1965.*

Hitch, Charles Johnston, and Roland N. McKean. *The Economics of Defense in the Nuclear Age.* Cambridge, Mass.: Harvard University Press, 1960.

Hodgetts, Richard M. "A Conversation with Steve Kerr." *Organizational Dynamics* 24, no. 4 (1996): 68-79.

Hogan, Robert, Robert Raskin, and Dan Fazzini. "The Dark Side of Charisma." In *Measures of Leadership,* ed. Kenneth E. Clark, Miriam B. Clark, Robert R. Albright, Center for Creative Leadership, 343-54. West Orange, N.J.: Leadership Library of America, 1990.

Hogarth, Robin M. *Evaluating Management Education.* Chichester, England: Wiley, 1979.

Horvath, Dezso J. "Horvath Leads the Globalization of York." *The MBA Newsletter* (November 1995).

Huey, John. "The Leadership Industry." *Fortune,* February 21, 1994, 54-56.

Hurka, Thomas. "How to Get to the Top—Study Philosophy." *Globe and Mail,* January 2, 1990.

Huy, Quy Nguyen. "In Praise of Middle Managers." *Harvard Business Review* (September 2001): 72-79.

IMD. "Twenty Years After: MBA International Consulting Projects." Lausanne, 1999.

*Investment Dealers Digest.* "After the Bombshell at Shearson Lehman Brothers." February 1, 1999.

Ioannou, Lori. "Reinventing the MBA." *International Business* (August 1995): 26-33.

Ishida, Hideo. "MBA Education in Japan: The Experience of Management Education at the Graduate School of Business Administration, Keio University, Japan." *Journal of Management* 16, no. 3 (1997): 185-96.

Ives, Blake, and Sirkka L. Jarvenpaa. "Will the Internet Revolutionize Business Education and Research?" *Sloan Management Review* 37, no. 3 (1996): 33-41.

Ivey, Mark, and Michael O'Neal. "Frank Lorenzo: The Final Days." *Business Week,* August 27, 1990.

———. "The Lorenzo Legacy Haunts Continental." *Business Week,* December 17, 1990.

Jampol, J. "New Visions for Executive Education." *Time,* March 30, 1998.

Japsen, Bruce. "You Never Know What's Coming around the Corner." *Chicago Tribune,* December 24, 1998.

Jensen, Michael C., and William H. Meckling. "The Nature of Man." *Journal of Applied Corporate Finance* 7, no. 2 (1994): 4-19.

Johnson, Arthur. "Class Warfare." *Canadian Business* (April 1994): 26-30.

Jones, Del. "Will Business Schools Go out of Business? E-Learning, Corporate Academies Change the Rules." *USA Today,* May 23, 2000.

Kanungo, Rabindra N., and Sasi Misra. "Managerial Resourcefulness: A Reconceptualization of Managerial Skills." *Human Relations* 45, no. 12 (1992): 1311-32.

Kaplan, Abraham. *The Conduct of Inquiry: Methodology for Behavioral Science.* San Francisco: Chandler, 1964.

Kaplan, Robert S., and David P. Norton. *The Balanced Scorecard: Translating Strategy into Action.* Boston: Harvard Business School Press, 1996.

Kastens, Merritt L. "Cogito, Ergo Sum." *Interfaces* 2, no. 3 (1972): 29-32.

Keep, Ewart, and Andy Westwood. "Can the UK Learn to Manage?" London: Work Foundation, 2002.

Keeton, Ann. "Only 34 Per Cent of Employees Feel Loyal." *The Gazette* (Montreal), October 9, 2000.

Kelly, Francis, and Heather Mayfield Kelly. *What They Really Teach You at the Harvard Business School.* New York: Warner, 1986.
Kelly, Jim, and Julia Davies. "An In-House MBA Programme That Really Took Off." *Personnel Management* 26, no. 9 (1994): 30-33.
Kelly, Marjorie. *The Divine Right of Capital: Dethroning the Corporate Aristocracy.* San Francisco: Berrett-Koehler, 2001.
Keynes, John Maynard. *The General Theory of Employment, Interest and Money.* New York: Harcourt Brace, 1936.
Keys, Louise. "Action Learning: Executive Development of Choice for the 1990s." *Journal of Management Development* 13, no. 8 (1994): 50-56.
Kiechel, Walter, III. "Harvard Business School Restudies Itself." *Fortune* 99, no. 12 (June 18, 1979): 48-58.
Kinsley, Michael. "A Business Soap Opera." *Fortune,* June 25, 1984.
Kotter, John P. *The General Managers.* New York: Free Press, 1982.
———. *Leading Change.* Boston: Harvard Business School Press, 1996.
———. *The New Rules: How to Succeed in Today's Post-Corporate World.* New York: Free Press, 1995.
———. *What Leaders Really Do.* New York: Free Press, 1990.
Koudsi, Suzanne. "MBA Students Want Old-Economy Bosses." *Fortune,* April 16, 2001, 407-8.
Kuhn, Thomas S. *The Structure of Scientific Revolutions.* Chicago: University of Chicago Press, *1962.*
Kurb, Milan and Joseph Prokopenko, *Diagnosing Management Training and Development Needs: Concepts and Techniques,* Management Development Series, No. 27, 1989.
Kurtzman, Joel. "Shifting the Focus at B-Schools." *New York Times,* December 31, 1989.
Laing, Jonathan R. "Poor Bill." *Barron's,* October 2, 1995.
Lampel, Joseph, and Henry Mintzberg. "Customizing Customization." *Sloan Management Review* 38, no. 1 (1996): 21-30.
Langley, Ann. "Between 'Paralysis by Analysis' and 'Extinction by Instinct.'" *Sloan Management Review* 36, no. 3 (1995): 63-76.
Lawrence, Paul R. "The Challenge of Problem-Oriented Research." *Journal of Management Inquiry* 1, no. 2 (June 1992): 139-42.
Lazzareschi, Carla. "Apple Has It Lost Its Bite?." *Los Angeles Times,* February 19, 1989.
———. "Sculley Begins Reshaping Apple Right to the Core Computers." *Los Angeles Times,* February 8, 1990.
Learned, E. P., C. R. Christensen, K. R. Andrews, and W. D. Guth. *Business Policy: Text and Cases.* Homewood, Ill.: Irwin, 1965, revised edition, 1969.
Leavitt, Harold J. "Educating Our MBAs: On Teaching What We Haven't Taught." *California Management Review* 31, no. 3 (1989): 33-42.
———. "Management and Management Education in the West: What's Right and What's Wrong?" *London Business School Journal* 8, no. 1 (1983): 18-23.
———. "Socializing Our MBAs: Total Immersion? Managed Cultures? Brainwashing?" *California Management Review* 33, no. 4 (1991): 127-43.
Lee, Chris. "Can Leadership Be Taught?" *Training* 26, no. 7 (1989): 19-24. Lenson, Todd. "Directors Beware: Court Decision Applies Public Rules to Private Companies." *Buyouts Magazine,* September 22, 2003.
Leonhardt, David. "California Dreamin': Harvard Business School Adds Silicon Valley to Its Syllabus." *New York Times,* June 18, 2000a.
———. "Harvard Curriculum Adds a Dot-Com Flair." *International Herald Tribune,* June 19, 2000b.
———. "A Matter of Degree? Not for Consultants." *New York Times,* October 1, 2000c.
Levering, Robert, and Milton Moskowitz. "The 100 Best Companies to Work For: The Best in the Worst of Times." *Fortune,* February 4, 2002, 60-61.
Lewin, Douglas. "On the Place of Design in Engineering." *Design Studies* 1, no. 2 (1979): 113-17.

Lewis, Michael. "Boot Camp for Yuppies. The Story of a White House Aide Who Went to Business School and Lived to Write About It." *New York Times Book Review*, May 8, 1994, 6-7.

Lieber, Ron. "Learning and Change—Roger Martin." *Fast Company* 30 (December 1999): 262.

Lindblom, Charles E. *The Policy-Making Process*. Englewood Cliffs, N.J.: Prentice Hall, 1968.

Linder, Jane C., and Jeff H. Smith. "The Complex Case of Management Education." *Harvard Business Review* (September-October 1992): 16-34.

Livingston, J. Sterling. "Myth of the Well-Educated Manager." *Harvard Business Review* (January-February 1971): 79-89.

Locke, Robert R. *The Collapse of the American Management Mystique*. Oxford: Oxford University Press, 1996a.

———. *The End of the Practical Man: Entrepreneurship and Higher Education in Germany, France, and Great Britain, 1880-1940*. Greenwich, Conn.: JAI Press, 1984.

———. "Factoring American Business School Education into the Revolution in Interactive Information Technology." Trabalho apresentado no congresso "Retrospective on Educating French Management Professors in North America, 1969-1975," realizado na FNEGE (The French Management Foundation), Paris, 16 de novembro de 1998, pp. 1-14.

———. "The Introduction of Business Schools in the United Kingdom: Confusing Historical for Functional Events." Trabalho apresentado na British Academy of Management Conference, Aston University, U.K., 17 de setembro de 1996b.

———. *Management and Higher Education since 1940: The Influence of America and Japan on West Germany, Great Britain, and France*. Cambridge: Cambridge University Press, 1989.

Lombardo, Michael M., and Robert W. Eichinger. "Eighty-Eight Assignments for Development in Place: Enhancing the Developmental Challenge of Existing Jobs." Greensboro, N.C.: Center for Creative Leadership, 1989.

Loomis, Carol J. "The 15% Delusion." *Fortune*. February 5, 2001, 102-8.

Lorinc, John. "Class Action." *Canadian Business* 62, no. 9 (1989): 68-76.

Maas, Judith. "Reflections on Discussion Teaching: An Interview with C. Roland Christensen." *Harvard Business School Newsletter* (1991): 1-5.

MacFadyen, Ken. "No Nicks in Remington Exit." *Buyouts Magazine*, September 8, 2003.

Machan, Dyan. "The Strategy Thing (FMC Corp.)." *Forbes*, May 23, 1994.

Main, Jeremy. "B-Schools Get on a Global Vision." *Fortune*, July 17, 1989, 78-86.

Malone, David. "Remember Kofi Who?" *Globe and Mail*, April 10, 2001.

*Management Review* "Interview with Jonathan Gosling and Henry Mintzberg." Indian Institute of Management, Bangalore (January & June 1998).

Mann, Robert W., and Julie M. Staudenmier. "Strategic Shifts in Executive Development." *Training and Development* 45 (1991): 37-40.

March, James G. "Exploration and Exploitation in Organizational Learning." *Organization Science* 2, no. 1 (1991): 71-87.

March, J. G. "A Scholar's Quest." *Stanford Graduate School of Business Magazine* (1996) (no web site da instituição).

Mark, J. Paul. *The Empire Builders: Inside the Harvard Business School*. New York: Morrow, 1987.

Martin, Justin. "Bashed B-Schools Bite Back." *Fortune*, March 21, 1994, 20-25.

Mast, Carlotta. "The People behind the Rankings." *Selections: The Magazine of the Graduate Management Admission Council* (2001a): 16-25.

———. "Reflections on the Past: Management Education's First Century." Graduate Management Admission Council, 2001b.

———. *Marketing Week*. "First Blood to Publicis." October 24, 2002.

Maugham, W. Somerset. *A Writer's Notebook*. Garden City, N.Y.: Doubleday, 1949.

Mayon-White, Bill. *Study Skills for Managers*. St. Paul, Minn.: Chapman, 1990.

McCall, Morgan W., Jr. "Developing Executives through Work Experiences." *Human Resources Planning* 11, no. 1 (1988): 1-11.

McCall, Morgan W., Michael M. Lombardo, and Ann M. Morrison. *The Lessons of Experience: How Successful Executives Develop on the Job.* Lexington, Mass.: Lexington Books, 1988.

McCall, M. W., A. Morrison, and R. L. Hannan. *Studies of Managerial Work: Results and Methods.* Greensboro, N.C.: Center for Creative Leadership, 1978.

McCauley, Cynthia D., Russ S. Moxley, and Ellen Van Velsor. *The Center for Creative Leadership Handbook of Leadership Development.* San Francisco: Jossey-Bass, 1998.

McGill, Michael E. "Attack of the Biz Kids." *Business Week* (December 1988): 75-78.

McKnight, M. R. "Management Skill Development: What It Is. What It Is Not." In *Managerial Skills: Explorations in Practical Knowledge,* ed. J. D. Bigelow, 204-18. Newbury Park, Calif.: Sage, 1991.

McNair, Malcolm P. *The Case Method at the Harvard Business School.* New York: McGraw-Hill, 1954.

McNamara, Robert S., and Brian VanDeMark. *In Retrospect: The Tragedy and Lessons of Vietnam.* New York: Times Books, 1995.

McNulty, Nancy G. "Management Education in Eastern Europe: 'Fore and After'" *Academy of Management Executive* 6, no. 4 (1992): 78-87.

Meister, Jeanne C. *Corporate Quality Universities.* Burr Ridge, Ill. Irwin, 1994.

Mendoza, Gabino. "The Three Temptations of the Management Teacher." In *The Search for Global Management,* ed. Max Von Zur-Muehlen, Canadian Federation of Deans of Management and Administrative Studies, and INTERMAN, 1990.

*Mergers & Acquisitions.* "Cooper to Exit Auto Business." July-August 1998.

Merritt, Jennifer. "MBA Programs Are Going Back to School." *Business Week,* May 7, 2001, 68-69.

——. "What's an MBA Really Worth" *Business Week,* September 22, 2003, 90-98.

Mintzberg, Henry. "Covert Leadership: The Art of Managing Professionals." *Harvard Business Review* (November-December 1998): 140-47.

——. "Crafting Strategy." *Harvard Business Review* (July-August 1987a): 66-75.

——. "Developing Leaders? Developing Countries?" Dissertação para uso interno, McGill University, 2002.

——. "If You're Not Serving Bill and Barbara, Then You're Not Serving Leadership." In *Leadership: Beyond Established Views,* ed. J. G. Hunt, U. Sekaran, and C. A. Schreisheim, 239-59. Carbondale: Southern Illinois University Press, 1982.

——. "Managing Exceptionally." *Organization Science* 12, no. 6 (2001): 759-71.

——. "Managing Government, Governing Management." *Harvard Business Review* (May June 1996): 75-83.

——. "Managing Quietly." *Leader to Leader* 12 (Spring 1999a).

——. *Mintzberg on Management: Inside Our Strange World of Organizations.* New York: Free Press, 1989.

——. *The Nature of Managerial Work.* New York: Harper & Row, 1973.

——. *Power in and around Organizations.* Englewood Cliffs, N.J.: Prentice Hall, 1983.

——. "Productivity Is a Time Bomb." *Globe and Mail,* June 13, 2002.

——. *The Rise and Fall of Strategic Planning.* New York: Free Press, 1994a.

——. "Rounding Out the Manager's Job." *Sloan Management Review* 36, no. 1 (1994b): 11-26.

——. *Structure in Fives.* Englewood Cliffs, N.J.: Prentice Hall, 1983.

——. *The Structuring of Organizations: A Synthesis of the Research.* Englewood Cliffs, N.J.: Prentice Hall, 1979.

——. "There's No Compensation for Hypocrisy." *Financial Times,* October 29, 1999b.

Mintzberg, Henry, Bruce W. Ahlstrand, and Joseph Lampel. *Strategy Safari.* New York: Free Press, 1998.

Mintzberg, Henry, and Joseph Lampel. "Do MBAs Make Better CEOs? Sorry, Dubya, It Ain't Necessarily So." *Fortune,* February 19, 2001, 244.

Mintzberg, Henry. *Impediments to the Use of Management Information.* New York: National Association of Accountants, 1975.

Mintzberg, Henry and Alexandra McHugh, *Strategy Formation in Adhocracy,* Administrative Science Quarterly, 1985, pp. 160-197.

Mintzberg, Henry, Robert Simons, and Kunal Basu. "Beyond Selfishness." *Sloan Management Review* 1 (2002): 67-74.
Mintzberg, Henry, and Ludo Van der Heyden. "Organigraphs: Drawing How Companies Really Work." *Harvard Business Review* (September-October 1999): 87-94.
Mintzberg, Henry, and James A. Waters. "Of Strategies, Deliberate and Emergent." *Strategic Management Journal* 6, no. 3 (1985): 257-72.
Mintzberg, Henry, and Frances Westley. "*Cycles of Organizational Change*." *Strategic Management Journal* 13 (1992): 39-59.
———. "Decision Making: It's Not What You Think." *Sloan Management Review* 42, no. 3 (2001): 89-93.
Mirabella, Roseanne M., and Naomi Bailin Wish. "The 'Best Place' Debate: A Comparison of Graduate Education Programs for Nonprofit Managers." *Public Administration Review* 60, no. 3 (2000): 219-29.
Mishel, L., J. Bernstein and J. Schmitt, *The State of Working America: 2000-2001*, Ithaca, New York, Economic Policy Institute, Cornell University Press, 2001.
Mitchell, Russell. "The Numbers Aren't Crunching Craig Research." *Business Week,* June 1, 1992.
Morgan, Gareth. *Images of Organization.* Beverly Hills: Sage, 1986.
Morrison, Ann M. "Apple Bites Back." *Fortune,* February 20, 1984, 86-100.
Muller, Helen J., James L. Porter, and Robert R. Rehder. "Reinventing the MBA the European Way." *Business Horizons* 34, no. 3 (1991): 83-91.
Munk, Nina. "How Levi's Trashed a Great American Brand." *Fortune* 139, no. 7 (April 12, 1999).
Murray, Charles J. *The Supermen.* New York, Wiley, 1997.
Murray, Hugh. "Management Education and the MBA: It's Time for a Rethink." *Managerial and Decision Economics* 9 (1988): 71-78.
Murray, Sarah. "The Barbarian Who Nearly Flunked Business School." *Financial Times,* January 20, 2003.
Musgrove, Mike. "HP, Posting Profit, Sees a Return on Compaq Deal." *International Herald Tribune,* November 22, 2002.
Nee, Eric. "Open Season on Carly Fiorina." *Fortune*, July 23, 2001, 124-38.
Nonaka, Ikujiro, and Noboru Konno. "The Concept of Building a Foundation for Knowledge Creation." *California Management Review* 40, no. 3 (1998): 40-54.
Nonaka, Ikujiro D., and Hirotaka Takeuchi. *The Knowledge-Creating Company.* New York: Oxford University Press, 1995.
Norman, James R. "The Fallen Angel." *Forbes*, March 28, 1994.
Nudd, Tim. "Partying Like It's 1969: D'Arcy, B&Bers Mourn Alma Mater at Reunion." *Adweek Eastern Edition* 43, no. 45 (November 11, 2002).
Ohlott, Patricia J. "Job Assignments." In *The Center for Creative Leadership Handbook of Leadership Development,* ed. Cynthia D. McCauley, Russ S. Moxley, Ellen Van Velsor. San Francisco: Jossey-Bass, 1998.
Okazaki-Ward, Lola. *Management Education and Training in Japan.* London: Graham & Trotman, 1993.
O'Reilly, Brian. "Agee in Exile." *Fortune,* May 29, 1995, 51-74.
———. "How Execs Learn Now." *Fortune,* April 5, 1993, 52-55.
———. "The Mechanic Who Fixed Continental." *Fortune* 140, no. 12 (December 20, 1999).
———. "Reengineering the MBA." *Fortune,* January 24, 1994, 38-45.
Pascale, Richard, Mark Millenmann, and Linda Gioja. "Changing the Way We Change." *Harvard Business Review* (November/December 1997): 127-39.
Paul, Frederic. "Apple's Scully Hands Off CEO Job, Stays On." *Network World,* July 28, 1993, 22.
Pedler, Mike. "Interpreting Action Learning." In *Management Learning,* ed. John Burgoyne and Michael Raynolds, 248-64. London: Sage, 1997.

Penley, Larry Edward, Paul Fulton, George G Daly, and Ronald E Frank. "Has Business School Education Become a Scandal?" *Business and Society Review,* no. 93 (1995): 4-16.

Peterson, Thane. "Zenith Dials Up a New CEO." *Business Week,* March 13, 1995.

Pfeffer, J. L. "A Tip from Harvard MBAs: Their Careers Hint at Where Not to Go." *International Herald Tribune,* January 29-30, 1994.

Pfeffer, Jeffrey, and Christina T. Fong. "The End of Business Schools? Less Success Than Meets the Eye." *Academy of Management Learning and Education* 1, no. 1 (2002): 78-95.

Pfeffer, Jeffrey. "Mortality, Reproducibility, and the Persistence of Styles of Theory." *Organization Science* 6, no. 6 (1995): 681-86.

Pierson, Frank Cook. *The Education of American Businessmen: A Study of University-College Programs in Business Administration.* New York: McGraw-Hill, 1959.

Piper, Thomas R., Mary C. Gentile, and Sharon Daloz Parks. *Can Ethics Be Taught? Perspectives, Challenges, and Approaches at Harvard Business School.* Boston: Harvard Business School Press, 1993.

Pitcher, Patricia C. *Artists, Craftsmen, and Technocrats.* Toronto: Stoddart, 1995. "Balancing Personality Types at the Top." *Business Quarterly* (Winter 1993).

———. *The Drama of Leadership.* New York: Wiley, 1997.

Poletti, Therese. "Meaning of 'HP Way' Defines Fight over Compaq Deal." *Mercury News,* November 25, 2001.

Policano, Andrew J. "Ten Easy Steps to a Top-25 MBA Program." *Selections: The Magazine of the Graduate Management Admission Council,* 1, no. 2 (2001): 39-40.

Porter, Lyman W., and Lawrence E. McKibbin. *Management Education and Development: Drift or Thrust into the 21st Century?* New York: McGraw-Hill, 1988.

Porter, Michael. "Corporate Strategy: The State of Strategic Thinking." *The Economist,* May 23, 1987, 17-22.

Porter, Michael E. *Competitive Advantage.* New York: Free Press, 1985.

———. *Competitive Strategy.* New York: Free Press, 1980.

Pulliam, Susan and Scism, Leslie. "Equitable Companies May Adapt Role as Stock Market's Comeback Kid." *Wall Street Journal Europe,* January 16, 1997.

Quelch, John. "Why Europe Has Some Catching Up to Do." *European Business Forum* 7 (Autumn 2001): 6-7.

Quinn, James Brian. "Strategy, Science and Management." *Sloan Management Review* 43, no. 4 (2002): 96.

Raelin, Joseph A. "Beyond Experiential Learning to Action Learning." *The Organizational Learning Newsletter* (March 1993a): 5-7.

———. "Let's Not Teach Management as If It Were a Profession." *Business Horizons* 33, no. 2 (1990): 23-28.

———. "A Model of Work-Based Learning." *Organizational Science* 8, no. 6 (1997): 563-78.

———. "Theory and Practice: A Theoretical Review of Their Respective Roles, Relationship, and Limitations in Advanced Management Education." *Business Horizons* 36, no. 3 (1993b): 85-89.

———. "Whither Management Education? Professional Education, Action Learning and Beyond." *Management Learning* 25, no. 2 (1994): 301-17.

———. *Work-Based Learning: The New Frontier of Management Development.* Upper Saddle River, N.J.: Prentice Hall, 2000.

Raelin, Joseph A., and John Schermerhorn Jr. "Preface: A New Paradigm for Advanced Management Education: How Knowledge Merges with Experience." *Management Learning* 25, no. 2 (1994): 195-200.

Raphael, Ray. *Edges: Human Ecology of the Backcountry.* Lincoln: University of Nebraska Press, 1986.

Redlich, Fritz. "Academic Education for Business: Its Development and the Contribution of Ignaz Jastrow (1856-1937)." *Business History Review* 31 (1957): 35-91.

Reingold, Jennifer. "The Best B-Schools." *Business Week,* October 19, 1998a.
———. "Corporate America Goes to School." *Business Week,* October 20, 1997, 68-72.
———. "Learning to Lead: Technology Is Driving the Demand for Executive Education – and Creating Lots of New Options for Companies." *Business Week,* October 18, 1999.
———. "The Melting Pot Still Has a Few Lumps." *Business Week,* October 19, 1998b, 104-8.
———. "You Can't Create a Leader in a Classroom." *Fast Company* (November 2000): 286.
Revans, Reginald W. *The A.B.C of Action Learning.* Bromley, England: Chartwell-Bratt, 1983.
Roberts, Richard H. "Performance Learning and Global Pilgrimage: 'World Class Managers' and the Quest for Spiritual Values." Trabalho apresentado na SISR Conference, Louvain, Belgium, 1999.
Robinson, Peter. *Snapshots from Hell: The Making of an MBA.* New York: Warner, 1994.
Roeder, David. "Kraemer to Replace Baxter Boss." *Chicago Sun-Times,* November 17, 1999.
Rohlin, Lennart. "MiL Institute – Concepts and Programmes." Lund, Sweden: MiL Institute, 1999.
Rudnitsky, Howard. "Leverage 101." *Forbes* 150, no. 7 (September 28, 1992).
Samuelson, R. J. "What Good Are B-Schools?" *Newsweek,* May 14, 1990, 49.
Santoli, Michael. "Manhattan Transfer." *Barron's* 80, no. 1 (January 1, 2000).
Saporito, Bill, and Tricia Welsh. "The Toppling of King James III." *Fortune* 127, no. 1 (January 11, 1993).
Sass, Steven A. *The Pragmatic Imagination: A History of the Wharton School, 1881-1981.* Philadelphia: University of Pennsylvania Press, 1982.
Saul, John Ralston. *The Unconscious Civilization.* Concord, Ontario: Anansi, 1995.
———. *Voltaire's Bastards: The Dictatorship of Reason in the West.* Toronto: Viking, 1992.
Sayles, L. R. "Whatever Happened to Management or Why the Dull Stepchild?" *Business Horizons* 13 (April 1970): 25-34.
Scannell, Kara. "Deals & Deal Makers: The Few; the Proud; The M.B.A.S (?!)." *Wall Street Journal,* July 19, 2001.
Schachter, Harvey. "My Way" *Canadian Business,* June 25-July 9, 1999, 49-51
Schendel, Dan. "Notes from the Editor-in-Chief." *Strategic Management Journal,* 13 (1995): 1-2.
Scherer, F. M. *International High-Technology Competition.* Cambridge, Mass.: Harvard University Press, 1992.
Schlender, Brenton R. "Celebrity Chief: His Shyness, John Sculley Promotes Apple – and Himself." *Wall Street Journal,* August 18, 1988.
Schlossman, Steven L., Robert E. Gleeson, Michael Sedlak, and David Grayson Allen. *The Beginnings of Graduate Management Education in the United States.* GMAC Occasional Papers. Santa Monica, Calif.: Graduate Management Admission Council, 1994.
Schlossman, Steven, Michael Sedlak, and Harold Wechsler. "The 'New Look': The Ford Foundation and the Revolution in Business Education." *Selections: The Magazine of the Graduate Management Admission Council,* 14, no. 3 (1998): 8-28.
Schmotter, James W. "An Interview with Professor James G. March." *Selections: The Magazine of the Graduate Management Admission Council,* 14, no. 3 (1995): 56-62.
Schneider, Mica. "A New Model for Global EMBAs." *Business Week Online,* October 26, 2001.
Schön, Donald A. *Educating the Reflective Practitioner.* San Francisco: Jossey-Bass, 1987.
———. *The Reflective Practitioner.* New York: Basic Books, 1983.
Schwartz, Nelson D. "Colgate Cleans Up." *Fortune,* April 16, 2001, 179-80.
Sculley, John, with John A. Byrne. *Odyssey: Pepsi to Apple.* New York: Harper & Row, 1987.
Serey, Timothy, and Kathleen S. Verderber. "Beyond the Wall: Resolving Issues of Educational Philosophy and Pedagogy in the Teaching of Managerial Competencies." In *Managerial Skills: Exploration in Practical Knowledge,* ed. John D. Begelow, 3-17. Newbury Park, Calif.: Sage, 1991.
Shapero, Albert. "What Management Says and What Managers Do." *Interfaces* (February 1977).
Sherman, Stratford. "How Tomorrow's Best Leaders Are Learning Their Stuff." *Fortune,* November 27, 1995, 64-70.

Shipler, David. "Robert McNamara and the Ghosts of Vietnam: Robert McNamara Meets the Enemy." *New York Times Magazine,* August 10, 1997.

Simon, Herbert Alexander. *Administrative Behavior: A Study of Decision-Making Processes in Administrative Organization.* New York: Macmillan, 1947, 1957, 1976.

———. "The Business School: A Problem in Organizational Design." *Journal of Management Studies* 4 (1967): 1-16.

———. *The Sciences of the Artificial.* Cambridge, Mass.: MIT Press, 1969.

Sims, D., E. Morgan, J. Nicholls, K. Clarke, and J. Harris. "Between Experience and Knowledge. Learning within the MBA Programme." *Management Learning* 25, no. 2 (1994): 275-87.

Sims, David. "Mental Simulation: An Effective Vehicle for Adult Learning." *IHE* 3, no. 1 (1986): 33-35.

Singer, E. A., and L. M. Wooton. "The Triumph and Failure of Albert Spears Administrative Genius: Implication for Current Management and Practice." *Journal of Applied Behavioral Science* 12, no. 1: 79-103.

Slater, Robert, and Jack Welch. *The New GE: How Jack Welch Revived an American Institution.* Homewood, Ill.: Irwin, 1993.

Smalter, D. T., and J. L. J. Ruggles. "Six Business Lessons from the Pentagon." *Harvard Business Review* (March-April 1966) 64-75.

Smith, Douglas K., and Robert C. Alexander, *Fumbling the Future: How Xerox Invented, Then Ignored, the First Personal Computer,* New York, William Morrow and Co., Inc, 1988

Sonnenfeld, Jeffrey. "Serial Acquirers Tend to End Badly." *International Herald Tribune,* June 14, 2002.

Spender, J. C. *Industry Recipes.* Oxford: Blackwell, 1989.

———. "Knowing, Managing and Learning: A Dynamic Managerial Epistemology." *Management Learning* 25, no. 3 (1994): 387-412.

———. "Underlying Antinomies and Perpetuated Problems: An Historical View of the Challenges Confronting Business Schools Today." Dissertação para uso interno, 1997; disponível em home.earthlink.net/~jcspender.

Starbuck, William H. "The Origins of Organizational Theory." In *Handbook of Organizational Theory: Meta-Theoretical Perspectives,* ed. Haridimos Tsoukas and Christian Knudsen. Oxford: Oxford University Press, 2002.

Stedman, Craig. "Cray Pulling Plug on Real-Time Computing." *Electronic News,* December 14, 1992.

Stern, Stefan. "What Did Business School Do for Them?" *Management Today* (February 2002): 40-45.

Stevenson, Howard H. "Who Are the Harvard Self-Employed?" Wellesley, Mass: Frontiers of Entrepreneurial Research, Babson College, 1983 (também Harvard Business School, 1983).

Sturdy, Andrew, and Gabriel Yiannis. "Missionaries, Mercenaries or Car Salesmen? MBA Teaching in Malaysia." *Journal of Management Studies* 37, no. 7 (2000): 979-1002.

Summers, Colonel Harry, Jr. *On Strategy: The Vietnam War in Context.* Washington, D.C., and Carlisle Barracks, Pa.: Government Printing Office and Strategic Studies Institute, 1981.

Sutter, Stan. "Levi's Slow Fade." *Marketing Magazine* 104, no. 44 (November 22, 1999).

Syrett, Michel. "View from the Top." *Asian Business* (September *1995):* 24—29.

Tate, Ralph. "The New Flexible MBA." *Business Life* (July/August 1998): 38-41.

Taylor, Frederick Winslow. *The Principles of Scientific Management.* New York: Harper, 1911.

Taylor, Alex, III. "Consultants Have a Big People Problem." *Fortune,* April 13, 1998, 162-66.

Thirunarayana, P. N. "Self Managed Learning MBA: An Enterprising Approach to Learning." *TMTC Journal of Management* (June/July 1992).

Tichy, Noel, and Ram Charan. "Speed, Simplicity, Self-Confidence: An Interview with Jack Welch." *Harvard Business Review* (September/October 1989): 2-9.

*Time.* "Back in a Tailspin." 136, no. 26 (December 17, 1990).

———. "Harvard's Waffle Case." May 4, 1981a.

———. "The Money Chase – Business School Solutions May Be Part of the U.S. Problem." May 4, 1981b, 52-59.

———. "Special Report: Business Schools and Globalization." April 7, 1997.

Turner, Arthur. "The Case Discussion Method Revisited (a)." *Exchange: The Organizational Behavior Teaching Journal,* 6, no. 3 (1981): 6-8.

Ulrich, David, Steven Kerr, and Ronald N. Ashkenas. *The GE Work-Out.* New York: McGraw-Hill, 2002.

Updike, Edith. "Ivy-Covered Halls vs. Street Smarts." *Business Week,* February 1, 1999. *USA Today.* "Even Prestigious MBA Programs Must Change to Keep Pace." May 23, 2000.

Useem, Michael. *Liberal Education and the Corporation: The Hiring and Advancement of College Graduates.* New York: de Gruyter, 1989.

Uttal, Bro. "Behind the Fall of Steve Jobs." *Fortune,* August 5, 1985, 20-24.

Utterback, James M. *Mastering the Dynamics of Innovation.* Boston: Harvard Business School Press, 1994.

Vail, Peter. *Managing as a Performing Art: New Ideas for a World of Chaotic Change.* San Francisco: Jossey-Bass, 1989.

Van Buskirk, Bill. "Five Classroom Exercises for Sensitizing Students to Aspects of Japanese Culture and Business Practice." *Journal of Management Education* 15, no. 1 (1996): 96-112.

Vicere, Albert A. "Changes in Practices, Changes in Perspectives the 1997 International Study of Executive Development Trends." *Journal of Management Development* 17, no. 7 (1998): 526-43.

Vogl, A J. "Making It in the '90s." *Across the Board* 32, no. 4 (1995): 27-31.

*Wall Street Journal.* "Supercomputer Maker Posts $26.5 Million 4th-Period Loss." January 21, 1993.

Wallace, Wanda T., John Gallagher, John McCann, and Blair Sheppard. *Organizational Learning and Learning Networks: The Place and Space Model in Management Development.* Duke Corporate Education, Inc. Disponível em www.DukeCE.com; 2003.

Warner, Melanie. "Can Merck Stand Alone?" *Fortune,* July 23, 2001, 62.

*Washington Post.* "And Now to Spending." June 6, 2001, A26.

Waters, James A. "Managerial Skill Development." *Academy of Management Review* 5, no. 3 (1980): 449-53.

Watson, Rob. "Kofi Annan's Diplomatic Style." *BBC News,* February 28, 1998.

Watson, Stephen R. "The Place for Universities in Management Education." *Journal of General Management* 19, no. 2 (1993): 14-42.

Watson, Tony J. *In Search of Management: Culture, Chaos and Control in Managerial Work.* London: Routledge, 1994.

———. "Motivation: That's Maslow, Isn't It?" *Management Learning* 27, no. 4 (1996): 447-64.

Watts, Robert. *Sunday Telegraph.* July 18, 1997, 43.

Webber, Ross. "Modern Imperatives." *Financial Post,* October 12, 1996.

Weick, Karl E. *The Social Psychology of Organizing.* Reading, Mass.: Addison-Wesley, *1969.*

———. "Speaking to Practice: The Scholarship of Integration." *Journal of Management Inquiry* 5, no. 3 (1996): 251-58.

Westall, Oliver. "Don's Diary." *The Times Higher Education Supplement,* August 17, 2001.

The Wharton MBA Program. *Math Proficiency.* Disponível em www.wharton.upenn. edu/mba/curriculum/pre_term.html; 2003.

Wheat, Alynda. "The Anatomy of a Great Workplace." *Fortune,* February 4, 2002, 75-78.

Whetten, David A., and Kim S. Cameron. *Developing Management Skills.* Glenview, Ill.: Scott Foresman, várias edições (1998, 2002).

Whetten, David A., and Sue Campbell Clark. "An Integrated Model for Teaching Management Skills." *Journal of Management Education* 20, no. 2 (1996): 151-81.

Whitehead, Alfred North. *Essays in Science and Philosophy.* New York: Philosophical Library, 1932.

Whitford, David. "A New MBA for the E-Corp: Half-Geek, Half-Manager." *Fortune,* March 15, 1999, 189-92.
Whitley, Richard. "Academic Knowledge and Work Jurisdiction in Management." *Organization Science* 16, no. 1 (1995): 81-105.
―――. "The Fragmented State of Management Studies: Reasons and Consequences." *Journal of Management Studies* 21, no. 3 (1984a): 331-48.
―――. "On the Nature of Managerial Tasks and Skills: Their Distinguishing Characteristics and Organization." *Journal of Management Studies* 26, no. 3 (1989): 209-24.
―――. "The Scientific Status of Management Research as a Practically-Oriented Social Science." *Journal of Management Studies* 21, no. 4 (1984b): 369-90.
Whitley, Richard, Alan Thomas, and Jane Marceau. *Masters of Business? Business Schools and Business Graduates in Britain and France.* London: Tavistock, 1981.
Wiggenhorn, William. "Motorola U: When Training Becomes an Education." *Harvard Business Review* (July-August 1990): 71-83.
Wildaysky, Aaron B. *The Politics of the Budgetary Process.* 2d ed. Boston: Little, Brown, 1974.
Wilensky, Harold L. *Organizational Intelligence.* New York: Basic Books, *1967.*
Williams, David. "Is This Really a Passport to Mastering the Universe?" *The Guardian,* February 23, 2002.
Wind, Jerry. "Reinventing the Business School for the Global Information Age." Philadelphia: Wharton School, University of Pennsylvania, 1999. Apresentado na EFMD Conference, Helsinki, 2000.
Wood, Lisa. "Bringing Practicality to the Table: Management Consultants." *Financial Times,* May 23, 2000.
―――. "Integration Pays Off." *Financial Times,* October 21, 2001.
Yoshida, Junko. "Zenith Rebounding from Nadir?" *Electronic Engineering Times* 888 (February 12, 1996).
Zalaznick, Sheldon. "The MBA, the Man, the Myth, and the Method." *Fortune* (May 1968): 168-206.
Zaleznik, Abraham. "Managers and Leaders: Are They Different?" *Harvard Business Review* (May June 1977): 67-78.

# ÍNDICE

**A**

Aaronson, Susan A., 18-19, 33-34, 50-51, 58-59, 86-87, 231-232, 359-360
Abernathy, William J., 155
Abordagem "nade ou se afogue" no desenvolvimento gerencial, 188-191
Abordagem da solução de problemas, 96-97
  no programa *Management in Lund* (MiL), 209-211
Abordagem MiL (*Management in Lund*), 209-211, 214
Abordagem temática, 177-180
  em programa de mestrado para o setor de atividades voluntárias, 341-342, 348
  no programa IMPM, 274-275
Academias e universidades corporativas, 214-217, 221
Academy of Management, 367-369, 375
Ackerman Robert, 144-145
*Action Learning* (Aprender Fazendo), 173-174, 180-181, 207-214, 248
  abordagem MiL (Management in Lund), 209-211, 214
  no programa *Work-Out* da General Electric, 180-181, 207-208, 210-214
  Revans sobre, 207-210
Administração
  de universidades, papel dos graduados em MBA na, 150-151
  do programa IMPM, 262-263
  e classificação da instituição de ensino, 82-84
  anos de experiência profissional nas, 23-25
    em educação gerencial, 227-230
  na Oxford University, 156-157
  percentual de tempo gasto pelo corpo docente em, 378-380

Administração hospitalar, 150-151
Advanced Leadership Program (Programa de Liderança Avançado), 339-340, 344-349
Advanced Management Programs (Programas Gerenciais Avançados), 202-204, 344-346
Agee, William, 112-115
  como CEO da Bendix, 100-103
Ahlstrand, Bruce W., 61-62, 234-235
Alain, Emile-Auguste Chartier, 352
Alcan Inc., participantes da, em programa IMPM, 261-262, 278, 325
Alemanha, educação em negócios na, 31, 169-170
Alexander, Robert, C., 122-123
Alinsky, Saul, 297
Allaire, Paul, 155-156
Allen, David Grayson, 31-35, 54-55
Alunos e participantes na Cambridge University, 182
  em educação gerencial, 227-232, 339-340
    auto-estudo pelos, 260-261, 284-285, 300-302
    comentários sobre o programa, 326-330
    compartilhamento de competências pelos, 242-245, 269-271, 290-291
    em intercâmbios gerenciais, 260-262, 301-306
    empresas representadas pelos, 261-264
  em programas de doutorado, 362-364
  em programas de terceiro grau, 361
  em programas internacionais, 162-163
  em programas MBA convencionais, 20-29
    autoconfiança, competência e arrogância dos, 75-80
    critérios de seleção, 23-27, 156-157
    motivação para a educação, 26-29, 86
    preocupações de responsabilidade social dos, 77-79, 143-144

reações à experiência na instituição, 75-79
engajamento no processo de aprendizagem, 179-181, 198-199, 252-257
experiência no trabalho dos. *Ver* Experiência no trabalho
motivação para a educação, 26-29, 86, 228-229
no Irish Management Institute, 181-182
no programa Executive MBA, 157-159
organização patrocinadora dos. *Ver* organização patrocinadora
participação em sala de aula dos, 56-59, 63-65, 76-78, 179-180
pontuação GMAT e capacidade matemática dos, 25-26, 48-49, 82-84, 156-157, 359-361
Alvarez, Luis, 274
American Express, 114-115
American Society for Training and Development, 368
Análise contextual das habilidades analíticas no programa IMPM, 283-285
Andersen, Hans Christian, 368-369, 375
Anderson, Sarah, 148-149
Andrade, Gregor, 109-110
Andrews, F., 52
Andrews, Kenneth, R., 42-43, 54-55, 57-58, 61-64
Annan, Kofi, 167-168
Applebaum, Alec, 50-51
Apple Computer Inc., 123-126, 331-333
Aprendizagem a distância, 197-198
Aprendizagem autogerenciada, 180-181
  no Canadian Centre for Management Development, 207
Aprendizagem no local de trabalho usada no desenvolvimento gerencial, 189-193
Aquisições e fusões no estilo de gerenciamento heróico, 109-110
Argyris, Chris, 64-65, 234-235
Aristocracia, gerentes como parte de uma, 139-141
  na França, 170-171
Armstrong, J. S., 87-88
Arnzen, Breck, 203-205
Arrogância dos graduados em MBA, 78-80
  na França, 170-171
Arruda, Carlos, 338-339
Arte, prática da gerência como, 13-14, 20-22, 72-73
  conteúdo programático sobre, 97-98
  em equilíbrio com habilidade e ciência, 95-98, 103-105
  estilo narcisista em, 96-97
  intuição e visão na, 95
  mentoreando, 192-193
Ashkenas, Ronald, N., 211-212, 322-323
Ashton, David, 209-210
Asian Institute of Management, 167-169
Aspen Institute, 77-78, 100, 186-187
  Seminários Executivos no, 206
Association to Advance Collegiate Schools of Business (AACSB), 31-32, 38-39, 155-156, 173-175, 361-363

AT&T Corporation, 192-193, 267-268
Atlas, James, 54-56, 63-64
Austin, Shari, 310-311
Auto-estudo no programa IMPM, 260-261, 284-285, 300-302
Autoconfiança dos graduados em MBA, 111-112, 153-154
  e competência e arrogância, 75-80
Autônomos, 128-129

**B**

Babson College, programas específicos para empresa, no, 176-177
Bach, George Leland, 34-37, 40-41, 384-385
Badore, Nancy, 198-199, 249-250, 266-267, 298-299
BAE Systems (empresa), 339-340, 343-344
  programas para líderes estratégicos na, 343-344, 348
Banco Mundial, 100, 196-197
Bancos de investimento
  graduados em MBA trabalhando em, 88-92
  pessoas sem MBAs trabalhando em, 91-92
Bangalore
  Programa de Liderança Avançada em, 345-347
  programa IMPM em, 260-263, 285-288, 292-293
Barbis, Michael, 115-116
Barsoux, Jean-Louis, 170-172
Baruch School, 27-29
Basu, Kunal, 142-143, 148-149, 236-237, 274-275, 285-286, 290-291
Bath University, 173-174, 180-181, 356-357
  programa de mestrado em gerenciamento de compras e suprimento na, 173-174, 356-357
Batteau, Pierre, 170
Batts, Warren, 25-26
Baughman, Jim, 211-213
Baxter International Inc., 114-115
Beer, Michael, 70-71
Belson, Ken, 120
Bendix Commercial Vehicle Systems, Agge como CEO da, 100-103
Bennis, Warren, 101-102, 249-250
Bens de consumo de rápida movimentação, 125-126, 131-132
Bens de consumo de rápida movimentação, 125-126, 131-132
Bettignies, Henri Claude de, 206
Bharati Telecom, 261-262
Bhidé, Amar, 128-129
Bloom, Allan David, 252-253
Bloomberg, Mary Schlangenstein, 114-115
Boeing Leadership Center, 215-217
Boettinger, Henry, 192-194
Bok, Derek, 67-68
  relatório sobre a Harvard Business School, 67-71, 90-91, 100
Bombardier Inc., 153-154, 325
Bongiorno, Lori, 69-70, 158-159, 249-250

Bostock, Roy, 114-116
Boston Consulting Group, pessoas sem MBA contratadas e treinadas pelo, 91-93
Bowen, Jack, 115-116
Bower Marvin, 67-69
 resposta ao relatório de Bok, 67-70, 100
Bowman, Ned, 42
Boyatzis, Richard E., 49-50, 218-220
Bracken, Paul, 136-137
Bradshaw, Della, 80-81, 130-131, 175, 186-187, 216-217
Bramat, Carlo, 233-234
Branch, Shelly, 86-87, 93-94, 125-126
Brasil, educação gerencial no, 338-339
Brecht, Bertold, 85
Brickley, 115-116
Brigham, Alexander, 160
British Aerospace, 343-344
British Airways, programa MBA da, 176-181
Brownfield, Sharon, 203-205
BT Group, participantes do, em programa IMPM, 261-262, 278-279, 297-298, 327, 332
 ano e ciclos no, 325
 impacto dos, 317-318
 intercâmbio gerencial, 304-305
 trabalho final no curso dos, 310-311
Buchanan, Phil, 89-91
Buell, Barbara, 123-125
Buffet, Warren, 112-113
Bunge, Mario, 283-284
Burgoyne, John, 207-208
Burocracia, 133-137
 esforços do programa *Work-Out* da General Electric para reduzir a, 210-214
 formalismo e centralização na, 133-134
 na França, 171-172
Burrows, Peter, 108-109, 120
Bush, administração, 151-152
Button, Graham, 114-115
Byrne, H. S., 114-115
Byrne, John, 69-70, 80-83, 158-159, 202-203

C

Cadeia de atividades, 134-137
 horizontal, 134-136
 valor, 134-135
 vertical, 134-136
Cadeia de valor, 134-135
Cambridge University, 181-182
Cameron, Kim S., 49-50, 239-240
Canadá
 Centre for Management Development no, 207-208
 educação em negócios no, 161, 165-166
 McGill University no. *Ver* McGill University
 Programa Conjunto de Doutorado em Adminis-tração no, 365-367, 377-378
 Programa de Liderança Avançado no, 346-347

programa de mestrado para o setor de atividades voluntárias, 338-342, 357-358
programa IMPM no, 260-263, 265-266, 274-275, 280-281
 dimensões do, 292-293
 projeto do módulo II de disposição analítica no, 283-286
 trabalho acadêmico sobre Reflexão no, 298-299
Candidatos aos programas, 24-29
 classificação da instituição de ensino segundo os, 82-84
 como pré-requisito, 227-229
 experiência profissional dos, 23-25, 229-230, 338-340
 motivação para a educação, 26-29, 228-229
 pontuação GMAT e capacidade matemática dos, 25-26, 48-49, 82-84, 359-361
Capacidade matemática
 e abordagem analítica, 143-145
 nos pré-requisitos de admissão, 25-26, 48-49, 82-83
 pontuação GMAT em, 25-26, 82-84, 156-157, 359-361
Capilano College, 165-166
Capitalistas de risco, 122-123
Cappelli, Peter, 192-193
Carlton, Jim, 123-125
Carnegie Corporation, 36-37
Carnegie Mellon University
 aprendizagem baseada em computador, 159-160
 conteúdo programático na, 39-41, 54-55, 155-156
 ciência e arte de gerenciamento na, 97-98
 história da educação em negócios na, 34-39, 384-385
 Management Game (jogos simulando negócios) na, 51-52
Carreira, estágio da,
 de alunos de MBA, 23-25, 354-355
 de gerentes, 356-359[*]
 em programas de desenvolvimento, 357-359
 em programas de mestrado, 356-358
 dos participantes de educação gerencial, 229-230
 no programa MPM expandido, 338-340
 programas adequados para, 24-25, 221-222, 340-341
Carroll, Donald, 31, 42
Carroll, Lewis, 224
Case Western Reserve University, 49-50
Castro, J., 114-115
Cavanagh, John, 148-149
CDW Corporation, 147-148
CEDEP, programa em consórcio, 175-176, 244-246, 322-323
Centralização das atividades na burocracia, 133, 134
Centro de atividades, 134-137
CEOs (*Chief Executive Officers*)
 avaliação de desempenho, 110-117

em empresas de alta tecnologia, 131-133
    estilo gerencial calculista, 100-103
    estilo gerencial heróico, 105-109
    remuneração dos, 148-149
Chambers, John, 220-221
Chandler, Kerry, 295-297, 306-307, 326-327
Charan, Ram, 112-113, 115
Chase Manhattan Bank, 360-361
Cheit, Earl F., 33-34, 37-39
Chetkovich, Carol, 64-65
Chia, Robert, 353-354, 361-362
China, programa para líderes estratégicos na, 343-344
Chinwalla, Taizoon, 319-320, 326-327
Christensen, C. Roland, 42-43, 54-55, 57-58, 61-62
Christensen, Clayton, 88-89
Churchill, Winston, 249-250
Ciência do gerenciamento, 13-14, 20-22, 72-73
    análise e avaliação sistemática na, 95
    conteúdo programático em, 97-98
    em equilíbrio com arte e prática artesanal, 95-98, 103-105
    estilo calculista na, 96, 97
    nos primórdios da educação em negócios, 31-32, 35-36
Cingapura, Programa de Liderança Avançado em, 346-347
Cisco Systems, 90-91, 129-132, 147-148
City University of London, 180-181
Cizik, Robert, 114, 116-117
Clark, Sue Campbell, 53-54, 195-196
Clarke, K., 232-233
Classificação das escolas de negócios, 81-84
Clavell, James, 223
Cleghorn, John, 107-108
Clifford, Patricia, 224
Clorox Company, 125-126
*Coaching* (treinamento)
    em desenvolvimento gerencial, 192-193
    em programa de liderança, 339-340
Coca-Cola Company, participantes da, em programa IMPM, 261-262, 325
Cogan, Marshall, 114-116
Cohen, Peter, 55-56, 59-60, 76-79, 100, 111-112
Colaboração
    de escolas de negócios e empresas, 175-177, 203-206
    em rede de atividades, 136-137
    programa IMPM sobre, 260-261, 264-266, 292-293
        comentários dos participantes sobre, 328
        projeto do módulo IV sobre, 288-291
Colgate-Palmolive Company, 117, 126-127
Collins, C. B., 149-150
Columbia University, história da educação em negócios na, 33-35, 359-360
Colvin, Geoffrey, 112-113, 115
Compaixão de estudantes e executivos, comparação entre, 78-79

Compaq Computer Corporation, 109
Competência
    dos graduados em MBA, em comparação com autoconfiança e arrogância, 75-80
    em educação gerencial, 239-245
        compartilhamento de, 242-245, 269-271, 290-291, 332-333
        no programa IMPM, 269-271, 290-291
        tipos de, 242-243
Comportamento anti-social das empresas, 146-148
Compras, programa de mestrado da Bath University, em, 173-174, 356-357
Conceito de externalidade
    e corrupção legal, 146-147
    e imoralidade econômica, 145-146
Conger, Jay, 187-188, 200-203, 214-215, 239-240, 242-244
Conhecimento contextual necessário ao exercício do gerenciamento, 22-24
    portabilidade restrita do, 22-23
Constable, John, 188-189
Contabilidade
    programa IMPM em, 278, 284-285
    programas de doutorado em, 362-363
    programas de mestrado especializados em, 172-173
    programas MBA em, 31, 41-42
Conteúdo programático (curricular), 39-51
    classificação das escolas afetando o, 82-83
    colaboração com empresas no, 175-177, 203-206
    customização de, 172-175. *Ver também* Customização
    das escolas de gestão/negócios
        disciplinas representadas no, 384-386
        em programa de mestrado em negócios, 354-357
    desenvolvimento histórico do, 31-39
    diferenciação e especialização de, 172-175, 355-357
    disciplinas representadas no, 41, 384-386
        como raízes, tronco e galhos, 41, 384-385
    em educação gerencial, 226-227, 250-252
        customização do, 230-232
    em habilidades analíticas, 44-49
    e estratégia, 42-44
    e síntese, 42-47
    nas primeiras escolas de negócios, 35-37
    em programas internacionais e globais, 162-168
    equilíbrio entre arte, prática e ciência no, 97-98
    filosofia no, 175, 359-361
    habilidades gerenciais sociais e de comunicação, 48-51
    importância das experiências dos alunos no, 224-226
    nas funções empresariais, 39-41, 182, 352-353
        no programa IMPM, 278-279, 284-285, 300-302
        nos programas de mestrado de escolas de gerenciamento/negócios, 354-357
    no Programa de Liderança Avançado, 345-347
    no Programa Executivo MBA, 157-159

no programa IMPM, 260-266, 274-293
　projeto do, 274-281
　　sobre disposição mental analítica, 283-286
　　sobre disposição mental colaborativa, 288-291
　　sobre disposição mental para a ação, 290-293
　　sobre disposição mental reflexiva, 280-284
　　sobre disposição mental universalista, 285-288
　nos programas de bacharelado, 358-361
　padronização do, 155-156, 197-199, 231-232
　projeto dominante no, 155-160
　sobre empreendedorismo, 53-54, 126-128
　sobre estilo gerencial heróico, 106-107
　sobre ética, 50-51, 143-144, 250-251
　sobre gerenciamento, 42-45, 202-206
　sobre liderança, 201-202
　sobre organizações sem fins lucrativos, 150-152
　temas de praticantes no, 177-180
　variações nos, 158-160
Contexto multicultural do programa IMPM, 261-263
Continental Airlines, 107-108, 114-116
Cooper, Simon, 317-318
Cooper, William, 34-36, 54-55
Cooper Industries, 114, 116-117
Copeland, Melvin, T., 32-33, 58-59
Coréia, programa IMPM na, 261-263
　módulo IV de disposição mental colaborativa, 289-290
Corpo docente. *Ver* Instrutores e corpo docente
Corrupção legal, 145-148
Costea Bogdan, 44-45, 156-157
Crainer, Stuart, 174-175, 234-235
　sobre empreendedores, 127-128, 130-131
　sobre escolas de negócios como um negócio, 81-82, 166-167
　sobre métodos de ensino, 159-160
　sobre motivação de estudantes de MBAs, 27-28
　sobre o conteúdo programático nas escolas de negócios, 155-156, 198-199
Cray Computers, 114-115
Credit Suisse, 107-108
Cruz Vermelha. *Ver* International Federation of Red Cross and Red Crescent Societies
Cunningham, Mary, 100-101
Curso de políticas de negócios na Harvard, 32-33, 42-44, 54-55, 69-71
Custo da educação
　classificação de escolas com base em, 83-84
　e retorno sobre o investimento, 86, 313-314
　no IMPM, 312, 314-315
　　e benefícios, 321-332
　　em tutoria, 300-301, 332-333
　　no Programa de Liderança Avançado, 345-346
　　pago pela organização patrocinadora, 228-229, 312-314
Customização
　da educação em negócios na Europa, 172-175
　　cursos em setores específicos, 174-175
　　cursos para cargos específicos, 172-174

　de cursos de desenvolvimento gerencial, 186-187, 197-200
　　em unidades de treinamento corporativo, 230-232
　de cursos de doutorado, 363-364
　de ensino gerencial, 230-232
Cyert, Richard, 35-37

**D**

D'Arcy Masius Benton & Bowles, 114-116
Da Análise à Ação, programa no Royal Bank of Canada, 344-345, 348
　questões-chave, 344-345, 348
Daimler/Chrysler Corporation, 163-164
Darden School of Virginia, 27-28, 65-66, 266-267
Dartmouth College
　história da educação em negócios no, 31-32
　parceria com outras escolas, 165-166
　programas internacionais do, 169-170
Dash, Eric, 128-129
Daudelin, Marilyn Wood, 297
Davis, Harry L., 53-54
Davis, Julia, 175
Dearlove, Des, 13-14, 174-175, 234-235
　sobre currículo programático das escolas de negócios, 155-156, 198-199
　sobre empreendedores, 127-128, 130-131
　sobre escolas de negócios como um negócio, 81-82, 166-167
　sobre métodos de ensino, 159-160
　sobre motivação dos alunos de MBA, 27-28
DeCloet, Derek, 107-108
Dedicação de empreendedores, 129-131
Dell, Michael, 112-113
Dell Inc., 129-130
de Meyer, Arnoud, 27-28
Departamento de Defesa dos EUA, estilo gerencial calculista de McNamara no, 98-100, 102-103
　número de baixas no, 99-100, 144-145, 151-152
　planejamento estratégico no, 98-100
　questões éticas no, 143-145
De Rouffignac, Ann, 114-117
Desconexão
　em gerenciamento, 96, 97
　em pesquisa, 373-375
Desempenho de gerentes
　como graduados em MBA, 110-117
　monitoramento do, 193-194
Desenvolvimento de habilidades na educação gerencial, 239-244
Desenvolvimento gerencial, 14-15, 186-222, 357-359
　academias e universidades corporativas em, 214-217, 221
　Aprender Fazendo, 207-214
　　na abordagem Management in Lund (Mil), 209-211
　　no programa Revans, 208-210

no programa *Work-Out* da General Electric, 210-214
apropriado ao estágio da carreira, 221-222
caráter de entretenimento do programa em, 195-197
comparado a educação em negócios e educação gerencial, 18-19, 186-188, 219-221, 335-337
competência em, 240-241
customização de cursos em, 186-187, 197-200
no Japão, 169-170, 221
   comparado aos EUA, 217-219
   treinamento *on-the-job* (no local de trabalho), 193-195, 217-219
no United States Army National Training Center, 206-207
processo de aprendizagem em
   diferenciado de ensino, 196-198
   em programas customizados, 197-200
programa AVIRA no, 206
programa do CCMD – Canadian Centre for Management Development em, 207-208
programas de escolas de negócios em, 207-208
programas de liderança em, 200-203
Programas Gerenciais Avançados em, 202-204, 344-346
seminários do Aspen Institute em, 206
treinamento *on-the-job* (no local de trabalho) em, 188-195
   e monitoração do desempenho, 193-194
   em rodízio, 189-195
   mentores no, 192-193
   na abordagem "nade ou se afogue", 188-191
   no Japão, 193-195
Desenvolvimento social, 220-221
Deutschman, Alan, 123-125
Devons, E., 103, 322-323
De Wever, Luc, 309-310
Dewey, John, 207-208
Difusão do programa IMPM, 335-351
Digital Equipment Corporation, programa educacional da, 203-205
Dimnik, Tony, 329-330
DiNardo, Robert, 114-116
Diplomas e credenciais
   diferenciação e especialização em, 172-175, 355-357
   Mestre em Prática Gerencial, 307-311, 356-358
   nas escolas de gestão/negócios
      programa de mestrado para gerentes, 356-358
      programas de bacharelado, 358-361
      programas de doutorado, 362-367
      programas de mestrado em negócios, 354-357
   no programa IMPM, 307-311
Diretor de ciclo no programa IMPM, 262-263, 271-272, 276-277
Discussões em grupo na educação gerencial, 237-239, 242-245
   compartilhamento de competências nas, 242-245, 269-271, 332-333

disposição da sala de aula para, 251-253, 266-268
em programa IMPM, 268-271
   compartilhamento de competências nas, 269-271
   disposição da sala de aula para, 266-268
   nas reflexões matinais, 268-270
   regra 57-58:57-58 sobre, 253-254, 268-269, 276-277, 332-333
Disposição da sala de aula, 251-253
   no método de estudo de casos, 56-57
   no programa IMPM, 266-268
Disposição das classes em sala de aula, 251-253
   no método de estudo de casos, 56-57
   no programa IMPM, 266-268
Disposição mental no programa IMPM
   comentários dos participantes a respeito de, 328
   projeto do módulo II sobre, 285-288
Disposição mental para a ação no programa IMPM, 260-261, 263-266
   comentários dos participantes sobre, 328-146-147
   projeto do módulo V sobre, 290-293
Disposições mentais no programa IMPM, 274-293
   analíticas, 283-286
   colaborativas, 288-291
   estrutura das, 263-266
   para a ação, 290-293
   reflexivas, 280-284
   visão geral das 260-262
   voltadas para uma visão de mundo, 285-288
Disraeli, Benjamin, 68-69
Dissertações em programas de doutorado, 363-367
Distribuição da carga horária no programa IMPM, 276-277
Dolan, Kerry A., 114-115
Donham, Wallace, 32-34, 59-60, 63-64, 68-69
Donner, Jack, 316-317, 328-330
Dooley, Arch R., 54-55
Dorfman, Dan, 114-115
Dougherty, Thomas W., 86
*Downsizing* nas empresas, 94-95
   em estilo gerencial heróico, 109
Dreher, George F., 86
Dreyfuss, Joel, 124-125
Drucker, Peter, 20-21, 42-44, 160
Duke University, programa Global Executive MBA na, 161-162
Dunkin, Amy, 86, 158-159
Dyckman, Thomas, 78-79
Dyksterhuis, Francine, 316-317

**E**

*E-commerce*, 130-131, 136-137
   graduados em MBA atuantes em, 89-91
Eastern Airlines, 114
École Nationale d'Administration, 170-171
Economia
   bens de consumo de rápida movimentação, 125-126
   burocracia na, 133-137
   cadeias, redes e centros na, 134-137

empreendedores em, 126-132
e população em estado de pobreza comparada ao número de bilionários, 148-150
exploração e explotação em, 118-124
imoralidade na, 145-146
Locke sobre, 120-124
programas de doutorado em, 362-363
tecnologia de crescimento lento na, 123-127
tecnologias de rápido crescimento, 131-133
Educação em filosofia, 359-361
no gerenciamento crítico, 175
Educação gerencial
  como experiência natural, 230-231
  competência em, 239-245
    compartilhamento de, 242-245, 269-271, 290-291, 332-333
    no programa IMPM, 269-271, 290-291
    tipos de, 242-243
  conteúdo programático na, 226-227, 230-232, 250-252
  custo da
  customização da, 230-232
  desenvolvimento de habilidades na, 239-244
  difusão da, 335-351
  discussões em grupo e compartilhamento na. *Ver* Discussões em grupo em educação gerencial
  disposição da sala de aula para, 251-253, 266-268
  educação em negócios e desenvolvimento gerencial comparados a, 18-19, 186-188, 219-221, 335-337
  experiência de trabalho dos participantes. *Ver* Experiência de trabalho dos participantes de educação gerencial
  impacto da, 244-247, 312-334
    em provocar novas perspectivas, 315-318
    na mudança comportamental, 315-318
    no compartilhamento de materiais, 315-318
    nos métodos aplicados, 315-317
  métodos de ensino na, 246-250, 254-255
    comparados a aprendizagem, 226-227, 231-232, 248-250
  no programa IMPM, 312, 314-315
    pagos pela organização patrocinadora, 228-229, 312-314
  organização patrocinadora na. *Ver* Organização patrocinadora
  papel de facilitador do corpo docente na, 252-255
  Programa International Masters in Practicing Management (Mestrado Internacional em Prática Gerencial) *Ver* Programa IMPM
  reflexão na, 236-239, 246-250. *Ver também* Reflexão
  sobre estilo gerencial engajador, 254-256, 335-337
Egoísmo na sociedade, 142-143
Eichinger, Robert, W., 191-192
Einstein, Albert, 138
Electricité de France, participantes do programa IMPM, 261-262, 291-292, 325
  em intercâmbio gerencial, 304-305

Eliasson, Gunnar, 122-123
Eliot, T. S., 285-286, 297
Elliot, T. T., 249-250
Emerson, Ralph Waldo, 258
Empreendedores, 122-127-131-132
  com grau de bacharel, 129-130, 361
  conteúdo programático sobre, 53-54, 126-128
  dedicação dos, 129-131
  em empresas de alta tecnologia, 129-132
  em programa IMPM, 339-340
  estilo visionário dos, 97, 127-128
  métodos de ensino que encorajam empreende-dores, 362
Empreendimentos no programa IMPM, 261-262, 291-293, 306-308
  impacto dos, 315-320
  papel da organização patrocinadora nos, 321
Empresas de alta tecnologia, 129-133
  empreendedores em, 129-132
  na Alemanha, 170
Empresas de consultoria
  graduados em MBA nas, 88-94
  programas de educação e treinamento nas, comparados com escolas de negócios, 203-204
  para funcionários sem MBA, 91-93
Empresas pontocom, 130-131, 136-137
  graduados em MBA nas, 89-91
Enbar, Nadav, 86, 158-159
Enron Corporation, 139-140, 146-149, 151-152
Enthoven, Alain, 99-100
Envolvimento no processo de aprendizagem, 179-181, 198-199, 252-257
Equitabe Life, 114, 116-117
E *Roundtables*, 338-339, 342-344, 348
Escolas de gerenciamento, 18-19, 352-386
Escolas de gerenciamento/negócios, 352-386
  comparadas a escolas de negócios e escolas de gerenciamento, 18-19
  corpo docente nas, 377-384
    estabilidade do, 375, 377-381
    seleção do, 381-382
  disciplinas representadas nas, 384-386
  organização das, 377-386
  pesquisa nas, 366-378
  programa de mestrado em negócios nas, 354-357
  programas de bacharelado nas, 358-361
  programas de doutorado nas, 362-367
  programas para gerentes nas, 356-359
    programas de desenvolvimento, 356-358
    programas de mestrado, 356-358
  separação dos programas nas, 354-355
Escolas de negócios, 17-18
  administração das, 150-151
  características dos alunos nas, 20-29
  classificação das, 81-84
  colaboração das empresas, 175-177, 203-206
  como agência de triagem para empresas, 86-89
  como coalizão de interesses funcionais, 40-41

como negócios, 80-82, 166-168
conteúdo programático, 39-51
desenvolvimento e educação gerenciais comparados a programas MBA nas, 18-19, 186-188, 219-221, 335-337
desenvolvimento histórico das, 31-39
diferenciação e especialização dos programas nas, 172-175, 355-357
disposição da sala de aula, 56-57, 252-272
estrutura departamental das, 40-41, 381-383
gerenciamento como ciência nas, 20-21
graduados em programas MBA nas. *Ver* Graduados em programas MBA
instrutores e corpo docente nas. *Ver* Instrutores e corpo docente
métodos de ensino nas, 51-73
   convergência nas, 70-73
   jogos (*games*) simulando negócios, 51-52
   método de estudo de casos, 53-71
   projetos de trabalhos de campo nas, 52-54
número anual de alunos, 17, 171-172
   tendências históricas no, 31-34, 38-39
padronização dos programas nas, 155-156, 198-199
papel das, 352-354
parceria com outras escolas, 165-167
   no programa IMPM, 262-264
pesquisa nas, 366-367, 377-378
   nas primeiras escolas, 33-39
   no método de estudo de casos, 53-55, 68-69
políticas admissão das. *Ver* Políticas de admissão
processo de mudança nas, 385-386
programa conjunto de doutorado em administração nas, 365-367
programas avançados de gerência nas, 202-204, 344-346
programas de desenvolvimento gerencial nas, 202-206
programas de liderança nas, 201-202
programas internacionais das, 161-168
projeto dominante dos programas nas, 155-160
promoções de *marketing* das, 75-82
reações dos alunos à experiência nas, 75-79
similaridades entre as, 70-73, 353-354
Eslovênia, programa para líderes estratégicos na, 343-344
Espiritualidade, reflexão sobre, 271-273, 282-283, 295-297
Estilo gerencial calculista, 20-21, 96-98, 104-105
   de Agee, 101-102
   de McNamara, 98-100
   de McNamara na Guerra do Vietnã, 98-100, 102-103
      número de baixas na, 99-100, 144-145, 151-152
      planejamento estratégico na, 98-100
      questões éticas na, 143-145
   ênfase em fatos e na situação presente, 103-104
   explotação no, 119-120
   planejamento estratégico no, 100-102
Estilo gerencial engajador, 13-14, 21-22, 96-97, 335-337
   comparado ao estilo heróico, 255-257
   educação gerencial sobre, 254-257
   liderança no, 139
Estilo gerencial heróico, 13-14, 20-21, 96-97, 104-111
   apostas no, 107-110
   centralização e formalização de atividades no, 134
   comparado ao estilo engajador, 255-257
   do empreendedor, 127-128
   explotação no, 119-120
   fusões no, 109-110
   valor ao acionista no, 104-107
Estilo gerencial narcisista, 96-97, 146-147
Estratégia, 23-25, 42-44
   como processo de aprendizagem, 61-62
   conteúdo programático sobre, 42-44, 72-73
      a tomada de decisão, 46-47, 60-61
      e habilidades analíticas, 42-44
      e método de estudo de casos, 60-63, 69-70
   criação de, 100-101
   emergente, 61-62
   no estilo gerencial calculista, 100-102
      de Agee, 101-102
      de McNamara, 98-100
   programas de doutorado, sobre, 362-363
Estudos de campo (*ver* Viagens de Estudo)
   Aprender Fazendo, 248
   em programas MBA, 52-54
   no programa IMPM, 278-280
      impacto do, 315-316
      no módulo IV de disposição mental para a colaboração, 288-289
      no módulo V de disposição mental para a ação, 291-293
Ética
   conteúdo programático sobre, 50-51, 143-144, 250-251
   e imoralidade analítica, 143-145
   e preocupações com responsabilidade social, 77-79, 143-144
EuroDisney, 205
Europa
   educação em negócios na, 163-164, 169-182
   programas de doutorado na, 363-366
Ewing, David W.
   sobre a influência da Harvard Business School, 74-75
   sobre o desempenho de ex-alunos da Harvard, 113, 115-117
   sobre o método de estudo de casos, 56-60, 63-65
   sobre pirâmide gerencial, 59-60, 134
Exeter University, 164-165, 339-340, 361
Experiência no trabalho
   avaliação de desempenho, 193-194
   de graduados MBA, 110-109

anos de. *Ver* Estágio da carreira
de alunos de MBA, 17-18, 20-21
 em módulos periódicos, 176-179
 impacto sobre o ensino, 20-24
 na Inglaterra, 175-177, 182
 no Irish Management Institute, 181-182
 no programa Executive MBA, 157-159
 nos Programas Gerenciais Avançados, 203-204
 políticas de admissão, 23-25
de gerentes praticantes, 356-359
 em programas de desenvolvimento, 357-359
 em programas de mestrado, 356-358
de graduados em MBA
 avaliação de desempenho na, 110-117
 como autônomos, 41
 como empreendedores, 126-132
 como mercenários em cargos executivos, 94-95
 em atividade "de gabinete", 92-94
 em consultoria e bancos de investimento, 88-92
 em empregos fora dos EUA., 162-163
 em empresas de alta tecnologia, 129-133
 em organizações governamentais e no setor
 social, 98-100, 143-145, 149-154
 em tecnologias de crescimento lento, 123-127
 em tecnologias de crescimento rápido, 131-133
 freqüência de mudança de empregador na, 86,
 94-95
 salário na, 82-84, 86-88
 setores e cargos preferidos na, 89-91, 92-94,
 123-126, 128-129
de não-graduados em MBA, 361
 barreiras para progresso na, 140-143
 como empreendedores, 129-130
do corpo docente nas primeiras escolas de negócios, 31-33
dos participantes de educação gerencial
 aprendizagem em sala de aula baseada em, 229-
 232
 como pré-requisitos, 227-230, 339-340
 compartilhamento de competências na, 242-245,
 269-271, 290-291
 documentos acadêmicos de reflexão redigidos em
 decorrência de, 295-299
 em intercâmbios gerenciais, 301-306
 empreendimentos em, 306-308
 empresas representadas por, 261-264
 estágio de carreira, 229-230
 impacto da educação na, 244-247, 314-322
 reflexão sobre, 236-239
 teorias perspicazes sobre a, 232-236
 tutoria em decorrência de, 299-301
levantamento junto a funcionários sobre melho-res
 empresas, 147-148
treinamento *on-the-job*, 188-195
 e monitoração do desempenho, 193-194
 mentores no, 192-193
 na abordagem "nade ou se afogue", 188-191
 no Japão, 193-195, 217-219

rodízio, 189-195
unidades corporativas de treinamento, 214-216-
 217
Exploração e explotação, 118-124
 em bens de consumo de rápida movimentação,
 125-126
 por empreendedores, 130-131
Explotação
 e exploração, 118-124
 em bens de consumo de rápida movimentação,
 125-126
 por empreendedores, 130-131
 e valor ao acionista, 148-149
 pela aristocracia da liderança, 139-140

**F**
Fabrikant, Geraldine, 115-116
Fallows, James, 123-125, 139-140
Fator entretenimento nos programas de desenvolvi-
 mento gerencial, 195-197
Fayol, Henri, 21-22, 255-257
Fazzini, Dan, 146-147
*Feedback*,
 sobre habilidades de liderança, 200-202
 sobre o desempenho do papel de gerente, 276-277
Filipczak, R., 77-78
Finanças
 programa IMPM sobre, 278, 284-285
 programas de doutorado sobre, 362-363
 programas de mestrado sobre, 172-173, 355-357
 programas MBA sobre, 31, 40-42
Fiorina, Carla, 120-121, 131-133
 estilo gerencial de, 107-109
Fitzgerald, F. Scott, 234-235
FMC Corporation, 114
Foamex International Inc., 114-116
Fong, Christina, 86-87
Ford Foundation, 36-38
Ford Motor Company, 122-123, 155, 266-267
 Heavy Truck University da, 215-216
Formalização das atividades na burocracia, 133-134
Fóruns no módulo analítico de programa IMPM, 278-
 279, 284-285
Foss, Ron, 304-306
Fox, S., 192-193, 382-383
França,
 educação gerencial na, 170-174
 programas especializados na, 172-175
 temas de praticantes na, 179-180
 Insead na. *Ver* Insead
 programa IMPM na, 260-263, 265-266, 279-280
 carga de trabalho do corpo docente no, 380-381
 dimensões do, 292-293
 projeto do módulo V de disposição mental para a
 ação no, 290-293
 Trabalho acadêmico de reflexão sobre, 297-298
Frances, David, 199-200
Freisen, Sharon L., 224

Friedman, Milton, 145-146
Friedrich, Otto, 103-104
Fujitsu, participantes da, no programa IMPM, 261-262, 278-279, 287-290
    anos e ciclos na, 325
    em intercâmbio gerencial, 304-305
Fuller, R. Buckminster, 155
Fulmer, Robert, 196-197, 203
Funções empresariais, conteúdo programático sobre, 39-41, 182, 352-353
    no programa de mestrado das escolas de gestão/negócios, 354-357
    no programa IMPM, 278-279, 284-285
        auto-estudo no, 284-285, 300-302
Fusões e aquisições no estilo gerencial heróico, 109-110

## G

Galbraith, Jay, 316-317
Gallagher, John, 161
Galvin, Bob, 112-113
Gana, 167-168
Gartinski, Alexei, 307-308
Gaskins, I. W., 249-250
Gates, Bill, 112-113, 368
Gay, Edwin, 31-33, 58-59
Gendreau, Paul, 152-153
General Electric Company, 112-113, 180-181
    programa *Work-Out* na, 180-181, 207-208, 210-214, 322-323
General Motors, 157-158
    unidade de treinamento corporativa da 214-215
Gentile, Mary C., 50-51
Gerência como profissão, 21-23, 335-337
    comparada ao estilo empreendedor, 123-125
    na aristocracia emergente, 139-141
    nos primórdios da educação em negócios, 31-32, 37-39
Gerência de produção, 92-93
Gerenciamento
    atividade de facilitação, 22-23, 62-63, 97
    como arte. *Ver* Arte, prática como estilo gerencial
    calculista. *Ver* estilo gerencial calculista
    como ciência. *Ver* Ciência do gerenciamento
    como estratégia, 42-44
    como prática "artesanal". *Ver* Habilidade, prática gerencial como tomada de decisão em, 46-48
    como um ato não-natural, 218-220
    conhecimento contextual necessário para a, 22-24
    conteúdo do curso sobre, 42-51, 202-206
    e liderança, 17-18, 20
    estilo engajador do. *Ver* Estilo gerencial engajador como
    estilo heróico de. *Ver* Estilo gerencial heróico
    experiência de estudantes na, 17-18, 20-21
        e tempo oportuno para programas MBA, 24-25
        impacto no ensino, 20-24
        políticas de admissão, 23-25
    experiência do corpo docente em, nas primeiras escolas de negócios, 31-32
    habilidades sociais e de comunicação no, 48-51, 60-63, 239-240
    motivação e determinação no, 93-94
        comparadas ao gosto pelos negócios, 26-29
    mulheres no, 135-136
    no centro de atividades, 135-136
    por análise, 44-49
    por gerente convidado ou gerente temporário, 22-24
    prática do, 13-14, 20-24
    como profissão. *Ver* Gerência como profissão
        comparada ao método de estudo de casos, 58-63
Gerenciamento da mudança
    programa IMPM em, 264-266, 290-293
    programas de mestrado especializados em, 172-173
Gerenciamento desanimado, 96, 97
Gerenciamento desorganizado, 96, 97
Gerência visionária, 96, 97, 127-128
Gerente-convidado, conhecimento contextual limitado do, 22-24
Gerente temporário, conhecimento contextual limitado do, 22-24
Gerentes do sexo feminino, 135-136
Gerstner, Lou, 13-14, 98-99, 114, 131-132
Gerth, H. H., 36-37
Gestão operacional, 92-93
Ghoshal, Sumantra, 125-126
Gilbert Xavier, 111-112
Gillette Company, 125-126
Gilmartin, Raymond V., 106-107
Gimein, Mark, 132-133
Gladwell, Malcom, 146-147
Gleeson, Robert E., 31-38, 40-41, 54-55
GMAT (*Graduate Management Admission Test*), pontuação, 25-26, 156-157, 359-361
    classificação das instituições de ensino com base no, 82-84
Goldwyn, Sam, 304-305
Gopinath, Gorur, 317-318
Gordon, Colin, 170-171, 175, 193-194, 218-219, 221
Gordon, J., 77-78
Gordon, Robert Aaron, 33-34, 36-38, 48-49, 203, 229-230, 322-323, 361
Gosling, Jonathan, 209-210, 329-330
    no programa de liderança da Exeter University, 339-340
    no programa IMPM em Lancaster, 267-268, 281-282, 323-324
    no programa MBA da British Airways, 177-178
    sobre a estrutura do ensino gerencial, 265-266
    sobre intercâmbios gerenciais, 301-302, 305-306
    sobre localizações internacionais de programas, 164-165
    sobre o papel do corpo docente e discente, 330-331
    sobre programas de mestrado especializados, 173-174

Gosto pelos negócios comparado à vocação para gerenciar, 26-29
Governo
  graduados em MBA no, 149-154
    estilo gerencial calculista dos, 98-100, 143-145
    na França, 170-172
    questões éticas no, 143-145
  legitimidade da liderança no, 139
  programas governamentais de desenvolvimento gerencial
    na Inglaterra, 194-195
    no Canadá, 207-208
Gow, Ian, 170-171, 175, 193-194, 218-219, 221
Graduados em programas MBA
  aceitando emprego fora dos EUA, 162-163
  autoconfiança, competência e arrogância dos, 75-80, 111-112, 153-154
  autônomos, 128-129
  como empreendedores, 126-132
  como individualistas e agressivos, 103-105
  como mercenários em gabinetes executivos, 94-95
  em consultoria e bancos de investimento, 88-94
  em empresas de alta tecnologia, 129-133
  em organizações governamentais e do setor social, 149-154
    estilo gerencial calculista dos, 98-100, 143-145
    questões éticas nas, 143-145
  em posições executivas, 21-117
    desempenho de, 110-117
    número de, 110-112, 163-164
  em tecnologias de crescimento lento, 123-127
  em tecnologias de rápido crescimento, 131-133
  estilo gerencial calculista de, 97-105, 143-145
  estilo gerencial heróico dos, 104-111
  falsas impressões, 72-73
  freqüência de mudança de empregador, 86, 94-95
  habilidades de síntese dos, 45-46
  habilidades sociais e de comuicação dos, 48-50
  impacto na economia, 118-120
    em exploração e explotação, 119-124
    Locke, sobre, 120-36
  impacto social dos, 138-154
  individualidade autocentrada dos, 103-104
  levantamento da opinião de executivos sobre, 87-88
  liderança dos, 93-95, 139-141
    como aristocracia, 139-141
  na administração de universidades, 150-151
  na Alemanha, 170
  na França, 169-172
  no Japão, 88-89, 169-170
  número anual de, 17
    no Reino Unido, 171-172
    tendências históricas nos, 31-34, 38-39
  reações à experiência acadêmica, 75-79
  recrutados e contratados pelas empresas, 86-89
  salários dos, 86-88
    na classificação das instituições de ensino, 82-84
    no retorno do investimento em educação, 86
  setores e cargos preferidos pelos, 89-94, 123-126, 128-129
    atividades "de gabinete", 92-94
Graduate Management Admission Test (GMAT), pontuações, 25-26, 156-157, 359-361
  classificação das escolas com base nas, 82-84
Gratton, Linda, 206
Greco, Susan, 128-129
Greenhouse, Steven, 139-140
Griffith, Victoria, 125-126
Groth, Lars, 364-365
Grove, Andrew, S., 112-113
GSIA (Graduate School of Industrial Administration), 34-39
  aprendizagem baseada no computador na, 159-160
  conteúdo programático do MBA na, 39-41
Guerra do Vietnã, 77-78
  estilo gerencial calculista de McNamara na, 98-100, 102-103
  número de baixas, 99-100, 144-145, 151-152
  planejamento estratégico na, 98-99-100
  questões éticas na, 143-145
Gupta, Indrajit, 24-25, 28-29
Guth, W. D., 42-43, 54-55, 61-62
Guthrie, Jeff, 316-317

## H

Haas, Robert, 114, 116-117
Habilidade, prática gerencial como, 13-14, 20-22, 72-73, 255-257
  conteúdo programático em, 97-98
  em equilíbrio com arte e ciência, 95-98, 103-105
  estilo tedioso da, 96-97
  no programa IMPM, 335-338
Habilidades analíticas
  conteúdo programático em, 44-49
    como técnica ou ferramenta, 47-48
    em estratégia, 42-44
    em síntese, 42-47
    e tomada de decisão, 46-48
    nas primeiras escolas de negócios, 35-37
  em prática gerencial, 13-14, 20-21
  e valores éticos, 143-145
  na aprendizagem baseada em computador, 160
  na França, 170-171
  no método de estudo de casos, 59-60
  no processo de estratégia, 100-101
  no programa IMPM, 260-261, 264-266, 292-293
    auto-estudo sobre, 284-285, 300-302
    comentários dos participantes a respeito de, 327-328
    fóruns sobre, 278-279, 284-285
    projeto do módulo II sobre, 283-285
    trabalho de curso sobre reflexão, 298-299
  nos programas japoneses, 169-170
Habilidades de implementação, 72-73
  no método de estudo de casos, 61-63

Habilidades sociais e de comunicação no gerenciamento, 239-240
   conteúdo programático nas, 48-51
      métodos de ensino em, 49-51
      no método de estudo de casos, 60-63
Halberstam, David, 99-100, 143-144
Hamel, Gary, 368
Handy, Charles, B., 129-130, 132-133, 170-171, 175, 193-194, 309-310, 368
Hapden-Turner, Charles, 234-235, 103-14
Harrington, Ann, 90-91
Harris, Hollis, 115-116
Harris, J., 232-233
Hartman Chris, 148-149
Hart Schaffner & Marx University, 215-216
Harvard
   ansiedade dos alunos na, 330-331
   autoconfiança e arrogância dos alunos na, 75-80, 153-154
   conteúdo programático na, 42-44, 156-157
      empreendedorismo no, 126-128
      estilo gerencial heróico no, 106-107,
      similaridade com outras escolas, 70-73
      tomada de decisão no, 46-47
      valores e ética no, 143
   curso de políticas empresariais na, 32-33, 42-44, 54-55, 69-71
   experiência em negócios do corpo docente da, 32-33, 42-44, 54-55, 69-71
   graduados da
      autônomos, 128-129
      desempenho em posições executivas, 113, 115-117
      em consultoria e bancos de investimento, 88-90, 93-94
      em organizações governamentais e do setor social, 98-100, 143-145, 149-150, 153-154
      estilo gerencial calculista dos, 98-100
      estilo gerencial heróico dos, 107-108
      número em posições executivas, 110-112, 163-164
   história da educação em negócios na, 31-35
   método de estudo de casos na, 31-34, 53-71. Ver Também Método de estudo de casos
   políticas de admissão na, 23-24
   programas customizados na, 186-187
   Programas Gerenciais Avançados na, 202-203
   programas internacionais na, 165-166
      pesquisa na, 376-377
      Program for Management Development (Programa para o Desenvolvimento Gerencial) na, 218-219
      reações dos alunos à experiência na, 75-78
   Relatório Bok sobre a, 67-71, 90-91, 100
Hass, Robert, 114
Hauptfuhrer, Robert, 114-116
Heaton, Herbert, 31-32
Heinzman, Ralph, 207

Helgesen, Sally, 135-136, 266-267
Henry, David, 109-110
Hequest, M., 77-78
Herriot, Simon, 317-320
Hesselbein, Frances, 301-302
Heuser, Michael, 333-335
Hewlett, Walter, 109
Hewlett-Packard Company, 120-121, 131-133
   estilo gerencial na, 107-110
   participantes da, no programa IMPM, 261-262
      em intercâmbio gerencial, 301-302
Hilgert, Arnie D., 78-79
Hill, Linda, 20-21, 48-50, 188-189, 221, 229-230
Hilton, Anthony, 109-110
Himelstein, Linda, 114-115
História da educação em negócios, 31-39
Histórias como recursos de ensino, 248-249
   no compartilhamento de competências, 269-271
Hitch, Charles Johnston, 99-100
Hitsosubashi University, 169-170
   programa IMPM na, 262-263
Hodgetts, Richard M., 211-213
Hogan, Robert, 146-147
Hogarth, Robin, 53-54, 244-246, 322-323
Honeywell, Computers, 42
Horvath, Dezso J., 159-160
Howell, James Edwin, 33-34, 36-38, 48-49, 203, 229-230, 322-323, 361
Huey, John, 200-201
Hurka, Thomas, 359-361
Huston Peter, 215-216
Huxley, Aldous, 294
Huy, Quy, 300-301

I

IBM Corporation, 106-107, 114, 120, 122-124, 131-132
IMD International, 111-112
   alunos internacionais na, 162-163
   autoconfiança dos alunos na, 75-80
   projetos de trabalho de campo na, 53-54
   promoções de *marketing* na, 80-81
Impacto da educação e da aprendizagem, 244-247, 312-334
   impacto de ação na, 245-247, 314-317, 332-333
   impacto do ensino no, 245-247, 314-317, 319-320, 332-333
   na mudança comportamental, 315-320
   na provocação de novas perspectivas, 315-318
   no compartilhamento de material, 315-317
   nos métodos aplicados, 315-317
Impacto da educação gerencial na ação, 245-247, 314-317, 332-333
Impacto da educação gerencial no ensino, 245-247, 314-317, 319-320, 332-333
IMPM – International Masters in Practicing Management (Mestrado Internacional em Prática Gerencial)
   administração do, 262-263

auto-estudo no, 260-261, 284-285, 300-302
benefícios do, 313-315, 321-332
   problemas em mensurar os, 321-324
características essenciais do, 347, 349
comitê administrativo (Governing Committee) no, 262-263
comitê organizador (Organizing Committee) no, 262-263
comparado a educação em negócios e desenvolvimento gerencial, 335-337
contexto do, 259-273
   conceitual, 263-266
   estrutural, 260-264
   geográfico, 261-263
   pedagógico, 265-273
corpo docente no, 267-269, 329-332
   carga de trabalho do, 380-381
   como coordenadores de tese dos alunos, 309-310
   papel de facilitador do, 270-272, 331
   tutoria dos participantes, 299-301
custo do, 312, 314-315
   em tutoria, 300-301, 332-333
desdobramento em outros programas, 335-351
   E *Roundtables* (mesas-redondas E), 342-344, 348
   programa de Análise à Ação no Royal Bank of Canada, 344-345, 348
   Programa de Liderança Avançado, 344-347, 348-349
   programa de mestrado para o setor de atividades voluntárias, 340-342, 348
   programa em liderança na saúde, 338-339, 348
   programa para líderes estratégicos da BAE Systems, 343-344, 348
diretor de ciclo no, 262-263, 271-272, 276-277
empreendimentos no, 261-262, 291-293, 306-308
   impacto do, 315-320
   papel da organização patrocinadora no, 321
estudos de campo no, 278-280, 288-289, 291-293
expansão do, 337-338
extensão do, 338-339
fóruns no, 278-279, 284-285
grau (diploma) recebido ao completar o, 307-308-311
impacto do, 312-334
   comentários das empresas a respeito, 324-327
   comentários dos participantes a respeito, 326-330
informações a respeito em *web sites*, 260-261, 282-283, 305-306, 324-327
intercâmbio gerencial no, 260-262, 301-306
   comentários dos participantes a respeito, 328-329
   impacto do, 315-317
módulo diretor no, 262-263
módulos e disposições mentais no, 260-366, 292-293
parceria de instituições de ensino no, 262-264
reflexão no. *Ver* Reflexão, no programa IMPM

tempo em branco, 276-277
tempo programado no, 276-277
trabalho acadêmico de reflexão no, 260-261, 295-299, 302-303, 315-318
trabalho final do curso, 261-262, 308-311
tutoria no, 260-261, 299-301, 321
   custo do, 300-301, 332-333
versões mais curtas do, 339-340, 343-344
visão geral do, 260-262
Índia
   escolas de negócios na, 15, 74-75
   papel de facilitador do corpo docente na, 253-254
   Programa de Liderança Avançado na, 345-347
   programa IMPM na, 260-263, 265-266
      anos e ciclos do, 325
      custo do, 312-313
      dimensões do, 292-293
      projeto do módulo III sobre disposição mental voltada a uma visão de mundo na, 285-288
   programa para líderes estratégicos na, 343-344
Indian Institute of Management (Instituto Indiano de Administração) em Bangalore, 260-263
Indústria de semicondutores, 121-123
Indústria farmacêutica, 146-147
   estilo gerencial heróico na, 106-107
   exploração e explotação na, 120-121
Influência prussiana na história da educação em negócios, 31
Informações em *web sites*
   sobre o Advanced Leadership Program (Programa de Liderança Avançado), 345-346
   sobre o programa de mestrado em liderança em saúde, 338-339
   sobre o programa de mestrado para o setor de atividades voluntárias, 340-341
   sobre o programa IMPM, 260-261, 282-283, 305-306, 324-327
Informações por meio de fontes indiretas
   em atividades de gabinete dos graduados em MBA, 92-94
   no método de estudo de casos, 62-63
Informática, 129-133
   empreendedores na, 129-132
   exploração e explotação na, 121-125
   na educação, 159-162
      fator entretenimento na, 195-196
Inglaterra
   desenvolvimento gerencial na, 188-189, 194-195, 218-219
   educação em negócios na, 161, 171-173
      comparada a outros países, 163-164, 170
      envolvimento dos participantes na, 179-181
      específicos para o cargo, 172-173
      inovações na, 171-181, 187-188
      módulos periódicos em, 176-179
      número anual de graduados, 171-172
      programa Global Executive MBA na, 172-173
      programa MBA da British Airways na, 176-179

programas em consórcio na, 175-177
programas especializados em, 172-175
sobre gerenciamento crítico, 175
temas para praticantes na, 177-179
Programa de Liderança Avançado na, 346-347
programa IMPM na, 260-263, 265-266
   dimensões do, 292-293
   diploma de conclusão do, 310-311
   projeto do módulo I sobre disposição mental reflexiva, 280-284
   trabalhos acadêmicos sobre reflexão sobre o, 294-298
programas para líderes estratégicos na, 343-344
Insead, 27-28, 109-110, 165-166
   alunos internacionais no, 162-163
   autoconfiança dos alunos na, 75-80
   Executive Forum na, 205-206
   experiência em negócios do corpo docente na, 31-32
   pesquisa no, 376-377
   programa IMPM na, 260-263, 265-266, 279-280
      carga de trabalho do corpo docente no, 380-381
      dimensões do, 292-293
      projeto do módulo V sobre disposição mental para a ação no, 290-293
      trabalho acadêmico de reflexão sobre, 297-298
   programas em consórcio na, 175-176, 203-206
Insight
   em prática gerencial, 13-14
   em teorias, 232-236, 372-374
Instituições correcionais, 152-153
Instituições militares
   de ensino superior, 214-215
   na Guerra do Vietnã. *Ver* Guerra do Vietnã
   United States Army National Training Center, programas do, 206-207
Instituições sociais, 138-154
   aristocracia emergente nas, 139-141
   legitimidade da liderança nas, 139-141
Instituto Japonês Avançado de Ciência e Tecnologia (Japanese Advanced Institute of Science and Technology), 262-263
Instrutores e corpo docente
   e impacto do ensino gerencial na organização, 245-247, 314-317, 319-320, 332-333
   em desenvolvimento de habilidades, 239-241
   em programas internacionais, 162-165, 168-169
   estabilidade dos, 375, 377-381
   métodos de ensino dos. *Ver* Métodos de ensino
   nas escolas de gerenciamento/negócios, 375, 377-384
      seleção de, 381-382
   no método de estudo de casos, 56-59, 63-65, 69-70, 231-232
   no programa IMPM, 267-269, 329-332
      carga de trabalho dos, 380-381
      como coordenadores de tese dos alunos, 309-310
      papel de facilitador do, 270-272, 331

      tutoria de participantes, 299-301
   nos primórdios da educação em negócios, 31-32
      em Harvard, 31-34
      interesses em pesquisa em, 38-39
      na GSIA, 34-37
   nos programas customizados, 199-200
   papel de facilitador dos, 252-255, 270-272, 331
      regra 57-58:57-58 sobre o, 252-255, 270-277, 332-333
   pesquisa dos, 38-39, 377-379
      percentual de tempo despendido em, 378-381
   processo de aprendizagem para, 226-227, 238-239, 250-252
   responsabilidades administrativas dos, 378-380
   tempo de ensino dos, 378-381
Intel Corporation, 112-113, 176-177
Intercâmbio gerencial no programa IMPM, 260-262, 301-306
   comentários dos participantes sobre, 328-331
   impacto do, 315-317
International Federation of Red Cross and Red Crescent Societies
   mentoreando, 193
   participantes da, no programa IMPM, 261-262, 278, 327
      anos e ciclos no, 325
      ansiedade dos, 330-331
      custo da educação, 312-313
      em empreendimentos, 307-308
      em intercâmbio gerencial, 303-304
      em reuniões tutoriais, 300-301
      no módulo V sobre disposição mental para a ação, 292-293
      Trabalhos Finais dos, 309-310
Intuição
   na prática gerencial, 20-21
   nos critérios de seleção para alunos com MBA, 25-26
Irish Management Institute, 181-182
Isber, Vince, 299, 328
Ishida, Hideo, 169-170
Israel, educação em negócios em, 164-165
Itami, Hiro, 169-170, 288-290
Ivey, Mark, 114-116

## J

James, Edmund, 31
Jampol, J,159-160
Japão
   desenvolvimento gerencial no, 169-170
      comparado aos EUA, 217-219
      treinamento *on-the-job* (no local de trabalho) no, 193-195, 217-219
   educação em negócios no, 163-164, 168-170
   gerentes oriundos do, nos programas MBA dos EUA, 88-89, 169-170
   papel de facilitador do corpo docente no, 253-254
   programa IMPM no, 260-263, 265-266

dimensões do, 292-293
projeto do módulo IV de disposição mental colaborativa no, 288-291
Jaspen, Bruce, 114-115
Jenerette, Richard, 114, 116-117
Jensen, Michael, 142-148, 236-237, 373-374
Jobs, Steven, 123-127, 131-133
Jogos (*games*) simulando negócios, 51-52, 248
Johnson, Arthur, 352-353
Johnson, Ross, 125-126
Joint Doctoral Program in Administration (Programa Conjunto de Doutorado em Administração), 365-367, 377-378
Jones, Del, 88-89
Jones, Mark, 304-306

## K

Kanungo, Rabindra N., 239-240
Kaplan, Robert S., 144-145
Keep, Ewart, 352-353
Keio University, 169-170
Keizer, Robert, 115-116
Kelleher, Herb, 112-113
Kelly, Francis, 56-58, 61-62, 67, 75-80, 149-150
Kelly, Heater Mayfield, 56-58, 61-62, 67, 75-80, 149-150
Kelly, Marjorie, 139-140, 149-150
Kerr, Steven, 211-214, 322-323
Keynes, John Maynard, 233-234, 372-373
Keys, Louise, 207-208
Kiam, Victor, 114
Kiechel, Walter III, 67-68
Kilts, James, 125-126
King, John, 332
Kinsley, Michael, 101-102
Kirp, David L., 64-65
Knoll International Holdings, 114
Kobe University, programa IMPM na, 262-263
Kohlberg Kravis Roberts (KKR) & Company, 91-92
Konna, Noboru, 288-289
Korean Development Institute, 262-263
Kotter, John, 58-59, 93-94, 103-104, 121-122, 219-220, 242-244
Koudsi, Suzanne, 86, 89-91, 130-131
Kraft, graduado em MBA como gerente na, 125-126
Kravis, Henry, 91-92
Kuhn, Thomas S., 382-383
Kurb, Milan, 193
Kurtzman, Joel, 50-51

## L

Laing, Jonathan R.,114-115
Lampel, Joseph, 61-62, 116-117, 135-136, 234-235
Lancaster University, 175-178
   programa IMPM na, 260-263
      dimensões do, 292-293
      grau (diploma) ao completar o, 310-311
      projeto do módulo I de disposição mental reflexiva, 280-284
      trabalhos acadêmicos de reflexão sobre, 294-298
   programa MBA da British Airways na, 176-179
Langley, Ann, 283-284
Lauder Program, 164-166
Lawrence, Paul R., 374-375
Lawrence Peter, 170-172
Lazzareschi, Carla, 124-125
Learned, E. P., 42-43, 54-55, 61-62
Leavitt, Harold, 46-47, 100
LeClair, Dan, 38-39
Lee, Chris, 242-244
Legitimidade da liderança, 139-141
LeGoff, Françoise, 303-304
Lenson, Todd, 115-116
Leondor-Wright, Betsy, 148-150
Leonhardt, David, 69-70, 91-92, 126-129
Levering, Robert, 147-148
Levi Strauss & Company, 114, 116-117
Levitt, Harold, 35-36
Lewin, Douglas, 21-22
Lewis, Michael, 76-77
LG Group, participantes da, no programa IMPM, 261-262, 289-290, 325
Liderança, 17-18, 20, 93-95
   como aristocracia, 139-141
   cursos e programas sobre, 49-51, 196-197, 200-203
      no método de estudo de casos, 57-58, 60-62
      no programa IMPM, 288-289
      Programa de Liderança Avançado, 339-340, 344-349
      programa para líderes estratégicos da BAE systems, 343-344, 348
      tipos de, 200-202
   de graduados em MBA, 93-95, 139-141
   em empresas da área de saúde, 338-339, 348
   em empresas de alta tecnologia, 132-133
   integridade na, 139-140
   legitimidade da, 139-141
   no estilo gerencial engajador, 255-257
   no estilo gerencial heróico, 255-257
Lieber, Ron, 66
Liedtka, Jeanne, 65-66, 266-267
Lincoln, Abraham, 139
Lindblom, Charles, 242-244
Linder, J. C, 27-28, 88-89
Livingston, J. Sterling, 26-27, 46-48, 62-63, 94-95, 103-104, 230-233
Locke, Robert R.,123-125, 131-132
   sobre o estilo gerencial heróico, 107-108
   sobre o gerenciamento alemão, 170
   sobre o gerenciamento francês, 171-172
   sobre o impacto do MBA na economia, 120-124
   sobre o treinamento *on-the-job* (no local de trabalho) japonês, 193-194

Lombardo, Michael M., 189-192
London Business School, 111-112, 163-164, 171-172
  estudantes na, 218-219
  Global Business Consortium na, 206
  *marketing* e propaganda da, 75-81
  programa para gerentes experientes na, 157-158
Loomis, Carol J.,108-109
Lorange, Peter, 111-112
Lorenzo, Frank, 107-108, 113-116
Loucks, Vernon, 114-115
Lucent Technologies, 108-109, 176-177
Lufthansa, 333-335
  participantes da, no programa IMPM, 261-262, 291-292
    anos e ciclos no, 325
    empreendimentos dos, 306-308
    impacto dos, 316-317, 321
    que permaneceram na empresa, 324-326
    reflexão sobre a experiência, 327

**M**

MacFadyen, Ken, 114-115
Machan, Dyan, 114-115
Main, Jeremy, 158-159
Malásia, programa MBA na, 168-169
Malott, Robert, 114
*Management Charter Initiative*, 21-22
*Management Game* (Jogos simulando negociação), 51-52
*Management in Lund* (MiL), abordagem, 209-211, 214
Mandato do corpo docente, 375, 377-381
  e fórmulas sobre a carga de trabalho, 378-381
Mann, Robert W., 214
Manzoni, Jean-François, 318-319
Marceau, Jane, 86
March, James, 35-39, 74-77, 119-120, 352-353
Marconi Corporation, participantes da, no programa IMPM, 325
Mark, J. Paul, 67-70
Mark, Reuben, 117, 126-127
*Marketing*
  comparado a vendas, 92-94
  das escolas de negócios, 75-82
  de bens de consumo de rápida movimentação, 125-126
  programa IMPM sobre, 278, 284-285
  programas de doutorado em, 362-363
  programas MBA sobre, 40-42
Martin, Justin, 86-87
Martin, Roger, 45-46, 66
Massachusetts Institute of Technology (MIT)
  jogo de simulação de negócios no, 52
  Programas Gerenciais Avançados no, 203
  Sloan School, 42, 70-71, 157-158
Mast Carlotta, 33-34, 37-38, 80-83
*Mastering Management*, 45-46

Masters of Practicing Management (Mestrado em Prática Gerencial), 307-311, 356-358
  comparado a educação em negócios e desenvolvimento gerencial, 335-337
  difusão do, 335-351
  para gerentes do setor de atividades voluntárias, 338-342
Matsushita, participantes da, no programa IMPM, 261-262, 279-280, 306-307, 320
  anos e ciclos no, 325
  em intercâmbio gerencial, 331
  impacto dos, 316-317
  que permanecem na empresa, 324-326
  trabalho final no curso dos, 310-311
Maugham, Somerset, 372-373
Mayo, Elton, 33-34
Mayon-White, Bill, 188-189
McCall, Morgan W., 189-195, 213-214, 237-239
McCann, John, 161
McCardel, Archie, 122-123
McCauley, Cyntia D., 188-189
McCauley, Frank, 269-270, 313-314, 321-322, 350-351
McConnell Family Foundation, 340-342
McCormick, Roger, 188-189
McDonald's Corporation, unidade de treinamento corporativa da, 214-215
McGill, Michael E., 86-87, 219-220
McGill University
  conteúdo programático na, 42, 50-51
  critérios para seleção de alunos na, 228-229
  programa de mestrado em liderança na saúde na, 338-339
  programa IMPM na, 260-263, 265-266, 274-275, 280-281
    carga de trabalho do corpo docente no, 380-381
    dimensão do, 292-293
    grau (diploma) ao completar o, 309-311
    projeto do módulo II de disposição mental analítica, 283-286
    trabalho de reflexão sobre, 298-299
  programas de mestrado para o setor de atividades voluntárias na, 338-342, 357-358
  programas internacionais da, 169-170
McHugh, Alexandra, 372-373
McKean, Roland N., 99-100
McKibbin, Lawrence E., 150-151, 156-157, 198-199, 225-227, 232-233, 286-287, 361, 382-383
McKinnel, Henry, 120-121
McKinney, Joseph, 114-117
McKinsey & Company, 24-25, 67-69, 89-90, 91-92, 139
McKnight, M. R., 239-240, 242-244
McNair, Malcolm P., 58-60, 62-63, 231-232
McNamara, Robert Strange, 112-113, 115, 134
  estilo gerencial calculista de, 98-100, 102-103
  número de baixas no, 99-100, 144-145, 151-152

planejamento estratégico no, 98-100
    questões éticas no, 143-145
Meckling, William, 142-148, 236-237, 373-374
Mehta, Ramesh, 268-269
Meister, Jeanne C., 194-195, 214-216
Mellon, William Lorimer, 34-35
Mendoza, Gabino, 167-169
Mentoreando, 192-193, 321
    na Cruz Vermelha, 193
    no Japão
Merck & Company, 120-121
    estilo gerencial heróico na, 106-107
Merritt, Jennifer, 112-113
Mesas dispostas em apóstrofe no programa IMPM, 266-268
Mesas redondas nos programas EMBA, 342-344
Messier, Jean-Marie, 170-171
Método de estudo de casos, 31-34, 53-71, 248
    casos como perspectivas no, 65-66
    comparado à prática gerencial, 58-63, 231-232
    corpo docente no, 56-59, 63-65, 69-70, 231-232
    desenvolvimento histórico do, 31-34
    em Programas Gerenciais Avançados, 203
    habilidades não-numéricas, 60-63
    informações por meio de fontes indiretas no, 62-63
    participação em sala de aula no, 56-59, 63-65, 76-78
    pressupostos que fundamentam o, 57-59
    processo de aprendizagem no, 63-64, 248
    reações dos alunos ao, 76-78
    relatório Bok sobre, 67-71
    teoria dos negócios no, 32-34, 68-69
    tomada de decisão no, 46-47, 55-61
    viés no, 64-66
Métodos de ensino. *Ver também* métodos específicos
    aprendizagem comparada a, 196-198, 226-227, 231-232, 248-250
    convergência dos, 70-73
    em educação gerencial, 246-250, 254-255
        aprendizagem comprada a, 226-227, 231-232, 248-250
        de desenvolvimento de habilidades, 239-241
        regra 57-58:57-58 sobre, 253-254, 268-269, 276-277, 332-333
    estudos de campo, 52-54
    informática e Internet nos, 159-160, 161-162
    jogos (*games*) simulando negócios, 42-52, 248
    método de estudo de casos, 53-71
    no Modelo de Local e Espaço, 161
    no programa de mestrado para o setor de atividades voluntárias, 341-342
    palestras, 31-33, 51-52, 70-71, 246-247
    para a pesquisa, 375-377
    para encorajar a imaginação empreendedora, 362
    sobre habilidades sociais e de comunicação, 49-51
    videoconferências em, 159-161
MGill-McConnell Master of Management for National Voluntary Sector Leaders, 340-342, 357-358

Micron Technology, 120
Microsoft Corporation, 112-113, 129-130
Miller, Morton, 35-36
Mills, C. W., 36-37
Mintzberg, Henry
    na McGill University, 42, 50-51
    na Sloan School do MIT, 42
    sobre cadeia de atividades, 135-136
    sobre características da burocracia, 133
    sobre competência gerencial, 242-243
    sobre desenvolvimento de habilidades, 240-241
    sobre disciplinas nas escolas de gerenciamento/negócios, 385-386
    sobre egoísmo na sociedade, 142-143
    sobre estilo gerencial engajador, 335-337
    sobre estratégia, 61-62, 100-101
    sobre gerentes de órgãos governamentais, 151-152
    sobre influências internacionais no gerenciamento, 167-168
    sobre mentorear na Cruz Vermelha, 193
    sobre métodos de medição de dados numéricos na gerência, 322-323
    sobre nomeação de gerentes, 139
    sobre o processo de tomada de decisão, 46-47
    sobre pesquisa em negócios e gerenciamento, 368-369, 372-373
    sobre prática gerencial, 15
    sobre programa IMPM, 263-266, 278
    sobre responsabilidades corporativas, 148-149
    sobre teorias alternativas, 234-235
Mirabella, Roseanne M, 150-151
Mishel, L., 149-150
Mishina, Kaz, 60, 288-289, 332
Misra, Sasi, 239-240
Mitchell, Mark, 109-110
Mitchell, Russel, 114-115
Modelo de Local e Espaço, 161
Modelo Imaginativo, Avaliativo e Maximizador (REMM – *Resourceful, Evaluative, Maximizing Model*), 143-145, 236-237, 373-374
Modelos de comportamento, 142-143, 235-237
    modelo REMM (Imaginativo, Avaliativo e Maximizador), 143-145, 236-237, 373-374
    múltiplas perspectivas em, 236-237
Modigliani, Franco, 35-36, 40-41
Módulo Diretor no programa IMPM, 262-263
Módulos
    em equilíbrio com o expediente de trabalho, 230-231
    em programas IMPM, 260-266, 274-293
        projeto dos, 274-281
        sobre disposição mental analítica, 283-286
        sobre disposição mental colaborativa, 288-291
        sobre disposição mental para a ação, 290-293
        sobre disposição mental reflexiva, 280-284
        sobre disposição mental voltada para uma visão de mundo, 285-288
    no Programa de Liderança Avançado, 345-347

nos Programas Gerenciais Avançados, 203
periódicos na educação gerencial britânica, 176-179
Módulos periódicos na educação gerencial britânica, 176-179
Monitoração do desempenho de gerentes, 193-194
Morgan, E.,232-233
Morgan Gareth, 234-235
Morrison, Ann M., 123-125, 189-191
Morrison Knudsen, 101-103, 114
Moskowitz, Milton, 147-148
Motivação
  de empreendedores, 129-131
  dos alunos de MBA, 26-27, 28-29, 86
  dos participantes em educação gerencial, 228-229
Motorola, Inc., 112-113
  participantes da, no programa IMPM, 295-297, 306-307
    anos e ciclos no, 324-326
    comentários sobre o programa, 326-330
    em intercâmbio gerencial, 328-329, 331
    impacto do, 316-317, 319-320
  unidade de treinamento corporativa da, 214-217
Moxley, Russ S,.188-189
Muhlemann, Lukas, 107-108
Muller, Helen J.,173-174, 176-177
Mumford, Alan, 207-208
Munk, Nina, 114-117
Murray, Hugh, 39-40
Murray, Sarah, 91-92
Musgrove, Mike, 109

## N

Nabisco, 114, 125-126
NatWest Securities Corporation, 115-116
Nee, Eric, 108-109
Newell, Allan, 35-36
Nicholls, J., 232-233
Nobeoka, Kentaro, 270-271, 289-290
Noda, Tomo, 267-268
Nonaka, Ikujiro, 288-290
Norman, James R.,114-117
Northwestern University
  interesse em empregos manifestado pelos alunos da, 89-91
  International Executive MBA Program na, 164-165
  método de estudo de casos na, 32-33
Norton, David P.,144-145
Norwegian School of Economics and Business Administration, 364-365
Nudd, Tim, 114-115

## O

O'Connor, Sinead, 295-296
O'Neal, Michael, 115-116
O'Reilly, Brian, 101-102, 114-115, 203, 212-213
Ohlott, Patricia J., 191-192

Okazaki-Ward, Lola, 169-170, 193-194, 217-218
*On-the-job* (no local de trabalho), treinamento, 188-195
  e monitoração do desempenho, 193-194
  mentores no, 192-193
  na abordagem "nade ou se afogue", 188-191
  no Japão, 193-195, 217-219
  rodízio, 189-195
Onyx Energy, 114-116
Open University of the United Kingdom. *Ver* Universidade Aberta do Reino Unido
Orçamento dos programas MBA, classificação das escolas com base no, 83-84
Organizações do setor social,
  graduados em MBA em, 149-154
  programa IMPM para, 261-262
Organizações patrocinadoras
  anos e ciclos de envolvimento no IMPM, 323-326
  benefícios do programa IMPM para, 321-332
  compartilhamento de competências na experiência em, 242-245, 269-271, 290-291
  em intercâmbios gerenciais, 301-306
  em parceria com escolas, 263-264
  empreendimentos nas, 306-308
  impacto da educação sobre as, 244-247, 312-334
    em provocar novas perspectivas, 315-318
    impacto da ação nas, 245-247, 314-317, 332-333
    impacto do ensino nas, 245-247, 314-317, 319-320, 332-333
    na mudança comportamental, 315-316, 362-363, 317-320
    no compartilhamento de materiais, 315-317
    nos métodos aplicados, 315-317
  índice de rotatividade de gerentes nas, 324-326
  localização geográfica das, 261-262
  pagando pelo custo da educação, 228-229, 312-314
  preparação dos participantes para o programa, 320
  seleção de participantes pelas, 227-230, 320, 339-340
  trabalho acadêmico de reflexão redigido em função de, 295-299
  tutoria em função de, 299-301
Organizações sem fins lucrativos
  graduados em MBA em, 149-152
  programa de Mestrado em Gerenciamento para Líderes em, 340-342
Oscar Mayer, graduado em MBA como gerente na, 125-126
Oxford University, 81-82
  conteúdo programático na, 156-158

## P

Packard, Dave, 109
Palestra como método de ensino, 51-52, 70-71, 246-247
  uso histórico da, 31-33
Papéis-modelo, 189-193

Papel de facilitador
   da gerência, 22-23, 62-63
   no estilo engajador, 97
   do corpo docente, 252-255, 270-272, 331
      regra 57-58:57-58 sobre, 253-254, 268-269,
      276-277, 332-333
Parcerias de instituições de ensino, 165-167
   no programa IMPM, 262-264
Parfenov, Evgeni, 327
Parks, Sharon Daloz, 50-51
Parsons, Talcott, 33-34
Participação
   e envolvimento no processo de aprendizagem, 179-
   181, 198-199, 162-165, 255-257
   em estudo de casos em sala de aula, 56-59, 63-65,
   76-78
Pascale, Richard, 205
Pearl, Jerry, 114-115
Pedler, Mike, 214
Pensamento crítico, 80-81, 175
Pepsi-Cola, 123-126
Pesquisa
   de empresas, 120
      equilíbrio entre exploração e explotação na, 118-
      126
   disseminação da, 368-371
   do corpo docente, 377-379
      nas primeiras escolas de negócios, 38-39
      percentual de tempo despendido em, 378-381
   eficiência e eficácia da, 368-369
   em programas de doutorado, 363-365, 372-375
   ensino para a, 375-377
   erudição criativa em, 370-376
   indutiva e dedutiva, 371-373
   paixão na, 375-376
   papel da, 366-378
      como lentes e martelo, 374-375
      descritiva e prescritiva, 373-374
      em conectar e desconectar, 373-375
      nas primeiras escolas de negócios, 33-39
      no método de estudo de casos, 53-55, 68-69
   qualitativa e quantitativa, 372-373
   relevância da, 368-371, 372-374
   rigor da, 370-372
   teste de Bill e Barbara, 368-370
Pesquisa dedutiva, 371-373
Pesquisa indutiva, 371-373
Pesquisa qualitativa, 372-373
Pesquisa quantitativa, 372-373
Peters, Tom, 27-28
Peterson, Thane, 114-115
Pfeffer, Jeffrey, 86-90
Pfizer, Inc.,120-121
Pierce, Ambrose, 74
Pierson, Frank Cook, 36-37, 39-40, 156-157, 361
   relatório sobre educação gerencial, 36-40, 54-55,
   70-71
Piper, Thomas R., 50-51

Pitcher, Patricia, 103-105
Plato, 187-188, 203
Platt, Lewis, 108-109
Pobreza, população em estado de, comparada ao
   número de bilionários, 148-150
Poder no estilo gerencial heróico, 105-106
Poletti, Therese, 109
Policano, Andrew J.,82-83
Políticas de admissão
   pontuação GMAT e capacidade matemática nas, 25-
   26, 48-49, 82-84, 359-361
   programa conjunto de doutorado em, 365-367
Porter, James L., 173-174, 176-177
Porter, Lyman W., 156-157, 166-167, 198-199, 225-
   227, 232-233, 286-287, 361, 382-383
Porter, Michael E., 42-44, 54-55, 57-58, 126-127, 367
   sobre cadeia de atividades, 134-136
Preço de ações e valor ao acionista, 104-107, 148-
   149. *Ver também* Valor ao acionista
Premark International Inc., 114
Processo de aprendizagem
   autogerenciada, 180-181
   comparado a ensino, 196-200
   em Aprender Fazendo, 180-181, 207-214, 248
      *Ver também* Aprender Fazendo (Action Learning)
   em discussões e compartilhamento em grupo, 237-
   239, 242-245, 268-269
   em experiências naturais e provocadas, 230-231
   em programas à distância, 197-198
   em programas customizados, 197-198
   em projetos de trabalho de campo, 53-54, 248
   envolvimento no, 179-181, 198-199, 252-255
   impacto do, 244-247, 312-334
   na reflexão, 53, 230-231, 236-239, 242-244, 248
      em Aprender Fazendo, 208-211, 213-214
   nas formulações de estratégia, 61-62
   no método de estudo de casos, 63-64, 248
   no programa IMPM
      em intercâmbios gerenciais, 301-306
      facilitação do corpo docente do, 270-272, 331
      grau (diploma) recebido pelo, 310-311
      impacto da, 312-334
      nas discussões em grupo, 268-269
      nas reflexões matinais, 269-270
      na tutoria, 299-301
      no auto-estudo, 284-285, 300-302
      no compartilhamento de competências, 269-271
      nos empreendimentos, 291-293, 306-308
      nos trabalhos acadêmicos sobre reflexão, 295-299
      no Trabalho Final do curso, 308-311
      responsabilidades dos participantes na, 271-273
   *on-the-job* (no local de trabalho), 188-195
      mentoreando, 192-193
      na abordagem "nade ou se afogue", 188-191
      no Japão, 193-195, 217-219
      rodízio, 189-195
   para o corpo docente, 226-227, 238-239, 250-252,
   254-255, 329-332

Procter & Gamble Company, 76-77
Professores. *Ver* Instrutores e corpo docente
Programa AVIRA (Consciência, Visão, Imaginação, Responsabilidade, Ação), 206
Programação dos cursos,
  em módulos, 176-179, 230-231
  em programas de meio turno, 229-231
  na Cambridge University, 182
  nas *E Roundtables*, 342-343
  no programa IMPM, 276-277, 295
    duração do programa, 185
    em versões mais curtas, 339-340, 343-345
    tempo em branco, 276-277
  nos Programas Gerenciais Avançados, 203
Programa de mestrado em liderança na saúde, 338-339, 348
Programa de mestrado para o setor de atividades voluntárias, 338-339, 340-342, 348, 357-358
  Theme Integrative Projects (Projetos Integradores de Temas) no, 341-342, 348
Programa Global Executive MBA, 161-162
  na Inglaterra, 172-173
Programa IMPM. *Ver* IMPM
Programa MBA em Rochester, 45-47
Programa para líderes estratégicos da BAE Systems, 343-344, 348
Programas de bacharelado, 358-361
  empreendedores no, 129-130, 361
Programas de crescimento pessoal, 200-201
Programas de doutorado, 362-367
  dissertações em, 363-367
  Joint Doctoral Program in Administration (Programa Conjunto de Doutorado em Administração), 365-367, 377-378
  na Europa, 363-366
  pesquisa em, 363-365, 372-375
Programas de meio turno, 229-231
Programas EMBA
  como programas MBA para executivos. *Ver* Programas MBA para executivos
  como programas MBA para pessoas experientes, 343-344, 357-358
Programas em consórcio, 175-177, 203-206
  avaliação da aprendizagem em 244-246
Programas internacionais,161-168
  alunos nos, 162-163
  consórcios nos, 206
  corpo docente nos, 162-165, 168-169
  informática e uso da Internet nos, 159-162
  International Masters in Praticing Management. Ver IMPM
  locais dos, 164-166, 261-263
  parcerias dos, 165-167
  programa GEMBA – Global Executive MBA, 161-162
  videoconferências nos, 161
Programas MBA em Rotterdam, 162-163

Programas MBA para executivos, 17-18, 30, 48-49, 157-159, 357-358
  E *Roundtables* nos, 338-339, 342-344
  internacionais e globais, 161-162
    locais dos, 164-165
    na Inglaterra, 172-173
  temas de praticantes nos, 177-180
  videoconferências nos, 161
Programas MBA para pessoas com experiência, 343-344, 357-358
Programas universitários de terceiro grau, 358-360
Programas vespertinos, 230-231
Programa *Work-Out* da General Electric, 180-181, 207-208, 210-214, 322-323
Projeto dominante, 155
  em educação em negócios, 155-160
Prokopenko, Joseph, 193
Propaganda de escolas de negócios, 75-81
Pulliam, Susan, 116-117
Purdue University, parceria com outras instituições de ensino, 165-166
Purves, Sue, 196-197, 324-327, 332-333

**Q**

Quayle, Dan, 157-158
Queens University, 161
Quelch, John, 111-112, 163-164
Questões organizacionais
  conteúdo programático sobre, 44-45, 220-221
  pesquisa sobre, 367, 368
Quinn, James Brian, 367, 372-373

**R**

Raelin Joseph, 53, 157-158, 192-193, 209-210, 214, 221, 315-316
Randlesom Collin, 170-171, 175, 193-194, 218-219, 221
Raphael, Ray, 287-288, 347, 349
Raskin, Robert, 146-147
Recursos humanos, 44-45, 72-73
  demissões casuais de, 94-95
Redação de periódico, reflexão na, 237-239
  no programa IMPM, 268-270
Rede de atividades, 135-137
  posição da gerência na, 136-137
Redlich Fritz, 31
Reflexão, 236-239, 246-250
  disposição da sala de aula para, 251 253, 266-268
  em Aprender Fazendo, 208-211, 213-214
  em atividades solitárias, 237-239
  em discussões em grupo, 237-239, 242-244, 268-271
  facilitação do corpo docente para a, 252-255, 270-272
  tempo necessário para, 53
  natureza da, 297-237-239

no compartilhamento de competências, 242-244, 269-271
no Programa de Liderança Avançado, 346-347
no programa IMPM, 260-261, 263-272
   avaliação do módulo I sobre, 323-324
   comentários dos participantes sobre, 327
   disposição da sala de aula para, 266-268
   facilitação do corpo docente do, 270-272
   impacto do, 315-318
   nas discussões em grupo, 268-271
   nas reflexões matinais, 268-270
   no compartilhamento de competência s, 269-271
   no projeto geral dos módulos, 275-277
   no trabalho acadêmico sobre reflexão, 260-261, 295-299
   projeto do módulo I sobre, 280-284, 292-293
   sobre espiritualidade, 271-273, 282-283, 295-297
   sobre intercâmbios gerenciais, 302-303
  sobre aprendizagem por meio de experiências naturais, 230-231
Reflexões matinais no programa IMPM, 268-270
Rehder, Robert R., 173-174, 176-177
Reingold, Jennifer, 82-83, 157-158, 162-163, 203-204, 269-270, 322-323, 326-327, 345-346
Reino Unido, 171-173, 343-344. *Ver também* Inglaterra
Religião e espiritualidade, reflexão sobre, 271-273, 282-283, 295-26-27
Remington Products Company, 114
Renda
  de CEOs, 148-149
  de Graduados em MBA, 86-88
   e população em estado de pobreza comparada ao número de bilionários, 148-150
   e retorno sobre o investimento em educação, 86, 313-314
   na classificação das instituições de ensino, 82-84
Responsabilidade social, preocupações com
  dos executivos, 116-117
   comparada a dos estudantes, 77-79, 143-144
   e comportamento anti-social das corporações, 146-147
   equilíbrio com valor ao acionista, 142-149
   na teoria econômica de Friedman, 145-146
Retorno sobre o investimento em educação, 86, 313-314
Reuniões de "renascimento" corporativo, 195-196
Revans, Reginald W., 237-239
  sobre Aprender Fazendo (Action Learning), 207-210, 213-214
Reve, Torge, 364-365
Rigor da literatura de pesquisa, 370-372
Riscos, 122-123
  de empreendedores, 127-128, 130-131
  no estilo gerencial heróico, 107-110
Riscos e apostas, 122-123
  de empreendedores, 127-128, 130-131
  no estilo gerencial heróico, 107-110

Robinson, James, D., 114-115
Robinson, Peter, 76-77
Rodízio, 189-192
  no Japão, 193-195
Roeder, David, 114-115
Rohlin, Lennart, 209-210
Rollwagen, John, 114-115
Royal Bank of Canada, 107-108, 350-351
  participantes do, no programa IMPM, 261-262, 269-270, 279-280, 299
   anos e ciclos no, 325
   ansiedade dos, 330-331
   comentários sobre o programa, 328-329
   custo e benefícios da educação, 313-314, 321-322
   em intercâmbios gerenciais, 304-306
   em programas comprimidos, 339-340
   impacto dos, 316-317
   permanecendo com a empresa, 324-326
   Trabalho Final de curso dos, 310-311
  programa Da Análise à Ação no, 344-345, 348
  questões-chave no, 344-348
Rudnitsky, Howard, 114-115
Ruggles, J. L. L., 99-100
Rumelt, Richard, 23-24, 132-133, 280-281

**S**
Sabanci University, 177-179
Saffo, Paul, 335
Said, Wafic, 81-82
Salário. *Ver* Renda
Samuelson, R. J., 86-89
Sanders, Rob, 297-298
Santoli, Michael, 114-115
Saporito, Bill, 114-115
Sass, Steven A., 31, 42-43, 97-98, 139-140
Saul, John Ralston, 97-99, 100, 102-103, 134, 170-171
Sayles, Leonard, 42
Scannell, Kara, 176-177
Schachter, Harvey, 45-46, 329-330
Schein, Edger, 368
Schendel, Dan, 371-372
Scherer, Frederic, 120-125, 131-132
Schlossman, Steven, 31-37, 40-41, 54-55
Schmotter, James W., 38-39, 74-75
Schneider, Mica, 166-167
Schön, Donald, 234-235, 297
Schumpeter, Joseph, 33-34
Schwartz, Nelson D., 117
Scism, Leslie, 116-117
Sculley, John, 107-108, 112-113, 123-127, 131-133
Sedlak, Michael, 31-35, 54-55
Sellnick, Oliver, 306-307
Serey, Timothy, 240-241
Setor automotivo, 158-159
  cadeia horizontal de operações no, 134-135
  estilo gerencial no, 104-105

fusões no, 163-164
projetos dominantes no, 155
Setor de telecomunicações, estilo gerencial no, 104-105
Setor industrial de microcomputadores, 121-122
Shapero, Albert, 147-148
Shaw, Arch, 32-33
Shaw, George Bernard, 143, 312
Sheppard, Blair, 161
Shipler, David, 98-100
Simon, Herbert Alexander, 34-37, 40-41, 54-55, 97-98, 381-382
 sobre disciplinas nas escolas de negócios, 384-385
 sobre o papel de projetar, 240-243
Simons, Robert, 142-149
Simpson, O. J., 157-158
Sims, D., 232-249
Singer, E. A., 146-147
Síntese, conteúdo programático sobre, 42-47
 e estratégia, 42-43
 e habilidades analíticas, 42-47
Skal, H., 149-150
Skinner, Wickham, 211-212
Slater, Robert, 211-212
Sloan, Alfred P., 157-158
Sloan School do MIT, 42, 70-71, 157-158
Smalter, D. T., 99-100
Smith, Douglas K., 122-123
Smith, H. J., 27-28
Smith, Jeff H., 88-89
Solzhenitsyn, Aleksandr, 145-146
Sonnenfeld, Jeffrey, 109-110
Sorrell, Martin, 153-154
Sparks, George, 301-302
Speer, Albert, 146-148
Spender, J. C., 31, 78-79, 297
Stafford, Erik, 109-110
Stamps, D., 77-78
Stanford University
 classificação da, 82-83
 conteúdo programático na, 42, 54-55, 70-71
  similaridade com outras escolas, 70-73
 estudantes internacionais na, 162-163
 experiência em negócios, do corpo docente da, 31-32
 história da educação em negócios na, 31-35, 37-38
 interesses de emprego dos alunos da, 90-91
 programas para gerentes experientes na, 157-158
 reação dos alunos à experiência na, 76-77, 162-163
Starbuck, William H., 36-37
Staudenmier, Julie M., 214
Stedman, Craig, 114-115
Stern, Stefan, 153-154
Stonecipher, Harry, 215-216
Sturdy, Andrew, 80-81, 168-169
Suécia, pesquisa e tempo de ensino do corpo docente na, 379-380
Sugimura, Roy, 306-307

Summers, Harry Jr., 100
Sun Exploration and Production, 114
Sutter, Stan, 114-115
Syrett, Michel, 169-170

**T**

Takeuchi, Hirotaka, 289-290
Tarefas dissertativas no programa IMPM
 redação de periódico, 268-270
 Trabalho Final do curso, 307-311
 trabalhos acadêmicos de reflexão, 260-261, 295-299
Taylor, Alex III, 89-90
Taylor, Frederick, 21-22, 47-48, 121-122
Tecnologia da informação, programa IMPM sobre, 278, 284-285
Tecnologia de crescimento lento, 123-127
Tecnologia de Internet na educação, 159-160
Tecnologias de rápido desenvolvimento, 131-133
Temas de praticantes, 177-180
Templeton, John, 81-82
Templeton College, 81-82
Tempo em branco no programa IMPM, 276-277
Teoria,
 alternativa, 233-236
 como lentes e martelo, 374-375
 desconfortável, 234-235
 descritiva, 234-236
 estratégia em, 42-43
 falsa, 233-234
 no método de estudo de casos, 32-34, 68-69
 perspicaz, 232-236, 372-374
 surpreendente, 233-234
Texas Air, 114
Thirion, Philippe, 304-305
Thirunarayana, P. N., 180-181
Thomas, Alan, 86
Thomson, Richard, 114-115
Thorn-EMI, 199-200
Thurow L, 149-150
Timken, William, 114-115
Tomada de decisão
 conteúdo programático sobre, 46-48, 72-73, 335-337
 e análise, 46-48
 e estratégia, 46-47, 60-61
 em jogos (*games*) simulando negócios, 52
 em método de estudo de casos, 46-47, 55-61
 estágios da, 46-47
 responsabilidades sociais na, 145-146
Tomlin, Lily, 118-119
Toronto Dominion Bank, 114-115
Toshiba Corporation, 217-218
Toulouse, Jean-Marie, 366-367
Toyota Motor Corporation, 169-170
Trabalho acadêmico sobre reflexão no programa IMPM, 260-261, 295-299
 impacto do, 315-318
 sobre intercâmbios gerenciais, 302-303

Trabalho em equipe de gerentes calculistas, 103-104
Trabalho final programa IMPM, 261-262, 308-311
Trace International Holdings, 115-116
Treinamento gerencial, 196-197
   comparado à educação gerencial e desenvolvimento gerencial, 186-188, 219-221
   desenvolvimento de habilidades no, 239-240, 242-244
   *on-the-job* (no local de trabalho), 188-195
Trinity College, 181-182
Trompenaars, Alfons, 234-235
Tuck School of Dartmouth, 165-166
Turner Arthur, 63-65
Tutoria no programa IMPM, 260-261, 299-301, 321
   custo da, 300-301, 332-333
Tyler Corporation, 114

**U**

Ulrich, David, 211-212, 322-323
United States Army National Training Center (Centro Nacional de Treinamento do Exército dos EUA), 206-207
Universidade Aberta do Reino Unido, 161
Universidade de Tel-Aviv, 164-165
Universidades
   administração das, graduados em MBA na, 150-151
   como lugar ideal para reflexão, 251-252
   papel da pesquisa nas, 376-378
   unidades corporativas de treinamento como, 214-216
University of Bath, 173-174, 180-181, 356-357
University of Calgary, 359-360
University of California at Berkeley, 92-93, 162-163
University of Capetown, 177-179
University of Chicago
   classificação da, 82-83
   conteúdo programático na, 54-55, 156-157
   professores clínicos na, 379-380
   programa Executive MBA na, 48-49, 157-158
      internacional, 164-165
   Programas Gerenciais Avançados na, 202-203
   promoções de *marketing* da, 75-81
   simulação de empreendedorismo na, 53-54
University of Lancaster. *Ver* Lancaster University
University of Pennsylvania
   história da educação em negócios na, 31
   Lauder Program na, 164-166
   Wharton School. *Ver* Wharton School
University of Pittsburgh, 86
University of Southern California, programa Executive MBA, 157-158
University of Virginia Darden School, 27-28, 65-66, 266-267
University of Wisconsin-Madison, 82-83
Updike, Edith, 129-130
Useem, Michael, 360-361
Uttal, Bro, 124-125
Utterback, James M., 155

**V**

Vail, Peter, 195-196
Vale do Silício, empresas do, 122-125
Valor ao acionista, 77-78
   corrupção legal no, 145-148
   equilíbrio com responsabilidades sociais, 142-149
   no estilo gerencial heróico, 104-107
   no programa IMPM, 288-289
Valores
   acionista. *Ver* Valor ao acionista
   degradação dos, 142-144
   e conteúdo programático sobre ética, 50-51, 143-144, 250-251
   e imoralidade analítica, 143-145
   e preocupações de responsabilidade social, 77-79, 143-144
Van Buskirk, Bill, 49-50, 279-280
Van der Heyden, Ludo, 134, 331
Van Velsor, Ellen, 188-189
Vendas comparadas a *marketing*, 92-94
Verderber, Kathleen S., 240-241
Vicere, Albert A., 203-204
Videoconferência em educação gerencial, 159-161
Viés
   gestão de, 44-45
   na seleção de alunos de MBA, 25-26
   no estilo gerencial heróico, 109
   no método de estudo de casos, 64-66
Vocação para gerenciar comparada ao gosto pelos negócios, 26-29
Vogel A. J., 103-104
Vora, Mayur, 302-304

**W**

Wal-Mart, 146-147
Wallace, Wanda T., 161
Waters, James A., 61-62, 240-241
Watson, Tony, 49-50, 189-190
Watts, Robert, 21-22
Weber, Max, 36-37
Weick, Karl E., 209-210, 234-236, 274-275, 352-353, 372-373, 376-377
Welch, Jack, 112-113, 368
   no programa *Work-Out* da General Electric, 207-208, 210-214, 322-323
West, Richard, 86-87
Westall, Oliver, 300-301, 323-324, 329-330
Western, Simon, 302-303, 305-306
Westley, Frances, 340-342, 385-386
Westwood, Andy, 352-353
Wharton, Joseph, 31, 33-34, 37-38, 358-361
Wharton School
   alunos internacionais na, 162-163
   classificação da, 158-159
   conteúdo programático na, 39-43
      cursos modulares na, 158-159
      matemática na, 48-49
      tentativas de mudança do, 158-159

experiência do corpo docente, em negócios, 31-32
graduados da, em órgãos governamentais, 152-153
história da, 31-34, 42-43
Lauder programa, 164-166
pesquisa na, 375-376
programa Executive MBA na, 157-158, 164-165
programas customizados na, 186-187
promoções de *marketing* da, 75-80-81
Whelan, Alan, 238-239, 310-311, 327
Whetten, David A., 49-50, 53-54, 195-196, 239-240
Whitehead, Alfred North
   sobre educação universitária de terceiro grau, 360-361
   sobre experiência natural em educação gerencial, 230-231
   sobre idéias desconexas em educação em negócios, 40-41
   sobre informações por meio de fontes indiretas, 30, 62-63
   sobre o gosto pelos negócios, 26-27
   sobre o papel das universidades, 352-353, 358-359
   sobre publicação de pesquisa pelo corpo docente, 378-379
   sobre reflexão e aprendizagem, 251-252
   sobre teorias incômodas, 234-235
Whitley, Philip, 352-353
Whitley, Richard, 21-22, 37-38, 86, 175, 250-251
Whitley, William, 86
Wiggenhorn, William, 214-217
Wildavsky, Aaron, B., 99-100
Wilensky, Harold L., 99-100
Williams, David, 155-156, 328, 336-337
Wind, Jerry, 155-156, 162-163, 167-168, 382-383, 385-386

Winfrey, Oprah, 112-113
Wish, Naomi Bailin, 150-151
Wood, Lisa, 151-152, 186-187
Wooton, L. M., 146-147
Wozniak, Steve, 123-124

X

Xerox Corporation, 122-123, 131-132, 155-156

Y

Yamada, Carol, 215-216
Yiannis, Gabriel, 80-81, 168-169
Yoshida, Junko, 114-115
Young, Don, 199-200
Youzwyshyn, Wendy, 214
Yukitake, Takeshi, 304-305

Z

Zalaznick, Sheldon, 18-19, 34-35, 70-71, 98-99, 366-367
Zaleznick, A., 17-18, 57-58
Zeneca
   desenvolvimento executivo na, 63-64, 196-197, 332
   participantes da, no programa IMPM, 304-308
      anos e ciclos na, 325
      comentários da empresa sobre o, 324-327
      impacto do, 317-320
      tutores e mentores da, 321
Zenith, graduado da Harvard como gerente na, 114-115
Zimmerman, Brenda, 278
Zollo, Maurizio, 109-110